MARKETS, GAMES,
AND STRATEGIC
BEHAVIOR

AN INTRODUCTION
TO EXPERIMENTAL
ECONOMICS
(Second Edition)

实验
经济学
原理

市场、博弈
和策略行为

（原书第2版）

［美］查尔斯·A.霍尔特 著
（Charles A. Holt）

贺京同 赵子沐 贺坤 译

机械工业出版社
CHINA MACHINE PRESS

本书对经济行为的研究提供了精妙的导读，围绕着可以在课堂上模拟的风险决策、策略博弈和经济市场进行了匠心独到的组织。本书提供了易于理解的例子和较为充分的理论依据，以来自实验室和实地的创新应用为特色，介绍了广泛主题上的最新研究，在核心章节引进了在风险或冲突背景下进行市场和策略决策的实验分析。

本书适合作为经济学专业的实验经济学或行为博弈论课程的教材，也适合作为行为经济学、微观经济学、心理学等社会科学研究领域的学生研究的参考书，特别对任何有志于行为金融学和行为法学的读者来说，更是一本难得一见的读物。

图书在版编目（CIP）数据

实验经济学原理：市场、博弈和策略行为：原书第 2 版 /（美）查尔斯·A. 霍尔特（Charles A. Holt）著；贺京同，赵子沐，贺坤译 . —北京：机械工业出版社，2023.8

书名原文：Markets, Games, and Strategic Behavior: An Introduction to Experimental Economics（Second Edition）
ISBN 978-7-111-73951-7

I. ①实…　II. ①查…②贺…③赵…④贺…　III. ①经济学 - 研究　IV. ① F0

中国国家版本馆 CIP 数据核字（2023）第 226166 号

机械工业出版社（北京市百万庄大街 22 号　邮政编码 100037）
策划编辑：王洪波　　　　　责任编辑：王洪波
责任校对：张爱妮　刘雅娜　责任印制：常天培
北京铭成印刷有限公司印刷
2024 年 3 月第 1 版第 1 次印刷
185mm × 260mm · 32.5 印张 · 805 千字
标准书号：ISBN 978-7-111-73951-7
定价：139.00 元

电话服务　　　　　　　　　网络服务
客服电话：010-88361066　　机 工 官 网：www.cmpbook.com
　　　　　010-88379833　　机 工 官 博：weibo.com/cmp1952
　　　　　010-68326294　　金 书 网：www.golden-book.com
封底无防伪标均为盗版　　　机工教育服务网：www.cmpedu.com

一位朋友曾经问我，知识分子中谁是我心目中的英雄，我毫不犹豫地说出了弗农·史密斯（当时在亚利桑那大学，目前在查普曼大学）的名字。他的研究一直激励着我。他最初的市场实验，虽然在情境上并不满足完全信息以及其他大量假设，这些假设是当时我作为一名学生必须牢记的，但最终实验结果却与标准的供求条件相当一致。此外，他对耐用资产（股票或房屋）的实验表明，在信贷宽松的繁荣时期，非同寻常的价格可能与基本价值严重背离。他在 2002 年获得诺贝尔经济学奖（与丹尼尔·卡尼曼一起）可谓实至名归，这本书的许多内容都体现了他的研究成果。尽管他最初的经济学实验距今已有 60 年，但弗农对市场如何运作的深刻见解，以及他关于自由和个人自由的哲学信念，仍在继续发展。

我一直被合著者 Al Roth 和 Tom Palfrey 的开创性贡献和自身热情所鼓舞。此外，我想对 Jack Repcheck 致以我的怀念。Jack 曾就职于普林斯顿大学出版社，担任了 Davis 和 Holt（1993）的《实验经济学》（*Experimental Economics*）及 Kagel 和 Roth（1995）的《实验经济学手册》（*Handbook of Experimental Economics*）的编辑。当我在电话中最初向他提及本书时，他迸发出无限的热情与活力。"你给了我美好的一天！"他在电话中说道，并在同一周飞抵夏洛茨维尔，带来了一纸合同与满满的鼓励。在整个职业生涯中，Jack 一直在推动和鼓励实验经济学图书的项目，该传统被普林斯顿大学出版社的各位编辑所继承，其中就包括负责本次修订的编辑 Joe Jackson。我还想将本书献给那些在实验室工作的弗吉尼亚大学的学生（部分列于"致谢"），他们在诸多方面为本书的完成做出了贡献，更重要的是我从他们身上感受到了热情与鼓舞。

最后，我想对我的博士论文导师——卡内基 - 梅隆大学的 Ed Prescott 和已故的 Morris Degroot、明尼苏达大学的 Tom Sargent 和已故的 Leo Hurwicz、弗吉尼亚大学已故的 Roger Sherman 致以我的谢意，由衷地感谢他们的指导与鼓励。

　　《实验经济学原理》是一部不可多得的"绝无竞争对手"的实验经济学基础教材。正如 2012 年诺贝尔经济学奖获得者埃尔文·罗斯（Alvin Roth，简写为 Al Roth）在对这本书的推荐语中所说，这本书的作者"在将实验引入经济学研究的主流，尤其是利用实验来教授经济学方面，一直走在最前沿。这本书从一位开创性实验者和一位研究生导师的角度给本科生以及研究生提供了一个绝好的学习契机"。

　　实验经济学可以追溯到弗农·史密斯最初的市场实验，他后来因在实验经济学方面的杰出贡献于 2002 年获得诺贝尔经济学奖（与卡尼曼一起）。虽然史密斯的最初市场实验在情境上并不满足完全信息以及其他大量假设，他最初的实验距今也已有 60 多年，但是他对市场如何运作的深刻见解，以及他关于自由和个人自由的哲学信念，已经得到了长足的持续发展，进入了经济学人理论和方法的"工具箱"，并已被写入新近主流经济学教材中。这些教材包括格里高利·曼昆的《经济学原理（微观经济学分册）》《宏观经济学》，哈尔·R. 范里安的《微观经济学》，迪恩·卡尔兰等人的《经济学（微观部分）》，R. 格伦·哈伯德等人的《经济学（微观）》等。有关实验经济学（包括行为经济学）在经济学中的地位和它的体系结构，以及实验经济学与行为经济学的关系等，一直以来都是开放的议题。

　　本书译者对上述议题秉持实验经济学与行为经济学同源异流的观点，认为实验经济学与行为经济学的兴起及其对新古典理论的内涵拓展是西方经济学近几十年来的重要演进。二者由于具有相似的理论基础和研究方法，因而经常被相提并论甚至混同。译者研究发现，尽管它们在研究起点上相似，但在理论与政策归宿上各异。其中，实验经济学主要在市场层面上检验交易结果与新古典理性模型是否一致，以及如何渐趋一致，所以理论上仍接受理性模型对市场均衡的表述方式，政策上提倡围绕交易机制进行市场设计以促进有效均衡的实现；与之相对，行为经济学主要在个体层面上检验选择行为与新古典理性模型是否一致，以及为何不一致，所以理论上强调基于心理学等自然科学证据来构建更"拟实"的个体描述性模型，政策上提出应针对个体决策情境实施"助推技术"以提升市场设计的有效性（见贺京同等，《中国社会科学》2019 年第 5 期，《学术月刊》2009 年第 6 期，《经济学动态》2019年第7期）。但是，二者最大的共同点是在方法上，即都源于心理学的实验方法。也正是因为如此，这本在实验经济学理论和方法上，全面、完整、逻辑清晰的教材，近乎完美。《实验经济学原理》这本书对实验经济学教学体系的构建不仅具有重要的理论意义与现实价值，还填补了实验经济学教材的空白。

本书结构新颖、组织独特，主要分为5个部分，在导论章节之后，从简单互动逐步深入到复杂互动：个体决策：风险厌恶、前景理论与学习（第3～7章）；行为博弈论（第8～13章）；社会偏好（第14～19章）；市场实验（第20～25章）以及拍卖和机制设计（第26～30章）。这本书的定位是一本实验经济学或行为博弈论课程的基础教材，适合经济学专业的高年级本科生与许多非经济学专业如政治科学、人类学和心理学的学生，以及任何有志于行为金融和行为法经济学的读者。结合书中提供的文献并以最新的研究成果作为补充材料，本书亦完全可以支撑起一门研究生课程的教学。

本书由我、赵子沐博士和贺坤博士（堪萨斯大学）共同翻译，虽然我们付出了艰辛的努力，但因才识有限，翻译过程中难免存在一些不当甚至错误之处，还请读者谅解并指正。

在翻译过程中，我们得到了机械工业出版社的大力支持与帮助，在此特别要由衷地感谢编辑的信任、理解和襄助。

本书还得到国家社科基金重大项目（21ZDA037）、教育部哲学社会科学实验室专项资金项目（项目编号：2022106）和教育部人文社会科学研究规划基金项目（19YJA790025）的支持，在此一并致谢。

贺京同

癸卯仲夏于南开康达尚郡

如今，有关行为的思考在经济学界再度盛行。例如，当理性和预见能力受到限制，当心理和社会因素可能发挥作用时，人们是如何进行决策的？实验技术越来越多地用于市场、博弈和其他策略情形的研究。这种愈来愈甚的热情在近些年的诺贝尔经济学奖中体现无余。此外，新的分支学科正不断涌现，如行为博弈论、行为法经济学、行为金融、行为政治经济学、神经经济学等。而实验室和实地实验在实证方面正在引领着这些领域的发展。

这本书切实地将理论和行为的洞见与课堂练习相结合。本书的每一章都以一个实验开篇，以这种组织方式来介绍核心概念和结果。课堂博弈中设置了简单的经济情境，例如市场或拍卖，并会在其中强调相关的经济学概念。另外，每章的篇幅并不长，支持一个班级在一天时间内完成学习，可以作为其他学习内容的补充，或与学生间的课堂"实验"一起布置给学生。完成实验后再进行本章具体内容的阅读和学习，更有利于发挥其教学价值。很多课堂博弈都可"手工"实现，无须借助计算机等设备，骰子或纸牌便已足够了。另外，规模较大的班级可以分成多个小组，每组 2 ～ 4 名学生，以便实验结果的收集和公布。这类团队决策是许多专业硕士课程的标准形式，因为团队讨论允许学生阐明策略见解并相互学习。

附录中包含一些尤其适合在课堂中开展的（无需计算机，可手工完成）博弈的说明示例。在 Veconlab 网站上，大约有作者编写的 60 款博弈可供免费选择，网站地址如下所示：

- http://veconlab.econ.virginia.edu/admin.htm（教师设置用）。
- http://veconlab.econ.virginia.edu/login.htm（参与者登录）。

教师站点可以通过网页搜索"veconlab admin"找到，学生登录站点可以通过搜索"veconlab login"找到。另外，在埃克塞特大学（University of Exeter）的 FEELE（Finance and Economics Experimental Laboratory at Exeter，埃克塞特大学金融和经济实验室）网站和商业性质的 Moblab 网站上也可找到一些类似实验，其中，Moblab 中的实验针对小屏幕优化了滑动条设计。目前，无线网络已经覆盖大学校园，而学生们又配备有多种电子设备（笔记本电脑、iPad、智能手机），可用来连接实验网页。班级统一进入实验室已经不再是实验研究的唯一方式。此外，让学生两人一组进行实验通常更有效率，有助于增进小组学习和讨论，减少学生借机开小差的时间。这类讨论对于非互动的个人决策而言不甚重要，例如，在两种彩票之间做出选择，学生可以在课前直接网络访问 Veconlab 程序。而对于最后通牒、性别战、竞猜等博弈，课后实验同样相当便利，学生可以在实验搭档登录网站前自行阅读说明并完成决策。

只要连接互联网，实验程序便可以在任何标准的浏览器上设置并运行，无须加载额外的软件。此类程序可以自动生成实验说明，配合教师在设置环节选择的实验功能。教师页面会提供决策、收入、每轮数据平均值，某些情况下还包括理论预测值的计算。此外，程序还有选项菜单，供教师选定实验参数，如买家数量、卖家数量、决策轮数、出场费和报酬等。60 款博弈实验都已经配有大量可行的实验局设置。本书作者定期为 30 ~ 45 名学生授课，他们设计自己的实验，并在一节课结束时在其他学生身上进行实验，然后在下一节课开始时正式展示实验结果。

需要强调的是，以下方法将有助于促进课堂讨论，引导学生对前沿研究产生兴趣：①学生在前一节课结束时亲身参加实验；②学生们在课前先行阅读材料，可通过开卷的多项选择测验激励他们认真阅读（每章 10 道题，可向作者索要）。这种方法属于"干中学"（learning by doing）和"干中教"（teaching by doing）。

导论部分概述了一个可通过纸牌游戏手工进行的"交易所市场"实验，并介绍了实验经济学领域的发展情况。交易所市场说明在附录 B 中提供。在课程的第一天开展此实验能够提高教学效率；之后学习第 1 章的内容时引导学生将实验与核心概念相联系。第 2 章则包含几种不同的市场制度（包括常用的双向拍卖和集合竞价市场）中的价格发现和调整。其余章节按照类别分组（个体决策、行为博弈、社会偏好、市场、拍卖）。教学中，除按部就班地推进外，亦可先把握重点章节的基础知识，然后，在余下主题当中选择性学习。对于基础知识层次，我建议在市场方面选择第 1、2、20、24 章；在风险厌恶和前景理论方面选择第 3 章和第 4 章；在简单博弈方面选择第 8 ~ 11 章；在讨价还价、信任和自愿贡献方面选择第 14 ~ 16 章。其余章节可以根据课程的重心加以挑选。这种挑选的过程也很好地结合了课外阅读。

本书的定位是一本实验经济学或行为博弈论课程的基础教材。每章均以一个核心实验为基础，配合大量的理论和相关案例，并在有条件的章节引入了前沿的实地实验方法。此外，本书各章节间相互独立，因此，可以截取某些章节作为特定课程的补充材料。另外，许多非经济学研究者，如政治科学、人类学和心理学的学生，以及任何有志于行为金融和行为法经济学的读者，也可能会对本书中的部分实验设计感兴趣。最后，以最新的研究成果作为补充材料，本书也可以支撑起一门研究生课程的教学。

我尽量使内容保持简洁，没有脚注。此外，由于实验基于区分不同理论的参数案例，故而本书的数学论证简单，很少使用微积分，多数结果都通过离散的案例和图形直观展示。大部分章节的最后一节内容还介绍了其他论文以作为参考。更全面的研究成果，可参阅 Kagel 和 Roth（1995，2016）的《实验经济学手册》（*Handbook of Experimental Economics*）第 1～2 卷与 Plott 和 Smith（2008）的《实验经济学结果手册》（*Handbook of Experimental Economics Results*），这些材料适合高年级本科生、研究生以及本领域的研究者做补充阅读。

第 2 版附注

相较第 1 版，本书对内容进行了更新并重新组织。在导论章节之后，从简单互动逐步深入到复杂互动：个体决策：风险厌恶、前景理论与学习（第 3～7 章），行为博弈论（第 8～13 章），社会偏好（第 14～19 章），市场实验（第 20～25 章）以及拍卖和机制设计（第 26～30 章）。这一顺序安排的优势在于，将前景理论和行为博弈论等重要主题移至更靠近开篇的位置，以便这些思想应用于更复杂的市场、宏观和拍卖互动部分的实验设计。本书较第 1 版删除了部分章节，也加入了新的章节，新章节包括：前景理论和异象（第 4 章）；信念诱出与模糊厌恶（第 6 章）；伙伴选择和社会困境（第 11 章）；竞赛和寻租（第 12 章）；方法论和非参数检验（第 13 章）；银行挤兑和宏观实验（第 25 章）；组合拍卖和双边拍卖（第 29 章）以及匹配机制（第 30 章）。除新增章节外，其余部分也加入了新内容：风险偏好测度（"墨水炸弹"和投资组合选择），随机终止的无限期重复博弈，通过曲线形的质反应（quantal response）对博弈进行图解分析，社会困境中带有排斥性的内生性小组，在信任博弈中区分互惠与利他，委托代理份额合约，保险市场的拆解，区分拍卖中的后悔厌恶与损失厌恶，排放许可证市场的拍卖机制设计。第 1 版中原有的章节也已完全修订、更新，其中一些整合了已删除章节（歧视、预测市场、信息级联）的内容。

各章开始部分都提供课堂实验指导。一些重要见解单独列出以示强调。如前面所述，作者网站上针对各章节的多项选择题非常简单，可以让学生提前完成，以确保在课前完成预习。更具体的应用多与课堂实验相配合。"扩展"部分则引导学生接触那些前沿的、有趣的但限于篇幅未能收录的实验。每章结尾的习题附有一些无须数学求解的、设计层面的题目，并在书末附录配有部分题目的提示（并不是答案）。这些提示足够具体，可以使学生检验自己的解题思路。

致谢

此次修订得益于 Veconlab 前研究助理 Lexi Schubert 的编辑工作和在内容上的建议。即使在毕业后的工作期间，她也会继续阅读和评论修改过的章节。之前作为实验经济学助教和学生的经历，使她能够从教师和学生两个角度提出富有洞察力的建议。在她的建议下，本书设置了单独的"教师须知"、总结性段落，并进一步明晰了许多概念。

我还要感谢 Lisa Anderson、AJ Bostian、Sean Sullivan 和 Angela Smith 对本书在软件应用方面的帮助和检验。特别是，第 13 章很大程度上得益于和 Sean Sullivan（艾奥瓦大学法学院）的合作。

本书中的多个研究主题来自我与 Jacob Goeree（新南威尔士大学）和 Doug Davis（弗吉尼亚联邦大学）以及以下学者的合作研究项目：Lisa Anderson（威廉玛丽学院）、Simon Anderson（弗吉尼亚大学）、Olivier Armantier（纽约联邦储备银行）、Jordi Brandts（巴塞罗那自治大学）、Dallas Burtraw（美国未来资源研究所）、Monica Capra（克雷蒙研究所）、Irene Comeig（瓦伦西亚大学）、Catherine Eckel（得克萨斯农工大学）、Roland Fryer（哈佛大学）、Rosario Gomez（马拉加大学）、Cathleen Johnson（亚利桑那大学）、Susan Laury（佐治亚州立大学）、John Ledyard（加州理工学院）、Erica Myers（伊利诺伊大学）、Tom Palfrey（加州理工学院）、Karen Palmer（美国未来资源研究所）、Charlie Plott（加州理工学院）、Laura Razzolini（亚拉巴马大学）、David Reiley（Pandora 网站和加州大学伯克利分校）、Al Roth（斯坦福大学）、David Schmidtz（亚利桑那大学）、Andy Schotter（纽约大学）、Roman Sheremeta（凯斯西储大学）、已故的 Roger Sherman、Karti Sieberg（芬兰坦佩雷大学）和 Anne Villamil（艾奥瓦大学）。第 27.3 节的保险公司案例由 Ann Musser 提供。Ann Talman 将第 10 章末尾的扑克博弈命名为"简化版扑克"博弈。特别感谢 Charles Noussair（亚利桑那大学）对第 2 版的章节重新排序的建议。其他就特定章节提供建议的包括：Robert Bruner（弗吉尼亚大学达顿学院）、Ted Burns（弗吉尼亚大学医学院）、Juan Camilo Cardenas（安第斯大学）、Jeff Carpenter 和他的班级（明德学院）、Gary Charness（圣巴巴拉大学）、James Cox（佐治亚州立大学）、Nick Feltovich（莫纳什大学）、Dan Fragiadakis（得克萨斯农工大学）、Dan Friedman（加州大学圣克鲁斯分校）、Jens Grober（佛罗里达州立大学）、Sven Grüner（马丁·路德大学）、Tanga Macdaniel（阿巴拉契亚州立大学）、James Murphy（阿拉斯加大学）、Regan Petrie（得克萨斯农工大学）、Charlie Plott（加州理工学院）、Andrea Robbett（明德学院）、Tim Salmon（南卫理公会大学）、Fernando Solis Soberon（墨西哥自治理工大学）、John Spraggon（马萨诸塞大学）、Martha Stancill（美国联邦通信委员会）。最后，我很幸运地在弗吉尼亚大学认识了一群才华横溢、热情高涨的在读生/毕业生，他们阅读了手稿的部分内容：Andrew Barr（得克萨斯农工大学）、Clement Bohr（西北大学）、Hanna Charankevich（弗吉尼亚大学）、Kari Elasson、Vadim Elenev（约翰霍普金斯大学）、Grace Finley（美国企业研究院和美国经济顾问委员会）、Sherry Forbes（Stormfish 科技公司）、Kendall Fox Handler（国际汽车零部件集团）、Erin Golub、Kevin Hare（弗吉尼亚大学）、Mai Hassan（密歇根大学政治系）、Greg Herrington（多面的"连续创业家"）、Shelley Johnson Webb（英特尔公司）、Katya Khmennitskaya（弗吉尼亚大学）、Caroline Korndorfer（弗吉尼亚大学）、Loren Langan（圣托马斯大学）、Julie Lerner Macklowe（Vbeauté 公司）、Yunbo Liu（杜克大学）、Sara Hoseini Makarem（弗吉尼亚大学）、Alex Mackay（哈佛大学）、Courtney Mallow（Chemonics）、Kurt Mitman（斯德哥尔摩大学，阅读了第 1 版的全部章节）、Mandy Pallais（哈佛大学）、Uliana Popova（穆迪公司）、Anna Roram（美国全国妇女商业委员会）、Stacy Roshan（布里斯高中）、Daniel Savelle（弗吉尼亚大学）、Mike Schreck（Analysis Group 咨询公司）、Lexi Schubert（弗吉尼亚州退休系统与美国奥林匹克滑雪队指导教师）、Karl Schurter（宾夕法尼亚州立大学）、Emily Snow（波士顿咨询公司）、Jeanna Composti Sondag（摩根大通）、Michelle Song（斯坦福大学）、Sarah Tulman（美国农业信贷管理局）、Alex Watkins（弗吉尼亚大学）、Katie Johnson Wick（阿比林基督教大学）、Maria Winchell（弗吉尼亚大学）、Sijia Yang（耶鲁大学）和 Laura Young（弗吉尼亚大学）。前经济学专业学生 Greg Herrington 曾推荐给我一本关于网络编程的书并提供了一个 PHP 脚本，这是我建立 Veconlab 项目的起点。

最重要的是，两位前研究生 Sean Sullivan 和 AJ Bostian 建立并持续维护 Veconlab 的网络服务器，该服务器从 2003 年搭建至今已有超过 100 万名学生参与者登录使用！此服务器与配套软件得到了美国国家科学基金会多个资金（SES 0094800 与 1459918）的资助。最后，我还要感谢弗吉尼亚大学 Bankard 基金、协作项目与弗吉尼亚州资助资金（2017-8）的支持。

导　论

　　和其他科学家一样，经济学家在观察到现实中的数据模式之后，亦试图对其做出理论解释，进而根据合理性、一般性和预测成功率等要素对理论进行评估。但与其他学科一样，若多因素同时变化，经济学家往往也很难找出因果关系。这可能致使相同观测结果存在多个大致合理的理论。过去，由于没有实验室来控制外部因素，经济学家常通过观测同行的反应来"检验"自己的理论（Keynes，1936）。在这样的环境下，某些理论也许会凭借数学上的优雅、说服力和经济史上的焦点事件（如大萧条等）获得支持。有时，理论也可能落后于现实的发展，并因缺乏严格的实证检验手段，导致大量看似可行的替代性理论并存，出现混乱局面。例如，经济学家喜欢在"均衡"（equilibrium）一词之前加上各种有趣的形容词，如合适的（proper）、完美的（perfect）、绝妙的（divine）、一致绝妙的（universally divine）等。这种乱象在屡经修订的教材中相对还算较少。

　　复杂的计量经济学方法的发展，为设计和评估理论模型的过程增加了一个重要的标准。然而，任何对自然经济数据的统计分析，通常要依赖于一系列的辅助假设。经济学最近才开始向一门实验科学迈进。而站在实验科学的角度，如果核心理论和政策建议不能在受控的实验室和实地实验中得到证实，其正确性自然令人生疑。本书将介绍关于经济行为的实验研究，以及如何在课堂内组织有关博弈和市场的实验。

　　教师与学生须知：本章将要描述一个市场模拟实验，仅需扑克牌和决策表格即可在课堂中开展，实验表格见附录 B 中的交易所市场实验说明。本章将具体介绍，你（是的，你能够做到）可以如何进行一场课堂实验并进行后续的课堂讨论，因此，授课的语气应有别于之后各章。这个建议特别适用于基于课堂实验和从互联网搜索中收集的相关材料的小组报告课程。如果你的班级并未采用这种教学方式，那么至少在你需要向同行解释某些经济学概念，或指导某些外专业学生，或在高中教授经济学课程时，此建议同样适用。

1.1　斯密

　　从历史的视角出发总有助于概念的理解。18 世纪，经济学尚未成为一门学术性的学科，但关税和贸易等问题的重要性已不弱于今日。托马斯·杰斐逊（Thomas Jefferson，美国第三任总统）曾在书中为殖民者缺乏对"政治经济"的理解而感到惋惜。他意识到垄断的影响（例如，由皇家授权的独家经销权），并对其深恶痛绝，甚至向詹姆斯·麦迪逊（James Madison，美国第四任总统）写信建议将"免受垄断"写入《权利法案》（Bill of Rights）。杰斐逊知道苏格兰哲人亚当·斯密（Adam Smith）和他的著作《国富论》（与美国的《独立宣言》同年著成）。在杰斐逊看来，这本书乏味冗长，或者用他的话说，"啰里啰唆的"。这也从侧面反映出斯密基于细致观察的思维方式。事实上，《国富论》是斯密在一次欧洲之旅后写成的，他在旅行的同时还指导一名富有的学生。这次旅行使斯密有机会观察、比较不同的经济体。在法国，他见识到的观点是，财富源自广阔肥沃的农田，最终流向国家的心脏——巴黎。他还见识到西班牙人的观点，认为财富源于黄金和白银。亚当·斯密综合考量这些想法，想要知道在像英国这样的国家，财富的来源到底是什么。他的解释是，英国是一个由店主和商人组成的商业国家，具有"运输商品、物物交换"的倾向。斯密准确地认识到了贸易语言中公平的重要性，这是人类区别于动物的一个重要特征："从未有人见过一只狗和另一只狗公平而慎重地交换两根骨头。"每一次自愿交换都创造了财富，使双方都能从中受益，而广泛的市场和繁荣的贸易创造了可观的财富。在《道德情操论》中，他将讨论进一步扩展到与家人、朋友、邻居的社会交换，以及基于利他主义、互惠等亲社会态度的交换之上。

　　斯密对特定市场、价格和外部事件（如"全国性的哀悼日"）的详细描述，显示出他对供需力量的深刻理解。这种力量既会在短期暂时影响价格，又会在长期使价格趋近于成本（图形描述见之后的章节）。但斯密最深刻的洞见是：市场体系使参与者们在追逐自身利益的同时，促进了共同利益，尽管此举并不是本意。他既坚信"看不见的手"的力量，又对"为共同利益而交易"的行为持怀疑态度。斯密清楚地认识到在政治领域追求私利的危险后果。尽管身为一名思想家，但是斯密成功地游说议会取消了关税，这一举措对英国经济发挥了重要的推动作用。

　　斯密对后世的影响相当深远。多年以前，作者还是一名大学二年级学生时，曾听经济学教授 John Gunn 提到，自己曾于普林斯顿大学的 Jacob Viner 门下学习，而 Jacob Viner 的导师又是……最终一直追溯到阿尔弗雷德·马歇尔（Alfred Marshall）乃至亚当·斯密！时至今日，在导论性的经济学书中，仍会介绍斯密对土地、劳动和资本的区分，以及对劳动专业化、市场范围等问题的见解。50 年前，教科书描绘的是一个高度理想化的市场。学生们必须记住一系列关于完全竞争的假设，包括"无限多的买家和卖家""关于市场状况的完全信息"等。但此时，弗农·史密斯已经在普渡大学开展实验，他实验中的市场环境并不满足以上这些完美的假设。他构造的市场只包含少数的买家和卖家，虽掌握出价、要价和历史成交价的信息，却不了解相互之间的成本与价值。

1.2　一个课堂中的交易所市场

当弗农·史密斯还是一名研究生的时候，在哈佛大学 Edward Chamberlin（1948）的课上参与了一场市场模拟实验。Chamberlin 认为他的这场实验凸显了完全竞争基本模型的失败之处。在讨论此实验前，不妨直接开展一次。包括本书作者在内的实验经济学家，通常以一场实验作为课程的开篇。关于本实验，最简单也最能调动学生积极性的一种方法是：分配给每个人一张扑克牌，给卖家的牌（梅花和黑桃）代表卖家的成本，给买家的（红桃或方块）则代表买家的价值。实验开始前，应向学生大声朗读附录 B 的交易所市场说明，确保全部学生同步完成阅读。实验说明介绍了如下的实验流程：

> 买家和卖家在教室中间（也可以是其他指定区域）会面，每一期有 5 分钟的谈判时间。当一对买家和卖家就成交价达成一致后，二人一起来到教室前方报告这一价格，并向全体公布。之后，二人交出他们所交易的卡片，回到原位，等待下一期交易开始。

例如，一名买家与一名卖家达成交易，用前者的红桃 7 和后者的梅花 4 以 5 美元的价格成交，那么买家赚得 7－5＝2 美元，卖家赚得 5－4＝1 美元。通常，交易双方握牌不让别人看到，但来到教室前汇报成交价时，将会检查扑克牌以确保成交价不高于买家价值、不低于卖家成本。二人的成交价将被公告，使仍在谈判的学生能够了解"现行"价格。实验会事先选定一名或两名学生助理帮助检查卡片、公布价格，这将有助于实验的顺利进行。

图 1-1 展示了一场实验的成交价格序列，出自 60 名弗吉尼亚大学公共政策专业学生，这场实验是在他们的"数学夏令营"第一天完成的。成交价格收敛于大约 6 美元（去年的平均水平为 5.73 美元，今年为 5.57 美元）。实验中有时需要收回买家和卖家的卡片并洗牌，并在下一期交易之前重新分配。

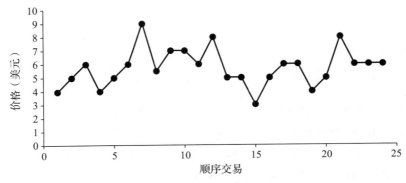

图 1-1　课堂交易所市场实验的成交价格

本实验中所使用的扑克牌包括：

买家：5、6、7、8、9、10（每个数字各 5 张）

卖家：2、3、4、5、6、7（每个数字各 5 张）

实验后可集中开展课堂讨论，分析价格为何收敛于实验中观察到的水平。对教师而言，重要的是引导讨论，而不是直接宣布经济学预测结果。例如，引导大家考虑如下问题：7 美元时，愿意出售的卖家和愿意购买的买家哪边更多？可想而知，此时卖方意愿更加强烈，那么，你认为价格将会发生何种变化？（他们将互相减价竞争。）同理：在 3 美元时，愿意出售的卖家和愿意购买的买家哪边更多？价格又将如何变化？进而引申到：当价格达到什么水平时，向上和向下的压力将实现平衡？这个问题本质上是在寻找一个价格，使需求量等于供给量，如果学生在讨论过程中能自行计算出结果将会更好。讨论是为了让学生们在发现规律的过程中，尽量加深理解。对于实验经济学专业的学生，教师可以在班级中应用这一实验，进而开展有组织的课后讨论。

经济学教材中通常用一些线来描绘供给和需求，因此，可将买卖双方的价值和成本从高到低排序，见表 1-1，进而总结前面所讨论的供需问题。在第一行，价格为 11 美元，左侧买家的需求为 0，因为所有买家的价值都小于等于 10 美元。而在 10 美元（或者稍低）处，买家需求为 5，因为有 5 名买家的价值是 10 美元。左侧表格由上向下，当价格跌落到 5 美元或更低，全部 30 名买家都愿意购买，需求为 30。对于卖家而言，当价格等于最下一行的 1 美元时，供给为 0，因为所有卖家的成本均高于 1 美元。随着价格上升，即右侧表格由下至上，供给逐渐增加。注意，当价格低于 6 美元时存在超额需求，高于 6 美元时则存在超额供给，只有在恰好 6 美元的水平上供需相等（均衡）。

表 1-1　交易所市场课堂实验的买方价值与卖方成本

买家的卡片	需求量		卖家的卡片	供给量
11 美元（0 张）	0		11 美元（0 张）	30
10 美元（5 张）	5		10 美元（0 张）	30
9 美元（5 张）	10		9 美元（0 张）	30
8 美元（5 张）	15		8 美元（0 张）	30
7 美元（5 张）	20	超额供给	7 美元（5 张）	30
6 美元（5 张）	**25**	均衡	**6 美元（5 张）**	**25**
5 美元（5 张）	30	超额需求	5 美元（5 张）	20
4 美元（0 张）	30		4 美元（5 张）	15
3 美元（0 张）	30		3 美元（5 张）	10
2 美元（0 张）	30		2 美元（5 张）	5
1 美元（0 张）	30		1 美元（0 张）	0

结合价格与卖方供给，可以描绘出一条供给线，纵轴 1 美元处供给为 0（对应表 1-1 右侧末行），之后随着纵轴每增加 1 美元，横轴相应增加 5 个单位，即 $P = 1 + 0.2Q$。相似地，结合价格与买方需求，可描绘出一条需求线，在纵轴为 11 美元时需求为 0（对应表 1-1 左侧的首行），斜率为 −0.2，即 $P = 11 - 0.2Q$。联立可求出两线交点 $Q = 25$ 且 $P = 6$。这与上述实验中观测到的价格和成交量十分接近。（这种常见的供给需求线，掩盖了单位分布的不连续性，即每 5 个单位成块分布所产生的"台阶"；这一问题在第 2 章将做详尽分析。）

　　根据斯密的观点，问题的关键并不是预测成交价格，而是通过交易创造财富，即买卖双方都从自愿的交易中获益。每一笔交易都增加了几美元的总收益，而成交价格仅仅决定了价值和成本的"剩余"在买卖双方的分配。诚然，市场参与者关注的都是自己从交易中所获得的收益，但是，其实所有交易的总收益更加重要。事实上，供给线和需求线的交点使交易的回报最大化。为了让学生充分理解，可以布置课后问题——当价格为 6 美元时，哪些卖家被排除在了交易之外？（成本高于 6 美元的卖家。）读者应该尝试思考在一个低技能需求的服务市场（例如草坪护理）中，当前的价格是如何将那些高技能和高机会成本的人排除在外的。低价值买家的情形与此类同。收集交易所市场中未能达成交易的牌，可以发现它们大多具有高（卖家）成本或低（买家）价值。如有例外，通常仅涉及较小的损失，例如，一名成本为 6 美元的卖家取代了一名成本为 4 美元的卖家，那么将产生 2 美元的损失。这一年的实验中，剩下所有牌的点数均为 5、7 和 6，因此不存在效率损失。

　　在市场实验中，衡量表现的标准是实际收益（即交易所得），它代表了所有自愿交易产生的财富。这个总数与其理论最大值的百分比，便可提供一种度量效率的手段。最大值源自均衡下进行交易的买家价值与卖家成本之差。本实验中的价值和成本见表 1-2。左侧第一列，买家价值为 10 美元、卖家成本为 2 美元。如果全部 5 名价值为 10 美元的买家和全部 5 名成本为 2 美元的卖家都实现了交易（即使他们的交易对象并不是彼此），交易带来的剩余也可以用价值和成本的差值 (10 − 2) 乘以总计 5 个单位来计算，计算得出这一部分的交易剩余为 40 美元，见表 1-2 最后一行。相似地，可计算出其他部分的交易剩余为 30 美元、20 美元、10 美元，总剩余为 100 美元。（注意：此处剩余的计算并不依赖于具体谁和谁达成交易，只需要价值高于价格水平的买家从成本低于价格水平的卖家处购买产品即可。）如果存在未交易的高价值买家和低成本卖家，那么将相应造成剩余损失，这相对于总剩余而言较为有限。另外注意，如果强行让成本为 7 美元的卖家和价值为 5 美元的买家以 6 美元的价格交易，效率同样会降低。交易所市场的效率往往较高。总结如下：

　　市场交易： 在均衡状态下，价格提供了一个清晰的界限，排除了低价值的买方单位和高成本的卖方单位。因此，若以市场效率衡量，均衡往往会使交易的收益最大化。

表 1-2　价格为 6 美元，涵盖的买家价值和卖家成本

均衡涵盖的买家价值（美元）	10	9	8	7	6
均衡涵盖的卖家成本（美元）	2	3	4	5	6
剩余（美元）	$(10-2)\times 5=40$	$(9-3)\times 5=30$	$(8-4)\times 5=20$	$(7-5)\times 5=10$	$(6-6)\times 5=0$

1.3　实验经济学的早期发展

1.3.1　市场

　　在前一部分的交易所市场中，价值和成本的配置是对称的。Smith（1962，1964）考虑到非对称设计可能会使价格起点过低（如果供给线相对陡峭）或过高（如果需求线相对

陡峭）。但不同于 Chamberlin，弗农·史密斯采用一致的买家价值和卖家成本，开展了多期的市场交易。此外，弗农·史密斯还使用了"双向拍卖"（double auction）的方式，将全部买家的出价和全部卖家的要价汇总于同一个拍卖过程。相比于交易所市场中的分散化谈判，双重拍卖程序（将在下一章讨论）提供了更有组织的价格信号。这一实验方法的最大优点在于，能够测度经济中的实际剩余，进而求解实际剩余占理论最大值的百分比。买家的价值和卖家的成本在自然的市场中通常无法观察，但是，在实验室实验中却能够人为设置。因此，受控的实验保证了更好的测度。弗农·史密斯观察到价格在一系列的双向拍卖过程中逐渐收敛，即便交易者仅有 6～10 人，竞争也有效率。由于现实中绝大部分市场并不充分满足经典的"大量市场参与者"假设，此结果更加显得意义重大。

如今，经济学导论课程多从竞争性市场配置的好处开始，而之后的具体叙述则转向市场的各种缺陷，例如，可能导致市场失灵的质量信息不对称，这部分可参考 Akerlof（1970）对低质量的"柠檬市场"（lemon market）的分析。此外，现实中以保险市场为代表，有时交易中买卖双方的选择是"逆向的"，也激起实验研究的兴趣。

如今，许多市场实验的重点是设计和测试新的交易制度，例如，广播频段拍卖、水资源拍卖或应对温室气体的排放权拍卖。博弈论和实验则经由拍卖设计领域，持续对公共政策产生重要影响。针对一些价格机制不适用的情况，如学校的名额分配，部分理论和相关研究致力于通过参与者提交的偏好排序列表建立匹配机制。学生们会发现，典型的大学女生联谊会纳新（sorority rush）程序，实际上就是匹配机制的一种应用。2012 年的诺贝尔奖授予 Al Roth 便是为了表彰他在匹配机制方面的理论和实验研究。此外，在研究资产市场和相关市场的宏观问题时，也常常运用到市场实验。

1.3.2 博弈论

一直以来，有关策略互动的博弈论模型与前文提及的市场研究齐头并进。比如，"猜币"博弈中，两名参与者需选择硬币的正面或反面。二人事先便已知道，若一方猜对则获胜，赢得全部奖金。在现实中也存在与此类似的情形，比如，会计师在被审计时都希望准备得尽量充分，而审计人则希望捕捉到会计师的准备不足之处。此类情形下，每个人的最佳决策取决于另一人的期望。对策略互动的系统性研究始于约翰·冯·诺依曼（John von Neumann）和奥斯卡·摩根斯坦（Oscar Morgenstern）在 1944 年发表的著作《博弈论和经济行为》（*Theory of Games and Economic Behavior*）。他们断言，当双边的互动或小规模的互动在经济行为中扮演重要角色，关于竞争市场的传统经济学理论便不再适用。即便他们的"解决方案"并不完整，但这些"解决方案"的确解释了零和博弈的情形。在零和博弈中，一方所得即为另一方所失。反过来，虽然零和博弈可应用于一些极端竞争性的状况，如体育比赛和上述的猜币博弈，但它在全部参与者具有一致偏好的众多经济情境下不适用。

冷战初期，位于美国加利福尼亚州圣莫尼卡市的兰德（RAND）公司雇用大量经济学家和数学家，试图用博弈论来解释美苏两国的军事策略。多数的策略情境（strategic scenario）下，不难想象，核战争"赢家"的处境要差于无核战争的"赢家"。大约在同一时间，一名毕业于普林斯顿大学的年轻研究生——约翰·纳什（John Nash）进入了诺依曼的办公室，带来了一种适用于更多种博弈的均衡概念，零和博弈仅为其中一个特例。纳什所定义的均衡（和他对于其普遍存在性的半页纸的证明），于大约 50 年之后得到了诺贝尔奖委员会的认可。近些年，以纳什均衡为基石，博弈论拥有了诺依曼和摩根斯坦起初设想的那种在经济学中的核心地位。的确，纳什均衡可能是除了供给和需求的概念之外，如今使用最多的一个经济学概念。

一个纳什均衡（Nash equilibrium）是策略的一个集合，每个参与者都有一个策略，在给定其他参与者的策略的情况下，没有人可以通过单方面偏离自己的计划行动来增加自己的收益（payoff）。为了阐释此概念，不妨考虑最著名的简单博弈——囚徒困境博弈，或者更一般化地称之为社会困境（social dilemma）。假设有两名生产者，互相销售对方所需要的产品。交付给对方的产品可以是低质量或高质量的，高质量产品成本更高。对接收方而言，高质量产品价值为 3，低质量的产品价值为 0；生产者生产高质量产品的成本为 1，生产低质量产品的成本为 0。该博弈的支付矩阵见表 1-3[⊖]，其中，行参与者的决策——"高质量"或"低质量"，列于左侧；列参与者的决策，同为"高质量"或"低质量"，列于顶部。由此可见，如果双方都向对方交付高质量的产品，则双方收益均为 3（来自对方交付的高质量产品）减 1（自身生产高质量产品的成本），即每人 2 点，如表 1-3 的左上角所示。而在表格右下角，双方收益均为 0（收到低质量产品，亦无生产高质量产品的成本）。非对称收益如（3，−1）则是：其中一人收到高质量产品，价值为 3，同时向对方交付低质量产品，成本为 0；另一人则以成本 1 生产高质量产品，却收到价值为 0 的低质量产品。若上述博弈只进行一次，纳什均衡应为两人的一对策略，使得各自都没有单方面改变的动机。注意，其中（低质量，低质量）是一个纳什均衡，因为若对方交付低质量产品，那么我方若交付高质量产品，除了降低自身收益外别无他用。此外，（低质量，低质量）也是唯一的纳什均衡。例如，（高质量，高质量）就不是纳什均衡，因为双方都有在接受对方慷慨的同时，节省自身成本的动机，如此便可获得大于 2 点的 3 点收益。一般而言，囚徒困境是一个具有唯一纳什均衡的 2×2 博弈，且其中存在一个非纳什均衡，能够使双方收益都大于纳什均衡。更一般来说，社会困境表示，在包含两个或更多决策的博弈中，唯一的纳什均衡提供给每一名参与者的收益，都较其他某一非纳什均衡结果低。

表 1-3　囚徒困境（行参与者的收益，列参与者的收益）

行参与者	列参与者	
	高质量	低质量
高质量	2，2	−1，3
低质量	3，−1	0，0

纳什的均衡定义及存在性证明，吸引了兰德公司圣莫尼卡总部的研究人员，他们得知这位普林斯顿大学的研究生计划在夏天造访。于是，两名兰德公司的数学家立刻着手

⊖　此处原文为"1-2"，疑为笔误。——译者注

组织实验，严格地检验纳什的新理论。纳什的论文导师当时也在现场，注意到了写在黑板上的实验收益结果。他认为这个博弈很有趣，并为这个博弈构思了一个背景故事：两名囚犯面临是否供认的两难选择。按照这个故事设计，若两名囚犯全部拒绝认罪，则两人均能受益；但是检察官做出承诺并威胁，使两人都有了单方面供认的动机。双双供认便成为该博弈的纳什均衡。在一次面对斯坦福大学心理学系的报告中，他讲述了这个故事，进而"囚徒困境"成为博弈论这一新领域中最常被讨论的范例。兰德公司实际开展的实验中将这个双人博弈重复进行了许多（超过 100）次。

在课堂中开展囚徒困境博弈非常简单，教师只需要在黑板上写清支付结果，并给予每人两张牌：红桃或方块表示合作的决策（交付高质量产品），黑桃或梅花表示非合作决策（用低质量产品"欺骗"对方）。而后两人一组，同时展示自己选择的牌。一个纳什均衡具备如下特征：参与者在看到对方选择的卡片后，则没有动机更改自己的卡片，构成了一种"公告测试"（announcement test）。实验和讲授的过程中，应重点强调社会最优的合作结果和个人最佳的欺骗行为结果之间的密切关系，并讨论那些致力于解决该问题的商业关系具有哪些特点。

在多阶段博弈中，纳什均衡概念面临的一个问题是，它可能包含着难以置信的威胁。考虑一个最后通牒讨价还价博弈（ultimatum bargaining game），由一名参与者制定一个"要么接受 / 要么放弃"（take-it-or-leave-it）的方案，另一名参与者则必须决定接受还是拒绝。具体而言，提议者可以选择一个公平的分配方案（每人 2 点）或者一个不公平的分配方案（提议者取 3 点，回应者取 1 点）。该博弈包含两个阶段，提议者先行动，而回应者在得知前者的提案后再决策。一个策略（strategy）包含应对每种可能情况的决策。换句话说，一个策略是一套行动计划，扮演参与人在博弈中的"助手"，依策略行动则无须任何其他额外指导。本例中，提议者仅有两种决策："公平"和"不公平"。而回应者的策略则必须要覆盖两种可能情况下的全部决策，因此共有四种策略：（接受"公平"，接受"不公平"）（接受"公平"，拒绝"不公平"）（拒绝"公平"，接受"不公平"）和（拒绝"公平"，拒绝"不公平"）。如果回应者的策略是（接受"公平"，接受"不公平"），那么提议者的最优响应是"不公平"，这构成了纳什均衡。如果回应者的策略是（接受"公平"，拒绝"不公平"），那么提议者的最优响应则是"公平"，避免因遭到拒绝而一无所获。这也是一个纳什均衡，前提是回应者宁愿舍弃"不公平"提案下的 1 点收益，也要选择拒绝（得到 0）。问题出现了，回应者的威胁恐怕难以让对方相信。此时，可将博弈的第二阶段视作一个独立的博弈（一个"子博弈"），已知提议者的提案，此处仅由回应者做出决策，即在 1 点和 0 点收益中做出选择。从这一子博弈中可以看出，拒绝并不能构成均衡。

Reinhard Selten 关于子博弈完美（subgame perfection）的研究，是博弈论的一项重大推进，它排除了原有纳什均衡概念下那些子博弈非均衡的情况。此处，授课的重点不是充分解释或用实验说明精确的理论定义，而是要指出其与实验室实验的重要联系。作者经常联想到 Selten，这位从 20 世纪 50 年代就开始进行实验研究的先驱者，在研究子博弈完美时，过于依赖理论而忽略了实验，致使研究进展缓慢。直到多年以前，在阿姆斯特丹举办的一次"证据讨论会"上，他在和实验领域的其他先行者们就实验开展交流时产生了灵感：

> 我想分享一个关于子博弈完美均衡诞生的故事。在我最早的实验研究中，我也是在研究伊始，针对尚不了解或缺少理论解释的现象开展实验。很多涉及寡头垄断的情形都尚缺少清晰的理论解释。例如，我曾注意到寡头垄断下的需求惯性问题。所谓需求惯性，即未来的需求（或者说销量）依赖于前期的销量……研究之初，我们对此一头雾水。我和我的合作者 Otwin Becker 尝试为实验建立理论支撑，但是，在求取理论解时无从下手。而后，我想我们可以将问题彻底简化。我精简了问题并保留了需求的概念，进而通过实验得出均衡。但是我突然发现求出的均衡并不是唯一的，同时还存在着其他的均衡。于是，我构造了子博弈完美的概念，以找出其中唯一可行的均衡。（Svorenčik and Mass，2016）

这段文字指明了实验的一个重要优势：实验设置可以施加足够的控制，以便在实验中应用相关理论，且观察实验数据有助于激发理论的革新，使理论与行为的联系更加密切。

1.3.3　社会偏好

1950 年，在初次接触到兰德公司的实验结果后，约翰·纳什简要考虑了讨价还价行为的含义。自从纳什在大学里修了一门国际贸易课程，并意识到经济学家们对此缺少理想的建模方法后，讨价还价就成了他感兴趣的问题之一。然而，他很快就放弃了针对讨价还价的实验，大概是因为当时还没有关于公平的成熟理论，至少在经济学家中还没有。而最初搭载"要么接受 / 要么放弃"的"最后通牒"提案实验，其结果却与子博弈完美的预测结果大相径庭，一如 Selten 在阿姆斯特丹的研讨会上所说：

> 这是一个由心理学家主导的实验。在该实验中，被试的博弈对象是计算机，但其本身并不知情。计算机程序设计了固定的出让比例。实验共进行 20 期，双方交替呈交提案，其中，最后一期被试选择接受或拒绝提案。我们发现，被试通常会留给对方大约 3 美元。这与传统的经济学理论相冲突，令我非常吃惊。但是，心理学家完全不以为然。他们并没有想到这一层面的问题，而对于我来说，这是非常让人惊讶的发现。之后，我同 Werner Güth 讨论并设计了本实验。Werner 将原实验简化为仅有 1 期的最后通牒博弈，在博弈的最后选择是否接受提案。当然，他得到的结论是，非常低的提案不被接受，和这类心理学实验所预示的一样。而心理学家甚至没有注意到发生了什么不寻常的事情。（Svorenčik and Mass，2016）

如今，最后通牒讨价还价和社会困境领域的研究日益丰富，专注于公平、互惠、利他与其他影响行为的因素。特别是 Elinor Ostrom 结合实验室和实地实验的方法，研究了小规模的团体如何解决资源管理问题。作为一名政治科学家，她于 2009 年成为第一位诺贝尔经济学奖的女性获奖者。如今，一个社会困境研讨会（social dilemmas workshop）业已成型，定期研讨、交流 Ostrom 开创的这类研究。

1.3.4　有限理性

Reinhard Selten 曾从有限理性（bounded rationality）的早期研究中得到启发。有限理性是 Herb Simon 创立的概念，亦是他获得诺贝尔奖的基石。尽管在学校学习的是政治学，但 Simon 先后就职于卡内基－梅隆大学的商学院以及心理学与计算机科学系。Simon 强调决策制定者经常依靠拇指规则（rules of thumb）或直觉推断（heuristic）。他倾向于对实际行为进行研究，侧重于个体对事件和情境的适应性反应。20 世纪 50 年代，卡内基－梅隆大学掀起了一股行为研究的热潮，其中包含一些实验研究，以及一项长达一年之久的、用于 MBA 项目教学的商业游戏，亦即最初的计算机市场模拟之一。

当本书作者进入卡内基－梅隆大学就读研究生时，这股行为／实验的研究热潮业已退去，在学生们的眼中已显过时（相较于当时卡内基－梅隆大学经济学家 Bob Lucas 与 Ed Prescott 开展的令人振奋的理性预期研究）。事实上，Lucas 曾将他在理性预期上的研究归因于自己对适应性学习、适应性进程等概念的不满，认为这些概念忽视了稳态和最终结果。尽管本书作者以拍卖为主题的毕业论文是在 Prescott 的指导下，借助理性预期假设实现的模型"逼近"，但他也兼顾着与 Richard Cyert（Simon 的合作者之一，后担任卡内基－梅隆大学校长）和统计学家 Morris Degroot 共同展开的行为经济学项目。其中，一个项目的灵感来自 Cyert 的观察，发现当时的首席执行官和董事多会依据留存收益的数量进行投资决策，对留存收益的重视程度似乎要高于传统理论所强调的利率。这体现了之后被命名为心理核算（mental accounting）的行为偏向，即资金的用途受到其来源的约束。Richard Thaler 运用实验论证了心理核算以及诸多其他偏向（bias），可见于他的著作《赢者诅咒》（*The Winner's Curse*，1992）以及他在《经济展望杂志》（*Journal of Economic Perspectives*）上的"异象"（anomalies）专栏（Thaler，1988，1989；Tversky and Thaler，1990）。Thaler 在这本书中总结的见解和引用的研究结果，成为他获得 2017 年诺贝尔奖的基础。

Simon 定义的有限理性，以及心理学家与具体商业行为研究者们关于行为的诸多见解，成为如今多数的实验经济学研究的基础。任何看过实验数据的人都会注意到，人们会对强烈的激励做出反应，尽管其中一些反应表现出明显的随机性，尤其是在激励较弱的情况下。如，心理学家要求人们辨别更亮的光或更大的声音，并通过概率对反应行为进行建模。如今，概率选择模型（logit、probit 等）已经成为离散选择（例如，是否参与某项治疗或康复项目）的标准计量经济学研究工具。Dan McFadden 是这类研究的先驱，亦因此获得诺贝尔经济学奖。实验中的博弈通常也呈现为离散的选择，结合纳什均衡的概念和形成方式，亦能构造为对激励差异的概率反应，即所谓的质反应均衡（quantal response equilibrium）（McKelvey and Palfrey，1995）。这一设想能够解释纳什预测中一些看似异常的偏差。本书中也有多处以"较优响应"曲线替代尖锐的"最优响应"线。

关于人们如何运用直觉推断，一部分重要的研究进展来自历史决策结果不可得的单次博弈。例如，试想存在一个完全随机的"0 级"参与人，以及根据"0 级"参与人的行为做最优响应的"1 级"参与人，以及根据"1 级"参与人的行为做最优响应的"2 级"参与人，以此类推。虽然许多经济学中的互动重复进行，但也存在大量反例，特别是在政治、法律和军事冲突领域，而 k 级思维（level-k thinking）为分析单次博弈的实验数据提供了工具。

博弈论也在法律、政治和社会学等学科中得到了发展和应用。经济学中，博弈论对公共政策影响深远，尤其是在拍卖和市场机制的设计方面。实验刺激了与行为关系更为密切的子学科在理论方面发展、壮大，如行为金融、行为法经济学和行为企业运营（behavioral business operations，B-Ops）。诚然，博弈论是当今社会科学中最接近统一理论的理论。

1.3.5 决策和风险

一个博弈或一个市场可能涉及多人之间相对复杂的互动。有时候，单独研究个人行为的某些关键方面是有帮助的。直接而言，可以构建一个简单的决策实验，提供给参与人在两种赌博或称"彩票"（lottery）之间选择的机会：确定性的 10 美元；或抛硬币决定的彩票——正面得到 30 美元，背面则一无所获。彩票的期望价值可由收益与对应概率的乘积计算得到：$30 \times 1/2 + 0 \times 1/2 = 15$ 美元。此时，你将做何选择？另外，当面对确定性的 100 000 美元和抛硬币决定的 0 美元或 300 000 美元时，你又将做何选择？风险厌恶（risk aversion）表现为对确定结果的偏好，即便期望收益相对较低。直观上，风险厌恶类似于边际效用递减，在效用的角度，第三笔 100 000 美元就并不如第一笔 100 000 美元来得重要。风险是许多博弈的重要组成要素，诺依曼和摩根斯坦（1944）以非线性效用函数的期望价值为基础，建立起了一套期望效用理论。

期望效用的概念正式形成后不久，Allais（1953）发现许多彩票的选择无法用该理论解释。阿莱悖论（Allais paradox）激发了后续大量的实验研究，亦是阿莱获得诺贝尔奖的基础。几乎与此同时，马科维茨（Markowitz，1952）也注意到，在当前或正常的财富水平上，人们似乎具有一个基准点，他们对高于 / 低于这个基准点的风险态度不同，其中，对损失更为重视。他还为此给出了正式的定义，即如今我们所知的损失厌恶（loss aversion）。由于当时实验手段尚不成熟，马科维茨的研究结论是基于他自己向同事的提问，例如："你更愿意交给我 1 美元，还是以 1/10 的机会交给我 10 美元？"他的问题包括获得和损失两种情况，覆盖多种金额规模。心理学家卡尼曼（Kahneman，1979）和特沃斯基（Tversky，1979）则进一步延伸了这一思路，例如，考察了人们对极端概率赋予的不同权重。他们的研究结果称为前景理论（prospect theory），在解释实验数据中的异象上得到了大量的验证，卡尼曼亦凭此获得了 2002 年的诺贝尔经济学奖。

1.4 实验方法的优势

需要强调的是，一个实验的总体设计应以解决重要的政策或理论问题为目的。实验的设置应足够简单，以确保实验结果便于理解，而无须寻找其他替代的解释。根据研究目标设计几个实验局（treatment），并将其与基准组或控制局（control）进行对比，往往有助于明确实验研究的重点。这种思路贯穿后续多个章节，其中一章专门介绍方法论和统计检验。

实验室实验（laboratory experiment）在受控环境下进行，例如封闭的房间、彼此不可见的环境、最小的外界干扰。一般而言，实验中的被试会接触到不同的实验局，如密封出价拍卖和递增拍卖。组内（within-subjects）设计要求每一名被试接触两种或更多的实验局，因此，每一组被试都构成了自己的控制局。而组间（between-subjects）设计要求每一名（组）被试只接触一种。例如，为一种实验局招募 10 组被试，为另一种实验局招募另外 10 组，各小组之间不存在交叉和互动，这便是一个典型的组间设计。当个体之间存在较大异质性时，有必要让每个（组）被试充当自己的控制局，因此，组内设计很有吸引力。然而，如果存在"序列效应"（sequence effect），即一个实验局的结果可能会对随后相同被试进入第二个实验局的结果产生影响，则需要考虑组间设计。

实地实验（field experiment）在自然环境下进行，在被试不知道自己身处实验的前提下对其施加相关实验行为。例如，潜在选民接到电话或者被相关人员登门拜访，通知他关于选举义务的消息，就可能是一项实地实验。对于实验室和实地实验而言，外生地配置实验局是因果推断必须要经历的步骤。针对实际选举中的投票动员方法进行的事后研究可能带有偏向，如果有些政界人士专门针对关系密切的群体进行登门拜访。从实际出发，多数实地实验采用组间设计。尽管某些实地环境下的外部事件可能会降低对实验的控制，实地实验依然引入了更现实的背景和被试选择。此外，许多关键变量，如价值和成本，在实地环境下往往难以测度。而实验室实验可以创造一场完美风暴（perfect storm）⊖，从而突出政策建议和拍卖程序的表现。粗略地说，实验室实验通常更适合评估理论预测和政策构想的压力测试，而实地实验更适合在"正常"的情况下对政策进行评估。如果具备条件，那么将实验室和实地处理相结合有时是相当有效的。

以下术语有助于突出实验方法的一些优势：

激励（Motivation）：在符合理论模型或构想的政策的环境中，货币或其他形式的报酬可用来诱导被试展现自身的偏好。

控制（Control）：实验性试验可以保证在相同的条件下进行，无须为了诸多增加解释难度的因素（如天气、经济状况等）做出调整。

重复（Replication）：实验性试验通常会选择新的参与者群体加以重复，以消除由于个性而产生的随机波动的影响。实地实验的重复则相对困难，但有时亦可通过更换实验地点和目标群体的方式实现。

经济性（Economy）：显而易见，实验室测试的成本大大低于其他未经测试控制下的大规模试验。

测量（Measurement）：在实验室中，我们可能由表及里（look inside the box），用特定的价值和成本来测量效率等事物，而这些事物通常很难用市场上的数据来观察或估计。

⊖ 完美风暴（perfect storm）表示一系列事件同时发生所带来的结果，参考《牛津词典》。此处比喻在实验室中可以令许多现实中难以实现的条件同时满足。——译者注

有时，实地实验还会采用二次测量（secondary measurement），例如，在实验后开展后续调查，或者在针对不同捐款匹配机制的实地实验中，从慈善基金处获取其捐款者的数据。

发现（Discovery）：我们都听过"相关关系不意味着因果关系"这句话。例如，当存在第三个因素会同时影响我们所假想的"因"和"果"时，就会发生上述问题。因此，通过保证其他因素不变，则可分离出处理条件变化所产生的影响。

探索（Exploration）：通过实验有可能实现"触类旁通"（think outside the box），我们可以利用实验来测试从未有过的新市场制度或政治制度。随着信息处理和社交媒体技术的进步，这一优势得到了放大。此类技术使得新型的政治和经济互动成为可能，例如，使排放权出售机制对市场环境的变化做出反应。

压力测试（Stress Testing）：在不利的"完美风暴"中，评估不同种类的市场和机制的表现，对于实验研究非常重要。

示例性（Demonstration）：实验可以用来证明一个程序是可行的，并给予决策者尝试的信心。实验也可以用于教学；要理解某一种过程，最好的方法往往就是亲自去体验它。能将问题简单化的实验方法，相比于抽象的经济模型和图表而言，可谓一种弥补和平衡。

1.5　实验经济学与经济科学学会（ESA）

20 世纪 80 年代，史密斯和同事、学生在亚利桑那州建立了第一个大型实验经济学实验室，并开始开发与实验配套的计算机互动界面。随着在图森（Tucson）[⊖]召开的一系列会议，这一学术团体逐渐壮大。其中，在 1986 年的一次会议上，经济科学学会（Economic Science Association，ESA）成立了。学会的历任主席皆是对实验经济学贡献卓著的学者：Vernon Smith、Charlie Plott、Ray Battalio、Elizabeth Hoffman、Charlie Holt、Bob Forsythe、Tom Palfrey、Jim Cox、Andy Schotter、Colin Camerer、Ernst Fehr、John Kagel、Jim Andreoni、Tim Cason、Al Roth、Jacob Goeree、Yan Chen 和 Cathy Eckel（截至 2017 年仍在任）。

本书作者于 20 世纪 90 年代曾和 ESA 成员接触，希望能创办一本期刊，这一想法最初遭到反对。人们担心的是，如果一份期刊过于专业，那么其中重要的观点会被边缘化，对经济思想的发展也将影响甚微。而在当时，阿姆斯特丹大学（University of Amsterdam）亦举办了一系列小型的实验经济学会议，该大学同样配备有一个经济学实验室。于是在多次尝试和 ESA 合作未果后，作者和阿姆斯特丹会议的组织者之一——Arthur Schram 联合，计划创办一本期刊，并由荷兰出版商 Kluwer 出版发行。该期刊的四位顾问编委是 Vernon Smith、Reinhard Selden、Al Roth 和 Charlie Plott。我们询问了 ESA 是否愿意将此期刊作为学会期刊。ESA 当时的主席 Tom Palfrey 同意了，他们愿意将此期刊纳为学会刊物之一！而且，在争取 ESA 的欧洲成员支持的过程中，他通过谈判达成协议，由欧洲和美国交替举办定期学会会议。此外，Kluwer 出版商的代表 Zac Rolnik 同意，在几年内向

⊖　美国亚利桑那州南部城市。——译者注

成立已久的德国实验经济学学会免费提供此刊。

　　《实验经济学》（*Experimental Economics*）于 1998 年正式发行，而 ESA 的第二本期刊《经济科学学会期刊》（*Journal of the Economic Science Association*）也于 2016 年问世。《实验经济学》在 20 年前大约每周收到一份投稿，而今平均每天就收到一份。此刊精挑细选刊登内容，"影响因子"颇高，且容量在这些年间也翻了一倍。若具备 ESA 会员资格，除了能获取此刊，还将收到有关即将开展的会议的意见征询和通知。ESA 欢迎学生会员的加入，并每年在美国和欧洲召开全体会议，也会在亚洲和太平洋地区召开地区级会议。

　　图 1-2 展示了实验经济学文献的爆炸式增长。上方灰色线由作者自行统计，始于 Chamberlin 于 1948 年发表的论文。黑色线始于《经济学文献期刊》（*Journal of Economic Literature*）在 1991 年更新学科分类之后，其中仅包括标有"实验设计"代码的论文，不包含图书和收录于文集中以及其他学科的论文。相比于本书第一版发行时的 2007 年，实验经济学领域年出版物的数量已是其 3 倍，许多新思想都被纳入本书接下来的章节中。

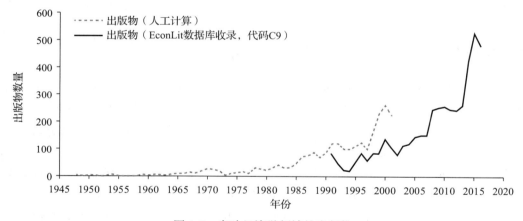

图 1-2　实验经济学领域的出版物

　　经济学领域目前有许多令人振奋的进展。经济学实验已经被整合进高中教学和经济学导论中。理论研究者通过实验，应用并检验他们的构想；政策制定者也越来越重视在全面推行前，对所提出的机制进行可控的测试。如本书最后几章所示，实验方法已经被用于设计大型拍卖（如 FCC 的频谱拍卖以及排放权拍卖）和人员与工作岗位的匹配系统（如住院医生和医院间的匹配）。在法律、商业、宏观经济学、金融等领域也出现了实验经济学子领域。对行为感兴趣的诺贝尔奖得主越来越多，提醒着我们这些研究已经产生了重要影响。经济学正在以自己的方式逐渐成为一门实验科学！

第 1 章习题

（所有习题的提示见附录 A，但在向附录 A 求助前，应该先尝试着自己完成这些题目。）

1. 使用表 1-1 中近似得到的供给和需求公式，求解价格和数量。公式为：需求 $P = 11 -$

0.2Q，供给 P = 1 + 0.2Q。

2. 考虑一个由 8 个买家和 8 个卖家组成的市场。买家的价值分别是 10、10、10、10、4、4、4、4。卖家的成本分别是 2、2、2、2、8、8、8、8。那么，当价格为 9 时，会存在超额供给还是超额需求？（简要解释）

3. 同第 2 题中的市场结构，当价格为 3 时，会存在超额供给还是超额需求？（简要解释）

4. 同第 2 题中的市场结构，当价格为 6 时，会存在超额供给还是超额需求？（简要解释）在该价格下将会有多少个单位的交易达成？总剩余（所有交易的总价值减去总成本）是多少？

5. （开放性问题）同第 2 题中的市场结构，如果某些交易的价格高于其他交易，如何实现 8 个单位全部交易？

6. 当实现第 5 题中不同价格下的交易时，总剩余（总价值减去总成本）是多少？如何测度效率？

CHAPTER 2
第 2 章

价格发现与设限

　　如果买卖双方可以像在交易所一样，公开地进行沟通，那么，价格和数量是可预测且有效率的。此时，结果与理论预测的偏差往往相对较小，微小的偏差或许来自不完全信息。

　　教师须知： 开始本章之前，应该先进行一次课堂实验。如果在前一章已经通过扑克牌开展了交易所市场实验，本章可以选用 Veconlab 网站"市场"（market）列表下的集合竞价市场（call market）程序。此程序允许教师在每一轮结束（按下停止按钮后），从线上修改实验局设置（价格上限、价格下限、税、需求变动、交流等）。此外，程序还能快速地计算每轮结果并以图形的形式展示（从教师"admin"界面获得）。

2.1　交易所市场

　　Chamberlin（1948）开展了第一个市场实验，他令学生们扮演买家和卖家，就交易价格相互进行谈判。该实验的目的是阐明现实与完全竞争的传统理论之间存在系统性的偏差。但讽刺的是，如今这种实验最主要的用途是去寻找有效率的竞争市场所必需的条件。

　　在他的实验中，每一名卖家拿到一张有数字的纸牌，代表其"成本"。例如，一名卖家的成本可能是 2 美元，另一名则可能是 8 美元。卖家收益源于售价与自身成本之差。因此，成本为 2 美元的低成本卖家需要寻找高于 2 美元的售价，成本为 8 美元的高成本卖家则需要寻找高于 8 美元的售价。达不成交易则卖家无须支付成本，即，产品交易采用"定制"形式。卖家不会以低于成本的价格出售产品，因为届时收益为负。类似地，买家卡片上的数字代表"价值"。以一名价值为 10 美元的买家为例，若能通过谈判以低于自身价值的价格成交，其收益即为 10 美元减去成交价格。而如果有买家的价值较低，比如 4 美元，自然会拒绝所有成交价格高于 4 美元的交易，因为以高于自身价值的价格购买产品收益为负。

市场中包含若干组买家和卖家，他们可以相互进行谈判，谈判既可以是双方的，也可以是多方的。除市场的"结构性"要素（买卖双方的数量、价值和成本）外，我们还必须考虑市场价格谈判的性质。市场制度（market institution）是关于交易规则的一套完整定义。以明码标价拍卖（posted-offer auction）为例：卖家报出一个价格目录，之后若买家想以公示的价格买入产品，则可联系卖家，且产品不允许打折。这种市场制度多应用于零售市场的实验室研究，特别是当市场中仅有少数人报价、多数人只能选择是否接受时，往往会形成这种一方报价、另一方回应的不对称制度。令人数少的一方报价可以减少信息成本，且这一方可能会掌握市场势力（market power），以"要么接受 / 要么放弃"（take-it-or-leave-it）的方式制定市场价格。相比之下，Chamberlin 所使用的市场制度是对称的，也相对缺少结构性；他令买家和卖家混合在一起进行双边或小组谈判，就如同交易所中的期货合约交易员。有时候，Chamberlin 会在交易发生时公布成交价格，这就像现实中大宗农产品交易所的市场管理人员会监控交易大厅，并用电子化的手段将合约价格迅速地向全世界公布。也有时候，Chamberlin 不公布成交价格，这会导致交易谈判更加分散化。

假设市场结构如表 2-1 所示。买家包括价值为 10 美元和 4 美元的买家各 4 人。相似地，卖家则包括 4 名成本为 2 美元的卖家和 4 名成本为 8 美元的卖家。图 2-1 展示了此设置下开展的一次交易所市场课堂实验的结果。实验的参与人是弗吉尼亚大学教育学院的学生，他们对中学经济学教学的新方法感兴趣，因此参加了实验。当一名卖家和买家就价格达成一致，他们将前往价格记录台汇报交易价格，并检验以确保成交价格居于卖家成本与买家价值之间。图中每一个点对应一笔交易，可见，实验第 1 轮（期）成交了 5 笔交易，第二轮成交 6 笔，后两轮各成交 4 笔。成交价格在前两轮相对离散，之后稳定在 5 ～ 7 美元。

表 2-1　一个市场的例子　　　　　　　　　　　（单位：美元）

	价值		成本
买家 1	10	卖家 9	2
买家 2	10	卖家 10	2
买家 3	10	卖家 11	2
买家 4	10	卖家 12	2
买家 5	4	卖家 13	8
买家 6	4	卖家 14	8
买家 7	4	卖家 15	8
买家 8	4	卖家 16	8

接下来，让我们考虑为何交易结果会向"每期 4 笔、成交价 5 美元到 7 美元"收敛。注意，每期最高交易量为 8。例如，假设 4 名高价值（10 美元）的买家与 4 名高成本（8 美元）的卖家以 9 美元的价格成交，4 名低价值（4 美元）的买家与 4 名低成本（2 美元）

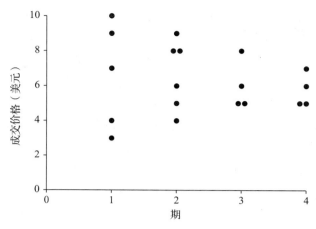

图 2-1 以表 2-1 中实验设计开展的实验，所得的成交价格序列

的卖家以 3 美元成交，这时全部卖家均售出产品，市场中的成交量为 8，且所有卖家和买家各自获得 1 美元收益。但是，这种情形下的成交价格高度离散，一部分人的价格居于8 ～ 10 美元，而另一部分人的价格则居于 2 ～ 4 美元。在图 2-1 中，成交价格在初期确实表现出类似的离散特征，一些高成本的产品以高价格成交，一些低成本的产品以低价格成交。而到了第 3 期，成交价格即已经收敛到 5 ～ 7 美元，高成本的卖家 / 低价值的买家无法再出售 / 购买产品获利。此时只有 4 单位低成本的产品售卖给 4 名高价值买家。

离散度降低的原因显而易见。若成交价格为 9 美元，则全部 8 名卖家都愿意（甚至渴望）出售产品，但只有 4 名高价值的买家愿意购买。这便产生了（卖家间的）竞争状态，卖家可能会压低售价以卖出产品，进而使市场价格降低。反过来，假设最初的成交价格在 3 美元附近，如此之低的价格使得全部 8 名买家都愿意购买产品，但只有那 4 名低成本的卖家愿意出售，于是这 4 名卖家有能力在不失去交易机会的同时去提高价格。

最后考虑当价格居于 4 ～ 8 美元的情形。例如，当价格为 6 美元时，每一名低成本卖家赚取 4（＝6－2）美元，高价值买家也能得到 4（＝10－6）美元。加总可知，达成交易的这 8 人总共得到了 32 美元的收益。相比于价格离散情形，即每人获得 1 美元、16 人总计 16 美元的收益，总收益显著提高。在此例中，减少价格离散度导致交易量缩减一半，总收益却翻倍。从总收益的角度来看，减少价格离散度对买家和卖家整体有利；但同时也将高成本的卖家和低价值的买家排除在交易外，导致他们的状况变糟。然而，排斥这些人的同时，经济效率却得到了提升。卖家成本高的原因在于使用资源的机会成本，这也意味着若将其所用资源转移给其他用途，可实现更高价值。此外，那些低价值买家也不愿支付高于此机会成本的价格。

如第 1 章所述，测度市场效率的一种方法是，将全部参与者的实际收益与可能实现的最大收益加以比较。简单计算就可证明，32 美元即是此市场中所有交易组合能实现的最大收益。依据此法，图 2-1 中最后两轮的市场效率为 100%，其中，全部 4 笔交易均来自高价值买家和低成本卖家。如果此时发生了第 5 笔交易（比如图 2-1 的第 1 期），由于第 5 单位产品的高成本（8 美元）超过了低价值（4 美元），总收益势必降低，降幅即为高成本与低价值的差值 4 美元，总收益将从 32 美元降至 28 美元。届时，市场效率为 28 美元 /32 美元 = 87.5%。而第 2 期的 6 笔交易，则更是降低效率至 75%。

　　这个市场的运作可以用标准的供需图加以说明。首先考虑成本为 2 美元的卖家。此类卖家不愿意以低于成本的价格出售，而在价格高于成本时愿意卖出（1 单位）。因此，他们的个人供给函数在 2 美元处呈 "台阶" 状。于是，全部卖家的总供给在价格低于 2 美元时为 0，但只要稍微高于 2 美元，则 4 名低成本的卖家立即愿意出售产品，总供给直接从 0 跃升至 4。供给函数的另一台阶位于 8 美元的位置，只有高成本台阶往上，另外 4 名高成本卖家才愿意出售产品。市场的供给函数即如图 2-2 所示的实线，对应的两种价格各存在一个台阶。需求函数也可用类似方法构造。价格高于 10 美元，没有买家愿意购买产品。但当价格稍微低于 10 美元，需求直接跃升至 4 个单位。需求函数的另一台阶在 4 美元的位置，如图 2-2 中的虚线。低于 4 美元的需求线是垂直的，此时所有买家都愿意购买产品。供给和需求函数在 4 ~ 8 美元的价格区间重叠，成交量为 4 个单位。在这一区域的任何价格下，供给等于需求，市场结果达到竞争均衡。若价格低于此区间，便存在超额需求，驱使市场价格上升。若价格高于此区间，则存在超额供给，驱使市场价格下降。

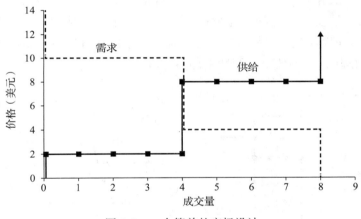

图 2-2　一个简单的市场设计

　　从图 2-2 中可以直观地看出，这种设计的最大总收益为 32 美元。假设每一名交易者的价格都为 6 美元。横坐标左侧起的第 1 个单位产品的（买家）价值为 10 美元，而买家为此支付的价格为 6 美元，因此，剩余的买家价值即为二者之差值 4 美元。后续第 2、3、4 个单位产品的剩余计算与此相同。消费者剩余（consumer surplus）是这四名消费者的剩余之和，即 16 美元。注意，消费者剩余正是需求曲线之下、支付价格之上的这块区域。由于卖家赚取的是价格与成本的差值，生产者剩余（producer surplus）（同样是 16 美元）则是生产曲线之上、支付价格之下的区域。总剩余（total surplus）是消费者剩余和生产者剩余之和，等于需求曲线之下、供给曲线之上（二者相交处左侧）的整片区域。总剩余区域等于横轴的 4 个单位产品乘以垂直距离 (10 - 2)，为 32。总剩余和每单位产品的交易价格无关。例如，若成交价格增高，消费者剩余将减少，反之生产者剩余将增加，但总剩余依旧为 32 美元。另外，增加第 5 个单位的交易将降低总剩余，这是因为其成本 8 美元高于价值 4 美元。

这类剩余计算并不局限于图 2-2 中具体的需求和供给函数。单位产品的剩余是其价值（需求曲线的高度）和成本（供给曲线的高度）之差。因此，需求和供给曲线之间，自二者相交处向左的区域便代表了可能的最大总剩余。即便需求和供给曲线相比图 2-2 有更多台阶，亦不改变此计算方法。

交易所市场交易：当成交价格公布，公共信息趋向于降低价格离散度，并将高成本卖家和低价值买家排斥在交易外。通过这种方式，市场参与者对价格进行调整，将使供给和需求数量相等，往往能够创造更高的总剩余。这体现于全体交易者的总收益，尽管总剩余最大化并不是任何一人的意图或目标。

图 2-3 中展示了一次课堂实验的结果，实验包括 9 名买家和 9 名卖家，市场结构采用了一个"台阶"更多的不对称设计。注意，需求曲线的左侧部分相对"平坦"，使得竞争价格区间（7 ～ 8 美元）相对较高。在此区间内，消费者剩余远小于生产者剩余。右图中展示了此交易所市场中两期交易的结果，按照交易发生的顺序排布。最初的成交价格为 5 美元，居于最高值和最低成本之间。之后，价格似乎由下而上地向竞争价格收敛，这可能是因为买家对越发不平等的收益分配的抗拒。两个交易期中，全部 7 名高价值买家和 7 名低成本卖家都达成了交易。同前一个例子一样，价格最终停留的区间将高成本卖家和低价值买家排除，市场效率在两期中均为 100%。

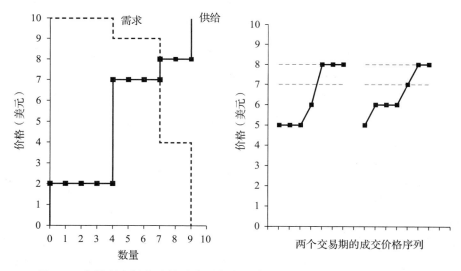

图 2-3　交易所市场实验的需求（虚线）、供给（实线）和成交价格（方点）

在图 2-3 中，不对称结构使起始价格难以落在均衡价格区间，这样设计是为了阐释价格调整的典型特征。两期之中，成交的第一个单位都是图 2-3 供需图左侧价值为 10 美元、成本为 2 美元的情况，且最初的成交价在 5 ～ 7 美元。而后，剩余的交易者则更接近竞争"边际"，更倾向于成为边际交易者。因为剩余的买家价值为 9 美元和 4 美元，卖家的成本为 7 美元和 8 美元。显然，成交价格一定会高于 7 美元，使价格趋近于我们对期末竞争价格的预测。初期卖掉产品的卖家一旦观察到期末更高的成交价格，便会在下一期中等待价格提高再出售。类似地，买家预期到价格在每一期都将上升，也会争取尽早地购买产品。这将会推动第二期的成交价格更早上涨。总结如下：

　　价格收敛： 交易所市场中的价格收敛受到如下趋势的影响：更有利可图（highly profitable）的单位（供需图左侧）倾向于更早成交，而剩下的那些"靠近边际"的交易者将在竞争价格附近展开谈判。由于预期到价格在每期末段上涨，价格离散度将在后续各期逐渐减弱。

2.2　弗农·史密斯的双向拍卖

　　前面讨论的课堂实验的谈判在教室中间区进行，其中，一些交易者选择两两成对、私下达成交易。但即便如此，他们仍然能够获知其他人的公开报价，这一过程降低了价格的离散程度。于是，教室中的谈判区域发挥了交易厅的功能。对一名高价值买家来说，支付 10 美元也好于不交易。但是，如果存在着要价更低的卖家，他可能就不愿意支付这么高的价格了。相似地，低成本的卖家观察到更高的出价之后，也可能会对低价格失去兴趣。就这样，关于先行价格的完善的市场信息将会降低价格的离散程度。高度离散的价格意味着高成本的卖家和低价值的买家能够卖出 / 买入产品，而更低的离散程度也就意味着这些"超边际"（extra-marginal）的交易者被排除在外。

　　Chamberlin 的实验报告里提到，市场中实际达成的交易数量往往"远多于"完全竞争的预测值。他对这种现象的解释是，小组式的谈判可能导致了价格离散。为检验此猜想，他提取出了实验里用卡片代表的价值与成本，进而模拟（simulate）了分散化（decentralized）的交易过程。此模拟并不是由学生扮演交易者的实验室实验，而是运用数学方法，类似于如今的计算机模拟。

　　对于规模为 2 的组，Chamberlin 将成本卡和价值卡打乱并随机两两抽选，若抽出的价值高于成本，则视作以二者的中间值"达成"一笔交易。相反，若未能达成交易，则将两张卡片重新放回牌堆，继续随机抽选过程。通过仅有 4 名买家与 4 名卖家的例子，有助于理解随机配对过程如何运作。如果配对的恰巧是 2 名高价值买家与 2 名低成本卖家，那么将总共只有这 2 笔交易达成。只有当高价值买家与高成本卖家配对、低价值买家与低成本卖家配对，全部 4 单位的产品才能交易。中间情形则是达成 3 笔交易，如以下价值 / 成本组合：10/2、10/8、4/2 和 4/8，字体加粗的三组能够交易成功。总结而言，本例中的随机匹配可能产生 2、3、4 笔交易，经过几次模拟会让人倾向于相信平均有 3 笔交易发生。

　　对于规模为两人以上的小组，Chamberlin 打乱卡片后将其随机分组，然后根据需求和供给的交集计算每个小组竞争均衡下的成交量。表 2-2 中的 4 买家和 4 卖家的例子相当于一个 8 人小组，也就是说，8 人小组竞争均衡的成交量为 2。这论证了 Chamberlin 在模拟中发现的普遍结论，随着小组规模扩大，成交量逐渐下降。

表 2-2 一个 8 名交易者的案例

	价值（美元）		成本（美元）
买家 1	10	卖家 5	2
买家 2	10	卖家 6	2
买家 3	4	卖家 7	8
买家 4	4	卖家 8	8

需要注意模拟方法和由人来参与的实验室实验之间的关系。实验发现的经验性规律（过剩的成交量）推动了理论模型的建立（子小组内的竞争均衡），而模拟又证明了此模型符合以上规律。通常而言，计算机模拟可应用于那些复杂且难以求解分析的模型，推断其具备何种特性。这类模型往往具有均衡外（out-of-equilibrium）行为和动态调整。在研究中也可倒置上述流程，先通过计算机模拟进行预测，再借助由人参与的实验室实验加以检验。

上述模拟分析显示，随着市场信息的集中，所有的交易者了解"当前"的要价、出价和成交价，市场效率也逐渐提高。弗农·史密斯在哈佛大学曾参加过 Chamberlin 的一些实验，从中得到启发想要设计一种效率更高的交易制度。在亲自开展过一些课堂实验后，史密斯开始使用"双向拍卖"的交易制度。其中，买家出价、卖家要价，所有交易者只能看到当前尚未成交合约中的最高出价和最低要价，且买家可以随时给出更高的出价，卖家亦可随时给出更低的要价。采用这种方式，出价/要价的差距一般会逐渐缩小，直到有一方接受了对方的价格，即一名卖家接受了一名买家的出价，或一名买家接受了一名卖家的要价，从而完成一笔交易。因为这种交易机制中同时涵盖了买方（向上出价，类似于古董拍卖）与卖方（向下要价，类似于承包商互相削价），故称作双向拍卖（double auction）。当两个进程汇合时，即一名卖家接受了一名买家的出价，或一名买家接受了一名卖家的要价，交易便会发生。

表 2-3 展示了一个典型的双向拍卖的出价和要价序列：首先，买家 2 出价 3.00 美元，而卖家 5 要价 8.00 美元。而后，卖家 6 将要价降低到 7.50 美元，买家 1 先后出价 4.00 和 4.50 美元。这时，卖家 7 更新要价为 6.00 美元，买家 2 选择接受。

表 2-3 谈判的价格序列

	出价（美元）	要价（美元）	
买家 2	3.00		
		8.00	卖家 5
		7.50	卖家 6
买家 1	4.00		
买家 1	4.50		
		6.00	卖家 7
买家 2	接受 6.00		

双向拍卖中的公共信息包括：出价 / 要价和历史成交价格。这些信息使参与交易的小组规模扩大，将降低价格的差异并增进市场效率。Smith（1962，1964）报告道，即便市场交易参与者人数相对较少（4 ～ 6 人），且无他人的价值和成本信息，双向拍卖仍能够使市场效率达到 90% 以上。某种程度上，双向拍卖要比交易所市场更加集中化，后者并没有排除交易者私下进行双边谈判的可能。双向拍卖与纽约证券交易所（New York Stock Exchange）的证券交易方式颇为相似，在那里由专人负责收集买卖双方的出价和要价，所有交易都通过行情显示系统（ticker tape）加以展示。总结如下：

双向拍卖交易： 双向拍卖具有集中化性质，它提供了"当前价格"的清晰走势，这排除了高成本卖家和低价值买家，从而提高了市场配置效率。

除了集中公布全部出价、要价和成交价信息外，史密斯还在他早期的市场实验中引入了另一个关键特征：连续多期（period）或多交易日（trading day）的重复交易。图 2-4 清晰地展示出重复交易的影响，此图出自通过 Veconlab 网络界面开展的一场课堂实验。实验中共进行了 4 期交易，前两期的供给和需求曲线为左图中靠下的那两条灰色曲线；交易者的成本和价值随机生成，决定了供给和需求曲线"台阶"的位置。右图中竖线分割出了 4 期交易的成交价格序列。前两期中第 2 期的价格收敛到了竞争水平附近。一组来自较高区间的新随机抽取导致了第 3 期中需求和供给的上升转移。这种转变导致价格稳步上升，到最后会趋同到均衡。

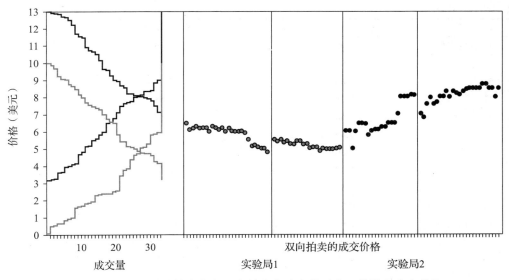

图 2-4　第 2 期后结构变化的双向拍卖实验中的需求、供给和成交价格

2.3　集合竞价市场的交易

想象在一场拍卖中，可供销售的商品数量固定为 Q，买家在交易期内提交出价，最

高的 Q 个出价暂时被接受，出清价格为被拒绝出价中的最高值。例如，如果 $Q=3$ 时共有 10、9、8、7、6 这 5 个出价，那么，其中最高的 3 个将暂时被接受。直到市场正式关闭前，随时可以更改出价。一旦正式关闭，当时被接受的出价最终成交。假设市场关闭时的出价仍同上述情形，那么，出价最高的三位（出价为 10、9、8）将购得一单位商品，且只需支付被拒绝的最高出价——7。由于得标者支付的出清价格相同，以上拍卖属于统一价格拍卖（uniform price auction）。注意，市场出清价格必然位于出价数列与垂线 Q 的交点。统一价格拍卖广泛地应用于固定数量的执照或排放许可的销售当中，例如由美国东北部九州管理的区域温室气体倡议（Regional Greenhouse Gas Initiative，RGGI）；相似地，加利福尼亚 / 魁北克和欧盟的温室气体排放权也采用了类似方式。这些我们将在后面有关多单位拍卖的章节中加以讨论。最初，实验经济学家设计和测试了此类拍卖，比较了不同拍卖形式下的市场效率和其他绩效指标，例如，中标者支付自己出价的出价即支付（pay-as-bid）拍卖形式。

集合竞价市场（call market）是一种简单的双边统一价格拍卖，临时的出价和要价分别由高到低、由低到高排序，构成了"显示"需求和供给数列，交点即为市场出清价格。例如，在表 2-4 的报价界面中，ID 为 1 的买家报出了 3 个出价，在左列中由"（你的出价）"标明。对买家 1 而言，3 个单位的商品的价值分别为 11 美元、6 美元和 5 美元，他的出价则分别比价值少 0.01 美元。

表 2-4　集合竞价市场的出价 / 要价记录

暂时价格 = 7.60 美元

ID	出价（美元）	—	要价（美元）	ID
1（你的出价）	**10.99**	—	**7.05**	**6**
3	**8.51**	—	**7.48**	**12**
5	**8.00**	—	**7.55**	**2**
11	**7.70**	—	**7.55**	**4**
9	**7.60**	—	**7.59**	**10**
7	**7.60**	—	**7.60**	**8**
7	7.60	—	8.05	6
5	7.50	—	8.10	8
3	6.50	—	10.00	2
11	6.00	—	10.00	10
1（你的出价）	5.99	—	11.00	22
9	5.00	—	12.10	6
1（你的出价）	4.99	—	12.10	8
3	4.00	—	15.00	10

ID 为 1 的买家仅需支付市场出清价格，此时为 7.60 美元，他的出价 10.99 美元可以一定程度上防止期末价格突增导致竞标失败。暂时被接受的出价显示为粗体（Veconlab 界面中显示为绿色）。临时价格不能低于 7.60 美元，否则买方的价格将低于卖方。对于买家 1 而言，以 7.60 美元的价格购买商品，将在本期获得 $11 - 7.60 = 3.40$ 美元的收益。买卖

双方都有动机向靠近边际的方向移动，使该拍卖成为一种竞争机制。另外，若价格出现平局（tie）[⊖]，则通过随机分配的方式决定。

图 2-5 展示了一个 Veconlab 中的集合竞价市场实验最初 4 轮的交易结果。市场中共有 6 名买家和 6 名卖家。每一名买家最多购买 3 个单位商品，价值按高、中、低递减。相似地，每名卖家最多生产 3 个单位商品，生产成本从低向高递增。每一轮中，每人分配到的价值或成本都是随机抽选的，虽然不同，但总需求和总供给保持恒定。买家价值和卖家成本都是均匀分布的，因此，需求和供给数列总体接近于线性，可以通过标准的福利损失三角计算理论剩余。

在图 2-5 中，每一轮中的圆点表示该轮成交的商品。左侧的供给和需求曲线相交于 12 美元附近一段狭窄的价格区间，对应的成交量为 12 个单位。第一轮中，出清价格略高于 12 美元，成交量为 10 个单位，市场效率为 90%（图中第一轮的正上方有标注）；而到了第二轮，成交量提高到 11 个单位，市场效率也达到 99%。

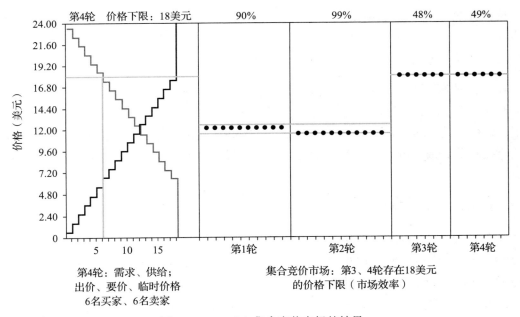

图 2-5　Veconlab 集合竞价市场的结果

这个集合竞价市场程序，允许管理者随时变更处理条件。在观测到价格收敛后，管理者在第 3 轮和第 4 轮中加入了强制的价格下限 18 美元。根据预测，价格会上升至恰好等于下限 18 美元，成交量减少一半至 6 个单位。买家中价值最高的 6 人将会购买商品，一定程度上缓解价格下限带来的效率损失。事实上，效率损失幅度与预测结果高度一致，第 3 轮和第 4 轮的效率下降到了 48% 和 49%。

在类似上述结果的汇报过后，同学们被问到为什么效率如此之低。他们的回答包括

⊖　此处表示在出清价格上存在多个相等的出价 / 要价，使买卖中的某一方的数量高于对方。例如，表 2-4 中左侧的第 5、6、7 行，出价均为 7.60 美元，共有 7 个出价位于出清价格 7.60 美元以内，而同时只有 5 个要价位于出清价格以内，位于边界上的三名买家即为"平局"。——译者注

"有限理性""过度自信"(overconfidence)以及其他各种心理偏向。另一个问题是:"当存在 18 美元的价格下限时,哪些卖家愿意出售商品?"他们的回答自然是全部卖家,且只有 6 名高价值买家愿意以如此高的价格购买。再下一个问题是,如果全部卖家愿意出售商品,那么其中哪 6 个卖家最终能如愿以偿呢?答案是,价格平局下,采用随机数抽取的方式决定各卖家。具体到实验中,低成本、高利润率的卖家急于降价,但价格下限约束阻碍了价格发挥卖家选择(seller selection)功能;最终,一些高成本的卖家也达成了交易,使市场效率受损。在这个对称设计中,若最终出售商品的是成本最低的 6 个卖家,那么,由一般教材中所介绍的福利损失三角,可知市场效率将达到 75%(见本章练习题 4)。相比于实际实验当中,限价下不完美的卖家选择,仅有 50% 的市场效率,而"标准"的预测结果要高出许多。正如将在后面章节中看到的,垄断造成的产出减少同样造成市场效率的损失,但由于垄断者不得不通过使用成本最低的产能单位来有效地组织生产,这些损失会得以缓解。总结如下:

价格控制(price control): 一个有约束力的价格下限阻止了价格的运行,以排除高成本的卖家,这带来了严重的效率损失后果。这些效率损失比垄断造成的类似产量减少所造成的损失大得多,因为在垄断下,生产是有效组织的。

在不同情况下,有各种各样的理由支持价格控制的施行,其中,既有经济的原因,也有政治上的考虑。但是,实验却着重强调了价格控制对市场效率的负面影响。实验提供了"盒中窥物"(inside the box)的机会,且能够控制哪些单位得以售出;相比于现实中无法直接观测到成本的市场,实验中的市场运行过程也要简单许多。

2.4 扩展与进一步阅读

以 Colander、Gaastra 和 Rothschild(2010)的观点为基础,Finely、Holt 和 Snow(2018)分析了价格控制实验中的效率损失。他们的思路是,存在价格下限时,通常率先使用低成本单位的边际成本曲线,将随着随机配给量在一个约束价格下限上向上移动。换句话说,一条随机配给边际成本(random-rationed marginal cost)曲线位于个体单位成本数列之上,更高的成本造成了实验中巨大的福利损失。

本章介绍的简单实验可以在许多方面做出变化,例如:提高买家的价值来提高需求,这将会使价格上升;增加卖家数量往往会使供给曲线向外移动,从而使价格下降。对买家征收每单位 1 美元的税(理论上)将使需求曲线向下移动 1 美元的距离。为了理解这一点,不妨假设一名买家的价值为 10 美元,但每购买一单位的商品须支付 1 美元的税,于是净价值下降至 9 美元。同理,需求曲线上的每个单位都将下移 1 美元。反之,如果对每名卖家征收每单位 1 美元的税,使成本以类似的方式增长 1 美元,供给曲线将会上移 1 美元。还有一些扩展将会在本书后续市场实验部分关于市场势力的章节中加以考虑。

在众多的市场制度中,Chamberlin 的交易所市场(pit market)与交易所内的期货合约交易联系最为紧密,而史密斯的双向拍卖(double auction)更近似纽约证券交易所的证券交易。集合竞价市场（call market）（价格由买卖双方的出价和要价序列的交集决定）有时会用于电子交易，在传统证券交易所中，也有以此方法来决定开盘价。明码标价拍卖（posted-offer auction）（卖家采用"要么接受 / 要么离开"的方式定价）则与卖家少、买家多的零售市场比较接近。Davis 和 Holt（1993，见第 3 章和第 4 章）通过详尽而有开创性的实验，对比分析了双向拍卖和明码标价市场交易。

不同的交易制度具有不同的特性和应用范围，其实际结果与竞争预测并不完全匹配。然而，从市场效率的角度分析是有益的，市场效率通过实验获得的收益与最大收益之比衡量。但是，评估多个备选的许可证拍卖方案时，除了考虑效率也会兼顾其他因素，如卖家所分得的剩余收益。这可见于 Holt 等人（2007）的咨询报告，其中总结了用于 RGGI 的温室气体排放拍卖的各种实验。自 2008 年该计划启动以来，这类统一价格拍卖一直按季度进行。

本章所讨论的理论预测均源自对供给和需求的分析。在竞争模型中，买卖双方只能作为价格接受者。当市场参与者发觉自己能够充当价格制定者，有能力向对自己有利的方向推动市场价格，那么，竞争模型的预测结果往往不佳，与实际结果存在较大差距。唯一的垄断卖家通常会将价格提高到竞争水平之上；而在集中程度足够高的市场中，少数卖家也能如垄断厂商一般行事。实验表明，市场势力的行使要比看上去困难，因为若一名卖家为了提价减少销量，这名卖家很可能会等待价格上涨后再出售，届时将导致价格再度回落。关于市场势力的运作方式，本书将在后续有关市场机制和市场势力的章节中专门讨论。

如何利用市场势力属于一种策略决策，相关理论模型属于博弈论（game theory）的范畴，运用博弈论的知识对相互关联的策略决策展开分析。理解"相互关联"的意义对此至关重要，因为一个企业的价格涨幅取决于它对其他企业价格涨幅的预期。此外，如果其他卖家并未提价，自己单方面提高价格将伴随风险，因此，风险态度亦可能在市场和拍卖中产生影响。在第 3 章到第 7 章，本书将回顾涉及风险与信息的各种个体决策实验及其结果，之后将在第 8 章展开对博弈论方面实验的讨论。

第 2 章习题

1. 通过一副牌中的方块和黑桃（不包括 A、K、Q、J）建立一个市场。方块牌决定需求，例如，一张方块 10，表示一名买家的价值为 10。类似地，黑桃牌决定供给。市场中共有 9 名买家与 9 名卖家，每人一张纸牌。
   (a) 画出供给和需求线，推导出竞争价格和对应的预期交易量。
   (b) 如果去掉黑桃 3、黑桃 4、黑桃 5，预期结果将会有何变化？
2. （无须数学证明）为何课堂实验中的交易所市场的价格稳定于特定水平？人们在解释这一现象时，往往会联系到买家价值和卖家成本的均值。
   (a) 设计两种实验并画图（列出所有的买家价值和卖家成本），保证二者竞争价格的预测结果相同，但买家价值和卖家成本的均值不同。

（b）设计两种实验并画图（列出所有的买家价值和卖家成本），保证二者的买家价值和卖家成本的均值相同，但竞争价格的预测结果不同。

3.（无须数学证明）思考最近的实验经济学课程中提出的一种说法："将所有买家的价值从低到高排序，找到其中位数；卖家成本亦然。市场价格即为两个中位数的均值。"如果令买家单位多于卖家单位，就可能出现成本中位数和价值中位数分别等于最低成本和最低价值的情况。按照这一思路设计一组供给与需求数列，使得预测的竞争价格明显高于基于中位数的预测值。

4. 假设在图 2-5 中，18 美元的价格下限是由一名掌握着所有商品的单一卖家所定。通过供给和需求的线性近似，证明此时的福利损失（三角形区域）仅为 25%，而不是实验中的价格下限情形对应的 50%。

PART 1

个体决策

风险厌恶、前景理论与学习

接下来的几章涵盖了涉及个体在风险、模糊性或需要学习的情况下的决策实验。这包括获取风险厌恶或主观信念测度的方法。

第 3 章考虑了在随机因素影响货币收益的情况下的个体决策。这可以讨论对风险持"中性"态度的人预期的货币价值。非中性的态度（风险厌恶或风险追逐）是重要的主题，并讨论了不同的衡量风险偏好的方法。尽管有些人是风险追逐者，但是，大多数人还是风险厌恶者或风险中性者。

第 4 章采用了一种更加行为化的方法，包括前景理论的各个组成部分，如参考点（从这里可以衡量收益和损失），以及对损失和小概率的高度敏感性。

概率评估通常是在先验信念与新信息相结合的情况下进行的。这些独立的信息源可以在实验中得到控制，其结果可以与通过贝叶斯规则从统计模型中得到的理论预测进行比较，如第 5 章所讨论的。在第 6 章中，我们将讨论引出一个人主观信念的不同方法，重点是那些不需要辅助假设或风险规避措施的方法。第 7 章涉及个人在一系列时期中做出决策，在这些时期，学习和调整是可能的。当人们能够观察他人之前的决定时，学习就具有了社会维度，这可能会导致羊群效应和信息级联。

风险与决策

风险决策都可以表示为多个结果（或称作"奖励"）与对应概率的组合。当奖品是货币时，我们可以很容易计算出每个决策的预期货币值。例如，一笔投资的回报为 1 000 美元或 2 000 美元，二者概率均为 1/2，则这笔投资的期望收益为：$(1/2) \times 1\,000 + (1/2) \times 2\,000 = 1\,500$ 美元。对一个风险中性的人来说，这一彩票（gamble）⊖相比于确定性的 1 499 美元更具吸引力。风险中性的人会做出使期望收益更高的决策；而风险厌恶的人则会为了降低风险而忍受较低的期望收益。在这一章将探讨几种最普遍的风险偏好测度方式，并介绍其操作流程与对应的结果。首先，本章将通过一个价目表（price list）结构的备选菜单，展示期望价值最大化和风险厌恶这两个关键概念。此外，还将探讨投资任务（货币以一定比例投资于安全资产和风险资产）和"炸弹"方法（突出风险与收益之间的权衡取舍）等测度方式。

教师须知： 在课堂讨论开始前，可以使用 Veconlab 软件——选择"决策"（Decision）菜单下的彩票选择实验（Lottery-Choice experiment），来开展多种类型的备选菜单实验。该博弈可在网上进行，学生可以在课余时间自行完成，从而节省课堂时间。教师点击"图形"（Graph）按钮，程序便可绘制并给出图形，方便后续的课堂讨论。除此之外，还可以通过 Veconlab 投资博弈（投资的连续配置）和价值诱出（Value Elicitation）博弈（包含 6 种离散的投资组合选择）下的"投资组合"（investment portfolio）选项，在课前开展投资任务（investment task）实验。人工版本的选择菜单实验需要一枚 10 面骰子作为道具，配套的实验说明可见于书末附录 B 中的第 3 章课堂实验说明。附录中还包括后续将

⊖ 本章多次出现 gamble 和 lottery 两词，都表示一些结果及其对应概率的集合，概念相同。因此，均译作"彩票"，避免语义混淆，且 gamble 常用直译为"赌博／局"，容易产生歧义。——译者注

介绍的"墨水炸弹"任务所引发的风险厌恶测度方法的实验说明。

3.1　谁想成为百万富翁

假设你是电视节目《谁想成为百万富翁》的参赛者。目前，你的奖金已经累积到 50 万美元，但是，面前却剩下一个完全不了解的问题。幸运的是，此时你还拥有"五五开"的机会——去除两个错误答案，余下一正一错两个你都不熟悉的选项。在此关头，你认为自己只有一半的机会猜对，答对则将成为一名百万富翁。但是，如果答错，你只能获得保本奖金 32 000 美元；或者，你可以选择现在退出，获得现有的 50 万美元奖金。为了决定是否选择拿走 50 万美元并退出游戏，你决定计算一下继续答题的期望收益。若选择继续，你有 50% 的机会得到 32 000 美元，另外 50% 的机会得到 100 万美元，因此期望收益为

$$0.5 \times 32\,000 + 0.5 \times 1\,000\,000 = 16\,000 + 500\,000 = 516\,000（美元）$$

这个期望收益高于现在退出游戏所能获得的 500 000 美元，但是，问题是你将处于"要么获得 32 000 美元，要么获得 1 000 000 美元"的境地，而不是得到二者的平均值。所以，问题在于，期望收益上增加的 16 000 美元是否值得为其承担上述风险。如果你喜欢风险，那么自然没有问题，放手一搏就是。如果你对风险的态度是中性的，那么为了平均收益上额外的 16 000 美元你也该选择冒险一试。如果你并不属于上述两种情况，那么你可能会认为 32 000 美元也就够花上半年，只有 500 000 美元或更多的奖金才足以改变自己的生活方式（新的全能越野车、热带旅游等），于是你选择退出游戏。对于退出游戏的人而言，风险的危害大到不值得为了额外 16 000 美元的平均收益而冒险，因此，他属于风险厌恶（risk averse）者。

现在，让我们考虑一种更加极端的情形。你现有机会得到确定性的 1 000 000 美元，或者抛一次硬币——正面朝上获得 3 000 000 美元，反面则一无所获。如果你相信抛硬币的过程公平公正，那么你实质上就是在下述两个彩票之中进行选择：

安全彩票：确定性的 1 000 000 美元。

风险彩票：50% 的概率得到 3 000 000 美元，另外 50% 的概率一无所获（0 美元）。

和以前一样，风险彩票的期望值可以通过将对应的概率与收益相乘来计算，为 1 500 000 美元。然而，当面对选择时，大多数人会选择无风险的 1 000 000 美元。值得注意的是，对于这些人来说，多出的 500 000 美元的期望收益不值得为其冒一无所获的风险。经济学家将此称为风险厌恶，而对于外行人来说，原因是非常直观的：第一个 100 万美元可以给生活带来巨大改观；而第二个 100 万美元虽然在金钱数目上相等，但对于大多数人而言很难想象它能给生活带来多少额外的变化。粗略而言，第二个 100 万美元的额外（边际）效用要远低于第一个 100 万美元。第三个 100 万美元的边际效用还要更低（尽管在此状况下，可能会有更多的人想要与你交朋友）。边际效用递减的效用函数可以用"坡"状曲线来描述，如图 3-1 中的灰线所示。这条曲线位于 45 度虚线的上方且向下弯曲，体现出递减的边际效用。在这条灰线上，靠近原点处的斜率很大，向右逐渐降低，这也直观

地体现出边际效用递减的特征。效用函数越弯曲，额外的 100 万美元对应的效用降低得也就越快。

边际效用递减假设最早由 Daniel Bernoulli（1738）提出，有很多函数满足这一特性。其中，一类是幂函数（power function）：$U(x) = x^{1-r}/(1-r)$，其中 x 是收入金额，$r < 1$ 代表风险厌恶水平。分母上的 $1-r$ 仅是一种标度惯例；函数的曲率由指数决定。注意，当 $r = 0$ 时，该效用函数的指数为 1，为线性函数形式：$U(x) = x^1 = x$，此时函数形状不再是弯曲的，因此，收入的边际效用也不会递减。对这类

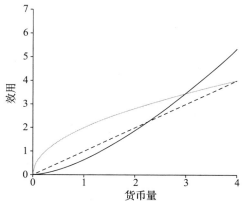

图 3-1　风险中性（笔直虚线）、风险厌恶（灰色凹线）和风险偏好（黑色凸线）的效用函数

人来说，第二个 100 万美元和第一个 100 万美元同样有吸引力，即风险是中性的。另外，若风险厌恶测度指标 r 从 0 提高到 0.5，此时效用函数为 $U(x) = 2x^{0.5}$，即图 3-1 中的平方根函数（被因子 $1/(1-r)$ 规范化后，该因子此时等于 2）。进一步提高 r 将使得函数形状更加弯曲，在此意义上，r 可以作为额外收入边际效用递减程度的一种测度指标，常被称作相对风险厌恶（relative risk aversion）系数。若 r 为负，函数效用增量的边际效用则递增，应为风险追逐的偏好类型。边际效用递减的效用函数，如图 3-1 中的灰线，是一种凹（concave）函数。与此相反，边际效用递增的效用函数，如图中黑线，是一种凸（convex）函数。总结如下：

风险偏好和效用： 在图 3-1 中，笔直的虚线表示，当 $r = 0$ 时，货币产生的效用等于其数量。这种线性的效用函数对应于风险中性的情形，即此类个体只关心彩票对应的期望收益。向右斜率逐渐递减的灰色曲线对应着风险厌恶的情形，$r > 0$。曲率递增的黑色曲线，即随着向右移动，边际效用递增，对应着风险追逐的情形，$r < 0$。

目前为止考虑的所有例子，都是在百万美元量级的彩票间进行选择。（很不幸，）其中的收益都是假想出来的。这就造成了一个问题——此时你的回答与真实情境下的实际选择是不是相同呢？举例来说，如果你真的闯到了《谁想成为百万富翁》的最后一关，究竟会如何选择？如果我们能够探明人们在高收益情形下的行动，而又无须花费巨额成本，那该是何等幸运。当假设的彩票赌注成为现实时，人们的行为可能会发生戏剧性的变化，这被称为假设偏向（hypothetical bias）。这种现象在电影《桃色交易》（*An Indecent Proposal*）（派拉蒙影业，1993）中恰有体现：

> John（Robert 饰演）：假如我给你 100 万美元，让你老婆陪我吃顿饭如何？
>
> David（Woody 饰演）：我想你在开玩笑吧。
>
> John：假如我没有呢？你会怎么说？

Diana（Demi 饰演）：他会告诉你，见鬼去吧。

John：我没听见他亲口这么说。

David：那我告诉你，见鬼去吧。

John：这只是你的应激反应，因为你将它视作一个假想出来的问题。但我不开玩笑，现在就有这么一笔钱摆在你面前。100 万美元。吃饭的时间稍纵即逝，但这笔钱足够花上一辈子。好好考虑一下，100 万美元，吃一顿饭换取一辈子的保障。你也无须马上答复，但还是仔细想想吧。

影片中，John 的提议最终被接受了，这就是激励问题的好莱坞式答案。从一个更加科学的角度，可以通过实验技术考察增加激励的效果。但是在回到这个问题之前，让我们先思考一下用于评估风险态度的彩票选择实验，这将有助于理解问题，也是下面一节的主要内容。

3.2　一个简单的彩票选择实验

在前面讨论过的所有情境中，安全彩票是确定性的一笔钱，且无任何风险。确定性的选项可能有一种特别的吸引力，这有时被称作"确定性偏向"（certainty bias）。回避这种心理偏向的一种方法是：构造两个均为随机结果的彩票，其中一个的风险相对更高。具体而言，假设选择 A 彩票将获得 40 美元或 32 美元，概率各为 50%；选择 B 彩票将获得 77 美元或 2 美元，概率同样各为 50%。首先，我们计算二者的期望值：

A 彩票：$0.5 \times 40 + 0.5 \times 32 = 20 + 16 = 36.00$（美元）

B 彩票：$0.5 \times 77 + 0.5 \times 2 = 38.50 + 1 = 39.50$（美元）

在此情形中，B 彩票的期望值较 A 彩票高出 3.50 美元，但也更具风险——从 77 美元到 2 美元的收益跨度几乎是 A 彩票 32 美元到 40 美元的收益跨度的 10 倍。

上述彩票选择出自 Holt 和 Laury（2002）在一次实验中使用的备选菜单。该实验约有 200 名参与者，来自不同的大学，包括本科生、MBA 学生以及商学院教师和系主任。尽管选项 B 在每个奖项都是等可能的情况下有更高的期望收益，然而，却有 84% 的参与者选择了相对安全的彩票 A，表现出了一定的风险厌恶特征。

在该实验中，实验者使用一枚 10 面骰子来实现不同收益出现的概率。这使得研究人员能够以 1/10 的增量来改变高收益的概率。表 3-1 展示了部分备选菜单，例如，高收益（40 美元或 77 美元）的概率在决策 1 中为 1/10，在决策 4 中为 4/10。注意，决策 10 是一个理性检验，其中，高收益的概率为 1，因此，实质上是在确定性的 40 美元和 77 美元之间进行选择。被试需要给出在这 10 个决策中，自身偏好的选项（A 或 B），事后将随机选择其中一次决策决定被试的报酬。具体而言，在所有决策全部完成后，将通过 10 面骰子选定其中一次决策，然后，结合被试的选择（A 或 B）再扔一次骰子决定这名被试的报酬。这样操作实验流程的优势在于，既获得了被试关于这 10 种决策的数据，又回避了"财富效应"。不然的话，若被试在一次决策中已经赢得了 77 美元的报酬，可能将导致其在后续决策中更加乐于冒险。

表 3-1　用于评估风险偏好的彩票备选菜单

	选项 A	选项 B	你的选择 （A 或 B）
决策 1	骰子点数为 1，得到 40.00 美元 骰子点数为 2～10，得到 32.00 美元	骰子点数为 1，得到 77.00 美元 骰子点数为 2～10，得到 2.00 美元	_____
决策 2	骰子点数为 1～2，得到 40.00 美元 骰子点数为 3～10，得到 32.00 美元	骰子点数为 1～2，得到 77.00 美元 骰子点数为 3～10，得到 2.00 美元	_____
⋮			
决策 4	骰子点数为 1～4，得到 40.00 美元 骰子点数为 5～10，得到 32.00 美元	骰子点数为 1～4，得到 77.00 美元 骰子点数为 5～10，得到 2.00 美元	
决策 5	骰子点数为 1～5，得到 40.00 美元 骰子点数为 6～10，得到 32.00 美元	骰子点数为 1～5，得到 77.00 美元 骰子点数为 6～10，得到 2.00 美元	
决策 6	骰子点数为 1～6，得到 40.00 美元 骰子点数为 7～10，得到 32.00 美元	骰子点数为 1～6，得到 77.00 美元 骰子点数为 7～10，得到 2.00 美元	
⋮			
决策 10	骰子点数为 1～10，得到 40.00 美元	骰子点数为 1～10，得到 77.00 美元	

在表 3-2 "风险中性"下的第二列和第三列中，列出了每一种选择对应的期望收益。首先看第 5 行，选项 A、B 下两种可能收益的概率均为 0.5，前面已经计算过，此时两个选项的期望值分别为 36 美元和 39.50 美元。其他各行的期望收益计算方法相同，亦是将对应的收益与概率相乘，进而将乘积加总。

当获得高收益的概率仅有 0.1 时（表 3-2 的最上面一行），选择安全彩票的期望收益高达 32.80 美元，而风险彩票仅有 9.50 美元，最佳决策显而易见。的确，98% 的被试在此处选择了安全彩票（选项 A）。类似地，在最后一行中，面对一高一低两个确定性收益，所有被试均选择选项 B。在每一行中，期望收益更高的选项用粗体表示，其中，前 4 行选择安全彩票的期望收益更高。根据其定义，风险中性的人只关心期望值而不考虑风险，因此，在菜单上的前 4 行他们将选择安全彩票。但实际上，被试平均选择了 6 次安全彩票，而不是 4 次，表现出了一定的风险厌恶。以表中第 6 行为例，获得高收益的概率为0.6，多数人选择安全彩票实际上是为了降低风险而放弃了约 10 美元的期望收益。大约2/3 的人在这个决策中做出了安全的选择，而 40% 的人在决策 7 中选择了安全彩票。

表 3-2　风险中性和风险厌恶者的最优决策

高收益 概率	风险中性 期望收益（美元）		风险厌恶（$r=0.5$） 期望效用为 $U(x)=x^{1/2}$	
	安全彩票 40 美元或 32 美元	风险彩票 77 美元或 2 美元	安全彩票 40 美元或 32 美元	风险彩票 77 美元或 2 美元
0.1	**32.80**	9.50	5.72	2.15
0.2	**33.60**	17.00	5.79	2.89
0.3	**34.40**	24.50	5.86	3.62
0.4	**35.20**	32.00	5.92	4.36

（续）

高收益 概率	风险中性 期望收益（美元）		风险厌恶（r=0.5） 期望效用为 $U(x)=x^{1/2}$	
	安全彩票 40 美元或 32 美元	风险彩票 77 美元或 2 美元	安全彩票 40 美元或 32 美元	风险彩票 77 美元或 2 美元
0.5	36.00	**39.50**	5.99	5.09
0.6	36.80	**47.00**	6.06	5.83
0.7	37.60	**54.50**	6.12	6.57
0.8	38.40	**62.00**	6.19	7.30
0.9	39.20	**69.50**	6.26	8.04
1.0	40.00	**77.00**	6.32	8.77

风险厌恶的直观影响是降低了高收益水平对应的效用，这一点从图 3-1 "平方根" 效用函数的曲率变化上有所体现。对于非线性的效用，个人期望效用（expected utility）的计算方法与期望货币收益的计算方法类似。例如，决策 5 中的安全选项 A 有一半的概率得到 40 美元，另一半的概率得到 32 美元。回忆前面，收益的期望值（expected value of the payoff）就是把奖金数量和对应概率相乘，再把乘积加总：

期望收益（安全选项）= $0.5 \times 40 + 0.5 \times 32 = 20 + 16 = 36$（美元）

把上式中的货币数量替换成其对应的效用，记为 $U(40)$ 和 $U(32)$，即可计算选项 A 的期望效用（expected utility）。若效用函数为平方根函数，则 $U(40) = 40^{1/2} = 6.32$，$U(32) = 32^{1/2} = 5.66$。（简化起见，省略了除以（$1-r$）的标准化步骤，在比较标准化口径相同的单位时，这种省略不会产生影响。）由于两种奖金的出现概率相等，计算两个效用的平均值即可，我们得到：

期望效用（安全选项）= $0.5U(40) + 0.5U(32) = 0.5 \times 6.32 + 0.5 \times 5.66 = 5.99$

因此，5.99 是安全选项在概率各为 0.5 时的期望效用，可见于表 3-2 "风险厌恶" 下，"安全彩票" 子列中高收益概率为 0.5 的一行。类似地，对于高低奖金分别为 77 美元和 2 美元的风险选项，在这种情况下的期望效用为 5.09。全部 10 个决策的期望效用均列于表 3-2 右侧的两列。在前 6 个决策中，安全选项的期望效用更高。因此，理论预测具有上述效用函数的个体将在前 6 个决策中选择安全选项，在之后 4 个决策中则选择风险选项。回忆前面，对风险中性个体的理论预测结果是选择 4 个安全选项，而上述实验数据中被试却平均选择了 6 个之多。从这个意义上来说，相比于风险中性的线性效用函数，平方根函数更好地拟合了实验数据。

本实验中选择安全彩票的百分比在图 3-2 中用粗实线表示，且在横轴上标有决策对应的序号。风险中性个体的行为预测由虚线表示，虚线在前 4 个决策下，位于顶部（100% 选择安全选项），到后续 6 个决策则跳至底部（无人选择安全选项）。代表实际行为的粗实线，大部分位于虚线的上方，这意味着人们倾向于更多地选择安全彩票。当然，在实际选择中存在一定的随机性，这也是为什么粗实线在最左端，也并未达到 100%。

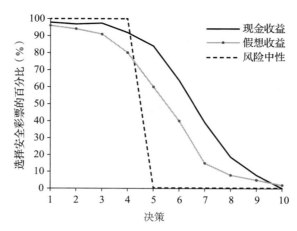

图 3-2　真实激励（20×）和假想激励下安全选项的占比

资料来源：Holt 和 Laury（2002）。

在这个真实选择实验（real-choice experiment）之前，还进行了一个假设（hypothetical）选择实验。其中，被试同样完成上述 10 个决策，不同的是，事先已知不会从中得到报酬。图 3-2 中灰线即为假设选择实验结果的平均值。灰线位于粗实线的下方，表明在选择不产生实际影响时，风险厌恶的程度相对较低。在真实收益的情况下，安全选择的平均数约为 6 次；而在假想收益的情况下，安全选择的平均数约为 5 次。可见，即便没有实际回报，相较于风险中性所预测的 4 次安全选择，被试仍表现出了些许的风险厌恶特征，但是，他们想象不到面对真实后果时自己的表现。其次，当面对假想激励时，人们倾向于不那么仔细地思考，这将使数据产生噪声（noise）。具体而言，灰线在决策 10 处稍高于粗实线，（假想激励下）有 2% 的人选择了确定性的 40 美元而非确定性的 77 美元。

是否向被试支付报酬，是实验经济学研究与心理学家在类似问题的研究间的主要区别之一。可参见 Hertwig 和 Ortmann（2001）一项关于心理学实践的备受争议的调查研究，以及后续的 30 余篇评论和 1 篇作者回复。现实性是支持假想高收益的一个理由，下面两位杰出的心理学家为使用假想激励所做的辩护引人深思：

> 实验研究通常涉及人为设计的小额彩票以及对相似问题的大量重复。这些特点使实验结果的解释变得复杂，也限制了研究结果的一般性。当需要检验大量理论问题时，假设选择是所能使用的程序中最简单的一种。它的使用依赖于以下假定：人们通常知道自己在真实情况下会如何行动，被试没有特殊的理由来掩饰自己的真实偏好。（Kahneman and Tversky，1979）

当然，在许多案例记录中，假想和真实的激励下的选择保持一致，但是，当选择涉及风险时，忽视真实激励的必要性并不恰当。此外，使用低赌注（low-stake）的重复任务来研究重要的高赌注（high-stake）决策，其有效性同样值得怀疑。

3.3　收益规模、顺序和人口统计学特征效应

Holt 和 Laury 的实验设计中有一点非常重要，即该实验允许对收益规模进行大幅度调整，并能够加以检验。由于每个人对风险的态度大相径庭，所以决策在几个不同的规模下进行。通过一轮演练帮助熟悉骰子及其随机选择的过程之后，被试将在一个低收益规模的真实收益备选菜单中完成 10 次决策。其中，所有的货币数量是表 3-1 中的 1/20，即风险选项对应的收益分别为 3.85 美元和 0.10 美元，安全选项对应的收益分别为 2.00 美元和 1.60 美元。这种低收益的设计称作"1×"实验局，表 3-1 中的收益则称为"20×"实验局。其他实验局的设计方式与此近似，均是在低收益的基础上乘以一定的倍数。在初始的低收益选择后，被试还要完成一份假设的（hypothetical）高收益（20×、40×、90×）选择菜单、一份真实的（real）高收益（20×、40×、90×）选择菜单，以及一次真实的 1× 收益选择。

表 3-3　选择安全彩票的平均次数：顺序效应与激励效应

实验	激励	1×	20×	40×[①]	90×
Holt 和 Laury（2002）208 名被试	真实	5.2[a] 5.3[d]	6.0[c]	6.8[c]	7.2[c]
	假设		4.9[b]	5.1[b]	5.3[b]
Holt 和 Laury（2005）168 名被试	真实	5.7[a]	6.7[a]		
	假设	5.6[a]	5.7[a]		

注：上标表示顺序（a 表示第一步，b 表示第二步，c 表示第三步，d 表示第四步）。
① 结合上下文，此处疑为"40×"，疑原文"50×"有误。——译者注

从表 3-3 的前两行中可以看出，当面对真实收益时，被试选择安全彩票的平均次数随着收益规模的增加而增加，而假设收益下则无此趋势。最后，注意表中的字母上标，其表示做出决策的顺序（a 表示第一步，b 表示第二步，等等）。第四位进行的 1× 实验局（上标为 d）得到了平均 5.3 次的安全选择，而最先进行的 1× 实验局的结果为 5.2 次。这种"复归"现象表明决策的顺序并不会影响风险厌恶，这一论断还有待下面的进一步分析。

收益规模的显著影响可见于表 3-4，其中展示了 17 名被试在面对两种高收益（90×）时的选择比例。注意，只有 38%[⊖] 的被试选择了安全彩票，即便该选项的期望收益比风险彩票要少 100 美元！这些人几乎不愿在高收益下承担任何风险。此外，所有实验局中，实验人员需要到被试桌前投掷骰子来决定报酬，此时，高风险收益的决策显然让人感受到压力和兴奋。对一些人来说，从他们脖子周围皮肤颜色的变化就能看出这一点。

表 3-4　高收益规模下的选择比例

彩票 A	彩票 B
骰子点数为 1～9，得到 200.00 美元	骰子点数为 1～9，得到 336.50 美元
骰子点数为 10，得到 160.00 美元	骰子点数为 10，得到 9.00 美元
38% 的人选择（期望收益＝196 美元）	**62% 的人选择**（期望收益＝303.75 美元）

⊖ 原文为"32%"，与表 3-4 不符，对比第 1 版内容，疑有误。——译者注

　　Harrison 等人（2005）恰当地指出，在 Holt 和 Laury 的组内设计中，混合了顺序效应（order effect）和收益规模效应（payoff scale effect）。如第 1 章所述，当存在序列效应（sequence effect）时，组内设计可能会出现问题。由于实验顺序不同，将导致 1× 实验局的决策（第一步和最后一步）与其他高收益实验局的决策之间的对比，以及真实与假设的高收益之间的对比（分别在第二步和第三步进行）变得复杂难懂。Harrsion 等人的研究结果支持顺序效应的存在。他们发现，如果在 1× 实验局之后进行 10× 实验局，安全选项的次数（6.4）比直接进行 10× 实验局（6.0）略高。虽然我们仍可以根据 Holt 和 Laury 的实验中 20× 到 40× 再到 90× 的数据变化来推断收益规模效应（因为顺序是相同的），但是在比较真实和假设收益的影响时，却面临顺序效应的问题。

　　为了回应上述问题，Holt 和 Laury（2005）在后续研究中运用了 2×2 的组间设计——（真实收益、假设收益）×（1× 的收益规模、20× 的收益规模），如表 3-3 下半部分所示。每名参与者将先进行一次无报酬的演练（备选项分别是确定性的 3 美元、1 美元与 6 美元的彩票）。接下来每个人将进入单元格中的四种实验局之一，在对应的菜单上完成选择。因此，所有的决策都是在相同的顺序上展开的。实验结果与之前的研究一致，真实收益从 1× 提高到 20×，导致安全选项的选择次数出现了大幅提高（从 5.7 到 6.7），而在假设收益下增加收益，则观察不到激励效应。

　　风险厌恶效应：除了少部分表现出风险中性和风险追逐外，绝大部分被试在面对安全－风险备选菜单时，均表现出风险厌恶的特征。随着实际收益规模的扩大，风险厌恶情绪急剧上升。相比之下，假设收益规模的变化几乎没有影响。

　　通过观察图 3-3 中每个决策下安全选择次数的分布，以上结论更加清晰直观，其中，灰线代表假设收益，黑线代表真实的货币收益。当收益规模较低时（细线），是否使用真实的货币并没有太大影响；但是，在高收益规模（粗线）下，认为真实货币无关紧要并不恰当。

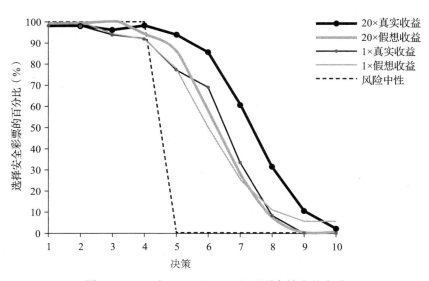

图 3-3　Holt 和 Laury（2005）无顺序效应的实验

Harrison、Lau 和 Rutstrom（2007）采用 Holt 和 Laury 的实验流程，选取来自丹麦的 253 名成年人作为代表性样本（representative sample），估计了他们的风险偏好程度。他们在实验中的收益规模较之于表 3-1 要高（大约 8 倍的水平，但是每 10 人中仅有 1 人能够获得报酬）。仔细筛选样本的一个优势在于，可以通过实验推断某个国家的社会政策产生了何种影响。以上实验的结论是：丹麦人是风险厌恶的，其相对风险厌恶系数为 0.67，这一结果与表 3-2 中的取值 0.5 近似。除"中年""受教育"等特征表现出更弱的风险厌恶外，多数人口统计学变量并没有显著影响。这个备选菜单实验中也没有发现性别效应，可谓风险厌恶实验中的一个特例。多数有关风险厌恶的研究，尽管所用手段各不相同，但是，大多发现女性更加厌恶风险。然而，也正如 Nelson（2016）所说，这又涉及证实偏向（confirmation bias）（先入为主的观念）的问题。此外，在已发表的报告中还可能存在选择性偏向（selection bias）。此外，在不同类型的风险厌恶实验任务中所构建的环境，也可能与性别差异存在交互作用。例如，男女在风险选择时对损失的感知是否不同（更多介绍见后面）。性别效应非常重要，因为这关乎哪些投资建议更适合于女性。在一些关于是否愿意承担风险的调查问卷中，性别效应也确实存在。例如，Dohmen 等人（2011）对德国人进行了大规模的抽样调查，发现男性、高个子、受过良好教育的人以及年轻人的风险厌恶程度较弱。

3.4　投资任务测度方法

在金融决策的视角下，可以通过安全资产和风险资产之间的投资配置，来推断风险厌恶程度。在始于 Gneezy 和 Potters（1997）的一系列论文中，令被试进行一个明确的投资决策，其中，风险资产的回报率与投资金额无关。例如，一名被试可能被给予一定量资金——10 美元，用来在安全资产和风险资产之间任意配置。其中，安全资产能够返还投资额，因此，全部投资安全资产即可最终保留这 10 美元；而风险资产有一半的概率获得三倍的回报，另一半的概率一无所获。这一示例直观且容易理解。设风险资产投资额为 x，则预期回报为 $(1/2)\times0+(1/2)\times3x=1.5x$。因此，投资于风险资产的每一美元都可以获得一份预期净收益，故风险中性和风险追逐的个体会将全部资金投资于风险资产，进而，Gneezy 和 Potters 选取被试在安全资产上的平均投资额作为风险厌恶的一种测度指标。

Eckel 和 Grossman（2002）在他们关于性别对风险和损失厌恶影响的开创性研究中，也使用了投资组合方法。回想一下，在 Gneezy 和 Potters 的实验中，被试实际上可以将初始资金连续地配置于安全资产和风险资产。相反，Eckel 和 Grossman 提供 5 种彩票，分别对应 5 种不同的投资比例，供被试选择。在表 3-5 中，"完全安全"的投资组合即为将全部 16 美元的初始资金尽数投资于安全资产。表中第二行的选项近似于从安全资产中拿出 4 美元（只将 12 美元投资于安全资产）去博取以 0.5 的概率（另外 0.5 的概率一无所获）获得三倍回报（4×3 = 12 美元）的机会。结合安全资产和风险资产，此选项的期望收益结果即为以 0.5 的概率获得 12 美元（剩余本金），另外 0.5 的概率获得 24 美元（本金 + 投资回报），如表 3-5 中第二列所示。表格由上到下，投资于风险资产的比例越来越高。

投资组合 3 中两者各半，8 美元投资于安全资产，另外 8 美元有一半的概率获得 3 倍回报，见表 3-5 第三行。最后一行中的投资组合 5，乃是将全部资金 16 美元尽数投资于风险资产，以各半的概率获得 0 美元或者 3×16＝48 美元。由于第二列中每个结果均是等概率的，因此各彩票的预期回报即为每行两个收益数额的平均值。显然，风险中性或风险追逐的人将会全部投资于风险资产（选择投资组合 5），以获取最高的期望收益。

表 3-5　Eckel 和 Grossman 对投资组合选择的解读

投资组合	等可能的收益（美元）	投资配置和彩票结构	CRRA 取值范围	男性选择率	女性选择率
1	16 或 16	16 美元	>2	0.02	0.08
2	12 或 24	12 美元＋0.5 的概率获得 3×4 美元	0.67～2	0.16	0.19
3	8 或 32	8 美元＋0.5 的概率获得 3×8 美元	0.38～0.67	0.24	0.42
4	**4** 或 40	4 美元＋0.5 的概率获得 3×12 美元	0.2～0.38	0.23	0.18
5	**0** 或 48	0.5 的概率获得 3×16 美元	<0.2	0.35	0.14

在 Eckel-Grossman 的实验流程中，被试看到表 3-5 中的第二列，并在每行的两个选项之中进行选择，因此，对管理者而言更加简单直观。有时，投资选项还会以饼图形式展示。不管哪种方式，实验中都并未给出明确的投资术语，这可能会（也可能不会）增加实验任务的理解难度，但却具备一个独特的优点，即避免令被试们聚焦位于中间的"平均分配"（equal split）投资术语。为了便于和其他实验任务进行对比，CRRA 一列中列出了对应每种选择的相对风险厌恶系数 r。由于风险中性和风险追逐的人一定会选择最后一个期望收益最高的彩票，该实验并不能识别风险中性和风险追逐。

而在损失实验局中，全部收益均减少 6 美元，这将导致无损失实验局中的收益 4 美元和 0 美元由正转负，这在表 3-5 第二列中用粗体标明。此设计的想法是，被试可能对实际损失（对应于菜单中的负收益）更加敏感。根据这一猜想，被试可能更少地选择带有负收益的选项。同时，损失实验局提供给每名被试 6 美元的固定出场费，故实际的实验报酬保持不变。以 0 美元为参照，损失厌恶（对负收益的厌恶）将导致被试更多地选择那些在下降之后收益仍然为正的投资组合，即表中前三行的投资组合。

然而，损失实验局中的投资组合选择与无损失实验局并未发现显著差异（平均数据并未分别展示）。因此，表 3-5 中展示的是两个实验局的综合数据，仅根据性别做出划分，见于表 3-5 中最后两列。104 名男性被试选择最多的是最后一行的投资组合，而 96 名女性被试选择最多的是"平均分配"的投资组合。Eckel 和 Grossman 由此得出结论，在实验环境中，观察到的性别差异在统计上和经济上都是显著的。最后，缺少损失实验局之间差异，并不一定构成反对损失厌恶的证据，因为损失实验局中固定的 6 美元出场费，基本上抵消了所选彩票中的损失。此外，即便无损失实验局中的风险投资组合的收益全部为正，但对比于安全收益（relative to the safe payoff），风险选项仍可能会被视为损失。

以上两种投资任务设计，不论是连续的 Gneezy-Potters 版本，还是离散选择的 Eckel-Grossman 版本，都具备一个吸引人的特性：实验的流程简单且只包含独立的单次决策。因此，实验管理者很容易实地开展这些实验任务，这在注重实验速度的情况下意义重大。

另一方面，简单化也存在一个潜在的缺点，即对于被试而言，可以很容易地确定期望收益最大化的选择。以表 3-5 的第二列为例，只需将两个收益量加总即可，该加总的结果在第 1 行为 32 美元，第 2 行为 36 美元，到最后一行增至 48 美元。这表明更注重数学的被试可能倾向于选择最后一行中的决策，恰好与风险中性或风险追逐相对应。这也意味着性别效应的研究可能也恰好捕捉到了男女在"计算能力"上的差异，难以将两者区分开来。

不论投资任务是连续的还是离散的，投资任务实验中普遍发现了性别差异（Charness，Gneezy，2012），但是，在表 3-1 中的备选菜单实验中却并未发现。Filippin 和 Crosetto（2016）调查了 54 项应用了 Holt-Laury 菜单的研究（覆盖超过 7 000 名被试）。其中，仅有在 10% 左右的研究中发现存在性别效应，且在全部研究的混合数据中，性别效应并不显著。他们得出结论：在那些具有安全回报且概率固定的实验任务（如上述各种投资任务）中，更容易观测到性别效应。安全回报的存在可能会导致风险选项中的低收益在相对意义上被视作一种损失，而男性和女性在面对损失时的选择存在差异。

Binswanger（1980）首次使用了 6 个离散的投资选项，也就是把定量的现金划分为 6 种不同比例，投资于安全和风险资产。Holt 和 Laury（2014）指出，其中，风险资产的回报率不再是固定的（比如 3 倍），而是在投资量小时回报率高，在投资量大时回报率低。这样做的效果在于，避免了选择向"全部安全资产"或"全部风险资产"堆积。Binswanger 通过加入一些期望值更低、风险更大的"独占"选项，使实验能够辨别风险追逐特征。类似地，Eckel 和 Grossman（2008c）也扩展了备选菜单，加入了"独占"的投资选项。相比于表 3-5 中最后一行的全部风险资产选项，"独占"选项期望收益更低、风险更大，只有那些风险追逐者才会选择该独占选项。

Cohn 等人（2015）将 Gneezy-Potters 实验室实验中的投资任务，有趣地运用于实地实验中。在实验中，给被试（参加交易会的金融人士）准备了一种特殊的证券（包括其文件资料和价格趋势）。在"景气"实验局中，该证券价格正处于快速上涨的趋势中；而在"萧条"实验局中，证券价格正在经历下跌。投资任务是把 300 瑞士法郎在安全资产和风险资产之间进行分配（注意，投资任务的术语与实际操作中使用的金融市场术语相近）。实验中重要的是保证简单而快速的实验流程，这样引发效应（effects of priming）就不太可能消失（如果存在的话）。实验的结果是，面对下跌趋势的被试将更多的资金分配给安全资产（55%），而面对景气行情的被试分配的则较少（42%）。

3.5　炸弹任务

测度风险厌恶的另一个维度是热度（hotness）。有一种气球方法是，在被试面前给气球打气，随着气球越来越大，爆炸的概率也越来越高。如果气球爆炸，被试得到 0 美元；如果被试选择停止打气，实验收益将由停止时的气球体积决定。尽管对极端的风险追逐的观察可能会被气球爆炸截断，但是，这显然是一个"扣人心弦"的过程。Crosetto 和 Filippin（2013）开发了一种等效的数值型方法，称作炸弹风险诱出任务（bomb risk elicitation task，BRET）。依照这种方法，共准备 100 个盒子，被试在其中勾选一定数量的盒子，并知道其中一个放有炸弹。若选中炸弹盒子则收益为零，实验收益与勾选的盒子数量成正比。当实验对象考虑哪些盒子可能会避开炸弹时，实验程序既保留了气球方法的一些亮点，又防止了类似的打断问题。实验可以在静态情境中进行，即被试勾选一定数量的盒子；或者在动态情境中，以每秒 1 个的速度开启盒子，直到被试按下停止按钮。

考虑一个 12 个盒子版本的"墨水炸弹"收益，该实验已经被整合进多个 Veconlab 程序之中。实验说明可见于附录 B，该实验说明极其简洁、便于理解。其中的关键内容如下所示。

在你选择完毕后，将在桌上掷一枚 12 面骰子，每一面上分别标有数字：1、2……12，骰子每一面出现的概率相等。如果选中的数字恰好对应你勾选的盒子，那么，你将在此实验中一无所获。如果选中的数字并不是你所勾选的盒子，那么，你将得到一笔总的收益，该收益等于你一共勾选的盒子数量。

☐ 1　☐ 2　☐ 3　☐ 4　☐ 5　☐ 6　☐ 7　☐ 8　☐ 9　☐ 10　☐ 11　☐ 12

这就类似：每个盒子中装着 1 美元钞票，而其中一个盒子里有一枚墨水炸弹，一旦打开，将毁掉所有的美元钞票。

可以证明，风险中性的人会勾选一半的盒子。具体而言，令 p 表示勾选的盒子所占比例。相对应地，没有选中炸弹的概率也就等于 $1-p$。由于可能的收益与所选盒子数量成正比，于是预期收益与下列乘积成正比：$p(1-p)$。由对称性可知，预期收益在 $p=0.5$ 处达到最大值，即，勾选一半盒子时预期收益最大。（或者更正式地说，预期收益 $p(1-p)$ 的导数为 $1-2p$，在 $p=0.5$ 处，导数为 0。）风险厌恶的人选择的盒子将少于 6 个，承担更少的风险。而风险追逐的人勾选的盒子将会多于 6 个，承担更多的风险，以博取获得更高收益的机会。

图 3-4 对比了墨水炸弹和 Holt-Laury 菜单中隐含的相对风险厌恶水平。横轴表示选择所对应的风险：墨水炸弹任务中选择盒子的数量；备选菜单中选择风险选项 B 的次数。两种测度方法都在 6 这个位置（风险中性，相对风险厌恶系数为 0）穿过横轴——选择 6 个盒子（墨水炸弹）或选择 6 个风险选项与 4 个安全选项（Holt-Laury 备选菜单）。两条线位置非常紧密，在相对风险厌恶系数为 0（风险中性）到 0.5（平方根效用函数）的区间段近乎重合。相比之下，炸弹任务更加简单，被试也不容易运用数学捷径，且带有更多的情绪化色彩。

Crosetto 和 Filippin 使用了 100 个盒子版本的墨水炸弹实验。结果显示被试表现出风险厌恶或风险中性，且厌恶程度随着收益规模而增加，但不存在性别差异。对于性别效应的缺席，他们的解释思路是：标准的投资任务提供了一个确定性收益（安全资产）的选项，因此，被试将风险资产中可能的收益视作了一种损失，如果女性倾向于更厌恶损失，就可能会出现性别差异。他们指出在炸弹任务和 Holt-Laury 备选菜单中均无确定性的安全选项，因此，也均未观察到性别效应。关于损失厌恶，我们将在下一章中加以讨论。简而言之：

风险厌恶的测度： 投资任务测度方法，不管是离散还是连续的，都具备简单这一优点，尽管数学计算多少是重点。虽然炸弹测量方法同样很容易管理和理解，但是，它在数学上并不一目了然，而且它保留了一些气球任务带来的兴奋感。在投资任务测度方法中，普遍观察到性别效应，而在 Holt-Laury 备选菜单和墨水炸弹方法中则较少见到。

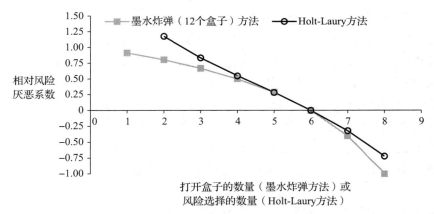

图 3-4　墨水炸弹和 Holt-Laury 菜单中隐含的相对风险厌恶水平

勾选的盒子和潜在的收益概率存在着数学联系，这样的一个好处在于，能够计算出每一种可能的盒子数所对应的风险厌恶系数。假设效用函数的相对风险厌恶程度不变，即 $U(w) = w^{1-r}/(1-r)$，w 为货币收入。关于风险厌恶系数 r 和盒子数 x 的关系，推导过程见章末习题 9（及相对应的提示）。如果炸弹任务中共有 N 个盒子，那么

$$r = \frac{N-2x}{N-x}\ \text{（通过勾选的盒子数量 } x \text{ 推断相对风险厌恶系数 } r\text{）} \qquad (3\text{-}1)$$

注意，如果勾选的盒子数量为总数的一半，即 $x = N/2$，那么式（3-1）的计算结果为 0，即为风险中性。在图 3-4 中，"墨水炸弹"线对应的纵坐标便是通过式（3-1）计算得到的。

3.6　扩展、关注点与忠告

本章使用的效用函数在数学上非常精确，这可能会引起误解。风险厌恶是由多种情绪（恐惧、后悔、谨慎等）共同驱动的，这些因素是无法通过一个简单的公式完全表达出来。此外，风险厌恶因人而异，而且，可能会由于经济或心理事件而发生改变。经济学家常使用简单的函数形式，如，相对风险厌恶不变的幂函数，即便函数中的参数会随着收益规模增加而增加。因此，这类函数形式可能在收益规模保持不变时更加便于比较，但是，当收益规模存在较大差距时，将有可能造成误导。无论如何，重要的是要牢记风险厌恶对应的边际效用递减特征，这一特征在投资、保险和其他类型的经济决策中扮演着相当关键的角色。

有关风险偏好的文献相当多，其中，很多内容本章并无篇幅加以介绍，如效用到底

是最终财富还是收入（当前财富的得与失）的函数。在本章中，我们设定效用是关于收入（得与失）而不是最终财富的函数。有相当的实验和理论证据支持这一观点（Rabin，2000；Cox and Vjollca，2001）。下一章还将具体讨论区分得与失的参考点（reference point）。

在广受争议的《风险曲线：期望效用理论的失败案例》（*Risky Curves：On the Empirical Failure of Expected Utility Theory*）一书中，Friedman 等人（2014）认为测度风险厌恶的不同方法之间并没有很强的相关性，也不能很好地预测风险情境下的行为。读者亦可阅读 Eckel（2016）对这本书的细致评论。Friedman 等人认为，相比于高回报下的风险，人们更重视低回报或负回报下的风险。这一主题将在下一章中关于"上行"和"下行"风险的部分深入分析。此外，Deck 等人（2013）发现在 Holt-Laury（表格）和 Eckel-Grossman（投资任务）这两种风险厌恶测度方法之间存在显著的组内相关性（$p = 0.01$），相关系数为 0.27，但是，两者与更加动态的（"气球"和"是否成交"）任务却不存在相关关系。他们对此的一种解释是，风险偏好可能是多维度的，目前的测度任务并不能将它们完全捕捉。

有时，人们会觉得其他情感可能会主导风险偏好，比如，在资产价格飙升期间进行投机的冲动，可能会削弱人们天生的谨慎。例如，后面的第 24 章将要介绍到的，测度到的风险偏好与实验中持有的资产份额，在价格泡沫的顶峰处并不存在显著的相关性。另一方面，根据风险厌恶程度进行分组，可以强化分组产生的影响。例如，更加厌恶风险的小组倾向于在拍卖和锦标赛（第 12 章和第 26 章）中给出更高的出价。

对风险厌恶测度方法的讨论一直遵循着期望效用理论，该理论假定概率能够被正确感知。在表 3-1 中，如果对安全选项下概率的感知存在错误，并不会对结果产生太大影响，因为安全选项下两种可能的收益都非常接近；而在右侧的风险选项则相反，对于小概率的高估可能会导致人们选择更加安全的选项，特别是该列最后一行中低概率收益非常低（2 美元）的情况。关于交叉点处概率权重的影响，Holt 和 Laury（2014）进行了考察，可阅读《风险与不确定性手册》（*Handbook of Risk and Uncertainty*）。Drichoutis 和 Lusk（2016）提出，通过增加另一个备选菜单来辨别概率和效用曲率参数。Comeig、Holt 和 Jaramillo（2016）就采用了该方法，具体见下一章。另一个问题是，截断备选菜单的其中一端（头或尾）会改变典型"拐点"出现的位置（Holt and Laury，2014）。因此，有观点认为，以定量的形式估计风险厌恶并不准确；相比之下，在保证双方的心理偏向（bias）相同的情况下进行比较，则能够提供更多有价值的信息。此外，类似表 3-1 的"价目表"菜单在之后各章中还将广泛使用，用于测度模糊厌恶、时间偏好、主观信念等。

基于菜单的风险诱出任务中很重要的一点是，假设在一对彩票之间做出的选择，独立于实际收益由其他选择所决定的概率。Holt（1986）指出，若违背期望效用理论的"独立性"假设，对比将会出现偏差甚至无效。这个行为问题激励 Brown 和 Healy（2018）对以下两种报酬支付方式进行了对比：

（1）随机选择：表格中的 20 个成对彩票顺序排列，事后从中随机抽选一组决定实验报酬。

（2）单一决策：虽然表中并列有很多组选择，但是固定其中一组作为支付依据。

当面对一次独立决定报酬的选择时，相较于同一组选择位于一张表格中的情形，被试选择风险选项的比例更高。但是，如果由形式（1）转变为多个独立的选择（每次一组，随机顺序，事后随机抽取其一决定报酬），选择的比例并不会出现显著的变化。因此，作者推荐将每组彩票随机地单独呈现，每次一组。

实际中的成对选择表格与表 3-1 近似，被试应该会在其中的某一行发生单向转变（single switch），即随着表格由上到下，在其中某一行处，选择从安全选项变为风险选项（除非整张表格的选择始终不变）。而值得注意的是，当每组选择以随机的顺序单独呈现时，结果中转变的次数显著增加——称作逆转（reversal）现象。实际上，30% 的被试在此时会出现"逆转"，而在整张表格形式下则观察不到"逆转"现象。此外，当选择以随机顺序依次展示时，60 名被试中有 4 人在没有不确定性的选择中，选择了收益更低的选项；而当该选择位于整张表格底部时，没有被试选择低收益的选项。Eckel 等人（2005）同样尝试将每对彩票选择依次进行，但最终由于多次交叉而放弃了这一想法。最后一个问题是，如果以表格或者随机顺序展示，被试风险厌恶类型的分布是否会存在显著差异。

Li（2017）近期开发了一种富有吸引力的替代方案，它绕过了对随机选择的需要。第一步（stage），向被试展示两种彩票，被试选择其中之一。之后该选择被"保留"，令被试将它与新的选项（彩票）进行对比。因此，每一步中被试都需要在前一步的"胜者"和新的选项间做出取舍。被试在最后一步中选择的彩票将最终决定实验报酬，因此，这最终规避了随机选择的问题。如 Holt 和 Laury 在表 3-1 中所列示的那样，使用该方法可以完成表格中所有选项间的决策。首先，被试在原表中第 1 行的选项 A 和 B 之间做出选择。如果被试选择了 A，那么，在接下来将是第 1 行的选项 A 与更优版本（获得高收益的概率更高）的选项 A 进行第二次选择。此时，被试大概率会选择更优版本的选项 A。而再下一个选择的双方将是新的选项 A 和原表中第 2 行中的选项 B。反之，若被试第一次选择的是选项 B，那么，接下来将在该选项 B 与原表中下一行的（更优版本）选项 B 中进行选择，以此类推。依照这种方式，实验者可以引导被试按顺序完成选择，亦包括了 Holt-Laury 表中的全部 10 对选择。每一次选择都关系到最终收益，因为，若某一选项随后一直胜出的话，便将决定最终收益。这种顺序的、类似于锦标赛形式的方法被称为累积最优选择（accumulative best choice，ABC）法。Li（2017）也通过实验测试了 ABC 法，认为它的表现优于 Holt-Laury 表原本使用的方法（从表中随机抽选一行决定实验收益）。具体而言，单独进行并决定收益时的个体选择，与在 ABC 序列中的个体选择的一致程度，要高于它和置于表格时的个体选择之间的一致程度。

Holt 和 Laury（2014）认为他们表中的非整数收益形式和多次的对比，能够使被试更难以即刻"看破""预期收益最大化"的拐点所在，因而更能体现直觉与情感的影响。如前文所述，相比于 Holt-Laury 表，"炸弹"任务在数学上更加不透明，而 0.5 等概率的各种投资组合任务则相反（只需将两种备选的投资组合的收益相加）。如果为被试提供少量简单的成对选择（每次一组），那么，可能存在的问题便是，被试可能更依赖于期望价值的直觉推断。若被试依次面对大量的成对选择（计算量过大），这种对期望值的依赖可能会有所减轻。相反地，数量主修课更多的群体（如男性）可能会增强数学计算的影响。例如，Fehr-Duda 等人（2011）进行了一个概率感知实验，发现其中 40% 的男性被试会使用期望值作为一个决策标准，而只有"微乎其微"的女性被试有此行为。如果风险厌恶任务中的期望收益非常容易进行比较，那么可能会降低所观测到的风险厌恶程度，或出现由测度方式导致的性别差异。这种担心也许缺乏根据，但还是要提请那些正在使用和评估风险诱出程序的人们加以注意。

第 3 章习题

1. 对于平方根效用函数，计算表 3-1 中，决策 6 的风险彩票的期望效用，并将你的答案与表 3-2 中的对应条目进行核对。

2. 考虑二次效用函数 $U(x) = x^2$。参照图 3-1 绘制该函数图形。该函数的边际效用是递增的还是递减的？这一形状是否意味着风险厌恶？

3. 通过一堆扑克牌（已经移除带人头的牌）来决定收益，例如，抽到一张梅花 2 将得到 2 美元。写出 9 种⊖可能的收益及其对应的概率。若已经充分洗牌，那么，从牌堆中抽取一张卡片的期望值是多少？

4. 计算表 3-4 中一对彩票的期望收益。风险中性的人将会选择其中哪个彩票？效用函数为"平方根"形式的人又将作何选择？

5. 以下备选菜单中的每一行分别是确定性的收益（左列）和相同概率的彩票（中列），请选择。表格顶部和底部的选择显而易见，请解释。

确定性收益	彩票	你的选择	
1 美元	1/2 的概率得到 1 美元，1/2 的概率得到 6 美元	☐确定性收益	☐彩票
2 美元	1/2 的概率得到 1 美元，1/2 的概率得到 6 美元	☐确定性收益	☐彩票
3 美元	1/2 的概率得到 1 美元，1/2 的概率得到 6 美元	☐确定性收益	☐彩票
4 美元	1/2 的概率得到 1 美元，1/2 的概率得到 6 美元	☐确定性收益	☐彩票
5 美元	1/2 的概率得到 1 美元，1/2 的概率得到 6 美元	☐确定性收益	☐彩票
6 美元	1/2 的概率得到 1 美元，1/2 的概率得到 6 美元	☐确定性收益	☐彩票

6. 第 5 题的菜单有时也被称作价目表（price list），请解释这一术语背后的直觉感知。

7.（无须数学证明）如何通过价目表决定一件经济商品的货币价值？当人们被问及愿意为一件商品支付多少钱时，他们提供的金额往往比问及他们愿意为放弃该商品而接受的最低价格要低。这被称为支付意愿 / 接受意愿偏向（willingness-to-pay/willingness-to-

⊖ 可能是除了 J、Q、K 之外，也将 A 作为人头牌。——译者注

accept bias）。你认为这种心理偏向会影响第 5 题的价目表中的选择吗？

8. 对于第 5 题的备选菜单，风险中性的人会在第一行选择彩票，又将在第几行转向确定性收益呢？平方根效用函数的人又将如何行动？

9. （墨水炸弹任务中风险厌恶系数的微积分推导）共有 N 个盒子，勾选了其中 x 个，那么，所选盒子中避开炸弹的概率为 $(N-x)/N$，此时相对应的效用为 $x^{1-r}/(1-r)$，而收益为 0 时的效用则是 0。于是，期望效用可以被写为收益概率和效用的乘积 $(N-x)x^{1-r}/[N(1-r)]$。被试已知 N 和 r，需要决定 x。通过求解令期望效用的导数（斜率）等于 0 的 x，可以实现期望效用最大化。斜率为 0 出现于平坦的点，类似于一座山的峰顶。求解最优的盒子勾选数量 x 的表达式，它是一个关于 r 的函数。从实验者的角度来看，可以观察到被试的最大化选择 x，进而推断其风险厌恶系数 r。因此，下一步通过 x 的最优表达式，将 r 写为 x 的函数，从而验证式（3-1）。

前景理论和异象

在有货币回报的彩票之中权衡取舍，特别是当涉及的得失较大时，人们往往会产生焦虑感以及其他情绪反应。效用理论认为，即便是困难的、有压力的选择，也能够建模成为追求最大化的数学函数。但是，现实中的决策有时却偏离数学上精准的理论预测。本章将讨论几种常见的异象与心理偏向，例如，人们对损失的高度敏感，以及对一些极端概率的错误感知。

研究在风险情境下决策的主要方法是期望效用理论（expected utility theory）。期望效用的计算，是将每种收益所产生的效用与其对应概率相乘，进而加总求和。例如，效用函数为 $u(x)$，有两种可能的收益 x_1 和 x_2，p_1 为 x_1 出现的概率，于是可以计算出期望效用 $p_1u(x_1)+(1-p_1)u(x_2)$。概率是线性的，不会出现对小概率赋权过高的现象。通过该方法，还可以进一步引入非线性效用来解释风险厌恶。该模型的正式基础来自冯·诺依曼和摩根斯坦（1944）的博弈论著作，其中，经由一系列的假设（"公理"），将行动的目标设定为追求期望效用的最大化。

几乎从该模型创立之初，经济学家就开始关注与其预测结果相背离的行为。最著名的一个即阿莱悖论（Allais paradox），在本章后续部分将详加介绍。这些异象（anomalies）激励着研究者寻找期望效用理论的替代理论，其中最常提及的是前景理论（prospect theory），也是本章关注的重点。本章选取了一些例子来向读者解释实验结果，并帮助理解与前景理论关键特征相关的心理偏向，如损失厌恶、概率的错误感知以及情境依赖的风险偏好。

教师须知：附录 B 有关本章的实验说明中列出了一张成对彩票选择列表，目的是评估阿莱悖论，并比较"上行风险"和"下行风险"。另外，Veconlab 网站中的成对彩票选择（pairwise lottery-choice）程序（在"决定"菜单上）可以用来记录两两选择之间的风险决策，而不需要书面说明或骰子。

4.1　哈里·马科维茨和财富的效用

最早将风险厌恶模型化的是丹尼尔·伯努利（1738），他的研究甚至早于经济学和心理学成为独立学科的时间。伯努利认为，由于缺少对小概率和低回报相关风险的考虑，期望货币收益（expected value of monetary payoffs）的最大化并不能合理地刻画实际行为。他考虑了一种彩票——公正地投掷一枚硬币，直到掷出"头像"一面：如果第一次投掷即为"头像"，则获得 2 美元，概率为 1/2；如果第二次才出现，获得两倍的收益 4 美元，对应概率为 1/4……后续以此类推。该彩票的期望收益为 $(1/2)\times 2+(1/4)\times 4+\cdots+(1/2^n)\times 2^n+\cdots$，等于无穷个 1 相加。所谓伯努利悖论是指，人们不愿意花很多甚至无限多钱来换取期望值为无限的随机彩票。他由此得出结论，效用函数为非线性的，呈低权重的高收益的凹形。（关于凹形和凸形的讨论可见第 3 章的图 3-1。）

米尔顿·弗里德曼曾于二战期间研究决策理论，并与伦纳德·萨维奇（决策理论的开创者之一）合作，对效用这一主题展开讨论。他们在 1948 年的论文中认为，效用函数应该同时包括凹形与凸形的部分，才能解释人们同时购买损失保险和大额彩票的行为。

马科维茨曾在芝加哥大学师从弗里德曼和萨维奇，一直对风险抱有兴趣。他于 1952 年在《金融学期刊》（*Journal of Finance*）上发表论文，正式提出了投资组合理论（portfolio theory），该理论以期望回报和风险（用方差衡量）之间的权衡取舍作为基础。尽管这篇文章是他在 40 年后斩获诺贝尔奖的主要依据，但是他后来在《政治经济学期刊》（*Journal of Political Economy*）上发表的论文（1952）与本章内容联系更紧密。在该文中，他拓展了弗里德曼 – 萨维奇模型，在相对财富的视角下实现了得与失的兼容。当时，萌芽阶段的实验经济学相当"流行"，马科维茨亦采用了向朋友和同事提问的方式，让他们在涉及得或失的彩票之间做出选择：

（1）得到确定的 10 美分或者以 1/10 的概率获得 1 美元。
（2）得到确定的 1 美元或者以 1/10 的概率获得 10 美元。
（3）得到确定的 10 美元或者以 1/10 的概率获得 100 美元。
（4）得到确定的 100 美元或者以 1/10 的概率获得 1 000 美元。
（5）得到确定的 1 000 美元或者以 1/10 的概率获得 1 万美元。
（6）得到确定的 100 万美元或者以 1/10 的概率获得 1 000 万美元。
（7）失去确定的 10 美分或者以 1/10 的概率失去 1 美元。
（8）失去确定的 1 美元或者以 1/10 的概率失去 10 美元。
……
（12）失去确定的 100 万美元或者以 1/10 的概率失去 1 000 万美元。

其中，多数受访者在收益较低时（问题 1 ～ 3）选择风险选项，而后随赌注提高转向安全选项。至问题 6，所有受访者全部选择了安全的 100 万美元。于是，马科维茨得出结论，以一个参考点为基准，人们在面对小额或中等的收益时表现出风险追逐。他定义的参考点概念称为"习惯财富"（customary wealth），即当前的财富水平，其中，不包括最近的意外收益或损失。除了发现小收益下的风险追逐和大收益下的风险厌恶外，他还发现了人们在损失（采用相似结构的假设性问题）情境下，相反的行为模式。例如，尽管在小额收益的情形下追逐风险，但是，面对小额损失的时候，人们却表现为风险厌恶，具体地，相较于 1/10 的概率损失 10 美元，人们更加倾向于确定性地失去 1 美元。类似地，尽管面对大额收益时厌恶风险，人们面对大额损失时却表现为风险追逐。换句话说，马科维茨辨别出了 4 个不同的风险偏好区域，对收益有一定的风险追逐和风险厌恶，对损失有一定的风险厌恶和风险追逐。他后续还利用曲率和拐点对效用函数的形状做出了一些推测。

此外，马科维茨还认识到，损失往往比收益更受重视："一般来说，人们会避免对称的赌局。这表明曲线向原点左侧下降的速度要快于向原点右侧上升的速度。"（马科维茨，1952：154）随后，马科维茨运用绝对值表述以上概念，给出了损失厌恶的正式定义："我们假设 $|U(-X)| > U(X)$，$X > 0$，（$X = 0$ 处即为习惯财富水平）"（马科维茨，1952：155）。马科维茨的效用函数图形单调且有界，避免了陷入伯努利悖论。自此以后，大多数心理学家和实验经济学家都遵循这种受习惯财富影响的参考点的传统。总结如下：

参考点、风险偏好与损失厌恶：马科维茨（1952）发现了与标准的弗里德曼 – 萨维奇财富效用模型的一个重大背离：收益和损失域的风险偏好存在差异，收益与损失根据参考点——"习惯财富"划分。他还发现了损失厌恶现象，即在当前财富下，损失所产生的影响要大于相等水平的收益产生的影响。最后，他发现了一种交替的四重模式，即对收益和损失的风险厌恶或追逐。

4.2　前景理论中的概率加权

接下来的关键发展，大约是 30 年后，卡尼曼和特沃斯基（1979）的论文引入了前景理论（prospect theory）。该理论得到了马科维茨一派实验证据（涉及得与失的选择实验）的启发。除了参考点、损失厌恶和收益 / 损失依赖的风险偏好外，卡尼曼和特沃斯基还整合进了概率加权的概念。概率加权的早期研究可见于 Edwards（1962）等的研究。这类研究的起点源于普遍的高估小概率的现象，如 0.1 的概率在人们眼中可能有 0.2 那么高。总结如下：

概率加权：如果 p 表示某一事件发生的实际概率，定义 $w(p)$ 为该事件的加权概率。对小概率的高估意味着加权函数在 p 的取值较低时，满足 $w(p) > p$；相似地，对大概率的低估意味着加权函数在 p 的取值较高时，满足 $w(p) < p$。

在图 4-1 中，横轴代表实际概率，45 度的虚线对应无概率错误感知的情形。而前景理论预测，概率加权函数从原点起始，低概率时位于 45 度线之上，并随着概率提高逐渐降低，而后，在右上部分来到 45 度线下方。举例来说，这意味着人们会高估买彩票中头奖的概率，相反，也会低估失败的概率。加权函数随着 p 的提高而递增，即，不改变原概率的序关系。此外，概率加权函数最终在右上角（1，1）处回归 45 度线，人们一般不会对概率 1 存在错误感知。最终，这种"反 S"形的概率加权函数如图 4-1 所示，包括代表了概率加权函数最常用的两种参数化形式。

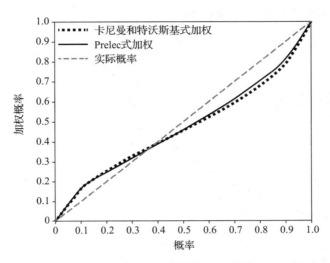

图 4-1　典型权重（$\omega = 0.7$）下的两种概率加权函数

图 4-1 中的点状虚线展示出卡尼曼和特沃斯基（1979）所采用的参数形式的形状，而实线显示了由 Prelec（1998）提出的最常用的替代方案的相似形状。两种函数的公式见式（4-1），其中权重参数 ω 决定曲线的弯曲程度。

$$w(p) = \frac{p^{\omega}}{[p^{\omega} + (1-p)^{\omega}]^{1/\omega}} \quad （卡尼曼和特沃斯基）$$

$$w(p) = \exp[-(-\ln p)^{\omega}] \quad （Prelec） \tag{4-1}$$

如果 $\omega = 1$，图 4-1 中的两条曲线不再弯曲，$w(p) = p$。随着 ω 降低，曲线的弯曲程度递增。研究发现权重参数在 0.7 附近，图中的"反 S"形曲线对应取值即为 0.7。此时两条曲线近乎重合；两者都表现出了对小概率的高估和对大概率的低估。

概率加权的一大作用在于，解释了马科维茨观察到的现象——偏好 1/10 机会的 10 美元胜过确定的 1 美元。因为如果 1/10 的概率被高估，那么即便是风险中性或者轻微风险厌恶的个体，也会选择风险选项。

4.3　前景理论中的损失厌恶

"损失厌恶"是前景理论的另一个关键组成部分，即在模型中为损失赋予 $\lambda > 1$ 的权重。例如，在递增的效用函数中，收益 x 对应的效用即为 $U(x)$，x 既可为正也可为负。这种设定允许效用函数在收益和损失区域呈现不同的凹凸性（边际效用递减或递增）。如

果参考点是 $x=0$，那么，可以设定标准化的效用 $U(0)=0$，从而保证收益的效用为正，损失的则为负。于是，令 x 为正时效用函数为 $U(x)$，x 为负时效用函数为 $\lambda U(x)$，可以将损失厌恶的概念引入模型。损失的负效用之前的乘子 $\lambda>1$，使得损失的负效用进一步扩大。通过这种方式，效用函数在左端要比在右端更加陡峭，如图 4-2 所示，这与马科维茨最初的猜想一致。多数评估损失厌恶的实验研究的共识是，λ 的取值约为 2，损失对效用的作用大约是收益的两倍左右（de Palma et al.，2008）。

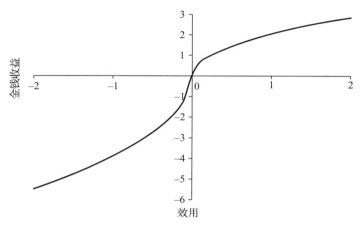

图 4-2　一个典型的、带有损失厌恶的前景理论效用函数$^{⊖}$（$\lambda>1$）

图 4-2 展示了一个典型的前景理论效用函数。其中参考点为 0，相比于右侧，效用函数在左侧的下降趋势更为迅速。此外，右侧递减的边际效用也意味着人们在收益时倾向于厌恶风险；左侧递增的边际效用则意味着人们在损失时倾向于风险追逐。"扭转"出现在 0 点，是因为乘子 $\lambda>1$ 加速了负效用的下降。在图 4-2 中，左右两侧的曲率差异表明存在"反射效应"（reflection effect）$^{⊖}$，故收益区域呈现风险厌恶、损失区域则呈现风险追逐。但除此之外，概率加权的介入，导致更多因素对风险偏好产生影响，特别是在较高和较低概率的情形下。而在适中的概率区间，如 0.4 ～ 0.6，概率加权影响微弱，此时，效用函数的曲率是风险偏好的主导决定因素。

下面将讨论前景理论的一些额外细节，但不可否认的是一个粗线条的总结：

前景理论： 卡尼曼和特沃斯基整合了关于参考点、依赖收益 / 损失的风险偏好、损失厌恶和概率加权等内容的早期学术观点，形成了前景理论。主要特点包括：

（1）从参考点出发，损失比收益的影响更大：$\lambda>1$；

（2）小概率被高估，大概率被低估；

（3）效用在收益区域表现出风险厌恶，在损失区域表现出风险追逐。

卡尼曼和特沃斯基（1979）关于前景理论的论文是经济学著作中引用次数最高的几

⊖　原文横纵轴分别为"效用"（utility）和"金钱收益"（money payoff），疑颠倒，已做调整。——译者注
⊜　所谓"反射效应"（reflection effect），意指效用函数在损失区域的图像，大致为收益区域图象的"倒影"。第二版未对这个概念进行详细介绍，以上定义参考本书第一版。——译者注

篇之一，也是卡尼曼获得 2003[⊖]年诺贝尔奖的主因。尽管几个主要组成部分均一定程度得到前人启发，但前景理论创造性地将这些要素与定性特征融合，形成了统一的理论观点，并能够对众多行为异象做出解释。其中，最著名的一个便是阿莱悖论，接下来将对其展开介绍。

4.4　阿莱悖论

考虑在以下二者间选择：确定性地得到 3 000 点，或者有 0.8 的概率获得 4 000 点。这可以被认为是两种随机收益的"彩票"之间的选择，在表 4-1 的第一行中表示为 S1 和 R1 之间的选择。

面对这样一组选择，定然会有某一边更受人们偏好，而经济学家假设这些偏好能够反映出效用函数的期望值，即，被选中的彩票的期望效用高于没被选中的彩票的。该假设并不是说人们会去实际计算效用，而是假定人们的选择体现了（一致于）他们对效用高低的排序。

设想，一个风险中性的人要在表 4-1 中的彩票 S1 和 R1 中间做出取舍，也就是选择二者中期望值更高的一个。如此，应当是 R1 更受青睐，因为 0.8 × 4 000 = 3 200，高于安全选项 S1 的 3 000 点确定收益。但是在卡尼曼和特沃斯基开展的实验中（假想情境，收益单位为以色列货币），80% 的被试选择了安全选项 S1，意味着存在一定的风险厌恶。对于风险非中性的个体，效用函数的弯曲形状决定其风险偏好。追求期望效用最大化的个体若偏好安全选项，意味着：

$$U(3\ 000) > 0.8U(4\ 000) + 0.2U(0) \tag{4-2}$$

表 4-1　假设收益情况下的阿莱悖论

彩票标签（选择比例）			
1.0 的概率获得 3 000	S1（80%）	R1（20%）	0.8 的概率获得 4 000 0.2 的概率获得 0
0.25 的概率获得 3 000 0.75 的概率获得 0	S2（35%）	R2（65%）	0.2 的概率获得 4 000 0.8 的概率获得 0

资料来源：卡尼曼和特沃斯基（1979）。

现假设两种彩票的收益都有 3/4 的概率被没收，即，有 0.75 的概率一无所获而只有 0.25 的机会得到彩票收益。这种情况下，多数被试（65%）选择了风险更高的选项；相比之下，如果不存在没收的问题，80% 的被试在第一行中都选择了确定的 3 000 点。

这种行为上的变化是阿莱悖论的一个案例，期望效用理论无法解释。把式（4-2）两端同乘 0.25：

$$0.25U(3\ 000) > 0.2U(4\ 000) + 0.05U(0) \tag{4-3}$$

为了使两端的概率之和均为 1，同加 0.75U(0)，对应被没收的概率，得到：

$$0.25U(3\ 000) + 0.75U(0) > 0.2U(4\ 000) + 0.8U(0) \tag{4-4}$$

⊖　作者有误，卡尼曼获得的是 2002 年诺贝尔经济学奖。——译者注

不等号的方向并不会发生改变。这个不等式意味着（起初偏好 S1 胜过 R1 的）同一个体，在 1/4 的概率获得 3 000 和 1/5 的概率获得 4 000 之间，也应该选择前者。以上两种彩票列于表 4-1 的第二行，分别为 S2 和 R2。只要在表中发生了偏好反转，如在第一行选择 S1 而在第二行选择 R2，便与期望效用理论违背。例如，按照期望效用理论，一个风险中性的人应该在上下两行都偏好于有机会赢得 4 000 的彩票（R1 和 R2）。

重新审视式（4-4），能够更好地理解理论预测背后的直觉。式子左侧是"1/4 概率得到 3 000、3/4 概率一无所获"的期望效用。等价地，我们可以将其视作"1/4 概率得到彩票 S1（确定性的 3 000）、3/4 的概率一无所获"。而式（4-4）[⊖]右侧，尽管不如左侧直观，也可以视作"1/4 概率得到彩票 R1、3/4 的概率一无所获"。因此，式（4-4）这个不等式意味着：相比于以 1/4 的概率得到彩票 R1，个体更偏好于以 1/4 的概率得到彩票 S1。根据期望效用的数学运算，如果你和式（4-2）一样，在 S1 和 R1 中更偏好于 S1，那么在式（4-4）中，也将一样偏好于以 1/4 的概率得到彩票 S1 的机会。从式（4-2）到式（4-4），只是在前者的式子两侧同时附加"额外的"3/4 得到 0 的概率。这个额外的可能稀释了 S1 和 R1，但是由于它在式子两侧同时出现，因此，与偏好关系并"不相关"。无关备选方案的独立性（independence of irrelevant alternatives）假设是期望效用理论成立的一个基本公理。尽管"无关备选方案的独立性"概念听起来很直观，在卡尼曼和特沃斯基的研究中，却有很大一部分被试的行为违反了此公理。如前文所述，80% 的被试在第一行中选择了 S1，而第二行中选择 R2（R1 的稀释版本）的比例却高达 65%。这种阿莱悖论式的行为与期望效用理论相违背。阿莱悖论最早见于法国经济学家 Maurice Allais（1953）的研究，其中，首次提出了这种配对彩票选择的情境。在以现金支付奖金的实验中，阿莱悖论式的反常行为也不鲜见（例如，Starmer and Sugden，1989，1991；de Palma et al.，2008）。Battalio、Kagel 和 MacDonald 甚至在老鼠身上（通过随机提供实物的喂食槽）也发现了相似的选择模式。

de Palma 等人（2008）的实验得到的阿莱悖论数据总结于表 4-2，格式与前表相同。实验中每一名被试需要完成三对选择，其中，两组如表所示（第三对包含一个显著优于 S1 的选项，目的是检验行为是否违背占优原则，此处未做展示）。被试在一次拍卖实验后，需要对三组彩票做出选择，事后将从中随机抽选一组决定实验报酬。注意，第二行中的两个彩票稀释了收益，导致激励降低，因此，这一对彩票预计会表现出更高的随机性。

表 4-2　使用现金收益的阿莱悖论实验，72 名被试

彩票标签选择比例			
1.0 的概率获得 3.00 美元	S1（56%）	R1（44%）	0.8 的概率获得 4.00 美元 * 0.2 的概率获得 0 美元
0.25 的概率获得 3.00 美元 0.75 的概率获得 0 美元	S2（11%）	R2（89%）	0.2 的概率获得 4.00 美元 * 0.8 的概率获得 0 美元

注：* 一半的被试选择了 4.20 美元，而不是 4.00 美元。

资料来源：de Palma 等（2008）。

⊖　原文为式（4-3），疑有误。——译者注

实验结果见括号内的选择比例，其中，最主要的一点是，人们倾向于在第一行选择 S1，而在第二行选择 R2。在 72 名被试中，有 35 名在两行中出现了选择反转，这违背了期望效用理论。其中，30 人表现为典型的阿莱悖论式行为，只有 5 人表现出反向违背（R1 和 S2）。

这篇文章的众多合作者之一，Dan McFadden，在研究中将概率选择应用于各种经济决策（如交通路线），并因此获得了诺贝尔经济学奖⊖。在上述实验研究中，至少有一名合作者这样预期实验结果：和之前很多研究一样，被试将会在第一行中选择安全选项 S1；但是，使用实际的现金激励时，被试在第二行对 S2 和 R2 的偏好程度将大致相等。也就是说有合作者预测，由于第二行中的实际激励较弱，被试的选择将会从第一行中的 S1，变为 S2 和 R2 各自 50%。然而，实验数据却与其背道而驰，只有 11% 的被试在第二行选择了 S2，这也证明阿莱悖论并不能归因于较低的激励和随机效应。总结如下：

阿莱悖论： 在经济激励的实验中，当两种彩票都以一种不会改变预期效用预测的方式改变时，相当大比例的被试表现出一种模式，即把对较低期望值的安全回报的偏好，转向对风险回报的偏好。在那些改变选择的人中，绝大多数人表现出了阿莱悖论所预测的方向的转变，这一结果不能归因于当激励被稀释时，决策过程中增加的随机性。

前景理论可以从多个角度对阿莱悖论模式进行解释。回顾前面，前景理论建立在参考点的基础之上，对收益与损失进行了有区别的评估。相比于马科维茨定义的"习惯财富"，参考点这一概念的严格程度较弱也更依赖具体情境。以表 4-1 中的 S1 和 R1 为例，S1 中确定性的 3 000 点将会导致 R1 中可能出现的 0 收益被编码（code）为损失。从参考点出发，相比收益区域的上升速度，效用在损失区域下降得更加迅速。因此，彩票 R1 中的 0 收益如果被编码为损失，决策者将更不易选择 R1。但是，在表的第二行，不再有绝对安全的选项，因此，0 收益可能并不再被编码为损失，从而使期望值更高的 R2 更受青睐。

此外，还可以从概率加权的角度解释阿莱悖论，即小概率会被高估，如图 4-1 所示。注意，表 4-1 中的彩票 S1 是确定性的，不会发生概率的错误感知；而右侧彩票 R1 中的 4 000 点收益发生概率为 0.8，则可能受到概率加权影响。假设，此处 4 000 点收益的概率 0.8 被低估为 0.7，那么，相比之下 S1 将更有吸引力，即便是风险中性的人也会偏好 S1。接下来，让我们考虑当两种彩票都被 3/4 概率的 0 收益稀释的情况。注意，式（4-3）左侧 3 000 点收益的概率 0.25 和右侧 4 000 点收益的概率 0.2，在概率加权之后几乎没有区别。也就是说，由于 0.25 和 0.2 相对较近，在平滑的概率加权函数上二者加权后的概率也非常接近。虽然，在未稀释版本中，4 000 点收益对应的大概率被低估，使风险中性的人更偏好于 S；但是，在稀释后，概率加权的影响减小，此时 R 彩票将更受青睐。总结如下：

前景理论和阿莱悖论： 标准的阿莱悖论中的行为模式与经典的期望效用理论（线性概

⊖　Dan McFadden，美国南加州大学经济学教授，2000 年诺贝尔经济学奖得主。——译者注

率且不存在损失厌恶）相违背。但根据前景理论，如果彩票 R1 中高收益 4 000 点对应的概率 0.8 被低估，该彩票的吸引力将会降低，然而，确定性的 3 000 点又不涉及概率加权的问题。这能够解释被试为何更倾向于确定性的 3 000 点。与此相似，相比于彩票 S1 确定性的 3 000 点收益，R1 中可能出现的 0 收益或被编码为损失，也将降低风险彩票 R1 的吸引力。而另一对彩票 R2 和 S2，受概率加权的影响则相对较小，这是因为"稀释"后的概率十分接近。相似地，此时并不存在确定性的收益用来界定损失，于是损失厌恶也不再那么突出。以上观测结果显示，阿莱悖论的选择模式可以通过前景理论的内容加以解释。

4.5　四重模式

前景理论由很多部分组成，有时想要辨别其中某一部分的单独影响颇为困难。比如，边际效用递减的效用函数会引致风险厌恶，但非线性的概率加权亦然。以马科维茨的研究为例，他发现人们在面对中小规模的彩票时倾向于冒险，如确定性的 1 美元和 1/10 机会的 10 美元。他的解释以弯曲形状的效用函数为基础。而前景理论提供了另外一种解释思路，高收益对应的小概率 1/10 被高估，进而导致风险中性或者轻微风险厌恶的人选择该彩票。与此相反，马科维茨还发现人们在面对小额损失，如确定性的失去 1 美元或者以 1/10 的机会失去 10 美元时，会选择规避风险。而前景理论当中对小概率的高估亦能解释这一现象。此外，效用函数的曲率可以与前景理论同时应用，当收益非常大时，边际效用递减的作用占主导地位。对比确定性的 100 万美元和 1/10 机会的 1 000 万美元，虽然 1/10 的概率可能会被高估，但是对于一个百万富翁而言，额外的 900 万美元就不值那么多了。总结如下：

四重模式：概率加权和效用曲率之间的相互作用导致：
- 面对小概率的中等收益时，风险追逐。
- 面对小概率的中等损失时，风险厌恶。
- 当收益的概率适中或者收益极高时，风险厌恶。
- 当损失的概率适中或者收益极高时，风险追逐。

4.6　上行与下行风险

观测结果显示，风险偏好是一个多维概念。因此，辨别概率感知和效用函数曲率的影响是非常有帮助的。例如，针对低收益而购买保险的行为消除了低收益的影响，但要付出代价。这里的安全选项包括支付保费，享有提前知道的货币回报。如果不良事件发生，风险选项包括不支付保费，但获得低收益（例如，收获价值低）。若负面事件的发生概率为 1/10，且被高加权，那么，即便风险中性的人（线性效用）也将选择购买保险。事实上，在购买保险的实验中，风险厌恶是很典型的，尤其是女性（Bediou et al.，2013）。

但是，如果对小概率的加权是显著的，那么，购买低收益或低损失保险的同一群人，可能愿意承担上行风险。更具体来说，如果和一些实验中一样，女性相较男性更愿意购买保险，那么，这些女性可能会比男性更经常地冒上行风险，除非收益如此之大，以至于效用曲率主导了概率加权效应。

以上关于上行和下行风险的预测，可以利用 Veconlab 中的成对彩票选择程序检验（Comeig et al.，2016）。该实验包含两个实验局，被试需要完成一系列的决策（成对选择），最终在所有决策中随机抽取一次决定其报酬。这些决策以随机的顺序呈现，并且在不同的被试中有所不同。每个决策都涉及在一个两个收益接近的安全选项和一个具有极端——高和低收益的风险选项之间做出选择。对于表 4-3 顶部所示的下行风险对，极端收益为 25 美分，如粗体所示。对于表底部的上行风险对，极端收益是 2 500 美分（25 美元）。注意，无论是上行还是下行风险选择，右侧安全选项 B 的收益都要比左侧风险选项 A 更加接近。

表 4-3　下行风险与上行风险

	选项 A： 9/10 的机会得到 664 美分 1/10 的机会得到 **25 美分**	选项 B： 9/10 的机会得到 547 美分 1/10 的机会得到 275 美分
下行风险	选项 A： 9/10 的机会得到 664 美分 1/10 的机会得到 **25 美分**	选项 B： 9/10 的机会得到 547 美分 1/10 的机会得到 275 美分
上行风险	选项 A： 9/10 的机会得到 389 美分 1/10 的机会得到 **2 500 美分**	选项 B： 9/10 的机会得到 551 美分 1/10 的机会得到 600 美分

在所有成对的选择中，收益的结构是这样的，即风险选项（在表格的左边标记为选项 A）的预期货币价值比安全选项高 80 美分。与极端收益相关的概率在某些情况下是 1/10，在其他情况下是 1/3。所有成对选择中的数字都是为了让期望值比较难以辨别而选择的美分数。最后，其中有一种实验局的筹码更高，所有收益全部放大 5 倍。举例来说，在 5×收益规模下，上行风险选项 A 的高收益将由表 4-3 中的 25 美元增加至 125 美元。全部场次中，有一半首先进行 5× 局，另一半则先进行 1× 局。男性和女性的人数相等，在处理顺序上保持平衡。

得出的主要结论是，在面对低收益的下行风险时倾向于选择更安全的选项的被试，在面对高收益的上行风险时也倾向于选择风险更大的选项。尽管在每种情况下，选项之间的预期收益差异是相同的（80 美分）。如图 4-3 所示，风险选择的比例表明了这一结论，下行风险问题（第一组和第三组）的柱状图均低于上行风险问题。此外，最左端一组中（下行风险，1× 收益规模）出现了巨大的性别差异，男性（深色）选择风险选项的比例远高于女性（灰色）。这一性别差异在统计上亦显著，而另外三种情形（低收益的上行风险，以及高收益的上行和下行风险）下微小的性别差异并不显著。

上行和下行风险的实验结果： 低概率上行风险下的风险选项比例，高于低概率下行风险的风险选项比例。在下行风险的情况下，男性被试在低筹码下往往会比女性被试更倾向于选择风险更大的选项，但是，这种差异在高筹码的情况下就消失了。对于上行风险，无论收益规模如何，男性和女性在风险更大的选项中所占比例没有显著差异。

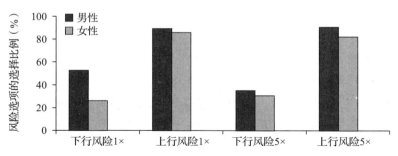

图 4-3　不同风险类型（上行或下行）、不同收益规模（1×
或 5×）下的风险选项占比——男性和女性

这项研究提供了另一个例子，说明风险厌恶的性别差异如何取决于环境，特别是如果涉及不同的因素（效用曲率和概率加权）。作者估计了式（4-1）中卡尼曼和特沃斯基加权函数的风险厌恶和概率加权参数。男性和女性的加权参数估计非常相似（权重约为0.7），但效用函数估计表明女性更厌恶风险。

4.7　扩展与进一步阅读

如上所述，在经济和金融中，风险下建模选择的主要方法涉及预期效用，既适用于收益和损失，也适用于最终财富。最终财富方法涉及一种更强的理性类型，在某种意义上，人们可以看到过去的得失，并关注决定消费机会的变量（最终财富）。而 Camerer（1989）和 Battalio 等人（1990）的实验提供了强有力的证据，证明决策是在收益和损失的框架下进行的，人们并不会将得与失"整合"入最终资产。事实上，"资产整合"几乎没有任何实验证据。Rabin（2000）以及 Rabin 和 Thaler（2001）的研究也通过理论论证，反对将效用作为最终财富的函数。他们的论据是，如果使用最终财富作为依据，虽然能够解释小收益规模下的风险厌恶，但在高收益规模下却非常荒谬。此外，绝大多数分析风险厌恶的实验室实验，也都是建立在收益和损失的基础上（Binswanger，1980；Kachelmeier and Shehata，1992；Goeree，Holt，and Palfrey，2002，2003）。

即便是通过参考点上的得失来构造期望效用，仍要面对是否加入其他元素（如，非线性的概率加权函数以及损失厌恶）的问题。损失厌恶背后的直觉很有吸引力，但在很多情况下不甚直观。实现中的部分问题在于，适当的参考点并不总是显而易见的。例如，在 Eckel 和 Grossman 投资任务实验中，存在一个安全的选项可能意味着，低于这个水平的收益被编码为损失，即使在无损失局中，没有一个实际收益是负的。

一部分经济学家，如 Camerer（1995）认为，经济学应该放弃期望效用理论，用前景理论或者其他理论取而代之。Rabin 和 Thaler（2001）表示，希望他们已经写好了讨论预期效用假设的最终论文，将其称为"前假设"（ex-hypothesis），语气与有时谈论前配偶（ex-spouse）时相同。而其他经济学家，如 Hey（1995）则坚持认为，期望效用模型要优于种种替代模型，特别是当决策误差在估计过程中被明确地建模时。由于随机性，此类错误将允许决策朝任意方向发展，但决策的优势应该是朝着更高预期效用的方向发展。但需要指出的是，表 4-2 中总结的受激励的阿莱悖论实验不能用决策误差来解释。尽管存在种种争议，期望效用仍被广泛使用，要么是通过假设风险中性含蓄地使用，要么是通过对风险厌恶进行建模明确地使用。

一些人可能会发现，这些问题的混合证据令人担忧，但对一个实验主义者来说，它为新的研究提供了一个令人兴奋的领域，特别是在重要的高赌注决策上。进行此类实验的一种方法是去那些可使用高激励措施的国家，在这些国家的成本不会那么高。例如，Binswanger（1980）把实验的研究对象选定为孟加拉国的农民，给出的实验奖励甚至高过他们的月收入。相似地，Kachelmeier 和 Shehata（1992）在中国农村开展了高收益的彩票选择实验，之后才在美国和加拿大进行重复。他们发现，提问的方法对人们评估彩票价值的状况有很大的影响。当人们被问及卖出彩票的价格（他们愿意接受的最低金额）时，平均而言，人们倾向于给出更高的答案。这意味着他们对风险彩票的估值高，因此人们偏好风险。相比之下，当同一组人被问及他们愿意为有风险的彩票最多支付多少钱时，他们倾向于给出一个低得多的数字，这似乎又表明他们厌恶风险。激励结构是这样的，最优的决策是在两种实验局中提供"真实的"货币价值（类似的诱出任务将在关于信念诱出的下一章中解释）。尽管有真实的诱导激励，但当人们面临定价任务时，似乎进入了讨价还价的模式，要求高的销售价格和提供低的购买价格。这种支付意愿 / 接受意愿偏向（willingness-to-pay/willingness-to-accept bias）（WTP/WTA）的实质尚未得到很好的解释，至少仍未超出这里讨论的简单讨价还价模式感觉（Coursey，Hovis，and Schulze，1987）。除此之外，对政策制定者而言，认识 WTP/WTA 偏向也很有意义。在关于非市场商品（如空气和水质）的研究中，环境效益的估计可能会因提问方式而发生 100% 的大转变。人们天生存在这种 WTP/WTA 偏向，因此，在诱出估值时应尽量避免使用市场价格术语。

对 WTP/WTA 偏向的另外一种解释来自禀赋效应（endowment effect），即人们被"赋予"某一种商品，会提高其对该商品的估值。对于一些实物商品，比如咖啡杯，禀赋效应似乎的确存在。在关于判断和决策的心理学文献中，已经记录了许多额外的偏向，包括在前景理论中扮演重要角色的损失厌恶。例如，人们可能有一种对自己的判断过于自信的倾向。与此相关的概念叫作证实偏向（confirmation bias），即倾向于寻找和回忆能够证实当前信念的信息。下一章讨论的贝叶斯规则，提供了一个结合先验信念和新信息的无偏统计过程。与此相反，证实偏向意味着对确认先验信念的新信息给予过多关注，而忽视相反的证据。一些判断错误的惯常类型将在后面的章节中详细讨论，例如，拍卖未知价值的商品时的"赢者诅咒"。关于这些异象的进一步探讨，可见 Camerer（1995）的相关研究。

最后，需要注意的是，早期版本的前景理论属于一种行为或者描述性（descriptive）的理论，而不是一种关于如何决策的规范性（prescriptive）理论。相反，期望效用是一种规范性理论，用于在某些特定条件下做出最优决策，这些条件满足推导出期望效用的公理。一个包含偏向（比如过度加权低概率）的行为理论，在某些情况下可能会产生难以置信的预测，前景理论就是这样。例如，众所周知，对于任何涉及非线性概率加权的效用理论，都有可能指定两种彩票，其中一种优于另一种，但预测（加权概率和相关效用的乘积和）是被占优的彩票被选中。（粗略而言，一只彩票被另一只占优，意味着它的收益不高于且有时低于另一只彩票。）卡尼曼和特沃斯基很清楚这个问题，他们提出了一个编辑（editing）阶段，即在比较其他前景之前先删除被占优的前景。虽然这个编辑过程可能看起来很特别，但对作者来说，这似乎是行为理论的合理妥协。经济学文献中提出了一种解决占优问题的技术方法。特沃斯基和卡尼曼（1992）在他们关于累积前景理论（cumulative prospect theory）的论文中将这种新方法纳入前景理论。这一理论的主要特征将在后面更具技术性的附录中描述。

附录 4A　关于累积前景理论的介绍

累积前景理论采用加权函数对累积概率进行加权，而不是对单个概率进行加权。换句话说，该修正本质上是把加权函数 $w(p)$ 看成从 0 到 1 的累积分布函数，在纵轴上逐渐累加到 1，其增量即是对效用的概率加权。$w(p)$ 的差分对应着概率的权重，类似于通过累积概率分布函数的差分计算概率。这种方法使用广泛（de Palma et al.，2008），行为经济学家在估计前景理论模型的参数时更是经常应用（如 Comeig et al.，2016）。

累积前景理论做出的修正在于，先将彩票可能的收益由高到低排序，通过脚标代表，因此，最大的可能收益为 x_1。$U(x_1)$ 对应的概率权重，与之前一样表示为 $w(p_1)$，比如，可以使用式（4-1）中的一个加权函数形式。为了确保权重总和等于 1，其他可能收益的概率权重之和须等于 $1-w(p_1)$。因此，假设这一彩票只有两种可能收益：x_1 和 x_2，对应概率分别为 p_1 和 $1-p_1$，则权重分别为 $w(p_1)$ 和 $1-w(p_1)$。因此，该彩票的期望加权效用应为：$w(p_1)U(x_1)+[1-w(p_1)]U(x_2)$，这体现出累积加权的特征，不同于前景理论原始版本中的 $w(p_1)U(x_1)+w(p_2)U(x_2)$，二者的区别用粗体标明。这种修正具有合理性：如果高收益概率较低，则将被高估，而其他收益的较大概率将会被低估。这种情况下，尽管加权参数的估计会有所不同，但使用哪个版本的前景理论来进行理论预测或许影响不大。

在可能的收益多于两种的情况下，累积前景理论同样能够以原始 $w(p)$ 差分（增量）的方式进行调整，确保权重和为 1。以三种可能为例，高收益 $U(x_1)$ 对应的权重和之前一样，为 $w(p_1)$，而对于排在第二位的收益 $U(x_2)$，则为差分 $w(p_1+p_2)-w(p_1)$，$U(x_3)$ 对应的权重则为剩余的 $1-w(p_1+p_2)$。注意，此时权重之和仍为 1。

在作者看来，当可能的结果多于两种时，累积前景理论所使用的加权过程似乎有些随意。例如，假设彩票的三种收益分别为 10.01、10 和 0 美元，各自的概率均为 1/3。就标准的"反 S"形加权函数而言，2/3 的概率会被低估，每一种结果调整后的权重可能会表现出相当大的差异，即便三者的概率均为 1/3。例如，设加权参数为 0.7，图 4-1 中的 Prelec 加权函数对 1/3 的概率仅稍有高估，$w(0.33)=0.34$。于是，根据累积前景理论，高收益10.01美元对应权重即为 $w(p_1) = 0.34$ 。然而，根据累积前景理论，第二高的收益所对应的加权概率由简单加权函数的差分计算得到：$w(p_1 + p_2) - w(p_1) = w(0.67) - w(0.33) = 0.25$ 。最后，最低收益0对应的权重则为简单加权函数的最后一部分增量：$w(p_1 + p_2 + p_3) - w(p_1 + p_2) = 1 - w(p_1 + p_2) = 1 - w(0.67) = 0.41$ 。此时，尽管三种收益对应的实际概率同为1/3，但它们的累积前景理论权重（0.34、0.25和0.41）却出现显著差异。目前还不清楚这种累积权重的差异是否会给实际行为预测造成困扰（问题5），但确实有可能出现异常的结果。在作者看来，前景理论应该被视为一套行为的、描述性的而不是规范性的理论，因此，技术上的"校正"并不是必需的。而且在某些情形下，这种技术上的"校正"可能会导致理论在描述实际行为时陷入误区。

第 4 章习题

1. 说明一个风险中性的个体，在0.8的概率获得4 000和确定性的3 000之间更偏好于前者，而在0.2的概率获得4 000与0.25的概率获得3 000之间也更偏好前者。每种情况，彩票未中奖时的收益都是0。

2. 如果表4-1中彩票R1的收益为4 000的概率被换成0.7，说明一个风险中性的人将偏好于彩票S1。

3. （无须数学证明）在定向搜寻（directed search）模型中，工人看到雇主公布的工资后，须同时决定向哪个雇主提出工作申请。如果一名雇主收到的工作申请多于自身提供的工作岗位，那么有限的职位将被随机分配给申请人。假设有两名雇主，每人有一个岗位发布，其中，一个岗位的工资是另一个的5倍。你认为会有更多的工人申请高薪职位还是低薪职位？推测概率加权对定向搜寻的性质的可能影响。

4. 证明式（4-1）中的两种概率加权函数在 $\omega = 1$ 时，可化简为线性的 $w(p) = p$ 。

5. （无须数学证明，开放性问题）使用本章最后一段的观察结果（或类似的论点）来设计一组你认为可能产生与累积前景理论预测不一致的彩票选择，并解释你所提议的测试背后的直觉。

贝叶斯规则

学习是市场和博弈中调整（adjustment）的重要组成部分。最简单的一种情况是，一个人开始对一种未知的情况有一些初步的信念（belief），例如，一家公司是否会宣布破产，然后观察新的信息，例如，销售报告。在形成新信念的过程中，最初的信念和新的信息以某种方式结合在一起。本章是关于新信息到达后，信念概率如何更新的基本理论，这就是贝叶斯学习（Bayesian learning）。讨论是依据一个简单的基于频率或"计数"直觉推断法来解释贝叶斯规则（Bayes' rule），这是一个更新信念的数学公式。

教师须知： 本章使用的信念诱出实验均可通过 Veconlab 网站中的"贝叶斯规则"程序实现，在"决策"菜单下选择 BDM[⊖]选项（另外的选项 QSR 和彩票选择，将在第 6 章讨论）即可。基于网页的贝叶斯规则程序操作快捷方便，还能自动完成计算，并绘制平均诱出概率的图形（作为贝叶斯预测的函数）。

5.1 引言

假设你刚刚收到一份体检报告，显示你患上了一种罕见疾病。在你所在的社会经济群体中，该病的基础概率（base rate）或者说发病率为 1‰（0.001）。很不幸，这种疾病是致命的；但你还是有希望的，因为测试结果可能会产生假阳性（false positive）。医生告诉你：如果你确实患病，检验结果 100% 将呈阳性；但即便你没有患这种病，检验结果也有 1% 的可能呈阳性，即假阳性。问题是，在检测结果呈阳性的情况下，利用这些信息来

⊖ Becker、DeGroot 和 Marschak（1964）开创的一种诱出被试汇报其信念中概率估计的方法，后面有所介绍。——译者注

确定你患这种罕见疾病的概率。请现在就把你的猜测写在一张小纸片上，以免忘记。

我认为患这种病的概率为：____/100

面对这个问题，大多数人会得出结论，更有可能的是这个人实际上患有这种疾病，然而，这样的猜测可谓大错特错。1% 的假阳性意味着，随机选择 1 000 人进行检测，将会有 10 个阳性结果（1%），但平均 1 000 人中只有 1 个人真正患病（检测结果当然也为阳性）。在 10 名假阳性和 1 名真阳性的情况下，在看到阳性检测结果后患病的概率只有 1/11，即使你的测试结果是阳性的，准确率为 99%。这个例子说明了，关于总体中某些属性的"基础概率"的先验信息的巨大影响。这个例子还说明了如何设置一个简单的基于频率的计数规则，该规则将提供近似正确的概率计算：

（1）假设一定数量的样本（比如说 1 000 人）。

（2）利用基础概率计算样本中平均会有多少人患病，用基础概率乘以样本容量（如，0.001 乘以 1 000 等于 1）。

（3）接下来，计算出该疾病患者的阳性检测结果的预期数量，即真实阳性（本例中，1 000 人中平均有 1 人确实患病，体检也将呈阳性，也就是说所有患者中有 1 名"真阳性"）。

（4）从总样本中减去实际患病的期望人数（第 2 步），从而估计未患病的人数（1 000 − 1 = 999）。

（5）估计未患病人群中体检结果为（假）阳性的人数（本例中，假阳性的比例为 1/100，所以，未患病的人的"假阳性"人数是 999/100，也就是 9.99，大约是 10 人）。

（6）通过计算真阳性人数（第 2 步）与总阳性人数（真阳性（来自第 2 步）和假阳性（来自第 5 步）的总和）的比值，计算出给定阳性检测结果的患病概率。例如，这个比率是 1/(1 + 9.99)，约为 1/11，即 9%。

以上计算过程运用到了贝叶斯规则。本章介绍了这一规则，它是利用先验信息（如，总体基础概率）和新信息（如，测试结果）的最佳过程。正如对疾病问题的不正确答案所表明的那样，在这种情况下的决策和推断可能会有严重的偏差。由此引出的一个问题是，如果提高激励且能够从经验中进行学习，那么人们能否修正潜在的偏向；在一些（并不是全部）情境中，不能修正偏向的人将会把机会拱手让予完成修正的人。

获得新信息时，辨别以下三个要素将很有帮助：初始信念、获得的信息以及获得信息后的新信念。如果初始的先验信念根深蒂固，那么，除非新信息的质量非常高，否则新的后验信念并不会发生多大变化。因此，学习过程同时涉及先验信念和新信息，以及二者的可靠程度。例如，若调查人员几乎肯定嫌犯有罪，那么即便后者通过了测谎仪的测试，也不能消除前者的怀疑。另一方面，高质量的信息则有可能推翻先验信念，比如 DNA 证据可洗清嫌疑。贝叶斯规则提供了处理多来源信息的数学方法。采用该视角的有用之处在于，规定了如何根据不同信息源的可靠性做出评估。虽然某些类型的先验信息并不可取或不合时宜（如，陪审团在严肃的审判中，根据种族或其他人口特征判断被告犯罪的概率），但是该视角仍然不失其价值。在这类情况下，了解如何使用类似的先验信息（贝叶斯规则下），将有助于防范那些源于信息的偏见。最后，贝叶斯计算还为我们提供了度量心理偏向的一种标尺。

5.2 一个简单的例子和计数直觉推断法

最简单的信息问题是决定两种可能的情况或"自然状态"中哪一种是适宜的，例如，有罪或无罪，已感染或未感染，有缺陷或没有，等等。具体地，假设有两只杯子或者"罐子"，装有大小相同的黄球（a）和蓝球（b），如图 5-1 所示。A 杯中有 2 个黄球和1 个蓝球，B 杯中有 1 个黄球和 2 个蓝球。采用掷硬币的方式选择一只杯子，具体是 A 杯还是 B 杯暂时保密，故在先验信息里两只杯

图 5-1 两只杯子的例子

子的概率相等。接下来，被试将观察到从该杯子中抽取的若干小球，每次抽取后小球都将被放回。因此，这里的抽取小球属于放回抽样（with replacement），杯中的球不会随着抽取发生改变。

假设第一次抽出的是黄球，请你回答此时选中的杯子是 A 杯的概率，用 Pr(A|a) 表示。有时候人们回答 1/2，因为他们觉得两只杯子被选中的概率相等。诚然，事先两只杯子被选中的概率的确相等，但是，从抽出的小球中我们又学习到了什么呢？

另一种常见的答案是 1/3。因为 A 杯被选中的概率为 1/2，而从中抽出黄球的概率为 2/3，1/2 和 2/3 相乘得到 1/3。但是，对数学的一知半解是非常危险的！这个答案显然不对，因为事前两只杯子概率相等，而抽出黄球意味着此时 A 杯可能性增加，故抽出黄球后 A 杯概率势必大于 1/2；该答案的另外一个问题在于，若用同样方法计算 B 杯概率，即 1/2 × 1/3 = 1/6，将出现前后矛盾，A 杯概率 1/3、B 杯概率 1/6，余下的概率到哪里去了呢？以上 A 和 B 的概率（1/3 和 1/6）之和仅为 1/2，或许我们可以将其翻倍（为 2/3 和 1/3），即为抽出黄球后杯子为 A 和 B 的概率。稍后会看到，这种概率的等比例放大是贝叶斯规则数学公式的一环（你马上就会见识到公式中"麻烦的分母"了）。

仔细观察图 5-1 中黄球的分布，有助于理解为何在抽出一个黄球后 A 杯的概率为 2/3。

图 5-1 中，左侧 A 杯中有 2 个黄球（标记为 a），右侧 B 杯中只有 1 个。掷硬币选择杯子前，全部 6 个小球每个被抽中的概率相等，没有哪个黄球概率高于其他小球；而 3 个黄球中有 2 个在 A 杯，A 杯中抽出黄球的后验概率为 2/3。换言之，此时有两个真阳性的黄球（在 A 杯中）和一个假阳性的黄球（在 B 杯中），于是，A 杯概率即为真阳性与全部阳性数量（不论是否为真）之比，Pr(A|a) = 2/3。

以上为贝叶斯规则的一个特例，两只杯子的先验概率相等。现在，让我们设想先验概率不等的情况。具体而言，假设第一次抽中黄球并放回，之后继续在该杯（A 或 B）中抽取一次。由于已经抽中一次黄球，第二次抽取前的信念里，A 杯概率为 2/3，B 杯概率1/3。也就是说，抽中一次黄球后，此杯为 A 的概率是 B 的 2 倍。

　　下一步的问题是，如何调整之前计算小球的方法（两种杯子的初始可能性相等），使之适用于概率不等的情形。为了营造和新信念一致的情境，我们可以假想，概率更高的杯子中小球的数量翻倍。尽管每只杯子中实际的小球数量未变，但为了表示新信念，我们可以认为 A 杯中的小球数是 B 杯的 2 倍，同时每只杯子里小球被抽中的概率均等。这种后验信念如图 5-2 所示，A 杯和 B 杯中小球比例未变。虽然实际小球数仍为 6 个，但在图 5-2 中，小球（真实和假想的小球）有 9 个之多，从 1 到 9 编号、随机抽取。

　　第一次抽中黄球后，后验信念如图 5-2 所示。可见，如果第二次抽中了蓝球，那么它来自两只杯子的概率相等，因为两只杯子中都有 2 个蓝球，故此时 A 的后验概率是 1/2。这一结果和基于对称性的直觉一致：抽取之前，两只杯子的先验概率均为 1/2，而抽中黄球（第一次）与抽中蓝球（第二次）又相互平衡。当然，即便小球的顺序相反（先蓝后黄），这一结果也不会改变。

　　依然假设事前两只杯子概率相等，而前两次都抽中黄球。和之前一样，第一次抽中黄球之后的后验概率如图 5-2 所示。由于 5 个黄球（真实和假想的）中有 4 个在 A 杯，再次抽中黄球意味着 A 杯的后验概率达到 4/5，达到了 B 杯的 4 倍。为了用等概率的小球表达更新的后验信念，A 杯一侧的小球数应为 B 杯的 4 倍。因此，我们需要在图 5-2 中的 A 杯里再加两行，每行有 3 个假想的小球，黄球和蓝球的比例与之前相同，由此得到图 5-3。

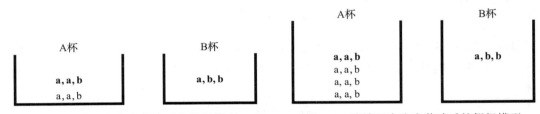

图 5-2　第一次取出黄球后的假想模型　　　　图 5-3　连续两次取出黄球后的假想模型
（粗体表示真实的小球，非粗体表示假想的小球）

　　至此，你可以尝试思考抽取出 2 个黄球和 1 个蓝球之后是 A 杯的概率。解题的时候，你需要考虑在图 5-3 中 A 杯里有多少个蓝球（既包括真实的，也包括假想的），B 杯里又有多少。

5.3　计数直觉推断法与贝叶斯规则的关联

　　截至目前，分析都停留在直觉层面，而本章后续将侧重于解析。引入更多符号有助于在计数直觉推断法和贝叶斯规则公式之间建立联系。假设每只杯子中有 N 个小球，仍分为 a（黄色）和 b（蓝色），因此"样本"s 可以是 a 或 b，也就是黄色或蓝色。我们想要知道的是，当抽到颜色 s 的小球后是 A 杯的概率。前文已知若 s 为黄色，如图 5-1 所示，答案为 2/3，但在此处我们的目标是找到一般化的计算公式，计算给定颜色 s 时 A 杯的概率。此概率可表示为 Pr(A|s)，读作"取出 s 球时所选自 A 杯的概率"。我们所要寻找的公式必须足够一般化，能够应对不同的小球比例，以及各种先验概率。

反过来，Pr(s|A) 为选中 A 杯时抽出 s 球的概率，相较于 Pr(A|s)，A 和 s 的顺序颠倒。Pr(s|A) 对应 A 杯中 s 球占比（s 可黄可蓝）。相似地，Pr(s|B) 对应 B 杯中 s 球占比。举例来说，A 杯中有 10 个小球且 Pr(s|A)=0.6，该杯中 s 球的数量便是 6（0.6 乘 10）。更一般化地，A 杯中 s 球的总数为 Pr(s|A)N，B 杯中 s 球的总数为 Pr(s|B)N。如果两只杯子被选中的概率相等，那么事前（选定杯子之前）全部 2N 个小球被抽取的概率也均等。假设抽出 s 球，换句话说，颜色 s 是来自"样本"的信息。此时，所选杯子为 A 杯的后验概率，表示为 Pr(A|s)，乃是 A 杯中 s 球的数量与两只杯子中 s 球总数之比：

$$Pr(A|s) = \frac{A\ 杯中\ s\ 球的数量}{两只杯子中\ s\ 球的总数} \qquad (5\text{-}1)$$

可表示为

$$Pr(A|s) = \frac{Pr(s|A)N}{Pr(s|A)N + Pr(s|B)N} \qquad (5\text{-}2)$$

式（5-2）中的分子可理解成真阳性的数量，分母则为全部阳性的总数，无论真假。值得强调的是，式（5-2）只适用于先验概率和杯中小球数都相等的情况。如果我们将右侧的分子和分母同除以两杯中小球的总数 2N，便可得到先验概率为 1/2 时的后验概率计算公式：

$$Pr(A|s) = \frac{Pr(s|A) \times \frac{1}{2}}{Pr(s|A) \times \frac{1}{2} + Pr(s|B) \times \frac{1}{2}} \quad （先验概率为\ 1/2） \qquad (5\text{-}3)$$

目睹一次或多次小球抽取的结果之后，先验概率不再是 1/2，该公式需要更加一般化——将上式右侧的 1/2 替换为新的先验概率，表示为 Pr(A) 和 Pr(B)，即为贝叶斯规则：

$$Pr(A|s) = \frac{Pr(s|A)Pr(A)}{Pr(s|A)Pr(A) + Pr(s|B)Pr(B)} \quad （贝叶斯规则） \qquad (5\text{-}4)$$

前例中先验概率相等，意味着 Pr(A)=1/2，且 Pr(a|A)=2/3，Pr(a|B)=1/3 因此通过式（5-4）可以算出抽中一个黄球后选中杯子为 A 的后验概率等于：

$$Pr(A|a) = \frac{\frac{2}{3} \times \frac{1}{2}}{\frac{2}{3} \times \frac{1}{2} + \frac{1}{3} \times \frac{1}{2}} = \frac{1/3}{1/2} = \frac{2}{3}$$

相似方式可算出是 B 杯的概率：Pr(B|a) = (1/6)/(2/6 + 1/6) = 1/3。注意，两式中分母均为 1/2，而除以 1/2 等于将分子放大至 2 倍，保证两个后验概率之和等于 1。这就是经常被遗忘的分母存在的意义。

简而言之，如果两只杯子的先验概率均为 1/2，且小球数量相等，那么后验概率的计算方式如式（5-1），等于抽中颜色的小球在杯中的数量与其在两杯中总数之比。如果抽中 s 球，那么该球出自 A 杯的概率即为 A 杯中 s 球的数量与两杯中全部 s 球的总数之比。当先验概率或者两只杯子中小球的数量不等时，式（5-3）中的 1/2 项需要替换为先验概率，得到贝叶斯规则的式（5-4）。通常情况下，放回抽样时样本 s 都不只包含一次抽取，但此时式（5-4）仍适用。总结如下：

贝叶斯规则： 在观察到信息 s 后，事件 A 的概率如式（5-4）所示，等于 A 为真时信息 s 出现的概率比上信息 s 出现的概率（不论 A 的真假）。

举例来说，假设样本中包含两次 a 和一次 b（放回抽样），杯子情况仍同图 5-1。因此，观察到的样本 s 为 aab、aba 或 baa，取决于小球被抽中的顺序。如果所选杯子为 A，每种结果出现的概率均为 A 杯中三次独立抽取概率之乘积。例如，$Pr(aab|A) = (2/3) \times (2/3) \times (1/3) = 4/27$。由于样本 s 包含以上三种结果，故 $Pr(s|A) = 3 \times (2/3) \times (2/3) \times (1/3) = 4/9$。同理，$Pr(s|B) = 3 \times (1/3) \times (1/3) \times (2/3) = 2/9$。将它们代入贝叶斯规则式（5-4）中，加之两只杯子的先验概率均为 1/2，便可计算出当样本为两次 a 一次 b 时的正确答案 $Pr(A|s) = 2/3$。（从直觉上来看：由于两只杯子被选中的概率相等，其中的一次 a 和一次 b 相互"抵消"，所以当看到两次 a 和一次 b 之后，A 杯的后验概率等价于单独抽中一次 a 的后验概率。）更多的练习可见于章后习题 1 和 2（提示见书后附录 A）。

5.4 实验结果

没有人会想到，像信念形成这样充满噪声的东西会严格遵循一个数学公式，然而，实验的目的就是要揭示系统性这个偏差的本质。前文有关疾病的例子表明，人们在某些情况下可能会低估基于基础概率的先验信息。

这种基础概率偏向（base rate bias）是卡尼曼和特沃斯基（1973）报告的一些实验背后的诱因，他们给实验对象列出了一些对律师或工程师的简要描述。被试被告知，这些描述是从 70% 的律师和 30% 的工程师中随机挑选出来的。被试被要求报告描述与律师有关的可能性的百分比。第二组被提供了一些相同的描述，但这些描述是从一个包含 30% 律师和 70% 工程师的样本中挑选出来的信息。被试对那些明显描述了一种或另一种职业的描述不存在疑问。一些描述故意保持中立，比如"他很有动力"，或者"他会在事业上成功"。尽管原始样本被认为包含 70% 的工程师，但这种中性描述的语气响应涉及近一半的概率。这种观察到的行为对每个职业比例的先验信息不敏感，这是一种基础概率偏向。请注意，同样的基础概率偏向也出现在本章开头的问题中，在基础概率信息中，1 000 人中只有 1 人患有这种疾病，然而，通常情况下，在检测结果呈阳性后评估患病的机会时，并没有充分考虑这些因素。

Grether（1980）指出了卡尼曼和特沃斯基实验中潜在的程序性问题。在某种程度上，这些虚构的描述存在欺骗性（deception）。此外，还有一个激励（incentive）问题：即便人们能够"被带入"情境，他们也没有外在动机来仔细思考这个问题。此外，文字描述中的信息很难在贝叶斯公式中找到对应要素，进而展开评价。换句话说，给定职业比例并结合特定的描述，也很难给出理论的预期概率。Grether 在自己的实验中采用 bingo 盒子[⊖]和双对象（object）设计。他在实验中研究的心理偏向为代表性偏向（representativeness

---

⊖ 盒子中有不同的对象，每个对象出现的概率相等。例如，前面的 A 杯和 B 杯就属于一种 bingo 盒子，两个对象则为黄球和蓝球。——译者注

bias)。在之前的两只杯子案例中，3 次抽取的样本里若包含 2 个黄球和 1 个蓝球，恰好与 A 杯中小球的比例相等；如此，该样本便看似"代表"了 A 杯。我们看到，在这样的样本之后，A 杯的概率应该是 2/3，而报告有更高概率的人，比如 80%，可能是因为代表性偏向。

注意，2 次黄球和 1 次蓝球的样本的确意味着 A 杯的可能性更高。如果提问哪一只杯子被选中的可能性更大，即便被试回答 A 杯，也无法辨别其究竟是出于贝叶斯行为还是代表性偏向，因为两者都会导致被试倾向 A 杯。于是，Grether 采用了不对称的设计，降低贝叶斯预测的 A 杯概率，从而巧妙地回避了上述问题。通过这种方式，2 个黄球和 1 个蓝球的样本仍然"代表"A 杯，但如果设置中 A 杯的先验概率足够小，那么 A 杯的贝叶斯概率就会小于 1/2。因此，当被问及哪个杯子更有可能时，代表性和贝叶斯规则会有不同的预测。

关于哪个杯子更有可能的二元选择问题更容易提供激励：只要被试猜中了实际选取的杯子，便将得到一笔现金报酬。Grether 便使用此程序：若预测正确，被试得到 15 美元，反之仅得 5 美元。当代表性和贝叶斯计算表明相同的答案时，受试者倾向于在 80% 的情况下给出正确答案（根据具体样本的不同会有一些变化）。当代表性和贝叶斯规则得出不同的答案时，这一比例下降到 60% 左右。

如果基础概率很低，并且像前一章所讨论的那样，一个人倾向于概率加权，那么低的基础概率就会被高估，也就是说，被认为高于贝叶斯规则确定的实际概率。当然，非线性概率加权也可能影响贝叶斯规则计算中使用的其他概率感知，例如，与某一特定事件的给定样本相关联的概率。简而言之：

信息方面的心理偏向（Informational Bias）：基础概率偏向是指一种忽略或低估有关总体均值或者"基础概率"的先验信息的倾向；而非线性的概率加权（反 S 形的加权函数）则可能导致较低的基础概率被高估。代表性偏向指的是，当样本看起来类似于（代表了）某一事件时，人们对该事件赋予过高概率的倾向，即便该事件的先验概率可能很低。

5.5　诱出概率的贝叶斯规则

在有些情况下，令被试直接给出事件发生概率，而非回答哪一事件发生的可能性更大，对开展研究大有裨益。比如，可以提问"A 杯被选中的概率是百分之几"。而问题在于如何提供激励，使人们认真地考虑上述提问。Becker、DeGroot 和 Marschak（1964）开创了一种实用的方法（BDM 方法），最初用于诱出被试的效用，而后亦被用于概率。被试常对 BDM 方法感到困惑，但其实该方法的基本思路非常简单：

假设你拜托朋友去买水果，他们会问你更喜欢苹果还是橘子（以防两者都有）。你将没有动机在你的偏好上撒谎，因为说实话可以让你的朋友为你做出最好的决定。

BDM 方法要求被试报告某一事件以后发生或不发生"在 100 次中可能的次数"。该方法根据提交的概率为被试做出选择，其安排确保被试如实报告，以便做出最佳选择（从被试的角度）。有两种支付方式。使用"事件彩票"（event lottery），当该事件发生时得到奖励，比如 10 美元。或者，"骰子彩票"（dice lottery），有 N/100 的概率获得 10 美元。如果事件在 100 次中可能的次数大于 N，那么事件彩票对被试来说是更好的，如果这些可能的次数小于 N，那么事件彩票对被试来说是更不利的。实验者本质上是站在去水果摊的朋友的立场上，这是可以解释的：

你应该如实报告你认为事件发生在 100 次中可能的次数，这样该方法就可以选择最适合你的选项：事件彩票或骰子彩票。具体的骰子彩票是事先不知道的；N 的实际值将由两次投掷 10 面骰子决定（在你报告之后），第一投决定十位数，第二投决定个位数。

要论证被试有动机实话实说，不妨反方向考虑。假设在被试的信念中，事件（比如，选中 A 杯）被认为发生的可能性为 50/100，但却选择谎报为 75/100。对于被试而言，事件彩票有一半的机会提供 10 美元。如果实验者然后掷出一个 7 和一个 0，那么 N = 70，骰子彩票将产生 70% 的机会得到 10 美元，这比根据被试的实际信念得出的 50% 的概率要好得多。但是，因为被试错误地报出 A 杯的概率是 75/100，所以实验者就会拒绝骰子抽奖，而把被试的收入建立在 A 杯抽奖上，这使得中奖的概率降低了 20%。我们可以用对称的观点来解释，为什么报告 A 杯的概率小于符合被试信念的概率，也是错误的（见章后习题 3）。

因为 BDM 方法只需要比较 10 美元的货币收益的概率，而且总是倾向于更高的概率，这种方法不是基于任何关于风险厌恶或偏好的假设。回避风险厌恶问题是 BDM 方法的一大核心优势。但是，骰子和事件彩票的复杂性同样令人担忧。当研究人员需要概率的数值度量时，概率诱出是有用的，例如，要评估的是贝叶斯信息处理数值，而不是通过询问哪个事件更有可能而得到的定性数据。但是，相较于简单的二元选择，概率诱出更易引发混淆，可能包含更多"噪声"，从这个角度来说诱出过程也并不完美。

表 5-1 为一项应用 BDM 方法的实验中两名被试的诱出概率，实验的现金奖励为 1.00 美元，而不是 10.00 美元。A 杯和 B 杯中小球仍同图 5-1 一样。实验共分三部分。第一部分主要是让被试熟悉相对复杂的实验流程；第二部分包含 10 轮实验，采用不对称概率（A 杯被选中的概率为 2/3）；第三部分的另外 10 轮采用对称概率（A 杯被选中的概率为 1/2）。不同小组之间对称与不对称实验局的顺序相反。

表 5-1　一项贝叶斯规则实验中两名被试的诱出概率

A 杯：a, a, b			B 杯：a, b, b		
被试 1			被试 2		
轮次	抽取（贝叶斯）	诱出概率	轮次	抽取（贝叶斯）	诱出概率
21	无		21	无	
	（0.50）	0.49		（0.50）	0.50
22	a		22	b	
	（0.67）	0.65		（0.33）	0.30

（续）

A 杯：a，a，b			B 杯：a，b，b		
被试 1			被试 2		
轮次	抽取（贝叶斯）	诱出概率	轮次	抽取（贝叶斯）	诱出概率
23	bb		23	ba	
	（0.20）	0.18		（0.50）	0.60
24	bab		24	aba	
	（0.33）	**0.25**		（0.67）	0.70
25	a		25	a	
	（0.67）	0.65		（0.67）	0.65
26	ab		26	ab	
	（0.50）	0.49		（0.50）	0.30
27	bba		27	aab	
	（0.33）	0.33		（0.67）	**0.80**

　　具体地，表中为被试 1 和被试 2 在第 21 ～ 27 轮得到的信息和决策，杯子的先验概率均为 1/2。首先考虑左侧的被试 1。第 21 轮，并未抽取小球，因此表中"抽取"一列 A 杯的贝叶斯概率为 0.50。在"诱出概率"一列，第 21 轮被试的答案为 0.49，和第 26 轮（抽中 ab，相互抵消）相同。其余各轮的贝叶斯预测结果皆可用计数直觉推断法或者贝叶斯规则算出。例如，在第 22 轮，只抽中一次 a 球，由于 A 杯有两个杯中的 3 个 a 球中的 2 个，故 A 杯的贝叶斯概率为 0.67。被试 1 给出的概率为 0.65，相当准确。总体看来，被试 1 的预测准确得异乎寻常。与理论预测的最大偏差出现在第 24 轮，面对的样本是 bab，被试给出的 A 杯概率为 0.25，低于贝叶斯规则的预测值 1/3。这体现了哪种心理偏向呢？

　　被试 2 预测的准确性则相对较低。面对 ab 和 ba 两个样本，两杯概率理应相等，但是被试 2 却分别在第 23 轮和第 26 轮给出 0.60 和 0.30 的答案。这些答案的平均值相差不大，但对于这样一个简单的推理任务来说，与样本中的其他答案相比，离散度是异常的大。被试 2 在单独抽中 b（第 22 轮）和 a（第 25 轮）时预测得相对准确；但是在面对由 3 个小球组成的样本时，却表现出"代表性偏向"。例如，在第 27 轮，aab 的样本看起来像 A 杯，被试 2 的诱出概率为 0.80，比实际概率 0.67 要高很多。

　　图 5-4 为 22 名被试在对称和非对称实验局的结果汇总。横轴为是 A 杯的贝叶斯概率，从左至右：在对称局（两只杯子的先验概率相等）样本为 bbbb 时仅为 0.05；在非对称局（A 杯的先验概率为 2/3）样本为 aaaa 时达到 0.97。被试的诱出概率位于纵轴。45 度虚线代表贝叶斯预测；实线和灰色虚线分别为诱出概率的均值和中值（中位数）。

　　总体而言，被试很好地运用了贝叶斯规则。均值线（黑色实线）在左侧轻微地向下偏移，在右侧轻微地向上偏移，和前面章节讨论的非线性概率加权基本一致。或者，这些偏差可能是由于在左边向上的方向和右边向下的方向有更多的随机误差"空间"。这种基于误差的猜测是由于观察到中位数（粗虚线）通常更接近贝叶斯预测。举例来说，假设一名被试对实验感到困惑，慌乱之中，在抽出 aa 后给出 A 杯概率为 0.01（实际的事后概率应为 0.80）。在图的右边，在向下的方向上有更多的极端错误的空间。为了看到这一点，可以想象从图 5-4 的水平轴上的 0.8 点开始画一条垂直线。如果一头雾水的被试预测的概率基本均匀地分布于垂线上，更多的标记点将在 45 度虚线以下，因为下面有更多的空间。这种类型的随机错误将倾向于将平均报告的概率拉到图右侧 45 度线以下，而相反的效应（向上偏倚）会发生在左侧。相比中位数，平均值对极端误差更加敏感，这或许可以解释为什么平均值与 45 度虚线之间的偏差更大。

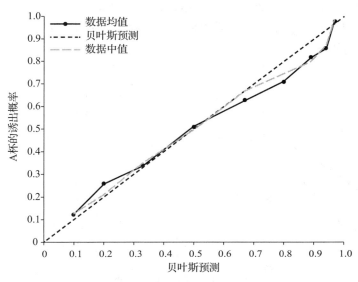

图 5-4　诱出概率与贝叶斯预测

资料来源：Holt 和 Smith（2009）。

5.6　一个罕见事件的后续实验

前面的数据所涉及的先验概率在 0.33 ～ 0.66，并且总体而言，当被试有机会做决策和学习时，贝叶斯规则提供了合理的预测。问题也随之而来，如果某事件的先验概率很低（比如本章开篇在介绍基础概率偏向时讨论的罕见疾病），被试的表现又会如何？为检验这一问题，可在实验中，将 A 杯的先验概率设为 0.04，并且，这个"黄杯"里只有黄球 a。平均来说，在 100 次试验中，应该有 4 次 A 杯被抽到，而且每次都是 a，因为 A 杯只含有黄球。因此，在 100 次试验中，将会有 4 次真实阳性。这样，在 100 次试验中，平均抽到 B 杯 96 次。为了获得仅 0.1 的后验概率（和最初的疾病案例一样），假阳性和 4 个真阳性的比例应该是 9 比 1，所以使用 B 杯的 96 次中有 36 次假阳性。因此，假阳性率设为 36/96 = 3/8。也就是说，在将要讨论的实验中，从 B 杯抽出 a 球的概率设定为 3/8。

实验的报酬和具体流程与上一节介绍的手工实验大致相同，仅借由计算机增加了实验轮数，且先验概率在全部三组 20 轮的决策中保持不变，避免了序列效应。此外，实验报酬从之前的 1 美元提高到 2 美元。与之前实验相同，被试会先看到抽取 0/1/2/3/4 次小球（放回抽样）的结果，然后再回答选中杯子为 A 的概率。以上 BDM 诱出过程可用 Veconlab 网站的贝叶斯规则程序实现。

A 杯的后验概率由 0（只要抽出 b）到 0.1（一次抽取，结果为 a），最高达到 0.68（4 次抽取结果均为 a，没有 b）。图 5-5 为 Veconlab 给出的图形结果，包含 24 名被试在低先验概率实验局（每人完成 60 次决策）中诱出的概率均值与中值。虽然，诱出概率较贝叶斯预测存在向上偏移，且依然在均值（黑色实线）上表现得更加突出，但是，总体图形准确得出人意料。举例来说，假设抽中一次 a，就意味着红球的后验概率为 0.1（就和本章开篇的疾病案例一样，只是相较杯子和小球，罹患疾病的概率更低，使用的检验方法准确度更高）。从图 5-5 横轴上的 0.1 点垂直向上看，我们看到均值低于 0.3，中位数（中值）略高于贝叶斯预测的 0.1。

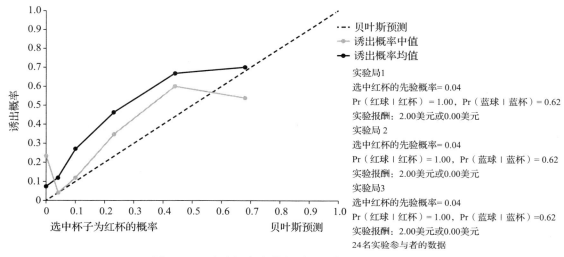

图 5-5　一个小概率事件的诱出概率和贝叶斯预测

注：均值（带点黑线），中值（灰线）。[⊖]

资料来源：Holt 和 Smith（2009）。

　　观测到诱出概率与贝叶斯预测的偏差时，研究者的一种反应是从贝叶斯计算出发，并对被试的行为模式建模。Grether（1992）和 Goeree 等人（2007）构建了一种广义的贝叶斯规则，将条件概率转换成 β 次幂的形式。以 A 和 B 两事件为例，样本 s 出现的概率表示为 β 次幂的形式，即式（5-4）的贝叶斯公式分子和分母上的 Pr(s|A) 和 Pr(s|B) 变为 $(Pr(s|A))^{\beta}$ 和 $(Pr(s|B))^{\beta}$。当 $\beta=1$ 时，广义的贝叶斯规则退化为贝叶斯规则。当 $\beta<1$ 时，公式会赋予先验概率"过高"的权重。例如，$\beta=1/2$，公式中将对条件概率取平方根，而分数的平方根大于原分数。（例如，$(1/2) \times (1/2) = 1/4$，所以 1/4 的平方根为 1/2，大于 1/4。）运用从社会学习（"信息级联"）实验中取得的数据，Goeree 等人估算 β 值显著小于 1。

　　Holt 和 Smith（2009）使用本节描述的所有实验局的数据来估计具有典型形状的概率加权函数（高估小概率，低估大概率）。该函数采用了卡尼曼和特沃斯基（1979）提出的函数形式，即第 4 章中式（4-1）的第一种形式。贝叶斯规则实验的参数估计结果显示，$\omega=0.713$，标准误为 0.024，与图 4-1 中构造概率加权曲线时的取值 0.7 基本相等。作者同样还估计出了基础概率偏向参数，$\beta=1.027$，但是和 1 并无显著差异。结合上一段的论

　　⊖　图中以及后续所出现的"红球"，标记为"a"；"a"在之前几节之中一直表示黄球（amber），此实验与前文不一致。——译者注

述，这一参数估计值表示基础概率偏向不显著。总结如下：

贝叶斯规则实验结果： 在对称的 1/2 先验概率情况下，利用经济激励（BDM 方法）诱出的概率往往能够较好地跟随贝叶斯规则预测。当一个事件的先验概率很低时，则存在向上的偏向。计量经济学分析表明，这种偏向是由于"通常的"（反 S）概率加权造成的，它高估了低概率。

5.7 扩展

诱出的信念可能与贝叶斯规则的预测结果大相径庭，特别是在类似第一节讨论的疾病案例这种极端情形下。条件概率计算的数学指导可能不会有太大帮助，而且，这些技能很快就会被遗忘。反过来，以频率形式表述问题，进而运用计数直觉推断法，能够帮助人们在新环境下很好地估计概率（Gigerenzer and Hoffrage，1995，1998；Anderson and Holt，1996a）。

在下一章中将会讨论 BDM 方法的若干种替代，重点将集中在诱出过程中哪些因素造成了对贝叶斯预测的偏离。其中，使用最为广泛的一种方案——二次型得分规则（quadratic scoring rule），则需要风险中性假设或其他一些调整。

正如学术文献中提到的，情绪的影响或者说情感（affect）或许是一个难以模型化的偏向来源。Charness 和 Levin（2005）定义的情感效应（affect effect）是一种"赢则继续，输则求变"（win-stay，lose-switch）的直觉推断法则，这会导致贝叶斯规则下的最优选择"感觉像错了一样"。例如，假设一个岗位有两名销售人员可供派遣。其中一人这周没空，于是派遣了另一人且表现良好。于是在下一周，需要决定是继续派出此人（赢则继续），还是换成之前没空的那位。此时，"赢则继续"的策略未必最优：第一周的优异表现或许来自有利的市场环境，如果上周没空的销售人员更善于利用有利环境、增加销量，那么即便上周的业绩不错，换人仍然是最好的选择。他们在实验设计中构造了多种情况，令最优决策是在得到好结果后而做出改变，而在招致坏结果后保持策略不变（见章后习题第 7 题）。总体而言，大约有一半的被试违背了这一最优决策，转而往"赢则继续，输则求变"直觉推断法靠拢。其他有关违背贝叶斯规则的案例与研究，可见于 Zizzo 等人（2000），以及 Ouwersloot、Nijkam 和 Rietveld（1998）的论文。

虽然贝叶斯规则的预测有系统的偏差，但没有一个被广泛接受的替代模型来说明信息在各种情况下是如何被实际处理的。目前，尽管经济学家对强化学习等非贝叶斯模型（将在第 7 章中讨论）有了一些新的兴趣，但是他们还是倾向于使用贝叶斯规则或参数化的泛化方法来推导预测。

第 5 章习题

1. 沿用图 5-1 中两只杯子被选中的概率相等的设定，但是改变 A 杯和 B 杯的内容：现在 A 杯中装有 3 个黄球和 1 个蓝球（aaab），B 杯中装有两种小球各 2 个（bbaa）。那么，当抽出一个 b 后，选中的是 A 杯的概率有多大呢？

2. 设定同第 1 题，但是现在共抽取了两次小球（放回抽样），两种小球各一次（一个 a 一个 b）。此时 A 杯的后验概率又是多少？

3. 假设我们使用了第 5.5 节描述的 BDM 诱导方法，一名被试在观察到抽取结果后，认为 A 杯与 B 杯被选中的概率相等。证明，如果此人向实验者汇报 A 杯的可能性是 25/100，将会对其不利。

4. 21 名弗吉尼亚大学生参与了一场贝叶斯规则课堂实验，实验只有 7 轮，报酬为现金形式（每人 3～4 美元）。每个杯子被用到的可能性是一样的，且实验告知被试有时间完成数学计算。抽取小球的结果和相对应的平均诱出概率如下表所示。

A 杯的诱出概率——均值和中值（中位数）

抽取结果	未抽取	a	b	bb	ab	abb	bbb
	A 杯 = {a, a, b}　　B 杯 = {a, b, b}						
均值	0.5	0.68	0.33	0.24	0.47	0.28	0.13
中值	0.5	0.67	0.33	0.2	0.50	0.30	0.11

（a）计算表中 7 种样本结果的贝叶斯后验概率。

（b）你如何总结对贝叶斯预测的偏离？是否有证据显示存在代表性偏向？

5. 设想一名厨师制作了 3 张薄煎饼，第一张烤焦了一面，第二张两面都焦了，第三张恰到好处。这名厨师随机地选择一张煎饼，故三者被选中的概率相等；然后把煎饼高高抛起，两面中任何一面朝上的概率也相等。除了以上有关煎饼的信息外，你只看到盘中煎饼朝上的一面烤焦了。此时选中只烤焦一面的煎饼的概率有多少呢？请解释。

6. 一名 40 岁的女士进行了乳腺癌检查，结果呈阳性。已知在这类妇女中，以前未确诊女性患病的概率是 1‰。从某种意义上说，上述体检相当准确：如果女性患病，检验结果 80% 呈阳性。对于没有患癌症的女性来说，阳性的概率只有 10%。如果检测结果是阳性，那么病人患癌症的概率是多少？（一项研究中，受访的德国内科医生里有超过 90% 的人回答错误，且他们普遍的答案与贝叶斯规则的标准答案之间的差距有 10 倍之大。）

7. 考虑一位决策者，他有两种决策，一个是温和的，一个是极端的。最优策略取决于当前未知的世界"形势"——"好"或者"坏"，这二者是等可能的。把形势和策略的特殊组合想象成一个有 6 个球的杯子，H 代表高收益，L 代表低收益，如下表所示。对于任何给定的杯子，随机抽取一个球来决定收益。例如，如果做出了温和策略，而形势是好的，那么，获得高回报的概率是 4/6。假设你被迫选择温和策略，第一轮的结果是 H，第二轮（也是最后一轮）的形势与第一轮相同。形势为好的概率是多少？在第一轮获得 H 后，第二轮应该继续保持温和策略还是转向极端策略？请用贝叶斯规则做出解释。

	好形势（1/2）	坏形势（1/2）
极端策略	H H H H H H	L L L L L L
温和策略	H H H H L L	H H L L L L

8. 表 5-1 中，被试 1 在第 24 轮是否表现出了代表性偏向？

信念诱出与模糊厌恶

　　但凡有关风险决策的理论，主观概率或者说信念（belief）都是其关键的组成部分。例如，参加一个小型委员会会议对某一问题进行表决，可能取决于个人对投票产生影响的可能性的看法。信念的诱出（elicitation）对实验经济学家而言相当重要，本章将讨论几种可供选择的方法，包括目前最常用的二次型得分规则（quadratic scoring rule，QSR），该方法最初用于从天气预报中提取信息。通常，QSR 会让被试在一系列投机（彩票）和货币收益之间进行选择；当收益很小或有其他手段保证风险中性时，这套程序效果最好。此外，本章还将另外介绍一种简单的用于信念诱导的彩票选择（lottery-choice，LC）菜单法，其在第 3 章的风险厌恶菜单里已有应用。该方法的选择菜单在概率上有变化，只有两种可能的货币回报，这就避免了根据风险偏好修正或调整的需要。

　　本章第二部分为价值与信念诱出的具体应用。例如，可通过如下方式诱出被试信念中某一事物（object）的价值：一张表格左侧为价格序列，选择右侧相应的选项即获得该物品，被试需要从表格两侧进行多组选择。该物品既可以是某种经济商品，也可以是某种风险前景。若为风险彩票，且诱出价值低于由收益和概率计算出的期望价值，则可以识别出被试的风险厌恶特征。收益概率未知彩票的价值诱出还能识别模糊厌恶（ambiguity aversion），如果模糊彩票的诱出价值低于已知概率的彩票，即表现为模糊厌恶。评估模糊厌恶度的一种更直接的方法是，从带有概率的价格表的交叉点引出与事件相关的信念。

　　教师须知：Veconlab 的贝叶斯规则程序，在 Veconlab Decisions 菜单上，除了 BDM 方法外，还有二次型得分规则（QSR）和基于信念诱导的彩票选择菜单的选项。

6.1 信念诱出

诱出一个人的信念的一种方法就是简单地问一个非激励性的问题。例如，面对即将开始的选举，某位共和党候选人当选的机会有百分之几。"百分之几"（chances in 100）[⊖]一词很好理解，不像"概率"这种术语一样会带来数学压力。但是不论何种情况，给予回答准确者更高的经济激励，确实能够降低个体"表达"自身政治偏好的噪声。例如，如果报告的概率高而候选人获胜，或者报告的概率低而候选人失败，那么可以向做出预测的人承诺更高的回报。

研究型实验通常使用的便是带有激励的诱出程序，但也存在一些问题。在可能支付的背景下进行预测本身就是一个风险决定，因此预测可能取决于个人的风险厌恶程度。此外，风险厌恶度的测量不够精确，无法使人对一个过程有信心，因为这个过程需要调整一个人的预测，以估计他的风险厌恶度。一种解决方案是使用小额支付，以避免引发与高风险相关的高风险厌恶情绪，并假定风险中性。另一种解决方案是使用只有两种可能支付的过程，例如 0 美元和 10 美元，就像前一章描述的 BDM 方法那样，在贝叶斯规则实验中诱出信念。由于只有两种收益，因此效用曲率没有问题，因为生成曲线需要 3 个点。本章将讨论几种信念诱出方法的实现和应用。

6.2 假定风险中性的二次型得分规则

若想借助激励诱出信念中的概率，最常用到的方法是二次型得分规则。预报者要报告一个对"100 中的机会"的评估，将其除以 100，得到表示为 R 的概率。预报者会得到一笔固定数额的钱，比如 1 美元，减去一笔对不发生事件的高概率判断的罚款。如果报告的事件概率为 R，那么，事件发生时的惩罚是 $(1-R)^2$，事件没有发生时的惩罚为 R^2。因此，如果这个人确信事件会发生，那么最好的反应是报告 100（$R=1$），以避免任何惩罚。相反，如果这个人确信事件不会发生，那么最好的反应就是报告 0。QSR 的激励机制总结如下：

二次型得分规则的收益：

事件发生时为 $1-(1-R)^2$

事件未发生时为 $1-R^2$ （6-1）

如果这个人的主观事件概率用 p 表示，那么这个人的期望效用将通过式（6-1）中收益的效用乘以相关的 p 和 $1-p$ 的概率来计算。预期效用是：

$$pU[1-(1-R)^2]+(1-p)U(1-R^2) \quad （\text{QSR 的期望效用}）\qquad （6\text{-}2）$$

一个极度厌恶风险的人会倾向于选择接近 0.5 的报告，这将使由式（6-1）确定的 QSR 收益在 0.75 处相等，因此无论事件是否发生，预报者都将收到这一数额的收益。换句话说，极端的风险厌恶会导致预报者通过提交相等的 1/2 预报来消除所有的风险，即使这个人认

⊖ "百分之几"即为" chances in 100"这种设问形式，类似于 100 次中能有几次发生某事件，和直接给出某事件发生的概率不尽相同。余同。——译者注

为其中一个事件更有可能发生。对于寻求信息的人来说，这种无信息的报告显然是最坏的结果。

接下来考虑最好的情况，预报者是风险中性的，U 符号可以从式（6-2）中去掉。因为无论发生什么事件，固定收益都是 1，预期收益都是 1 减去预期惩罚：

$$1 - p(1-R)^2 - (1-p)R^2 \quad \text{（QSR 的期望收益）} \tag{6-3}$$

对式（6-3）求导并令导数等于 0，可得出期望收益最大化的 R（选择变量）。直观来说，导数就是斜率，而"山峰"平坦的顶点即为最大值点。运用二次函数的求导公式 $\dfrac{d}{dx}(x^2) = 2x$，可以得到式（6-4）：

$$2p(1-R) - 2(1-p)R = 0 \tag{6-4}$$

其中 $2Rp$ 项相互抵消，化简得到 $R = p$。可见，期望收益最大化的预报是人的真实主观概率。

正如前面关于最好和最坏情况的讨论所表明的，风险厌恶的影响将把预报拉向 0.5，即预报者的安全点。于是，一些研究者意图回避风险厌恶的影响，甚至还在实验说明里告知被试，按自身实际信念回答最为有利，能够最大化"期望收益"。这种说明虽然在技术上正确，但显然存在一定误导性，其试图令被试忽视效用和收益的区别。甚至有研究者提出，如果被试想要了解期望收益的推导，亦可向其展示。总之，大多数实验经济学家认为这种说明具有轻微的欺骗性。

二次型得分规则的一种替代方案是对数得分规则（logarithmic scoring rule），在这种规则中，使用自然对数函数来构造对报告随后发生的事件的低概率的惩罚。非常低的概率的自然对数可能是非常负的，所以需要一些方法来处理巨大的损失，例如，通过在报告的概率上设置一个下界。0.01 的自然对数大约是 −4.61 美元，所以概率下限是 1/100。如果要比较不同的得分规则，重要的是对所有程序应用相同的分界点（Palfrey and Wang，2009）。和 QSR 一样，如果这个人是风险中性的（见章后习题 5），而不是其他情况，这个评分规则也会诱导出真实信念表露。

二次型（或对数）得分规则可呈现为一张 101 行的表格，表中每行报告可能"100 中的机会"，每行对应一个"百分之 X"：0/100，1/100，…，50/100，…，100/100，以及该事件在事件发生 / 不发生时的收益。表 6-1 为一张简化的 QSR 表，仅 11 行，固定收益为 1 美元。收益由式（6-1）中 QSR 公式计算。注意，在"50/100"这一行，不论事件发生与否收益均为 0.75，和前文介绍一致。此外，该表可扩展成为更多行的版本，如 Veconlab 贝叶斯规则程序下 QSR 选项里的默认表格形式（101 行、4 列）。

表 6-1　简化的二次型得分规则菜单，固定收益 1 美元

事件 A 发生的机会（/100）	事件 A 发生的收益	事件 B 发生的收益
0	0	1
10	0.19	0.99
20	0.36	0.96
30	0.51	0.91

（续）

事件 A 发生的机会（/100）	事件 A 发生的收益	事件 B 发生的收益
40	0.64	0.84
50	0.75	0.75
60	0.84	0.64
70	0.91	0.51
80	0.96	0.36
90	0.99	0.19
100	1	0

为了了解 QSR 是如何工作的，请注意，如果某人认定事件 A 绝对不会发生，其收益便只和右侧一列相关，最优选择自然是第一行 0/100，获得固定收益 1 美元且不承受罚金。如果 A 的主观概率是 0.2，那么预期收益的计算方法是 0.2 乘以事件 A 的收益，0.8 乘以事件 B 的收益。对于第一行，这将是 $0.2 \times 0 + 0.8 \times 1 = 0.8$。可以对所有行进行相同的计算，以找到信念为 0.2 的最优响应。结果显示，最优决策是 20/100，此时期望收益为 $0.2 \times 0.36 + 0.8 \times 0.96 = 0.84$。这些计算揭示了 QSR 的一个问题：由于二次型设计，激励在最大值附近是相当平坦的。当一个人的信念是 0.2 时，与报告 0.3 或 0.1 相比，真实报告（0.2）的预期收益只有 1 美分（见章后习题 2）。在这种情况下，50/100 机会的安全响应消除了所有风险，只将收益从 84 美分（有风险）的期望值降低到 75 美分！此外，虽然提高收益规模能够增强激励，但风险也会增大，风险厌恶的影响或将强化。总结如下：

二次型得分规则： 收益因惩罚而减少，惩罚是报告的事件未发生概率的平方。对于风险中性的人来说，最优决策是如实报告自己的信念。激励在最大值附近是平坦的，所以偏离的代价不是很高。风险厌恶会使报告倾向于等概率（50/100），这不会带来任何风险。

尽管可能受到平坦收益和风险厌恶的影响，二次型得分规则仍得到广泛应用，并为实验室和实地研究提供了富有价值的视角。例如，Duffy 和 Tavits（2008）在投票实验中，用它来诱出关于一个人的投票将导致或打破平局的概率的信念。他们观察到，如果被试认为他们的投票很有可能是关键的，那么他们更有可能为投票付出代价。诱出的概率比观察到的关键选票比例更接近 0.5，这可能是由于风险厌恶或其他因素的缘故。如前面所述，减轻风险厌恶极端影响的一种方法是降低收益规模，Duffy 和 Tavits 也是如此行事的，将猜对时的最高奖励降至 10 美分。

Armantier 和 Treich（2013）的一篇获奖论文则直面风险厌恶问题，分别设置了低激励（1×）、高激励（10×）和假设激励（10×，但不支付收益）三种收益规模。不过，其中即便是低激励收益也相当可观，虽仍依式（6-1），但现金兑换率提高到了 9 美元；高激励的收益还要高出 10 倍。采用二次型得分规则，由一对十面骰子的掷出结果诱出事件概率，因此客观地知道各种事件（如"两枚骰子点数之和等于 4"）的实际概率，容易出现思维错误。这种设置的优点是不会强迫被试进行不熟悉的贝叶斯规则计算。图 6-1 中横轴为客观概率，纵轴为被试诱出概率的均值，所以正确的报告应该沿着 45 度虚线。由空心实线可见，1× 收益下诱出概率相对平坦——起点位于虚线上方，终点则位于虚线下方。这种"向心聚拢"（pull-to-center）倾向在高收益（10×）下更为突出，见于实心实线。使用假想的收益时，上述偏向完全消失，被试预测均值（灰线）基本贴近 45 度线。此外，假想收益下被试的答案噪声多，极端答案（接近 0 或 1）、错误答案为 1/2，以及与客观概率相颠倒的答案均系统性增加。

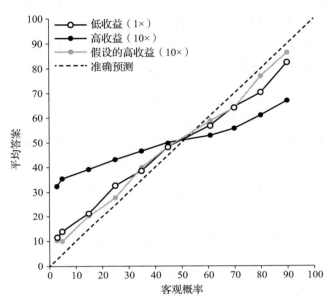

图 6-1　二次型得分规则——假设收益、低收益（1×）、高收益（10×）的客观概率
资料来源：Armantier 和 Treich（2013）。

从程序的角度来看，值得注意的是，在这篇论文中，通过在 30 个诱出任务中仅选择一个任务来确定被试的收入，这一过程强化了支付规模差异的影响。当使用单一决策时，在最终付款方面存在很大风险。此外，作者必须提高收益规模，以考虑到合理的平均收益水平，这往往会增加风险，因此，加强任何与风险厌恶和高风险相结合的向心聚拢的偏向。当考虑假设收益的荒谬反应时，图 6-1 中的 Armantier 和 Treich 数据的最好的结果是低激励实验局的，它比高激励实验局的有更少的风险厌恶偏向，同时比假设激励实验局有更少的噪声。低激励选项是使用 QSR 的研究人员通常遵循的方法，如 Duffy 和 Tavis。总结如下：

收益规模实验：使用二次型得分规则往往导致相当强的向心聚拢偏向，当高收益触发了被试的风险厌恶时尤其明显，如图 6-1 所示。使用假设的收益并不能规避此偏向，反而引入了基于噪声和明显决策误差的不同偏差。

这篇论文的作者还额外设计了实验局以分析偏向的其他来源。例如，如果某人与事件结果存在"利害关系"，即，除诱出机制提供的激励外，还存在外部支付，此时风险厌恶的人可能会调整答案，从而在一定程度上平滑了两种事件发生时的收益。实验中也确实观测到了这种行为，在高外部收益（高利害关系）实验局中尤为明显。

6.3　不受风险偏好影响的诱出方法

如本章开篇所介绍，对于前面假设或者忽视风险厌恶的诱出方法，一种替代方案是在诱出任务中只保留两种可能收益（比如 0 美元或 1 美元），例如前一章贝叶斯规则实验中所讨论的 Becker、DeGroot 和 Marschak（BDM）程序。BDM 方法的设计初衷在前一章已做介绍，所以本章将重点围绕实验说明中被试的实际所见，而不是实验环境和案例。在 Veconlab 贝叶斯规则程序中，首先介绍红色杯子（在默认设置中，装有 2 个红色的玻璃球和 1 个蓝色的玻璃球）和蓝色杯子（2 蓝 1 红）和放回抽样的方式，以及收益存在两种可能——高收益 2.00 美元、低收益 0 美元，进而解释了彩票 N 的概念：

> **彩票 N 的收益方式：** 彩票有百分之 N 的机会获得高收益，整数 N 自 $0 \sim 100$ 随机产生、概率均等。所以，N 越小彩票越缺乏吸引力，N 越大则相反。这个彩票 N 的方法是获得第二个随机数，比如 B，它同样可能是 100 个整数中的任意一个：0，1，…，99。若第二个数小于 N，则彩票 N 获得高收益。也就是说，如果 $N=1$，则有 1% 的机会获得高收益；$N=2$ 则机会为 2%，以此类推。

然后，在一页纸上简要解释并总结如实报告红色杯子被使用"100 中的机会"的主要原因：

> **收益：** 每一轮中有两种可能收益，2.00 美元和 0.00 美元。
>
> **收益方式：** 彩票 N 有百分之 N 的机会取得高收益。有一个红杯彩票，如果红色的杯子被使用，则提供更高的回报。计算机将根据这一轮你对使用红杯在 100 中机会的评估（P）来选择最佳的支付方法。特别地，彩票 N 只有在它提供了更大的高回报机会时才有意义。
>
> **有帮助的提示：** 你的决策应该是对使用红色杯子的机会的最佳猜测，这样计算机就可以选择最适合你的支付选项——彩票 N 或红杯彩票。

Grether（1992）分别在有 / 无 BDM 激励的条件下，开展了他们最初设计的贝叶斯规则实验，实验中使用了 Bingo 盒子和透明的随机化流程。每个 Bingo 盒中装有不同比例的彩球，实验者抽取一个小球，但不告知其取自哪里，进而询问被试哪一个盒子被选中的可能性更大；此外，有几场实验还要求被试估计概率，并用 BDM 激励他们如实回答。这几场实验中，被试对相关样本信息的响应方式与理论预测一致，但"胡言乱语或语无伦次的回答"（比如，给之前认为不太可能的盒子赋予更高概率）却是无货币激励时的 3 倍。

BDM 方法下还观测到了其他偏向。一种可能的原因是，实验过程给被试的感觉近似于制定售价，于是产生了"接受意愿"（willingness to accept）偏向。但是，通过中性的实验术语抽象掉买和卖的概念，这种偏向可以被回避。此外，实验还观测到被试行为存在噪声和异质性，Grether（1992）回归分析发现实际概率和 BDM 程序诱出的概率之间相关性弱。

这几段已经尽力解释 BDM 方法为何能够激励被试如实回答，但读者仍需要耗费相当精力来理解；实验中，被试经常为了弄清要做什么而焦虑紧张，自然也是在情理之中。在对儿童进行的实验中，据报道，BDM 方法甚至会弄哭孩子（根据作者的非官方报告）。一名研究者甚至这样评价："BDM 在实验经济学中就是一个肮脏的词汇。"总结如下：

BDM 信念诱出：该程序要求受试者说出一个概率限，以确定是否在某一事件发生时（事件彩票）获得报酬，或者在信念被报告后，是否通过随机彩票机会获得报酬。BDM 方法引入了真实的信念报告，而不需要依赖风险中性假设。这一特性也有助于研究者引导被试，告诉他们真实的报告符合他们的最佳利益。其缺点是 BDM 程序可能很难让被试理解。

秉承 Holt 和 Laury 风险厌恶菜单的精神，通过结构化的成对选择形式，可使抽象的 BDM 过程变得更加透明。这种菜单结构贯彻了 Savage（1971）的观点，事件的主观概率定义为数字 p，在这个数字 p 中，一个人在事件发生时获得 1 美元的报酬与以概率 p 获得 1 美元的报酬之间是无差异的。Holt 和 Smith（2016）运用上述方法，向被试展示了一组彩票选择菜单，如表 6-2 所示，备选的两列分别是"当事件发生时获得 2 美元"和"以概率 p 获得 2 美元"，其中 p 逐行递增。实验使用对称设计，具体事件为"选中的杯子是红杯还是蓝杯"，红杯中有 2 个红球和 1 个蓝球，蓝杯中有 2 个蓝球和 1 个红球。

表 6-2　彩票选择菜单：初始粗网格表

随机彩票			红杯彩票
0/100 的机会获得 2.00 美元	☐	☑	如果选中的是红杯，获得 2.00 美元
10/100 的机会获得 2.00 美元	☐	☐	如果选中的是红杯，获得 2.00 美元
20/100 的机会获得 2.00 美元	☐	☐	如果选中的是红杯，获得 2.00 美元
30/100 的机会获得 2.00 美元	☐	☐	如果选中的是红杯，获得 2.00 美元
40/100 的机会获得 2.00 美元	☐	☐	如果选中的是红杯，获得 2.00 美元
50/100 的机会获得 2.00 美元	☐	☐	如果选中的是红杯，获得 2.00 美元
60/100 的机会获得 2.00 美元	☐	☐	如果选中的是红杯，获得 2.00 美元
70/100 的机会获得 2.00 美元	☐	☐	如果选中的是红杯，获得 2.00 美元
80/100 的机会获得 2.00 美元	☐	☐	如果选中的是红杯，获得 2.00 美元
90/100 的机会获得 2.00 美元	☐	☐	如果选中的是红杯，获得 2.00 美元
100/100 的机会获得 2.00 美元	☑	☐	如果选中的是红杯，获得 2.00 美元

红杯彩票列示于表格右侧。由于表格左侧随机彩票的机会为 0（第一行），被试自然会选择右侧的红杯彩票，表中已预先勾选。同样地，最后一行里随机彩票获利机会为 100/100，相比于事件彩票，被试肯定更偏好这确定性的 2 美元（亦预先勾选）。

随着表格由上向下，当随机彩票获利的机会超过被试信念中事件发生的概率，被试将从表 6-2 的右侧跳转到左侧。为了鼓励被试仔细思考，各行决策之间相互独立，但是如果被试反复横跳，则会将表格送回令其重新选择。行数过多的复杂菜单可能会引发极端答案或噪声，因此作者使用了两阶段方法，先使用表 6-2 的粗网格表，之后在被试的交叉点处再引入细网格表。举例来说，如果被试在粗网格表的 60/100 处跳转，则后续要填写的细网格表形式仍与表 6-2 相似，但随机彩票获利的机会变为 50/100，51/100，52/100，…，60/100。当然，也有研究只使用粗网格表（Andreoni and Sanchez，2014；Trautmann and van de Kuilen，2015a），不过，如果被试信念中的概率计算相当精确，细网格表对诱出信念更有意义。

请注意，选择菜单中每行只给出了两种彩票中奖时的收益（"否则收益为 0"这一点在实验说明里已告知）。以此诱出被试的概率等价（probability equivalent）交叉点，能够用来估计其主观概率——既容易理解，又无须估算和消除非线性风险偏好的影响；被试也无须单独考虑事件发生的机会究竟是多少，只需在每一行的两种彩票之间完成选择即可。事后将会随机从粗网格表中选择一行决定实验收益，如果选中的恰是交叉点所在行，则将进一步在细网格表中随机选择。

彩票选择菜单诱出： 可令被试逐行完成决策——是更偏好在事件发生时获得收益还是用随机彩票决定收益。于是，被试得到了认真决策的激励，并将在表格的某行从一侧跳转向另一侧，从而反映自己的主观信念。与 BDM 程序相比，此方法具备同样激励机制，且更简单、透明，还跟 BDM 一样不需要风险中性假设。

6.4　诱出方法的比较

彩票选择菜单在一个对称设置的实验中被使用，其中，红杯中有 2 个红球、1 个蓝球，蓝杯中则有 2 个蓝球、1 个红球。每个杯子有 1/2 的机会被使用，所以先验也是对称的。每轮会选中其中一只杯子，并以放回抽样的方式抽取最多三球，被试需要完成总共 30 轮决策。实验采取被试间设计，每名被试在固定的一种诱出程序下完成全部 30 轮决策，各种诱出程序的被试人数相等，包括彩票选择菜单、BDM（回答一个数字）和 QSR。最近，一些研究者在使用二次型得分规则时并未采用"百分之几"术语，在审稿人的建议下，该实验也将"QSR 数字"[一]补充为第四种实验局。采用 QSR 数字的理由是，QSR 下被试的最优答案不一定是自身真实信念，"百分之几"术语本身或造成误导。此逻辑对彩票选择和 BDM 方法并不适用[二]，后两者依然和"QSR 机会"实验局一样采用"百分之几"术语。绩效指标的成对比较如表 6-3 所示。

表 6-3　绩效指标的成对比较

	正确决策 误差 ±1%	平均 绝对离差	边界决策 （0 或 100）	错答 1/2	成对比较的显著性检验
彩票选择	36%**	7%	3%**	5%	彩票选择与 BDM **（0.05）显著
BDM	20%	10%	10%	8%	
QSR 机会	17%	9%*	15%	3%	QSR 数字与 QSR 机会 *（0.1）显著
QSR 数字	11%	12%	9%	6%	

⊖ 即实验依然采用 QSR 实验局，但是设问中要求被试回答具体概率，而不是之前介绍的"百分之几"。——译者注

⊜ 因为这两种实验局下，被试的最佳答案就是如实汇报自己的主观信念。——译者注

四种方法的理论预测结果均对应图 6-1 中的 45 度线，等于横轴上正确的贝叶斯决策。从表 6-3 的第一列来看，彩票选择方法下正确预测（误差在 1% 以内）的比例最高。需要说明的是，所有实验局中，被试面对的杯子和小球在结果与顺序上完全相同，因此，与贝叶斯预测的平均绝对离差是一种有效的评价指标。第二列中，"彩票选择"实验局的平均绝对离差最小，但统计上并不显著；而"彩票选择"和"QSR 机会"实验局的平均绝对离差却显著小于"QSR 数字"实验局。彩票选择菜单表现出色的另一个方面在于，边界决策（即 0 或 1）的出现频率更低，本实验中无论何时边界决策都非最优。如表第三列所示，边界决策比例在"彩票选择"实验局最低，在"QSR 机会"实验局最高；不过，第四列中，"QSR 机会"实验局中被试错答 1/2（当贝叶斯预测结果不等于 1/2 时）的比例却最低。表 6-3 中星号表示，前两行中"彩票选择"与 BDM 实验局，以及后两行中"QSR 机会"和"QSR 数字"实验局的成对比较的显著性检验结果。总体来看，经过全部四个维度的比较，彩票选择实验局（被试完成表中各行选择，事后随机选取一行决定收益）的表现优于 BDM 实验局（被试直接回答"百分之几"）。此外，"QSR 机会"实验局也大体上优于（四个维度中有三项更优）不含"百分之几"术语的"QSR 数字"实验局。

信念诱出方法： 在一项围绕不同诱出方法的被试间比较实验中，相较于对称先验概率的贝叶斯规则预测结果，四种诱出方法（彩票选择菜单、BDM 和有 / 无"百分之几"术语的 QSR）均未产生偏向。其中，彩票选择菜单表现优于单一决策的 BDM 方法，体现在更高的正确预测百分比、更低的平均绝对离差、更低的边界决策和 1/2 错答发生率四个方面。使用"百分之几"术语的 QSR 方法也大体上优于仅有数字术语的 QSR 方法。

6.5 BDM 价值诱出：如何做与不做

在先验概率相等且低收益的条件下，上一节讨论的四种信念诱出方法都是无偏的，其诱出信念在理论上贴近贝叶斯预测结果，且不存在系统性的向上（下）偏离。具体到 BDM 方法，无偏的原因之一是未引入买进和卖出价格框架。Kachelmeier 和 Shehata（1992）的经典论文阐明了这一框定效应。在论文中，他们尝试诱出被试赋予某彩票的"确定性等价"（certainty equivalent），即用货币来衡量彩票的价值。具体地，他们在中国开展了一些收益规模（接近于 10 美元和 100 美元）相当可观的实验局：被试得到一些彩票，彩票有一定概率获得上述收益；进而要求给出彩票的最低出售价格（minimum selling price）。令人惊讶的是，被试的最低售价高于彩票的期望价值，这表明存在风险追逐行为（尽管当彩票收益提高后，风险追逐程度降低了）。该实验观察到的风险追逐与先前大多数研究中普遍的风险厌恶特征产生了矛盾。

Kachelmeier 和 Shehata 接下来设计了被试间实验局，试图解释上述实验中令人意外的风险追逐行为。后续实验均在美国开展，其彩票有 0.5 的概率获得 20 美元，0.5 的概率一无所获。实验要求被试写出该彩票的最低出售价格；并且告知，之后将会随机生成一个 0 ~ 20 美元的价格，若其高于被试的最低出售价格，则彩票将以该出价（for the bid amount）售出，否则被试自己保留彩票，即有 0.5 的概率得到 20 美元。公布结果之前，实验人员还要求被试写出相同彩票（0.5 的概率获得 20 美元）的最高购买价格（maximum purchase）；同样会随机生成一个 0 ～ 20 美元的要价，若其低于最高购买价格，则被试将以该要价（at the offer price）购买彩票。通常，在 BDM 方法下，被试为了保证后续实验做出对自己最有利的买 / 卖决策，有动机去如实汇报自身信念中彩票的价值（见章后习题 6）。理论上，无论是买入还是卖出版本的 BDM 方法，该实验中彩票的"确定性等价"并无二致。风险中性者对该彩票的估值等于其期望价值，即 $0.5 \times 20 = 10$ 美元。风险厌恶者给出的确定性等价低于 10 美元，风险追逐者则高过 10 美元。但是问题就在于，该实验发现相同的人可能既表现出风险厌恶，又表现出风险追逐！实验中的平均出售价格约为 11 美元（风险偏好），而平均购买价格只有一半，大约 5.50 美元，且差异高度显著。可见购买框架下被试的风险厌恶相当强烈。从以上现象中可以看出，价值诱出方法能够对决策结果产生戏剧性的影响。

有环境经济学的研究曾运用 BDM 方法，试图诱出环境商品的价值，也发现了上述买－卖差异的存在，将其称为"WTA-WTP"，或"支付意愿－接受意愿"偏向。此偏向可能源自"禀赋效应"，即，对彩票的所有权会提高个体感知中的彩票价值；但是，仅仅是实验说明中的所有权是否足够引致禀赋效应，这一点也的确令人怀疑。另一种可能的原因是，被试身处市场设定中，于是对 BDM 激励产生了误解，进而陷入低买高卖的市场心态。总之，无论偏向产生的原因为何，诱出实验任务中都应尽量减少市场术语，即便是在市场框架下通过出价和要价来解释随机数等概念相对容易时。

与信念诱出的情况一样，价值诱出的 BDM 程序可以不使用任何市场术语来解释，方法是让被试报告一次博彩的美元价值，并将其与随机产生的金额进行比较。被试将获得博彩结果或随机产生的金额，根据报告的价值，以对被试更好的为准。但是，如果在实验流程中完全摒弃市场环境，被试难免对实验任务感到困惑。使用选择菜单将有助于解决此问题：被试逐行地在彩票与现金之间取舍，其中，彩票保持不变，而现金数额逐行递增，如表 6-4 所示。被试在表中选项的交叉点即为彩票的确定性等价。表格的行数越多（例如 20 行），度量也就越精确。如果某人的交叉点早于 10 美元，表示此人对右侧风险彩票的估值较低，为风险厌恶者；若交叉点位于 10 美元，其彩票估值恰好等于右侧的期望价值，为风险中性者。和用于信念诱出的概率等价表 6-2 一样，使用表 6-4 时最好也规定交叉仅限一次，如 Veconlab 的价值诱出程序，避免多个交叉点的情况出现。

表 6-4　用于诱出确定性等价的"价格列表"选择菜单

现金（美元）			彩票
0	☐	◉	50/100 的机会得到 20 美元
2	☐	☐	50/100 的机会得到 20 美元
4	☐	☐	50/100 的机会得到 20 美元
6	☐	☐	50/100 的机会得到 20 美元
8	☐	☐	50/100 的机会得到 20 美元
10	☐	☐	50/100 的机会得到 20 美元

（续）

现金（美元）			彩票
12	☐	☐	50/100 的机会得到 20 美元
14	☐	☐	50/100 的机会得到 20 美元
16	☐	☐	50/100 的机会得到 20 美元
18	☐	☐	50/100 的机会得到 20 美元
20	◉	☐	50/100 的机会得到 20 美元

有一点很重要，请务必记住，无论出于何种原因（禀赋效应、损失厌恶、买卖谈判冲动），即便实验采用市场术语并观察到某些偏向，也不等于风险厌恶或风险偏好在概念上存在缺陷，因为这些偏向都是可以避免的。总结如下：

合适的 BDM 使用条件： 如果实验在最低出售价格的框架下使用 BDM 方法，则观察到的被试估值通常高于期望价值，意味着存在风险追逐。相反地，若是在最高购买价格框架下，则被试估值通常低于期望价值，表示存在风险厌恶。这种市场框定偏向是可预测的，且不难避免，只需使用中性术语和 / 或同之前信念诱出部分一样的结构化选择菜单。

6.6　模糊厌恶

截至目前，本章涉及的彩票全部收益概率均已知。以泄露五角大楼文件而闻名的 Daniel Ellsberg 在 1961 年的一篇论文中指出，人们不愿在概率未知的情况下做出选择。之后有关模糊厌恶的著述大量涌现，可见此论文的影响力（谷歌学术中的引用量超过 7 000 次）。如果某人愿意牺牲一定的收益，以规避概率未知的模糊押注（ambiguous bet），表明存在模糊厌恶。相反地，有些人可能对模糊性持中立态度，对所有的概率都一视同仁，不管它们是已知的还是估计的。还有人甚至可能喜好模糊。例如，普通股投资就可视为一种模糊下注，且和风险、损失厌恶等概念密切关联。数十年来研究形成共识：模糊厌恶普遍存在，且当被试处于收益域时尤其明显。然而，最近的一些实验经济学论文向这一结论提出了挑战。本章将对其中几篇加以总结，以帮助读者思考其中与信念诱出相关的程序性问题。

对于初次接触的读者，理解规范的模糊厌恶实验设置颇具困难，如果以综述的方式总结专业论文还将进一步增大难度。因此，不妨和初次接触到这类实验的被试一样，直接阅读实验说明。下面一段文字便是 Charness、Karni 和 Levin（2013）实验中一组非常清楚的实验说明：

有 6 个容器，各装有 36 枚筹码，筹码分为红、绿、蓝三种颜色；你能知道的只有红色筹码的数量以及另两种筹码的数量之和。

你面前的表格（见表 6-5）共有 6 行，每行对应一个容器，请逐行完成决策。第一行，容器（9）中有 9 枚红色筹码，27 枚蓝色或绿色筹码；第二行，容器（10）中有 10 枚红色筹码，26 枚蓝色或绿色筹码；以此类推……

对于每一行，你的任务是在三种颜色中选择一种下注。在人们做出他们的选择后，我们将从 9～14 中随机抽取一个数字，以确定表中的哪一行将被执行（玩）。一旦选定一行，它就决定使用哪个容器。我们将从那个容器中提取一个筹码，并付给每个选择那个颜色的人 10 美元。

表 6-5　实验设计表单

红色筹码数	蓝色和绿色筹码数	押红色 [R]，押绿色 [G]，还是押蓝色 [B]		
9	27	R	G	B
10	26	R	G	B
11	25	R	G	B
12	24	R	G	B
13	23	R	G	B
14	22	R	G	B

注意，有 6 行的决策表本质上是一个选择菜单，其中有一行是事后选择要使用的。由于每个容器都装有 36 枚筹码，红色筹码数多于 12 就意味着另外两种颜色筹码的平均数少于 12。届时，理性的选择是押注红色。如果某人在红色筹码多于 12 枚时一直押红色，红色筹码少于 12 枚时押注蓝色或者绿色，则表现为模糊中性（ambiguity neutral）。假设一个人开始为红色筹码少于 12 的行投注红色，并且随着红色筹码数量的增加继续投注红色。这个人选择红色表示他放弃了一些预期收益，因为红色筹码少于 1/3，因此这个人被归为模糊厌恶（ambiguity averse）。相应地，如果某人在红色筹码超过 13 枚后仍不押注红色，则为模糊追逐（ambiguity seeking）。该实验中，多数（约 60%）被试是模糊中性的，而模糊厌恶者仅占 8%，模糊追逐者占 12%，其余被试由于在选择中出现多次转变，故被归类为难以分辨（incoherent）一类。作者认为划分出这一类型有其必要：

> 仅根据被试在红色纸条 [筹码] 数量为 10 时押注红色，并不能断定其模糊厌恶。例如，同一被试还可能会在红色纸条为 11 时押注绿色；这些选择与模糊偏好不一致。

作者认为，给予被试蓝色和绿色两个选项，可能降低了被试对实验人员不公正操作（之前确实有研究人员这样做过）的担忧，从而使模糊厌恶的比例下降。有其他实验取消了蓝/绿选项[一]，模糊厌恶也的确有所增加。此外，被试重视实验流程的透明性，即确保实验管理者不知悉封包（容器）中的蓝/绿比例，并在抽取后保证向被试展示封包中的内容。甚至，相比借助计算机完成实验，采用诸如卡片等实物形式都能够增强实验的可信度。

总而言之，Charness 等人通过实验程序想要观察，随着红色筹码数量增加，被试下注何时从模糊（蓝色或绿色）转向非模糊（红色）。如果只有两种可能的颜色，例如蓝色

[一]　也就是只有"红色"和"蓝色或绿色"两个选项。——译者注

和白色，也可以使用相同的过程。类似表 6-2 的信念诱出菜单，仅需把其中的事件彩票替换为模糊彩票，如表 6-6 所示，便可诱出被试的概率无差异点。抽出蓝色筹码时，表中右侧的模糊彩票获得收益，但是蓝色筹码的比例并不确定。在这个粗网格菜单之后，会出现一个细网格菜单，表格左侧的机会递增由 10 变为 1。"双色"情境下，若交叉点处随机彩票的获利机会低于 50/100，就表示存在模糊厌恶。以上即为 Veconlab 的价值诱出程序（模糊厌恶设置选项）所使用的设置。

表 6-6　风险与模糊的彩票选择菜单——粗网格

机会已知的随机彩票			机会未知的蓝色筹码彩票
0/100 的机会获得 2.00 美元	☐	⦿	抽中蓝球则得到 2.00 美元
10/100 的机会获得 2.00 美元	☐	☐	抽中蓝球则得到 2.00 美元
20/100 的机会获得 2.00 美元	☐	☐	抽中蓝球则得到 2.00 美元
30/100 的机会获得 2.00 美元	☐	☐	抽中蓝球则得到 2.00 美元
40/100 的机会获得 2.00 美元	☐	☐	抽中蓝球则得到 2.00 美元
50/100 的机会获得 2.00 美元	☐	☐	抽中蓝球则得到 2.00 美元
60/100 的机会获得 2.00 美元	☐	☐	抽中蓝球则得到 2.00 美元
70/100 的机会获得 2.00 美元	☐	☐	抽中蓝球则得到 2.00 美元
80/100 的机会获得 2.00 美元	☐	☐	抽中蓝球则得到 2.00 美元
90/100 的机会获得 2.00 美元	☐	☐	抽中蓝球则得到 2.00 美元
100/100 的机会获得 2.00 美元	⦿	☐	抽中蓝球则得到 2.00 美元

许多论文通过概率等价来测度模糊厌恶。Binmore、Stewart 和 Voorhoeve（2012，fn.3）引用了多篇此类论文并指出，它们仅询问无差异概率，而不像选择菜单基于被试的实际决策来推断无差异概率。Binmore 等人并未采用表 6-5 的选择菜单，而是使用了心理学研究中常见的迭代滴定（titration）方法。该方法的运作原理是，被试首先在随机彩票（50% 概率）和模糊彩票之间选择：如果被试选择了 50% 概率的随机彩票，就像模糊厌恶的定义一样，下一组选择中模糊彩票的"对手"将会是收益概率更低（如 30%）的随机彩票；反过来，如果被试选择了模糊彩票，下一组则将提高随机彩票的收益概率，依此类推。该程序通常不需要很多组比较便可实现收敛。Binmore 等人注意到"实验中存在着被试不如实作答的风险"，某些被试觊觎那些只有通过撒谎才能达到的随机彩票，以获得更高的收益概率。例如，被试可能在前几次决策中故意选择模糊彩票，以使后续随机彩票的收益概率超过 50%。然而，该文作者报告说"通过将被试在实验前后阶段的行为进行对比，并没有支持学习行为的证据"。另外，使用各行同时列示的选择菜单（例如表 6-5），能够避免这种由滴定法引发的策略性操纵行为。

除滴定法外，Binmore 等人还要求被试完成另外两个概率无差异的实验任务，只有在滴定法和后续任务中都表现出模糊厌恶时，才认定为模糊厌恶者。他们发现，实验中的模糊厌恶比例相比过去文献中普遍认可的 60% 低得多，并将此归因于双任务设计降低了因噪声行为，而错归为模糊厌恶者的可能。此外，他们还强调应设定清晰的实验流程，以防被试怀疑实验中存在欺瞒行为。例如，他们选择实物而非计算机开展实验，红色和黑色或白色卡片在被试面前由机器洗牌，每个被试从上面抽一张牌来决定收益。

在另一项研究中，Dimmock、Kouwenberg 和 Wakker（2016）同样使用滴定法诱出概率等价。不同的是，他们的实验是完全计算机化（没有实物）的，这有可能引发被试的不信任，但也有机会通过互联网，从而利用更大、更具代表性的被试群体。他们发现了大量的模糊厌恶现象；此外，通过人口统计调查问卷，他们还试图分析实验中测度的模糊厌恶与被试如何参与股票市场之间是否存在关联（发现并不存在）。

即使文献并没有得到模糊厌恶普遍性的明确证据，经过 50 年的研究，其中一些有趣的程序性问题也获得了关注。除了程序上的差别，某些结果差异或源于不同情境（例如，收益与损失，正在比较哪些选项，等等）下人们对模糊敏感程度的不同。此外，我们希望能够让学生在课堂上亲历一场模糊厌恶实验，帮助他们形成自己的观点，且课堂实验亦不存在信任问题。总结如下：

模糊厌恶实验： 关于模糊，已有的观点是多数被试（在收益域）厌恶模糊。然而，最近的一些论文通过诱出概率等价的方式，向该观点发起挑战。这些研究使用概率无差异方法，避免了对风险厌恶相关概念的估计和修正。其中部分作者认为，通过实物（如筹码或卡片）进行实验，亦能够减少模糊厌恶，其可使程序更透明，对信任问题不那么敏感。在任何情况下，似乎可取的做法是，将结论建立在成对比较的实际决策之上，而不是简单地询问一个风险押注（彩票）和模糊押注（彩票）之间无差异的概率。

6.7 扩展

当用 QSR 激发信念时，另一种避免风险厌恶的方法是，以彩票的形式支付，提供一个固定奖金比如 10 美元的机会，其中中奖的机会与一个人的彩票持有量成正比。"二元彩票"只有两种可能的收益——10 美元和 0 美元，所以效用曲率无关紧要。另外注意，此时期望收益与中奖概率成正比，即，期望收益和奖券持有数量呈线性关系，线性关系对应着风险中性特征。Hossain 和 Okui（2013）与 Harrison、Martinez-Correa 和 Swarthout（2014）使用该方法都得到了前景可期的结果。然而，实验证据是混杂地，正如 Selten、Sadrieh 和 Abbink（1999）的论文标题一样："金钱并不能引致风险中性行为，但二元彩票甚至更糟"。二元彩票方法的一个明显优势在于，可以在实验说明中向被试声明如实报告即为最优选择，即便通过奖券持有量来最大化期望收益的深层原因可能较难解释。

处理风险厌恶还有一种方法，即标准的二次型得分规则，通过不同的实验任务诱出被试的风险偏好，而后根据估计出的风险厌恶程度来移除信念中的偏向。但这种方法的缺点是，个体的风险厌恶评估或存在随机性，进而产生第二个偏向来源（任务本身已经很困难了）。

有两篇博士论文成功地运用了两阶段的彩票选择菜单。Tulman（2013）在一项实验室实验研究中，分析了随机投票成本的投票博弈，发现是否投票的决策与诱出的信念——投票者认为自身投票是否关键、能否令投票结果倒向期望结果（或造成平局）——相关联。在一个阈值自愿捐款实验（第 16 章将讨论这类实验设置）中，Schreck（2013）发现慈善捐款与诱出信念——自身的捐款能否使总捐款达到目标水平——之间高度相关。该论文提供了一套手工运行诱出实验的实验说明和彩票选择菜单。

有关信念诱出的文献颇丰且还在不断增加，可参见 Schotter 和 Trevino（2014）所做的总结。关于模糊的文献则可见于 Trautmann 和 van de Kuilen（2015a）。其中一个有趣的发现是，若决策由小组制定，模糊的趋向会有所减弱，可见于 Charness 等人（2013）与 Keck、Diecidue 和 Budescu（2014）的研究。

第 6 章习题

1. 使用式（6-1）的 QSR 收益公式，证明表 6-1 中事件发生机会为 20/100 时，事件 A 和事件 B 对应的收益分别为 0.36 和 0.96。

2. 若事件 A 发生的主观概率为 20/100，使用表 6-1 的数字，计算若被试不诚实地回答 10 或 30，期望收益会是多少？并证明如实回答（20/100）的期望收益是最高的。

3. 二次型得分规则下，风险追逐是否会导致被试的答案出现某种偏向？如果有，猜测其方向。

4. （无须数学证明，微积分）假设风险中性，如何通过二次型得分规则诱出三个事件的概率分布？

5. （微积分）对数得分规则是二次型得分规则的一种替代。由于被试回答的概率 R 必然小于 1，其自然对数 $\ln(R)$ 必然为负，且 R 接近 0 时 $\ln(R)$ 趋近无穷小。故被试的收益计算方式为

$$F + \ln(R)，如果问题中的事件发生$$
$$F + \ln(R)，如果该事件没有发生$$

其中，$\ln(\cdot)$ 项为负，因此如果被试答案里事件发生机会很小，而事件却恰好发生 $\ln(\cdot)$ 项将带来严厉的惩罚。证明对数得分规则可以激励被试如实汇报信念中事件发生的概率 p。

6. （无须数学证明）假设给予被试一张彩票，有 1/2 的概率获得 20 美元，并且通过一套 BDM 程序诱出被试的最低出售价格。具体而言，将会从 0 ~ 20 美元随机选定一个金额：若其高于最低出售价格，则彩票将会以该金额售出；反之被试将保留彩票，进而通过掷硬币的方式确定彩票收益。设彩票和金额 V 对于被试无差异，请解释为什么被试报告的最低出售价格应该等于 V。

7. （无须数学证明）首先，解释为何表 6-4 中的交叉点模式能够反映风险厌恶。此外，如何对表 6-4 加以调整，保留表格左侧的价格列表不变，使之适用于模糊厌恶的测度？是否必须对风险厌恶加以控制？如何实现？

CHAPTER 7
第 7 章

个体与社会学习

也许最简单的预测问题就是猜测两个随机事件中的哪一个会发生。这两个事件的概率是固定的，但不是已知的，所以人们可以通过观察这两个事件的相对频率来了解这些概率。心理学文献中记录的最早的偏向（bias）之一是，人们倾向于预测每一件事的频率，其频率大约与该事件发生的次数的比例相匹配。这种被称为概率匹配（probability matching）的偏向被广泛认为是非理性的证据，尽管 Siegel 在 20 世纪 60 年代的实验表明了不同的情况。这些实验为后续实验的开展提供了重要的方法论教训，实验结果也引发了围绕学习模型的讨论，或许能用来解释行为向"稳定状态"的调整路径。所谓稳定状态，即行为的系统性变化已经停止的状态。

本章的第二部分主要围绕社会学习，即人们根据他人过去的行为进行的推理。假设存在某未知事件，比如一种新的专利药物是否有效；而个体可以收到关于该事件的不同信息，用来做出决策，比如是否投资开发该新药的公司。如果决策是按顺序做出的，那么第二位和随后的决策者就可以观察并从之前的决策中学习。当一个人的私人信息所支持的决策不同于之前其他的人，就会陷入信息困境（informational dilemma）；如果不顾自己的私人信息、遵循前人共识，就形成了信息级联[⊖]（information cascade）。

教师须知： 二元预测任务应采用 Veconlab 决策（decision）菜单的概率匹配（probability matching）程序来运行，此程序支持更多的实验轮次并能够以图形形式展示均值。信息级联可通过杯中抽取小球和掷骰子的方式实现，如 Anderson 和 Holt（1996b）论文中所述；

⊖ 级联（cascade）是计算机科学领域的术语，指的是多个对象之间的映射关系，此处借用了这个术语的大致意思，表示信息传递引起的从众决策：Ⅰ决策为 A，这一信息传递到Ⅱ，Ⅱ也选择 A，以此类推，形似映射关系，也可简单理解为"串联"。——译者注

但对于班级来说，Veconlab 的信息级联博弈（information cascade game）是更好的选择，它能够保证匿名性并根据概率（默认指定）自动处理所有随机信号和事件。

7.1 由人扮演实验鼠

计算机时代来临前，心理学实验中的二元预测实验过程都像是实验鼠（鸽子）实验的放大版本。例如，在 Siegel 和 Goldstein（1959）的实验中，被试和实验人员坐在同一张桌前，仅由胶合板分隔。隔板上挂有两只灯泡，一左一右；中间位置有一个更小的信号灯，用来发布做出下一次决策的指示。当信号灯亮起时，被试需要按下左右杠杆之中的一根（左或右），以代表自己的预测结果。之后，左右两灯泡将有一只亮起，被试便可知自己预测的结果是否准确，如果预测正确将获得强化（reinforcement）（假如有的话）。下一次预测开始时信号灯再度亮起，一直重复以上过程，可能多达几百次。尽管实验不会向被试提供两个事件（左或右）发生的相对可能性，但有时会介绍其决定机制，比如一张事先打印好的表格。事实上，其中一个事件设定的发生概率更高，如 75%；且事件的发生并不总是随机的，有时会加以操纵，以保证每 20 次一组中大概率事件恰好发生 15 次（例如本章习题第 5 题）。

截至 Siegel 和 Goldstein 在 20 世纪 50 年代末所做的实验，心理学家研究类似问题已有 20 年之久。结果揭示了一个很有意思的规律：被试预测时选择事件的比例大致与事件发生占比一致。例如，如果上述两个灯泡中左边亮起的频率为 3/4，则被试能够从中学习经验，在 3/4 的预测中选择左灯。

敏锐的读者可能已经推测出这种情况下的最优行动，但正式的分析有助于我们确认上述结论并不依赖任何隐含假设，比如风险中性。首先，假设事件确实独立随机发生，而不是强制以 20 为一组服从某个确定概率。定义 U_c 为预测正确时奖励产生的效用，U_1 为预测错误时奖励的效用。奖励可以是"外部的"（金钱、食物）、"内部的"（心理自我强化）或二者兼备。唯一的假设是，预测正确时效用更高，即 $U_c > U_1$。这些效用由实际收到的奖励决定，因此可能随时间变化；唯一的假设是，外加的正确预测是首选。

经过几次练习后，人们将发现哪一事件发生机会更大，定义 p 为（机会更大事件的）主观概率，代表个体信念，$p > 1/2$。此时决策有两种选择：预测更可能发生的事件和更不可能发生的事件。每一个决定都相当于一次抽奖：

预测更可能发生的事件：以 p 的概率得到 U_c

以 $1-p$ 的概率得到 U_1

预测更不可能发生的事件：以 p 的概率得到 U_1

以 $1-p$ 的概率得到 U_c

因此，如果以下不等式成立：

$$pU_c + (1-p) U_1 > pU_1 + (1-p) U_c$$

或者化简成：

$$(2p-1) U_c > (2p-1) U_1$$

则预测大概率事件发生的期望效用更高。由于 $p > 1/2$ 且 $U_c > U_l$，上式必然成立。虽然动物可能会对食物和其他物质奖励感到厌倦，但经济学家对于金钱奖励的非餍足性假设深信不疑。请注意，上述结论并不依赖于任何风险态度假设，因为两种可能的结果都不受预测行为本身的影响，即预测正误不会带来所谓的利差（spread）。可能的结果只有两种，概率的唯一作用是确定较好结果的机会是否更大，因此风险厌恶不起作用。另一种思考方法是如果只有两个相关的点，那么它们本质上构成了一条直线。因为正确的预测将获得更高的奖励，所以更有可能发生的事件总是能够被预测到，即概率为 1。可见，只要非餍足性 $U_c > U_l$ 成立，并且没有与正确预测不太可能的事件相关的外部效用，概率匹配就是非理性的。

尽管暗示被试应该 100% 预测更有可能发生的事件，但这种行为可能在实验室中观察不到。在对概率匹配文献的评述中，心理学家 Fantino（1998）总结道："人类被试的行为并不是最优的。相反，他们将选择的比例与被强化的概率相匹配……鉴于非人类被试在相同情况下能够非常熟练地做出最优决策，人类的这种行为着实令人费解。"Fantino 引用了一篇 1996 年发表的文章的研究成果，作为动物具有更高程度理性行为的证据：在对小鸡和老鼠进行的大多数实验局中，对更有可能发生的事件的选择频率远远高于概率匹配预测。不过，在得出动物比人类更理性的结论之前，我们有必要回顾一个特别精心设计的概率匹配实验。

7.2　Siegel 和 Goldstein 的实验

Sidney Siegel 是对经济学实验方法产生直接和间接影响最大的心理学家。他的早期的工作为经济学实验建立起了高标准，包括精细的报告、谨慎的实验流程、合适的统计学方法以及经济激励的恰当应用。他发表于 1956 年有关实验数据非参数统计的著作，将在本书第 13 章 "方法论" 中详细介绍。另外，说到谨慎的实验流程，他开展的有关概率匹配的实验便是很好的案例。其中，一个实验里，Siegel 要求 36 名宾夕法尼亚大学的男性学生进行 100 轮预测，他们中有 12 人在几天后被召回，额外完成 200 轮预测。大概率事件被选中的比例如图 7-1 所示，每一点代表 20 轮预测的平均值。

"无收益" 实验局中，12 名被试只被简单告知 "尽你所能" 预测哪只灯泡会亮。他们的预测均值对应图中的深色虚线，可以看到起始高度约为 0.5，符合理论预期，因为实验初期被试并未掌握关于事件发生概率的信息。此外，和概率匹配的预测相一致，该实验局中被试对大概率事件的预测比例向 0.75 附近收敛，并大致在 100 轮预测之后趋于平稳。

"得失兼备" 实验局中同样有 12 名被试，不同的是，预测准确能够得到 5 美分，反之失去 5 美分。每 20 轮预测均值对应图中的粗实线，向大约 0.9 的水平收敛。第三种 "有得无失" 实验局中，被试同样在预测准确时得到 5 美分，但无须承担失败的惩罚，其结果（图中并未展示）位于前面两个实验局中间，略高于 0.75。显然，激励是会产生影响的，但概率匹配现象在有激励的情境下似乎并未被观察到。

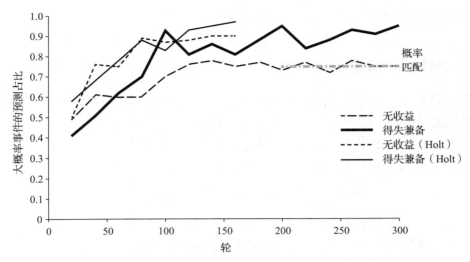

图 7-1　大概率事件（实际发生频率为 0.75）的预测占比

资料来源：Siegel、Siegel 和 Andrews（1964）；Holt（1992）。

但是，如果就此认定激励的作用，恐怕会造成误导，也没有理由确定其他程序下的无收益实验局一定也能观测到概率匹配现象。图 7-1 左上方的细实线和短虚线为另一实验（Holt，1992）中每 20 轮预测的平均值，该实验同样包括"无收益"和"得失兼备"局，各有 6 名学生使用计算机完成实验任务，事件的发生由随机数生成器决定。上述实验说明与 Siegel、Siegel 和 Andrews（1964）报告的基本相同，只是用计算机屏幕上的彩色方框代替了灯泡。然而，无论是得失兼备实验局（得失均为 10 美分，结果为图中细实线）还是无收益实验局（短虚线），均未观测到概率匹配现象。

为什么 Holt 实验的无收益局观测不到概率匹配现象，目前尚无明确的解释。一种猜想是，计算机界面使实验环境匿名性增强，不再像一场硬币匹配博弈（matching pennies game）；而在 Siegel 的实验设置中，实验人员就坐在隔板后，使得被试可能误以为自己是在和实验人员进行类似于硬币匹配的某种博弈。在硬币匹配博弈中，被试的最优策略是随机地进行预测，这将使选择比例趋向于 0.5（见第 10 章中关于硬币匹配博弈的后续讨论）。

最后，请注意，Siegel 的发现解决了实验鼠在二元预测任务中比人类更聪明这一矛盾的发现。因为你不能仅仅告诉老鼠"尽力而为"，动物实验总是在饥饿或口渴的动物身上进行食物或饮料的激励。因此，应选择那些更有经济动机的人。Vulkan（2000）在对 50 多年来概率匹配实验所做综述中总结道，尽管人类在简单设定下的学习速度慢得惊人，但是存在实际收益的实验中，一般观察不到概率匹配现象。概率匹配的总结如下：

概率匹配：这个术语指的是人类预测一系列二元事件的趋势，其比例与这些事件的经验频率大致相符。如果正确的预测得到奖励，这种匹配行为就是非理性的。概率匹配通常不适用于受食物或饮水驱动的动物，也不适用于受金钱驱动的人类被试。在这两种情况下，每次选择的概率都倾向于缓慢地向预测更可能事件的极端靠拢。

7.3 一个简单的信念学习模型

概率匹配实验为学习行为的研究提供了有用的数据集。在对称条件下，个体关于事件最初的先验（prior）信念应是两个事件发生的概率均等。但是经过第一次观察后，此次发生的事件对应的概率将会上升。以下是将此学习过程模型化的一种方法，首先将用式（7-1）来计算初始信念中事件 L 和事件 R 对应的概率：

$$\Pr(L) = \frac{\alpha}{\alpha + \alpha} \text{ 且 } \Pr(R) = \frac{\alpha}{\alpha + \alpha} \text{（先验信念）} \tag{7-1}$$

其中参数 α 为正，这将在稍后的内容加以解释。当然，目前从式（7-1）中还看不出 α 的作用，两个概率都等于 1/2。接下来，如果第一次观察到事件 L，$\Pr(L)$ 将增大，因此在 $\Pr(L)$ 的分子上加 1。为了保证两个概率之和依然等于 1，还需要在表达式的分母上都加 1：

$$\Pr(L) = \frac{\alpha + 1}{\alpha + 1 + \alpha} \text{ 且 } \Pr(R) = \frac{\alpha}{\alpha + 1 + \alpha} \text{（观察到一次 L 之后）} \tag{7-2}$$

注意，参数 α 决定了概率对新信息的反应速度；如果 α 很大，那么即便得到新信息，新的概率仍会非常接近 1/2。每次观察到事件发生，就在两个概率的分母上加 1，发生事件概率的分子上也加 1，就可以得出观察到 N_L 次事件 L 和 N_R 次事件 R 之后的概率公式。N 表示截至目前观察的事件总数，$N = N_L + N_R$。则概率可表示为

$$\Pr(L) = \frac{\alpha + N_L}{2\alpha + N} \text{ 且 } \Pr(R) = \frac{\alpha + N_R}{2\alpha + N} \text{（}N \text{ 次观察之后）} \tag{7-3}$$

（虽然超出了本书的范围，但在 0～1 中存在一个关于 $\Pr(L)$ 的先验信念的特殊组合，以及概率为 $\Pr(L)$ 的二项信号信息，这决定了一个均值为式（7-3）结果的贝叶斯规则后验分布。）

初期，N_L 和 N_R 可能会交替领先，但是其中的大概率事件 L 很快就将成为主导，使 $\Pr(L)$ 超过 1/2。言下之意是，所有人最终都将预测大概率事件，尽管随机性可能导致"预期外的"偏差，例如源自数学心理学文献的概率选择函数（probabilistic choice function），这个内容稍后将在第 9 章和第 10 章中讨论。

另一种方法考虑近期效应（recency effect），即人们在估计概率时对近期观察到的数据更加敏感。在关于信念学习的式（7-3）中，观察次数 N、N_L、N_R 给每次观察赋予的权重相等。相反，在一些情境下加入"遗忘"机制或许合理，最近观察到的事件 L 相比于很久以前发生的事件，权重可能要更高。如果潜在的概率随着时间的推移而变化，那么将更多的注意力放在最近的事件上是最理想的，而概率匹配则不是这样。但人们可能会适应概率确实在变化的情况，例如，食物来源的变迁。

不考虑近期效应的源头，一种操作方式是通过加权求和来代替简单求和。举例来说，如果观察到 3 次事件 L，式（7-2）中的 N_L 应为 $1 + 1 + 1 = 3$。如果最近观测到的事件要比前一次重要一倍，则前一次观察的权重为 1/2，再之前的权重为 1/4，前面的 $1 + 1 + 1$ 将

变为 1/4 + 1/2 + 1。更灵活地，可以给最近发生的事件赋予权重 1，前一次事件赋予权重 ρ，再前一次的事件赋予权重 ρ^2，以此类推。只要 ρ 的估计值小于 1，就表示存在近期效应。基于策略博弈的数据，参数 ρ 的估计值多位于 3/4 附近，即次近事件权重约为 3/4；第三近事件的权重仅为 9/16，余下事件的权重小于 1/2。粗略来说，这些权重可用来计算一个人的信念，即过去观察结果的加权平均。

7.4 强化学习

在心理学实验中，奖励、惩罚往往被视作一种"强化"机制。关于学习的一种主流理论将行为变化和实际得到的强化联系在一起。例如，某人每次准确预测能够获得"强化" x，反之一无所获。如果此人预测事件 L 并正确，那么之后选择 L 的概率将会增加，且这种行为变化的幅度可能还取决于强化 x 的大小。将上述选择概率模型化的一种方法是：

$$\Pr(选择L) = \frac{\alpha + x}{\alpha + x + \alpha} 且 \Pr(选择R) = \frac{\alpha}{\alpha + x + \alpha} \tag{7-4}$$

α 仍是影响调整速度的参数。虽然式（7-4）和先前的式（7-2）相当接近，但也存在几点关键的区别。第一，式（7-4）的左半部分是选择 L 或 R 的概率，而非信念中事件发生的概率；若强化学习（reinforcement learning），信念便不能够像第 7.3 节那样模型化。第二，式（7-4）中的 x 表示强化幅度，而不是式（7-2）中的计数单位。

当然，"强化"是一个宽泛的概念，既包括物质层面，比如动物实验中给老鼠的食物，也包括与成败相关的心理感受。为了在使用金钱支付的实验中搭载强化的思想，最简单的办法便是用实验报酬来衡量强化的幅度。假设某人选择事件 L 的次数为 N_L，其中有对有错；设选择事件 L 带来的总收入为 e_L，$e_L < xN_L$；相似地，e_R 表示预测时选择事件 R 带来的总收入。于是选择概率可表示为

$$\Pr(选择L) = \frac{\alpha + e_L}{2\alpha + e_L + e_R} 且 \Pr(选择R) = \frac{\alpha + e_R}{2\alpha + e_L + e_R} \tag{7-5}$$

强化模型能从几个方面解释使用经济激励的概率匹配实验中观察到的被试行为。实验开始时选择两个事件的概率相等，但是大概率事件正确的概率为 75%，这将会使不对称性得到强化，从而提高被试选择该事件的概率，因此预测大概率事件所得的总收益也更大。在以上两个因素——更高的收入和更高的选择概率的共同作用下，e_L 的增长速度更快。随着 e_L 越来越大，e_R/e_L 逐渐变小，因此，式（7-5）中选择 L 的概率将会向 1 收敛。收敛过程或许缓慢，这一点在 Goeree 和 Holt（2003a）的计算机模拟结果中得到证明（关于模拟要进行多少次，详见本章习题第 4 题）。模拟中，将准确预测的收益 x 设为 1，α 值设为 5。图 7-2 展示出了 1 000 人、每人 300 次预测的模拟数据（20 期一组均值）。相比于 Siegel 实验中的被试，模拟数据的起始点稍高（更接近图 7-1 中的 Holt 实验数据）；但从定性的角度来看，模拟数据和实验数据观察到的总体模式类似。

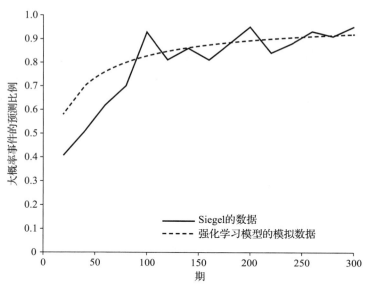

图 7-2　模拟的和观察到的更可能发生（大概率）事件预测比例

资料来源：模拟数据出自 Holt（2003）。

7.5　照搬邻居的做法是唯一明智的法则

　　正如本章标题所暗示（Post，1927），从众是社交场合中的常见现象。人们重视一致性且害怕社会的制裁，因此，可能会跟随他人的决策。例如，经济分析师宁愿冒和别人一起出错的风险，也不愿冒被别人证明是离经叛道的不准确预测的风险。相似地，凯恩斯（1936）曾说过："世俗的智慧告诉我们，遵循老路的失败比独辟蹊径的成功更有利于名誉。"

　　有些情况下从众是理性的。人们愿意去参照别人的决定，是因为相信在既定的模式中隐含着一些智慧或经验。在规模较大的群体中，这种集体智慧的影响会被放大。例如，有些人偏爱本田轿车或丰田轿车，是因为他们认为这些品牌的车型占据的巨大市场份额代表良好的顾客满意度。但是，由于从众，少数一两个人的选择最终可能发展成为主流，导致一系列错误的决策。例如，不论何时，都有受人青睐的股票种类，加之有人致力于预测下一波股票走势，羊群效应可能会被放大。具体而言，任何在 20 世纪 90 年代末买入科技股的人都可以证明追随多头的危险。

　　当人们按照顺序完成决策，并且能够观察到前人的决策时，会出现一种很有趣的潮流效应（bandwagon effect）。举例来说，假设某人正在申请一个行业的工作岗位，行业中有限的几名雇主之间彼此熟识；如果申请人在前两处面试时给人留下了糟糕的印象并失败，那么即便在第三次面试中表现上佳，第三位雇主也可能会犹豫："任何人都有失手的时候，不过我还是怀疑前两位雇主看到了我没有看到的一面"。如果他认为前两位雇主的决定所构成的组合信息比自己一个人的信息更加丰富可靠，那么模仿他人的行为模式（不雇用）或许是理性的。后续面试的雇主会更加犹豫，如此引发的链式反应或将一直延续。这也就是为什么在工作岗位上的第一印象尤其重要。在信息的作用下，上述例子中产生了有顺序的从众决策模式，被称作信息级联（information cascade）（Bikhchandani，Hirschleifer，Welch，1992）。

由于第一印象未必正确，决定最初决策的第一场面试或测试或许会引发一系列"不正确的"级联，不断向之后的决策者堆叠错误的信息。就像约翰·德莱顿（John Dryden，英国诗人）所言："人们的判断总会出错，多数人犯的错误也不会比少数人少。"

7.6 基于他人决策的理性学习模型

关于信息级联的讨论将从这个非常程式化的模型开始，其中，包含两个事件——取出 a 和取出 b，A 杯中装有 a、a、b，B 杯中装有 a、b、b。可以把 a 和 b 想象成黄（amber，琥珀色）球和蓝（blue）球，而杯子的标签体现其中小球的比例。两只杯子被选中的概率相等，选择完毕后，杯中小球将被倒入一个不透明容器，然后随机抽取小球，以保证杯子信息的私密性。每个人都能观察一次随机抽球，而后猜测选中的是哪只杯子。决策按照预先指定的顺序进行，也就是说，第一位决策者除本次抽取出的小球颜色之外一无所知。此外，取球是放回抽样，第二位决策者将目睹第二次随机抽取，而后完成决策，掌握的信息比第一人更多，包括第一位的决策结果以及第二次（自己）抽出的小球颜色。和之前案例中的雇主不能旁听其他面试一样，这里每一名决策者只能看到前人的决策结果，无法得知是哪些信息影响了前人的决策。除了猜对的奖励外，不存在任何外部激励；和他人的决策（不论先后）保持一致也得不到好处。

第一名决策者只观察到抽取的小球是 a 还是 b，以及事前两只杯子被选中的概率相等这一先验信息。因为 3 个 a 球中的 2 个在 A 杯，所以如果抽取出的是 a 球，便可推断 A 杯的概率为 2/3，b 球和 B 杯同理。因此，第一位决策者的决策反映其个人信息。后面探讨的实验中，第一位决策者中有 95% 的人的决策方向遵循此规律，和个人信息方向一致。

第二位决策者观察到又一次取球的结果——a 或 b，如果这和前一个人的选择一致[⊖]，决策就简单多了。可是如果不一致的话，分析将变得复杂。例如，第一位决策者预测 A 杯，而第二位决策者看到的取球结果是 b 球，则可能会想："现在两只杯子的概率相等。如果我猜对了，第一个人选 A 杯是因为看到了 a 球，而这和我现在看到的 b 球相互抵消，一切又回到了初始状态。"这种情况下，第二位选择 A 杯还是 B 杯并无差异，两只杯子的概率均等。不过，另一方面，他也可能更为谨慎，相比于推测前一位抽取出的小球，更相信自己的亲眼所见；即便第一位决策者犯错（不论是否故意）的机会非常小，这也会使得第二位在前后信息冲突时"依赖自己得到的信息完成决策"。后面将要探讨的实验中，有 95% 的第二位决策者的行为模式符合以上描述，我们在之后的讨论中将此作为基础假设。

⊖ 前面介绍了，第一人在看到 a 球时选择 A 杯、在看到 b 球时选择 B 杯的理性决策。这里所说的"和前一个人的选择相一致"，即：前一位选 A 杯，而第二位抽到 a 球；或前一位选 B 杯，第二位抽到 b 球。——译者注

现在，第三位决策者看到了前两次决策的结果以及自己这次抽出的小球。我们假设第一位的选择是 A 杯，对应的各种可能性如表 7-1 所示；如此假设不失一般性（因为我们可以构建另一张首个决策为 B 的类似表格，下面的结论同样适用）。根据表 7-1 第一行的信息，标准的贝叶斯计算可得 A 杯的概率为 0.89，故 A 杯是此时第三位决策者的最优选择（见章后习题第 6 题）。第二行的情况更有意思，第三位"自己"的抽取结果和之前两次决策传递信息相左。如果前面两人收到的小球"信号"相互独立，则和第三位自己的抽取结果在信息量上相等，跟随前两位的决策便是理性的。相比之下，最后两行的决策并不太困难，占优势的信息都支持决策者按照自己的信息进行决策。

表 7-1　第三位决策者可能面对的情况和推断

前两位的决策	自己的抽取结果	推断的 Pr（A 杯）	决策
A，A	**a**	0.89	A（没有困扰）
A，A	**b**	0.67	A（信息级联形成）
A，B	**a**	0.67	A
A，B	**b**	0.33	B

跟随他人的行为模式（表 7-1 中的前两行）可能引发多米诺效应：再下一位决策者将会见到前面三次 A 决策，无论自己抽中 a 球还是 b 球，都更有可能继续跟随 A 决策；这一逻辑适用于后续的所有人。因此，如果前两人的决策相同（AA 或 BB）便会形成信息级联，即之后所有人都将跟随这组决策；即便前两人的决策相互抵消（AB 或 BA），不平衡的决策信息（AA 或 BB）出现较晚，也将使第五位决策者决定跟随多数人的决策。例如，前四位决策者的决策为 ABAA，此时即便第五位决策者观察到 **b**，依然应该选择 A 决策。这里第五人的直觉是，前两个决策相互抵消，第三和第四位的相同决策要比自己的抽取结果更具信息价值。

注意，上述讨论并未要求信息级联提供正确的预测结果。第一位决策者看到的小球有 1/3 的概率是恰好被选杯中的少数派，第二位决策者亦然。按照理论推导，前两位决策者全部猜错的可能性为 1/3 × 1/3 = 1/9，如此将开启一个错误的信息级联。当然，信息级联不一定在前两轮即形成，不平衡的（大于或等于 2）决策结果或许出现于之后的轮次。但不论是哪一种情形，信息级联影响下的个体从前人决策中推断所得信息的总价值，大于其自身观察到的抽取结果。

7.7　实验证据

Anderson 和 Holt（1997）使用上述设置开展了实验室实验，被试猜对的奖励为 2 美元，猜错则为 0 美元。被试位于相互独立的小隔间内，无法看到他人的抽取结果。各人决策的结果（不包括被试身份号）由第三方宣布，避免决策者自信或犹豫的声调传递出额外信息。第三方会回到房间前面宣布这个消息。即使第三方对被试来说是不可见的，这个回程也可以帮助被试避免从些微的迟疑中学习，因为这可能意味着持有相反信息的人的犹豫不决。小球分为黑白两种，A 杯中装有 2 个白球、1 个黑球，B 杯装有 1 个白球、

2 个黑球。通过投掷 6 面骰子来决定杯子——投掷结果为 1、2、3 则选 A 杯，投掷结果为 4、5、6 则选 B 杯。每场实验开始前将从全部参与人中随机选出 1 名"监督者"负责掷骰子；其余 6 名被试按顺序做出预测，因此每一组预测序列包含 6 次私人的抽球结果和 6 次公开的预测。每组实验参与人需完成 15 组预测序列。监督者使用随机装置来决定预测的先后顺序，其余 6 人按顺序抽取小球、完成预测。

当被试在他们自己的小隔间里看私人抽取结果时，在被试记录下抽取的过程前，实验者不会将球放回杯子里，这是因为被试偶尔会记错结果，如果小球一直可见就能够避免该问题。

一组预测序列结束后，监督者将宣布选中的是哪只杯子。猜对的被试能够获得 2 美元，计入其累计收入当中；监督者得到一份固定的收益。收益全部以现金支付。以上"小球和杯子"的设计目的是降低或消除非信息因素引发的从众偏好。

实验中，有时信号间的平衡并不会被打破，比如一直交替抽出 a 和 b 的情况，就不太可能形成信息级联。不过，实验中大约一半的预测序列确实出现了信号的不平衡现象，其中的 70% 最终发展成信息级联。一组典型的信息级联序列如表 7-2 所示。

表 7-2 信息级联序列

被试	58	57	59	55	56	60
抽取结果	b	b	a	b	a	a
预测	B	B	B	B	B	B

有时人们确实会偏离贝叶斯分析所暗示的行为。例如，考虑表 7-3 中的顺序。第三个位置的 12 号被试的决策是最常见的"错误"类型，也就是说，即使自己的决策与他人之前的决策所隐含的信息相冲突，也会根据自己的信息做出决策。在可能的情况下，这种类型的错误发生在大约 1/4 的情况下。注意，这个信息级联开始得晚一些，即第五顺序的 11 号被试。

表 7-3 典型"错误"类型

被试	8	9	12	10	11	7
抽取结果	a	a	b	a	b	a
预测	A	A	B	A	A	A

一旦形成信息级联，后续的决策（从理论上）就不再传递有关决策者自身信号的信息，因为他们只是在从众而已。从这个意义上讲，从众模式建立在少数几次抽取结果的基础上，因此信息级联可能非常脆弱。具体地，一旦有人打破该模式，按照自身信息决策，进而显示出自己得到的信息时，就可能改变后面其他人的决策。

偏离信息级联的决策一般出现在个人信号和信息级联信息相悖的情况下，因为较之于二者相一致的情况，此时偏离信息级联的成本显然更低。一个有趣的问题是，信息级联中的跟随者们是否意识到，自己前面的很多人可能盲目地跟随，忽略了自身信息。为此，Kübler 和 Weizsäcker（2004）在标准的信息级联模型中引入了信息成本，在观察到序列中前人的决策后，自行决定是否再花钱购买信号；但是被试无从得知前人是否购买过信号。模型设置的信息成本极高，以至于从理论上来讲只有序列中的第一位决策者应购买信号，而后续决策者则应延续第一位决策者的决策，而不是额外购买信号。但是，实验中，第一位并不总是购买信号，后续的决策者们却倾向于购买过多的信号。考虑到人们或许不相信前面的人，想要在决策时更加谨慎小心，过多的信号购买也并不是无法理解。实验中还包含另一实验局，其中，被试能够了解前人是否购买过信号（但并不是其信号本身）；相比于先前观测不到前人是否购买的情况，该实验局中购买信号的被试占比更高。似乎，当人们看到前人并未购买信息，只是在随大流时，就会更加紧张，使得信号购买率高于理论预测。

信号是带有噪声的，因此，错误的事件同样可能形成信息级联。表 7-4 即为一个"错误的级联"。其中，被选中的实际上是 B 杯，很不幸的是，前两位决策者都收到了误导性的 a 信号，此概率只有 $1/3 \times 1/3 = 1/9$。二人一致的预测结果导致后续决策者延续了错误的 A 决策；实际上，后续决策者的私人抽取结果都对应正确的杯子，但很可惜，他们还是被信息级联所误导。

表 7-4　一个错误的信息级联（实际选中的是 B 杯）

被试	11	12	8	9	7	10
抽取结果	a	a	b	b	b	b
预测	A	A	A	A	A	A

有读者可能会好奇，如果表 7-4 中的序列更长的话，信息级联的错误能否得到修正。毕竟表中 2/3 的跟随者得到的信号会是和级联信息不同的 b 信号；而且，即便是正确的级联也有打破、重建的可能。Goeree 等人（2007）设计了每组 20 和 40 人的长决策序列，级联的打破 – 重组过程在其实验数据中非常明显。级联总是会形成，但几乎也都会在某一时间被打破。此外，错误的级联一般更容易被修正；相比一开始形成的级联，较晚形成的级联正确的机会更大。因此，Goeree 等人文如其题——自修正级联（self-correcting cascade）。总结如下：

社会学习实验：在具有私人信息的个体所观察到的一系列决策的社会学习环境中，一个初始模式可以触发其他人追随，而不管他们自己的信息如何。尽管由基于噪声的错误信息的初始决策触发的错误级联现象经常会被逆转，在实验中还是可以观察到信息级联现象的。在期望值的意义上，对个人信息方向的偏离，比在其他方向上的偏离代价要小。

7.8　扩展

第一部分中的两种个体学习模型都很简单，这也是它们的魅力所在。其中，强化学习模型给行为引入了一定的随机性，并且具备"激励"这一吸引人的特征。但是它所包含的认知因素相对较少；未选择的决策不会得到强化。举例来说，假设某人连续三次（偶然）选择 L 事件，且全部错误，由于 L 事件未得到强化，此人之后选择 L 的概率仍为 0.5，这似乎并不合理。显然，人们能够从无强化这件事本身学到一些东西，因为他们能意识到如果在下一轮做出更好决策将获得更高的收益。Camerer 和 Ho（1999）提出了一种一般化的强化学习模型，兼容了一些信念学习的因素。粗略来讲，即便收入为 0，通过观察结果依然能够得到部分的强化。此外，可以参阅 Capra 等人（1999，2002）使用博弈论实验中的数据估算的带有近期效应的信念学习模型。

信息级联问题是社会学习领域的一个重要范例，且有着广泛的应用前景。本章讨论的模型以 Bikhchandani 等人（1992）的论文为基础，还包含更加丰富的案例。Hung 和 Plott（2001）讨论了投票情境下的级联问题，比如，收益依赖于多数人做出正确决策的情况。

Anderson 和 Holt（1997）采用噪声行为模型来解释信息级联，该模型是质反应均衡（quantal response equilibrium）的一个具体应用，后者将在本书第 10 章 "随机策略" 中详加讨论。Goeree 等人（2007）采用相同方法，来解释预测序列更长的信息级联实验中的动态行为模式。他们运用一般化版本的贝叶斯规则，完美贝叶斯学习仅构成其中的特例。和第 5 章一样，估计结果显示，被试倾向于偏离贝叶斯规则，即赋予自身信号的权重过高，而赋予先验概率（来自前人的决策结果以及随机抽取的事件结构）的权重过低。Celen 和 Kariv（2004）开展了直接诱出被试信念的信息级联实验，所得结论也与此类似。此外，更多关于级联情境下违反贝叶斯推论的讨论，可参见 Hück 和 Oechssler（2000）。

信息级联的一些更有趣的应用发生在金融领域。凯恩斯（1936）将投资决策和人们在选美博弈（预测哪一位选美选手获得的选票最多）中的决策相类比。选美博弈中，参与人需要试着猜测哪名选手更有吸引力，更深一步来讲，是猜测其他人认为谁最有吸引力。同样，股市的投资决策除了对基本面的分析，还需要猜测哪些股票会吸引其他投资者，可能引发 "羊群效应"，导致价格飙升后向相反方向修正。其中，一些投资波动或源自人的心理层面，凯恩斯将其比作 "动物精神"（animal spirit）；当然，人们试图从他人决策中推断信息，也要为羊群效应负部分责任。在价格上涨和下跌期间，跟随别人的决定可能并不是不理性的（Christie and Huang，1995）。Bannerjee（1992）受到了一个投资案例的启发，设计了一种羊群行为模型；Alsopp 和 Hey（2000）则在实验室实验条件下评估了该模型。另外，金融方面的其他应用可参见 Devenow 和 Welch（1996）与 Welch（1992）的研究。

典型的市场环境和信息级联模型之间最主要的一处区别在于，市场中的信息是通过价格传递的连续信息，而级联实验中的信息表现为二元的预测结果。近期的一些实验室实验加入了一个计算机扮演的 "庄家"（market maker），以个体（掌握私人信号并按顺序完成预测）的预测结果（A 或 B）为基础计算出市场价格；实验中的预测行为表现为在 A 和 B 两种资产之间择一购买。庄家的价格调整机制将整合过去所有的购买决策中包含的信息，保证所有商品在给定的价格下吸引力相等。于是当轮到自己时，被试所能购买的最优资产便是私人信息（此信息并未反映在价格中）所指明的资产。因此，实验预计不会出现羊群效应（假设在先的决策者是理性的，且价格整合了他们行为信号所传递出的信息）。设想，在上一节讨论的标准两事件级联设计中，第一个人得到信号后预测 A，于是庄家将 A 和 B 的价格调整为 2/3 和 1/3，即认定第一个人得到的是 a 信号，这是通过贝叶斯规则计算出的概率。如果后一位得到的信号为 b，对其而言后验概率为 1/2，鉴于价格上的差距，此时购买资产 B 方为明智之举。可见，理论上每个人都应该"遵循自己得到的信号"。和预期结果一样，在采用内生价格的实验中，鲜见级联现象（Drehmann, Oechssler, and Roider, 2005；Cipriani and Guarino, 2005）。但是，这些实验中被试的行为却又在其他方面偏离了理论预测。例如，如果某资产价格极低，有时人们会无视自己得到的信号，选择购买低价资产。这种反市场的交易被称作逆反行为（contrarian behavior），和赌马场中观察到的热门 / 冷门偏倚（favorite/longshot bias）道理相通。

第 7 章习题

1. 式（7-1）表示，初始信念中每个事件都是等可能的。如果有人在抽取之前便出于某些理由认定一种事件可能性更大，则式（7-1）应如何调整？

2. 一场课堂实验使用了 Veconlab 软件，每次预测正确的奖励为 0.20 美元，错误则奖励为 0。学生们的平均收入在几美元的水平。实验共包括 6 组，每组有 1 ～ 2 名学生，需要完成 20 次预测。实验中并未告知学生哪一事件发生的可能性更大，但是程序将其中大概率事件的发生率设定为 0.75。如果一个小组完全遵循概率匹配，计算他们每次试验的期望收益。在知道哪个事件更有可能发生后，一个完全理性的团队在每次试验中会多赚多少钱？

3. 如果答对奖励改为 0.10 美元，而答错要支付 0.10 美元的罚金，第 2 题中的两问将如何变化？

4. （使用电子表格程序完成，如 Excel）由于存在随机因素，关于学习模型长期趋势的讨论相对零散。延伸此主题的办法之一是，对模型中的学习过程进行模拟。考虑一个初始选择概率各一半的强化学习模型。你可以通过 Excel 中的随机数生成器来模拟初始选择，命令为"＝rand()"，会返回 0 ～ 1 的一个随机数。比如，可以设定如果随机数小于 0.5，则此人预测事件 L，反之预测事件 R。同理，事件发生机制也可以采用相同思路，即如果随机数小于 0.75，发生大概率事件 L，反之发生事件 R。预测、事件机制以及奖励（比如 10 美分）全部给定，你可以使用式（7-4）中的强化学习公式来计算下一轮此人的选择概率。整个过程重复若干轮（比如 20 轮），因此，你可以将以上命令向下拖动，复制到下方 20 个单元格中。而后，你可以重复操作进行新的模拟，作为第二个人的决策模式。请进行多次模拟来确定选择概率在前 10 轮中如何演变。

5. （无须数学证明）考虑一个概率匹配实验，每组 20 次实验是平衡的，以确保在 15 次实验中恰好事件发生一次。推测当一个组接近尾声时，这将如何改变最佳预测的动机。赫伯特·西蒙（Herbert Simon）后来因为在有限理性方面的研究获得了诺贝尔奖，他曾评论说，用这些组设计进行的实验数据表明，被试可能比实验人员更聪明。你觉得他是想表达什么？

6. 假设前两位的决定与决策者的抽取结果一致，使用第 5 章介绍的计数直觉推断法，验证表 7-1 中"推断的 Pr()"中的贝叶斯概率。

7. （选做题）本章的讨论建立在一个假设的基础上，即序列第二位的决策者将会按照自己得到的信息进行决策，即便此信息与前一位决策者所暗示的抽取结果相左。结果就是，如果前两位决策者的决策一致，第三位决策者总是会追随该决策，因为从前两次决策中推导出的信息多于第三个决策者自己的取球结果。本题中，我们改变了上述假设，第二位决策者在信息相左的情况下不再遵循自身信息，而是采用随机选择（机会各为 1/2）。请使用贝叶斯规则证明，即便此时第三位决策者的抽取结果与两个匹配决策（AA 或 BB）不一致，级联依然会开启。

第二部分

行为博弈论

博弈论的一个重要作用是提供一般范式，以刻画广泛的策略社会和经济互动的激励结构。最标准的范式是囚徒困境（本书在前面提到过），它有一个收益相对较低的纳什均衡。虽然对参与者双方都有更好的结果，但单边偏离的可能性（单个参与者的福利）阻止了这种更好结果的实现。与此相反，协调博弈既有参与者都首选的均衡，也有对双方都更差的第二个均衡。如果存在更大的风险，或者如果参与者陷入低收益均衡并希望继续下去，那么更好的均衡可能就无法实现。这些简单的困境和协调博弈将在第8章中讨论，同时，第8章还将讨论一个竞猜博弈，该博弈为参与者思考其他参与者可能会做什么、参与者认为其他参与者考虑他们可能会做什么等提供了范例。

许多博弈都涉及不同参与者顺序做出的决定，例如，一个人提出一个报价，另一个人必须接受或反对。在这些情况下，做出最初决策的参与者必须预测随后做出决策的参与者的行动。这些序贯博弈，用扩展式或"决策树"结构表示，将在第9章中讨论。

在第8章和第9章中所考虑的均衡都属于确定性、非随机策略的使用。在许多情况下，例如扑克、战争和体育或竞争性的商业角逐中，对于参与者来说，"不可预测"可能是有利的。在第10章中讨论了随机混合策略的均衡。这一章的最后一部分还考虑了显式随机化和行为"噪声"的双重效应，行为噪声平滑了完美理性下产生的尖峰的最优响应函数。

第11章涉及比简单的单阶段囚徒困境更复杂的社会困境，例如随机终止的交互作用。由于停止的概率很低，由此产生的长期视野放大了当期自私行为（背叛）可能带来的未来成本。此外，第11章还考虑了有两个以上参与者、两个以上决策的博弈，甚至还有选择搭档的能力。一个简单的例子是对"囚徒困境"的修正，其使一个人可以合作、背叛或断绝关系。另一种选择是扩大互动，与一个合作伙伴做更多的事情，与其他伙伴做更少的事情。

第 12 章考虑了一类特殊的竞争博弈，即所谓的锦标赛（tournament），在锦标赛中，参与者为了成为赢者而竞争。比赛是用来研究对竞争的态度，以及这种态度如何与性别和其他因素有关。一种特殊类型的锦标赛是寻租竞赛，在这种竞赛中，竞争努力（如游说）的成本可能会消耗掉奖品的价值。

正如人们所预料的，人类的行为并不总是严格符合简单的数学模型，特别是在互动的情况下。这些模型在建立基准预测方面很重要，对基准预测的偏差可能是系统的、可预测的。第 12 章介绍了一些博弈，在这些博弈中，行为受到直观的经济力量的影响，而这些影响是最简单的博弈论版本所无法捕捉到的。一些例子来自 Goeree 和 Holt（2001）的《博弈理论的十个小宝藏和十个直觉矛盾》。"宝藏"是那些数据符合理论的处理方法，而"直觉矛盾"是由带有强烈行为效应的收益变化产生的，尽管这些变化并不影响纳什预测。自博弈论被广泛应用于研究拍卖、并购和法律纠纷等策略情况以来，幸运的是，在理解这些异象方面正在取得进展。由此产生的模型往往会放松对完全自私、完全理性和对他人决策的完美预测等有力的博弈论假设。

本部分的最后一章——第 13 章，包含了实验设计和非参数统计检验方法的讨论。第 13 章中介绍的解析博弈的基本方法将在本书的后续部分中应用于讨价还价、公共品、公共池塘资源管理、投票和选举竞争的背景下。本书的最后部分为更复杂的和与政策相关的情况提供了应用领域：拍卖、市场和宏观经济环境。

第 8 章

一些简单博弈：竞争、协调和竞猜

一个有两名参与者和两个决策的博弈可以用一个 2 × 2 收益表或 "矩阵" 表示。这类博弈通常突出竞争或合作动机之间的冲突。本章介绍了经典的矩阵博弈——囚徒困境和协调博弈，目的是发展纳什均衡（Nash equilibrium）的思想，这个概念有点抽象和数学化。最后讨论的竞猜博弈强调了普通人可能达到这种均衡的程度，即使最初的博弈或单轮博弈通常不接近纳什预测。

教师须知：矩阵博弈（matrix game）和竞猜博弈（guessing game）均能在 Veconlab 的 "博弈"（games）菜单下找到对应选项，并由此开展实验。关于矩阵博弈，网站支持在两个实验局中分别开展囚徒困境和协调博弈。随机配对的设置对矩阵博弈很有帮助，但这要求被试在进入下 "轮"（round）之前完成本轮的全部决策，因此最好设定较少的实验轮数（较大规模的班级尤其要少）。关于竞猜博弈，可将所有参与者置于一组，或者划分成几组并选择 "按自己的节奏进行"（go at your own pace）选项。竞猜博弈实验的理想形式是只进行一次博弈，至少在首个实验局中是这样的；这是因为，竞猜博弈关注的重点是参与者如何从内省（introspection）（其他人会做什么）中学习，而不是从实际决策经验中学习。

8.1 博弈论和囚徒困境实验

大萧条是 20 世纪决定性的经济事件，引起了对既有经济理论的重大反思；旧理论将经济描述为一个能够自我修正的市场体系，几乎不需要积极的经济政策干预。宏观经济层面，约翰·梅纳德·凯恩斯的著作《就业、利息和货币通论》（*The General Theory of*

Employment，Interest，and Money）关注了心理因素（"动物精神"），认为其有可能导致整个经济陷入低就业均衡的泥潭，且不具备自我修复的趋势。均衡是一种没有净力量引导进一步变化的状态，凯恩斯暗示这样的状态并不一定是好的。届时，像银行存款保险这样的积极政策干预或许有助于提振信心和动力，使人们摆脱糟糕的均衡。

在微观经济层面，爱德华·张伯伦（Edward Chamberlin）认为，市场并不一定总产生高效且有竞争力的结果。大约同一时间，约翰·冯·诺依曼（John von Neumann）和摩根斯坦（Morgenstern）出版了著作《博弈论与经济行为》（*Theory of Games and Economic Behavior*），他们观察到大多数市场活动涉及双边或者小团体内部的互动，构成了此书的写作动机。在这类情形下，非策略性、价格接受行为的经典假设是不现实的。随着大萧条的持续，以上新理论引起了人们越来越多的关注。张伯伦的"垄断竞争"模型很快便进入了教科书，而冯·诺依曼和摩根斯坦二人的新书也登上了《纽约时报》（*New York Times*）的封面。

博弈（game）是关于策略情境的数学模型，其中，参与者的收益取决于自己和他人的决策。博弈的主要构成包括：参与者、可行策略集合、每个决策点上可获得的信息，以及收益（所有决策以及随机事件的函数）。博弈中的策略（strategy）是一套完整计划，包含所有可能的事件。例如，拍卖中的策略应覆盖每一种可能的拍卖品估值，以及对应的出价。策略覆盖了所有可能的事件，即便其中有一些事件发生的概率微乎其微；策略就像一张地图，由参与者交给一名机器人，即可令其按图索骥，不必再多加干预。均衡（equilibrium）则是在某种意义上稳定的一组策略，也就是说，其中不存在内生的变动趋势，所有参与者均无偏离均衡状态的动机。均衡这一概念和重复市场的联系最为密切，市场参与者在重复进行的市场活动中学习，能够形成对未来的预期，于是他们的行为有机会"确定下来"（settle down）。

第1章已经介绍，普林斯顿大学毕业生纳什，拓展了冯·诺依曼和摩根斯坦的分析，建立了非零和博弈下的均衡概念。纳什正式地定义了这种均衡，并证明它在一般条件下的存在性。这一证明引起了坐落于圣莫尼卡的兰德公司总部的研究人员的注意，一些研究人员设计了囚徒困境的故事。在最初的囚徒困境博弈中，两名嫌疑人被相互分隔，并提供给他们一系列的威胁和奖励，使两人的最优选择均为认罪，即无论对方是否认罪都"告发"对方。这个故事暗示了两个囚犯可能会被迫承认一项他们没有犯的罪行，这正是两位化名 Marshall Jevons 的神秘经济学家撰写的《边际谋杀》（*Murder at the Margin*）一书中的一个场景（Breit，Elzinga，1978）[⊖]。

表8-1为囚徒困境的博弈结构。其中，行参与者的下（bottom）决策和列参与者的右（right）决策同为认罪。"下－右"策略组合的结果为（3，3），差于"上－左"组合的（8，8）。困境在于，较差的"下－右"（认罪－认罪）反而构成均衡：如果双方都预期对方将会认罪，那么自己的最优选择也就是认罪。以行参与者为例（表中收益结果中左侧数字为其收益），如果列参与者要认罪，自己不认罪则收益为0，认罪则收益为3，故认罪即

为此时的最优响应；相似地，如果行参与者要认罪，列参与者的最优选择亦然。表中其余单元格均不具备上述稳定性。比如，即便行参与者认为对方不会认罪，自身依然会倾向于认罪，可见"上－左"（双双抵赖）组合并不稳定。同理，不难证明 Breit 和 Elzinga 组合，即一人认罪、一人抵赖，同样不具备稳定性。

表 8-1 囚徒困境（行参与者收益、列参与者收益） （单位：美元）

行参与者	列参与者	
	抵赖	认罪
抵赖	8, 8	0, 10
认罪	10, 0	3, 3

以下简单的生产情境同样会导致表 8-2 的囚徒困境：两名参与者选择高（1）、低（0）努力程度，高努力的成本是 10 美元，两人的收益取决于总努力水平（0、1、2），人均收益如表 8-2 所示。

表 8-2 一个会导致囚徒困境的案例

总努力	0	1	2
人均收益（美元）	3	10	18

为了看清"生产"函数和囚徒困境收益矩阵间的联系，将"认罪"视为 0 单位努力，"抵赖"视为 1 单位努力。于是，双双认罪（下－右）组合意味着总努力为 0 单位（人均收益 3 美元）且二人均无成本，因此各自收益便是 3 美元。同样地，矩阵的上－左组合对应二人共同努力（1 单位努力成本为 10 美元）的情况，总努力等于 2 单位，人均获得 18－10＝8 美元。而表中的上－右和下－左组合，乃是一人努力（收益 10 美元、成本 10 美元相抵消）、另一人偷懒（收益 10 美元、成本 0 美元）的情况。请注意，两个人都有"搭便车"的动机，这是因为自身努力的成本（10 美元）高于边际收益，无论第一单位（10－3＝7 美元）还是第二单位（18－10＝8 美元）。

Cooper、DeJong、Forsythe 等（1996）使用表 8-1 的囚徒困境收益结构开展了实验，唯一的改动是纳什均衡"下－右"的收益由（3，3）变为（3.5，3.5）。此外，他们的匹配协议禁止两人配对超过一次，且如果某人和自己之前的伙伴配过对，两人也不会相互匹配。这种无蔓延（no-contagion）或称"转盘"协议，类似于婚礼上的迎宾队伍，告诉每个人关于新娘和新郎的同样的八卦。即使这个故事非常有趣，你遇到的每一个人都会向他们遇到的每一个人（队列中排在你后面的人）重复这个故事，你也不会遇到在你前面听过这个故事的人。在实验中消除任何类型的重复匹配，无论直接还是间接，也就意味着没有人能够向未来的伙伴发出"信息"，或者通过惩罚／奖励诱使他人合作。尽管如此，在实验的较早轮次中，被试选择合作（上或左）的比例仍相当的高（43%），直到第 15 到第 20 轮才降至 20% 左右。

最近的一项 Veconlab 程序课堂实验，收益结构同表 8-1 且采用随机匹配方式，最终得到的合作比例约为 33%，且无下降趋势。另一场实验在不同班级间开展，起初的合作比例同样约为 33%，但是到第 4 期即降至 0。另有一小组中被试的匹配机制有所不同，配对伙伴在 5 期之内保持不变；合作比例直到最后一期前都维持在 33% 到 50%。"终局效应"的存在并不令人意外，实验初期选择合作可能是为了传递合作意愿的信号，从而激励合作互惠，而这种前瞻性策略在最后一轮中显然并不适用。

以上囚徒困境实验的结果相当具有代表性。合作与背叛通常混合在一起，取决于收益结构和实验程序，不同小组之间亦有差异。一般而言，如果重复博弈且配对伙伴固定一定期数，则合作比例更高。事实上，60 多年前兰德公司首次开展的囚徒困境实验包含 100 期，其中，兰德公司观察到了普遍的合作，这被视作违反纳什均衡的证据。

如果展开严格的博弈论分析，且博弈轮次固定并已知，人们可以意识到，在最后一轮完全没有选择合作的理由；知道这一点后，也就没有理由为了激励最后一轮的合作，而在倒数第二轮尝试合作。以此类推，倒数第三轮亦没有合作的动机。根据这种从后向前的"逆向"推理，只要期数有限且已知，人们即使是在第一轮也不会寄希望于合作。在回复兰德公司数学家的信中，纳什坚称，在多轮实验中完成如此多层次的迭代推理，对于一般人来说是不合理的。相关主题的文献众多，涵盖惩罚、奖励、适应性行为等因素的作用，以及预先不宣布结束期的重复囚徒困境博弈中的各种"针锋相对"（tit-for-tat）策略，这些将在后面章节中讨论。

最后，还有一点需要注意，实验中收益的表现形式相当多，即便在囚徒困境这么简单的实验中也是如此。Cooper 等人和 Veconlab 都选择了收益矩阵的形式。或者，努力的成本以及人均收益表格（对应不同水平的总努力）也是一种选择；该形式或许不够中性，但是相比于抽象的矩阵，适当的经济环境使收益不再显得那么抽象和虚假。此外，也可以设置手工运行的囚徒困境博弈实验，令每人从两张牌中选择一张，参见 Capra 和 Holt（2000）的实验说明。例如，每人两张卡片——6 和 8：出 6 则将把 6 美元（实验者的储备金）"拉"向自己；而出 8 则将把 8 美元"推"到对方的收入中。也就是说，如果双方都出 6，收入均为 6 美元；如果都出 8，则均能赚到 8 美元，状况都将得到改善。然而，站在自利的角度，不管别人怎么做，自己出 6 都比出 8 更好，最好的情况是己方出 6 而对方出 8，这样自己将获得总计 14 美元的收入。相应的收入矩阵（见章后习题第 2 题）显示，以上情境亦属于囚徒困境。总之，卡片形式快捷且简便，易于在课堂开展，学生们只需要拿好自己的卡片即可。其中，只有纳什均衡通过公告测试（announcement test），给定对方的卡片，学生们都无动机打出不同卡片。此时，唯一的纳什均衡是双方都出 6。

囚徒困境实验： 在随机匹配的囚徒困境中，被试最初可能会尝试一些合作，但在几轮之后，背叛往往占据主导地位，预先宣布的最后一轮临近时尤为突出。但是，当被试与同一伙伴重新配对时，合作的比例相对更高。

囚徒困境是社会科学中的重要范例，因为在商业、政治、社会关系等诸多领域，都存在这种合作互惠和背叛激励并存的局面。例如，有些人或许想节省努力的成本，搭乘别人努力合作的"便车"。这些现象一般被归为社会困境博弈（social dilemma game），具体可能涉及多个参与者和更复杂的策略，但是都存在群体合作和个人背叛之间的紧张关系。然而，如果把每一次互动都视为囚徒困境，将会导致严重的错误，比如接下来讨论的情况就不适用。

8.2　协调博弈

许多生产流程中存在以下特性，某人的努力可能会同时提高他人的产量。例如，互联网商务公司必须遵照"接受订单、生产商品、发货"的销售流程；每次销售都需要完成以上3步，所以，只要其中1个环节拖沓，都会某种程度浪费其他环节的努力。回想上一节中两人的生产函数，第1单位努力给每人带来10美元的回报；当总努力达到2单位，人均回报则提升至18美元。设想，如果第2单位还有助于提高前一单位的生产能力，那么当第2单位加入后，收益的增幅将达到一倍以上。如表8-3所示，第2单位加入后人均收益达到30美元。

表 8-3　一个会产生协调博弈的生产案例

总努力	0	1	2
人均收益（美元）	3	10	30

如果每单位努力的成本依然为10美元，两人都贡献1单位努力，则双方都将获得30 - 10 = 20美元，如表8-4的收益矩阵所示，两种决策标注为"高""低"努力。同之前一样，"低 - 低"组合构成纳什均衡，此时双方都没有单边改变策略的动机。比如说，如果行参与者已知列参与者会选择低努力，那么自己选择高努力的收益为0美元，选择低努力则收益为3美元，因此，行参与者也会选择低努力（如表8-4中的向下箭头⇓）。反过来，列参与者亦然（如表8-4中的向右箭头⇒）。表8-4中收益旁边的箭头，代表的是能够带来收益提升的策略调整方向。

表 8-4　低努力成本的协调博弈（行参与者收益、列参与者收益）（单位：美元）

行参与者	列参与者	
	高	低
高	20, 20	⇓ 0, 10 ⇐
低	⇑ 10, 0 ⇒	3, 3

在这个修改后的博弈里，"左 - 上"同样构成纳什均衡，其中，双方都付出了高努力。为了证明这一点，设想双方"始于"该位置，那么各自是否有理由离开呢？分为两种情况：

第1步：如果认定行参与者选择高努力，那么列参与者同样倾向于高努力，这样可以获得20美元而不只是10美元（如表8-4中的向左箭头）。

第2步：如果行参与者认为列参与者选择高努力，则自己也会选择高努力（如表8-4中的向上箭头）。

因此，"左–上"的"高–高"组合通过"公告测试"且具备稳定性。该均衡下，两人各获得20美元，远好于"低–低"组合下的3美元收益。生产中强大的协同作用产生了一个高收益均衡，两人都能从对方的努力中受益，这种现象称为协调博弈（coordination game），如此命名是因为存在多个均衡，参与者需要猜测结果将倒向哪一边。

过去，经济学家通常会简单地假设，如果理性的参与者能就何为最佳均衡达成一致，就可以协调至最佳均衡。显然，"高–高"是更常见的结果，不过仅凭上述例子并不能证明该假设的一般性。通过实验室实验加以检验，结果并不乐观。事实上，参与者有时会陷入对所有人都更差的均衡（Van Huyck，Battalio，and Beil，1990，1991）。

设想，如果把努力的成本从10美元提高到17美元，于是"上–左"的"高–高"组合的收益降至30–17=13美元。此外，如果仅有一方选择高努力，则其收益将为10–17=–7美元，如表8-5所示。

表 8-5　高努力成本的协调博弈（行参与者收益、列参与者收益）（单位：美元）

行参与者	列参与者	
	高	低
高	13，13	⇓ –7，10 ⇐
低	⇑ 10，–7 ⇒	3，3

位于"上–左"的"高–高"组合仍是一个纳什均衡：如果预期列参与者选择高努力，行参与者的最优选择也是高努力，反之亦然（如表8-5中的向上箭头和向左箭头所示）。但是，高努力本身伴随着高风险，两种可能的收益分别为13美元和–7美元；相比之下，低努力可能的收益为10美元和3美元。虽然"高–高"组合下二人的绝对收益都更高，但他们必须非常确定对方不会背叛。事实上，此博弈下参与者有可能收敛至更差的纳什均衡。比如一场课堂实验使用了上述收益矩阵，借助计算机开展，由12名参与者随机配对，实验共5期。至第5期，只有1/4的人选择高努力。然而，如果采用表8-4中的低风险版本收益矩阵，同样随机配对，结果却大不相同，全部参与者最终都达到了更优的"高–高"均衡，仅有一对例外。总结如下：

协调博弈实验：协调博弈具有多个纳什均衡，包括对所有参与人都有利的均衡。然而，并不能简单认定参与者行为会向更优/更差的均衡收敛。在协调博弈实验中，被试的决策有时会收敛到高回报的高努力组合；但是，如果高收益伴随更高的风险，被试也有可能向低收益均衡收敛。

除以上高努力、低努力版本之外，还有另外一种协同作用也会产生协调博弈，其中，总生产能力取决于所有参与者中的最低努力水平。例如，假设生产需要两种零件（比如车轮和车架），那么二者中的最小值将决定一共能组装多少辆车。这种联系会造成严重的激励问题。举例来说，如果销售部认为实际产量将低于预期，可能就不会付出额外的努力，反之亦然。学生们日常并不缺乏团队合作，故而不难理解以上激励问题。甚至有一名学生打趣道："最低努力博弈？这个我熟！"

简而言之，设想一个博弈中的两名参与者可以选择努力的程度——1 或者 2。1 单位努力的成本为 1 美元，生产出的价值等于二者最低努力程度的 3 倍。因此，如果都选择 2 单位努力，每人收益为 6 美元（也就是 $2 \times 3 = 6$ 美元）减去成本 2 美元，等于 4 美元，位于表 8-6 的"上 – 左"单元格；如果自己选择 2 单位努力，而对方只有 1 单位努力，则自己的收益仅为 $3 - 2 = 1$ 美元；如果两人都选择 1 单位努力，则每人的收益为 $1 \times 3 - 1 = 2$ 美元。可见，以上博弈中存在两个纳什均衡："高 – 高"努力和"低 – 低"努力。

表 8-6　最低努力协调博弈（行参与者收益、列参与者收益）　（单位：美元）

行参与者	列参与者	
	努力程度 = 2	努力程度 = 1
努力程度 = 2	4, 4	$\Downarrow$ 1, 2 $\Leftarrow$
努力程度 = 1	$\Uparrow$ 2, 1 $\Rightarrow$	2, 2

表 8-6 也适用于 N 名参与者的情形，需将"列参与者"替换为"列努力"，代表除行参与者外其余 $N-1$ 人中的最低努力程度；且表中收益结果中不再包含其他 $N-1$ 人，他们的收益取决于各自的努力程度。在这种情况下，直觉表明激励问题会被放大。因为他人决策的任何不确定性均可能导致有人选择低努力，而仅需一人就会使全体收益落入低水平。

对于以上 3 种多均衡的协调博弈，关注的焦点或许在于，收益特征（努力的成本、参与者数量）如何决定均衡风险的高低。本章稍后将重新讨论这些问题。

8.3　竞猜博弈

大多数博弈都涉及一个关键环节，即，参与者预测其他人的行为，从而确保自己做出最优的决策。在 2×2 博弈中，多数信念都引致双方相同的决策，因此，不容易反映上述过程，也就难以对决策背后的信念详加探讨。本节我们将考虑一种新的博弈，参与者人数从 2 名增加到 N 名，决策范围扩展到 0 ～ 100 的任意数字。在给定时间内，每人选定一个数字，谁的数字最接近全部 N 个数字均值的一半，便将获得奖金（奖励规则事先告知，如果有人打成平手，奖金均分）。因此，参与者的任务便是猜测整体的均值，进而令所提交的数字等于均值的一半。

设想当前是第一轮，无先前决策可供学习，抑或博弈仅进行一次。每人只能通过内省（introspection）来完成"学习"——其他人会怎么做、他们认为别人会如何揣摩自己，等等。问题在于，迭代推理共有多少层。最天真的人或许根本不加思考，从 0 ～ 100 随机选择，平均为 50；这种低理性的人称为"0 阶"参与者（Stahl，Wilson，1995）。稍有远见的人可能会认为，由于数字出自 0 ～ 100，故他人决策均值应为中间点 50，于是自己提交"均值"的一半，即 25；这类人是"1 阶"参与者，他们仅完成了一层迭代推理。以此类推，"2 阶"参与者再多一步，选择 25 的一半，即 12.5。迭代推理的阶数越多，选取的数字越接近 0。因此，一个人的最优决策取决于其信念中他人迭代的阶数，即他人的理性程度。试想存在纳什均衡，所有参与者提交相同数字；然而，对于每一名参与者而言，最优决策却是该数字的一半。因此，任何大于 0 的数字都不能构成纳什均衡。于是，显而易见，纳什均衡的数字必然为 0：参与者均分奖金（1/N），亦无动机偏离此答案（比如，提交一个正数会令自己收益为 0）。

图 8-1 中的数据来自一场使用 Veconlab 软件的课堂竞猜博弈。5 名参与者在第 1 轮提交的数字分别是 55、29、22、21 和 6.25，均值约为 27。注意到其中数字最小的人完成了"3 阶"迭代，其答案 6.25 也确实最接近于目标（27/2 = 13.5）。第 2 轮中此人并未改变决策且继续胜出；第 2 轮，另外四人的数字分别为 20、15、11.5 和 10。他们似乎并未进行精确的迭代推理，但很明显，由于上一轮数字最小的人得到了奖励，这 4 个人也都进行了向下调整。人们的决策到第 5 轮会趋近于纳什均衡水平，尽管并没人提交的数字正好为 0。

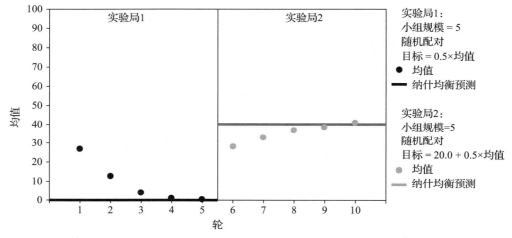

图 8-1　课堂竞猜博弈的数据（第 1 轮至第 5 轮的目标为 1/2 ×
均值，第 6 至第 10 轮目标为 20 + 1/2 × 均值）

接下来的实验局中，参与者的目标从均值的 1/2 调整为 20 + 1/2 × 均值，依然是答案最接近的人获得奖金。开展该课堂实验的教师（即本书作者）很快选定了上述参数，并猜想增加 20 之后，纳什均衡也将从 0 增至 20。当第 6 轮均值达到 28 时，教师认为均值会逐步降至 20，就像实验局 1 中向下趋近 0 一样。然而，第 7 轮的均值却上升至 33，并在后续几轮一直增至 40 附近。教师这才注意到，所有人都选择 40，则目标等于 40(1/2 × 40 + 20)，这也构成了该实验局的纳什均衡（见章后习题第 6 题）。

Nagel（1995，1999）的实验也曾使用竞猜博弈。结果显示，不论被试群体有何特征，在只进行一轮实验的情况下，普遍无法收敛到纳什均衡。Nagel 讨论了不同层次的迭代思考，迭代阶数越高，选择的数字越小（比如，50、25、12.5 等）。"竞猜博弈"的名字源于凯恩斯说过的一句话，投资者通常试图猜测其他人青睐哪只股票（第一次迭代），或者其他人认为别的投资者更加青睐哪只股票（第二次迭代）等。

竞猜博弈实验： 有些人会反复思考其他人在一次竞猜博弈中会做什么，但这并不是统一的，这种自省的效果不足以在一轮博弈中将决策提升到接近纳什水平。当人们能够从经验中学习时，即使在某些情况下，这个均衡对于设计实验的人来说并不明显，行为通常也会收敛到纳什均衡。

8.4 三个组成部分：内省、学习和均衡

囚徒困境有一个纳什均衡，它比当个体合作而忽视其背叛的私人动机时的结果更糟。参与者的两难困境在于，好的结果无法构成均衡，或者说均衡是一个糟糕的结果。反观协调博弈，好结果亦构成纳什均衡。前面的讨论表明，有必要对均衡产生的过程进行建模，存在多个纳什均衡和多轮博弈（可能是随机匹配）时尤其重要。因此，分辨以下三个概念有助理解：

（1）均衡：分析通常以定位纳什均衡开始（有时也以定位纳什均衡结束），这涉及从均衡出发，并考虑任何参与者是否可以通过单方面背叛增加收益。博弈论课上的大部分努力都集中在寻找和描述纳什均衡上。

（2）内省：对于单次博弈，或者重复博弈的第一轮，并没有经验供参与者形成有关他人行为的信念。最广泛使用的内省模型是"k 阶"法，其中，人们具有不同阶数的策略思考，从 0 阶（无思考、随机决策）到 1 阶（认为他人随机决策，从而选取最优策略，即针对 0 阶参与者的最优策略）再到 2 阶（认为他人是 1 阶，并选取最优策略），以此类推。实验室实验结果的分析显示，绝大多数人可归为 0 到 3 阶之列。

（3）学习：第一轮之后，被试可以从观察到的其他参与者决策中收集信息、更新自身信念。动态来看，这种更新可能基于上一章介绍的信念学习模型或强化学习模型。后者假设信念中的概率依赖于不同决策的累计收益率。学习模型可用来解释决策会向纳什均衡方向的收敛，以及为何不会收敛至某些特定的均衡。

接下来，我们将在高努力、低努力成本的博弈背景下，分别考虑以上三个要素——均衡、内省和学习，简要介绍和比较如表 8-7 所示。

表 8-7 不同努力成本的协调博弈

低努力成本博弈	高	低
高	20, 20	0, 10
低	10, 0	3, 3
高努力成本博弈	高	低
高	13, 13	-7, 10
低	10, -7	3, 3

不妨试想对方（0 阶）有 1/2 的概率选择高努力、低努力，那么（1 阶）参与者应如何响应？采用这种方法，表 8-7 中的两个博弈将产生截然不同的结果。对于前者（低努力成本的协调博弈），高努力的期望收益（20 和 0 取均值）高于低努力（10 和 3 取均值）；

后者（高努力成本的协调博弈）却相反，额外成本降低了高努力的期望收益，如果对方采用随机策略，那么低努力对自身更具吸引力。综上，如果认为对方以 1/2 的概率随机决策，参与者自身选择高努力的期望收益在表 8-7 上方博弈中高于低努力，在下方博弈中则相反。本节后续将沿用此结果，并将以图形形式呈现，以帮助读者加深对学习和均衡调整过程的理解。

8.4.1　均衡与最优响应

令 p 代表对方选择高努力的概率。假如认定对方一定选择高努力，即 $p=1$，可想而知，参与者自身也有动机采取相同策略。比如在表 8-7 上方收益矩阵中的左列，列参与者选择了高努力，对于行参与者来说，自己也选择高努力能够增加收益 $20-10=10$。反过来，假如列参与者一定选择低努力，即 $p=0$，行参与者选择高努力将使自身收益"增加" $0-3=-3$。换句话说，如果对方要选择低努力，我方付出高努力将承受损失，也就是 -3。图 8-2 中，纵轴对应 p，横轴对应高努力、低努力的收益差，菱形标示出 $p=1$ 的收益差 10 和 $p=0$ 的收益差 -3。低努力成本协调博弈的期望收益差如图 8-2 所示。

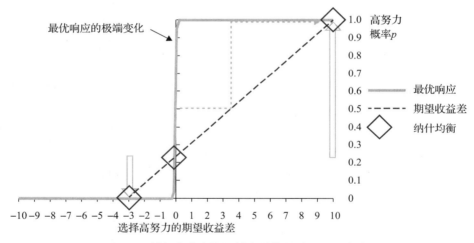

图 8-2　低努力成本协调博弈的期望收益差（虚线）

收益差依赖于对方选择高努力的概率 p，可表示为：$\pi_H(p)-\pi_L(p)$，其中下标 H 和 L 分别代表高努力、低努力。总结如下：

收益差和最优响应： 期望收益差（高努力 – 低努力）为正，则最优响应是选择高努力，如图 8-2 右边顶部的灰色最优响应线所示。相反，如果期望收益差为负，最优响应则选择低努力，如图中最优响应线的左下段。图的中间位置，期望收益差为 0 处，最优响应由底至顶（最优选择由低努力转为高努力），因此，图中此处标为"最优响应的极端变化"。

回忆一下，纳什均衡是通过考虑单边变化的收益差异来决定的。在图中底部 $p=0$，付出高努力的期望收益差为负，而在顶部 $p=1$，期望收益差为正。图中顶部和底部的两个菱形标记对应两个纳什均衡：右上方的菱形为认定对方选择高努力的情况，此时同样选择高收益的激励为 +10；左下方的菱形对应对方选择低努力的情况，此时转换到高努力的激励为 –3。（暂时忽略图中中间的菱形，它对应期望收益差等于 0 的点，此处参与者会随机地决策；随机策略将在后续章节中讨论。）均衡的含义总结如下：

纳什均衡和最优响应：在纳什均衡中，每个参与人都在对他人行为的信念概率做出最优响应。在只有两种决策和一个信念 p 的情形下，纳什均衡即为尖锐的最优响应线和期望收益差之交叉点，如图 8-2 中的菱形所示。

8.4.2 内省

接下来让我们考虑内省的影响。如果在参与者的信念中，对方选择高、低努力的概率均等，则 $p = 0.5$。那么，以表 8-7 上方博弈为例，此时选择高努力将有可能获得 20 或 0，二者机会相等，均值为 10。可知，$p = 0.5$ 时，高努力的期望收益高于低努力（10 和 3 的均值，即 6.5）。因此，在 $p = 0.5$ 处，高努力比低努力的期望收益差为正，如图 8-2 所示，灰线始于中间而后向右与收益差虚线相交。由于收益差为正，此灰色虚线继续垂直上升到顶部。可见，正的期望收益差下，最优响应选择高努力。因此，对 1 阶参与者而言，$p = 0.5$ 的随机情形下最优响应是高努力；相应地，2 阶参与者预料到 1 阶参与者的选择，故最优响应亦相同，以此类推。

8.4.3 学习和吸引域

在实践中，学习可能是缓慢且不规则的过程。但请注意，依然以上述博弈为例，只要参与者认为对方选择高努力的概率大于 0.23，期望收益差即为正，这将提高混合策略中的高努力比重，图 8-2 最右侧的向上箭头便代表此趋势。相反，如果认为对方不太可能选择高努力（$p < 0.23$），期望收益差为负，参与者自然也就倾向于低努力，如图中的向下箭头。特定均衡的吸引域（basin of attraction）代表的是一组信念（上述博弈中，信念体现为对方选择高努力的概率），推动参与者朝特定的均衡前进。从上述分析可知，在以上博弈中高努力均衡的吸引域更大。

接下来考虑表 8-7 下方的高努力成本协调博弈。其中，努力的成本有所增加（从 10 到 17），致使期望收益差从图 8-2 的位置向左移动 7 个单位，得到图 8-3。此时依然存在两个均衡，为图中上、下两个菱形标示，但是高努力均衡的吸引域相对更小。此外，在信念概率 $p = 0.5$ 处，现在也将得到负的期望收益差，这意味着 1 阶参与者选择低努力。

协调博弈中的学习和内省：在表 8-7 中，从顶部博弈移动到底部博弈的努力成本增加了，这缩减了高努力均衡的吸引域。此外，0 级（随机）参与者的最优响应是在高成本博弈中选择低努力，这与在低成本博弈中选择高努力相反。

最后，让我们转向最低努力协调博弈，分析参与者人数如何影响两个纳什均衡的吸引域。在表 8-6 的最低努力协调博弈中，最低努力协调博弈的期望收益差如图 8-4 所示。回忆前面，最低努力提高 1 个单位，每人都能增加 3 个单位收益，而单位努力成本为 1。

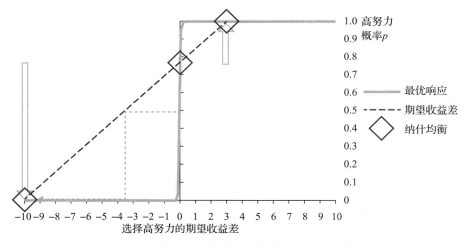

图 8-3　高成本协调博弈的期望收益差（虚线）

假定对方选择高努力，对于参与者自身而言，将努力从 1 提高到 2 意味着最低努力从 1 变为 2，自身收益将增加 3 − 1 = 2。同样地，图中的纵轴代表对方选择高努力的概率，定义为 p。因此，当 $p = 1$ 时，收益差为 2（图中右上角），不论小组规模多大，期望收益差线均收敛于右上角（2，1）点，即菱形标示出的高努力纳什均衡。相反，$p = 0$（图中左下角）即其余的都不选择高努力，最低努力为 1。在这种情况下，增加努力所带来的收益差值就是 −1 所产生的（浪费的）成本，所以不同群体规模的所有收益差值线都是从图左下角的一个共同点开始的，菱形表示付出低努力的纳什均衡。同样，高努力均衡由右上角的菱形表示。

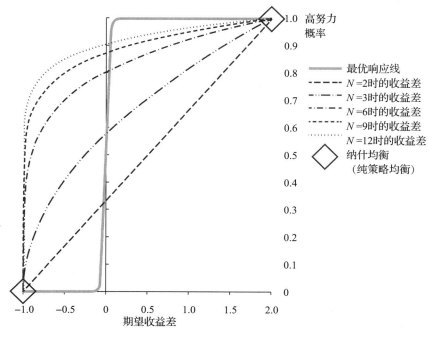

图 8-4　最低努力协调博弈的期望收益差

在 2 名参与者的情形下，期望收益差是对方高努力概率 p 的线性函数，因此 $N=2$ 的收益差线从左下向右上方线性递增。图中间垂线的期望收益差为 0，向右存在增加努力的动机，向左则没有，一如图中从左下角纵跨到右上角的最优响应线。在两个参与者的最低努力协调博弈中，高努力、低努力纳什均衡吸引域的分界点 $p=0.33$，此处收益差由负转正。

参与者人数提升到 3 名后，除非其他 2 人都付出高努力（发生概率为 p^2），最低努力水平才能达到 2。因此，选择高努力的风险有所增大。期望收益差依然随概率 p 递增，但二次函数关系使得增速趋缓，期望收益差居于垂线左边的部分增加。而后，随着小组人数的增长，上述趋势越发严重，高努力均衡的吸引域越来越小。因此，小组规模越大，人们越不会期望于高努力结果，这一点和 Van Huyck 等人（1990）开展的经典最低努力实验相一致，其中，较大规模的组中参与者多达 14～16 位。总结如下：

最低努力协调博弈中的组规模效应： 在最低努力协调博弈中，参与者人数的增加往往会增加与高努力相关的风险。其结果是，吸引高努力纳什均衡的域大大缩小，且使低努力的结果更有可能出现在大群体中。

大群体的协调失败引起了宏观经济学家的注意。长期以来，围绕陷入低生产力的国家，宏观经济学家们怀疑，会不会是当地人担心其他人不采取相同策略，故不愿参与高水平的市场活动。例如，Bryant（1983）、Cooper 和 John（1988）及 Romer（1996）都讨论过协调博弈的宏观经济意义。本书第 25 章开篇的银行挤兑实验便属于协调博弈的范畴。

8.5 扩展：合作与协调的其他视角

鉴于"公共品"背景下个人的收益依赖于总努力（包含他人的付出），因此，囚徒困境博弈还能为公共品问题提供一种解释思路。在公共品背景下，双方占有的比例都不能超过总成果的一半。从这个意义上讲，利益对双方而言可谓公平，就像国防或治安维护对所有人一视同仁。我们将在本书的第 16 章对公共品的供应详加讨论，其中，将给努力程度设置多个级别，并分析成本变化以及其他激励措施的影响。在公共品问题里，个人对共同收益池的贡献能够惠及他人，从而引入了互惠与利他行为，这种激励路径不同于博弈中收益差距本身的激励。

几十年来，已开展过数以百计的囚徒困境实验，并得到了一些有趣的发现。和预期结果一致的是，当人们可以选择与谁互动、将谁排除时，合作会得到强化。此外，若结束期数由已知转为未知并随机决定，只要每一轮的结束概率足够低，背叛隐含的惩罚威胁也有机会维系合作。在这些问题中，有一部分将会在后续章节讨论。此外，对纳什（1950）最初发表在《美国国家科学院院刊》（*Proceedings of the National Academy of Sciences*）论文的非技术性讨论以及后续影响和相关政策应用，可参见 Holt 和 Roth（2004）写的文章。

　　值得注意的是，在多均衡的协调博弈中，参与者行为同样受其他因素的影响，并不局限于收益差这一个方面。例如，最高的共同收益对参与者具有一定的吸引力；以及，如果在某一轮博弈中选择高努力而蒙受损失，参与者将在后续倾向于相反方向（见章后习题第 8 题）。鉴于协调博弈中被试行为表现出上述易变性，对其中激励（Brandts and Cooper，2006）和交流机制（Capra et al., 2009；Brandts and Cooper，2007）展开研究亦有的放矢。后一篇论文表明，管理者发出敦促高努力和互惠的信息，往往比经济激励更有效果。鼓励高努力、强调互惠的简单信息是其中最有效的沟通手段；相反，管理者支付额外激励所提高的产量并不足以覆盖成本。该论文标题正是概括了上述内容："重要的是你说了什么，而不是支付多少：管理者 – 员工关系在克服协调失败方面的实验研究"（It's what you say，not what you pay：an experimental study of manager-employee relationships in overcoming coordination failure）。

　　最后，还有一个简单的理论计算，是由两位诺贝尔奖得主约翰·海萨尼（John Harsanyi）和莱因哈德·泽尔腾（Reinhard Selten）于 1988 年提出的，它涉及在最小的偏离损失乘积下偏离和选择均衡的损失。考虑表 8-7 上方的低努力成本协调博弈，"上 – 左"单元格的高努力均衡下，偏离损失（离开该均衡的损失）等于 $20 - 10 = 10$，损失乘积为 100；"下 – 右"单元格的低努力均衡下，各自偏离损失等于 $3 - 0 = 3$，损失乘积为 9。至于表 8-7 下方的高努力成本博弈，偏离损失乘积的大小正好相反。其中，偏离损失乘积最大的均衡称作风险占优（risk dominant）均衡，也是该理论准则所"选择"的均衡。实验证据显示，高努力均衡在低努力成本博弈中更有效率，和上述理论观点相一致（Goeree and Holt，2005a）。

第 8 章习题

1. 在下表中，单位努力成本由 10 美元提升至 25 美元。最终的博弈是协调博弈还是囚徒困境？请解释并找到新博弈的纳什均衡（一个或多个）。

总努力	0	1	2
人均收益（美元）	3	10	30

2. 第 8.1 节中所描述的囚徒困境博弈中，"拉"（6 美元）或"推"（8 美元）的收益是什么？

3. 两名参与者分别得到两张扑克牌——红桃 6 和黑桃 8。他们需要选择其中一张打出。如果出牌相同，各自获得 6 美元（都出红桃 6）或 8 美元（都出黑桃 8）；不同则双双一无所获。上述情形属于协调博弈还是囚徒困境？画出收益表，找出纳什均衡（不涉及随机策略）。

4. 假设表 8-2 中最初版本的囚徒困境转变为以下形式。具体地，每单位努力的成本仍是 10 美元，但收益情况有所变化。重新绘制收益矩阵，找到纳什均衡（不涉及随机策略），进而解释此博弈属于囚徒困境还是协调博弈。

总努力	0	1	2
人均收益（美元）	3	5	18

5. 假设两人正在进行竞猜博弈（0～100），最接近 1/2 均值的人获得奖金。证明以下结果均不是纳什均衡：①都选 1（提示：如果一人改选 0，均值将为 1/2，均值的一半则为 1/4）；②一人选 1，另一人选 0；③一人选 x，另一人选 y，其中，$x>y>0$。（提示：如果两人如此决策，均值是多少，目标是多少，目标是否小于 x 和 y 之间猜测范围的中点？然后，利用这些计算来找出谁会赢，以及另一个人是否会有偏离的动机。）

6. 考虑一个 N 名参与者的竞猜博弈，最接近（20+1/2×均值）者胜出，平局则均分奖励。选择范围是 0～100。请证明 40 构成一个纳什均衡。（提示：假设其中 $N-1$ 人选择 40，仅余一人选择 $x<40$。计算目标（目标是此一人选择的 x 的函数）。如果目标大于 x 和 40 之间的中点，即目标大于 $(40+x)/2$，那么此人就会有损失。看看是不是这样。）

7. 继续第 6 题中的竞猜博弈，"0 阶"参与者会随机从 0～100 中挑选数字。那么，对于"1 阶"参与者而言，针对 0 阶参与者的最优响应是什么？对于那些连续进行更高层次推理的人来说，决策是否会趋于收敛？

8.（无须数学证明）损失厌恶为高努力成本协调博弈（见表 8-5 下方）中的协调失败提供了另一种解释。其中，唯一的负收益 −7，只有在参与者自身选择高努力时才有可能出现。如何修改表 8-4 和表 8-5 中的博弈收益来区分损失厌恶和吸引域的大小呢？

9.（无须数学证明）回顾图 8-2 和图 8-3 中关于 $p=0.5$ 先验信念的最优响应的偏离损失计算和讨论。这些图形的结构如何阐明 1 阶反应和风险占优之间的关系？

10.（最低努力博弈，无须数学证明）考虑一场博弈，其中，包含 2 名参与者，可选择努力水平 1 或者 2。高努力成本为 2，低努力成本为 1。两人的收入等于参数 V 乘以二人之中的最低努力，$V>0$。因此，如果两人都选择努力水平 2，则均收入 $2V$；而如果一人选择 1，另一人选择 2，最低努力等于 1，两人都只能收入 V。V 值达到多少，此设置将构成协调博弈，包含高努力、低努力两个均衡？

多阶段博弈、噪声行为

目前为止所考虑的博弈都涉及同步决策。然而，许多有趣的博弈本质上是连续的，因此率先行动的一方必须设法预测随后的决策者会做何反应。例如，第一个人可能会就如何分配一笔钱提出一个"要么接受／要么离开"的建议，而第二个人必须要么接受，要么拒绝。在劳动力市场的互动中，雇主首先决定工人的工资，工人在看到工资后再选择工作的努力程度。在分析这类博弈时使用了一些常见的准则，这些准则将在本章中讨论。有些矛盾的是，第一个人的决策有时更困难，因为最优的决定可能取决于对第二个人反应的预测，而做出最后决策的人，如果已经观察到他人的行为，则不需要预测他人的行动。在这种情况下，我们首先考虑最终决策者的选择，然后我们通常反向考虑第一个人的决策，这一过程称为逆向归纳（backward induction）。当然，这种逆向归纳能在多大程度上产生好的预测是一个行为问题，将在实验室实验环境下展开评估。

对于多阶段博弈的参与者来说，预测他人后续决策的过程因为其他人犯错的可能性而变得复杂，特别是当错误的成本很小的时候。本章最后还考虑了从心理学领域引入的概率选择方法，可用于模拟错误率对于相关成本的敏感程度。

教师须知：接下来讨论的一些博弈是 Veconlab 两阶段博弈（two-stage game）程序的默认设置。此外，Veconlab 还提供了一个蜈蚣博弈（centipede game）程序，其设置中允许加入更多博弈阶段。利用一卷硬币和一个托盘，就可以简便地开展手工版本的蜈蚣博弈（见章后习题第 6 题）。

9.1　扩展式和策略

本节将介绍一个简单的两阶段讨价还价博弈。共有 4 美元的奖金，一名参与者（提议者）首先提出分配方案，我三你一或者二人平分。而后，另一名参与者（回应者）收到这份提议，需选择接受——按照该方案分成，或者拒绝——两人均一无所获。根据先前定义，针对种类博弈的策略（strategy）是一套完整的行动计划，覆盖所有可能出现的情况。换句话说，策略告诉参与者在每一阶段如何决策。事实上，策略的指示应事无巨细，甚至可以交由一个雇员或代理人执行，他们永远不需要询问该做什么。

在这个两阶段讨价还价博弈中，第一个人的策略是递交哪一种提议，即（3 美元，1 美元）或者（2 美元，2 美元），其中，括号左侧为自身收益。故回应者有四种选项：①两种提议都接受；②都拒绝；③接受（3 美元，1 美元）、拒绝（2 美元，2 美元）；④拒绝（3 美元，1 美元）、接受（2 美元，2 美元），分别简写为 AA、RR、AR 和 RA。第一个字母表示对不平等的提议的响应——接受（A）或拒绝（R）。同样，为了便于记忆，提议者的策略也简写为"均等"（均等分配）和"不平等"（不均等分配，有利于提议者）。纳什均衡是一组策略，两名参与者各占其一；此时，假定对方保持均衡策略，两人都无法通过改变自己的策略来增加收益。

其中，一个纳什均衡是（均等，RA），即提议者提议平分，回应者拒绝不均等方案、接受均等方案。偏离均衡无利可图，回应者已经收到了自身收益较高的提案；而且鉴于回应者拒绝不均等的分配，提议者也不会想要改变提案。但是，注意此纳什均衡中回应者拒绝不均等的威胁（不可置信）。回应者威胁提议者，如果选择不均等的分配方案，则双方都将一无所获；但同时，这将导致回应者自己的收益从 1 美元下降为 0 美元，违反了序贯理性。序贯理性要求参与者在博弈的全部环节保持理性。读者可能会想，这种非理性为什么会成为纳什均衡的一部分？答案是，纳什均衡的概念其实非常简单，只局限于其他人策略不变的前提下，要求参与者在考虑自身是否单方面偏离均衡时遵循理性。而（均等，RA）这一纳什均衡下，提议者并未选择不均等的分配方案，因此回应者拒绝不公平的威胁并不会付诸实施。泽尔腾（Selten，1965）提出，理性要求应扩展到博弈的所有环节，他将其定义为"子博弈"，其详细方法比本博弈所需要的分析更加正式。由此得到的均衡，泽尔腾称之为子博弈完美（subgame perfect）纳什均衡。显然，并不是所有纳什均衡都是子博弈完美的，比如本博弈中的（均等，RA）就不是子博弈完美。

为了找到该博弈的（子博弈完美）均衡，需从最后一个阶段入手，即回应者如何应对不同的提议。不论哪一种提议，回应者收益均严格为正，因此只考虑自身收益的理性回应者会接受两种提议。AA 是唯一满足子博弈中理性要求的回应者策略。接下来分析第一阶段，提议者若预测到回应者是理性的，对两种提案一概接受，自然会把绝大部分收益据为己有，均衡应为（不均等，AA）。这是一个纳什均衡，而且回溯其构建的过程，可知其也为子博弈完美纳什均衡。

上述推理过程是逆向归纳的一个实例，简而言之就是从后向前考虑一系列决策。序贯理性和子博弈完美的概念都可做到更精确的定义，但这里的目标是让读者基于具体案例，直观地理解其中涉及的分析原则。从而，帮助读者形成关于多阶段博弈的预测结果，作为实验观察到被试行为的一个评估基准。正如我们将看到的，由于需要讨论的各种原因，这些基准并不总能产生很好的预测。

两阶段讨价还价博弈如何通过决策树即博弈的"扩展式"的形式表示，是理解这类问题的必要步骤。讨价还价博弈的扩展式表达如图 9-1 所示，博弈顶点处开始，第一个节点（node）标有"提议者"，从均等方案（2 美元，2 美元）和不均等方案（3 美元，1 美元）中进行选择。每种提案下都有一名回应者的决策节点。左边，回应者选择 A（接受）或者 R（拒绝）均等提案；右边则是针对不均等提案的相同决策。请注意，每个决策节点都标有该节点做出决策的参与者，且从节点发出的每个分支上都对应其中一个可行的选择。以上分支在图 9-1 底部结束，标出了对应的提议者（左）和回应者（右）收益。不再有分支的节点称为终节点（terminal node）。本书第 14 章将会进一步说明，平分提案在最后通牒讨价还价博弈中相当常见。

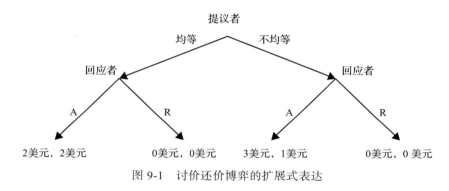

图 9-1　讨价还价博弈的扩展式表达

9.2　两阶段信任博弈

首先，让我们来看图 9-2 中的两个博弈。在上方的博弈中，参与者 1 需选择安全（S，Safe）选项或风险（R，Risky）选项。S 的安全在于确定的收益：参与者 1 获得 80 美分，参与者 2 获得 50 美分（参与者 1 的收益总是位于收益向量的左侧）。而如果选择 R 选项，则收益取决于参与者 2 的回应——P（Punish，"惩罚"）或者 N。求解理论均衡并不困难：参与者 2 选择 P 只能获得 10 美分，选择 N 则能获得 70 美分，可以预期理性的参与者一定会选择 N；因此，参与者 1 只要相信参与者 2 是理性的，也应该选择风险选项 R。

在具体开展的实验室实验中，该博弈都仅进行一次，且无重复。被试两两成对，收益单位是美分。图 9-2 同样标示出了实验中被试选择的比例。图 9-2 的上方博弈实验，首先行动的被试（对应博弈的参与者 1）有 84% 信心十足地选择了 R，并全部收获了预计的回应 N。请注意，后行动被试如果选择 P 来回应，意味着自己要承受高达 60 美分的收益损失。

图 9-2 下方的博弈大体与上方的相同，仅参与者 2 选择 P 的"成本"发生了变化，从 60 美分（70 美分→ 10 美分）降低至 2 美分（70 美分→ 68 美分）。这种情况下，超过一

半的先行动被试担心后行动被试选择 P，于是自己选择了 S。被试的担心也得到了证实，实验结果中有 1/4（12/48）的 R 得到的回应是 P。事实上，该博弈中参与者 1 选择 S 的平均收益高于选择 R 的平均收益（见本章习题第 1 题）。

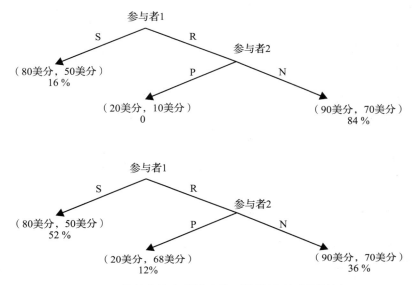

图 9-2　错误决策有所影响的两阶段博弈（百分比）

资料来源：Goeree 和 Holt（2001）。

对图 9-2 中两个博弈展开标准博弈论分析，会得出相同的理论预测。假设两名参与者满足序贯理性，理论分析也就简化为二人如何最大化自身收益。这个假设意味着第二个参与者会选择 N，不管他是像图 9-2 上方的博弈那样增加 60 美分的收入，还是像图 9-2 下方的博弈那样只增加 2 美分。两个博弈中，我们都从参与者 2 的选择（N）入手，并以此为基础得出参与者 1 的最佳选择（R）。R 和 N 构成了一组纳什均衡，两人都无法通过偏离均衡增加收益。

在图 9-2 中，两博弈的纳什均衡相同，均为（R 和 N），此处两名参与者的收益均实现最大化。此外，还有另一个纳什均衡（S 和 P）。但不论哪一个，都可证明没人有动机单方面偏离（见本章习题第 2 题）。具体到均衡（S 和 P），参与者 2 获得 50 美分，P 转向 N 不会改变结果，因为此时收益完全由参与者 1 的决策 S 决定。理论分析中，均衡（S 和 P）通常会被"排除"，该均衡下参与者 2 在第二阶段的行为非理性，不符合子博弈完美纳什均衡的定义。虽然如此，在对应的实验室实验中，S 仍是出现最多的结果。

相比之下，在图 9-3 所示的博弈中，双方关系更加紧张。同之前一样，其中仍存在两个纳什均衡——（S 和 P）和（R 和 N）。首先考虑（R 和 N），参与者 1、2 分别获得 90 美分和 50 美分的收益。如果参与者 2 转向 P，结果变成（R 和 P），其自身收益下降；这是因为，我们此时考虑的偏离是单方面的，假定另一方依然遵循均衡决策。同样，假定参与者 2 选择 N，那么参与者 1 也没有偏离均衡、增加收益的机会，均衡收益 90 美分已然是参与者 1 所能获得的最高收益。（R 和 N）是参与者 1 所青睐的均衡。除此之外，还存在一个纳什均衡（S 和 P），见本章习题第 3 题。这一均衡下，你可将 P 视作一种"惩罚"，参与者 2 在第二阶段的 P 将把参与者 1 的收益从 90 美分减到 60 美分。图 9-3 中参与者 2 实行惩罚的原因可能是更加偏好图左侧的结果（70 美分，60 美分），而惩罚选项为其提供了报复的机会。图 9-3 中两个博弈的区别是：前者的惩罚成本为 40 美分，后者仅有 2 美分。

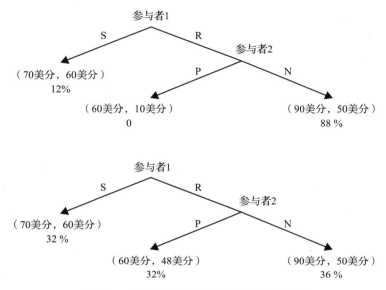

图 9-3　含"不可置信"威胁的两阶段博弈

资料来源：Goeree 和 Holt（2001）。

子博弈完美的概念排除了以下可能性：在图 9-2 中的两个博弈中，参与者 2（后行动者）犯的错误，或者在图 9-3 中的两个博弈中，参与者 2 做出了代价高昂（因此不可信）的威胁。因此，预测结果在所有四款博弈中都是相同的（R 和 N）。然而，这一预测只适用于图 9-2 和图 9-3 中的一款博弈。

完全序贯理性假设的问题在于，它不允许出现随机偏差或"错误"，而如果错误的成本很低（图中每个下部博弈的成本仅为 2 美分），则更有可能出现随机偏差或"错误"。这种偏差可能是由于实际的计算和记录错误，或者是由于情绪，以及对公平、相对公平的关注等造成的未被模型化的收益变化。后续章节将对偏离均衡的成本及其对行为的影响展开更加系统的分析。总结如下：

两阶段博弈实验：在简单博弈中，一方在第一阶段做决策，另一方在第二阶段做决策，可以有多个纳什均衡。例如，第二阶段的"惩罚"决策能够引导先决策者选择安全选项，从而避免给后者变动的机会。逆向归纳法排除了第二阶段包含惩罚的纳什均衡，因为在第二阶段，后行动的参与者选择惩罚不符合理性假设。然而在实验中，如果惩罚成本足够低，上述惩罚策略却经常出现。通常情况下，实验中的先行动者也能够提前意识到这种可能，并在第一阶段选择安全选项，从而避免出现不利的结果。

9.3　蜈蚣博弈

在两阶段博弈中，先行动者需要考虑后行动者的反应，他可能为此采取内省的方式："如果我后行动，在第二阶段看到此决策，将会怎么做呢？"从他人视角审视未来的过程可能并不那么容易或自然，并且，如果需要考虑多个阶段之后的反应，难度还将更高。在这种情况下，从最后一个决策者开始，深思熟虑他应该做出的理性决策，然后回溯到倒数第二个决策者，然后是倒数第三个决策者，以此类推，这通常仍然是直截了当的，但很乏味。在本章前面提到的一些两阶段博弈中观察到了"噪声"，这或许会使更长的多阶段博弈中的参与者行为更加难以预测，至少参与者很难自行运用逆向归纳法。Rosenthal（1982）提出了一种包含 100 个阶段的连续博弈，作为逆向归纳法的一种极端"压力测试"。其扩展式中，每一阶段都包含一个终节点，看上去像一只有 100 条腿的蜈蚣，故该博弈被称为"蜈蚣博弈"（centipede game）。一个蜈蚣博弈如图 9-4 所示。

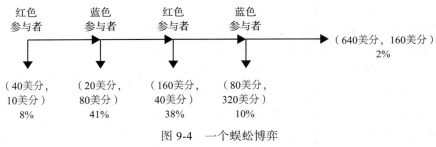

图 9-4　一个蜈蚣博弈

资料来源：McKelvey 和 Palfrey（1992）。

图 9-4 为该博弈一个仅有四条"腿"的缩略版本。从第一阶段到最后阶段的每个节点上，对应的（红 / 蓝）参与者均可选择向下移动终止博弈，或者继续向右，把决策权传递给对方。博弈从左侧开始，红色参与者需要决定终止（↓）还是继续（→）。如果第一阶段即终止博弈，红色参与者将得到 40 美分，对方即蓝色参与者得到 10 美分，此终节点的收益记作（40 美分，10 美分），红色参与者的收益居左。如果红色参与者决定继续，下一步的决策由蓝色参与者完成，同样是继续或终止，终止的结果为（20 美分，80 美分），红色参与者收益仍在左。此时对于蓝色参与者来说，立即终止可获得确定的 80 美分；而继续下去的话，可能出现的收益为 40 美分（下一阶段红色参与者选择终止）、320 美分（最后阶段蓝色参与者选择终止）或者 160 美分（最后阶段蓝色参与者选择向右）。显而易见，最后阶段蓝色参与者选择终止（320 美分）要优于继续（160 美分）。既然知悉了最后阶段的最优决策，便可以开始逆向归纳。预计蓝色参与者在最后阶段终止，红色参与者预计自己到最后阶段收益仅为 80 美分，而不是 640 美分。因此，对红色参与者来说，第三阶段最优的决策应是终止，获得 160 美分，断不可继续下一阶段，把决策权交给对方。

总结一下，我们首先确定最后阶段蓝色参与者会选择终止，而红色参与者预测到此结果，故在第三阶段便应选择终止。同理，我们可以证明，第二阶段蓝色参与者会选择终止（20 美分，80 美分），因此，红色参与者在第一阶段就该终止博弈，结果为（40 美分，10 美分）。于是，逆向归纳过程产生了一个非常明确的预测结果，即博弈将在初始阶段终止，双方只得到相对较低的收益。

McKelvey 和 Palfrey（1992）在实验中应用以上设置，实验共有 20 名被试、分为两组，分别扮演红色和蓝色参与者的角色。实验中的博弈一共有 10 次，每名被试将和另一组中全部 10 人各配对一次，实验收益结构如图 9-4 所示。每个结果的合计占比见每个节点收益下方。其中，只有 8% 的红色参与者在第一阶段选择终止，严重违背了基于逆向归纳法的理论预测。随着实验的持续进行，被试选择继续的比率有所下降，但在整个博弈过程中，参与者在每场博弈的初始阶段停止博弈的比率仍然很低。博弈大多在第二阶段或第三阶段终止，甚至有 2% 的被试进行到了最后阶段。总结如下：

蜈蚣博弈：基于逆向归纳法，蜈蚣博弈具有一个敏锐的纳什均衡：第一位参与者将会在开始阶段立即终止博弈，即便随着博弈轮次递增，收益的增长幅度相当可观。这种鲜明的预测在实验室的实验中是观察不到的，在实验室的实验中，博弈通常不会在第一阶段终止。

在蜈蚣博弈中，逆向归纳法的预测失败可能是因为，后面轮次的收益提升幅度极大（图 9-4 中向右的各节点），那么即便对方后续决策高度可预测（会选择对自己有利的终止博弈选项），但只要存在哪怕一点的可能性（不结束），都将使参与者早期的最优决策由终止转为继续。比如，可能会有一小部分人关心他人的收益（"利他主义者"），即使这类人不占多数，对自私的个人来说，这将有机会在后期获得相当高的收益，故在早期阶段选择继续是更优的选择。事实上，任何类型的噪声或不可预测性，无论其来源何处均产生类似影响。但请注意，在倒数第二阶段大约有 1/5 的蓝色参与者打算继续至最后阶段，这将导致自己的收益减半（320 美分到 160 美分），作为其对手方的红色参与者的收益却提高至 8 倍，从 80 美分增至 640 美分。很难说这种行为究竟是来自随机性、误判、利他主义还是互惠（报恩）。关于随机性对蜈蚣博弈的影响，可参阅 McKelvey 和 Palfrey（1998）以及 Zauner（1999）的相关文章。下一节中，我们将介绍一种在博弈论以及个人决策的计量经济学研究中，常用的随机决策建模方法。

9.4 概率选择函数

接触过心理学入门课程的人，一定记得刺激 – 反应图（stimulus-response diagram）。研究人员注意到，人们的行动并不是总遵循确定性的理论预测，于是开发出了一系列随机响应模型（stochastic response model）。比如，心理学家会让被试辨别两只灯中哪只灯更亮、两种声音哪种更响亮。当信号（灯光或声音）的强度差距较大时，几乎所有人都能给出正确答案，不正确的答案可能仅缘于提交决策时的记录错误。但是，当信号强度接近时，将有一些人猜错，例如，由于听力差、环境噪声的随机变化，抑或分心和无聊等原因。而当强度趋于相等且不存在测量偏差时，选择两种信号的比例接近 1/2。换句话说，就被试猜测某信号的比例而言，该信号转强后并未出现急剧增长，而是随着信号强度的增加"平滑"递增。

　　数理心理学家 Duncan Luce 于 1959 年提出了一种模拟噪声选择的方法，假设响应概率随着刺激强度的增加而递增，即猜测某种声音更响亮的概率为该声音分贝数的一个递增函数。由于概率之和应等于 1，因此，选择某种声音的概率势必也是另一种声音强度的递减函数。

　　具体到经济学中，某种响应（决策）的期望收益对应上述刺激强度的概念。如果收益差异足够大，那么选择高收益决策几乎是必然的；但如果收益差异较小，感知错误、计算误差或注意力不集中等，都有可能造成低收益决策当选。具体而言，假设有两种决策——D_1 和 D_2，对应的期望收益表示为 π_1 和 π_2。以蜈蚣博弈为例，蓝色参与者的期望收益 $\pi_1 = 160$，$\pi_2 = 320$。下一步是要构造一个增函数，最常用的是指数函数，即 $f(\pi_1) = \exp(\pi_1)$，或写为 $f(\pi_1) = e^{\pi_1}$。该函数呈曲线形，就像一座越来越陡的小山，如图 9-5 所示。灰线是收益 π 的指数函数，黑线则对应收益规模缩小至 1/10 的情形：$f(\pi_1) = \exp(\pi_1/10)$。注意，即便收益为负，指数函数也大于 0，且 $\exp(0) = 1$。

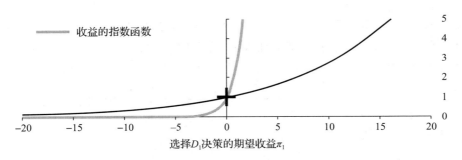

图 9-5　不同精度的指数函数

　　简单的方法是假设概率由函数单独决定：$\Pr(D_1) = f(\pi_1)$，$\Pr(D_2) = f(\pi_2)$。但问题在于这两个概率之和可能不等于 1。通过一个简单的技巧即可解决此问题，这种方法的名字相当考究，称作归一化（normalization），其实只是在原函数的基础上除以二者之和：

$$\Pr(D_1) = \frac{f(\pi_1)}{f(\pi_1) + f(\pi_2)} \text{ 和 } \Pr(D_2) = \frac{f(\pi_2)}{f(\pi_1) + f(\pi_2)} \tag{9-1}$$

如果我们令 $f(\pi_1) = \pi_1$，$f(\pi_2) = \pi_2$，选择函数即为收益占比，对收益变化较为敏感，并且，如果收益为负则无法正常使用。所以我们需要一个始终为正的函数。在概率选择的应用中通常选用指数函数：

$$\Pr(D_1) = \frac{\exp(\pi_1)}{\exp(\pi_1) + \exp(\pi_2)} \text{ 和 } \Pr(D_2) = \frac{\exp(\pi_2)}{\exp(\pi_1) + \exp(\pi_2)} \tag{9-2}$$

二者之和仍为 1。式（9-2）中选择概率随该决策的收益递增，且随另一个决策收益递减（因为此收益只出现在分母中）。当两种决策的期望收益相等时，式（9-2）中的概率也将等于 1/2；期望收益较高的决策的选择概率也更高。这种基于指数函数的概率选择模型称为 logit 模型。logit 模型中期望收益较高的决策被选择的概率更高，但始终达不到 1，故 logit 模型的函数实现了一种有限理性（bounded rationality）。因此，更好的决策被选择的可能性大，但出现错误也是有可能的，所以理性是不完美的或"有限的"。

　　就像是比较两枚钉子的粗细时，令钉子直径双双减半，比较起来将更加困难；我们同样可以通过整体降低期望收益（一半或更多）的方式，从而在式（9-2）选择概率中添加更多的噪声或随机性。直观来看，将所有期望收益除以 100 会注入更多的随机性，因为这时收益单位从（美）元变成了（美）分，非货币因素（无聊、不在乎、随意的态度）的影响相对大增。一般而言，博弈的复杂程度决定了选择的随机性，于是我们引入精度参数 λ，λ 越小随机性越强，λ 越大随机性越弱、选择愈加明确。总体上，此参数决定了理性的水平；根据实际观测到的决策结果可对其估算。将式（9-2）中的收益乘以精度参数后，得到：

$$\Pr(D_1) = \frac{\exp(\lambda\pi_1)}{\exp(\lambda\pi_1) + \exp(\lambda\pi_2)} \text{ 和 } \Pr(D_2) = \frac{\exp(\lambda\pi_2)}{\exp(\lambda\pi_1) + \exp(\lambda\pi_2)} \qquad （9\text{-}3）$$

当精度为 0 时，logit 函数中所有的收益项均为 0，$\exp(0) = 1$。在这种完全随机的情况下，选择 D_1 和 D_2 的概率均为 1/2。换句话说，完全随机时的决策完全不考虑收益，看起来和抛硬币一样。

　　如果预期收益相等，则式（9-3）中的选择概率也是 1/2，与精度无关。此特性在图 9-6 中有所展示。图中包括高（陡峭曲线）、低（平缓曲线）精度的概率选择函数，两条线全部经过中点（0，0.5），即期望收益差异为 0 处，选择两种决策的概率均为 1/2。

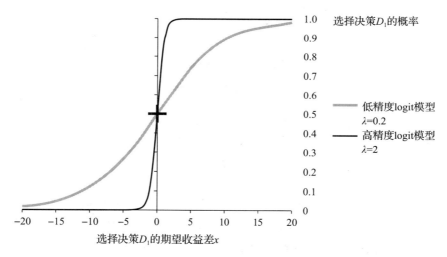

图 9-6　对于高 / 低精度决策 D_1 的 logit 概率选择

　　logit 模型： 概率选择函数指定选择概率为每个选择的预期收益的递增指数函数，并将概率归一化为 1，如式（9-3）所示。logit 概率响应函数的陡峭程度由精度参数 λ 决定。在 λ 的下限 0 处，选择呈完全随机性，各决策选择概率相等，与收益无关。随着 λ 增加，高收益决策的选择概率逐渐提高。完全理性是当精度趋于无穷时的极限情况，并且以概率 1 选择最优决策。

　　这类选择函数可用于解释图 9-3 中两阶段博弈的被试决策行为。设想，图 9-3 上部分博弈里的参与者 2，需要在"惩罚对方、获得 10 美分"和"不惩罚对方、获得 50 美分"

之间取舍。这个巨大的收益差异应该会否决第一个参与者已经选择了一个使第二个参与者的收益低于可能的最高值 60 美分的决策的情绪反应。如果 $\lambda = 0.1$，参与者 2 的 logit 响应为

$$\Pr(P) = \frac{\exp(10\lambda)}{\exp(50\lambda) + \exp(10\lambda)} = \frac{\exp(1)}{\exp(5) + \exp(1)} = 0.02 \,(\text{高成本的惩罚}) \qquad (9\text{-}4)$$

这个选择概率接近于观察到的 100% 无惩罚率，条件是进入图 9-3 上部图中的第二阶段。在下图中，惩罚成本较低的博弈的惩罚率更高，32% 的结果是 P，36% 是 N，所以观察到的惩罚频率是 $0.32/(0.36 + 0.32) = 0.47$。使用相同的精度系数 $\lambda = 0.1$，该情况下的 logit 选择概率为

$$\Pr(P) = \frac{\exp(48\lambda)}{\exp(50\lambda) + \exp(48\lambda)} = \frac{\exp(4.8)}{\exp(5) + \exp(4.8)} = 0.45 \,(\text{低成本的惩罚}) \qquad (9\text{-}5)$$

这接近于实验中的观测结果。最后，回想 Goeree 和 Holt（2001[一]）实验，博弈都只进行一次，没有理由期望参与者 1 形成关于参与者 2 选择的准确预测。尽管从图 9-3 下方博弈的实验结果来看，当参与者 2 的惩罚成本较低时，参与者 1 似乎期望更高的惩罚。

　　观察到的惩罚率和预测的惩罚率非常接近，甚至有些不同寻常，有几点需要特别引起注意。第一，除了金钱上的收益之外，影响决策的因素还有很多：社会偏好和情绪也非常重要，而且同样能够在实验中操控（见本章习题第 7 题）；另一方面，可以使用带有误差的模型来估计这些非收益效应。第二，精度系数的数值需要进行具体估计，若考虑不周则可能导致"过度拟合"。更麻烦的是，精度还可能取决于决策任务的复杂性。这些问题将在之后的章节中讨论，但下一章也将暂时沿用精度为 0.1 的响应曲线。

9.5　扩展

　　关于蜈蚣博弈实验呈现的数据模式，逆向归纳法的失败可能是由于激励不足；在高收益规模的实验中，行为将表现得更加"理性"。最近一些潜在风险（赌注）高达数千美元的实验表明，情况并不是如此。高收益的确会导致蜈蚣博弈更早终止，但第一阶段终止仍然不是常态（Parco，Rapoport，and Stein，2002）。其他一些近期研究还考虑了被试在蜈蚣博弈实验中的学习和调整问题，可参阅 Nagel 和 Tang（1998）以及 Ponti（2002）的相关研究。Bornstein、Kugle 和 Ziegelmeyer（2004）对比了个人和小组在蜈蚣博弈中的行为差异。实验中每三名被试组成小组，两组配对分别扮演蜈蚣博弈中的参与者 1 和 2，其实验结果更具竞争性。具体而言，较之于个人（一人小组），三人小组会更早终止博弈；从这个角度来讲，小组的确更加"理性"。此外，Fey、McKelvey 和 Palfrey（1996）报告了蜈蚣博弈的一个变体及实验结果，其中，收益之和为常数，这会产生更具竞争性的环境。

　　[一]　原文笔误为 20001。——译者注

第 9 章习题

1. 根据图 9-2 下半部分博弈中各个结果下标示的选择百分比，证明参与者 1 选择 S 的平均收益高于 R。

2. 证明图 9-2 上半部分博弈中（S 和 P）为纳什均衡。

3. 证明在图 9-3 的两个博弈中（S 和 P）均为纳什均衡，即检查每个参与者单方面偏离的收益性。

4. 考虑某个博弈，共有 4 美元可分配，先行动者有且仅有 3 种提议可供选择：①我三你一；②一人一半；③我一你三。后行动者见到前行动者选择的提议后，可以选择接受——提案付诸实现，或者拒绝——双方一无所获。画出该博弈的扩展式。确保其中 6 个终节点都标有双方的收益，先行动者在左，后行动者在右。

5. 证明第 4 题中的提案③是该博弈纳什均衡的一部分。要完善此均衡中的全部决策，你还需要明确后行动者如何回应 3 种不同提议。此均衡下的参与者行为是否满足序贯理性？

6. 考虑一个博弈，教师将班级分成两组，并拿出总计 8 美元的硬币（32 枚 25 美分硬币）。教师首先将一枚硬币放在盒中，交给其中一组学生，令其选择留下还是传递盒子。传递将使盒中硬币翻倍（2 枚 25 美分硬币），并交给另一组，继续选择留下还是传递盒子，以此类推。此过程一直延续，直到一方留下盒子，或者教师准备的硬币耗尽（此时得到盒子的组将获得全部硬币）。画出此博弈的扩展式。标明参与者 A 和 B，每个终节点的收益为有序对：（A 的收益，B 的收益）。基于逆向归纳法，且假设参与者完全理性和完全自利，此博弈的预测结果是什么？

7. 找到图 9-2 中每个博弈的惩罚率（以进入第二阶段为条件），并将条件惩罚率与精度为 0.1 的 logit 预测进行比较。与图 9-3 相比，第二个参与者在图 9-2 的第二阶段更倾向于惩罚还是更不倾向于惩罚？第二个参与者的报酬会产生影响惩罚倾向的情绪，这是什么原因呢？

随机策略

有时候，不可预测会带来一种策略优势，就像网球选手在面对对手的进攻时并不总是用放高球回击一样。不难想象，在一些经济情境下，人们同样希望自己的行动不那么好预测，例如，懒惰的经理人只想在审计师可能上门时做好准备，而审计师（奖励与所发现问题挂钩）则希望重点审计那些可能未做好准备的经理人。本章将结合简单的矩阵博弈（硬币匹配和性别战）以及相对复杂的攻守博弈与类扑克牌博弈，对随机策略展开探讨。

教师须知： Veconlab 的 2×2 矩阵博弈（2×2 matrix game）程序能够开展硬币匹配等简单的两决策博弈。固定匹配对于随机策略的博弈来说是很好的，因为参与者希望自己是不可预测的。错位侧写（misaligned profiling）部分考虑的博弈是 Veconlab 多点攻/防博弈（multisite attacker/defender game）（使用默认值，并选择所需的参与者和实验轮数）。第 10.6 节中讨论的简化版扑克博弈可以使用信息菜单上的 Veconlab 的信号博弈（signaling game）来开展（选择扑克默认值）。

10.1 对称的硬币匹配博弈

考虑这样一个博弈，两人各将一枚硬币置于桌面，用手盖住令对方无法看到。事先已决定，若两硬币同面（均为"人头"或均为"花"）则归其中一人所有，反之属于另一人。这类似足球赛中的点球：守门员须先决定扑向左/右，之后才能看到球踢向哪边；并且罚球者在罚球时看不到守门员会扑向哪个方向。在这种情况下，守门员希望二人选择的方向相同，罚球队员则相反。在表 10-1 所示的博弈中，行参与者希望双方选择一致——"同正"（左上）或"同反"（右下）；列参与者则相反，在选择不一致时（右上和左下）获得收益。

表 10-1 一个调整后的硬币匹配博弈（行收益、列收益）

行参与者	列参与者	
	左（人头）	右（花）
上（人头）	72, 36 ⇒	⇓ 36, 72
下（花）	⇑ 36, 72	72, 36 ⇐

表 10-1 中不论哪一个单元格，均有一方可通过单方面的改变选择提高自身收益，如箭头方向所示。举例来说，如果两人都选择了"人头"，那么列参与者倾向于转而选择"花"，一如收益表左上格中的⇒。每个箭头都表示单边增加收益的移动方向，而表中每一格都有箭头，因此，不存在非随机策略均衡。（非随机策略通常被称为"纯策略"，因为它们并不涉及多个策略的概率加权混合。）请注意，表中的箭头呈逆时针方向旋转，没有稳定的终止点。

某种意义上来说，此博弈却又是平衡（balanced）的：不管参与者选择"人头"还是"花"，可能的收益集合都相同，均为 36 或 72。在具有这种平衡的硬币匹配博弈中，被试选择两种决策的比例几乎相等（Ochs，1994；Goeree and Holt，2001）。简单的直觉告诉我们，在这种博弈中，双方行动无法预测，因此，参与者呈现以等概率决策的趋势并不意外。尽管如此，将双方最优响应函数的交点视为纳什均衡依旧是可行的方法。

在图 10-1 中，深色实线为行参与者的最优响应。横轴为行参与者所预期的列参与者行动，即列参与者选择右边的概率，从 0 到 1。如果认定列参与者选左边，行参与者的最优响应自然是选择上边，故最优响应线始于图 10-1a 的左上端；同样，如果认定列参与者选右边，行参与者则应选下边，故最优响应线终于图的右下端。只要列参与者选左边的概率更高，那么行参与者自身的最优选择便是右边，因此转折点位于概率 0.5 处。此外，之所以在 0.5 转折，还要归功于收益的对称性：行参与者选择上边时收益为 72 或 36，选择下边时为 36 或 72，当对方选右边的概率为 0.5 时，行参与者两种选择的期望收益完全相等。（图中灰色曲线将放在下一节中讨论。）

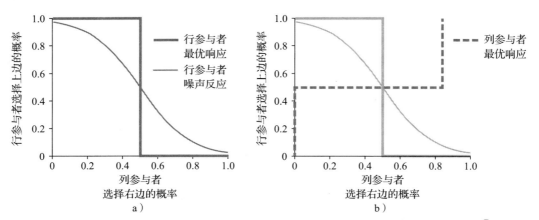

图 10-1 对称的硬币匹配博弈中行参与者（左）和列参与者（右）的最优响应函数⊖

⊖ 原图中，右侧列参与者在行参与者选上边的概率超过 0.5 后，自身选择右边的概率仅提高至 0.8 左右，疑有误，已做修改。——译者注

列参与者的最优响应线与之类似，见图 10-1b 的深色虚线。该线始于左下，向上提升至 0.5，而后水平向右至横坐标 1.0 处。这是因为对方选上边的概率高于 0.5 后，右边成为列参与者的最优选择。

这两条线的交点位于图的中心位置，双方概率均为 0.5，此即为混合策略纳什均衡。换句话说，如果两人都随机地以 1/2 的概率决策，则双方的期望收益亦相等，故他们都愿意采用随机策略。（如果某一决策的期望收益更高，自然每次都选择此决策，随机性将被打破。）总结如下：

硬币匹配博弈中的均衡： 随机化要求无差异或相同的预期收益。因此，行参与者的选择概率必须保持列参与者的无关性，反之亦然。因此，行参与者选择两种决策的概率必须保证与列参与者在两种决策选择间的无关，反之亦然。在对称的硬币匹配博弈中，一名参与者不会偏离均衡的唯一情况就是另一名参与者选择正反面的概率相等，即为均衡结果。

回想纳什均衡的要求，单边的偏离均衡无法增加自身期望收益。如果对方有一半的可能选择 "人头" 面，那么对我方而言：选择 "人头"、选择 "花" 或者同样采取 "一半一半" 的策略，获胜的机会都是 1/2。也就是说，如果对方以 1/2 的概率随机决策，参与者除采用与之相同的策略外，并没有使收益提高的更好方法。也就是说，如果对方通过掷硬币的方式决策，那么参与者除了效仿亦无更好对策。此即为该博弈的纳什均衡，参与者的策略是不同决策以一定概率相混合，故称为 "混合策略均衡"。相反，没有随机策略的均衡称为 "纯策略" 均衡，其中所有策略都是以概率为 1 时选择某种决策。

在纳什均衡中，任何一方都不可能通过偏离得到更好的结果，所以任何纳什均衡都一定在双方的最优响应线上。在图 10-1 中，实线与虚线的唯一交点是（0.5，0.5）。需要注意的是，每个参与者都必须具有不可预测性，这可以通过基于当时的感觉或冲动而做出决策。关键在于，促成决策的东西是对方参与者所看不到的。回到最初足球场上的例子，点球队员就可能会根据自己腿上的力量感，或者守门员感受不到的微风来决定球的方向。

10.2　性别战

接下来让我们考虑另一种博弈，其中包含两个非随机策略构成的均衡，收益结构见表 10-2。在该博弈中，两个朋友住在中央公园对面，希望在公园的某一入口处碰面，公园仅有东侧和西侧两个入口。根据表 10-2 中收益的情况，显然列参与者希望在西侧碰面，行参与者则偏好东侧。但请注意，不一致的（一东一西）结果收益为零，即两人都倾向于同对方同游，而不是独自一人从自己偏好的入口进园。此即为 "性别战" 博弈，案例的初衷是描绘男女朋友的不同偏好。

如果博弈可重复，那么多数人会轮流选择各自偏好的入口。在固定配对的受控实验中，这种现象的确经常出现。事实上，即便实验中不允许直接交流，这种协调交替依然经常发生。表 10-3 为一场课堂实验中被试的一组决策序列，实验收益结构同表 10-2，固定配对，共重复有 6 轮。第 1 轮双方都选择了东边，列参与者在第 2 轮切换为西，导致选择不一致，双方收益均为 0；于是，行参与者在第 3 轮也转向西边，之后的各轮，双方进入了协调交替的互动模式，实现了总收益的最大化。实验的 6 组参与者有 4 组成功进入协调交替模式，另外 2 组则陷入固定模式，即每轮均由同一人获得高收益。

表 10-2　一个性别战博弈（行收益、列收益）(一)

行参与者	列参与者	
	西	东
西	1, 4	0, 0
东	0, 0	4, 1

表 10-3　在性别战博弈中与固定的伙伴进行交替选择

	第 1 轮	第 2 轮	第 3 轮	第 4 轮	第 5 轮	第 6 轮
行参与者	东（4）	东（0）	西（1）	东（4）	西（1）	东（4）
列参与者	东（1）	西（0）	西（4）	东（1）	西（4）	东（1）

如果博弈只有一次，且缺少交流，或者采取随机配对重复博弈，任务将变得更加困难。考虑表 10-4 中的性别战博弈，在威廉玛丽学院开展的一场课堂实验便使用了此表中的收益。实验中，30 名学生分布在两个不同的计算机实验室，分成行/列参与者，然后两两随机配对。表 10-5 中的信息是参与者自身偏好选择（列参与者偏好右边，行参与者偏好上边）占比。直觉上，人们可能期望自身偏好选择（行参与者偏好上边，列参与者偏好右边）的百分比超过一半，事实上，这个百分比趋近于 67%。这种选择组合不符合纯策略中的任一均衡。

表 10-4　一个性别战博弈（行收益、列收益）(二)

行参与者	列参与者	
	左	右
上	2, 1	0, 0
下	0, 0	1, 2

表 10-5　表 10-4 性别战博弈中自身偏好选择的百分比

轮	行参与者	列参与者	全体
1	80	87	83.5
2	87	93	90
3	87	60	73.5
4	67	67	67
5	67	67	67
纳什均衡	67	67	67

与其寻找数学上的巧合，不如像前一节那样计算一些预期收益表达式。首先，从行参与者的角度出发，列参与者选择右边的概率为 p。例如：在表 10-4 的第一行，行参与者选上边，对方选左边（概率为 $1-p$）则自己得到 2，对方选右边（概率为 p）则自己一无所获；如果行参与者选下边，则上述收益替换为 0 和 1。因此，行参与者的期望收益为

- 行参与者选择上边的期望收益 $= 2 \times (1-p) + 0 \times p = 2 - 2p$
- 行参与者选择下边的期望收益 $= 0 \times (1-p) + 1 \times p = 0 + p$

　　显而易见，若 $2 - 2p > p$，即 $p < 2/3$，那么行参与者选择上边的期望收益更高；当 $p = 2/3$ 时，上边和下边的期望收益相等；当 $p > 2/3$ 时，选择下边的期望收益更高。当列参与者选右边的概率等于 2/3 时，行参与者选择上边、下边的期望收益相等，故在两种选择之间没有偏好，将随机做出选择。此时，你可能会猜想，由于该博弈看似对称，均衡中两名参与者都将以 2/3 的概率选择自身偏好的决策。这种猜测是正确的，表 10-4 中性别战博弈的最优响应如图 10-2 所示。和前面一样，实线代表行参与者的最优响应且和我们上述分析一致。图 10-2 中，横轴代表行参与者信念中列参与者选右边的概率，只要这个概率 p 小于 2/3，行参与者将选择上边。当 $p = 2/3$ 时，行参与者在上边、下边之间无差异，而一旦 p 大于 2/3，行参与者将马上转而选择下边。

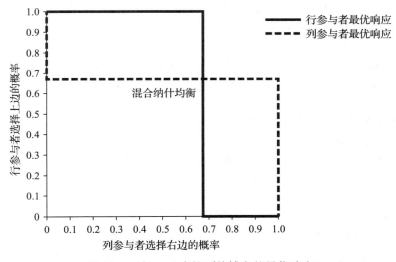

图 10-2　表 10-4 中性别战博弈的最优响应

　　至此，我们一直站在行参与者的角度，但是一个均衡中须包含全部两名参与者，所以接下来让我们考虑纵轴，其代表列参与者信念中行参与者的行动。图的顶端，列参与者认为行参与者一定选择上边，自身最优响应是选左边，保证两方在同一位置碰头，故列参与者的虚线最优响应线始于左上端；且当列参与者预计行参与者选择下边（纵轴最下方）时，自身亦转而选择右边，故最优响应线同样终于右下端。通过简单的代数运算可证，该线的转折点同样位于 2/3 处，如虚线的水平部分所示。

　　由于纳什均衡是一对策略，每个参与人都不能通过偏离得到更好的结果，所以每个参与人都必须对另一个策略做出最优响应。因此在图 10-2 中，纳什均衡必然既位于行参与者的最优响应线（实线），又位于列参与者的最优响应线（虚线）。因此，寻找均衡点的最后一步即是找到两条最优响应线之交点，共三个。其一，图中左上角，双方协调后选择行参与者偏好的结果（行 2 列 1）。其二，图中右下角，此均衡是列参与者偏好的结果（行 1 列 2）。其实，这两个均衡通过收益矩阵即可找到，而图中间的第三个交点则是新的。在该点上，两名参与者选择自己偏好的决策（行参与者的上边，列参与者的右边）的概率为2/3；这一点我们通过实验数据也可观察得到。

虽然图10-2清晰地展示出了全部三个均衡，我们依然有必要总结一下，如何通过简单的代数运算找寻随机策略均衡，毕竟图示法难以运用于参与者或决策更多的情形。

步骤1：引入代数符号。

p = 列参与者选择右边的概率

q = 行参与者选择上边的概率

步骤2：计算各决策的期望收益。前面已介绍，行参与者选择上边的收益为2或0，并给出了期望收益。其他决策的期望收益计算大同小异。

行参与者选择上边的期望收益 $= 2 \times (1-p) + 0 \times p = 2 - 2p$

行参与者选择下边的期望收益 $= 0 \times (1-p) + 1 \times p = 0 + p$

行参与者选择上边的期望收益 $= 0 \times q + 2 \times (1-q) = 2 - 2q$

行参与者选择上边的期望收益 $= 1 \times q + 0 \times (1-q) = q + 0$

步骤3：计算均衡概率。

令行参与者两种决策的期望收益相等，求解方程，得到 p。

令列参与者两种决策的期望收益相等，求解方程，得到 q。

混合策略纳什均衡：为了自愿随机化，这些决定对参与者必须无差异，而无差异是通过使预期收益相等来得到的。其中不甚直观、较难理解的部分在于，从一个参与者期望收益方程求解出的是另外一个参与者的选择概率，反之亦然。

表10-5中性别战博弈的数据是非典型的，因为在随机策略中并不总是观察到这种向均衡的急剧收敛。实际中经常出现在预测值附近来回震荡的情况。请记住，每名参与者都在（通过随机匹配对）观察其他人的决策，进而产生不同的信念、预期以及行动。这就提出了人们如何通过观察他人决策进行学习的问题。本书第7章的学习模型可应用于此，从而模拟人们的调整模式。最后，我们讨论的性别战博弈是在相当低收益的条件下展开的，事后仅从30名被试中选出一人支付现金报酬。高收益可能引致其他一些因素，比如风险厌恶的影响将提高，特别是当不同决策之间的收益差距增大时。如果考虑风险厌恶，那么计算中就需要用期望效用来替代期望收益。

10.3 错位侧写悖论

自9·11恐怖袭击事件以来，反恐战略备受关注。而安全部门的资源有限，因此需要选定哪些人或哪类人接受更广泛的检查。反过来，恐怖组织和毒品走私者也需要决定使用哪类人来试图渗透美国政府。针对特定人群的防御被称为侧写（profiling）[⊖]。这通常

⊖ profiling虽直译有资料收集、剖析研究、分析等意，但此处译为"侧写"，是出自犯罪心理学领域，意指根据行为等特征推断人的心理状态，"概括"一个人。这和文中根据人的类型推断其是否危险的任务相类似。——译者注

伴随着争议，如交通搜查或其他形式的拘役中经常会体现出歧视。然而，在恐怖袭击事件和走私活动中，人口统计学因素是内生的，犯罪分子可以选择在袭击中使用哪些类型的人，对方则选择拦截和搜查哪些类型的人。例如，奥萨马·本·拉登曾劝告他的追随者，探索招募别的国家的人的方法。

Holt 等人（2016）开展了一项实验，以评估攻守博弈中的侧写决策，随机化是该博弈中均衡行动的自然特征。实验设置中包含一名袭击者——选择派出哪种"类型"的人执行袭击任务，以及一名防御者——决定搜查哪一"类型"的人。在最简单的设置中，袭击者只有两个"类型"可供选择——高效人 1 和低效人 2。可以把前者想象成年轻、健壮、受过思想训练的人；后者则不具备上述特征，即便不被搜查也不大可能成功。虽然前者的成功率更高，但防御者有可能对这类人重点搜查，这也就给了袭击者派遣另一类型人的动机。这一循环让人联想到硬币配对博弈中双方的一系列反应。

代入实验所用具体参数之前，对一般形式的描绘和推导有助于厘清纳什均衡计算。类型 1 和 2 的可靠程度表示为 r_1 和 r_2，即未被防御者检测时袭击成功的概率，自然 $r_1 > r_2$。相反，防御是 100% 可靠的，因为防御特定类型总是可以阻止来自该类型的攻击。但是，即使袭击者没有被防御者阻止，成功的概率也取决于袭击者的可靠性——r_1 或 r_2。袭击成功时，袭击者得到 G，防御者损失为 L。如果二者相等，即 $G=L$，那么该博弈是零和博弈。

在待确定的均衡中，袭击者选择类型 1 和 2 的概率为 a_1 和 a_2，二者之和等于 1。首先让我们考虑防御者的期望收益。如果防御者针对类型 2 展开防守，满足以下两个条件，防御方将遭受损失：一是袭击者派出另一类型（概率为 a_1）；二是袭击成功（概率为 r_1）。故期望的损失等于 $-L$ 乘以这两个概率，等于 $-La_1r_1$。类似地，防御类型 1 的预期损失是 $-La_2r_2$。要实现随机化决策，袭击概率必须保证防御者在两种类型之间无差异（即防御者的期望收益相等），可得以下方程：

$$-La_1r_1 = -La_2r_2 \text{（两种防御的期望收益相等）} \tag{10-1}$$

由于 $a_2 = 1-a_1$，式（10-1）可改写为单一变量 a_1 的方程，求解出：

$$a_1 = \frac{r_2}{r_1+r_2} < \frac{1}{2} \tag{10-2}$$

假设 $r_1 > r_2$，式（10-2）意味着 $a_1 < a_2$，即，袭击者更少使用更加可靠的类型 1。此外，r_1 越大，也就是类型 1 越可靠，使用类型 1 的可能性就越低。

接下来考虑袭击者的期望收益，设防御者防御类型 1、2 的概率分别为 d_1 和 d_2，相加为 1。如果袭击者选择类型 1，未被防御（概率为 d_2）并在此基础上袭击得手（概率为 r_1），则得到收益 G。故袭击者选择类型 1 的期望收益等于 Gd_2r_1。选择类型 2 的期望收益计算与此类似，令二者相等，得到方程：

$$Gd_2r_1 = Gd_1r_2 \text{（两种袭击的期望收益相等）} \tag{10-3}$$

由于 $d_2 = 1-d_1$，式（10-3）可写为单一变量 d_1 的方程，求解出：

$$d_1 = \frac{r_1}{r_1+r_2} > \frac{1}{2} \tag{10-4}$$

已知 $r_1 > r_2$，式（10-4）意味着防御者倾向于搜查更可靠的类型 1，即便袭击者更多地选用不甚可靠的类型 2。从这个意义上来说，袭击方和防御方的侧写是相互错位的。实验数据均值和理论预测如图 10-3 所示。

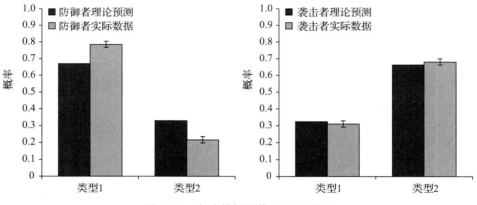

图 10-3　实验数据均值和理论预测

实验中的具体参数设置为 $r_1 = 2/3$，$r_2 = 1/3$。结果是，2/3 的情况下，防御者会防御更可靠的类型 1，2/3 的情况下，袭击者会使用不太可靠的类型 2 进行攻击。被试进行了 50 轮固定配对（fixed matching）的互动，这强化了他们不确定性的动机。收益 G 和损失 L 设定为 1 美元，此外被试在每轮获得私人收益，防御者得到 1 美元，袭击者得到 0.60 美元。这笔私人收益并不对外公布，目的有两个：一是保证双方收入相等，二是通过隐藏这笔收益从而消除被试对公平问题的关切，公平显然并不适用于攻守博弈的环境。研究人员向被试支付了标准的 6 美元出场费，再加上 50 轮互动中总收入的一半，30 分钟的实验平均总收入约为 26 美元。具体到本实验局，共有 72 名被试参与其中，图 10-3 展示的是攻守两方的理论预测（深色条形）和实际的平均选择比例（浅色条形）。

从实验数据来看，防御者对更可靠的类型 1 存在轻微的过度防御倾向，但总体来说，实验数据贴近理论预测，且呈现一个有趣的特征，即被试经常试图"套路"对方：先连续多轮选择同一类型，再出其不意地反转。在事后情况说明中，当因为一个不可靠（类型 2）的袭击者没有被防御者搜索到，但袭击还是失败的时候，袭击者表示遗憾。课堂实验后，总结被试对于最近一次成功 / 失败结果的行为反应模式，是一种有用的练习。最后，有趣的是，在第一个阶段，没有经验的参与者的选择百分比非常接近 50 轮后的整体平均值。总结如下：

错位侧写悖论：攻守博弈中，袭击者决定派出哪种类型（可靠的 / 不甚可靠的）的人执行袭击，防御者则决定搜查哪种类型，其纳什均衡为：袭击者更多地选择不甚可靠类型的人，而防御者却更多针对可靠类型的人展开防御。实验中被试的选择比例接近理论预测，甚至在第一轮也是如此。这些预测解释了固定配对的实验中所观察到的错位侧写现象。

当决策多于 2 个时，混合策略均衡如何计算，是一个值得思考的问题。以上述侧写博弈为例，可以推广为有三种或三种以上的袭击者类型，参数 r_i 对应第 i 类人。有些类型的袭击者太低效，以至于不会被选用或防御。在这种情况下，对于均衡中所有可能被派遣执行袭击任务的类型，成功与否的期望收益都应相等；而那些不会被选用的类型的期望收益更低（且相互之间不必相等）。

类似地，两家公司在投标时也会进行随机化出价，以避免对方出价高过自己。在这种情况下，会存在一个价值区间，其中，所有价格的期望收益相等；区间外的价格之所以不会被选中，是因为期望收益更低。另一方面，如果企业发现私人成本随机变化且不公开，那么该企业可以利用成本的随机性，从其他企业的角度实现自身出价的随机化。关于这种随机化定价和随机私人价值竞标，发展出了大量的模型，本书将在后续有关市场势力和私人价值拍卖的章节中介绍。

10.4　高度不对称博弈中的噪声行为

图 10-1 和图 10-2 中的最优响应线棱角分明，哪怕一个决策的期望收益只比另一个的高出一点点，最优响应也立即切换。换句话说，哪怕一个决策的期望收益仅比其他决策高出 1 美分，被选中的概率即为 1，别的决策则永远不会被选。这种尖锐的反应线虽然在理论上非常方便，却往往与实验的观察结果相矛盾。例如，在前一章的两阶段博弈中，当后行动者的惩罚成本仅有几分钱时，其选择惩罚的可能性就会上升。心理学家很早就注意到此类噪声行为，设计出平滑的较优响应（better response）函数，用以取代对收益差距（哪怕极微小）完全理性的尖锐的最优响应函数。

回顾图 10-1 左半部分的曲线，它表示行参与者由于对列参与者选择右边的信念 p 的增加而产生的收益差异的噪声反应。如果行参与者完全理性（并且对任意小的期望收益差做出回应），那么只要 p 稍微小于 1/2，行参与者的选择便即刻转为上边；而噪声反应曲线展示出对完全理性的背离。请注意，当 p 很小时，行参与者选择上边的概率接近于 1，却始终保有差距；且当 p 接近 1/2 时，曲线与最优响应线的偏差更大而收益差异很小。

弯曲的"噪声最优响应线"仍在图 10-1 的中心处和列参与者的最优响应线（虚线）相交，因此，放松行参与者的完全理性假设并不改变均衡预测。相似地，给列参与者的最优响应中加入一定噪声，也会"平滑"列参与者原本尖锐的最优响应线，得到一条类似的虚线（图 10-1 中未展示）。该线应始于左下端，以相对平滑的弧度上升，在 0.5 处经过中心点，最后终止于右上端。两条噪声最优响应线的交点依然位于图 10-1 的中心点，故可知，如果给两名参与者的决策都加入噪声，"50 − 50"的预测结果也不会发生变化。若博弈对称，则最优响应线交于中心点，二人选择两种决策的概率均为 0.5；而两条弯曲的噪声反应线，就像一幅螺旋桨，同样交汇于该点。换一个角度来说，完全理性的预测结果是 1/2，而噪声本身亦引导参与者趋向 1/2，因此噪声预测结果保持不变。而在非对称博弈中，预测结果便不再对噪声无动于衷了，接下来让我们对此加以探讨。

表 10-6 是一个不平衡的收益结构，相比于之前的表 10-1，行参与者在左上单元格的

收益增加至 5 倍水平，从 72 提高到 360。回想表 10-1，收益是平衡的，两名参与者的选择比例均为 1/2。可想而知，行参与者的左上收益大幅增加，势必使上边对行参与者的吸引力大增。也就是说，除非列参与者选择右边几乎板上钉钉，否则行参与者都将选上边。直观来看，人们可以预计这种变化使行参与者选择上边的比例从平衡博弈时的 1/2 提高。从一项通过 Veconlab 开展的实验（收益以美分为单位）所得的被试选择数据来看，这种直觉得到了清晰的印证。该实验共有三场，每场包含 10 到 12 名参与者，随机配对完成 25 期博弈。在如表 10-6 所示的"360 实验局"博弈中，行参与者选择上边的比例为 67%。

表 10-6　一个不平衡的硬币匹配博弈（行收益、列收益）

行参与者	列参与者	
	左	右
上	360，36 ⇒	⇓36，72
下	⇑36，72	72，36 ⇐

增加行参与者的"上 – 左"收益产生了直观的"自身收益效应"，它和纳什均衡的预测结果并不一致。首先，请注意，该博弈不存在非随机策略均衡，这一点从表 10-6 的箭头中便不难看出，四个箭头形成了一个闭环。为了得到混合均衡的预测结果，设行参与者信念中对方选右边的概率为 p，自然 $1-p$ 就代表对方选左边的概率，从而得到行参与者的期望收益：

行参与者选择上边的期望收益 $= 360(1-p) + 36 \times p = 360 - 324p$

行参与者选择下边的期望收益 $= 36(1-p) + 72 \times p = 36 + 36p$

360 实验局的最优响应线与噪声最优响应线如图 10-4 所示。

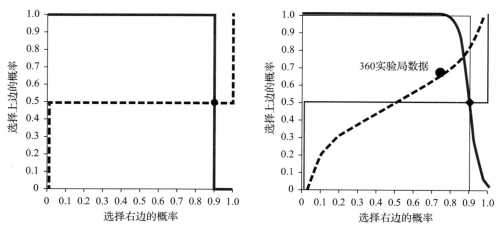

图 10-4　360 实验局：最优响应线（左侧）和噪声最优响应线（右侧）

两种决策期望收益的差值为 $(360 - 324p) - (36 + 36p)$，等于 $324 - 360p$。当期望收益差为 0，即 $p = 324/360 = 0.9$ 时，行参与者在选择上边和下边之间无差异。因此，在图 10-4 左侧中，只要列参与者 d 选择右边的概率小于 0.9，行参与者的最优响应线就一直会停留在顶端（1.0）。令人惊奇的是，列参与者的最优响应线和对称情形并无二致，仍是从左下角起始，在 1/2 处向上跃升至顶部。这是因为列参与者的期望收益完全没变（选左边为 36 美分和 72 美分，选右边则是 72 美分和 36 美分）。换句话说，只有行参与者等概率地选择上边和下边时，列参与者才愿意随机选择。因此表 10-6 中非对称博弈的纳什均衡要求行参与者选择上边和下边的概率相等（均为 1/2），这和表 10-1 中平衡收益的情形相同。这是因为，列参与者的收益在两个博弈中保持不变，想让列参与者的选择无差异，行参与者须采用掷硬币的方式完成选择。

"360 实验局"将行参与者的"上 – 左"收益从 72 美分上调至 360 美分，使上边对于行参与者的吸引力大大提升。相应地，为了制造一个相反的不平衡，令上边对于行参与者的吸引力减弱，第二个"40 实验局"中行参与者的"上 – 左"收益从表 10-1 中的 72 美分降至 40 美分。因此，行参与者选择上边的期望收益变为 $40(1-p)+36 \times p = 40-4p$，选择下边的期望收益仍是 $36(1-p)+72 \times p = 36+36p$。当选择右边的概率 p 等于 4/40，即 0.1 时，以上两个期望收益相等。图 10-5 的行参与者最优响应线也相应在 0.1 处下探。这使得两条最优响应线交于（0.1，0.5），行参与者选择上边的概率为 1/2，仍和图 10-4 相同。可见，不论是将行参与者的"上 – 左"收益设定为 40 美分、72 美分还是 360 美分，都不会改变对上边的概率的纳什均衡预测。从数学的角度，这是因为列参与者的收益并未发生改变，因此行参与者必须以相等的概率选择每个策略。如果行参与者以更高的概率选择一个策略，那么列参与者就可以利用这种情况，而不是随机选择。

40 实验局的最优响应线与噪声最优响应线如图 10-5 所示。

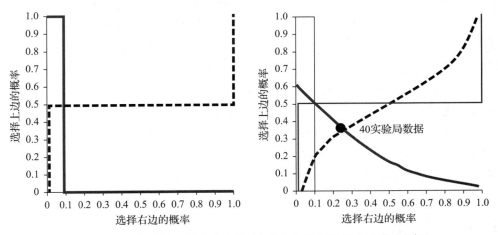

图 10-5　40 实验局：最优响应线（左侧）和噪声最优响应线（右侧）

上述概率不变的预测结果并未在接下来的实验中得到印证。实验共开展三场，每场都包含上述三种实验局，三者交替进行，各包括 25 期博弈。当行参与者的"上 – 左"收益从 40 美分提高至 360 美分时，其选择上边的比例从 36% 升至 67%。列参与者对这种变化的反应是，在 40 实验局中，只有 24% 的比例选择右边，而在 360 实验局中，有 74% 的比例选择右边。

行参与者自身收益产生的影响能够被噪声反应模型所捕捉，噪声反应曲线和图 10-4 与图 10-5 中棱角分明的最优响应线在方向和走势上保持一致，见图 10-4 的右侧和图 10-5 的右侧。请注意，曲线的交点意味着行参与者对上边的选择比例在"40 实验局"中低于 1/2，在 360 实验局中高于 1/2，并且列参与者选择右边的比例的预测变化不会像纳什预测中从 0.1 到 0.9 那样极端。实验数据的均值为图 10-4 和图 10-5 右侧的黑点。这些数据均值显示出强烈的自我收益效应，噪声最优响应曲线很好地预测了这种效应，特别是对于"40 实验局"。总结如下：

非对称硬币匹配中的自我收益效应： 在一个混合策略纳什均衡中，某一个参与者（比如行参与者）的收益变化，并不影响其自身的均衡选择概率。这是因为列参与者的收益并未改变，要想保证列参与者在随机化出现的两种决策间无差异，行参与者的选择概率必须保持不变。然而，实验室实验却展示出"自我收益效应"，参与者收益的变化会引起自身选择概率的相应转变。这些效应可以通过用弯曲的（噪声）反应函数代替尖锐的最优响应函数来模拟。

这些预测的定量准确性受到引入噪声响应函数中的曲率大小的影响，这是一个估计问题。标准的估计技术是基于给出一个带有"噪声参数"的数学函数，该参数决定曲率的大小，然后选择最适合数据的参数。

最后，回顾第 8 章结尾的图 8-2 和图 8-3 中关于协调博弈的尖锐的最优响应线是有意义的。这两张图的中心垂直线位于预期收益差为 0 的位置，即参与者在这两个决策之间无差异。期望收益差（虚线）和垂线的交点上，概率 p 保证两种决策的期望收益相等。因此，这个交叉点代表一个混合策略均衡，同样标有纳什均衡的菱形标志。但反观图 8-2 和图 8-3 中的粗箭头，分别远离混合策略均衡、指向上下界，可知混合策略均衡并不稳定。仔细想想，当你想和他人达成一致时，随机化的决策是愚蠢的。最后，注意图 8-2 和图 8-3 中"最优响应"实线尖锐的拐角，这表明当期望收益较高时（垂直线右侧），选择高努力的最优响应概率等于 1，反之（垂直线左侧）等于 0。如果将最优响应线替换为有噪声的、具有稍微弯曲的角的"较优响应"线，那么结果与预期收益差线相交的概率将在左边的交汇点接近于 0，在右边的交汇点接近于 1。在这种情况下，增加一点噪声不会对协调博弈的高努力和低努力均衡产生太大影响。

10.5 质反应均衡

本章中弯曲的反应线，均根据上一章介绍的 logit 概率选择函数所构造，且同之前一样，精度参数 $\lambda = 0.1$：

$$\Pr(D_1) = \frac{\exp(\lambda\pi_1)}{\exp(\lambda\pi_1) + \exp(\lambda\pi_2)} \text{ 和 } \Pr(D_2) = \frac{\exp(\lambda\pi_2)}{\exp(\lambda\pi_1) + \exp(\lambda\pi_2)} (\text{ logit }) \qquad （10-5）$$

例如，D_1 和 D_2 可以表示列参与者的左边和右边，或者表示行参与者的上边和下边。该函数具有以下特性：增加一种决策的预期收益，该决策的选择概率也将对应提高；当两种决策的预期收益相等时，二者的选择概率也相等。

式（10-5）右侧的预期收益取决于参与者的信念概率。每个决策的预期收益依次决定了选择概率 $\Pr(D_1)$ 和 $\Pr(D_2)$。例如，行参与者的预期收益将取决于行参与者对列参与者选择右边的概率的信念。当信念与决策概率相匹配时，结果会产生一个没有偏离动机的均衡，这对应于图 10-4 和图 10-5 右侧中平滑的反应概率的交点。这被称作质反应均衡[⊖]（quantal response equilibrium）（McKelvey and Palfrey，1995；Goeree，Holt，and Palfrey，2016）。如此取名是因为纳什均衡分析中使用的尖锐的最优响应线，被弯曲的"质"反应线取代，进而以某种有限理性来决定均衡。总结如下：

质反应均衡： 弯曲的噪声反应线的交点对应于信念概率与概率意义上的选择相匹配的情况。这种方法是对纳什均衡概念的推广，纳什均衡是由尖锐的最优响应线而不是弯曲的质反应线的交点决定的。在每种情况下，均衡选择概率都与产生这些选择的信念相匹配。

式（10-5）中的 logit 形式是灵活的，因为曲率的程度是由一个可估计的参数所决定的。这类 logit 函数在二元决策的计量经济学研究中得到了广泛的应用，例如，是否走高速公路、是否参加培训项目等。由于随机性在一些实验室实验中普遍存在，这些函数在提供一个随机模型方面也很有用，该模型可用于估计其他感兴趣的参数，如风险厌恶参数或损失厌恶参数。由于存在遗漏的因素，理论预测几乎从来都不是完美的，因此，任何参数的估计都需要一个误差说明。在策略博弈中，使用概率选择函数，将误差"构建"到分析中是很自然的一种做法。

10.6 扩展："简化版扑克"博弈

本章中提出的观点可以应用于对不可预测性至关重要的情况下的策略研究，例如，一个罚点球的足球实验（Composti，2003）。另一个应用是如何定价以避免被"砍价"（Holt and Solis-Soberon，1992）。第 10.6 节将重点介绍一个受扑克游戏启发而来的实验程序：如果一名玩家手握大牌但从不虚张声势（bluff），那么，当他加注（raise）时，其他玩家多倾向于弃牌（fold）；相应地，如果虚张声势不太可能被"跟注"（called），那么，一手烂牌的玩家也就有动机去虚张声势。大多数优秀的牌手会间歇地运用虚张声势，这同随机策略非常相似。

以上的观察结果可以通过一个博弈加以阐明：两名玩家各下注 1 美元，并抽出一张扑克牌——K 或者 A。首先，玩家 1 看到此牌后，决定是弃牌即放弃底注，还是再加注 1 美元；而玩家 2 看不到牌，面对对方的加注，决定弃牌（放弃底注 1 美元）还是跟注。如果跟注，开牌为 K 则赢得对方的 2 美元，为 A 则失去自己的 2 美元。这个"简化版扑克"博弈能够在课堂中开展，教师本人扮演玩家 1，和学生展开博弈即可（Reiley，Urbancic，

⊖ 本概念首次在经济学领域提出是 McKelvey 和 Palfrey（1995）的论文，文中作者言明此概念借用自生物、药理学的"质反应"概念，关于详尽论证，建议参阅原文。——译者注

and Walker，2008），也可以通过 Veconlab 信号博弈（signaling game）程序开展（扑克游戏设置选项；固定配对以增加兴趣；不让小组按照自己的节奏前进，以防止从时间延迟中得出推论）。

　　假设抽到 A 和 K 的概率相等。对玩家 1 而言，如果牌面是 A 则收益为 2 美元（对方跟注）或 1 美元（对方弃牌），那么绝不应该弃牌并且一定要加注；而如果牌面是 K，弃牌意味着确定性地损失 1 美元，加注有可能损失 2 美元（对方跟注、开牌）或者得到 1 美元（对方弃牌）。设对方跟注的概率为 γ，那么玩家 1 加注的期望收益等于 $-2\gamma+1(1-\gamma)$，当下式成立时虚张声势和弃牌的收益相等：

$$-1 = -2\gamma + 1（1-\gamma）\tag{10-6}$$

选择弃牌的确定性收益＝虚张声势的期望收益

此时，$\gamma = 2/3$。对方跟注概率为 2/3 时，手握 K 牌的先行动者在加注和弃牌之间无差异，愿意随机选择决策。

　　相似地，面对玩家 1 的加注，玩家 2 在决定是否跟注时需要分析对手虚张声势的概率 β。计算可以运用贝叶斯法则（见第 5 章）完成；好比病人得到阳性检验结果后实际患病的概率，是"真阳性"比例比上所有阳性检验结果比例（不论真假）。具体而言，假设玩家 1 看到 A 后一定加注，而看到 K 后加注的概率仅为 β，代表虚张声势率。如果玩家 1 已经加注，那么对于玩家 2 来说，它可能是 A（好比阳性检验结果案例中的"真阳性"），也可能是 K（"假阳性"）。本身牌面为 A 的先验概率为 1/2，此时先行动者一定加注，故可知真阳性的比例为 1/2，如式（10-7）所示。牌面为 K 的先验概率同样是 1/2，而虚张声势的可能性为 β，故假阳性的比例为 $\beta/2$。因此，在面对前者的加注时，牌面为 A 的概率等于真阳性的比例（1/2）比上全部阳性的比例，后者等于 $1/2 + \beta/2$，位于式（10-7）的分母位置：

$$\Pr(A|\text{加注}) = \frac{\text{真阳性的比例}}{\text{全部阳性的比例}} = \frac{\dfrac{1}{2}}{\dfrac{1}{2}+\dfrac{\beta}{2}} = \frac{1}{1+\beta}\tag{10-7}$$

　　一个混合策略均衡须保证，玩家 2 面对玩家 1 的加注时，在跟注和弃牌之间无差异。决定弃牌将损失 1 美元的底注，如式（10-8）左侧的 -1。而加注的期望收益位于式（10-8）的右端：若加注、牌面却为 A，将损失 2 美元；若牌面为 K，则赚得对方的 2 美元。

$$-1 = -2\Pr（A|\text{加注}）+2\Pr（K|\text{加注}）\tag{10-8}$$

（弃牌的收益）＝（跟注的期望收益）

注意，由式（10-7）可知，式（10-8）中 $\Pr(K|\text{加注}) = 1 - \Pr(A|\text{加注}) = \beta/(1+\beta)$，因此，期望收益等式（10.8）可进一步写为

$$-1 = -2\frac{1}{1+\beta}+2\frac{\beta}{1+\beta}\tag{10-9}$$

即 $\beta = 1/3$。换句话说，当玩家 1 的虚张声势概率为 1/3 时，玩家 2 在看到玩家 1 加注后于弃牌和加注之间无差异。一场"简化版扑克"实验的虚张声势及跟注比例如图 10-6 所示。

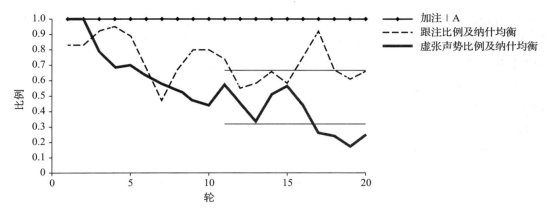

图 10-6　一场"简化版扑克"实验的虚张声势及跟注比例

资料来源：Popova（2006）。

　　综上所述，在这个简化版扑克博弈的混合策略均衡中，虚张声势概率为 1/3，跟注概率为 2/3。在 Veconlab 课堂实验中，玩家 1 起初更倾向于虚张声势；但随着实验进行，虚张声势被更高的跟注率所惩罚，虚张声势的比率最终会接近一半。Popova（2006）在其毕业论文的实验研究中也得到了相似结果。图 10-6 展示了其中一场实验的平均数据，虚线代表跟注比例，实线对应虚张声势比例。

第 10 章习题

1. 考虑这样一个扑克牌博弈，房间左侧的人手握红（红桃或方块）8 和黑（梅花或黑桃）2，右侧的人握有黑 8 和红 2。每个人都与另一侧的人配对，各打出一张牌。如果颜色不一致（一红一黑），每个人均一无所获；若一致，个人收益等于自己打出牌的点数。①画出此博弈的收益矩阵。②找出所有的非随机策略均衡。③写出左侧参与者每种决策的期望收益表达式，用 p 表示对方选择高点数牌的概率。④写出右侧参与者的每种决策，黑 8 和红 2 的预期收益表达式。⑤找到随机策略均衡。

2. 假设表 10-4 中的收益通过将两个参与者的收益从 2 提高到 3 而改变。重新回答第 1 题的③、④、⑤部分。

3. 找出表 8-4 中协调博弈的混合策略纳什均衡，并用图表说明你的答案。

4. 下表中的数据属于表 10-2 中的性别战博弈。12 名参与者随机配对，最后 5 期的实验结果如下。计算行 / 列参与者"偏好选择"（行参与者为东，列参与者为西）的百分比，以及这两个数的平均值。何为混合策略纳什均衡？

轮	6	7	8	9	10
行参与者	东 ×6	东 ×3 西 ×3	东 ×5 西 ×1	东 ×5 西 ×1	东 ×6
列参与者	东 ×2 西 ×4	东 ×2 西 ×4	东 ×1 西 ×5	东 ×3 西 ×3	东 ×2 西 ×4

5. 第 10.3 节中讨论了在攻防博弈中使用固定配对和随机配对的优缺点。想象这样一种情况：防御者是静止的，而攻击者来自随机的方向。这种情况将如何实现？

6. 请解释，为何在图 8-2 中，中心垂线上的菱形标志代表混合策略纳什均衡，并结合图 8-2 解释为何这个混合策略并不稳定。

7. 画出简化版扑克博弈的最优响应函数，令 β 位于纵轴，γ 位于横轴。直观地解释此条线的走向，比如何时玩家 1 更愿意虚张声势，何时玩家 2 更倾向于跟注。

8. 假设损失 1 美元给人的感受相当于 $-L$ 美元，$L>1^{\ominus}$。基于损失厌恶 L，重新计算简化版扑克博弈中的虚张声势和跟注概率。损失厌恶对虚张声势和跟注概率有什么影响？

⊖ "获得"美元的感受并未变化。——译者注

伙伴选择和社会困境

面对有限期的博弈，一种方法是从最后一期的决策开始分析，然后和第 9 章一样，运用逆向归纳法推导决策过程。但是，在许多社会互动中，并没有固定的结束时间；相反，每期完成后都有一定的概率继续互动或者终止。在这种情况下，如果其他参与者进行报复，那么早期的自利的"背叛"可能会带来负面后果。也就是说，博弈存续的概率越大，合作水平也将越高。第 11.1 节就将介绍随机终止的囚徒困境实验。

在重复的囚徒困境博弈中，两名参与者彼此纠缠在一起。相比之下，二元的商业和社会关系更具灵活性，对于这方面我们大家想必都有切身的体会！举个例子，假如发现某个供应商偷工减料，企业可以选择停止从那个供应商那里进货。对于实验室实验，这种更换供应商的能力可以规范市场并提高绩效。在第 11.2 节中的囚徒困境实验中，被试通过受控的方式断开既有的连接（link）[⊖]并结成新的连接。此外，"伙伴选择"博弈允许参与者在双方同意的情况下，增大互动的规模。规模翻倍意味着收益／损失也随之翻倍。实际上，单方面退出的可能性在囚徒困境中引入了第 3 种决策，而"扩大规模"选项增加了另一个维度，即如果建立信任，参与者可以相互奖励。

本章要讨论的第三种博弈是 N 名参与者的社会困境，用更丰富的决策集取代了合作／欺骗的二元决策。该博弈称为"旅行者困境"：两名旅行者丢失了相同的行李，需要各自独立索赔。如果索赔金额相等，航空公司将支付赔偿。航空公司只知道二人丢失的物品相同，因此赔偿应相等，但不知道确切价格。于是，航空公司宣布了一项政策：若二人要价不等，则二人只能获得其中较低数额的赔偿，且将对要价较高的人施以罚款，对要价低的人给予奖励。二人均高价索赔固然好，但他们各自都有动机"压低"要价、获得奖励。

⊖　表示确立"伙伴"关系，即选择博弈对象。——译者注

该博弈和囚徒困境颇为相似，唯一均衡的收益低于合作（双双提交最高索赔金额）时的收益。但是回想单期囚徒困境，不论对方合作还是背叛，最优响应都是背叛，对于对方行动的预期并不改变最优响应。相反，旅行者困境的最优决策的确依赖于预期。因此，虽然双方关于对方决策的信念都不准确，旅行者困境对于信念的互动却更为敏感。这可能导致实际数据和纳什预测相去甚远，这在后续实验结果中可见一斑。尽管背景是人为设定的，但旅行者困境博弈仍然成为一种重要范式，和部分伯特兰价格竞争博弈高度相似，市场上定价最低的企业售出产品更多。旅行者困境是作者最喜欢的博弈之一，伙伴选择博弈也是！

教师须知： 基础的囚徒困境博弈位于 Veconlab 博弈（Games）菜单下的矩阵博弈（matrix game）程序里，对应其中一个设置选项。伙伴选择博弈也位于该菜单下，实验最少需要 12 名参与者，从而保证足够的伙伴可供选择。因为每一轮都需要时间来选择伙伴和规模，所以游戏最好不要超过 9 轮。旅行者困境博弈同样见于博弈菜单。另外，学生们也可参与在线演示版本的旅行者困境博弈，其中"对方的决策"来自存储的决策数据（弗吉尼亚大学法律系学生在行为博弈理论课程上的实验结果）。在线博弈只需要大约 10 分钟的时间，登录 http://veconlab.econ.virginia.edu/tddemo.htm 即可独立完成，不妨一试！通过该网站，你还可以将自己取得的收益和原本法律系学生在相同条件下（遇到的相同系列的其他合作伙伴）的收益进行比较。

11.1 随机终止的重复囚徒困境博弈

最初的囚徒困境故事是由兰德公司设计的，并被用于与同一伙伴重复实施 100 次博弈的实验。这个想法是为了证明背叛不是主导决策，从这个意义上说，实验成功了。基于理论视角，实验的最后一期可视作一个单期博弈，结果势必为相互背叛；由此，倒数第二期的结果也应是相互背叛，逆向归纳、以此类推，背叛应该贯穿始终。在实际的经济互动中，最后的时期可能不知道，例如，公司可能会倒闭，买家可能会搬迁到不同的城市，政府政策不会更新等。

对未来的不确定性可以通过使用固定的终止概率来实现，可以通过掷骰子或使用预先完成的掷骰子序列来宣布继续或停止。预先完成的掷骰子的顺序具有这样的特性：不同组的被试将接触到相同次数的博弈（Holt，1985）。尽管在该试验中继续进行的可能性没有变化，但继续进行的可能性越大，合作的可能性就越大，因为持续合作的未来利益有一个更长的序列。换句话说，在囚徒困境中背叛能带来立竿见影的收益；但如果实验继续的概率很高，未来合作的收益将盖过眼前的小利，由于背叛丧失未来的合作机会得不偿失。考虑表 11-1 中的囚徒困境博弈。注意，背叛的直接收益是 2。但如果另一个参与者在下一轮中做出预期的背叛反应，那么每个人的收益就会下降到 3。在这种情况下，成本是 5，这超过了最初背叛者的利益。现在假设继续的概率是 δ，在当前和未来每一轮之后随机停止的概率是 $1-\delta$。例如，如果掷一个六面骰子，掷出 1 表示停止，接下来 $\delta = 5/6$。对于重复博弈来说，一个冷酷的触发策略（grim trigger strategy）是合作，除非出现其他人背叛，然后永远背叛，以回应背叛。这种极端的惩罚能够为不背叛提供最强的激励。

表 11-1 囚徒困境博弈（行收益、列收益）

行参与者	列参与者	
	左	右
上	8, 8	0, 10
下	10, 0	3, 3

为计算背叛的激励，我们比较了背叛的即期收益 2(= 10 − 8)，以及成本 5(= 8 − 3)。如果对方采用了冷酷的触发策略（初次遭到背叛后以永远背叛应对），那么背叛之后每一期均承受 5 单位的成本，直到博弈终止。虽然博弈终止时间并不确定，但仍可计算期望成本。下一期的期望成本即为 5δ，δ 是下一期博弈继续的概率，5 是下一期继续博弈所要承担的成本。博弈同样可能持续两期，第二期概率为 δ^2，可计算出对应的期望成本 $5\delta^2$。以此类推，背叛的期望成本为 $5(\delta + \delta^2 + \delta^3 + \cdots)$，亦可写为 $5\delta(1 + \delta + \delta^2 + \cdots)$。根据无穷级数的标准公式，不难计算出括号中的加总结果等于 $1/(1 − \delta)$（见本章课后习题第 7 题）。因此，背叛的期望成本等于 $5\delta/(1 − \delta)$。当每一期博弈继续的概率为 5/6 时，即用骰子决定的继续和终止，那么当期背叛的期望成本即为 $5 \times \frac{5}{6} / \left(1 - \frac{5}{6}\right) = 5 \times \frac{5}{6} / \frac{1}{6} = 5 \times 5 = 25$，远远高于即期的收益 2。

前一段的计算表明，在一个实验中，背叛的激励和继续的概率被系统地改变，以观察它们是否会影响无限重复的囚徒困境博弈中的合作率。Dal Bó 和 Fréchette（2011）做了这样一个实验，继续的概率分别是 1/2 和 3/4，收益结果见表 11-2。请注意，左上角的框中包含了 3 个可供选择的相互合作的实验局，这提供了 3 种不同的诱使人们背叛的动机。随着合作收益从 32 到 40 再到 48，背叛的激励从 18 减少到 10 再减少到 2。因此，该实验共包含 3×2＝6 种实验局，3 和 2 分别来自 3 种收益变化和 2 种继续概率。其中有5 个实验局，冷酷的触发策略的严格惩罚都从理论上保证充分的合作，仅"收益 32、继续概率 1/2"的实验局例外。合作收益为 32 时，背叛的激励等于 18，失去未来合作机会的损失为 32 − 25 = 7。当 δ = 1/2 时，该损失在未来时期的预期值是 $7\delta/(1 − \delta) = 7$，小于从背叛中获得的直接收益 18。除此之外，在所有其他的实验局中，合作都是由冷酷的惩罚威胁来支持的。例如，当合作收益为 40 时，背叛的收益为 10(= 50 − 40)，当 δ = 1/2 时，背叛的收益小于失去合作收益的预期成本，计算公式为 $(40 − 25)\delta/(1 − \delta) = 15$。

表 11-2 囚徒困境博弈：通过三种不同的合作收益，实现左上格中背叛激励的变化

行参与者	列参与者	
	左	右
上	32, 32[⊖] （40, 40） （48, 48）	12, 50
下	50, 12	25, 25

⊖ 原文为 32，33，和上下文不符，查证原文发现此为笔误并更改。——译者注

该实验通过计算机随机决定博弈终止期，一旦终止，被试将重新随机配对进而开始下一序列的博弈。表 11-3 为所有轮次的合作决策占比。实验结果中最主要的定性特征是，随着继续概率和合作收益的增长，被试的合作比例逐渐提高。不同实验局之间的差距均在统计学上呈显著性，继续概率的增加（1/2 到 3/4）以及收益从 40 增至 48 的影响最强。

表 11-3　各实验局所有轮次的合作决策比例

	合作收益		
	32	40	48
$\delta = 1/2$	10%	18%	35%
$\delta = 3/4$	20%	59%	76%

资料来源：Dal Bó 和 Fréchette（2011）。

请注意，在没有冷酷的惩罚策略支持合作的单元格（$\delta = 1/2$，合作收益为 32）中，合作只占 10%。在所有其他单元格中，合作可以得到冷酷惩罚的支持，但在其中的 3 个单元格中，合作的比例仍然低于 50%。右下单元格合作程度最高，合作收益为 48，背叛的直接收益仅为 50 − 48 = 2，来自合作的损失为 48 − 25 = 23。假设对初始背叛做出冷酷的触发策略反应，则当继续概率为 3/4 时，这个损失必须乘以 $\delta/(1 − \delta) = (3/4)/(1/4) = 3$。

综上所述，即使背叛的直接收益只有 2，但在冷酷惩罚的情况下，合作性收益的损失的期望值是 3 × 23 = 69。虽然如此，表 11-3 右下部分显示，该实验局中合作率也仅有 76%。对于实验中观察到的行为模式，一个可能的解释是，随机性或者其他让参与者恢复信任的因素，使得惩罚可能并不总是那么冷酷。

无限期重复的囚徒困境实验中的合作：如果不能得到冷酷的惩罚（以后永远不合作），合作率就会很低。合作率随着合作继续的概率和合作的收益的增加而增加。但是，即使在一些理论上可以通过冷酷的惩罚来支持的实验局中，合作率也可能不是很高。

11.2　伙伴选择博弈

囚徒困境刻意的人为色彩在于，博弈没有退出选项，就好比现实中的相关人无法从市场中抽身。政治学家开展的一项早期实验引入了退出的选项。有人退出后，剩下的参与人将重新随机配对。假设是，如果倾向于合作的人更容易受挫并退出，合作率可能会下降。令人惊讶的是，相反的模式被观察到，导致作者得出结论，即合作者不太可能退出。

设定一个多人社会困境并不难，只需要令所有人都合作时全部获得高收益，并给予每个人私自背叛的激励。例如，在集体生产的社会中，每人都能从共同收获中取得平均份额 $1/N$；于是从自私的角度，与其白天在公共田地里劳作，不如晚上在自己的花园里做工。这种现象真实发生于 1611 年的詹姆斯敦。新长官就任时，他发现饥饿消瘦的人在街上打保龄球，而田地还没有种植。在新英格兰地区的普利茅斯殖民地也出现了类似的情况，但情况没那么糟糕，荷兰投资者事先决定禁止私人拥有房屋和花园。

当从多人小组中退出时，退出后的去处（詹姆斯敦当时就没有这个选项，殖民者们禁止离开当地）作为一个现实因素不容忽视。设想这样一种情况，各种小组的规模取决于加入和离开的成员数，且市场上存在有关各个小组整体合作水平的公开信息。在实验室中搭载此设置，发现了合作追逐（cooperation chasing）现象：背叛者们会投身合作水平更高的组，从而降低了这些小组成员的合作积极性。

接下来的实验印证了合作追逐研究中的反思。该实验中分组依据是个体先前的合作倾向。参与者在每一轮博弈后都会根据前一轮的合作程度重新分组，所以最初的合作者最终会被保持在一起，避免受背叛者的伤害。这种没有公布的分类程序，导致了更高的整体合作水平，因为它使合作者免受挫折和遗憾。这项研究的下一步是让参与者排斥背叛者。结果证明，通过投票等方式进行的排斥（exclusion）为合作提供了强大的心理激励。本书后续章节涉及狩猎场和水源保护区等共享自然资源的"公共池塘"的管理问题时，还将专门回顾排斥的效果。

排斥的另一种表现形式是竞争给一个人提供了两个或两个以上的潜在伙伴。一篇早期的论文涉及一个买家和两个相互竞争的卖家。每一轮开始时，买家即从卖家中选取其一，这名卖家接下来决定提供高/低质量的服务。若互动只有一次，卖家出于自利的动机，一定会为了降低成本而克扣质量。但如果实验拓展为两轮，则不满意的买家可在第二轮更换卖家。这种现象相当普遍，买家会在两名卖家之间切换，卖家通过学习也了解到低质量意味着下一轮失去顾客。

第 11.2 节中的实验使用了相似的结构，囚徒困境收益如表 11-4 所示，在唯一的均衡下，双方收益均为负（-50 美分）。显然，这一结果还不如退出博弈，参与者单方面地退出决策将使双方收益均为 0。

表 11-4　一个囚徒困境，双方都不喜欢的均衡

行参与者	列参与者	
	A	B
A	1, 1	-1.5, 2
B	2, -1.5	-0.5, -0.5

在许多商业环境中，企业应少量订购，然后扩大有利可图的关系订单。表 11-4 中的博弈可以采用这种规模的维度，让两个潜在参与者各自选择一个建议的规模，并执行最小的建议的规模。在实验中，规模为 0 的人会终止这种联系，规模为 1 的人会参与囚徒困境博弈，如表 11-4 所示，规模为 2 或 3 的人会分别获得两倍或三倍的收益。请注意，规模扩大的同时，可能的损失也会增加，实质上增加了风险，因此需要以双方建立信任为前提。此外，"最小建议规模等于合作规模"背后的逻辑是，交易双方任何一人都可以单方面地解除交易合约。

退出和规模选项下的合作率如图 11-1 所示。基准实验局中每轮随机再配对，且实验轮次（9）预先公布，实际上等同于"陌生人"实验局，被试没有机会扩大有利可图的联系（规模），终止无利可图的联系。基准实验局的合作水平如图 11-1 中的灰色虚线所示，合作水平是复杂的，在随后的几轮中，合作水平稳步下降。

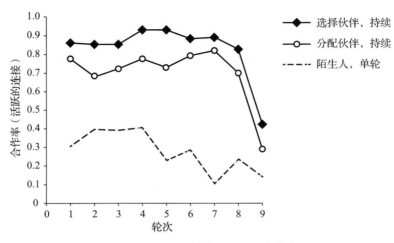

图 11-1　退出和规模选项下的合作率

资料来源：Holt、Johnson 和 Schmidtz（2015）。

　　而在"分配伙伴"实验局（圆点实线），每名被试在第一轮和另一人配对，先执行规模选择，决定规模（1×，2×，3×）后再选择合作（A）或背叛（B）。第二轮，被试仍保有之前的连接，且已掌握更多规模决策所需信息；在此基础上，每人都还将遇到一名新伙伴（无历史信息）并建立连接，进而执行两个连接的规模决策和 A/B 决策。第三轮，被试还将遇到第三名伙伴（同样无历史信息），并完成全部三个连接的规模和 A/B 决策，此后不会再出现新的连接。

　　站在其中一名被试（2 号）的角度，实验过程如表 11-5 所示。左侧第一行，2 号遇到了 7 号，二人建议的最小规模为 1×；而后双方又都选择合作（A），故结果为"AA"，各得 1 美元。继续向右我们可以看到，此连接的双方在第二轮提高规模至 2×，在第三轮再提至 3× 并一直保持（双方各得 3 美元），直到第八轮中一方背叛，而第九轮中此连接已断开。表中第二行对应 2 号和 8 号的连接，双方在第二轮相遇，该轮规模为 2×，但 8 号当即选择背叛，此连接即告断开。第三组连接甚至更糟：一开始遭到 12 号的背叛后，此连接断开；但后续双方尝试小规模（1×）地重建连接，却在随后几轮一直互相背叛。这一序列表明，信任一旦失去，重建非常困难。综合而言，即使当期的背叛比合作多赚 1 美元（规模为 3× 时多赚 3 美元），这种短期的收益也将入不敷出。数据分析显示，背叛最多赚得最少。

表 11-5　被试 2 号（在每组决策中首先列出）的决策历史：3 名分配伙伴，规模（1×，2×，3×）

	1	2	3	4	5	6	7	8	9
2 号和 7 号	A A 1×	A A 2×	A A 3×	A A 3×	A A 3×	A A 3×	A A 3×	A B 3×	断开
2 号和 8 号		A B 2×	断开	断开	断开	断开	断开	断开	断开
2 号和 12 号			A B 1×	断开	B A 1×	A B 1×	A A 1×	A B 1×	B B 1×

在"选择伙伴"实验局中，所有人每轮都会遇到一名新伙伴，但在第三轮之后，他们只能为最多三个连接提出正的规模（1×，2×，3×）。所以要在第三轮后添加连接，参与者必须切断另一个连接。如果断开了一组连接，该实验过程会引导被试尝试建立新连接。这一实验局的结果仍呈现持续的高合作率，直到最后一两轮方才破裂，见图 11-1 最高位置的线。连接数未达上限的被试可在后续轮次建立新的连接，新的连接有时成功、有时失败，新的伙伴中有人是先前的背叛者，有人则由于先前遭到背叛，故而格外谨慎。换句话说，可供选择的"伙伴库"是遭到污染的。不论是选择伙伴还是分配伙伴的实验局，一种常见的模式是：获利连接的规模逐渐增加，其中，选择伙伴实验局中的增速相对略快，最为活跃的连接在几轮之后便达到 3× 规模。总结如下：

选择伙伴的囚徒困境博弈：在具有退出不合作关系的选项和扩大合作关系的强度的囚徒困境实验中，即使在已知的固定轮数下，也可以观察到持续的高合作率。当伙伴之间建立起有利可图的连接后，合作的规模往往还会扩大，而背叛者几乎总是赚得更少。

选择伙伴实验为学生们提供了一个重要的视角，否则他们可能会觉得日常的社会和商业互动都是危险的囚徒困境，只有背叛和搭便车方能获益。实验还有一点值得关注，即存在着强烈的亲社会情绪，这种情绪源于互利的连接。实验中"洋溢着"兴奋和满足感，若不设置固定的结束期（比如，之前讨论的随机终止规则），这种感觉可能更强。除去部分软件测试外，该实验中并未设置事后的汇报反思环节，但仍有一些被试在拿到报酬后留了下来，并提出了很多问题，包括："我可以和谁交流或者邮件联系？""我怎样才能在实验室工作？""你能帮帮我吗？我很担心对方的感受。"在某些情况下，学生们甚至会在一年或更长时间里，依旧寻找机会来讨论和反思选择伙伴的实验。

11.3 旅行者困境

关于旅行者困境博弈，前面介绍的版本最初由 Basu（1994）所构建。他认为，与其说这个博弈使参与者处于两难境地，不如说它给博弈论学家出了一道难题，实验中被试表现出了一种他认为合理却不符合理性的行为模式。回想一下，博弈规定了惩罚 / 奖励制度，从索赔金额高的人手里拿走一笔钱，给予索赔金额较低的人。罚金很少时，高要价的风险也小，但双方依然有动机"缩减"要价。例如，假设上限为 200 美元，航空公司支付两名旅客索赔金额的最小值，并对要价更高的一方处以 5 美元罚金，奖励给要价低的一方。如果二人分别索赔 100 美元和 200 美元，则要价 100 美元的人能够获得 105 美元，另一人获得 95 美元。两人相互隔离，无法进行交流，自然会考虑按上限 200 美元索赔，但也可能会想到降至 199 美元，降低的幅度完全可以用 5 美元的奖金来抹平。事实上，对于对方提出的索赔，根本没有要求 200 美元上限的想法。如果有人认为索赔要求更低，那么最好也降低索赔要求，这意味着均衡将处于索赔要求最低的 80 美元。

基于这样一个假设，前面的讨论可以更精确，即每个人都知道对方是完全理性的。

请记住，对方的索赔没有任何理由可以证明 200 美元的索赔是合理的。如果他们都知道对方永远不会索赔 200 美元，那么上限实质上降低到了 199 美元，根据这一信念也就不可能会选择 199 美元。为了看到这一点，假设索赔金额必须是整数美元，并注意到 199 美元是对另一个索赔 200 美元要求的最优响应，这并不是对任何低索赔的最优响应。由于理性人不会提交 200 美元，故 199 美元也构不成任何情况下的最优响应。以此类推直至下限金额，所有其他要价都将同样排除。同理可知，双方不相等的要价也构不成均衡。这种基于理性概念的论证被称为"理性化"，该博弈中索赔下限金额也是唯一的理性化（rationalization）均衡。尽管这个形容词看起来非常可靠，但是其理论预测结果在大约一半的实验局中均为失效。

理论家的困境在于，只要惩罚/奖励规模大于索赔金额的最小可能单位，则纳什均衡完全不受惩罚/奖励规模的影响。例如，如果惩罚/奖励的规模从 5 美元降至 2 美元，在旅行者困境中偏离任何共同索赔的单方面激励不受影响。如果两个参与者都计划选择 200 美元的索赔，那么一个人偏离到 199 美元将使最小值降低到 199 美元，但偏离者将获得 2 美元的奖励。因此，偏离者将获得 199 美元+2 美元，而不是如果他们都申请 200 美元将获得的 200 美元。同样的讨论也可以用来表明，存在削弱任何共同索赔的动机，不论惩罚/奖励规模是 2 美元还是 200 美元。因此，只要超过 1 美元，纳什均衡对这个惩罚/奖励率就不敏感，而人们可能会期望观察到的索赔对这个回报参数的巨大变化做出反应。

惩罚/奖励参数会对实际索赔（要价）产生强烈影响，Capra 等人（1999）设计了相应的实验。显然，他们的预期结果与纳什均衡独立于该参数的性质相矛盾。每场实验有 10～12 名被试，每轮一开始即随机完成配对，进而展开参数不变的 10 轮实验。索赔要求在 0.80～2.00 美元。实验共 6 场，惩罚/奖励参数各不相同。其中，四场的平均数据见图 11-2，横轴代表轮数。设惩罚/奖励参数为 R，取值包括较低的 5 美分、10 美分（较上方的两条线）以及较高的 50 美分、80 美分（较下方的两条线）。

惩罚/奖励参数为 0.80 美元时，首轮要价均值约为 1.20 美元，至最后四轮已降低到下限 0.80 美元附近，见图 11-2 下方的较粗实线。参数为 0.50 美元时，要价的起始水平更高，但最后也接近纳什均衡。相反，参数为 0.10 美元和 0.05 美元时（图 11-2 上方黑线），起始水平高出纳什均衡足有 1 美元左右，而后甚至逐步上升、远离纳什均衡预测。另外，中等参数（0.20 美元和 0.25 美元）的两个实验局并未在图中进行展示，它们位于图的中间位置（1.00 美元到 1.50 美元），介于上下两组线之间，且变化与交叉更多。总结如下：

旅行者困境实验结果：实验数据中最引人关注的是，被试对于惩罚/奖励规模的敏感，无法通过纳什均衡做出解释。纳什均衡预测参与者都将选择要价的下限，这不受惩罚/奖励的影响。但实际上，在惩罚/奖励规模较低的旅行者困境博弈中，被试要价却往往朝着与纳什预测相反的方向发展，最终接近要价的上限而非下限。不过，惩罚/奖励规模高时，数据的确向纳什均衡收敛。

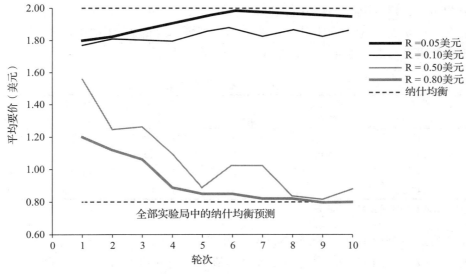

图 11-2　旅行者困境实验数据

资料来源：Capra 等（1999）。

第 11 章开篇部分提及的线上版本实验中，"对方的决策"来自数据库，为弗吉尼亚法学系学生在行为博弈理论课程上的实验数据。五轮实验完成后，程序将告知被试其总收入，以及和数据库中法学系学生（在相同条件下）收入的对比情况。对于罚款 / 奖励仅为 10 美元的设置，平均索赔金额相当高，在 180 美元的范围内，所以那些保持接近纳什均衡 80 美元的人通常会比法学系学生的收入基准低。实际上，当一位诺贝尔奖得主从相对较低的要价（索赔）开始时，就是这样的情况，在遇到其他人的高要价后，他稍微提高了要价。最后，他的收入比面临同样一系列要价的法学系学生少了 25%。

11.4　旅行者困境中的学习和经验

请注意，旅行者困境实验数据里有一个显著的特征，惩罚 / 奖励参数的强烈影响不符合纳什均衡的预测。有人可能觉得该博弈带有人为色彩，对此特征不屑一顾。尽管现实中往往产品价格较低的公司获得的收益更高，但这一质疑确实也不无道理。然而，旅行者困境博弈并不是为了模拟特定类型的价格竞争；相反，它涉及一个有意抽象的设置，作为特定类型的战略互动的范例。旅行者困境与其说是关于丢失的行李，不如说是关于现实的囚徒困境。如果标准博弈论不能很好地预测这种简单的情况，那么就需要进行一些反思。至少，我们应该知道什么时候纳什均衡有用，什么时候没用。如果有一种理论工具能更好地解释一些实验局中纳什预测的趋同和另一些实验局中的分歧，那就更好了。第 11 章的其余部分涉及解决这个问题的几种可能的方法。首先，我们就实际课堂实验中的学习行为展开直观的讨论。

在重复随机配对实验中，随着被试的学习并形成对下一轮的预期，其行为可能产生"进化"。例如，考虑表 11-6 中的课堂实验数据，要价（索赔）须在 80 ～ 200 美分，惩罚 /

奖励参数为 10 美分。实验共有 20 名参与者，配对成 10 组。表 11-6 中的内容对应其中 5 组在最初四轮的决策。轮次列于表格左侧，第二列则为全部 10 组的平均要价，其余各列则为这 5 组的决策情况，对手小组的决策见于相邻括号内。

表 11-6　课堂旅行者困境实验数据，$R = 10$

轮次	均值美分（10组要价）	第一组 美分	第二组 美分	第三组 美分	第四组 美分	第五组 美分
1	137	100（133）	080（195）	139（140）	133（100）	150（135）
2	131	095（191）	098（117）	135（140）	080（130）	127（200）
3	144	125（135）	096（117）	135（100）	199（199）	134（200）
4	142	115（125）	130（100）	125（115）	198（115）	150（134）

注：括号里的数字为该组对手的要价。

首先请看最右侧第五组"Stacy/Naomi"组的首轮决策，该组要价 150 美分，对手要价 135 美分，故第五组的当轮收益为二者最小值 135 美分减去罚金 10 美分，等于 125 美分。相比之下，第一组"SuzSio"组的首轮要价更低，仅为 100 美分，对手则为 133 美分；第一组要价在下一轮中降至 95 美分，对手要价却大幅提高至 191 美分，于是第一组在后续也逐渐提高要价至 125 美分，至第 10 轮（表 11-6 并未展示）已提高到 160 美分之多。

第二组"K-squared"组（Katie 和 Kari）在首轮的要价只有 80 美分，位于纳什均衡上。由于要价更低，他们在这一轮获得了 80 + 10 = 90 美分。但观察到对方的高要价 195 美分后，他们也在下一轮提高要价到 98 美分，至第 10 轮已来到 120 美分。这个例子的要点在于，在博弈中坚持均衡策略并不一定得到最好的结果；预测对方的行动并做出反应是非常重要的。如果第二组在前四轮全都按照纳什均衡决策 80 美分来要价，每轮将获得 90 美分，总计 360 美分；但实际上他们通过观察到的对方行动调整要价、适当增加风险，赚取了总计 409 美分。事实证明，在所有轮中都要价 200 美分会更有利可图。

出价比对手更低的组倾向于提高要价，反之倾向于降低要价。这种定性的调整规则并不适用于第一组，面对第一轮对方的高要价，他们在第二轮仍然向下调整，这似乎是预期到对方可能也会降价。在最后一轮中，各组的要价分布在 110 ～ 200 美分，均值为 146 美分且离散度较高。请记住，其实 80 美分才是唯一的纳什均衡。

这种结果的一种解释思路是，人们根据不同的经历形成了不同的信念，到了第 10 轮，多数人预期的要价均值在 150 美分附近，且相互之间存在较多的差异。如果所有索赔要求都收敛到一个狭窄的区间，比如所有索赔要求都在 150 美分以下，那么博弈论的"削弱"逻辑可能会导致索赔要求下降，因为所有索赔要求都试图低于 150 美分。然而，实际的要价始终保持高度的差异性，或许是因为人们的经验不同且对经验的反应方式也存在差异，使人们很难找到对手要价的最优响应。事实上，实验中的要价并未出现随时间递减的特征，甚至有轻微的向上趋势。其中，第四组获得了最高的实验收益，他们的平均要价 177 美分也相对较高。

上述 10 轮课堂实验之后，还进行了另外 10 轮高收益参数（50 美分）的实验。此时降低要价的激励大大提升，要价也的确在最初几轮便降至纳什均衡水平80美分附近。因此，是否向纳什均衡收敛并不仅取决于哪一种决策更优，而是依赖于激励的强度。直观上，这就是读者所需要了解的。

旅行者困境中的差异性和适应性调整： 在随机配对下，不同的人所获得的经验也不同，从而导致差异性，使得采用急剧的"削弱"策略变得困难。人们倾向于在遇到高要价后提高要价，反之亦然，要价整体水平受到惩罚和奖励规模的影响。

11.5　迭代理性和均衡收敛

第10章对硬币匹配博弈的分析中，曾介绍过"随机最优响应"曲线的交点，概念上近似于供求线的交点。随机响应线的交点具有这样的性质：对应于行和列参与者信念的概率等于另一个参与者的选择概率。这样的交集是一种随机（"质反应"）均衡，即行对列的决策的信念与列的选择概率相匹配，反之亦然。

不同于硬币匹配博弈只有正面和反面两种决策，旅行者困境可供选择的要价要多得多。即便是本节使用的简化案例，也有三种要价可供选择：80美分、90美分和100美分。质反应均衡将是三者概率构成的集合，它们具有信念和选择概率相互匹配的均衡属性。本节将采用迭代的方式来寻找均衡；从一组信念出发，进而生成一组对应的选择概率；如果选择概率和一开始信念中的概率不一致，自然不构成均衡，需重新迭代。这种迭代方法还具备一点额外的优势，那就是与第8章竞猜博弈中涉及的迭代理性（0阶、1阶、2阶……）密切相关，有助于读者的理解。

只有三种要价的旅行者困境博弈中，初始的"平坦"信念是三种要价各占1/3，对应0阶信念。通过计算期望收益，我们能够找到80美分、90美分和100美分哪一个是应对初始平坦信念的最优要价，以概率1选择该要价时期望收益最高。0阶信念的最优响应计算可见表11-7，分别展示了三种要价的期望收益，"最优响应"便代表1阶思维。由于要价选项分别为80美分、90美分和100美分，惩罚参数必须大于最小增量（10美分），因此我们设定较大的惩罚参数30美分。

表 11-7　三种要价的旅行者困境博弈中的期望收益，$R=30$

0 阶信念	要价（美分）	计算每种要价的期望收益（对手为 0 阶信念）	期望收益（美分）
1/3	80	$(1/3)\times(80)+(1/3)\times(80+30)+(1/3)\times(80+30)$	100
1/3	90	$(1/3)\times(80-30)+(1/3)\times(90)+(1/3)\times(90+30)$	86.67
1/3	100	$(1/3)\times(80-30)+(1/3)\times(90-30)+(1/3)\times(100)$	70

表11-7的左列为0阶信念的概率（每种可能的要价的概率均为1/3），三种要价80美分、90美分、100美分位于第二列，第三列为要价对应的期望收益计算公式，也就是信念中各要价的概率与对应收益的乘积求和。以第一行中的期望收益计算为例，最低要价一定是80美分，第一项$(1/3)\times(80)$为对手也选择80美分的情形，此时得不到低要价的

奖励；第二项 $(1/3) \times (80 + 30)$ 为对方选择 90 美分的情形，此时你的要价更低，所以得到奖金 30 美分；第三项与此相同。以上三项之和为 100 美分，见第一行最后一列。由表 11-7 中其余部分可以看出，从左向右的对角线上双方要价一致，不罚不奖。对角线往上，对方的要价更高，你将得到 30 美分的奖励；往下由于你的要价更高，需承担 30 美分的罚金。

请注意右边这一列，最高期望收益是要价 80 美分，这是一级最优响应[⊖]。另外，请注意，90 美分的索赔的期望收益仅比 80 美分的索赔低 15%，这表明选择 90 美分的人的百分比可能不会比选择 80 美分的人的百分比低多少。对于较低的惩罚，差异会更小，例如 $R = 11$ 而不是 $R = 30$。对此一种建模方式是使用"较优响应"或称"质反应"来代替"最优响应"。如第 10 章所述，标准的 logit 模型使用指数函数的比值，并通过分母结构保证概率求和等于 1。令三种要价的期望收益分别表示为 π_{80}、π_{90}、π_{100}，logit 模型的公式近似于式（10-5），为

$$\Pr(80) = \frac{\exp(\lambda\pi_{80})}{\exp(\lambda\pi_{80}) + \exp(\lambda\pi_{90}) + \exp(\lambda\pi_{100})}$$

$$\Pr(90) = \frac{\exp(\lambda\pi_{90})}{\exp(\lambda\pi_{80}) + \exp(\lambda\pi_{90}) + \exp(\lambda\pi_{100})} \tag{11-1}$$

$$\Pr(100) = \frac{\exp(\lambda\pi_{100})}{\exp(\lambda\pi_{80}) + \exp(\lambda\pi_{90}) + \exp(\lambda\pi_{100})}$$

首先，注意式（11-1）中的三式之间仅分子部分有差别，且三式之和等于 1。精度参数 λ 决定了噪声的大小。在极端的完全随机情形，$\lambda = 0$，$\exp(0)$ 等于 1，三种要价的选择概率均为 $1/3$。随着精度的提高，具有较高期望收益的决策的可能性也会增加。之前章节的矩阵博弈（收益以美分表示）图形中将精度设定为 $\lambda = 0.1$，本章延续这一设定。

下一步，我们需要通过表 11-7 的期望收益公式建立用于计算的电子表格。此外，电子表格中还另外添加两列，一列计算式（11-1）中各指数函数 $\exp(\lambda\pi)$，并求出三者之和，进而在下一列中通过比率计算选择概率，即"噪声 1 阶"概率。在此基础上，我们能够使用这些概率（取代初始的 1/3 信念）求得噪声 2 阶概率。重复该过程，3 到 4 次迭代后将出现收敛趋势，得到噪声程序的均衡。（当然，收敛性并不意味着均衡是唯一的，尽管可以使用先进的方法来表明在这种情况下它是唯一的。）

表 11-8　三种要价的旅行者困境的 logit 模型反应

A	B	C	D	E	F
惩罚 30	0 阶 信念	要价 （美分）	期望收益	$\exp(\lambda\pi)$	K+1 阶信念
单元格 A8	= 1/3	80	= (B8)*(C8) + (B9)*(C8 + A7) + (B10)*(C8 + A7)	= exp(0.1*D8)	= E8/E11

⊖　80 美分是面对 0 阶信念时期望收益最高的要价，即 0 阶的最优响应，以及 1 阶信念。——译者注

（续）

	A	B	C	D	E	F
	惩罚 30	0 阶 信念	要价 （美分）	期望收益	$\exp(\lambda\pi)$	K+1 阶信念
单元格 A9	=1/3	90	= (B8)*(C8-A7) + (B9)*(C9) + (B10)*(C9 + A7)	= exp(0.1*D9)	= E9/E11
单元格 A10	=1/3	100	= (B8)*(C8-A7) + (B9)*(C9-A7) + (B10)*(C10)	= exp(0.1*D10)	= E10/E11
单元格 A11					= E8 + E9 + E10

表 11-8 展示出电子表格的布局。在电子表格中这样做的原因是，你可以使用固定的单元格引用，在指定的单元格中设置惩罚参数，生成预测，然后通过更改指定单元格中的惩罚数来查看预测如何变化。阅读这部分内容的同时，不妨也动手建立一张这样的表格，方便自行操作和理解（如果你是那种喜欢了解事物运行机理的人）。或者，你也可以只粗略阅读以下 4 个步骤。

第 1 步：创建一张 Excel 表格，在 A7 单元格（A 列第 7 行）输入惩罚参数值 30。Excel 命令中，该单元格在引用时的格式为 "A7"，$ 符号能够保证你在复制粘贴语句时，被引用的内容不发生变化。各列标号分别为 A、B、C…信念（belief）位于 B 列，要价（claim）位于 C 列，单词和字母对应、方便记忆。同样为了便于记忆，我们还将要价数值，也就是 80、90 和 100 分别置于第 8、9、10 列。

第 2 步：接下来，你需要指定初始信念和预期收益。B 列中的初始 0 阶信念是均等概率，在对应单元格输入 Excel 命令 "=1/3"（"=" 符号引出需要计算的程序），显示为 0.333。D 列中分别应用了前两列的信念和要价，同样需要 "=" 符号，公式和表 11-7 相同。因此在第 8 列，要价数值为 80，最低要价数值自然也是 80，因此 D8 中各乘积项中都包含 C8。注意惩罚 "A7" 引用时的 "$" 符号，"$A$7" 对应单元格 A7 中的数字 30。输入这些命令后，你将在 D 列里得到期望收益的数值，和表 11-7 相同：100、86.67 和 70（结果不同的话则有误，检查一下自己输入的公式）。

第 3 步：这一步是使用 logit 概率选择公式，确定对初始信念的响应。通过指数命令，像 "= exp（0.1*D8）"，计算精度权重 $\lambda=0.1$ 时的指数。（你也可以像 "A7" 一样，将参数 λ 固定在一个单元格，并尝试不同的参数值，对应不同的噪声。）求得全部指数后，于单元格 E11 求出它们的总和，即 logit 概率选择公式的分母部分，在列 F 中。换句话说，F 列中计算出的选择概率，是对初始 0 阶信念的噪声反应。

第 4 步：最后，你可以针对更高阶的噪声反应（如 2 阶、3 阶等）重复上述噪声的 logit 反应过程。迭代方法非常简单：选中表中灰色的部分内容以及上方的表头"C7：F11"，复制并粘贴至 G7 单元格，从而填充"G7：J11"（只需要把鼠标放到 G7 处右键粘贴即可）。于是，第 J 列中将得到噪声 2 阶信念。以此类推，复制上述内容至 K7，便能在第 N 列得到 3 阶信念。你可以根据需要调整"K+1 阶信念"标签，从而保证和第 1 ~ 4 阶信念一一对应。

表 11-9 展示了各阶迭代信念下三种要价的选择概率，从左到右为第 0 阶（均等）至第 4 阶。第 1 阶概率便不再均等，但低要价 80 美分和 90 美分的概率依然不低；而到了第 4 阶，选择概率与第 3 阶基本已无区别。可见，该过程收敛的速度非常快。另外，倒数第二行为 $R=30$ 时的平均要价，由左至右从 90 美分（80 美分、90 美分、100 美分的平均值）降低到 81 美分附近。最右一列的概率已经构成了随机（质反应）均衡，此时信念中的选择概率和噪声的最优响应相一致⊖，因此不再有变动的趋势。注意，惩罚/奖励参数等于 30 美分时，质反应均衡的平均要价 81 美分和纳什预测（无噪声）的要价 80 美分相当接近。

表 11-9 $\lambda=0.1$、$R=30$（11）⊖的 logit 函数之选择概率

要价（美分）	0 阶概率	1 阶概率	2 阶概率	3 阶概率	4 阶概率
80	1/3	0.76	0.90	0.90	0.90
90	1/3	0.20	0.06	0.05	0.06
100	1/3	0.04	0.03	0.03	0.04
平均要价（$R=30$）	90	82.3	81.3	81.4	81.4
平均要价（$R=11$）	90	88.5	88.0	87.8	87.8

表 11-9 的最后一行显示了 Excel "A7" 单元格中惩罚从 30 美分减少到 11 美分后的平均索赔（要价）额（纳什预测的索赔额仍然为 80 美分的最低整数）。这一变化并不改变唯一的纳什均衡预测，但在 logit 模型的预测结果中，要价却提高到 88 美分，接近极端值 80 美分和 100 美分的中点。可见，logit 模型能够解释人们为何在惩罚较大时趋近纳什均衡，而在惩罚较小时高过纳什均衡。这种对博弈的惩罚参数的敏感性是很直观的，因为在较低的惩罚中，提高要价的风险也较小。

最后，你可能想知道所有这些对于图 11-2 所示的旅行者困境实验数据意味着什么。为了阐释清楚，我们使用 Excel 的扩展版本，范围扩展到 80 ~ 200 美分的所有要价，依然在参数 $\lambda=0.1$ 的条件下计算各阶 logit 反应概率。要价的分布情况如图 11-3 所示，横轴为要价（80 ~ 200 美分），纵轴为选择概率。其中，平直的虚线代表 0 阶信念，区间内各种要价的概率均等。

当 $R=10$ 时，惩罚相对较低，logit 反应曲线（深色实线）构成了一座平缓的小丘，山峰位于 180 美分左右。这一点和 $R=10$ 实验局最后 5 轮的结果相当接近。当 $R=50$ 时，惩罚相对较高，概率反过来堆积在左侧的纳什预测 80 美分附近，同样和高惩罚参数的两

⊖ 也就是说，按照此方法，第 5 阶的选择概率和第 4 阶基本没有差异。——译者注
⊖ 原文 $R=2$，和图表及正文不一致，疑有误。——译者注

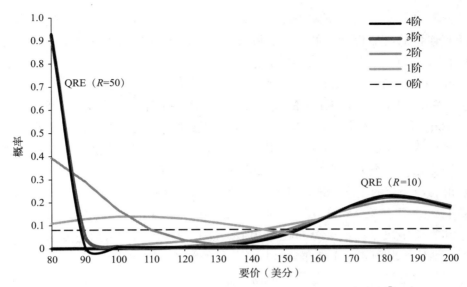

图 11-3　旅行者困境实验中，各阶迭代理性下的要价分布[⊖]

个实验局保持一致。上述两条线使用的精度参数相同，因此该理论同时解释了不同实验局中的高要价、低要价。两条黑色实线（4 阶）都非常贴近于对应的 3 阶曲线，实质上相差无多。因此，可以认定标有 "QRE" 标签以及对应参数设置的黑色实线已构成质反应均衡（quantal response equilibrium）。

旅行者困境中的迭代理性和随机均衡：噪声较优响应序列产生从 0 级（等概率）开始的相关信念，并收敛到与这些信念的噪声响应相同的信念均衡列表。这个模型可以解释为什么实验中观察到的索赔要求（索赔范围为 80 ～ 200 美分）在惩罚较高的实验局中收敛于接近纳什水平（接近 80 美分），以及为什么惩罚相对较低时索赔要求倾向于聚集在更高水平。在这个博弈中，行为博弈理论清楚地解释了与纳什均衡预测的直觉偏差。

11.6　扩展

在无限期重复博弈中，提高继续博弈的概率以及降低背叛的即期收益，能够发挥强化合作的作用。在这类情况下，合作可能使参与者产生对小组中其他成员（互惠），乃至全部 "第三方" 陌生人（称为间接互惠）的亲社会态度。其结果可能是合作倾向的增加，甚至超过基于收益和概率所预测的合作水平。在第 14 章和第 15 章中的讨价还价与信任博弈中，我们将引入亲社会行为的测度方法，届时将重新对上述现象加以分析。

关于带有退出机制的囚徒困境，最初的实验型论文（Orbell，Schwartz-Shea，and Simmons，1984；Orbell and Dawes，1993）大多发表于主要的政治学与社会学期刊。加入退出的可能性倾向于增加合作，但幅度不大。在 Davis 和 Holt（1994c）开展的实验中，买方可以在不同的供应商之间进行切换，这促使更多供应商提供高质量产品；反观单期

⊖　图中一共有 9 条线，除了 0 阶之外，使用 $R=10$ 和 $R=50$ 设置的 1、2、3、4 阶曲线各四条。——译者注

博弈下，低质量供应商的比例相当高。近期，该领域的许多研究聚焦于这类实验中建立连接、断开连接的灵活程度，如 Fehr、Post 和 Semmann（2011）的论文，更多细节将在第 16 章的公共品（自愿捐献）博弈中介绍。

Becker、Carter 和 Naeve（2005）曾开展了一项有趣的单轮旅行者困境实验，邀请博弈论学会（Game Theory Society）的成员参与，在实验中提交要价或混合策略。要价的范围是 2 ～ 100，惩罚 / 奖励为 2。此外，参与者还被要求提交这个区间的概率分布，即自身信念中其他人决策的分布情况。接下来，实验人员从参与者中随机挑选出两人，计算并支付现金奖励。一个人通过与其他提交的策略竞争获得 20 倍于自己收入的报酬，另一个人则获得与他提交的信念的准确性有关的奖励。总体而言，提交的 45 个纯策略中有 26 个要价高于 90，只有 3 个和唯一纳什均衡一致。出现频率最高的要价是 100（10 个）。提交的信念和实验中决策的实际分布比较相似。这些结果表明，博弈论专家认识到，在这种情况下，纳什均衡预测并不能很好地指导人们的预测。

还有其他一些具有类似收益结构的博弈，它们依赖于所有决策的最小值。例如，面对无信息的消费者，企业的商品价格是否为市场最低价格，可能会很大程度上决定其利润。Capra 等人（2002）为这种一般结构的价格竞争博弈提供了实验数据。如果一家企业设定了较其余所有人都更低的价格，它将获得较大的市场份额，而高定价的企业为了能够卖出商品不得不匹配这一价格。这种设定和旅行者困境非常接近，收益由最低价格决定，并且定高价者将面临惩罚。具体而言，所有企业都将得到一份收益，等于最低定价乘以自身商品的数量，而一开始定价最低的企业凭借知情买家的优势，能够获得更大的市场份额。

在 Capra 等人（2002）的价格竞争博弈中，唯一纳什均衡价格等于边际成本，一旦价格高过边际成本，企业单方面的小幅降价均有利可图，并可挑选知情的购物者。纳什均衡与对微小价格差异做出反应的知情买家的比例无关。尽管有这种独立性，有很大一部分知道价格差异的买家让卖家提高价格的能力会更小，这在直觉上是合理的。实验结果也证实了此直觉，和旅行者困境里惩罚 / 奖励参数对平均数据的影响非常相似；尽管参数并不影响唯一的纳什均衡（等于决策中的下限值），但依然在实验中对被试的决策产生了显著影响。

第 11.5 节中介绍的迭代自省方法，是基于一篇关于如何建模单次博弈的小篇幅文献。例如之前的第 8 章所述，Stahl 和 Wilson（1995）以及 Nagel（1995）受到了单次竞猜博弈数据的启发，分析了 1 阶到多阶的迭代策略思维。而 Camerer、Ho 和 Chong（2004）在模型中允许不同的人具有不同的思维阶数，用一个参数分布来决定一个人将处于每个不同层次的概率，从而将异质性纳入。这种认知层次（cognitive hierarchy）模型具有一种直觉性质，即人们认为其他人的理性水平比自己低。比如说，在一名 2 阶参与者眼中，参与者会将世界视为由第 0 阶和第 1 阶参与者组成。当面对单次博弈的数据时，这种方法表明，人们参与了这个推理过程的 1.5 步。

Goeree 和 Holt（1999b；2001；2004）在迭代自省过程中引入随机元素。在他们的噪声自省模型中，随着迭代推理的层数增加（"他认为""他认为我认为"再到"他认为我认为他认为"…），"噪声"量逐渐增加。假设有另一人 A，关于 A 怎么做我们可能会有自己的看法；但是关于别人认为 A 要怎么做，我们的想法要更分散；更进一步，关于另一个人心中 A 是怎么想的，我们的想法恐怕就更分散了；以此类推。对于具有两个不同误差参数的相关模型，可参见 Weizsäcker（2003）以及 Kübler 和 Weizsäcker（2004）的论文。

第 11 章习题

1. 证明在旅行者困境中，不相等的要价无法构成纳什均衡。

2. 在旅行者困境博弈中，罚款和奖励都是 5 美元，索赔额必须在 − 50 美元到 50 美元之间的纳什均衡是什么？（负的索赔是指旅客支付航空公司的费用，而不是相反。）

3. （无须数学证明）考虑一个 N 名参与者的旅行者困境，每人都丢失了相同的物品，航空公司要求他们填写理赔表，但理赔金额必须在 80 ~ 200 美元。只要要价并不是全部相等的，除要价最低者（一人或多人）得到 5 美元奖励外，其余所有人将背负 5 美元的罚金。实验采取重复随机配对，推测如果 N 从 2 提高到 4，将如何影响平均要价。

4. 回看表 11-6，如果第二组在表中展示的前四轮博弈都要价 200 美分，重新计算他们（"K-squared"组）的收益。

5. 请解释，第 11.2 节中伙伴选择博弈的纳什均衡（具有序贯理性）必须涉及在最后一轮退出，那么倒数第二轮到最后一轮的逆向归纳意味着什么呢？

6. 使用表 11-8，将 D 列中的精度系数提高，比如从 0.1 提高到 1.0。首先请猜测，精度的提高将如何影响表 11-9 里 $R = 11$ 那一行的平均要价；接下来，重新完成计算。然后重新计算 $R = 11$ 和更高精度的平均索赔。解释对更高精度影响的直觉。

7. 证明第 11.1 节中使用的现值公式：$1 + \delta + \delta^2 + \cdots = 1/(1 - \delta)$。不妨设 $V = 1 + \delta + \delta^2 + \cdots$，进而得到 $V = 1 + (\delta + \delta^2 + \cdots) = 1 + \delta(1 + \delta + \delta^2 + \cdots)$。剩余步骤需要你自己完成。

竞赛和寻租

管理者和政府官员经常发现他们不得不分发有限数量的珍贵资源（地段、许可证等）。而争夺者们可能会采取游说或其他代价昂贵的活动，以增加自身胜出的机会。他们各自的花费并不会超过资源的价值，但是，若参与人数众多，游说活动的总支出或许相当可观。正如 Gordon Tullock 于 50 年前所指出的，这将产生一种令人不安的可能性——所有竞争者的游说总成本将"耗散"掉资源价值的绝大部分。在经济学术语中，上述资源被称为经济租（economic rent），即一个物品或许可的价值与在下一个最佳的可能使用中有效使用该物品的机会成本之间的差值。与争夺珍贵资源的非市场竞争相关的实际努力成本被称为寻租（rent seeking）。一般认为，寻租行为在发展中国家更为流行，有人估计非市场竞争消耗了发展中国家相当一部分的国民收入，比如寻租这个词语的提出者 Ann Krueger（1974）。她为一些国家"失败"的原因提供了重要的见解。然而，只要你当过美国一所大型大学的系主任，你就会体验到许多系之间以努力为基础的竞赛所带来的挫败感，这些竞赛的奖励都很少，尤其是在预算"紧张"的年份。

本章将要介绍的程式化彩票博弈中，参与者获得奖励的概率等于个人支出在彩票总支出中所占份额。公共部门有时会使用显式彩票（explicit lotteries）分配商品或牌照，如北京的汽车牌照。然而，彩票博弈为我们理解游说竞争的社会成本提供了一个范例，例如，围绕政府机构颁发的电视广播牌照所展开的选美竞赛（beauty contest⊖）。在该博弈中纳什均衡的性质相当直观，我们将用离散化的例子来说明。

寻租实验结果的重要之处在于，它突出了行政（非市场）分配程序的潜在成本，及其

⊖ 从标题开始，本章中大量出现"contest"一词，表示非市场机制下参与者凭借付出努力（寻租）等手段，争取获得经济租的行为。为区别于市场竞争（competition）的概念，本书中均译为"竞赛"。——译者注

与以市场为基础的有效配置的对比。当然，市场交易并不适用于某些事物，比如入学名额、宿舍房间或医生实习计划。在这些情形下彩票也不失为一种选择。此外，关于如何令人们显示自身偏好排序及此类"匹配机制"，将在本书最后一章详加探讨。

教师须知： 寻租博弈的彩票版本可以在一个吸引人的博弈中使用纸牌来实现，如附录 B 中相关实验说明所示。附录 B 中的相关实验的优势在于，它允许与基于拍卖的分配进行比较，但基于网络的 Veconlab 寻租博弈（在"公共"菜单上）允许额外的选项，比如诱发对获胜机会的事前估计。

12.1 "背上开烟囱"的政府

面对手机和无线设备的爆炸式增长，带宽拍卖成为美国政府政策最引人注目的成果之一。美国联邦通信委员会（FCC）通过一系列的拍卖分配了大部分的许可证，筹集了超过一千亿美元的资金，且未造成明显的不良后果。欧洲国家借鉴美国方式并紧随其后，亦采取类似的拍卖方式，筹集的资金通常比预期多出数十亿美元。

拍卖能将大量的潜在竞争者聚集，把商品快速地分配给估值最高的竞争者，在本书后续章节将做专门介绍。在美国，大部分的带宽最初为武装部队预留，但直到冷战结束都尚未充分占用。而且幸运的是，虽然转用频段很可能产生巨额的行政成本，但美国并没有深陷其中。传统上，广播和电视许可证的分配一般要借助行政手段。想要中标就必须想方设法说服监管当局，让他们相信自己将提供高质量的服务并维护所在社区的社会价值。这有赖于技术上的优势和高效率的游说。带宽许可证的时效多长达几十年，这意味着极高的潜在利润。这样的诱惑足够强大，足以吸引有抱负的供应商投入大量资金。因此，我们也就不难理解，为什么通过行政分配获得许可证的人往往反对基于市场的分配方案，后者意味着按市场供求为许可证支付费用。这也同样能够解释，为何基于游说和行政管理的"选美竞赛"分配依然在众多国家占据主导地位。

打破惯例的第一次尝试出现在 20 世纪 80 年代末，针对数百张地区手机许可证的分配，FCC 决定跳出行政流程，转而采用市场定价。不过，反对力量设法阻止了拍卖计划，分配最终通过抽签的方式完成。当时，总共有 643 张许可证和 32 万份申请。每一份申请都涉及大量的文书工作（法律和会计服务），甚至有公司专司此类业务，协助竞争者编撰申请所需材料，自然也就产生了相当多的机会成本。Hazlett 和 Michaels（1993）报告说，会计师事务所为每份申请填写并组织材料的平均费用约为 600 美元，并估计了所有提交申请的总成本。通常情况下，中选者会将许可证转售给更有效率的供应商，转售价格亦成为许可证市场价值的直接反映。虽然中选者凭借许可证价值和申请费用之间的差额狠赚了一笔，但其他人的申请投入却全都损失掉了。据估计，转让这些资产的总成本约占许可证市场价值的 40%。此外，随后的转售过程还会产生额外的间接成本，整个过程甚至需要数年之久；并且，无效率的移动通信服务还有可能传导到其他经济领域。米尔顿·弗里德曼和罗斯·弗里德曼（1989）观察到了这类事件，并在讨论政府政策预料外的副作用（负外部性）时评论道："可以说，每一项政府措施的背上都开着烟囱（every government measure bears, as it were, a smokestack on its back）。"就在当时，美国发生了一起招标文件堆积压垮政府仓库地板的事故。虽无人遇难，但这也为当时"被文书掩埋"（smothered in paperwork）的政府处境增添了一抹戏剧色彩。

Gordon Tullock（1967）在其经典论文中指出，即便获胜者有机会赚取巨额利润，围绕非市场竞争的全部实际成本仍有可能摧毁即"耗散"掉经济租的大部分价值。责任人即政府对这种浪费往往视而不见，因为，一方面参加竞赛本身出于完全自愿，另一方面政府管理人员通常也乐于享受投标者们的款待。除此之外，等待和游说活动等行为的成本甚至无法从市场定价上尽数体现。在本章后续的实验室实验中，这些巨额成本将从幕后转到台前。实际上，通过基于市场价格的拍卖机制取代寻租模式，上述成本完全可以避免。也正因如此，非市场的寻租行为相当令人忧虑。总结如下：

寻租： 在经济租的非市场分配中，如果有其他基于市场的分配（如拍卖）可用，重复的"全薪"（all-pay）竞争努力可能对整个经济非常有害。

如果读者沉浸在对这一章节的各种因素的介绍中，就不能忘记这一经验，即这些因素增加或减少了在寻租竞争和锦标赛中所消耗的资源的比例。

12.2　课堂实验室内的寻租

在许多的行政（非市场）分配过程中，获得资源或垄断租的概率是竞赛中花费金额的增函数。以 FCC 彩票（抽签）为例，获得许可证的机会约等于申请人的努力在总努力当中的占比。以此为基础，Tullock（1980）建立起了一个 N 名竞争者"寻租"的标准数学模型。其中，竞争者 i 的努力定义为 x_i，$i = 1, 2, \cdots, N$；努力的成本等于系数 c 乘以个人的努力水平，即 cx_i。在最简单的对称模型里，经济租对于所有人的价值都相等，均为 V；每个人的获胜概率等于自身努力在所有申请人努力中的占比。自然，期望收益便等于获胜的概率（上述比例），乘以稀缺品的价值 V，再减去努力的成本：

$$期望收益 = \frac{x_i}{\sum\limits_{j=1,\cdots,N} x_j} V - cx_i \qquad (12\text{-}1)$$

在右侧的努力成本前并未乘任何概率，因为无论是否获胜都必须支付该成本。

Goeree 和 Holt（1999b）在课堂实验中使用式（12-1）作为收益函数，并设 $V = 16\,000$ 美元，$c = 3\,000$ 美元及 $N = 4$。四名参赛者都由一组学生组成。努力需要是整数。这一要求是通过给每个团队 13 张相同花色的纸牌来实现的。寻租的努力是由团队放置在信封中的卡片数量决定的。无论成功与否，每支队伍每出一张牌都要花费 3 000 美元。所出的牌被收集起来，洗牌，然后抽一张来决定谁将赢得 16 000 美元的奖金。每队的出牌次数各不相同，但每队平均出三张牌。因此，一个典型的团队要花费 $3 \times 3\,000$ 美元，而四个团队的总游说成本超过 36 000 美元，而所有团队的奖金只有 16 000 美元！

在使用 Veconlab 组织的另一课堂实验中，我们也得到了相似的结果。参数设置不变

（4 名竞争者，奖品价值 16 000 美元，每单位努力成本为 3 000 美元），12 个团队被随机分成 4 名竞争者的组，展开多轮实验，各队初始资本为 10 万美元。第一轮各队平均游说努力水平为 3 个单位，至第 4、5 轮降低到略高于 2 单位的位置。即便每一队只付出 2 单位努力，总成本依然多达 2（单位努力）乘以 4（队）乘以 3 000 美元（单位努力成本），等于 24 000 美元。也就是说，价值仅 16 000 美元的经济租产生了 8 000 美元的过度消耗。

12.3　竞赛的纳什均衡

上述游说努力实验存在着纳什均衡。在纳什均衡下，每一名竞争者付出相同努力，且给定其他人努力水平，无人有意愿改变自身的努力水平。首先，我们考虑 4 名竞争者、单位努力成本为 3 000 美元的情形。0 努力肯定构不成均衡，因为任何人偏离均衡、增加 1 单位努力，便能以 100% 的概率、3 000 美元的成本获得价值 16 000 美元的经济租。接下来，假设每个人都选择 2 单位努力，成本为 6 000 美元，总努力为 8，因此每人获胜的概率为 2/8 = 1/4，期望收益等于 16 000/4 - 6 000，即负 2 000 美元。可见，2 单位努力也构不成纳什均衡，损失 2 000 美元还不如放弃努力、一无所获呢。那么，如果每个人的策略都是 1 单位努力呢？此时，期望收益为 16 000/4 - 3 000 = 1 000 美元。要证明此为纳什均衡，需要检验单方面偏离的可能性是否已经消失。单方面降至 0 单位努力，则期望收益亦为 0，显然变得更糟；而单方面地（其他人仍为 1 单位努力）增加至 2 单位努力，获胜概率提高到 2/5，期望收益变为 16 000 × 2/5 - 6 000 = 400 美元，依然不及 1 单位努力的期望收益 1 000 美元。上述计算总结于表 12-1，最左边一列为参与者的三种选择，后续三列对应其他三人选择 0 单位、1 单位和 2 单位努力的情况。在对称的纳什均衡中，4 名参与者每人 1 单位的努力使总成本达到 4 × 3 000 = 12 000 美元，经济租本身价值 16 000 美元依然有 3/4 被耗散。于是就引出了一个问题：降低寻租的努力成本能否控制资源的浪费，比如，在 FCC 彩票（抽签）中降低申请的文书要求。设想，每份申请的资源耗费从 3 000 美元降到 1 000 美元，纳什均衡努力水平却也从 1 单位提高到 3 单位（见章后习题第 1 题）。因此，即便成本降至 1/3，由于寻租行为将相应提升 3 倍，降低寻租的社会成本于事无补。

表 12-1　寻租收益计算——稀缺品价值 16 000 美元，单位努力成本 3 000 美元，对手 3 人

	另外三人均选择 0 单位	另外三人均选择 1 单位	另外三人均选择 2 单位
自身努力 = 0 单位	期望收益 0 美元	期望收益 0 美元	期望收益 0 美元
自身努力 = 1 单位	期望收益 13 000 美元	期望收益 1 000 美元（纳什均衡）	期望收益 -700 美元
自身努力 = 2 单位	期望收益 10 000 美元	期望收益 400 美元	期望收益 -2 000 美元

表 12-1 中的纳什均衡计算从个人的角度来考虑各种寻租努力，从而寻找均衡——均衡上任一人单方面偏离不会增加其预期收益。这种反复试验简单明了但乏味，还带有另外一个缺点，即并未解释如何确定纳什均衡的候选项[⊖]。而下式为参与者风险中性假设下，

　　⊖　即前面的 0 单位、1 单位、2 单位的三种努力程度。——译者注

纳什均衡寻租努力的计算公式（推导过程见附录12A）：

$$x^* = \frac{N-1}{N^2}\frac{V}{c}$$ （12-2）

例如，假设 $V = 16\,000$ 美元，$c = 3\,000$ 美元，$N = 4$，均衡努力水平为 $(3/16) \times (16/3) = 1$，和前文反复试验法结果一致。而当成本降至 $1\,000$ 美元，均衡努力水平为 $(3/16) \times (16/1) = 3$。将成本削减到 $1/3$ 却导致均衡努力水平增至 3 倍，可以预期，降低成本不能减少寻租总支出，也就是说，寻租总支出和努力成本的高低无关。但是，如果努力成本是努力的非线性函数，结论则须做相应调整。这里使用的线性假设对应于彩票（抽签）的情况，即会计师事务所对处理的每份申请按统一的费率收费。

最后，考虑所有寻租活动的总支出，由竞争者数量、每名竞争者的努力程度以及每单位努力成本三者的乘积来衡量：Nx^*c。根据上面的均衡努力公式，也就是式（12-2），寻租总支出等于 $(N-1)/N$ 乘以经济租价值 V。因此，随着竞争者数量的增加，V 的耗散比例 D 越来越大。

$$D = \frac{N-1}{N}$$ （均衡的寻租支出占经济租价值的比例） （12-3）

竞争者人数为 2 时，纳什均衡中一半的价值被耗散；人数来到 3 时该比例增至 2/3，到 4 时进一步增至 3/4；竞争人数极多的情况，该比例几乎等于 1（全部耗散）。可见，竞争通常有利于市场效率，但不利于非市场配置。总结如下：

彩票（抽签）竞赛里纳什均衡的经济租耗散问题： 在均衡中，个体的努力程度是与经济租价值 / 努力成本的比值成正比的，且此比例系数随群体规模 N 的增大而减小。租金耗散 D，以寻租活动的总支出与经济租价值之比 $(N-1)/N$ 来衡量，它随群体规模的增加而增加，并且与努力成本无关。理论上，如果只有两名竞争者，寻租的社会成本就会很大，而且随着竞争的加剧，社会成本只会变得更大。此外，预计每单位努力成本的减少会被均衡努力程度的增加完全抵消。

12.4　成本和组群规模变化的经济效应

本节讨论的实验是基于两个预测：首先，虽然竞争对手数量的增加预计会减少每个人的游说努力，但随着竞争对手的增加，游说的总社会成本预计会更高。其次，寻租努力成本的减少会使这一努力程度（水平）产生抵销性的增加，因此租金耗散的部分预计与成本 c 无关。比如，之前 4 名竞争者的情形，努力成本从 $3\,000$ 美元降到 $1\,000$ 美元后，纳什均衡的游说努力程度从 1 单位提至 3 单位，总成本保持不变。

我们首先通过一个"2×2"设置的课堂实验来评估以上预测：两个"2"分别对应游说成本的高和低，以及竞争者人数的多与少。实验共 20 轮（四种实验局各 5 轮），并且没有对序列效应进行控制。各轮的奖品价值均为 $16\,000$ 美元，每人的初始现金余额为 10 万美元，事后随机抽选一人按收益的一定（极低）比例支付实验报酬。实验中，努力的单位成本分为 500 美元和 $1\,000$ 美元两档，竞争者人数分为 2 或 4 人，两两组合构成四种实验局。但无论哪种设置，观察到的努力水平都高于纳什均衡的预测，见表 12-2（四舍五入到 1 000 美元），耗散率一直居高不下。当竞争者有 4 人时（即表中最后一行），价值已被完全甚至过度耗散。表 12-2 从左到右，各行的寻租总支出递增。尽管努力成本加倍确实降低了个体的努力水平（表中未展示），但降幅达不到预期的降幅 1/2，故总支出呈现增长趋势。

表 12-2　一场课堂实验（经济租价值 16 000 美元）的总寻租支出（四舍五入）

	低努力成本（500 美元）	高努力成本（1 000 美元）
$N=2$	10 000 美元	12 000 美元
$N=4$	16 000 美元	24 000 美元

我们有很多理由来质疑这个单独的课堂实验，比如激励较小，未对实验局顺序加以平衡，以及典型的半社会课堂情境（semi-social classroom setting）。然而，课堂实验却和正式实验得到了基本一致的结果。正式实验共设 16 场，同样采用 2×2 设计控制小组规模和努力成本，参数基本上是课堂实验的按比例缩小，经济租价值为 1.60 美元，努力成本为 0.10 美元。每场实验招募 12 名被试，在 20 轮中随机配对，每人只会经历一种小组规模（2 或者 4）设置，以及高、低努力成本（每单位 10 美分或 5 美分）的其中之一。四场实验分别独立开展（一场 12 名参与者），各对应 2×2 中的一种实验局。被试每轮初都得到 1.30 美元，且往期收入也将累积，每轮支出上限 1.90 美元（0.1 美元成本的实验局中，努力程度为 1 ～ 19 单位；0.05 美元成本的实验局中则为 1 ～ 38 单位）。之所以允许被试的支出高于经济租价值，是为了避免努力上限位置的大量"堆积"，并保留人们不惜一切争取胜利的极端愿望。

图 12-1 展示出高成本设置下两种组群规模的平均努力水平，其中，$c=10$ 美分。注意，不论组群规模大小，努力数据序列都高于式（12-1）计算的纳什均衡预测。两种组群规模的纳什预测分别由不同颜色的直线表示（虚线对应 $N=2$，均衡努力为 4 单位；灰线

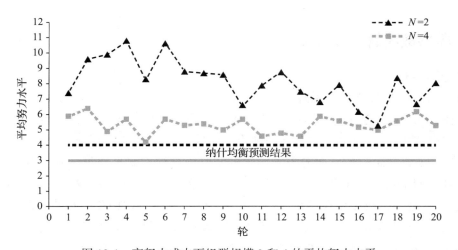

图 12-1　高努力成本下组群规模 2 和 4 的平均努力水平

资料来源：Holt，Smith（2017）。

对应 $N=4$，均衡努力为 3 单位）。实验数据线的颜色与其对应的纳什预测的相同，且各轮数据均值由特定符号标示。与之前一样，我们在 4 人一组的实验局中发现了过度耗散的现象，平均努力水平约为 5 单位，总成本 $4 \times 5 \times 0.10 = 2$ 美元，高过经济租的价值 1.60 美元。此外，由于 $N=2$ 的灰色线存在向下趋势，于是我们选取了后十轮（即后半部分）用于统计比较。回忆式（12-3），纳什均衡耗散率（寻租总支出 / 经济租本身价值）等于 $(N-1)/N$，在 $N=2$ 时为 50%，$N=4$ 时为 75%。而各场实验的实际耗散率见表 12-3，粗体字为相同设置四场实验的平均水平。和课堂实验一样，租金耗散率随着成本的提高和组群人数的增加而上升，高成本 - 大群体（表中右下角的单元格）的平均耗散率甚至略高于 100%（支出 > 价值）。

表 12-3　各场实验的经济租耗散率：成本和人数效应

	低努力成本	高努力成本
$N=2$	77%、67%、62%、35%（平均 61%）	91%、85%、85%、94%（平均 89%）
$N=4$	77%、82%、130%、81%（平均 93%）	132%、111%、83%、87%（平均 106%）

资料来源：Holt，Smith（2017）。

在继续本章后续内容之前，总结一下现阶段的结果很有帮助，尽管我们稍后还会更多地讨论它们潜在的统计学支持。

寻租实验的结果
- 经济租耗散：寻租的总支出高于经济租价值的 50%，且在全部实验局中均超过纳什预测。
- 组群规模：竞争者人数的增加倾向于提高寻租总支出，这在方向上和纳什预测一致。
- 成本效应：努力成本的增加倾向于提高寻租总支出，这与纳什预测相悖。在纳什预测中，努力成本的变化会被努力水平的相反变化完全抵消。

12.5　非参数统计分析预览

检查表 12-3，可以发现相同设置的不同场次间也存在一定差异，比如左下单元格出现了耗散率 130% 的极端值。通过统计检验，我们可以辨别实验数据究竟是存在某种方向性，抑或随机分布。通过一个简单的例子即可直观阐释检验思路，比如检验一枚硬币是否能"公平"地抛出正反面。或者不用硬币，换成一只橡皮"小猪"——丹麦的一种儿童玩具。（作者在一堂简短的、面向丹麦学生的实验讨论课后第一次见识到了这种游戏，游戏需要多次使用 6 面和 10 面骰子。）小猪有多种落地姿势——头、背、腿、侧面，皆可立住；这显然是一种模棱两可的情况。假设侧身着地的概率为 1/2。如果某人连续 6 次抛掷，小猪都是侧身着地，则该假设的可信度即告丧失。因为如果等概率假设为真，连续 6 次侧身着地的概率极低，仅有 $(1/2) \times (1/2) \times (1/2) \times (1/2) \times (1/2) \times (1/2) = 1/64 = 0.0156$。在给定原假设为真的情况下，看到极端或更极端的概率被称为"p 值"。在这种情况下，没有理由预测一个方向或另一个方向的偏差，所以备择假设允许两个方向的差异。由于 6 次非侧面着陆在原假设下也有 0.015 6 的概率，所以使用的 p 值是该数值的两倍，约为 0.03。统计检验设置了一个标准的截止概率，例如 0.05，如果 p 值低于该拒绝概率，则拒绝原假设。实验学家常用的一些统计检验方法将在下面的方法论一章中讨论。但是直观的框架将在这里概述，以提供关于组群规模和努力成本效应的预览和快捷视角。

首先，请记住表 12-3 中每场实验的平均值是 12 个人在最后 10 轮中的平均值。由于相互间竞争的存在以及小组规模效应，这 120 个观测值之间并不独立。比如说，在耗散率 130% 的那场实验中，可能是由于一部分人在努力支出上相当激进，才导致其他人为保持竞争力亦加大投入。如果个人愿意接受潜在的假设，一些计量经济学方法可用来处理这类聚集（clustered）的观测数据集，但大多数实验经济学家倾向采用保守的方法，即将每场实验的平均数据作为一个单独的观测结果。

接下来看看表 12-3 的第一行，左侧四场低成本实验的均值，全部较右侧四场高成本实验的低。若不存在努力成本效应，这八场实验的高低排序应存在一定程度的混合，而不是左低右高。（目前我们只关注第一行。）事实上，将 8 场实验均值分成两组，即 "8 中取 4" 的方法共有 $\frac{8!}{4! \times 4!} = 70$ 种，而实验观测到的结果属于其中最为极端的一种情况。在不存在努力成本效应的原假设下，70 种分组或排列（permutation）的每一种都是等可能的，所以我们看到像上面一行一样极端（或更极端）的概率是 1/70 = 0.014。而在另一个方向上，还有另一组同样极端的数字，四个最小的数字在右边。因此，在无影响的零假设情况下，在两个方向上看到极端或更极端的概率是 0.028。这是非常不可能的，还不到 3%，所以在这个意义上，我们可以在标准的显著性水平（5% 的拒绝水平经常被使用）下拒绝零假设。

到目前为止，分析都局限在表 12-3 的第一行。使用这两行的一种方法是考虑在同一时间对每一行中的数据进行重新分组，从而保持组规模大小不变。利用所有数据的方法，保持组规模大小不变，将在下一章中讨论。根据所有 16 场实验的平均值进行的联合分析将为组群规模和努力成本效应提供适当的统计支持。

使用所有数据的另一种更标准的方法是，对独立变量组群规模（组群规模 2 的 $G=0$，组群规模 4 的 $G=1$）和努力成本（低水平的 EC $=0$，高水平的 EC $=1$）进行多元回归（16 次观察值）。需要解释的变量（"因变量"）是经济租耗散率 D_i，i 代表实验场次。多数学生在其他课上已经接触过回归方法，但我们的想法是要适合这种形式的模型：$D_i = \alpha + \beta G_i + \gamma \mathrm{EC}_i$，希腊字母是需要估计的参数。回归结果显示，组群规模和努力成本的系数均为正且在 5% 水平上显著。因此，之前的回归和排列检验（permutation test）结果暗示了相同的情况，支持组群规模和努力成本对租金耗散的影响。

12.6　竞赛中的人口统计学与个体偏好效应

第一个寻租实验是由 Millner 和 Pratt（1989）进行的。实验中被试并非同时做出努力决策，而是各自在固定的决策期内完成。在 20 世纪 80 年代，该实验首次用到计算机化的实验界面，被试可以在任何时间从屏幕上查看对方的努力选择。给定努力成本为 1，小组规模为 2，（同时选择模型）理论预测的努力水平等于 $(N-1)/N^2$ 乘以价值 8，即为 2，略低于该实验的平均努力支出 2.24 美元。在一篇配套的文献中，Millner 和 Pratt（1991）使用彩票选择决策，将被试根据风险厌恶程度分组。他们设计的风险任务是在确定的 12 美元与 18 美元或 8 美元的彩票间进行取舍；随着彩票菜单中获胜概率的增加，确定性收益和彩票之间存在一个转换点 $\ominus$，以此可衡量风险厌恶程度。实验结果显示，高风险厌恶组倾向于较低的寻租投入，因为如果竞争失败，高投入意味着更高的成本。这种通过衡量偏好特征对被试进行分类的程序，在当时相当具有创新性，后续在关于私人价值拍卖的章节中还将回顾这部分内容。

理论上，风险厌恶对竞赛中努力选择的影响比前一段中简单的直觉所表明的要复杂得多。不过相当数量的论文都汇报了和前文相似的结果——风险厌恶者付出的努力相对更少，比如 Sheremeta（2013）和本章附录提及的综述性论文。Anderson 和 Freeborn（2010）也发现风险厌恶程度更高（基于 Holt-Laury 度量方法）的被试寻租支出更低，且这一点在女性被试身上更为明显。

Price 和 Sheremeta（2015）使用多元回归，设置变量（比如初始现金是直接获取还是实验前通过完成任务所获得）分离了对不同个体特征的影响，如，性别和风险厌恶。估计的回归系数显示，风险厌恶越高，寻租努力越低；加入性别变量后，其系数显示女性倾向于付出更多努力。女性的寻租努力比男性高出约 25%，且性别效应大于处理效应，这难免有些令人吃惊。另一个与性别有同样影响的变量是宗教虔诚度的自我报告（如果宗教很重要则为 1），但其影响方向相反（低 26%）。然而，是否主修经济学并无显著影响。还有一个有趣的发现，如果初始资金是通过赚取得到的，相比于外生给予的现金资源，被试的努力支出将减少 10% ～ 15%；但即便是前者，努力水平依然远远高于纳什预测。

Price 和 Sheremeta 还使用了一项实验后任务，令被试选择是否参与竞标一件价值为零的"奖品"。虽然出价使用的是真金白银，却仍有相当一部分被试选择参加这场拍卖，尽管所能得到的只有获胜的喜悦心情。他们发现，这类被试在之前的标准彩票竞赛中往往付出更多的努力。

其他人还发现，女性在竞赛中表现得更积极，结果是挣得更少；而且在竞赛（一方获胜）和计件支付（对努力的稳定报酬）之间进行选择时，相对于男性，女性倾向于避免参加竞赛（Niederle and Vesterlund，2007）。截至此处，总结如下：

竞赛中的性别和风险厌恶效应：厌恶风险的被试在竞赛中倾向于选择较低的寻租努力水平。女性往往更偏好计件支付机制，而非竞赛形式的报酬支付。然而，在竞赛中，女性往往会比男性选择更高的寻租努力。

$\ominus$ 根据期望收益能够计算风险中性者在何时转变选择。经计算，彩票获胜（高收益）概率 0.4 即为转换点。——译者注

Price 和 Sheremeta 使用的风险厌恶选择菜单如表 12-4 所示（bingo 盒可用骰子代替）。菜单中同样设有安全选项——每行左侧的 A 选项能获得确定性的 1 美元。有人认为，确定性收益可能会产生性别间差异；相比之下，Holt-Laury 菜单中的安全选项同为彩票（抽签），而非确定性的支付，这就避免了这一隐患。正如在第 3 章中所提到的，一个安全的选项可能会建立一个参考点，因此风险选项的 0 美元收益可能会被认为是一种损失，这被认为会触发性别效应。Price-Sheremeta 的风险诱出菜单的创新点在于，将可能的随机结果（解释为 20 面骰子的掷出）列成一行，因此，列表的宽度可以粗略地显示出选项 B 中每一种可能的收益（3 美元或 0 美元）的总体可能性。

表 12-4　Price-Sheremeta（2015）的风险厌恶任务

行	A 选项（美元）	B 选项		A 或 B
		3 美元	0 美元	
1	1	不可能	1, 2, 3, 4, 5, 6, 7, 8, 9, 10, 11, 12, 13, 14, 15, 16, 17, 18, 19, 20	
2	1	骰子掷出 1	2, 3, 4, 5, 6, 7, 8, 9, 10, 11, 12, 13, 14, 15, 16, 17, 18, 19, 20	
3	1	1 或 2	3, 4, 5, 6, 7, 8, 9, 10, 11, 12, 13, 14, 15, 16, 17, 18, 19, 20	
4	1	1, 2, 3	4, 5, 6, 7, 8, 9, 10, 11, 12, 13, 14, 15, 16, 17, 18, 19, 20	
5	1	1, 2, 3, 4	5, 6, 7, 8, 9, 10, 11, 12, 13, 14, 15, 16, 17, 18, 19, 20	
6	1	1, 2, 3, 4, 5	6, 7, 8, 9, 10, 11, 12, 13, 14, 15, 16, 17, 18, 19, 20	
7	1	1, 2, 3, 4, 5, 6	6, 7, 8, 9, 10, 11, 12, 13, 14, 15, 16, 17, 18, 19, 20	
8	1	1, 2, 3, 4, 5, 6, 7	7, 8, 9, 10, 11, 12, 13, 14, 15, 16, 17, 18, 19, 20	
9	1	1, 2, 3, 4, 5, 6, 7, 8	8, 9, 10, 11, 12, 13, 14, 15, 16, 17, 18, 19, 20	
10	1	1, 2, 3, 4, 5, 6, 7, 8, 9	9, 10, 11, 12, 13, 14, 15, 16, 17, 18, 19, 20	
11	1	1, 2, 3, 4, 5, 6, 7, 8, 9, 10	10, 11, 12, 13, 14, 15, 16, 17, 18, 19, 20	
12	1	1, 2, 3, 4, 5, 6, 7, 8, 9, 10, 11	11, 12, 13, 14, 15, 16, 17, 18, 19, 20	
13	1	1, 2, 3, 4, 5, 6, 7, 8, 9, 10, 11, 12	12, 13, 14, 15, 16, 17, 18, 19, 20	
14	1	1, 2, 3, 4, 5, 6, 7, 8, 9, 10, 11, 12, 13	14, 15, 16, 17, 18, 19, 20	
15	1	1, 2, 3, 4, 5, 6, 7, 8, 9, 10, 11, 12, 13, 14	15, 16, 17, 18, 19, 20	

12.7　"过高出价"的其他解释

关于此类实验中努力支出超过纳什预测的现象，研究人员并未达成一致意见。图 12-2 中为 $N=2$ 实验局（后半段）的频率分布计数。黑色条形对应高努力成本的场次，单位努力的成本为 10 美分，纳什均衡为每人 4 个单位。在高成本下，最大努力水平为 19 单位，支出 1.90 美元。而低成本设置下，单位努力成本仅 5 美分，努力的选择范围扩大到 0 ～ 38 单位，最大支出不变，仍为 $38 \times 0.05 = 1.90$ 美元。为便于比较，横轴选取 10 美分为最小单位，其作为货币单位可视为一种"出价"。高成本局每单位努力对应横轴上的一格；低成本局则需要将努力数除以 2，保证分布范围在 0 ～ 19，横轴上的每格代表两个单位的努力。因为纳什均衡预测的寻租支出相同，在两个实验局中均为 0.40 美元，这种归一化特别有利于比较。当努力成本减半时，理论预测努力水平倍增，从 4 增至 8，支出仍为 4×10 美分。图 12-2 清楚地展示了出价高于纳什预测的倾向有多强烈。此外，高成本实验局的努力支出较低成本局更高，也和纳什均衡的不变预测相矛盾。

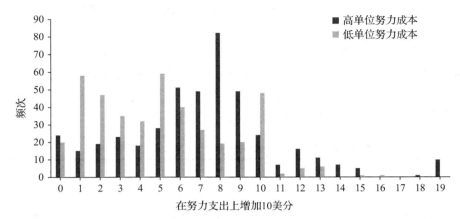

图 12-2　努力支出决策（出价）的频次——N = 2 的实验场次，包括高 / 低单位努力成本两种情形
资料来源：Holt 和 Smith（2017）。

　　该图还有另一方面引人注目，即被试决策宽泛的分布区间。图中数据来自实验的最后 10 轮，可以假设被试在前几轮已经完成学习行为，故而此数据分布特征更加值得关注。当然，人与人之间势必存在异质性。比如图中最右侧的黑色条块，其实全部来自同一个人。此人在全部 20 轮中都选择了最高努力 19 单位，在前 10 轮中胜了 9 轮，每轮获得了 1.30 美元的初始资源加 1.60 美元的奖品价值再减去努力支出 1.90 美元，净收益为 1.00 美元！⊖ 事实上，实验中还观察到一种趋势，前一轮获胜的被试在下一轮会提高出价，正向的强化增加了个人出价的变异性（Variability），可能也是后续出价推高的原因之一（Sheremeta and Zhang，2010）。从某种意义上说，考虑到个人特征（性别、风险厌恶、宗教信仰和获胜的喜悦）的巨大影响，出价的宽泛分布并不令人惊讶。

　　此外，由于纳什均衡位于图 12-2 出价范围的靠左位置，上述变异性还会强化过度出价。如 Sheremeta（2015）所述，有限理性（如"质反应"）模型中决策"噪声"的影响，是在一定程度上将全部决策分散到整个决策集合中；若纳什均衡在决策集合中位置较低，这种分散将相对地拉高平均决策。这一观察结果得到了竞赛实验的支持，这些实验改变了决策的范围，保持其他所有因素不变。当可能的努力的上限增加时，出价过高更为普遍。

　　过高出价或许是诸多因素的共同结果，但却能够从中排除风险厌恶，毕竟在竞赛中风险厌恶的被试倾向于调低出价。另一方面，倒 S 形的概率加权函数会强化低中标概率在感知上的重要性，竞赛中投标者人数越多，这一现象应越发明显。概率加权猜想也得到了竞赛实验结果的支持，参见 Sheremeta（2015）。他们在一部分竞赛实验中根据努力多少按比例分配奖金，而不是将努力换算成概率再随机决定胜者。如果按比例分配，被试努力的决策便不再和概率相关，概率加权的影响将被消除（如果存在）；反过来，如果

　　⊖　不参与竞赛的净收益等于初始资源 1.30 美元。——译者注

随机决定，那么高努力虽然能提高获胜的概率，但由于大概率的权重较低，努力的好处将被低估。

Sheremeta（2015）还考虑到另一种可能的解释——获胜带来的纯粹喜悦，在 Mago、Samek 和 Sheremeta（2016）的实验中，有大约 40% 的被试选择参与一场拍品价值为 0 的拍卖。综上，人们大致达成了一点共识，即一些行为因素是过度出价的主因，且实验也为这几种解释思路提供了数据支撑。但想要在估计中引入获胜喜悦、概率加权和有限理性这些要素，须建立一套能够和误差相兼容的模型。总结如下：

竞赛实验中的过高出价： 使用控制每个因素影响的实验局，有三个因素，即有限理性、获胜的喜悦和概率加权，被认为是出价过高的可能原因。不管原因如何，与基于努力的竞争相关的大量浪费构成了一个主要问题，并且寻找方法降低成本或者在合适的时候替代市场分配，如采用拍卖，是很重要的。

12.8 扩展与进一步阅读

相当数量的实验研究采用了式（12-1）的收益结构，且普遍发现了过度耗散现象，如 Potters、de Vries 和 van Winden（1998）。Anderson 和 Stafford（2003）通过赋予参与者不同的成本水平，并加入是否参与竞争的初始决策，对多数基础模型的预测结果进行了评估。结果发现：在所有的实验设置下，寻租总支出均超过理论预测值，且多发生过度耗散现象；努力成本的提高压缩了竞赛的盈利空间，因此寻租竞赛的参与率低于理论预测。最近有学者对这方面文献进行了全面的综述，可见于 Dechenaux、Kovenock 和 Sheremeta（2015）的研究。

寻租模型被用于政治游说的研究（Hillman and Samet，1987），这是一种自然的应用，因为游说支出往往涉及实际资源。事实上，任何一种争夺单一奖项的竞赛都可能具有类似的战略元素，例如政治竞选活动或研发竞赛（Isaac and Reynolds，1988）。当然，一些彩票（抽签）涉及简单的彩票购买，而不是社会成本高昂的努力。在这种情况下，这些支出不是社会浪费，而是简单的现金转移支付。Davis 和 Reilly（1998）就曾比较过彩票（抽签）和拍卖的收入。

本章介绍的全部实验（只有一个例外）中，奖品对于竞争者的价值都相等。相反，如果非价格竞争的成本高昂时，寻租行为本身能够有助于分辨出私人价值更高的竞争者。比如像本书第 2 章的价格下限情境，由于不允许通过降价展开竞争，价格下限处堆积了众多急切的卖家。尽管一些卖家的成本可能较低，但如果分配取决于随机事件，比如谁先到达或谁先打电话，高成本的卖家可能会进行销售。在这种情况下，卖家的努力（比如在农贸市场竖起更大的广告牌或提前到达黄金地段）可能会让更有效率的卖家增加销售的机会。当然，相比于这种非价格层面的竞争，直接取消价格下限的效率提升要大得多，但寻租也的确改善了卖家的选择（Finley et al.，2018）。

附录 12A　均衡的数学推导

均衡的数学推导过程并不复杂，熟悉导数运算基本规则的读者可选择性地阅读本附录。首先，考虑式（12-1）的期望收益函数，在其基础上假设其他 $N-1$ 人的决策都落在均衡水平 x^* 上。

$$期望收益 = \frac{x_i}{x_i+(N-1)x^*}V - cx_i \tag{12-4}$$

这将是个人寻租活动 x_i 的"峰形"（凹）函数，"峰顶"处的斜率为 0，对应函数最大值。为了找到该点，首先要计算导数并令其为 0，得到其他人选择 x^* 时参与者 i 的最优响应。在寻租活动相同的对称均衡下，$x_i=x^*$，于是我们便可得到均衡努力水平 x^*。上述分析共分成两步：令参与者 i 的期望收益的导数等于 0，以及使用对称条件 $x_i=x^*$。

步骤 1：为了使用幂函数求导的法则，可以方便地将式（12-4）表示为幂函数形式：

$$期望收益 = x_i[x_i+(N-1)x^*]^{-1}V - cx_i \tag{12-5}$$

式子右边最后一项是 x_i 的线性函数，导数为 $-c$。而前一项是 x_i 和一个包含 x_i 的幂函数的乘积，用乘积规则（第一个函数的导数乘以第二个函数，加上第一个函数乘以第二个函数的导数）求得导数，即下式左侧前两项：

$$[x_i+(N-1)x^*]^{-1}V - x_i[x_i+(N-1)x^*]^{-2}V - c = 0 \tag{12-6}$$

步骤 2：将对称均衡条件 $x_i=x^*$ 代入式（12-6），得到单一变量 x^* 的方程：

$$[x^*+(N-1)x^*]^{-1}V - x^*[x^*+(N-1)x^*]^{-2}V - c = 0 \tag{12-7}$$

化简为

$$\frac{V}{Nx^*} - \frac{V}{N^2x^*} - c = 0 \tag{12-8}$$

最后，式（12-8）两侧同乘 N^2x^*，得到关于 x^* 的线性方程，化简得到之前正文中给出的式（12-3）[⊖]。

第 12 章习题

1. 假设每单位努力成本由 3 000 美元降至 1 000 美元，竞争者人数仍为 4，经济租价值为 16 000 美元。证明此寻租竞赛在纳什均衡下，每人付出 3 单位的努力。请不要通过基于微积分的公式来计算，通过考虑努力水平由 3 单位向 2 单位和 4 单位偏移时的收益变化来完成该题。

2. 延续上一题，假设努力的成本进一步降低到 500 美元，其他条件未变。证明此寻租竞赛在纳什均衡下，每人付出 6 单位的努力（考虑向 5 单位和 7 单位的单方面偏离）。

3. 计算第 1 题中设置的预计用于寻租活动的总成本。单位（边际）寻租成本从 3 000 美元降至 1 000 美元，预计是否会减少总支出？请解释。

4. 第 2 题中竞争者数量由 4 减少到 2，是否会降低预期的租金耗散程度？（所谓租金耗散，

⊖　应为式（12-2），疑原文有误。——译者注

即寻租行为的总支出在经济租价值中的占比。)

5. (无须数学证明)在何种意义上,表 12-4 中数字列表的长度就它们所传达的关于概率的印象而言是有偏向的? 如何减少这种偏离呢?

6. (无须数学证明)当初始禀赋采取直接赠送的形式时,即便被试在竞赛中落败,也可免于负收益的影响,此时过高出价现象却依然存在,推测前景理论是否可以对此给出解释?

7. (开放性问题)美国国家科学基金会(US National Science Foundation)有时使用的一种减少文书费用的方法是,要求竞争巨额(低概率)资助的申请人提交 3 页的预提案。然后,只有一部分被认为是最好的预提案将被邀请提交完整的提案。这种方法有哪些利弊?

方法论和非参数检验

为了以谨慎、质疑的态度评估实验结果，有必要了解潜在的方法论所考虑的因素。良好的设计本能通常来自实际的实验和借鉴他人的工作成果。这是因为读者往往对设计和统计检验的抽象讨论有所忽视、视而不见。正因如此，本书直到第 13 章才集中地就方法论展开探讨，以便借鉴前文中诸多决策和博弈实验的案例。本章第一部分包含实验局（treatment）结构的一般性考虑，以及如何设置合适的激励与实验说明的措辞，并以在设计中应该避免的"致命的缺陷"（fatal flaw）的列表作为结尾。本章的第二部分涉及非参数检验，这是最常用于经济学实验中遇到的相对较小的数据集的。每一种检验方法都在特定的实验数据集的背景下加以解释。

标准的非参数检验需要将数据转化为秩的形式（1 表示最小值，2 表示次小值，以此类推）。这种转换的一个优点在于，原有连续数据的秩分布清晰可考，既能以表格形式展示，又便于统计软件程序执行标准化检验。第二节中的每一种检验都包括一个检验统计量，是通过将实验局的秩比较计算得到的。如果实验局的改变没有效果，那么每个实验局的秩将为一些低秩和一些高秩的"混合"。不存在处置效应的原假设意味着，各实验局的秩满足相同分布。但是，如果某实验局的秩普遍高于其他，则原假设很难从中得到支持。

例如，假设两种实验局分别开展了四场实验（不同被试），实验结果为各场实验均值形式（平均价格、平均要价、平均努力程度等）。这八场实验的均值从低（1）到高（8）排序。如果两种实验局满足相同的概率分布，那么最高和最低的四个秩分别出自不同实验局的概率微乎其微。无论正态分布（具有均值和方差）还是其他单一参数分布（比如均匀分布）或者多参数分布，以上说法都成立。（基于秩的）检验统计量的极端值能论证拒绝原假设（不存在影响）的合理性，每种检验有其检验标准。这些检验的相关检验统计量及检验标准运用的是不同实验局数据的秩，而秩本身的潜在分布形式并不依赖于原始数据分布的特定参数，故称为非参数检验。

13.1 实验设计和流程

13.1.1 实验局的结构

所谓实验局（treatment），是一套完全指定的程序，包括实验说明、激励机制、被试、行动规则等。这一概念与医学试验的情况类似，在医学试验中，治疗（treatment）[○]将包括剂量、时机、被试选择、测量和所有必要的特征，这些特征将是其他人在以后复制实验所必需的。站在原始作者的角度，经济学实验对实验局的描述应该包括开展有效的重复研究所必需的全部细节。

正如科学仪器需要校准，经济学实验的校准也有意义。实验中的校准（Calibration）通常表现为用于比较的"基准实验局"。例如，实验中每个人得到一笔钱，可以投资于"个人账户"或"集体账户"。投资集体账户对个人而言回报较低，但对于全部集体成员的回报较高。如果实验中观察到的典型行为模式是两账户各投入一半，这可能是因为：①实验中设定的投资回报函数；②面对不熟悉的情境，被试们采取了"一半一半"的策略。这种情况下，我们可以通过设计一对实验局，设置不同的个人账户回报，从而梳理一般化的投资模式。假设其中一局观测到了上述一半一半的行为模式，恐不易辨明是否缘于被试的混乱和不确定性；但如果在另一实验局提高资本回报率后，集体账户投资占比出现提升，则将产生重要的经济学含义。

另一案例出自某市场实验，其中，被试卖家公布要价，随机选择买家以该价格购买商品。如果少数卖家掌握大量商品，可能会试图利用"市场势力"——减少销售量以抬高价格。于是在实验中，观察到的高价格可能归因于——①卖家数量较少，或者②卖家行为受限，不允许给予特定买家以折扣。若想要辨析这两点，可在折扣机会不变的条件下改变卖家数量，或者在卖家数量不变的情况下允许/禁止折扣。许多的经济学实验都采取了 2×2 设计（2×2 design），每一单元对应一种实验局。具体到此例，分别是：低卖家数+折扣、低卖家数+无折扣、高卖家数+无折扣、高卖家数+折扣。

实验中有这样一种严重的缺陷（很不幸，这种缺陷还非常普遍），即，实验局的结构变化同时还调整了一个以上的要素。如此，即便观察到了被试的行为变化，也很难确定是由哪一个要素引致的。比如在上一个例子中，如果仅设置"低卖家数+无折扣"和"高卖家数+折扣"两个实验局，则依然无从确定二者结果究竟是由卖家数量还是折扣导致的。然而，如果考虑的替代政策需要这样做，有时一次更改多个实验局的维度可能是有用的。即使那样，通过一次改变一个维度来回顾和解构这些影响可能是有益的。

[○] treatment 在医学领域通常译作"治疗"，在本书即实验经济学范围内，我们将它翻译为"实验局"，含义如文中所述。——译者注

在许多记录在册的实验中，被试在假想和真实的激励下的选择保持一致。这有可能是因为收益的性质（真实收益和假想收益）或规模（低和高）。Holt 和 Laury（2002）报告：若为假想收益，提高选择菜单中的收益规模后，被试选择安全选项的倾向无显著变化；但如果采用真实的（并非假想）收益，同样将收益提高到几百美元，这一倾向将会急剧增强。有趣的是，由于令被试在高收益彩票选择前先在低收益条件下完成选择，Holt 和 Laury 遭到了（中肯的）批评，这种设计可能造成收益规模效应和顺序效应间的混淆。为解决这个问题，Holt 和 Laury（2005）又开展了一次实验，实验中每一名被试只进入一种实验局（高/低规模 × 真实/假想的收益），且实验顺序固定不变。此外，如果还对影响因素的强度感兴趣，最好的办法或许是设置多重实验局，控制单一要素的强度，比如，在彩票选择实验中设定 1×、10×、50× 等多个级别的收益。

实验局的结构： 为了推断经济结果的变化原因，有必要外生地将被试分配于不同实验局，因此，在存在可能的因果因素的情况下，结果可以与不存在该因素的基准实验局进行比较。两个可能的因果因素的单独影响，可以通过在 2×2 设计中独立改变这些因素来研究。在其他情况下，使用不同强度的因果因素的多种实验局是有效的。

13.1.2 "被试间"与"被试内"设计

许多研究实验都是基于对每个被试或一组被试使用单一实验局，比如，将被试随机配对分组，一些组进行 20 轮的低收益差性别战博弈，另一些进行 20 轮的高收益差性别战博弈。相比之下，课堂实验通常包括两个或更多的实验局，甚至于需要通过不同的"场次代码"，令班上一半学生登录、进入两种实验局，而另一半参加另外两种实验局。受上课时间和参与人数的限制，如果被试在一种实验局的行为延续到之后的实验局，这种流程可能会引发问题。

上述序列效应在研究中多通过被试间（between-subjects）设计加以规避。而它的替代方案——被试内（within-subjects）设计则令每名被试都进入两种实验局，这保证了每种实验局的参与人数更多，但同时实验局内的决策轮数相对较少。被试内设计还被称作序列设计，同一组被试在不同实验局的行为间能够进行比较。心理学中多称"被试间"与"被试内"，其中观察单位通常是个体对象；而经济学实验中的被试间常存在互动，所以分析的单位多为小组或市场，故"组内"（within-group）和"组间"（between-group）两种术语更为常见。

这两种设计各有优劣。如果行为收敛速度很慢，或者需要许多观测值来测度所要研究的内容，那么平行（被试间或组间）设计或许更为可取，它能在有限的时间内为每种实验局生成最多的重复观察结果。此外，每一名被试只经历单一实验局，避免了序列效应（sequence effects）。例如，旅行者困境实验（见第 11 章）中序列效应就颇为严重。在低惩罚率下开展 10 轮旅行者困境博弈后，小组成员倾向于提高索赔要价，即便之后的罚金率提高，这一倾向仍会延续；反过来，在高罚金之后再降低罚金率，之前的低要价倾向也会保持。虽然罚金率变化的影响和预测一致，但序列效应过强，使得只有前半部分的实验数据可以用于跨组之间的比较分析。

要求学生们设计一项在课堂上开展的实验，他们通常会想出一系列的实验局。事后的自我评估中也往往会提到："我希望班级中各半同学分别进入单独的实验局，这样我们就不用推测实验局之间的行为变化是不是先前的经验所导致。"即便在正式的实验研究中，根据序列顺序差异来分析决策差异，也是相当令人困惑的问题。就作者个人的经历而言，被试内设计的运用结果多不理想，例如，Holt 和 Laury（2002）讨论风险厌恶和旅行者困境的两篇论文。某些情况下组间的合作倾向差异相当大，因此应该考虑被试内的比较，同时在不同场次之间颠倒实验局的顺序从而控制序列效应。例如，你面对一群成年人，想要确认一杯含咖啡因的饮料能否提高跑步速度。不论哪一组，速度可能受到 2 种或更多因素的影响，像年龄、体重、整体健康程度等。这种情况下就需要在不同日期为每人检测有 / 无咖啡因条件下的跑步速度。顺序（被试内）设计的优点在于，通过让每人充当自身的控制局，从而有效地测度出个体之间的差异。有些情况下序列效应本身就是实验的关注焦点，例如，实施最低工资会不会提高工人的期望工资水平（Falk，Fehr，and Zehnder，2006）。总结如下：

被试间与被试内设计：相比于实验排序，如果个体差异更加突出，那么被试内（每组经历两种或以上的实验局）设计更吸引研究者。相反，如果个体或小组间差异不大，或者存在序列效应导致先开展的实验局会影响后续实验，则被试间（每组只经历一种实验局）更好。

有时，顺序设计和平行设计间何者更优并不明确，开展一对实验（两种方法各一）能提供更好的分析视角，例如 Holt 和 Laury（2002，2005）就组合使用了被试内和被试间设计。

13.1.3 激励

经济学实验通常涉及货币决策，例如价格、有成本的努力等。大多数经济学家对假想激励下的实验结果持怀疑态度，因此，实验室研究中几乎总是使用真正的现金支付。本书后续章节中我们将看到，激励在有些情况下可能根本无关紧要，而另一些情况下却又至关重要。例如，事实证明：相比于真实的成本，人们在假想的交易中表现得更加慷慨；此外，当涉及金额很大，人们往往会比假想收益或几美元的情况下更厌恶风险。相反，我们很难想象增加金钱支出会帮助认真的学生提高 GRE 成绩，甚至有心理学证据表明，金钱支出会干扰孩子的考试表现。经济学实验中有这样一个普遍的共识，如果在实验涉及的市场和经济互动中的决策带有明确后果，那么有必要使用货币支付报酬或者其他非假想的激励措施，而那些实验中附带的认知能力测试，则大多无须激励（Brañas-Garza，Kujal，and Lenkei，2016）。

但是仍然存在一个重要的问题，收益多高才合适？增加收益在许多实验室研究中效果不甚明显（Smith and Walker，1993），但在风险厌恶问题上却是一个例外。不论何种情形，假想激励的使用通常会导致更多的噪声或荒谬的决定，从第 5 章信念诱出实验中可见一斑。

激励：在经济学和心理学文献中有许多记录在案的情况，货币激励似乎没有多大的效果。然而，在有些情况下，激励有助于减少错误和噪声。对于研究问题究竟属于上述哪一种情况，目前尚缺乏广泛接受的分析框架，因此，在经济学中使用金钱激励是可取的，特别是那些用于研究相似市场环境中的行为的实验，这些相似市场涉及积极性高的消费者或生产者。

13.1.4 重复

实验分析的主要优点之一是能够多次重复相同的设置，以确定对随机个体或群体效应相对不敏感的平均趋势。重复实验需要仔细构思实验说明和流程。给予被试的实验说明须以书面形式而非随意的口头陈述，从而以完全相同的方式对每一组进入实验室的被试进行说明。一套书面说明不仅可支持其他研究人员重复实验，还有助于避免意外的"有偏见的"术语。比如，如果在市场实验中向被试举例说明价格如何确定收益的，且这一例子未包含在书面说明中，那么，即便重复实验产生了不同结果，也有可能是问题呈现方式的差异导致的。一般原则可以概括为

重复和报告：实验者应该报告足够的细节，包括说明和例子，这样其他人就可以以原作者认为有效的方式重复实验，即使结果是不同的。

最后，要理解一篇论文中的实验，首先阅读附录 B 是一个不错的办法。例如，出于模糊厌恶，人们对实验程序感到困惑似乎是一种"本能"。这也是本书第 6 章直接通过实验说明中的关键段落来介绍实验结构的原因。

13.1.5 控制

实验的另一个优点在于操纵那些可能对行为产生影响的因素，从而使其他外生因素在各实验局保持不变（"控制"）。但是，如果实验程序扭曲了参与者实际面对的激励，控制本身也可能有害。比如，有偏见的术语或许会让参与者按照"固有价值观"（homegrown values）行事，与诱导性激励相冲突或盖过诱导性激励。举例来说，排放许可证市场有关实验通常不使用"污染"一词，这可能导致环境敏感的个体回避"污染"行为，即使能够增加他们的实验收益。内疚效应或因人而异，这就是为什么与实验动机无关的固有价值观会干扰实验结果。此外，在市场实验中，如果人们交易的物品是学校文化衫这类实物，个体估值差异会使得需求的概念很难建立。当然，在某些情况下非金钱奖励是可行的，如旨在测试实物（如学校文化衫）所有权是否使其更受欢迎的实验，这被称为禀赋效应（Kahneman，Knetsch，and Thaler，1991）。至于多大程度的控制是可取的，应根据实验的目标加以判断。

另一个可能扰乱控制的因素是欺骗（deception）。如果被试怀疑实验人员没有遵守事先宣布的实验程序，那么，激励措施可能不会以预想方式运作。也许正是担心适得其反的激励效应，在基于激励的经济学实验中，欺骗性手段的应用要比社会心理学中少很多。即使在实验过程中隐藏了欺骗行为，被试也很可能在事后通过与朋友分享经验发现真相。

因此，小心地坚持无欺骗性的做法，实质上为之后同一实验室内的研究者提供了一种"公共品"。具有讽刺意味的是，在社会心理学实验中，欺骗的不正常的激励效应可能会因事后的汇报而加重，而这种汇报有时是人体试验委员会要求的。最好的方法或许是避免明目张胆的欺骗，并且在程序的某些方面没有解释的灰色区域使用常识。比如，有一种普遍使用并被接受的做法，通过性别或风险厌恶测试，将被试预分类到不同市场，而并不向他们解释分组依据。

13.1.6　实验室和实地实验的情境

任何实验的一个重要设计决策都与所提供的情境的数量和丰富性有关。了解一点经济背景是非常有用的。例如，若不提及"价格"一词，在实验中构建一个市场可能需要对收益规则进行详尽且冗长的描述，而市场术语能帮助被试理解"朝哪个方向发展"（which way is up）——卖方追求高价，买方追求低价。关于这种妥协，另一例出自第 10 章的"错位侧写"实验，其中，模拟了安全官员和试图躲避检查的恐怖分子的互动。实验说明虽没有提及国家安全和恐怖分子，但使用了"袭击""防御"两个术语。

尽管情境或许有助于被试理解策略环境，但对于经济学实验中所检验的经济学理论并非必要的社会情境，剥离是更被接受的做法。如果理论并不依赖于社会情境，那么最好是在经济参数变化的同时保持情境不变。这一过程涉及如何将意外的和不可预测的影响最小化的问题，例如，在实验期间采取增加匿名性的步骤。即使在那时，以受控的方式重新引入社会情境（例如，通过将个体决策与小组决策进行比较）也可以发现很多。

社会背景有时可能非常重要，比如，在一些政治学实验中，无法在实验室重现"登门拜访"或电话竞选征集活动。这种情况下，研究人员会运用实地实验（field experiment），被试处于自然环境之中，不会意识到自己正在参与实验。例如，Gerber 和 Green（2000）通过电话、个人联系或邮件的形式将政治信息投向随机选择的选民，进而通过查看选举后的选区记录，评估这些信息对选民投票率的影响。实地实验有助于引入与研究问题联系更为密切的被试群体，可用于规避实验者需求效应（experimenter demand effect），即，被试在实验室中的行为可能会受到其认知中实验者目标或期望的影响。当然，在一些中间情形下，实验者也会将实验室实验设置带到实地，以便于特定市场的交易者在熟悉的情境下完成实验。例如，List 和 Lucking-Reiley（2000）在一次收藏家聚会上开展了运动卡拍卖实验。另一种扩展的实验室实验（enriched laboratory experiment）则是让实验室感觉更像是实地，比如一场投票实验，让被试坐在装饰得像客厅的舒适房间里，向他们展示竞选广告，并穿插不同的当地新闻节目片段。

虽然实地实验可以引入更现实的社会情境和环境，但代价往往是失去对激励、行为测度的部分控制，以及在相同条件下重复实验的能力。在本书第 19 章的一个例子中，实验构建了一个扩展的实验室环境。由于实际的选票属于个人隐私信息，实验通过选民意向调查来间接衡量不同政治广告对投票行为的影响，而实验中使用的政治广告可能与竞选当时的积极或消极势头相关，这可能会使重复实验变得复杂。在其他一些情况下，实地实验也可以实现较好的控制。比如说，即便运动卡的个人估值无法直接获知，它们可以通过使用具有相同账面价值的配对的卡片来大致控制。

在某种程度上，社会背景和目标人口统计学特征在实地实验中是重要的，每个实地实验就像一个数据点，是特定的被试和背景的组合，除非采用适当的随机选择的被试。因此，一系列相关的实地实验的结果变得更有说服力，就像一系列实验室实验的结果一样。此外，实地实验和实验室实验还有可能进行交互。比如：把实验室实验设计在实地环境下加以重复；或者，结合在多种实地条件下发现的一般性且有噪声的行为模式，通过实验室设置抽象实地环境，进而通过实验室实验加以佐证。这一点在本书最后一章，Kagel 和 Roth（1995）关于住院医生匹配市场的研究中有充分体现。总结如下：

情境： 在实验室实验中，决定提供多少情境通常需权衡，既要确保被试清楚地理解策略情境，又不引入会引发情绪反应的术语或异质的"固有价值观"，除非这些东西是实验本身的焦点。

13.1.7　致命的缺陷

专业经济学家经常从实验论文中寻找数据模式，以支持现有理论，或提出新理论和公共政策的期望性质。因此，研究者需要区分哪些结果是可复制的，哪些是程序不当或证实偏向的产物。即使是实验科学专业的学生也应该对程序问题敏感，这样他们才能批判性地评价其他人的结果。另外，刚接触经济学实验方法的人需要特别注意，有一些致命的错误可能会使经济学实验结果毫无用处。结合前面，这些错误包括：

致命的程序性缺陷
- 使用了不充分或不合适的激励。
- 使用了非标准化或有偏向性的说明和提示性的例子。
- 使用了不合适的情境，引发出不受控的固有价值观。
- 在实验局之间未能控制心理偏向的影响保持不变。
- 涉及独立观测值的数量不足。
- 由于欺骗或者令人困惑的过程，失去对实验的控制。
- 未能提供一个校准的基准实验局。
- 同时改变的实验设计元素多于 1 个。

13.2　统计学检验：观测值的独立性

为了得出有标准统计参数支持的结论，需有足够的独立观测值来证明一个稳健的结论。

例如，试想这样一个假设——人们在缺少睡眠的情况下更厌恶风险。这可以通过被试内设计来评估。但是，在无影响的原假设下，剥夺睡眠后风险厌恶同样可高可低，所以在该实验局中的单一观测结果即便发现了更高的风险厌恶，也并不会为处理效应提供多少证据。在无处理效应的原假设下，剥夺睡眠时风险厌恶提高的概率为 1/2。因此，如果 8 名受试者在睡眠不足的情况下都表现出更多的风险厌恶情绪，那么出现这种极端结果的概率是 $(1/2)^8 = 0.004$。这个概率对应的是小于 1% 的概率，因此零假设可以在 1% 显著性水平下被拒绝。这种检验基于简单的二项计算，只依赖于差异的符号。如果可以比较差异的大小，则可使用更加精确的（"符号秩"）检验方法。

基于风险厌恶测度指标的序数不太依赖于指标的特定分布形式（比如，正态分布）。正因如此，这种秩检验是非参数（nonparametric）的。Siegel（1956）详尽介绍了实验者常用的非参数检验，其中，众多案例出自早期的经济学和心理学实验。具体的统计学论证将在后面章节详加展示。目前我们所要知道的仅仅是，检验是为了在足够多的独立观测值的基础上寻找足够强的统计学证据。由此才可能得出结论：观测到的数据模式不太可能在无处理效应的零假设下被观察到。

污染（contamination）可能会破坏观测值的独立性。例如，四对被试分别就 10 美元的分配展开谈判。其中，有一对率先达成协议，如果他们的协议向其他被试公布，就有可能影响到后续其他的协议谈判。更精细地，我们考虑重新匹配中的污染问题，第二轮被试将更换谈判对象。如果协议没有公布，第一轮中将得到四个独立的谈判结果；然而，第二轮的结果势必受第一轮经验的影响，依然会造成污染和独立性丧失。若想通过随机配对使实验更接近单期博弈，标准的做法是以小组为单位（小组内部的人重新配对），在多轮实验中将一组视为独立观测值。但这也就需要为每一种（或一系列）实验局配置更多独立小组。如果你觉得这是不甚必要的保守办法，还请记住，实验者为了消除对实验结果重要性和普适性的怀疑往往要大费周章。

即便随机配对，为了影响后续伙伴[⊖]行为，被试可能会尝试"教训"对方，从而"管教"所在小组。一种应对方法是采取轮换配对方案（rotation matching scheme），扮演不同角色（比如，提案人和回应者）的被试依次配对，确保之前的伙伴不再相遇。比如，可将被试 ID 放在两个圆环中，外环每轮旋转一个单位直至回到初始位置。[⊜]在一项有成本的信号传递的双人博弈实验中，Brandts 和 Holt（1992）在给被试配对时便采用此机制。实验说明告知被试永远不会与同一人配对两次，也不会和任何与之前对手配过对的被试配对。具体的表述方式是："就像你赴一场聚会沿着接待路线往前走，遇到一个人就将一个故事说给他听，听到故事的人又重复给他们遇到的每一个人；即使每个人都一直重复该故事，他们也都已落在你身后，你遇到的人一定都没听过。"

最后，围绕着独立观测值还需要记住一点：对于参与者众多（比如几百个）的市场而言，即便是极小的交易期也能够产生极多的研究素材。分析中需对交易期内的动态交互关系谨慎建模，从而保证未被模型化的要素可假定为独立冲击。毕竟，美国宏观经济是一个包含许多相互作用的单一观测值，但这并不会使宏观经济学家麻痹，也不会使计量

⊖　相同的伙伴之后还有可能再次配对。——译者注

　圆环形式如图所示。——译者注

经济学的宏观经济互动动态模型失效。如果被研究的过程不需要大量参与者的动态交互，那么具有更多独立观察的设计可以让研究人员在不依赖额外建模假设的情况下得出结论。

13.3 被试间设计的 Mann-Whitney 检验

通过独立的实验场次获得独立的观测值的成本，常常导致实验经济学家使用相对较少的观测值。尽管样本均值在大量观测时趋于正态分布，但是，如果样本数量较少，标准检验所依赖的参数假设（如正态分布）就不适用了。这时，非参数检验就有了用武之地。

针对两种实验局的每一局进行独立观测的组间设计，最常用的非参数检验是 Mann-Whitney 检验。这个检验可用一个社会困境博弈的数据来做说明，博弈的参与者需决定是否选择亲社会决策（"志愿者"）。志愿服务只需要 0.20 美元的成本。若小组中至少 1 人选择成为志愿者（好比派出 1 个人去打电话求救），小组所有小组成员都将获得 1 美元；但如果 1 个都没有，每人只能得到 0.20 美元。因此，对于每个小组成员而言，若小组中无志愿者则自己愿意充当之，但若已有志愿者承担成本，自己便无志愿的动力。上述博弈由此得名"志愿者困境"（volunteer's dilemma）。

如果所有人同时决策，则纳什均衡中的志愿概率随小组人数增加而降低，这一点本书第 17 章将详细介绍。表 13-1 为一项志愿者困境实验的部分数据，其中包括三种实验局（小组规模 2、3、6 人）下每场实验的平均志愿者比例。每场实验包含 12 ～ 36 名被试，随机配对进行 20 轮实验。各场实验的平均志愿者比例位于第二行，括号中为数据的秩。比如，小组规模为 6 的三场实验的志愿者比例最低，故它们的秩由低到高分别为（1，2，3）。尽管有很多东西可以从三种实验局整体模式中学到，更大的群体志愿者率却更低，但是讨论还是从右侧 $N=3$ 和 $N=6$ 实验局的限制性比较开始，对两个不匹配的样本进行 Mann-Whitney 检验。这个检验的基本直观知识稍后将使不同的检验应用于所有三个实验局。

表 13-1 各场实验的平均志愿者比例（以及秩），小组规模为 2、3、6 人

小组规模	$N=2$	$N=3$	$N=6$
志愿者比例	0.55，0.51，0.49	0.42，0.39，0.38	0.31，0.28，0.20
（数据的秩）	（9，8，7）	（6，5，4）	（3，2，1）

检验统计量称为 Mann-Whitney 检验的 U 统计量，是通过计算一个实验局的每个秩超过另一个实验局的秩的次数来得到的。以表中间 $N=3$ 实验局为例，0.42 的秩为 6，超过了 $N=6$ 的秩 3、2、1，便计 3 次；同理，秩 5 和 4 也同样各计 3 次。因此，$N=3$ 中志愿者比例超过 $N=6$ 的计数为 9，相反方向计数为 0（$N=6$ 实验局中没有一个秩大于 $N=3$ 实验局）。U 统计量是两个方向计数的最小值，此时等于 0。

为理解其中的含义，我们思考低的 U 统计量究竟意味着什么。最极端的结果不过是二项获胜次数尽可能不相等，在本例中是 9 和 0。另一种不那么极端的结果，两种实验

局之间互有胜负，比如一边 7 次、一边 2 次，U 等于 2。更大的 U 值代表着更不显著的结果。

上述小组规模比较，共有 6 个观测值，两实验局各 3 个。于是，这两种实验局总计有"6 取 3"种可能的组合方式。因为"6 取 3"= $\dfrac{6!}{3! \times 3!} = 20$，在无处理效应的原假设下 20 种组合概率相等，均为 $1/20 = 0.05$，即便是观测到的最极端的结果也不例外。因此，结合备择假设的方向（小组规模越大，志愿者比例越低），原假设的"p 值"即为 0.05。

假如理论分析并未形成预想的方向，大的组相比小的组，志愿者比例既可能更低，也可能更高。然后，一个极端的在相反的方向的结果也必须考虑。在这种情况下，它将是组大小为 6 的 3 个最高秩。在原假设下出现概率亦为 $1/20$，故针对原假设的双尾检验 p 值为 $1/20 + 1/20 = 1/10$。由于较大群体中志愿者比例较低是很自然的现象（"责任分散"等原因），因此单尾检验更适用于本例。一般性的程序是，首先建立一个截止临界值，比如 0.05（5%），如果数据非常不可能，以至于这个 p 值小于或等于这个截断值，则拒绝原假设。所以在这种情况下，无小组规模效应的原假设可以在 5% 水平被拒绝（单尾检验）。

计算出检验统计量 U 之后，p 值可以通过统计软件或者查表的方式获得。总结如下：

Mann-Whitney 检验的 U 统计量

● 结合运用两种实验局的观测值。

● 将全部的观测值从低到高排序，秩分别为 1（最低）到 N（最大）。

● 计算一种实验局中的"二项获胜"数，然后从相反的方向计算"二项获胜"数。

● 两个"二项获胜"数之最小值即为 U 统计量。

● 对于拒绝无处理效应的原假设，低的 U 值表明一个更不平等的"二项获胜"数和一个更强的理由。

表 13-2 展示出 p 值和 U 统计量的关系（观测值数量相等的实验局）。其中，第一行便对应上述情况——两种实验局各包含 3 个观测值或 3 场实验。该行左起 $U=0$，p 值为 $1/20 = 0.05$。至于双尾检验，数值仅为表中单尾检验的两倍。单尾在 5% 水平上拒绝原假设到了双尾检验下相当于 10% 的水平拒绝原假设。学术界（尤其是审稿人）一般倾向于双尾检验，除非有特别强的证据指向一个方向的结果。

表 13-2　Mann-Whitney 检验：单尾检验 p 值表

	$U=0$	$U=1$	$U=2$	$U=3$	$U=4$	$U=5$	$U=6$	$U=7$	$U=8$	$U=9$	$U=10$
$n_1 = n_2 = 3$	0.050	0.100	0.200	0.350	0.500						
$n_1 = n_2 = 4$	0.014	0.029	0.057	0.100	0.171	0.243	0.343	0.443			
$n_1 = n_2 = 5$	0.004	0.008	0.016	0.028	0.048	0.075	0.111	0.155	0.210	0.274	0.345
$n_1 = n_2 = 6$	0.001	0.001	0.002	0.004	0.008	0.013	0.021	0.032	0.066	0.090	0.120
$n_1 = n_2 = 7$	0.000	0.001	0.001	0.002	0.003	0.006	0.009	0.013	0.019	0.027	0.036

注：$U =$ 二项获胜次数的最小值。

至于两实验局观测值数量不等的情形，另有对应的更广范围的 p 值表。实际上，通过统计软件执行上述操作要简单很多，U 统计量和对应 p 值的运算（通常是双尾检验）均可自动完成。本节的重点在于理解检验背后的逻辑，以便读者能够使用和解释统计软件结果，并选择适当的检验。

为了帮助读者加深理解，我们来具体考虑表 13-2 中的 p 值如何决定。对于首行观测值为 3 的情形，共有 6 个秩以及 20 种不同的排列方式。其中 10 种，A 实验局的秩和更大，见表 13-3。具体而言，实验局 A 行的秩和大于对应实验局 B 行的秩和。U 值由二项获胜次数的最小值决定，并显示在最小获胜次数行中。例如，对于第二个最极端的结果（从右边开始的第二列），B 实验局中的第 4 位胜过了 A 实验局中的第 3 位，所以最小的二项获胜次数是 1，这是 U 值。由于两种极端或更极端的结果，因此 $U=1$ 对应 p 值为 $1/20+1/20=0.1$，如表最末一行所示。这一行中的其他 p 值也以类似的方式计算，方法是将每种情况中极端或更极端结果的概率相加。核心在于，Mann-Whitney 检验是针对数据的秩的一种排列检验，其中的 p 值概率是由排列计数的比率决定的。总结如下：

Mann-Whitney 检验：检验统计表提供的 p 值作为一个比率计算。分子是两实验局间产生极端结果或比数据中观察到的更极端结果的排列数，而分母是可能排列的总数。

表 13-3 两实验局观测值为 3 时，实验局 A 秩和较大的秩排列结果

排列	1	2	3	4	5	6	7	8	9	10
实验局 A	5 4 2	6 3 2	6 4 1	5 4 3	6 4 2	6 5 1	6 4 3	6 5 2	6 5 3	6 5 4
实验局 B	6 3 1	5 4 1	5 3 2	6 2 1	5 3 1	4 3 2	5 2 1	4 3 1	4 2 1	3 2 1
最小秩和	10	10	10	9	9	9	8	8	7	6
最小获胜次数	$U=4$	$U=4$	$U=4$	$U=3$	$U=3$	$U=3$	$U=2$	$U=2$	$U=1$	$U=0$
单尾检验 p 值	$p=0.50$			$p=0.35$			$p=0.20$		$p=0.10$	$p=0.05$

计算 Mann-Whitney 检验 U 统计量还有另外一种方法，对于理解检验思路并没有前述方法重要，但却更为常见。针对每一种排列，计算实验局 A 和 B 的秩和并求出这些总和的最小值，见表 13-3 中"最小秩和"一行。然后，从这个最小值中减去可能的最小的秩和，以确定检验统计量 U。仍以表 13-3 为例，3 个观测值最小的秩和为 $1+2+3=6$。注意，如果你从"最小秩和"行中减去 6（最小秩和中的最小值），你将获得"最小获胜次数"行中的 U 值。这对所有行都有效，具有一般性：$(n+1)n/2$ 为前 n 个整数之和的计算公式，这是最小可能的秩和。这就解释了典型的 Mann-Whitney U 公式的直觉，即它被表示为观测到的数据的最小秩和减去该样本容量的最小的可能秩和。当然，二项获胜数方法更简单，因为它不需要转换成秩（二项获胜可以用原始数据或秩计算）。

案例 13.1

表 13-4 再现了第 12 章详细讨论的寻租实验结果，实验基于努力成本（左低右高）与小组规模（上 2 下 4）构成 2×2 设计，共计 16 场，表中 4 种实验局各包含 4 场实验。各场实验的结果以百分比的形式（"经济租耗散率"）表示，这是衡量市场为获得稀缺品

（"经济租"）而付出的总努力成本。

表 13-4　各场实验的经济租耗散率：成本和数量效应

	低努力成本	高努力成本
$N=2$（数据）	77, 67, 62, 37	91, 85, 85, 94
$N=2$（秩）	4, 3, 2, 1	7, 5.5, 5.5, 8
$N=4$（数据）	77, 83, 130, 81	132, 111, 93, 87
$N=4$（秩）	1, 3, 7, 2	8, 6, 5, 4

首先考虑上边一行（$N=2$），右侧高努力成本 4 场实验的耗散率都高于左侧低努力成本的 4 场实验。这也是最极端的情况，在一个方向上没有二项获胜，所以 $U=0$。从表 13-2 的第二行可知，观测值数量为 4 时 $U=0$ 对应 p 值为 0.014。该 p 值同样可以使用排列组合来解释。上面一行有 8 个观测值，"8 取 4"的组合 $= \dfrac{8!}{4! \times 4!} = 70$（关于该表达式的背后逻辑，见章后习题 4），秩共有 70 种组合方式。无影响原假设下，每一种组合都是等可能的。观测到的最极端的结果，对应的 p 值为 $1/70 = 0.014$。

相反，$N=4$ 时的数据表现出了一些交叠，见表 13-4 下面一行：低努力成本下 4 场实验的均值为（77，83，130，81），其中，130 比右侧高努力成本下的 3 场（111，93 以及 87）都高。于是，最小获胜次数为 3，$U=3$。然后可利用表 13-2 找到单尾检验的 p 值。你还可通过秩和来检查以上 U 统计量的计算。两实验局中最小秩和减去 10（4 观测值的最小秩和）同样等于 3，印证了前面论述。

这个关于努力成本的案例很有帮助，既包含极端的情况，又包括秩相互交叠的情况。与对两个组大小分别进行努力成本影响的测试不同，可以根据每一行中同时进行的左右排列来实施单个测试。直觉的想法是，确定那些同时排列的比例，这些排列会导致一个极端的结果，或者比表中观测到的结果更极端。这种组合检验使用所有的数据，它基于在单独检验中使用的高成本和低成本标注的相同排列，同时保持数据"分层"到不同分组大小的单独行中。这种分层排列检验（stratified permutation test）将在后文中讨论。

13.4　配对数据（被试内设计）的 Wilcoxon 检验

假设参与者（或小组）在被试内（组内）⊖设计下经历两种实验局，其中或许通过实验局顺序来控制顺序效应。因此，每人或组将产生一组"配对"观测值。检验的思路是在每一对观测值身上寻找实验局差异，并基于绝对值大小排序。（若一对观测值的实验局差异为 0，则将被忽略，不进入样本容量 N。）如果一个方向的实验局差异绝对值大于另一个方向，那么原假设就会受到质疑。配对检验包括计算（有符号的）实验局差异，将它们转换成绝对值，然后将一个方向上实验局差异的绝对值和与另一个方向上实验局差异的绝对值和进行比较。在这个比较中使用的计算技巧是，通过将实验局差异的原始符号重

⊖　原文为被试间（组间），联系本节标题，或有误。——译者注

新附加到差异的绝对值的秩上来完成,因此,这被称为 Wilcoxon 符号秩检验。检验统计量是符号秩的和。不过,我们最好还是通过案例来说明该检验的流程。

配对的平均价格如表 13-5 所示,共有 6 组配对数据。即,有独立的 6 组被试,均完成两种实验局——卖者数量为 5 或 3(有 2 名被试在实验之外)的市场。表中第三行为实验局差异,大多为正,印证了卖者越少、价格越高的一般直觉。其中,第二场实验是个例外,5 卖者市场价格(479)较 3 卖者市场高。表中第四行为差异绝对值,第五行又将绝对值换算成秩。仍以第二场为例,实验局差异 -9 在第三行中最小,换算成绝对值 9 后在第四行中排名第二低,故秩等于 2。在差异绝对值排序、计算出秩后,原差异的符号将加在秩上,见表最末行。例如,第二场的符号秩为 -2。Wilcoxon 符号秩检验如表 13-6 所示。

表 13-5 配对的平均价格(＊表示先进行的实验局)

场次	S1	S2	S3	S4	S5	S6
3 卖者市场价格均值	425	470*	408	436*	424	517*
5 卖者市场价格均值	415*	**479**	392*	401	392*	512
实验局差异	10	−9	16	35	32	5
差异绝对值	10	9	16	35	32	5
绝对值的秩	3	2	4	6	5	1
符号秩	3	−2	4	6	5	1

表 13-6 Wilcoxon 符号秩检验:±W 的临界值

	单尾检验的显著性水平(双尾检验为双倍)			
	0.05	0.025	0.01	0.005
$N=5$ 的配对数据	15	—	—	—
$N=6$ 的配对数据	17	21	—	—
$N=7$ 的配对数据	22	24	28	—
$N=8$ 的配对数据	26	30	34	36
$N=9$ 的配对数据	29	35	39	43

注:W＝差异绝对值的符号秩之和。

$N=6$ 时,最极端的情况是差异全部为正,符号秩之总和等于 21。而就上述实验数据而言,表 13-5 最末一行符号秩之和为 17,$W=17$ 即对应的 Wilcoxon 检验统计量。进而,通过查询临界值表可决定是否拒绝无影响的原假设。表 13-6 展示出不同配对数据量和显著性水平的 W 临界值。对于 $N=6$(对),$p=0.05$ 对应的临界值 W 为 17,因此,在 5% 的显著性水平上可以拒绝原假设。以上检验流程总结如下:

Wilcoxon 配对检验
- 计算每一组配对数据的实验局差异。
- 得到实验局差异的绝对值。
- 将所有非零的绝对值排序,得到秩。
- 将原本实验局差异的符号加在秩上,得到符号秩。

- 计算检验统计量 W = 符号秩之和。
- 根据显著性水平和配对数，如果 W 大于或等于表中的一个临界值，则拒绝零（原）假设。

注意，对于每个符号秩而言，有 + 和 − 两种可能的符号。该检验背后的逻辑可以如此理解，对于 6 个秩的符号共有 $2^6 = 64$ 种排列方式。在零假设下，任何一个符号都是等可能的，因此有 64 种等可能的方式来表示差值。其中，有 3 种结果比观测到的结果更为极端：实际结果显示，在表 13-5 的末行，逆转为 −2，或单个逆转为 −1，或没有逆转的情况（所有正的实验局差异）。这个概率是 3/64 = 0.047，这与前面表 13-6 的建议是一致的。

重点是，Wilcoxon 秩检验等同于随机置换实验局差异秩绝对值的符号所做的置换检验，这就是 Wilcoxon 检验的临界值确定的方式。然而，临界值表使这个过程更容易，因为这个过程减少到寻找一个有符号的秩的和，而不是考虑所有 2^n 种可能的排列。

案例 13.2

表 13-5 的数据取自 Davis 和 Holt（1994a）的实验，但略有改动，S2 列加粗的数字 479 原为 471，之所以作此变动是为了演示最小差异（−9）不等于最小差异绝对值的情况。在 S2 场中，5 卖者市场实验局的实际数字是 471（而不是 479），所以差异值是 −1，这将得到秩为 1 和符号秩为 −1。为了测试对本节内容的理解，可尝试用 471 的原始数据来计算符号秩和。看到的极端或更极端结果的概率是多少（用某个整数与 64 的比率表示）？

13.5　实验局强度方向效应的 Jonckheere 检验

根据刺激因素的强弱，许多实验的实验局数量多于两个，例如收益规模从 $1\times$ 到 $10\times$ 再到 $20\times$。表 13-1 就包括 2、3、6 三种小组规模。前面基于 Mann-Whitney 检验进行了两样本比较，拒绝了小组规模 3 和 6 之间无处理效应的原假设。同理，还可检验小组规模 2 和 3 之间有否差异。二者的单尾检验 p 值均为 1/20 = 0.05。但是，如果能够通过一次检验来评估整体的影响，那么最好尽量避免一一做单独检验。有一种方向性的检验，称作 Jonckheere 检验，当备择假设是方向性的时候可以使用它。依然以表 13-1 为例，方向性的备择假设为，志愿者比例随小组规模扩大递减，即志愿者比例的中位数随着小组规模从 2 到 3 再到 6 而逐渐减小。

该检验过程和 Mann-Whitney 检验的二项获胜计数近似。首先，依预测的递增顺序将数据按照类别排列：$N = 6$ 的三场实验结果为（20，28，31），$N = 3$ 的为（38，39，42），$N = 2$ 的为（55，51，49）。[○]（此初始排序下无须像 Mann-Whitney 检验在每个方向上都计算获胜数，并使用最小值。）从最左侧的 20 开始。右边两个类别的所有六个观测值都大于 20。因此，二项获胜计数为 6。28 和 31 同理，计数同为 6，该类别的计数之和为 18。而

○　为方便书写，直接取表 13-1 中数据小数点后两位。

后转向中间类别，其中三个数值均小于右侧类别。最右边的类别则无须再进行计数。因此，二项比较的计数总和等于 $6+6+6+3+3+3=27$。检验统计量是计数的和，在本例中，$J=27$。Jonckheere 检验的 J 统计量的临界值如表 13-7 所示。

表 13-7　Jonckheere 检验的 J 统计量的临界值

小组 和 样本 规模								2 2 2	3 3 3	4 4 4	5 5 5	6 6 6
	2 2 2	3 3 3	4 4 4	5 5 5	6 6 6	7 7 7	8 8 8					
0.1	10	20	34	50	71	94	121	18	37	63	95	134
0.05	11	22	36	54	75	99	127	19	39	66	100	140
0.01	12	24	40	59	82	109	139	21	43	72	109	153
0.005		25	42	62	86	113	144	22	45	76	113	158

注：$J=$ 右边较大的类别中观察次数的总和。

通过查询表 13-7，检验统计量大于 $p=0.005$（3 个类别，各 3 个观测值）对应临界值 25，故能在 1% 的显著性水平拒绝原假设。再次强调，如果一个安排好的替代方案是合适的，则通过使用单个检验的所有数据可以获得更清晰、更可靠的结果。由于在实验经济学中，增加强度的实验局结构相当普遍，相对而言，Jonckheere 检验还没有得到充分应用。

Jonckheere 检验：对于两个以上的实验局，当存在自然方向性假设时，Jonckheere 检验是合适的，例如，由于实验局变量的强度增加了。相关步骤如下：

- 将观测结果按实验局顺序排列成列。
- 将实验局数据列从左（最低的预测值）排列到右（最高的预测值）。
- 对于左列中的每个数据观测值，计算其右侧列中较高的观测的个数（如预测的那样）。重复左栏中的每个观测结果。
- 对其他列中的每一个观测结果，用与右边列中的观察结果进行比较的方法，重复这个"小于"的计数。对于最右侧的列，不需要执行"少于"计数的操作，因为该列右侧没有任何观测值。
- 检验统计量 J 是这些"小于"的数的和。
- 每一列的观测数用于在表 13-7 的临界值中找到相关的 p 值。

13.6　分层排列检验

在处理经常出现的不寻常的数据组态方面，排列检验确实非常灵活。比如，有时存在次要的实验局或程序变化，和实验主要关注的实验局效应并无关系。对此，一种方法是根据次要实验局中的不同数值对数据进行分类，然后对次要实验局的每个值进行单独的检验。而分层排列检验则能够使实验者使用所有的数据进行单一的检验。

所谓分层，可通过表 13-4 中经济租耗散数据加以说明。截至目前，每次考虑努力成本（高或低）对租金耗散的影响时，都是针对特定的群体规模，或表 13-4 的上一行 $N=2$，

或下一行 $N = 4$ 的情况。首先，表中每一行的 8 个秩共有 "8 取 4" = 70 种可能的组合方式。如果只考虑上面一行并使用数据的秩，单尾检验的 p 值是 1/70 = 0.014 3，因为没有逆转的观测结果是最极端的，4 个最低的秩在左边。如果只考虑最后一行，p 值是 0.10，因为有 7 种可能组合的秩和小于或等于该行观测到的 1 + 3 + 7 + 2 = 13，故 $p = 7/70 = 0.1$。（至于究竟是哪 7 种组合，在此不一一展示。）

现在假设两行的秩一起排列，但行之间仍保持分离。这涉及在单个观测值上重新排列努力成本次序，但不改变组大小的标签。一行的秩有 70 种排列方式，两行则共有 $70 \times 70 = 4\ 900$ 种，需要列举和评估的可能性大大增多。在这种情况下，使用大量的模拟实验（simulation）而不是精确的排列是最容易的。每次模拟生成两个努力成本列（每边 4）之间的数据点的随机重赋值。这是通过同时，排列最上面一行的 8 个秩和最下面一行的 8 个秩来完成的，同时，当它们在一行内从一边移动到另一边时，保持排列在各自的行中。对于每次模拟，计算程序会计算具有高努力成本标签的秩与具有低努力成本标签的秩的平均值之间的差。将这种模拟的差异测量与表 13-6[⊖] 左右两侧的平均秩之间的观测差异进行比较。观察到的差异是 3.25（低努力成本的平均秩为 2.88，高努力成本的平均秩为 6.13，差是 6.13 − 2.88 = 3.25）。该程序计算实验局平均差异的模拟次数，这与 3.25 的平均秩差异相同或更极端。p 值是作为更极端模拟差异的数量与总模拟数量的比值。

在 100 000 个模拟中，结果是 283 个模拟产生的差异比观测到的更极端，570 个模拟在两个方向上都更极端，所以比值是 283/100 000 = 0.002 83。因此，结果在 p 值为 0.003（单尾检验）或 0.006（双尾检验）时显著。这种方法的优点是使用了所有的数据，从而提供了更可靠的结果。此外，通过避免做两个单独的检验，它降低了在实际没有实验局效应时偶然发现统计显著效果的风险。请注意，配对检验是分层的一种特殊情况，对每个配对（层）中的每个实验局都进行一次观测。

例如，在 Holt、Porzio 和 Song（2017）的资产市场实验研究中，主要的实验局差异为交易者性别——男性或女性。实验采用了一套均衡的价格泡沫测度方法，在全为男性和全为女性的市场中各运行 25 期。对于性别分类的资产市场，还有另一套均衡的泡沫测度指标，这些指标只运行了 15 期。在短期市场中，两种性别群体的泡沫往往较低。相较于报告性别对短期和长期的市场影响的分别检验，最好是做一个单一的检验，其中排列是按市场长度分层的，以便与短期市场相关的性别标记排列在一起，同时与长期市场相关的性别标记也排列在一起。其主要思想是，分层控制次要实验局的变化（市场长度），同时评估主要实验局的变化。总结如下：

多重数据分组的分层排列：分层排列检验将两个实验局的 Mann-Whitney 分析推广到由其他变量（被试池或者次要实验局变化）的变化产生的分层数据的两个实验局的情况。Wilcoxon 配对检验是一种特殊情况，其中每一对都是一个单独的层。

⊖　原文为表 13-6，疑有误，应为表 13-4。——译者注

13.7　扩展和警示

　　Harrison 和 List（2004）对不同种类的实地实验进行了总结和分类。Levitt 和 List（2007）提出了一个强有力的论点，即实地实验比实验室实验更适用于社会偏好的测度。而 Camerer（2016）则做出了令人深思的回应，并为实验室实验进行辩护。

　　对于这两种类型的实验，事先仔细考虑合适的样本量是很重要的。例如，如果一种实验局涉及假想的激励，诱发了高的行为变异性，而另一种则使用变异性较小的现金激励，那么将更多的被试分配到具有高变异性的实验局中是有意义的。List、Sadoff 和 Wagner（2011）讨论了这类问题，并提出了一些样本规模计算的经验法则。对于通常很难或不可能在事后增加样本量的实地实验，事先考虑样本量是必要的。即使在实验室实验中，事后增加样本容量也会使统计结论无效。为避免动态调整样本容量的数据挖掘嫌疑，研究者可以在某些网站提前设定样本量和研究假设。

　　正如本章所讨论，多重统计检验面临这样一个问题，"统计上有意义的"结果或许出于偶然，即检验错误地拒绝了原假设。为此，本章介绍了组合检验方法，可以把多重比较整合进统一视角，例如，针对顺序备择假设的 Jonckheere 检验，或适用于干扰性变动（例如，不同的被试池或次要实验局变化）导致的不同层级的分层排列检验。另一种不同的方法是进行多重检验，然后根据多重程度调整 p 值，这是一种判断族调整（family-wise adjustment）程序，在医学试验中比较常见。

　　适当的 p 值的相关问题是由于一些研究的失败而出现的，特别是在社会心理学中。特别是一些被广泛引用关于小社会线索启动（priming）效应的研究还没有被实施。在一封日后广为流传的写给同事的电子邮件中，卡尼曼警告说，启动好似"火车失事迫在眉睫"，并建议推行由一个实验室复制另一个实验室工作的"菊花链"（daisy chain）⊖。对复制的关注可能会导致已发表研究的 p 值标准较低，特别是在一个新发现不符合相关研究中建立的模式的情况下。

　　本章受本书作者 Holt 和 Sullivan（2017）合著著作的影响颇深，该文主要关注排列检验，但也涉及排列检验与标准的非参数检验的共性部分。本章前面提到的 Siegel（1956）的书，是关于非参数检验的经典参考文献。这本书行文清晰明了，缘于 Siegel 在自己的实验研究中遇到的许多检验问题。最新版本可参见 Siegel 和 Castellan（1988）。此外，还有许多其他优秀的非参数统计方面的图书，例如 Gibbons 和 Chakraborti（2014）。

第 13 章习题

1.（无须数学证明）有人观察到，如果价格合谋涉及不平等的牺牲，它可能很难建立，但一旦建立，在实验中的合谋协议可以在某些条件下是稳定的。设想这样一项意图，考察交流机会如何影响串谋的实验研究，你是希望令每组卖者只经历单一实验局，抑或

⊖　亦可译为"跟踪链"。一种网络拓扑结构，每一工作站会利用一根电缆与其上游或下游的设备直接连接。——译者注

令一场实验的部分期数有交流机会，部分无交流机会（或许顺序颠倒）？需要考虑哪些相关因素？

2. 考虑一种有两个实验局的被试间设计：10 美分（Dime）和 25 美分（Quarter）（可能是由于价格或数量折扣实验局）。如果只有两个单独的实验场，每个实验局一个，并且如果价格最低的一个结果列在左边，那么两个可能的排列结果可以表示为 DQ 和 QD。假设每个实验局有两场，这样四场可以按照平均价格排序。例如，其中一个可能的排列是 DDQQ。请找出其他五个排列。

3. 前一个问题中的设置，在两个实验局中各有两场实验，产生了 6 个 D 和 Q 指标的可能排名。数学上，当每种类型有两种情况时，这表示按类型给 4 个情况排序的方法的数量。排序数量的数学表达式是：$4 \times 3 \times 2 \times 1$ 除以 $(2 \times 1) \times (2 \times 1)$ 或 $4!/(2! \times 2!)$ ⊖，结果为 $24/4 = 6$。现在考虑一个总共有 6 场实验的设置，D 和 Q 两种实验局各有 3 场实验。根据类型计算或数出排序的数量，并解释你的答案。（不允许简单地引用本章给出的数字。）

4. 想想前面问题中阶乘表达式的比值背后的直觉。如果有 4 项，序列中第一个位置有 4 种选择，第二个有 3 种，第三个有 2 种，最后一个位置只剩下 1 种，所以可能的顺序有 $4 \times 3 \times 2 \times 1$ 种。公式的分子 $4!$ 是实验所有可能的顺序总数。除以分母中的阶乘表达式可以减少分子中的数字。这样做的原因是，统计论证中所需的是由实验局来确定场次，例如，Q 或 D，而不是由使用该实验局完成的特定场次来确定。例如，如果 Q_1 是 Q 实验局的第一场实验，Q_2 是第二场，两种排序——Q_1Q_2 和 Q_2Q_1 只计一次，理论并不会对同一实验局内各场实验的顺序做出预测。利用这一观察结果，解释为什么公式中的分母是两个阶乘的乘积。

5. 考虑一名"被试内"设计，每名被试（或每组被试）需进入两种实验局，比如，分别在两种不同情况下完成数值决策（D1 和 D2），事后从中随机择以决定收益。如果 D1 > D2，那么将这个编码为那个人的硬币为花面。一个自然的零假设是花面的概率是 $1/2$，所以两次试验中出现两个正面的概率是 $(1/2)(1/2) = 1/4$。如果有 5 名被试，实验中全部得到花面，随机的原假设下这种情况发生的概率有多少？

6. 在表 13-4 下面一行数据中，证明为何最小二项获胜计数是 3，故而 $U = 3$。进而利用表 13-2 确定对应的单尾 Mann-Whitney 检验 p 值。

7. Davis 和 Holt（1994a）配对小组实验的原始（未修改）数据是：

场次	S1	S2	S3	S4	S5	S6
3 卖者市场价格均值	425	470*	408	436*	424	517*
5 卖者市场价格均值	415*	**471**	392*	401	392*	512

确定此原始数据的符号秩和。进而通过表 13-6 确定单尾检验的 p 值。

⊖ 原文为 $(4!)/(2!)*(2!)$，疑有误。——译者注

| PART 3
| 第三部分

社会偏好

　　即使在发达国家，双边谈判也很普遍，尤其是在大宗采购和汽车、住房等特殊商品方面。讨价还价也是许多法律和政治纠纷的核心，并且隐含在家庭关系、照顾老人等方面。面对面谈判中高度流畅的交流，使得很难确定令人信服的结构化模型，以计算纳什均衡。实验研究在两方面做出了回应。第一个方面，我们可以通过观察非结构化谈判情况下的决策来发现有趣的行为模式，比如众所周知的"最后期限效应"，即把约定推迟到最后一刻的趋势。第二个方面是限制决策的时间和顺序，以便在简化的环境中学习公平和公正的考虑。第14章讨论的最后通牒讨价还价博弈就是后一方面的一个例子。在最后通牒博弈中，一个人提出了一个关于如何分配固定数额的货币的建议，而另一个人，要么接受，要么拒绝，如果拒绝，双方都赚不到钱。这类博弈中看似非理性的拒绝，已使经济学家着迷，最近又吸引了人类学家。

　　第15章中讨论的简单场景也有交互的决策结构，但重点是强调公平、信任和互惠等问题的处理。当一个人被赋予了一些现金时，"信任博弈"就开始了，这些现金的一部分或全部可以传递给另一个人。被传递的钱增加了，例如，增加了两倍，并且，所得款项的任何一部分都可以返还给原付款人。如果第一个人传递了初始现金份额的大部分，并期待第二个人回报并传回更多，那么，这表明他们高度信任对方。我们考虑的第二种设定是"互惠博弈"，它具有更多的市场背景，但潜在的行为因素是相似的。在这里，雇主宣布了一个工资额度，看到这个工资额度，工人会选择一个努力水平，高的努力水平对工人来说是有成本的，但对雇主有利。问题是，在双边谈判中明确存在的公平考虑，是否会在更缺乏人情味的市场环境中产生影响。

许多公共项目和政策的设计，都是为了补救那种有些人的行为会影响到其他人幸福的情况。一个经典的例子是提供国防这样的"公共品"，所有人都可以自由消费，不会拥堵，也不会被拒绝。第 16 章介绍了一种自愿对公共品做出贡献的模式，在这种模式中，每个人的私人成本低于社会效益，但成本却大于私人从贡献中获得的收益。其结果是，个人有一种"搭便车"的动机。自愿贡献实验（以及相关的搭便车倾向）为分析社会偏好、利他主义、互惠性、惩罚等提供了一个主要工具。相关的实地实验通过操控匹配和其他助推手段，来激发一群人的慈善捐款，而这些人并不知道他们正在进行一项实验。

当提供一种公共品需要达到某一捐助目标或门槛时，也会出现类似的情况。志愿者困境是一种阈值为 1 的情况，即只需要一个"志愿者"就能提供所有人都喜欢的好结果。在第 17 章中讨论的"志愿者困境"即，是否要冒重复的风险，让私人付出代价来为所有人实现这个好结果。这个博弈不同于标准的公共品的设定，因为志愿者获得的私人利益超过了成本。

就像污染或过度使用一种共同资源一样，对他人幸福的外部性也可能是消极的。在第 18 章的"共同池塘资源"博弈中，每个人都为了获得共享资源的利益而付出努力，这往往会削弱其他人从他们的努力中获得的价值，就像渔场的过度捕捞一样。从问题产生于非排他性的意义上讲，资源就像一种公共品，但不同之处在于拥堵效应的存在，即一个人的使用减少了对其他人的价值。

公共支出通常受到投票和其他政治过程的影响，而这些过程的结果可能对管理投票的规则非常敏感。第 19 章介绍了基于政治学考虑的实验室投票实验和相关的实地实验。

讨价还价

最简单的讨价还价场景是，让一个人能够提出一个必须被接受或拒绝的最终报价，就像一个卖方可以在接受或放弃的基础上公开报价一样。虽然有时候会有人拒绝使自身收益为正的提议，一些人对此会感到惊讶，但对于参与过这类讨价还价的人，以上现象并不足为奇。

教师须知： Veconlab 讨价还价博弈（bargaining games）程序中包含独裁者（dictator）、最后通牒（ultimatum）、两阶段（2–stage）以及冲突讨价还价（conflict bargaining）等多种情境选项。

14.1 策略优势和最后通牒

设想有一个地区垄断厂商能够以 5 美元的成本生产一单位商品。唯一的买家需要该产品并至多为其支付 15 美元。那么可供分配的"剩余"，即价值和成本的差额便等于 10 美元。买家了解卖方成本，因此知道 10 美元的价格将分割"剩余"。价格越高意味着买家分得的"剩余"越少。卖家开出"要么接受、要么离开"式的售价，故而具备策略优势，至少理论上如此。上述设置称为"最后通牒博弈"，提议者（卖家）向回应者（买家）开出单一报价，后者必须选择接受或者拒绝这一剩余分配方案（报价决定），若拒绝则双方收益均为零。

最后通牒博弈由 Güth、Schmittberger 和 Schwarze（1982）首次提出。他们在复杂的多轮谈判中观察到拒绝合约、"有钱不赚"（leaving money on the table）的现象，受其启发构建了最后通牒博弈。正如第一章中泽尔腾（Selton）所指出的那样，这种观察结果并没有让心理学家感到惊讶。而经济学家的反应是去构造高度简化的单次报价博弈，以突出自利、策略行为和公平观念之间的极端冲突。如果人们只关心自身收益、偏好多胜过少，那么提议者只需给予响应者极少金额就可以通过。具体到前面买卖一例，垄断厂商要价为 14.99 美元，而买方也不会拒绝，因为支付该价格所得收益为 0.01 美元，要好过拒绝时的 0 收益。但是，就"剩余"而言，10 美元"剩余"中有 9.99 美元被卖方攫取，买方仅得 0.01 美元，这样的要价 14.99 美元显然不公。即便如此，只关心价格的买家会接受所有低于 15.00 美元的价格，于是卖家自然会要价 14.99 美元。

不难想象，一些情况下卖家在运用强大的策略优势时，可能会患得患失。例如，在大学城中预定毕业晚餐需提前 6 个月之久，而餐馆似乎并不会根据出价的高低来分配极为稀缺的餐位，且毕业日当天通常也不会提价。某些毕业套餐中或许隐藏着一些和缓的涨价，但远远达不到消除过剩需求的程度，从预定所需提前的时间就可见一斑。一种可能的解释是，过高的定价可能引起广泛讨论并被视为不公平，反过来损害未来的生意。另外，价格越高，买方拒绝交易的成本就越低。在上面讨论的垄断例子中，如果买方愿意，只需承担 1 美分的成本，就能惩罚卖方 14.99 美元的过高价格。

最后通牒博弈的多种其他版本已在实验室实验中广泛使用，最大地呈现出两种极端之间的拉扯——一端是对公平的追求，另一端是对自身收益的考量。此外，在实验室里也可以设计匿名的"一次性"（one-shot）情境，以消除声誉、奖励和惩罚的影响。下一节描述了一个最后通牒实验，在那里，实验室控制是一个特别困难的问题。

14.2　实地的讨价还价

Jean Ensminger（2004）在东非的一些小村庄开展了最后通牒实验，实验的所有参与者都来自 Orma 氏族。Orma 氏族提供了一个有意思的案例。氏族成员融入市场经济的程度存在着相当大的差异，而这可能会影响人们对公平的态度。其中，游牧家庭的生活大多依赖养牛，以牛奶和其他产品为生，很少参与市场买卖。虽然其中部分家庭拥有很多的财富，但大多储存于牧群中，就工资而言游牧家庭的收入通常很低。相比之下，另一部分氏族成员出于各种原因（比如牧场被侵占）选择了更为定居化的生活方式。村庄中定居生活的氏族成员的收入主要由工资或者农作物构成，进而以现金购买食物。因此，其收入受市场经济影响的程度变化很大，通过直接货币收入即可衡量之。

以上两类群体构成了一个市场，它们对于公平的态度不外乎以下两种可能。第一，游牧者之间的互动表现出信任和互惠；第二，更具匿名性的市场则会使人更加自私。但反过来推理也可得出相反结论：在市场背景下，许多讨价还价的最终结果都是双方将价值和成本的"差额平分"，因此，在最后通牒博弈中公平的结果将与市场参与程度正相关。

Ensminger 的实验中，从每个家庭至少招募一名成年人参加一场"有趣且有钱拿的游戏"。实验在草屋中开展，讨价还价的过程中将各组分隔开来。实验说明由村子中公认的"长老"（grand master）朗读给参与人。之后长老会转过身去，不会看到众人的决策过程。

实验中供提议者与回应者分配的这笔钱接近于当时当地的日工资（100 肯尼亚先令），博弈仅进行一次。提议者将其中一部分至桌子的对面，而后离开草屋，相当于提出了分配方案；而回应者可以接受或拒绝。Ensminger 报告说，尽管当地人对西方人的"疯狂"和"愚蠢"感到有些好笑，但还是很喜欢参加这场实验。此外，她还尽可能地在关于实验的消息传至前，前往下一个村庄开展实验。

　　该实验中 56 组被试的讨价还价数据如图 14-1 所示。平均开价为 44%，典型开价则为 50%。而最低仅为 30%，即便如此不均等，也鲜有回应者拒绝（条形底部的空白部分）。如果预见到开价 50% 全数被接受，提议者可能想降低开价。很明显，根据事后的拒绝情况，村民典型的开价模式在期望收益最大化的角度并不是最优。事后的访谈中，那些慷慨的提议者大多以公平来解释自己的决策。然而，Ensminger 通过村子中可靠的线人了解到的情况与之大相径庭，故而对上述访谈表示怀疑。根据线人的情报，虽然提议者认为拒绝不太可能发生，但依然生怕（obsessed）开价过低遭到拒绝。这种困扰表明，期望收益最大化假设可能并不适用于金额较大（比如一天的工资）的情况。此猜想和本书第 3 章中风险厌恶的收益规模效应一致。

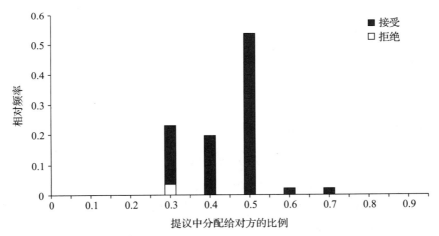

图 14-1　Orma 族人在最后通牒博弈中提议者开价的分布（56 对被试，总金额相当于日工资）
资料来源：Ensminger（2004）。

　　除此之外，较高的开价不可能单纯出于公平上的考虑。后续第二个实验中，回应者没有拒绝提案的选项，其余设定都相同，提议者的开价即大大降低。这种无拒绝机会的博弈称作"独裁者博弈"（dictator game）。在独裁者博弈里，开价均值从最后通牒博弈的 44% 降至 31%。尽管在最后通牒博弈中，提议者的优势地位于其策略中亦有体现，但主流的提议依然是"公平"或"50—50"的，仅 1/10 的提议者选择独占。

　　Ensminger 使用多元回归评估最后通牒和独裁者博弈中提议者的开价。不论哪种博弈，开价都和有否工资收入密切相关；那些参与市场互动的村民往往会给出更高、更慷慨的报价。她对此的猜想是，接触到面对面市场交易可能使人更习惯于"差额平分"。另外，年龄、性别、教育程度和财富（以牛的数量衡量）等变量并不显著。

人口统计学因素的影响相比于市场参与程度而言微不足道，这在一项覆盖五大洲 15 个小型社会的跨文化研究中亦得证实（Henrich et al.，2001）。人类学家和经济学家开展了单轮最后通牒博弈实验，博弈流程和前面类似。实验结果表现出极大差异，不同社会被试的开价均值下至 0.26、上至 0.58。研究者从两个维度——经济合作程度和市场整合程度出发，将这些社会加以排序。对应变量在回归中高度显著，解释了 61% 的开价差异，而个体因素比如年龄、性别和相对财富水平则均不显著。最低的开价出自狩猎—采集社会（比如，秘鲁的 Machiguenga），该社会中鲜见家庭单位以外的生产活动。而最高开价出自那些需要联合生产的社会。比如，在印度尼西亚的 Lamelara，提议者将一半以上的份额提供给对方是很常见的。Lamelara 人是最后一批仍使用远洋独木舟的捕鲸人，生产活动需要组织大量的男性进行合作并事后分配鲸肉。

为了钱而参与的一次性最后通牒博弈对这些人来说是一种奇怪的新体验。在某些情况下，他们的行为似乎和所处社会制度相匹配。以巴拉圭的 Ache 人为例，他们在实验中表现得非常慷慨，分配给对方的比例均值大于 0.5。这种最后通牒博弈中表现出的分享行为和他们的生活习惯高度一致：Ache 人在捕获大型猎物后会将其留在营地边供他人分割。

实地中的最后通牒讨价还价： 在实地开展的讨价还价实验中，依然保持了部分类似实验室的受控情境，其中常见的开价比例为 40% ～ 50%。在市场一体化程度越高、日常生产中联合和分工越多的社会中，提供公平报价和拒绝不公平报价的倾向更为明显。

14.3 实验室里的讨价还价

在许多发达国家，以学生为实验对象开展过众多更为标准化的最后通牒博弈实验，其中，供分配的金额多为 10 美元左右。提案中分配给对方的比例多在 0.4 左右，而且似乎比在小规模社会中观察到的平均出价的差异要小。Roth 等人（1991）在不同国家的四所大学开展了最后通牒博弈实验。美国和斯洛文尼亚的典型出价为 0.5，与在 Orma 氏族以及美国开展的其他研究结果相近（Forsythe et al.，1988）。而以色列和日本的典型出价相对较低，仅为 0.4。尽管如此，拒绝率却并未见显著增高。这使得作者推测，不同国家之间的行为差异可能是由于不同的文化规范对可接受的划分。然而，Roth 等人（1991）报告的这些行为差异低于在 15 个小规模社会中观察到的差异，后者在经济生产活动的性质上不那么同质。

前面提到的 Orma 族人，没有一个提议出价比例低于 0.3。相比之下，发达国家的一些学生被试开价仅 0.2 甚至更低，且其中接近半数遭到拒绝。例如，图 14-2 中的数据出自一场单轮最后通牒博弈课堂实验，总金额为 10 美元。平均开价约为 0.4（Orma 族人为 0.44），但约有 1/4 小于等于 0.2，其中 1/3 遭拒。

最后通牒讨价还价行为对实验程序细节相对敏感。正因如此，Henrich 等人在其跨文化研究中格外小心。Hoffman 等人（1994）指出，如果给最后通牒博弈加入市场情境，中位数开价从 5 降至 4。实验采用了市场术语，提议者扮演卖家的角色，为一单位产品制定"要么接受、要么离开"的售价。与面对面谈判相比，公布价格的互动更具匿名性，因此，实验室中的市场价格术语可能会激发不那么慷慨的报价。另外，如果先行开展一项琐碎的知识测试，以此确定被试，即测试得分较高的被试成为提议者，那么开价的中位数将进一步下降至 3。或许，当提议的权力是靠努力赢得的，人们更愿意接受带有侵略性（开价更低）的提议，由此产生了这种角色分配效应。

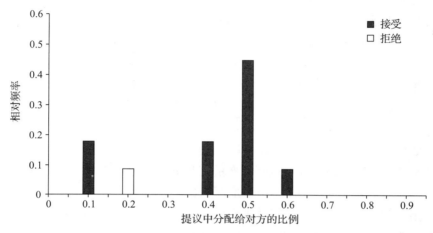

图 14-2　单轮最后通牒博弈中开价的分布（11 对被试，10 美元，现金支付，课堂实验）

实验室中的最后通牒讨价还价： 即使在受控的、有经济激励的实验室条件下，最后通牒博弈中的提议者也不会像具有自私偏好的经济理性所预测的那样，给出极低的报价。当博弈以市场术语构建时，或者提议者是事前通过小测验确定的时，低报价更常见。

　　许多企业讨价还价的决定是由管理者或工会官员组成的团队做出的，几个实验室实验已经检验了实验室中几组被试的出价。总体结果显示，相比个体对个体的情况，小组间的开价往往更低，群体似乎更不关心公平，或者至少期望其他群体没有那么在意公平（Bornstein and Yaniv，1998）。至于何种社会动力导致个体和群体间的差异，目前还未形成明确的共识，但实验可以提供一些启示。Pallais（2005）开展了一项最后通牒实验，其包含 220 名被试：10 对独立的被试、10 对三人小组以及 10 对七人小组，供分割的总金额分别是 10 美元、30 美元和 70 美元。各决策单位（个人或小组）在分隔的教室完成单轮最后通牒博弈，无时间限制。实验者并未监视小组的讨论过程，但被试事后需要填写一份调查问卷。个人提议者的平均开价为 4.40 美元，显著高于三人小组的 3.50 美元和七人小组的 3.60 美元。事后调查显示，个体实验局的被试更多提及公平方面的考虑。此外，与小组实验局相比，个体实验局的被试更担心不公平的提议遭到拒绝。Pallais（2005）的研究是一个很好的案例，这名二年级本科生（现已是哈佛大学教授）在当时的研究中格外注意了程序上的细节。比如实验未使用计算机，是因为担心小组里站在键盘前的人主导讨论，从而降低小组规模效应。

14.4 独裁者博弈和程序性差异

最后通牒博弈实验的令人困惑的结果激发了一轮更简单的博弈——独裁者博弈的实验。在这个博弈中，提议者单方面决定可用资金的分配。另一名参与者在这个博弈中处于被动的地位。在独裁者博弈的实验说明里，被试及匿名的同伴（在另外一个房间）被"临时授予"（provisionally allocated）了一笔钱，比如 10 美元，被试的任务是决定如何将这笔钱在二人之间划分（divide）。Hoffman 等人（1994）采用以上措辞与分隔房间设置，重复了独裁者博弈实验，结果中只有 18% 的提议者传递 0 美元，约 1/3 的传递金额大于等于 4 美元。他将这种显著偏离自利理性决策（0 美元）的现象归因于公平。作者指出，在许多重复博弈的情况下，人们确实会分享。狩猎采集社会里，大型猎物是相当危险的，猎人单独行动的成功率不足一半。因此，大型猎物的狩猎往往是集体式的，不仅分摊了风险，也提高了成功率。相反，小型猎物和采集类食物通常风险较低，也鲜见分享行为。在一篇人类学文献中，Hawkes（1993）将以上行为称为互惠利他主义（reciprocal altruism）。大多数读者从学生经历中能够联想到类似的互动。而关键在于，虽然实验并没有塑造现实环境，但被试却是带着重复博弈的习惯和对分享的期望进入实验室的。

为观察这些内生的（home-grown）态度会否减弱，作者还构造了一个双向匿名的实验局——甚至包括实验者在内，无人能够观察到被试传递的具体金额。匿名性的保障措施之一是，在给予被试 10 张 1 美元钞票的同时，附加 10 张纸条和 10 个信封。如此一来，被试可以在密封的信封中混装钞票和纸条，因此提交的信封的厚度不会透露被试的实际决定。此外，其中两个信封只有纸片。这些信封由一名学生管理人（monitor）收集，这样，实验者以后就不能把信封和被试配对了。当实验说明阅读完毕后，将逐一传召提议者前往完成决策且带上随身物品，以便交完信封后直接离开。

在这种双向匿名程序下，有 2/3 的提议者传递了 0 美元，大于等于 4 美元的提议者占比不足 10%。Hoffman、McCabe 和 Smith（1996b）还指出，如果移除部分双盲要素（学生管理人和装满纸条的信封），0 美元占比将有所降低；退回到单盲实验流程（实验者能够观察到被试的决策，但被试相互之间不了解）还将更低。"临时授予"和"划分"等术语也起了作用：从实验说明中删除这类倾向于共享的词语，保持其他程序不变（没有双向匿名），0 美元占比将翻倍，从大约 20% 增至大约 40%。关键在于，正如表 14-1 的前两列所示，当说明上的改变与被试带到实验室的价值观相互作用时，会产生很大的影响。

表 14-1 独裁者博弈的社会距离和自私的 0 美元率

术语	Hoffman 等（1996b）			Cherry 等（2002）		
	"划分"	中性	中性	中性	中性	中性
匿名性	单向	单向	双向	单向	单向	双向
初始禀赋	赠予	赠予	赠予	赠予	赚取	赚取
0 美元占比	18%	42%	65%	19%	79%	97%
0 美元占比，总金额 40 美元				15%	70%	97%

　　然而，即便是最严格的双向匿名程序，包括学生管理者、装满纸条的信封等，仍然会有大约 40% 的独裁者传递金额大于零。Cherry、Flykblom 和 Shogren（2002）使用管理类研究生入学考试（GMAT）中的问题先行对扮演独裁者的被试进行测验，根据成绩高低分别给予 40 美元或 10 美元。接受者身份的被试在另一房间，且被告知对方如何赚取了上述金额。此外，他们还设计了另一"赠予"（gift）实验局，独裁者直接从实验人员手中得到 40 美元或 10 美元，无须进行测验。在基准即"赠与"实验局中，选择 0 美元的独裁者比例在 15% ～ 19% 之间，且和初始禀赋的高低相关。而在赚取禀赋实验局中，自利决策即 0 美元占比增至 70% ～ 79%。不管以上哪种情况，平均水平上，获得 10 美元的独裁者中选择 0 美元的比例都相对高于获得 40 美元的独裁者。当禀赋赚取和双盲流程组合，0 美元比例甚至达到 90% ～ 95%。虽然所讨论的研究之间存在细微的程序差异，但表 14-1 所示结果不失一般性，并可总结如下：

　　独裁者博弈的程序性变化： 双向匿名流程增加了完全自利的独裁者决策（传递 0 美元）的发生率。从实验说明中移除"划分""临时授予"等术语，也将产生类似的影响。当独裁者第一次挣到他们可以随后分配的钱时，几乎所有的独裁者做出的决定（在双重匿名的情况下）都与完全自利的 0 美元数额相匹配。

14.5　多阶段讨价还价

　　面对面的谈判通常表现为一系列的开价和还价。最后通牒博弈也可以扩展至多阶段，令参与者轮流提出分配方案，一旦双方在某一阶段达成协议，博弈即告完成。另外，总金额随阶段递增逐渐缩减，实验中亦能引入拖延的惩罚机制。例如，可供分配的总金额于第一阶段为 5 美元，但如果该阶段未达成协议，进入第二阶段后总金额将缩减至 2 美元。此外，实验还可以预先声明最终阶段，回应者届时若仍未接受，则双方所得都将为 0 美元。因此，最终阶段类似于前文的最后通牒博弈。

　　考虑两阶段的情况，第一阶段总金额为 Y 美元，若未能达成协议，第二阶段总金额缩减至 X 美元。简便起见，Y 和 X 分别设为 15 美元和 10 美元。注意：本段分析基于一个（值得怀疑的）假设——参与人是完全理性的且只关心自身收益。把你自己放在博弈第一阶段的提议者的位置上，知道你们都更喜欢收益最高的行动，即使这个行动只会增加一个便士的收益。如果你在第一阶段划分给对方的比例过低，方案被拒绝后对方就将反过来扮演提议者（最后通牒博弈）。因此，你需要计算对方在最后阶段分配 10 美元时的期望收益。理论上，对方届时将给你开价 1 美分；而根据前述假设（多好过少，故 1 美分好过 0），你将接受该方案。可见，若完全理性且不关心公平，则对方在最后阶段的期望收益为 9.99 美元。只要你在第一阶段开价低于 9.99 美元，则一定会被拒绝，反之将被接受。故你在第一阶段应开价略高于 9.99 美元，即 10 美元，自己获得剩余的 5 美元，该分配方案将被接受。

　　上述案例的理论预测显示，第一阶段分配给对方的部分等于谈判至第二阶段剩余的总金额。这一结果具有一般性。最后阶段剩余 X 美元，该阶段的提议者（前一阶段的回应者）分配给回应者（前一阶段的提议者）的比例"应"为 1 美分，且会被接受。在最后阶段进行还盘的（前一阶段的）回应者基本上可以获得剩余的全部份额，即 $X-0.01$ 美元。因此，对于第一阶段的提议者来说，开价略高于 $X-0.01$ 美元即可通过，故应开价 X 美元。如此，初始提议者的收益便等于总金额缩减的部分——$Y-X$ 美元，初始回应者所得则等于第二阶段的剩余——X 美元。

Goeree 和 Holt（2001）实验采用了上述两阶段结构。初始阶段的总金额为 5 美元。在实验局 1 中，第二阶段总金额缩减至 2 美元。由上可知，理性的提议者分配给自己与对方分别为 3 美元（等于缩减掉的部分）和 2 美元，如表 14-2 的中间一列所示。此处分配给对方的 2 美元等于其在下一阶段的最后通牒博弈中所能获得的钱数。实验中平均开价为 2.17 美元，也和理论预测相当接近。在另一实验局中，第二阶段总金额将大幅缩减至 0.5 美元，理论预测的第一阶段开价将显得尤其不公平（0.5 美元）。实验中，实际开价较理论预测高出不少，均值为 1.62 美元，见表 14-2 的右列。从实验局 1 到实验局 2，开价的降幅远不及理论预测剧烈，且在实验局 2 里回应者拒绝方案的情况十分常见。需要注意，对于较低的开价，拒绝成本也相对更低。初始阶段的提议者亦认识到这一点，故而在实验局 2 中忌惮对方拒绝，并未彻底利用自身策略优势。

表 14-2 只进行一次的两阶段讨价还价博弈 （单位：美元）

	实验局 1	实验局 2
第一阶段总金额	5.00	5.00
第二阶段总金额	2.00	0.50
自利的第一阶段纳什开价	2.00	0.50
实验中第一阶段开价均值	**2.17**	**1.62**

资料来源：Goeree 和 Holt（2001）。

在另外一项两阶段实验（Goeree and Holt，2000）中，收益不公平的影响更为突出。最初的提议者针对 7 种不同的情况做出了 7 个选择，但他们知道，之后只会随机选择其中一种情况，然后将该情况的提议告知另一个参与者。不论哪一种情形，初始的总金额均为 2.40 美元，但第二阶段的剩余金额各异，分布于 0～2.40 美元。根据理论预测，初始提议者在每一种情形下给对方的开价都等于第二阶段剩余的总金额。

表 14-3 为上述 7 种情形中最为极端的两种。表中间一列为"完全缩减"的情形——总金额 2.40 美元至第二阶段缩减为 0，这赋予初始提议者相当大的策略优势。如果参与双方皆是自利且理性的个体，初始提议者将开价 1 美分并被对方接受，双方收益极不对等（大大偏向于提议者）。更在回应者伤口上撒盐的是，该情形的实验说明（中性的语气）指出，初始提议者除讨价还价的收益外，还能获得 2.65 美元的固定实验报酬，而初始回应者的固定报酬仅为 0.25 美元。除非初始提议者在第一阶段将全部 2.40 美元都分配给回应者，双方的最终报酬才告均等。实验中实际的开价（1.59 美元）位于表末，远远高于纳什均衡预测（0.01 美元），更接近于平等主义者（egalitarian）开价的 2.40 美元。

表 14-3　非对称固定报酬的两阶段讨价还价博弈		（单位：美元）
	全部缩减	无缩减
第一阶段总金额	2.40	2.40
第二阶段总金额	0.00	2.40
提议者的固定报酬	2.65	0.25
回应者的固定报酬	0.25	2.65
平等主义者的第一阶段开价	**2.40**	**0.00**
自利的纳什均衡第一阶段开价	0.01	2.40
实验中平均第一阶段开价	**1.59**	**0.63**

资料来源：Goeree 和 Holt（2000）。

另一种极端是"无缩减"情形，位于表 14-3 右列，总金额至第二阶段全无缩减，仍为 2.40 美元。因此，理论预测第一阶段开价为 2.40 美元，等于第二阶段的总金额。博弈到了第二（最后通牒）阶段后，初始回应者成为提议方，且总金额未减少，故策略优势易主。此外为增强不对称性，与前一种情形相反，初始回应者的固定报酬也高出提议者，进一步扩大其策略优势。要想双方最终报酬相等，除非劣势地位的初始提议者在第一阶段能够独占全部 2.40 美元，但是理性预测（自利假设）中初始提议者在第一阶段应把全部金额都分配给回应者。实验中实际观测的开价均值为 0.63 美元，同样更接近于平等主义者的开价 0。

初始阶段的开价模式见图 14-3，横轴表示第二亦即最后阶段剩余的总金额。由于最后一轮实质上构成最后通牒博弈，整个博弈的子博弈完美纳什均衡是，初始提议者开价等于初始回应者最后阶段的期望收益。纳什均衡预测对应图中斜率为 1 的灰色虚线。相反，平分收益（考虑到外部报酬的不对称）的开价对应图中点线，其斜率为负数且与纳什均衡虚线的斜率互为相反数。七种实验局的平均开价斜率为负数（深色实线），且图中标有 ±1 单位的标准差（灰色折线）。实际开价比平等主义的虚线略平缓，但具有平等主义倾向。总结如下：

两阶段交替出价的讨价还价结果： 这个实验的第一阶段的报价应该等于（第二阶）剩下的总金额，如图 14-3 中为虚线的纳什曲线所示，但由于非对称的固定报酬结构，使得平等主义的出价与剩下的总金额成反比，斜率为 −1 而不是 +1。这种负向关系也近似表现在七个实验局的数据平均值（深色实线）上。

作者进一步证明，以上数据模式能够通过一个扩展的模型加以解释。在模型中，人们同时关注相对收益和自身收益。例如，有人或许愿意支付一定成本，以阻止其他人获得更多的收益。对于不利于自身的不公平的厌恶，一般可视作嫉妒效应（envy effect）。相反，人们也有可能希望自身收益不要高出他人太多。对于有利于自身的不公平的厌恶，可视作内疚效应（guilt effect）。内疚效应可能要比嫉妒效应弱。Fehr 和 Schmidt（1999）提出的模型捕捉到了上述两种不公平厌恶（inequity aversion）。为便于理解，我们用 $\pi_{自己}$ 代表个体自身的收益，用 $\pi_{他人}$ 代表另外一人的收益。Fehr-Schmidt 效用函数为

$$U(\pi_{自己}, \pi_{他人}) = \pi_{自己} - \alpha(\pi_{他人} - \pi_{自己}), \text{ 如果 } \pi_{他人} > \pi_{自己}（嫉妒）$$
$$U(\pi_{自己}, \pi_{他人}) = \pi_{自己} - \beta(\pi_{自己} - \pi_{他人}), \text{ 如果 } \pi_{自己} > \pi_{他人}（内疚）$$

（14-1）

其中，α 和 β 分别为嫉妒参数和内疚参数，且 $\alpha > \beta > 0$，即预计嫉妒强过内疚。Goeree 和 Holt（2000）运用两阶段讨价还价博弈的实验数据估计了以上参数，结论同样是两种效应存在，且嫉妒效应更加突出。总结如下：

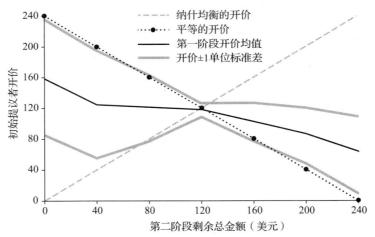

图 14-3　两阶段讨价还价博弈初始提议者第一阶段开价：实验均值（深色实线）、平等主义者（点线）和子博弈完美纳什均衡（虚线）

不公平厌恶： 实验室实验经常会出现一些异象，这似乎出自对公平的关心和不平等的厌恶。费尔 – 施密特（Fehr-Schmidt）的不平等厌恶模型设定，个人愿意牺牲收入以减少不平等。模型有"嫉妒"（厌恶别人收益更多）和"内疚"（厌恶让别人收益更少）的参数。实证研究证实了其中嫉妒更加强烈的直觉。

值得强调的是，当一个任务用于支付时，相对的支付问题是最相关的，就像这里的情况一样，在七个决定中选择一个后支付。如果被试象反复互动，回报差异和相关回报问题可能会变得模糊。

讨价还价拓展至更多阶段，公平分配问题又将引致哪些变化呢？ Kloosterman 和 Fanning（2017）考虑了另一种博弈设计：提议者进行一系列的开价。回应者拒绝会导致"饼"以固定的比例系数（$1-\delta$）收缩，因此在任何阶段可分配的"饼"仅是前一阶段的 δ 部分，即 $0 < \delta < 1$。同之前一样，收益的不对称性依然是公共知识。具体而言，被试就 100 枚筹码的分配讨价还价，每多一个阶段，筹码的现金转换率都将缩减（$\delta = 0.95$），不对称性由筹码到美元的不同转换率决定。当提议者和回应者的转换率相等时，那么每人分到 50 个筹码将使收益相等。在第二个实验局中，提议者的转换率是原来的三倍，同等的货币回报分成为提议者 25 个筹码和回应者 75 个筹码。效率的衡量方法是，将货币回报作为能够在没有延迟和收缩的情况下实现的最大收益的一部分。

配对是通过收费站程序（turnpike procedure）完成的，这可以防止一个人再次遇到相同的伙伴，或者像前一章所讨论的那样，与任何曾经遇到过伙伴的人配对。（为便于理解，可以将提议者和响应者视作两条平行的队列，各自朝着相反的方向前进。）提议者可以提出一系列的分配方案，这些方案可以被回应者接受或拒绝。最初的拒绝会表明回应者更公正，这将导致提议者提出一个更有利的分配方案。不出所料，被观察到的提议者的报价往往开始时比较低，但在最后的匹配中被接受的报价大约等于相等的回报基准（在对称实验局为 50.16，非对称实验局为 74.67）。协议达成的速度也足够快，最终轮两种实验局的效率在 92% ~ 95% 范围内。总结如下：

总金额缩减的多阶段最后通牒讨价还价： 当提议者可以提出一系列可能被接受或拒绝的提议时，那么被接受的提议将实现大致相等的资金分配，且讨价还价过程延时短，效率高。

14.6 冲突阴影下的讨价还价

在前文的讨价还价博弈中，未达成协议则双方收益均为 0。相比之下，现实中双方若就经济损失索赔未达成一致，最终可能会付诸司法程序——将有一方胜诉，另一方败诉。但同时双方都将承担相当高的司法支出。同理，国家间争端最终可能付诸武力，败者后果凄惨且双方均背负相当高的冲突成本。于是，冲突威胁背景下讨价还价往往会抹去公平或慷慨的感觉，力量可以是不对等的，一方在冲突中事先占优势的可能性更高。

设想这样一个程式化的模型，总共 10 美元供双方分配。先行动者（"提议者"）扮演进攻一方，要求从 10 美元中索取一定份额。另一方（"回应者"）选择接受——执行提议者的方案，或者拒绝。拒绝将导致双方冲突，各自承担 2 美元的成本，冲突的获胜方得到全部 10 美元。各实验局提议者的获胜概率不同，分别为 0.2、0.4、0.6、0.8，此概率决定了力量的不对等程度。

冲突讨价还价模型可用逆向归纳法求解。首先分析冲突发生时双方的期望收益。若提议者获胜概率为 0.8，面对冲突的期望收益等于 $0.8 \times 10 - 2 = 8 - 2 = 6$ 美元。同理，回应者期望收益为 $0.2 \times 10 - 2 = 0$ 美元。提议者开价需为整数美元，故只要给予回应者金额大于 0 美元即可避免冲突。因此，（均衡下）开价 1 美元（即从 10 美元中索要 9 美元）的方案将被接受。（注意，即便是冷静且理性的回应者，面对 0 美元时在接受和拒绝间亦无差异，故开价 0 美元被接受的概率仅 50%，提议者需将开价提至 1 美元以确保通过。）以此类推，当获胜概率为 0.2、0.4、0.6 和 0.8 时，提议者分别索取 3 美元、5 美元、7 美元、9 美元。换句话说，（基于逆向归纳法的）纳什预测显示，提议者的力量越强，索取的份额就越发具有进攻性，且方案将被接受，冲突得以避免。

有实验（Sieberg et al.，2010）首先令提议者进行单轮博弈（未提及之后发生什么）。实验采用组间设计，不同场次提议者获胜概率不等。在单次博弈中，提议者开价均值随力量递增，见图 14-4 中的黑色实线，但相比纳什预测（灰色虚线），其依然过于平坦。这可能是由于某种随机性的中心点拉动（pull-to-center）效应或者不公平厌恶（提高过低的提案避免所得太少，降低过多的提案避免所得太多）。单次博弈完成后，还包括 6 轮随机配对（扮演的身份不变）博弈，结果见图 14-4 中的深色虚线，其相对更接近纳什预测。图 14-4 中的另一条点线对应 6 轮身份转换的随机配对博弈，还要更贴近纳什预测，即便在提议者获胜概率较高的图形右侧也依然如此。

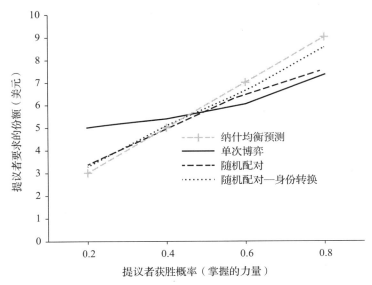

图 14-4　冲突讨价还价博弈中提议者索要份额的均值

结果表明，随机匹配的身份互换和重复倾向于增加与基于逆向归纳法的纳什预测的符合性。本质上，被试从最后阶段的子博弈中获取经验，即为一种学习过程，且重复实验还会削弱公平考虑。此外，实验结果与纳什均衡最大的不同在于冲突发生与否，在各实验局中，冲突发生率均为 30% 左右，与 Sieberg 等人（2013）的两阶段冲突讨价还价博弈实验结果相似。特别地，当提议者拥有更大力量且索要更高份额时，冲突率并未提高，回应者此时往往做出策略让步。

冲突讨价还价实验： 正如预测的那样，在发生冲突的情况下，当提议者有力量获胜，提议者的要求就越来越高。但是在所有的提议者力量实验局中，冲突发生的频率都很高，这与理论预测相矛盾，即最初的要求将被设定，以便立即被接受。

14.7　我将花数年时间揣摩这一切意味着什么

最早的最后通牒博弈出自 Güth 等人（1982），后来 Forsythe 等人（1988）重复了该实验结构并引入了独裁者博弈。还有许多类似的实验较前两者的结构更为松散，并未规定提议和接受的顺序。比如，Hoffman 和 Spitzer（1982，1985）设计了开放的、非结构化的实验环境，在不考虑产权（科斯定理）的前提下，评估讨价还价双方达成有效率的约束性协议的能力。类似地，最后通牒博弈的推广也被用于研究立法机构中提议者随机选择的讨价还价（参见后续关于投票的章节）。经济学家和其他人一直对这些博弈中的行为着迷，在这些博弈中，公平观念和策略性的、狭隘的利己行为之间存在着高度紧张的关系。Ensminger（2004）提到，她的一名非洲被试曾兴奋地说道："我将花数年时间揣摩这一切意味着什么。"

对于此类实验中常见的、看似非策略的行动和高成本的拒绝行为，许多经济学家起初持怀疑态度。Sefton（1992）发现，用"正常"的金钱报酬取代假想的报酬，独裁者博弈中被动的回应者分得的收益将减少一半左右。在最后通牒博弈中，一种可能的解释是博弈中总钱数的增加消除了"不理性"的拒绝行为，提议者预测到了并索要更高份额。Hoffman 等人（1996a）将总金额从 10 美元增加到 100 美元，这对最初的提议没有多大影响。Carpenter、Venhoogen 和 Burks（2005）把学生被试随机分配到总金额高（100 美元）/低（10 美元）的实验局，发现无论是最后通牒博弈中的提议还是独裁者博弈中索要的份额都未受总金额多少的影响。Slonim 和 Roth（1998）以及 List 和 Cherry（2000）也对总金额的影响展开了研究，Carpenter、Burks 和 Verhoogen（2005）还为之开展了实地实验。针对劳动力市场，Falk 和 Fehr（2003）分析了实验室实验和实地实验两种方法的应用价值。另外，有关讨价还价中的性别效应可参见 Eckel 和 Grossman（1998，2002）。

当然，如果人们关心的是相对收益，那么拒绝就不是非理性的。例如，相比于不公平的正收益，回应者可能偏好双方相同的零收益。Bolton 和 Ockenfels（2000）提出了一个基于相对收益偏好的模型，Fehr 和 Schmidt（1999）建立了一个与之密切相关的不公平厌恶模型，前文已有介绍了。

这有点不寻常，卖方只提供一单位商品给买方，而多单元设置可为买方提供了一个部分拒绝的选项。假设共有 10 单位商品可供销售，每单位生产成本均为 0，商品之于买方的价值均为 1 美元。卖方将 10 单位产品作为一个整体公布要价；而买方可能只想购买其中一部分，如此双方收益将按比例降低。例如，卖方为 10 个单位开出的价格为 6 美元，成交则有 6 美元归属卖方，4 美元归属买方。买方若只购买其中一半，双方收益将相应降至 3 美元和 2 美元。对此，Veconlab 软件通过压缩（squish）选项（Andreoni，Castillo，and Petrie，2003）实现了这种部分拒绝。若勾选该选项，则回应者能够选择一个分数代表接受的程度：0 代表完全拒绝，1 代表完全接受。

Xiao 和 Houser（2005）强调了回应者拒绝不公平提案时情绪的重要性。他们在一项实验室实验中，允许回应者接受/拒绝提议者提案的同时，表达自身对提案的情绪反应。该实验中回应者拒绝有所减少。可见，对于不公平的提案，廉价讨论（cheap talk）评价构成了有成本拒绝的一种替代品。从上述研究中可见：将社会背景从初始的最后通牒博弈实验中抽离，产生了令人困惑的结果；而把一些社会背景重新加入实验，得到的数据却更接近博弈论的预测。

"非理性"的拒绝还有另外一个切入视角，即监测人们最后通牒博弈时的大脑活动。Sanfey 等人（2003）使用功能磁共振成像技术（functional magnetic resonance imaging，fMRI）监控参与者大脑不同部位的血液流向。不公平的提案刺激了认知（前额叶皮质）和情绪（前脑岛）相关脑区的活动。当拒绝不公平的开价时，回应者的前脑岛活动加剧，表明了情绪在此过程中的重要性。开价越不公平，前脑岛活动越强烈。此外，相比于计算机生成的提案，认为提案来自其他人时，回应者前脑岛活动更强。其他有关"厌恶"（味觉、嗅觉的负面感官）的研究亦发现前脑岛特定区域的活动。因此，fMRI 最后通牒研究的结果证明，不公平的待遇会激发类似于坏味道或气味引起的情绪。

第 14 章习题

1. 考虑第 14.6 节的冲突博弈，总金额为 10 美元，冲突成本为 2 美元，开价需为整数美元。请解释当获胜概率为 0.5 时提议者的初始提议应当如何。

2. 考虑一个两阶段交替提议博弈，第一阶段总金额为 3 美元，至第二（最终）阶段缩减至 2 美元。假设参与人完全自利且理性，找出均衡的第一阶段开价，并解释此提案是否会被接受。

3. 设想一个小组由 A、B、C、D、E 五位投票人组成，要分割总计 30 美元。若 5 人未能达成协议，将浪费绝大部分资金，结果为：A 获得 5 美元，B 获得 4 美元，C 获得 3 美元，D 获得 2 美元，E 获得 1 美元。外生地设定由 A 制定分配方案，交由小组投票决策，每名投票人可以选择同意或否决。如果至少 3 人同意，方案即告通过；反之得到上述默认结果；且不允许修正或进一步协商。假设所有投票人都自利且完全理性，那么，A 应该提出何种分配方案？在学习最后通牒博弈相关内容之后，你会建议 A 提出一些与理论预测不同的方案吗？请解释。

4. （开放性问题）在身份转换的两阶段讨价还价博弈中，有一种情况称为"不利的交替开价"，即：第一阶段的回应者拒绝了对方最初的开价 X 美元，而后总金额缩减，初始回应者转换身份为提议者，此时他所得尚不及前一阶段拒绝的开价。结合具体的数字举例说明这类结果（自己构造一个博弈，并给出初始开价和交替开价）。第 14.5 节中的 Fehr-Schmidt 效用函数（$1 > \alpha > \beta > 0$）能解释不利的交替开价吗？

信任、互惠和委托 – 代理博弈

尽管市场规模的扩大可能会促进生产的专业化和贸易，但随之而来的匿名性的增加提高了对交易关系中信任的需求。信任博弈设定了一个程式化的情境，其中一个人可以决定保留多少初始金额，以及将多少金额转给另一个人。所有传递的钱都被增值了，然后响应者决定保留这些增值的钱中的多少，并将多少传递回最初的决策者。信任博弈实验的参与者置身此情景，将体会到私人动机和潜在风险之间的冲突，以及信任、互惠与合作的收益。

工资设定的"礼物交换"（gift exchange）观点认为，雇主将工资设定在高于市场清算水平的水平上，是为了诱出高努力的回报，即使这些回报在工资设定后并没有明确的兑现。所谓互惠博弈，是令雇主与工人一一配对，工人首先看到雇主提供的工资额度，而后决定自身的努力水平（努力是有成本的）。问题在于，市场环境下信任和互惠的概念是否会产生显著影响。在此基础上，将工资待遇扩展为附加事后奖惩的合同，互惠博弈可一般化为基于契约的委托 – 代理博弈（principal-agent games）。在这种博弈中，雇主即委托人，希望给予"代理人"即员工适当的激励，激励其努力工作。

和前面章节不同，本章第 15.2 节的数据分析有赖于第 13 章介绍的统计检验工具。即便不熟悉第 13 章，亦不妨碍读者通过本章中的图片，大致了解这些数据的含义。此外，本章还参考了第 14 章有关讨价还价（独裁者博弈、双盲程序）的部分内容。

教师须知： 本章所有博弈均能通过 Veconlab 软件运行，具体可在讨价还价 / 公平（Bargaining/Fairness）菜单下选择想要的实验——信任（trust）、互惠（reciprocity）或委托代理（principal agent）。

15.1 信任博弈实验

Berg、Dickhaut 和 McCabe（1995）通过简化的实验设置研究了信任博弈，旨在突出受控环境下的信任和互惠。在该标准版本的实验里，两人一组，实验赋予双方各 10 美元，且双方均知晓该信息。先行动的一方须决定将 10 美元中的多少钱（任意数）传递给另一方，余下由自己保留。传递的这笔钱增至 3 倍，而另一方将决定从中返还多少（如果有的话）。先行动者获得最初保留的金额加上返还的部分；后行动者则赚取第二阶段保留的金额。为了回避带有暗示性的"信任"一词，该博弈常被称为"投资博弈"。如果和许多实验一样，只进行一次博弈，那么在子博弈完美纳什均衡中，后行动者独占先行动者传递的全部资金，对于先行动者而言不传递才是最优决策。此分析结果假设参与者自利且理性，且先行动者正确预期后行动者第二阶段的反应。实际中传递金钱的行为暗示先行动者相信对方会返还合理数额，这也许是因为传递行为本身带有互惠的感觉。另外，利他偏好也可能激励先行动者传递金钱使其加倍，从而追求更加平等的最终收益结果。由于对方返还的金额未知，风险偏好也会产生影响。

Berg、Dickhaut 和 McCabe 招募了 32 组参与者开展了以上实验，实验仅一轮。其中，几乎所有（30/32）的先行动者传递了部分金额，但后行动者中只有大约 1/3 的人返还金额大于传递过来的钱数（加倍之前）。先行动者平均传递 5.16 美元（总计 10 美元），增至 3 倍后，后行动者平均返还其 18%。此行为模式和假设完全自利的子博弈完美纳什均衡并不一致。子博弈完美纳什均衡的概念在第 9 章中有详尽介绍。此处它的含义是，后行动者一定在第二阶段最大化自身收益，也就排除了此阶段"不可置信的"威胁。

表 15-1 为弗吉尼亚大学开展的一次单轮实验中的传递金额数据。实验共包含 6 对被试，初始赋予先行动者 10 美元（和前文设置不同，后行动者无此初始禀赋），传递金额仍增至 3 倍。6 名先行动者总计获得 60 美元，依据 Berg 等人的研究结果，他们将传递其中大约一半（30 美元），增至 3 倍后为 90 美元，后者则返还其中 18%（16 美元）。而表中结果显示，传递总金额为 33 美元，增至 3 倍后为 99 美元，但后行动者总共只返还了 10 美元。可见在这项实验中，后行动者并没有达到先行动者的预期。

表 15-1 信任博弈实验示例 （单位：美元）

	ID1	ID2	ID3	ID4	ID5	ID6
传递的钱数	0	10	2	10	1	10
返回的钱数	0	0	0	0	0	10
先行动者收益	10	0	8	0	9	10
后行动者收益	0	30	6	30	3	20

实验结果如表 15-1 所示，除了后行动者无初始禀赋以外，相当接近 Berg 等人在先的实验结果。赋予双方相同初始禀赋的一个原因是排除不公平厌恶的影响，先行动者有可能出于对不公平的厌恶而传递更高金额。

图 15-1 则是另一场课堂多轮信任博弈的结果，各轮中被试随机配对。就均值而言，

多轮的实验设计显著增加了先行动者传递（浅色条形）和后行动者返还（深色条形）的金额，且二者也基本相等。总结如下：

信任博弈实验结果： 大部分先行动者传递金额大于零，甚至有人将所有禀赋尽数传递。而后行动者的反应差异很大，有人全部占为己有，也有人返还的金额比先行动者传递的部分多一点。平均而言，返还金额接近初始的传递金额（未加倍之前）。事后来看，"投资"基本无利可图。

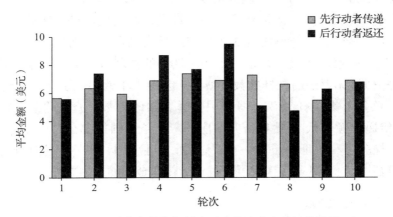

图 15-1　课堂多轮信任博弈（马萨诸塞大学）的结果

15.2　信任博弈中传递金钱的动机：Cox 分解

被试行为为何偏离自利的纳什均衡，有多个可能原因值得探讨。Cox（2004）招募 32 组被试，重复了 Berg 等人的实验，同样采用 3 倍传递设定，且所有实验局中双方的初始禀赋均为 10 美元。类似于前一章的独裁者博弈实验，该实验同样采用双盲流程。具体地，被试使用无标记的信封和标号信箱完成决策，即便实验人员也无法对号入座，这样做是为了减少被试遵守分享、互惠等社会规范的压力。

图 15-2 灰色条形为信任博弈中先行动者传递不同金额之频数。32 人中只有 6 人传递 0 美元，最常见的则是 10 美元（右侧最高的灰色条形），即全部传递给对方。即便决策可能受到噪声、混乱的干扰，但全额传递的占比之高仍意味着扰动并非决定因素。另一种可能的决定因素是过低的转移"金额"——传递 1 美元意味着给予对方 3 美元。于是，以上行为可能是出于经济利他主义（对低价作出反应）。另外，除非对方返还多于传递的金额，不论先行动者传递多少都一定会造成收益的不均等，而 10 美元的占比之高，可见动机并不是不公平厌恶。

多数人的观点是，传递是为了得到更多的回报。但这种互惠期望的问题在于，实际上对方返还往往较少。此实验也不例外，传递金额均值为 5.97 美元（将增至 3 倍），而返还金额的均值仅 4.94 美元。事实上，32 组的传递和返还金额间无显著差异（双尾 Mann-Whitney 检验在标准显著性水平上，不能拒绝无差异的原假设），先行动者的互惠期望显

然过高了。毕竟，以上实验只进行一次博弈，所以没有理由期望先行动者对他人的信念
全无偏差。

信任博弈中先行动者传递的可能原因： 总结起来，对于实验观察到的第一阶段传递
金额，有两种较为合理的解释：①对价格作出反应的经济利他主义；②互惠期望，认为
传递金额将带来投资回报。

James Cox（2004）设计了一套精妙的实验程序，来分解信任博弈之中利他和互惠的
影响。在信任博弈实验之外，他招募了另一组被试，两两成对进行实验。依然是由先行
动者选择传递多少金额，该金额增至 3 倍后交给后行动者；不同的是，后行动者无返还
选项。换句话说，此第二实验局乃是一个 3× 杠杆的独裁者博弈。如果信任博弈中传递
金额大于这个相似但无返还的杠杆独裁者博弈，差距大小就构成了互惠期望存在的证据。
图 15-2 中的黑色条形为杠杆独裁者博弈中传递金额的频数。直观来看，图中黑色条形
集中在左侧（传递金额较低），信任博弈对应的灰色条形则集中在右侧（传递金额较高）。
Mann-Whitney 检验进一步证明了这一直观感受，检验在 1% 的水平上拒绝了二者无差异
的原假设。这也就表明互惠期望构成了先行动者传递金额的原因之一。

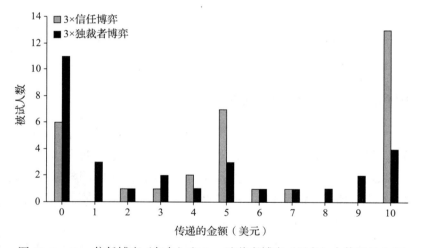

图 15-2　3× 信任博弈（灰色）和 3× 独裁者博弈（黑色）中传递的金额

接下来，还需考虑另一种可能——利他心理。虽然实验中后行动者返还与先行动者
传递金额大体相等，但无法辨析这究竟是出于利他还是互惠，故无法作为利他的证据。
但是，在杠杆独裁者博弈中先行动者依然有所传递，无法用互惠期望来解释。此外，后
行动者最初已得到 10 美元，先行动者只要传递就一定造成双方收益不均，因此作为对传
递金额的解释，利他要比不公平厌恶更加合适。

最后，对个人返还金额决策的回归分析表明，在信任博弈中，后行动者返还金额
与先行动者传递金额正相关，这也在暗示互惠的存在。（你可将互惠视作一种由先行动
者传递行为引致的利他。）图 15-3 前端的浅色条形和上述结果保持一致，分别代表小额
（0～3 美元）、中额（4～6 美元）、大额（7～10 美元）的传递金额，可见返还额亦随之

递增。在这一点上，有证据表明：①互惠期望的存在，相较于杠杆独裁者博弈，先行动者在信任博弈中传递金额更高，②利他主义的存在，杠杆独裁者博弈中先行动者传递金额为正数。

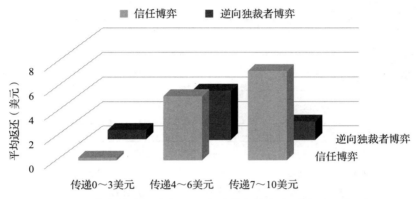

图 15-3　信任博弈和类似的逆向独裁者博弈中平均返还的金额

为了进一步澄清这些问题，Cox 还设计了第三个实验局，32 名被试均扮演后行动者，除却 10 美元基础禀赋，还将得到一笔先行动者传递的资金（增至 3 倍）。后者出自最初信任博弈实验局。举例来说，假如信任博弈中有 13 名先行动者传递 10 美元，则该实验局有 13 名被试得到 3×10 美元，加上基础禀赋，总计 40 美元。被试需要做出保留和传递决策。不同于信任博弈，第三实验局中被试的资金并不是来自先行动者，因此该"逆向独裁者"博弈中的"后行动者"的传递行为仅有利他动机，而无互惠动机。那么，如果在最初的信任博弈中，后行动者相比逆向独裁者实验局"返还"更多，也就构成了互惠的证据。实际上，在信任博弈中，返还金额均值为 4.97 美元，比逆向独裁者博弈中"返还"均值 2.06 美元的两倍还多。Cox 使用 Mann-Whitney 检验对比了信任博弈和逆向独裁者博弈间的 32 个返还金额，结果拒绝无差异的原假设（$p = 0.06$，单尾检验）。之所以采用单尾检验，是基于互惠增加返还金额这一合理假设，但即使如此，结果在 5% 的水平上仍不显著。

表 15-2 列出了信任博弈和逆向独裁者博弈中个体的返还金额数据。前面的 Mann-Whitney 检验是通过秩而不是具体数值的形式比较这两列数据。Wilcoxon 配对检验之所以不适用，是因为两组实验局数据之间无法配对。表格中后两列各行并不是基于个体决策完成配对的，而是根据左列所示的第二阶段金额做出的分类。换句话说，这是一种聚类匹配而不是配对设计。考虑"信任博弈"和"独裁者博弈"标签下的返还金额数据。它们受左列所示的第二阶段金额的影响；但根据无互惠效应的原假设，"信任博弈"和"独裁者博弈"这两个标签不产生影响。运用第 13 章介绍的分层排列检验方法：首先，每一行分别将数字随机排列，保证"信任博弈"和"独裁者博弈"两列各半；进而计算实验局差异（以"返还"金额均值计算）大于表末实际值的排列数量，作为检验的依据。

表 15-2　信任博弈和逆向独裁者博弈中的返还金额　　　　　（单位：美元）

第二阶段禀赋	信任博弈中的返还金额	独裁者博弈中的"返还"金额
0（信任博弈中先行动者传递 0）	0, 0, 0, 0, 0, 0	0, 0, 0, 0, 0, 5
6（信任博弈中先行动者传递 2）	2	0
9（信任博弈中先行动者传递 3）	0	1
12（信任博弈中先行动者传递 4）	2, 5	10, 12
15（信任博弈中先行动者传递 5）	0, 12, 0, 8, 10, 6, 3	3, 0, 10, 0, 0, 1, 4
18（信任博弈中先行动者传递 6）	7	0
21（信任博弈中先行动者传递 7）	0	0
30（信任博弈中先行动者传递 10）	10, 0, 0, 0, 0, 20, 20, 9, 1, 20, 0, 17, 6	2, 0, 0, 1, 0, 12, 0, 0, 0, 3, 0, 0, 2, 0
	均值 = 4.94	均值 = 2.06

可能的排列结果相当多（仅第一行就有"12 取 6"共 924 种可能，而排列共含 8 行），计算程序需模拟每一行中两标签下的随机排列。重复 10 万次，其中实验局差异大于表末实际观测值的仅 1 429 次。根据占比 1 429/100 000，算得单尾检验（实验局各 32 个观测值）p 值，p = 0.014 3。该 p 值要比之前 Mann-Whitney 检验所得更低。可以说，分层排列检验从数据结构中提取了更多信息，因而更加强烈地拒绝无影响的原假设。这也构成了信任博弈中返还决策受互惠影响的证据。最后，即使是在无互惠动机的逆向独裁者博弈中，也存在返还现象，又为利他主义提供了支持。逆向独裁者博弈的"返还"金额可见图 15-3 的深色部分。不同于前排的信任博弈，深色条形并未呈现出随传递金额递增的特征。总而言之，Cox 分解的"三重"（三种实验局）设计共包含：一个标准的信任博弈，一个具备相同杠杆（三倍）的独裁者博弈，以及一个逆向独裁者博弈（被试禀赋等于最初信任博弈中后行动者收到三倍传递金额后的总金额）。

信任博弈 / 独裁者博弈解构的结果：相比 3× 独裁者博弈，在 3× 信任博弈中，先行动者传递的金额更高。由于独裁者博弈中不存在互惠，上述差异证明信任（互惠期望）产生了影响。在杠杆独裁者博弈中正数量的传递行为，似乎出于利他或其他原因，而不是不公平厌恶。另外，相比近似的逆向独裁者博弈，信任博弈中后行动者返还更多，因为逆向独裁者博弈不存在互惠的基础（无"先行动者"决策）。在逆向独裁者博弈中，由于后行动者没有做任何可以作为回报基础的事情，因此，"返还"的金额提供了利他主义或其他类型的涉他偏好的证据。

市场中的许多经济互动是重复的，这可能会使交易双方建立起信任或者互惠。若不满意对方的表现，双方各自都有权打破双边关系。即使分手是不可能的，重复也可以提高合作水平。例如，Cochard、Van Phu 和 Willinger（2004）分别展开单次和重复互动（共 7 期，而随着收益参数的缩小以解释更多的周期）信任博弈。其他一些小的程序性差异在此不做讨论。该实验的主要结果是，重复互动实验局中传递和返还金额都更多。在预先已知的最后一期中，传递金额仍然较高，但返还金额却非常低。

市场经济中的重复互动涉及重要的信任元素，而有效信任关系的互惠互利显示出这种行为的进化基础。信任的进化优势可能与 Kosfeld 等人（2005）报告的显性生物学基础有关。他们开展了标准的信任博弈，其中，一个实验局的被试暴露在含有催产素（oxytocin）喷雾的环境中，而催产素被认为与人们的社会连接（social bonding）行为相关。特别是，在非人类哺乳动物中，催产素受体在大脑中与配对、母性关怀、性取向和一夫一妻制关系有关的区域中被发现。实验中，接受催产素喷雾的（人类）被试平均多传递 17%，传递最高金额的比例要比控制局高出 1 倍；返还率上则无显著差异。

15.3　亲社会性、风险厌恶和性别

有关信任行为差异的研究大量运用于信任博弈，差异的诱因包括经验、性别或人口统计学因素。这类研究目前仍在发展壮大，本节将讨论其中一些新出现的观点，另有一些研究可参见本章最后一节。

常见的做法是，令被试完成多种单次博弈，以之为依据度量亲社会行为，从而评估被试的某些偏好。例如，Peysakhovich 和 Rand（2016）通过被试在信任博弈、最后通牒博弈、独裁者博弈和自愿贡献博弈（下一章将具体介绍）中的决策，测度其亲社会倾向。实验中的全部角色均由被试扮演，事后随机抽取其中一场博弈的一种角色计算报酬。共有 5 种决策涉及财富转移，分别是独裁者博弈中的赠予、最后通牒博弈中的提议者开价、信任博弈中的传递、信任博弈中的返还，以及公共品博弈中向小组账户的贡献。这些决策汇总成为被试们亲社会行为的整体衡量指标。

对于以上五种测度方式，有这样一种猜想：如果被试先前在囚徒困境实验中经历过普遍的背叛，那么在这五种博弈中也将表现出较低的亲社会性。于是，在上述评估亲社会性的单轮博弈决策之前，作者令被试先行参与一组序列囚徒困境博弈（采用第 11 章介绍的随机终止规则）。此处囚徒困境有两种环境：一种旨在诱导合作（C 习俗），背叛动机弱，继续概率高；另一种旨在诱导背叛（D 习俗），背叛动机强，继续概率低。这种差异设计发挥了作用，C 习俗下被试合作率更高，稳定在 75% 以上，而 D 习俗下合作率明显下降，始终低于 25%。虽然被试进入 C 习俗还是 D 习俗实验局是外生随机决定的，但上述测度指标显示，那些 C 习俗下的被试亲社会性也更强。C 习俗被试在公共品博弈中贡献更多，扮演独裁者时赠予较多，扮演最终通牒提议者开价更高，在信任博弈中扮演先行动者时传递比例更高，扮演后行动者时的返还比例亦高。整体上亲社会性测度指标与 C 习俗或 D 习俗经历显著相关，这意味着亲社会态度在某种程度上受到经验的影响。

信任博弈实验有一项结果被广泛引用，即：男性被试作为先行动者传递更多，女性被试作为后行动者返还更多（作为她们可用现金的一部分）。Buchan、Croson 和 Solnick（2008）研究观察到此现象：作为先行动者，在 10 美元的初始禀赋下，男性平均传递 7.45 美元，女性仅传递 6.08 美元；而作为后行动者，男性平均返还 24%，女性则高达 32%。这些结果均出自双盲实验流程。除此之外，他们还另外设计了一个实验局，即把后行动者的名字都给先行动者。随后的测试表明，这一信息将使先行动者在大约 95% 的情况下正确识别后行动者的性别。该实验局结果中不存在关于对方性别的偏向。也就是说，

先行动者传递的金额无关于作为接收方的后行动者之性别，反过来，后者返还金额也不受前者性别的影响。总结如下：

信任博弈中的性别差异： 男性被试在信任博弈首轮传递更多金额，而女性被试在第二轮返还比例更高。在这种情境中此现象通常被解释为，男性被试"更信任他人"，而女性则"更值得信任"。实验中似乎并未表现出针对性别的偏向，因为即便通过名字透露出了对方性别，传递与返还金额都未受显著影响。

作者针对信任博弈中观察到的性别差异，提出了几种看似合理的解释，却并未强调风险的影响。由于无法知悉对方具体返还多少，风险厌恶难免在信任博弈中发挥作用。至于传递金额上风险厌恶效应的证据，兼有正反两方面观点。Eckel 和 Wilson（2004）没有发现风险厌恶对二元的信任博弈（发送或不发送指定的金额）中发送的金额和风险偏好的几种度量的显著影响。

而 Schechter（2007）认为，信任和风险具有更丰富的结构。他在标准的信任博弈中设置了 5 种传递金额选项。但首先，被试将进行一个近似的风险博弈，初始禀赋和信任博弈相同，且同样设置 5 个金额选项。不同于传递金额的设定，此时被试需要决定保留多少金额直接进入实验收益，其余用于下注，通过投掷六面骰子决定这部分收益：掷出 1 点则全数损失，2 点则返还一半，3 点则全数返还（但无收益），4 点则得到 1.5 倍下注金额，5 点为 2 倍，6 点为 2.5 倍。至于后续的信任博弈，实验参与人以两种身份完成决策：作为先行动者传递多少金额，以及作为后行动者返还多少（面对 5 种传递金额选项）。

该实验从巴拉圭的村庄招募被试，每家每户至多一人。绝大部分受访家庭响应招募，派出一人参加实验，其中 70% 为男性。整体而言，有 9% 的被试在风险博弈中选择不下注，7% 的被试在信任博弈中传递 0 元。信任博弈中的传递行为和另一项在津巴布韦开展的信任博弈实验（Barr，2003）基本相同。

第一组回归分析中，将风险博弈中的下注金额作为人口统计学因素的函数。结果显示，男性以及财富水平较高者下注更高，且均在 5% 的水平上显著。在风险博弈中，不下注能维持安全的收入，所以入不敷出的赌博可能被视为损失。就如第 3 章介绍，带有安全选项的风险诱出任务往往能发现性别差异，这很可能是由于不同性别对待收益低于安全水平的厌恶程度不同。这也能一定程度上解释上述风险博弈中发现的性别差异。

第二组回归分析的自变量不变，而因变量则替换成了信任博弈中的传递金额。结果显示，男性传递更多（10% 的水平上显著）。而人口统计学因素中最显著的一项是天主教信仰，结果显示，天主教徒传递较少（1% 水平上显著）。

第三组回归则是在第二组的基础上，在自变量中加入风险博弈中的下注金额。结果中最显著的两个影响因素分别是天主教信仰和下注金额（都在 1% 水平上显著）。相比于第二组回归分析，在加入风险博弈下注金额即风险厌恶的度量指标之后，性别和财富等因素不再显著。于是该文作者认为，在信任博弈中性别对于传递金额的影响主要体现于性别间风险厌恶程度的差异。但是，作者也承认并评估了实验中存在的序列效应，故 Cox 采用的被试间设计可能更有说服力。

Houser、Schunk 和 Winter（2010）采用了不同的方法，就信任博弈传递金额中是否存在风险厌恶效应展开检验，却得出了截然相反的结论。他们开展了标准的信任博弈（T1 实验局）以及一个"风险博弈"（R1 实验局）。"风险博弈"中返还决策由计算机执行，而被试已知返还金额的分布，因此实为一项个体决策任务。这项实验采用了被试间设计，每名被试只进入一种实验局。相比风险博弈，信任博弈中的传递金额更多集中在首（传递 10）尾（传递 0）两端。这意味着，对真实的人（actual people）的信任要比对风险博弈中"社会历史"风险数据的信任更显偏态（skewed）。和本书第 3 章相同，该实验采用标准 Holt-Laury 菜单（1× 收益）诱出被试的风险偏好。大约有 3/4 的被试选择安全选项次数大于 4 次（风险中性的人理应选择的次数），整体均值为 5.86 次。风险厌恶方面并未见显著的性别差异，这一点也是 Holt-Laury 菜单程序的典型特征，至于未设置安全选项时更是如此。在此基础上，该文作者将被试分成三类：风险追逐型（选择安全选项少于 4 次）、风险中性型（4 到 5 次）和风险厌恶型（6 次或者更多）。后续实验发现，被试的风险厌恶类型与风险博弈中的传递金额显著相关，与信任博弈中的传递金额无关。（回想一下，风险博弈其实和信任博弈很相似，区别仅仅是返还决策由计算机根据公开的分布来完成。）在风险博弈中，风险类型为厌恶、中性、追逐的被试，传递金额均值从 4.7 美元、5 美元到 5.9 美元，依次递增（进行第 13 章介绍的 Jonckheere 检验，$p < 0.05$）。而信任博弈中未观察到以上模式，三种类型的传递均值分别是 3.6 美元、5.1 美元和 4.7 美元。可见，尽管测度的风险类型对客观概率的风险博弈有一定的预测能力，却不构成信任博弈中传递金额的决定因素（至少 Holt-Laury 菜单测度的风险偏好不是）。

信任博弈中的性别和风险： 尽管男性被试倾向于在信任博弈中传递更多的金额，但是风险厌恶对信任博弈中传递行为的影响是不一致的。

15.4　劳动市场互惠博弈

此博弈采用以下设置：参与者两两成对，一人设定工资，另一人决定努力水平。前者扮演雇主的角色，可以在限定范围内自由设定工资；后者扮演工人的角色，努力水平需在 0 和设定上限之间，其高低并不影响雇主已经设定的工资。工人越努力，自身所要承担的成本越高，而雇主的收益也越高。雇主可能提高工资以图工人付出高努力作为回报，因此该博弈有时被称为互惠博弈（reciprocity game）。在针对该博弈的一项实验中，工资范围为 0 到 10 美元，工人的努力范围为 0 到 10 点，工人提高一单位努力则增加自身 0.25 美元成本并使雇主获得 3 美元收入。从整体经济效率的角度，工人应选择 10 单位努力。但是，雇主并不知晓工人的努力成本，工人也不清楚自身努力对雇主价值几何。

采用以上参数的一场课堂互惠博弈实验结果如图 15-4 所示。实验前 10 轮随机配对，这给了工人很少的激励来提供可接受的努力。图中，小圆点为工人努力水平均值，在第 3 ~ 8 轮稳定在 2 附近，并在最后一轮急剧下降。最后一期努力水平为 0，意味着工人意识到，如果雇主没有继续给予回报的机会，合作的激励也告消失。第二个实验局采用固定配对方式，合作动机的增强令努力水平和双方收益均告提高。相关情境下的互惠行为实验证据可参见 Fehr、Kirchsteiger 和 Riedl（1993）。

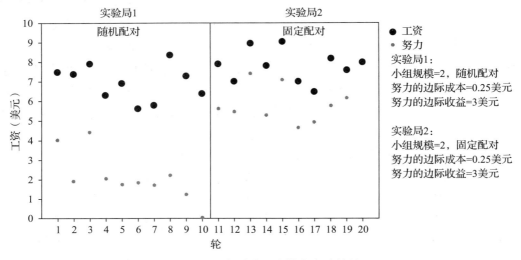

图 15-4 一场课堂互惠博弈实验结果

注：大圆点代表工资均值，小圆点代表努力水平均值；前10轮（1～10）采用随机配对方式，后10轮（11～20）采用固定配对方式。

15.5 委托 – 代理博弈和激励合约

互惠博弈可以通过让雇主提出一份既包含工资又包含一些激励因素的合同，让工人提供一个特定的努力"目标"水平，从而得到一个更丰富的结构。雇主的激励主要有两个方向："大棒"——如果工人未达到努力目标则施以惩罚；"胡萝卜"——如果达到目标给予事后奖励。同互惠博弈相同，努力对于工人有成本却能给雇主带来收益，另外，工人总是可以选择拒绝合同，如此双方收益均为0。Fehr、Klein 和 Schmidt（2001）展开了这类实验，且合同中的事后奖励是选择性的，即，雇主仍像前文一样制定努力目标，但即便工人达标也可以不支付奖金。而惩罚则是当工人努力水平过低时，要支付罚金给雇主。不过，惩罚需要第三方认证，实验中此概率仅为1/3。也就是说，惩罚并非总能生效，且罚金也被限制在比较有限的范围。实验采取随机配对的单轮博弈形式，因此，自利的雇主没有动机履行合同中承诺的奖励，心存疑虑的工人也不会期望这笔奖金。不过，如果工人必须在奖励和惩罚式合同中取舍，那么双方都更偏好奖励式合同。上述设置能够通过 Veconlab 委托 – 代理博弈（principal agent game）程序实现，本书作者曾借助此程序组织 24 名弗吉尼亚大学合同法课程学生开展实验（采用假想收益）。大多数（大约占3/4）的研究性实验都采用奖励式合同。此外，惩罚式合同下工人的努力程度更低。

Veconlab 程序还支持另一种形式，其中，雇主设定工资，建议努力的程度并进行选择性的事后奖励（无罚金）。图 15-5 所示课堂实验的前 5 轮无奖金选项，努力水平位于2～3（右纵坐标轴）之间。一旦引入选择性的事后奖励，虽然奖金（图中右下方的灰色大圆点）远低于工资（图中未展示），努力程度却约略提高 1 倍。

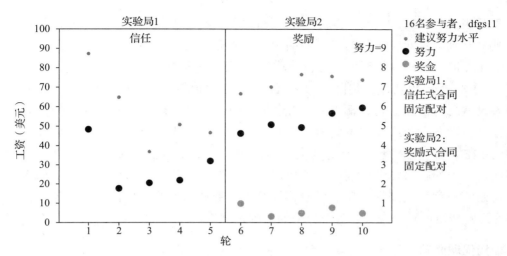

图 15-5　实验局 2——引入雇主事后奖励（左侧纵轴），显著影响工人的努力水平（右侧纵轴）

另一种不同的委托 – 代理博弈，在模型上有所调整。委托人在合同中除却设定固定报酬，还加入分成比例 S，即规定产品价值中有多大一部分归属代理人。就好比一名农民，S 代表收成中有多少属于自己，而固定支付（负）表示支付给地主（委托人）的地租。代理人选择是否接受合同，以及接受后付出多少努力。代理人份额 S 越高，最优努力水平往往也更高。如果 S 足够高，代理人可能甚至愿意接受负的固定支付，即支付给委托人一定金额以换取产品价值的高分成。同时，代理人握有外部选项，即除了与委托人签约之外的其他工作所能提供的最高报酬。也就是说，委托人的合同需要足够有吸引力才能使代理人和自己签约。代理人接受合同之后的努力决策受多个因素共同影响，包括分成比例、努力成本（越努力成本越高）、努力的产出率以及产品价值。另外，若外部选项的价值较低，代理人也会更愿意接受较差的（固定支付低，分成少）合同。

表 15-3 中左列从 1 到 10 为可能的努力水平，中间为对应的产出价值，右列则为努力成本。如果代理人的分成比例是 $x/10$，其最优努力水平则为 x。举例来说，如果工人取得产品价值的 5/10，努力水平 5 所得收益为 $100/2 - 25 = 25$ 美元，大于努力水平 4 或者 6 的收益（读者需自行证明）。

表 15-3　课堂委托代理努力实验的结构

代理人努力水平： （1 = 最低；10 = 最高）	代理人努力的毛收益（美元）： 20 美元 × 努力水平	代理人努力 的成本（美元）
1	20	1
2	40	4
3	60	9
4	80	16
5	100	25
6	120	36
7	140	49
8	160	64
9	180	81
10	200	100

摊开来说的另一个角度是边际成本和价值。第一单位努力的成本为 1 美元，第二单位则上升到 4 美元，所以第二单位的边际成本是 3 美元。第三单位的边际成本是 5 美元，以此类推。每一单位努力，总价值增加 20 美元（表中列）。所有的边际成本（1，3，5，…，19）低于 20 美元的边际努力价值，因此总价值最大化的最优努力值为 10。但是，代理人仅从总价值中获得份额 S，因此除非 $S=1$，否则代理人不一定对总价值的最大化感兴趣。在没有生产或成本不确定性等其他因素的情况下，委托人通过向代理人提供最高激励（在本例中分成率为 1）来拟定最优合同，然后要求代理人支付一笔固定的费用，这将使代理人的收入降低到刚好高于代理人的外部选项价值（"保留工资"）的水平。然而，正如前一章所提到的，在最后通牒博弈中，咄咄逼人的要求往往会被拒绝，这表明将特许经营费压低到一个被认为不公平的范围是危险的。

委托代理激励： 标准线性委托代理模型（无不确定性）的特点是，高分成比例为代理人提供了付出高努力、实现产品价值最大化的激励。合同中的固定费用用于确保委托人获得报酬，但有一个约束条件，即代理人的收益超过其最佳可选方案。

支付给委托人的固定费用类似于地区经销商支付的特许经营费（franchise fee），以换取使用委托人的品牌和协助质量控制等。首次面对以上问题时，学生们没有认识到激励代理人的最佳方式。表现往往随着经验和角色转换而改善，尽管拒绝"不公平"的合同的要约是常见的。这类结构的课堂实验结果可以参见 Gächter 和 Königstein（2009）。课堂实验的目的是让学生了解委托代理模型的激励背景，并帮助他们将这种视角应用于其他问题，同时兼顾行为和公平的意识。例如，委托代理范式广泛用于政治学中的二元权力关系研究，如立法机构和使用立法机构提供的资金来实现有针对性的结果的公共机构之间的关系。

基本的委托代理模型可以推广到许多方面，从而会改变最优合同的性质。例如，如果生产具有不确定性，比如受到天气或其他投入品成本的影响，那么折中的分成比例可能使双方分担风险。一个有趣的情况是当分成比例 $S=0$ 时，代理人仅获得固定报酬，无关努力程度。不难得到该模型的预测结果，除非有强制手段（或者软硬兼施），否则代理人将付出最低限度的努力，就像第 11 章中介绍的北美早期殖民地那样。结果自然是一场经济悲剧，比如詹姆斯敦的大饥荒。在经历了大约 10 年的贫瘠后，詹姆斯敦开始了从集体产权向私有产权的转变，收成得到大幅改善。

15.6　扩展以及其他实地实验

Camerer、Fehr 和 Schmidt（2003）的调查表明，信任和互惠的实验被广泛用于获得跨文化可比性的社会偏好测度，并评估文化差异。

在实地条件（field setting）下，受到时间和复杂性等制约，测度亲社会态度的手段通常单一，而信任博弈是最常被选用的方法。例如，Fershtman 和 Gneezy（2001）使用信任博弈测度两种不同种族背景的被试。被试均为犹太裔研究生，根据姓氏分为德系

（Ashkenazic）犹太裔和东方（Eastern）犹太裔。在博弈中，被试知晓对方的姓氏，但并不清楚其具体身份。数据显示，在标准的信任博弈之中，东方犹太裔明显不受信任，传递给他们的金额明显更低。这也许是由于对东方犹太裔的收入关注较少，或是认为他们返还金额较少。针对这两种解释，研究者通过一场并行的独裁者博弈加以辨别，结果显示，在独裁者博弈中传递的金额并不受种族背景的影响。作者的结论是，传递金额较少的原因是担心互惠行为在东方犹太裔中没有那么普遍。

Barr（2003）围绕 28 座津巴布韦村庄的实地研究也使用了信任博弈。在村庄中，迁移来的农民需要和陌生人建立社会联系。有趣的是，博弈实验本身打破了村民对坦诚交谈的抵触，引发了村庄中的广泛讨论，且讨论往往是参与者而不是研究人员发起的。村民们被信任博弈的内涵所吸引，比如实验结果背后自己信任和被信任的程度。

至少有部分公众认为商务人士更加自私。Fehr 和 List（2004）为此开展了一系列信任博弈实验研究。他们设立了多个并列的小组，分别由学生和首席执行官（CEO）组成。前者来自哥斯达黎加大学，后者则招募于哥斯达黎加咖啡协会 2001 年年会。在第一种实验局，两类被试参加的博弈规则完全相同，不过 CEO 的收益规模是学生的 10 倍，此举是为了均衡实验激励对两个群体的重要程度。此博弈属于信任博弈的范畴，提议者决定传递多少金额，回应者收到 3 倍传递金额并决定返还多少。与标准信任博弈的唯一不同在于，提议者还需预先建议返还金额。一定程度上，建议返还金额发挥了廉价交流（cheap talk）的功能，其对传递与返还决策及收益计算均无影响。然而，实验结果与作者起初的推测（CEO 更自私）矛盾，CEO 不仅传递金额比学生多，且作为回应者在禀赋相同时返还也较多。于是，作者得出了 CEO 更"信任他人"也更"值得信赖"的结论。这个结果很令人着迷，如果在具有相似社会接近条件的不同被试库中看到它的重复，那将会很有趣，这在哥斯达黎加的研究中很难评价。

在 Fehr 和 List 的第二种实验局里，提议者握有一额外选项——是否对未返还建议金额的回应者施加惩罚。罚金固定且将由实验人员从回应者收益中直接扣除。该实验局中的提议者需要选择传递金额以及建议返还金额，并决定未达建议金额时是否惩罚。回应者方面，他们知晓提议者的选择以及是否有惩罚。有趣的是，不论是学生还是 CEO，若在掌握惩罚选项的同时选择不施加惩罚，返还金额与提议者收益都将有所提升。作者将此称为激励的隐性利益（hidden benefit）。相比之下，执行惩罚选项实际上降低了回应者返还的金额，从 61% 缩减至 33%。在一项平行实验室试验中，Falk 等人（2006）同样发现了这种控制所带来的隐性成本（hidden cost）。

哥斯达黎加 CEO 信任行为的证据在 Karlan（2005）的一项研究中可能更容易理解。Karlan 针对秘鲁一项非营利村庄信贷计划中的借款人，开展了实验室信任博弈。结果发现，信任他人和值得信赖的行为通常与地理和社会距离接近度相关。该实验的创新之处在于和实地行为紧密联系，借助实验结果能够预测被试未来超过一年的还款行为。信任博弈实验中返还较多金额的被试也就是更"值得信任"的被试，倾向于更多地偿还信用社贷款。反过来，实验中传递金额较多的被试即更加"信任他人"的被试，现实中的储蓄和偿还比例更低。由于还款失败大多仅需承受非正式的制裁，Karlan 猜测实验中传递

228 · 第三部分　社会偏好

较多金额的人，现实中也更愿意承担这种风险。在 Karlan 的实验中，"值得信任"的人，在现实中通常涉及熟人间的一对一贷款，相反，"信任他人"的人在现实中更少使用这类双边形式的贷款，这可能是因为他们被视为冒险者，即不良信用风险更高。正如 Karlan 在文中所言，信任博弈中传递金额本身就带有风险。一名扮演提议者的参与者称此为" Voy a jugar " [⊖]，直译为"我来试试"（I'm going to play），但通俗的含义是"赌上一把"（I'm going to gamble）。

第 15 章习题

1. 考虑这样一个信任博弈，提议者有 10 美元供其保留或传递，传递金额将增至 3 倍。预期回应者不会返还，那么提议者实质上是在选择一组货币收益结果。在图中用一条"预算线"表示提议者的选择，提议者和回应者的收益分别位于横轴和纵轴。回应者享有初始禀赋 10 美元。为了一致性，将第一个移动者的收益放在横轴上，并在每个轴上标出 10 美元的增量。

2. 假设问题 1 中的信任博弈提议者决定传递 10 美元。现在回应者可以选择每个人最终的收益。在图中用直线表示问题 1 的可能选择。

3. 当提议者的收益在横轴上时，一个完全自私的提议者的无差异曲线是什么样子的？

4. 一位"利他"的回应者愿意放弃自己的部分收益来增加提议者的收入。"利他"回应者的无差异曲线斜率是正的还是负的？请解释。

5. 将"互惠"视为对提议者传递金额的一种回应，这使得回应者变得更加利他，即更愿意放弃自己的收益以提高对方的收入。以提议者收益为横轴的图中，互惠对回应者的无差异曲线有什么影响？

6. 当代理人的分成比例为 0.8，证明表 15-3 中代理人的最优努力水平是 8（与努力水平 7 和 9 的代理人净收益进行比较）。

　⊖　西班牙语，即秘鲁当地的官方语言。——译者注

CHAPTER 16
第 16 章

自愿贡献

这一章是基于标准的自愿贡献博弈，在这个博弈中，除非其他人随后给予回报，或者除非这个人从提供给别人的利益中获得满足，否则通过贡献获得的私人净收益是负的。人们存在就其他人的贡献"搭便车"的动机，由此产生了一种社会困境范式，这一概念在社会科学研究中占有重要地位。通过线性自愿贡献设置，能够研究个人内部利益和公共外部利益对他人的独立变化。这些和实验中的其他实验局的操控被用来评估观察到的贡献模式的不同解释，比如利他主义或互惠。

教师须知： 在 Veconlab 的"公共"（public）菜单下可以找到自愿贡献（voluntary contribution）博弈。开始课堂讨论之前，可先行开展实验。借助 Holt 和 Laury（1997）的实验说明，使用扑克牌的手工版本课堂实验也很容易开展，具体可参考本书附录 B 的相关实验说明。

16.1 社会规范与公共品

经济人（homo economicus）的自利性夸张的描述意味着，个人将在他人行为提供的公共利益上"搭便车"。这样可能会导致公共品供应不足。像国防一样，纯粹的公共品具有几个核心特征：

- 共同供给（jointly provided）且无排他性（non-excludable）；只要有人能获取该产品，就意味着团体中的其他人也都可以，也就是说，获取公共品的渠道无法控制。
- 非竞争性（non-rivaled），一人消费该物品不受其他人的影响，也就是说，不存在拥堵（congestion）的问题。

　　若是由单一个体提供公共品，比如开拓一条人行道，那么，即便全体收益之和高于其供给成本，私人的供给成本也要远大于自身收益。自斯密（1776）讨论路灯的供给开始，人们就认识到这种分配不当。

　　很多情况下，公共品和私人物品之间的分界并不明确。比如，虽然公园一般被视为公共品，但也有可能出现拥挤的情况，需要引入一些排他措施。一种具有竞争性但非排他性的物品有时被称为"公共池塘资源"（common-pool resource），这将在第18章讨论。地下水、渔业或公共牧场等常见的公共池塘资源，在管理中通常面临如何防止过度使用的问题，因为个人可能不会考虑自身使用对他人的负面影响。相比之下，大多数公共品并非自然提供，主要问题在于如何保证合适的供给量。

　　物品往往是由那些获得最大利益的人生产的，但只要提供者没有充分重视给其他人带来的一些公共利益，供应不足就仍然是一个问题。例如，教育为学生提供了明显的经济优势，但总体而言，公众也受益于受过良好教育的学生。当不是所有的收益都由提供者享有时，公共品问题仍然存在，这是公共大力介入学校系统的一个基本理由。考虑到由于需要收税而造成的效率低下和扭曲，仅仅有公共利益的存在并不一定证明公共提供此类商品是正当的。当利益分配不均时，与公共品相关的政治问题是复杂的，例如文化素材的公共广播。

　　在组织严密的社会中，强制或推崇互帮互助的社会规范或许能减轻公共品问题。例如，Hawkes（1993）指出，在原始社会中，大型猎物的狩猎者会期望与村子里的所有家庭分享猎物，有时甚至与邻近村庄的家庭分享。鉴于肉类储存的困难以及短时间内大量肉类消费的边际价值递减，广泛分享似乎是可取的。这类社会规范赋予通常被视为私有的产品以非排他性，并共同供应。因为私人从大型猎物狩猎中获得的回报会低于私人从采集和觅食中获得的回报，故以上转变的结果令人满意。就像博茨瓦纳和纳米比亚的"!Kung 族"[⊖]，他们维持着狩猎 - 采集社会，并会把大型猎物（例如疣猪）广泛分享，小型猎物和植物性食物则自家留存。Hawkes（1993）估计，在一段时间内，男性大型猎物猎手平均每天能够捕获 28 000 卡路里的猎物，而其中只有约十分之一（2 500 卡路里）进入自己的家庭；相反，刨除准备等步骤，采集植物性食物的日产值仅有约 5 000 卡路里。因此，男性的大型狩猎活动对于村落整体产出更高，但对家庭自身的回报率只有非共享的采集活动的一半左右。然而，许多男性仍然继续从事狩猎活动，这也许是因为所有人都倾向于以互惠的形式分享猎物吧。Hawkes 对互惠假设提出了质疑，因为有些人的捕猎能力一直比其他人强得多，但所有人都参与了分享的安排。她更多地强调私人的、生存相关的动机，例如，成功的大型狩猎者有机会结识更多盟友以及更好的配偶。

16.2 "经济学家搭便车，其他人也这样吗"

　　两位社会学家，Marwell 和 Ames（1981），报道了一项早期的公共品实验，实验参与

⊖ 非洲南部的原始部落民族。"!"代表发音里的敲击声，和当地语言有关。——译者注

人为高中生，分成若干组，他们可以在"私人账户"和"公共账户"之间分配初始禀赋。尽管公共账户投资的集体收益远高于个体成本，对于个人来说仍意味着净损失，但是，该文作者发现被试依然大量地向公共账户投资，仅有一组被试例外，该小组成员均为经济学博士生。这篇论文的标题即为："经济学家搭便车，其他人也这样吗？"（Economists free ride, does anyone else？）

Marwell 和 Ames 的论文在这方面引发了后续一系列文献，论述了在有益于他人的活动中，被试会在多大程度上承担私人成本。一类典型的实验，赋予每一名被试一定数量的"代币"（tokens），可投资于私人账户和公共账户，前者的单位收益高于后者。比如，一枚代币投入私人账户能够带来 10 美分，而投资于公共账户则将给投资者本人以及其他人各 5 美分的收益。此时，只要小组人数 $N>2$，社会最优决策便是全部投入公共账户，因为此时社会总收益 $5N$ 多于私人账户带来的个体收益 10 美分。这 10 美分可视为公共账户投资的机会成本。人均收益与机会成本之比有时称为边际人均收益（marginal per capita return，MPCR），在本例中为 $5/10 = 0.5$。MPCR 越高，向公共账户做贡献的净成本越低。例如，如果私人账户收益为 10 美分，公共账户人均收益增至 9 美分，那么投资公共账户的个体损失仅有 1 美分。许多实验都涉及 MPCR 的变化。

这类研究感兴趣的第二个处理变量是参与人数。MPCR 保持不变，小组人数越多，公共账户投资的社会总收益越高。前面示例中社会收益为 $5N$，随 N 递增。反过来，设想如果自己放弃 10 美元能够给所在大学的每一名学生带来 1 美元（包括你自己），你将如何决策？此处 MPCR 仅有 0.1，公共收益却极高。此外，如果预期他人在未来某期能够给予回馈，为公共利益做贡献的动机还将放大。由此可推断，贡献的大小可能对小组规模、MPCR 以及实验是否在同组重复进行等因素敏感。具体到多轮实验，被试在每轮开始时得到新的代币，分组可以固定（"伙伴"设计）或每轮随机重新组合（"陌生人"设计）。

尽管关于贡献的决定因素究竟是善意、对他人善举的互惠抑或出于困惑，存在着相当大的争议，但就实验结果而言，对公共品的自愿捐助程度取决于各种各样的程序因素。例如，在单轮投资或重复决策的第一期，被试可能更加迷惑，多选择在两种投资——公共账户和私人账户间平分"代币"。这就类似于职业生涯的初期，人们往往将退休基金的供款平均分配于股票和债券两种资产。在 Marwell 和 Ames 的实验中，有一部分采用单次决策的形式，比如，向高中生邮寄问卷。后续由经济学家参与的实验（并不是前文所说的经济学博士生）结果显示，重复往往会降低贡献。如果认为其他人在搭便车，人们可能会停止向公共账户投资。贡献的动机之一可能就是阻止其他人搭便车，并希望对方在随后几轮投桃报李。这种互惠动机在最后几轮中明显较弱。不过虽然贡献减少，但有些人即便在最后一期还是会向公共账户投资。

下面这个在实地开展的单轮实验很有启发性。Ensminger（2004）在她的论文中汇报了一项公共品实验的结果，被试为 Orma 族（肯尼亚一部落，第 14 章已有介绍）年轻男性。实验中，4 人一组，给予每人 50 先令，可以选择自己保留或者投入小组项目（group project）。具体地，把代币放进信封即为投资，且打乱信封以保持匿名性。一名小组成员将取出所有信封里的代币并公开清点，实验者则会将其二倍数量的代币平均分配给四名小组成员。例如，如果一个人捐了 2 先令，将翻倍成 4 先令并均分，每人 1 先令。因此，贡献 2 先令只产生 1 先令的私人收益，MPCR 为 0.5。

    该单轮博弈实验的数据见图 16-1。其中最多见的贡献率是 0.4，但被试之间差异化较大。实际上，24 人中有 1/4 贡献出了全部 50 先令。美国本土开展的绝大部分公共品实验中，平均贡献率多介于 40% ~ 60%（Ledyard，1995），该实验的平均贡献率 60% 已达到这类实验的高位。此外，实验中无人完全搭便车，同样值得引起注意。Ensminger 推测，Orma 人的贡献率之所以如此之高，是因为他们为公共项目（如学校）募资时常使用一种 "Harambee" [⊖]制度，对于这类团队协作的熟悉和接受提高了贡献率。具体地，"Harambee" 制度会根据家庭收入指定建议的缴款数额，并带有遵守社会规范的压力。事实上，一些参与人也指出，"Harambee" 和此实验设置存在相似之处。另一方面，虽无完全的搭便车者，实验中搭便车现象仍较为普遍，典型决策的贡献率并不到一半（当然，这些参与者可都不是经济学专业的学生）。

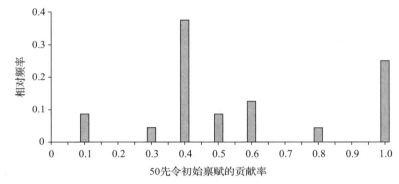

图 16-1　Orma 族年轻男性向 "小组项目" 的贡献，小组规模 = 4 人，MPCR = 0.5
资料来源：Ensminger（2004）。

单轮互动中的 MPCR 效应

    贡献值随边际人均收益递增，是自愿贡献实验中最为突出的一个结果。Goeree、Holt 和 Laury（2002）报告了一项实验，其中，被试需在 10 种不同的实验局完成决策，禀赋为代币 25 枚，可以在公共和私人账户间配置。被试的基础报酬即出场费为 6 美元，且已知事后将从 10 个实验局中择一计算额外报酬。由于被试的决策得不到反馈，且最终仅由一次决策决定报酬，故该实验可视作单轮实验。不管哪一实验局，保留一枚代币的收益为 5 美分，而投入公共账户的收益则因实验局而异。在一个实验局中，贡献一枚代币将给 4 名小组成员各 2 美分收益。也就是说，放弃私人账户中的 5 美分可以产生 2 美分公共收益，故 MPCR = 0.4。在另一实验局中，贡献一代币 4 人各得 4 美分，即小组规模不变而 MPCR 由 0.4 提高至 0.8。就实验结果来看，MPCR 的加倍使平均贡献也相应翻倍，从 4.9 升至 10.6（禀赋为 25 枚代币）。全部 32 名参与人中有 25 人增加了贡献值，3 人减

    ⊖　当地民族使用的劳动口号，含义为 "齐心协力"。——译者注

少，其余 4 人不变。标准的统计检验——二项检验（binomial test）拒绝了 MPCR 加倍后，贡献值增减可能性相等的原假设。由于每人的贡献值表现出增加或者减少，变动的正负号可用于计算显著性水平，在该检验中近似于投掷 28 次[一]硬币中 25 次正面朝上的机会。这一概率小于 0.01，于是从 1% 的显著性水平上可拒绝等概率（好比硬币正反两面概率相等）的原假设。更为精确的（Wilcoxon）检验则不再简单地利用贡献变化的符号，而是将其转化为符号秩以展开检验，具体可参见本书第 13 章。

16.3　多轮自愿贡献实验和惩罚

经济学家开始进行多轮的公共品实验，以确定当被试获得经验并开始更清楚地理解动机时搭便车行为是否会出现。其中，典型的实验包含 10 轮，且小组成员固定。图 16-2 乃是一场课堂实验的贡献均值。该实验采用 Veconlab 默认设置，禀赋为 10 枚代币。使用 Veconlab 默认设置进行，它提供了方便的结果图表，以激发课堂讨论。保留一枚代币可得到 0.10 美元，投入公共账户将给小组成员每人 0.05 美元，故 MPCR = 0.5。但是，该实验仅作为一个课堂演示，并无实际的货币支付。参加这场实验的学生共 15 人，组成了 5 个固定的 3 人小组。

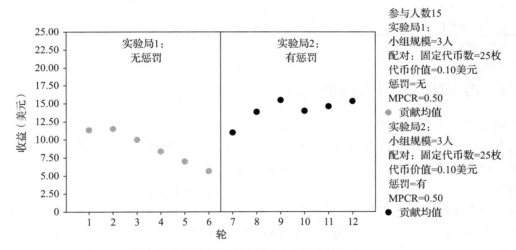

图 16-2　课堂公共品博弈实验数据——小组人数 3 人、MPCR = 0.5

图中数据呈现出多轮公共品实验的典型模式；起始阶段的贡献率位于 0.4～0.6，而后因被试为此感到沮丧并试图传递信号（提高贡献）或者惩罚，呈现不稳定的波动状态。到最后一期，贡献整体减少，因为此时继续传递信号以图他人提高贡献是没有意义的。

实验从第 7 轮开始加入了惩罚程序。具体地，每一轮结束后将公布各 ID 的贡献值，此时被试可以根据 ID 施以总计 10 点惩罚，每一点成本 25 美分。每受一点惩罚则使当轮收益减少 10%。被试惩罚决策在公布当轮贡献之后进行，但决策完成后方才统一公布惩

[一]　32 次减去 4 次贡献不变的情况。——译者注

罚情况。惩罚的引入使得贡献率立即提升并一直保持。尽管惩罚往往降低贡献带来的效率提升，但是惩罚阶段贡献多出现增长趋势（Fehr and Gächter，2000）。另外，实验也有可能观察到反惩罚（counter-punishment）的现象，即贡献较少者预见到自己将受罚，于是也选择去惩罚别人。众所周知，惩罚选项还可加强其他某些情境下的合作，例如，渔业等共同池塘资源的管理（参见 Ostrom，Walker，and Gardner，1992）。

重复互动中的 MPCR 效应和小组规模效应

有证据表明，与单轮公共品实验一样，多轮实验（无惩罚）中改变贡献成本和收益的实验局调整会影响被试的贡献水平。Isaac 和 Walker（1988b）在一项经典研究中设定了两种不同 MPCR，分别为 0.3 和 0.75，并采用序贯设计（每一组都要经历上述两种实验局），分别开展不同实验局顺序的多场实验。其中，6 场每组 4 名被试，另外 6 场每组 10 名，小组成员在全部 10 轮间始终固定。该实验的贡献率数据如表 16-1 所示。不论小组规模如何，MPCR 的提高都使贡献率增长了大约一倍（每列的上下两行）。而小组规模的扩大提升了低 MPCR 的贡献率（第一行），对高 MPCR 影响不甚明显。

表 16-1　十轮实验的平均贡献率数据

	$N = 4$	$N = 10$
低 MPCR（0.3）	0.18	0.26
高 MPCR（0.75）	0.43	0.44

资料来源：Isaac 和 Walker（1988b）。

16.4　内部回报与外部回报效应

对于前一节所讨论的每一种实验局，由于贡献而给自己带来的收益正好等于其他人所获得的收益。然而在许多的公共品设定里，自愿贡献者可能较他人享受更多个人收益。例如，捐助者注资的往往是自己认为价值极高的项目，比如，给医学研究团队捐款的人，家庭中多涉及相关疾病。即使在亚当·斯密的路灯的例子中，一个在街道上竖起一盏路灯的人会更频繁地经过那个地方，因此，会比城镇中任何随机选择的人得到更多的好处。

针对于贡献者的收益和其他人的公共收益，我们可以引入内部回报（internal return）和外部回报（external return）两个概念来阐释。前者属于做出贡献的人，后者则属于其他每一名小组成员。前面讨论的某一实验局中，私人价值 5 美分的代币如果投入公共账户，贡献者本人和其他所有小组成员每人都得到 2 美分，故自身的内部回报为 2/5 = 0.4，他人的外部回报亦为 2/5 = 0.4。设想，如果自身收益从 2 美分提高至 4 美分，而他人收益仍是 2 美分，那么内部回报将从 0.4 增至 0.8（= 4/5），外部回报仍为 0.4。无论贡献的动机为何（慷慨、困惑等），以上变动必然降低了贡献的成本。根据 Goeree、Holt 和 Laury（2002）的被试组内单轮博弈实验，上述内部回报增长使观测到的贡献均值翻了一倍，从 4.9 枚代币提升至 10.7 枚代币，且这一影响非常显著。当外部回报不变，随着内部回报的增加，32 人中有 25 人增加了贡献值，仅 3 人降低，4 人不变。

接下来我们考虑外部回报（自身贡献给予他人的收益）的影响。保持内部回报 $R_I = 0.4$ 不变，即一枚代币贡献于公共账户将给自己带来 2 美分收益；而其他小组成员的收益从 2 美分提高到 6 美分，即外部回报从 $R_E = 2/5 = 0.4$ 升至 $R_E = 6/5 = 1.2$。根据实验结果，三倍的外部回报使得贡献均值翻倍，从 4.9 枚代币增至 10.5 枚代币。（23 名被试增加贡献，2 人减少，7 人不变。）该实验总计 10 种实验局，汇总起来更便于观察外部回报效应。表 16-2 为各实验局的代币贡献均值，小组规模固定为 4，包含 0.4、0.8 和 1.2 三种水平的外部回报。第一行中内部回报较低，为 0.4，第二行则较高，为 0.8。可见外部回报的提升（表格从左到右）使贡献均值提高，但也有一处例外。表 16-3 也呈现相似特征，和表 16-2 唯一不同在于小组的规模为 2 而不是 4。

表 16-2　小组规模 = 4 人：贡献代币之均值

外部回报	低外部回报 $R_E = 0.4$	中外部回报 $R_E = 0.8$	高外部回报 $R_E = 1.2$	极高外部回报 $R_E = 2.4$
低内部回报：$R_I = 0.4$	4.9	—	10.5	—
高内部回报：$R_I = 0.8$	10.7	10.6	14.3	—

表 16-3　小组规模 = 2 人：贡献代币之均值

外部回报	低外部回报 $R_E = 0.4$	中外部回报 $R_E = 0.8$	高外部回报 $R_E = 1.2$	极高外部回报 $R_E = 2.4$
低内部回报：$R_I = 0.4$	—	—	7.7	
高内部回报：$R_I = 0.8$	6.7	12.4	11.7	14.5

最后，考虑同一表中同一列中两个数字之间的纵向比较，即内部收益增加而外部收益保持不变。在这三种情况下，平均贡献都在增加。总的来说，最低的贡献出现在低内部回报和低外部回报的情况下（表 16-2 左上角），最高的贡献出现在高内部回报和非常高的外部回报的情况下（表 16-3 右下角）。

总之，比较表 16-2（4 人一组）和表 16-3（2 人一组）可进一步认识单轮互动中的小组规模效应。回报相等、改变小组规模（从表 16-3 到表 16-2）的情况共有四种，其中，三种贡献均值有所提升。

这些表格中的数据属于单轮公共品博弈。Goeree、Holt 和 Laury（2003）在多轮公共品实验中也观察到了改变内部和外部回报的类似效应。多轮实验小组只有 2 人，且每轮重新配对。内部回报固定为 0.8，随着外部回报从 0.4 到 0.8 到 1.2 到 2.4 递增，贡献代币均值也相应增加，分别为 5、7.8、10 和 11.2（禀赋有 25 枚）。外部回报固定为 $R_E = 0.8$，内部回报由 0.8 降至 0.4 则导致贡献均值由 10 降至 4.4。使用基于个体数据（随机效应）做回归分析，来评估这些效应和其他效应的显著性。估计出的回归方程（括号中为标准误）为

$$贡献 = -1.37 - 0.37 \, 轮 + 9.7 R_{内部} + 3.2 R_{外部} + 0.16 \, 其他_{t-1}$$
$$(3.1) \quad (0.1) \quad (3.6) \quad (1.2) \quad (0.02)$$

其中，"其他 $_{t-1}$" 是上一期小组伙伴的贡献值。以系数估计值与标准误差之比为依据，可以推断各变量的影响在标准水平上均显著。系数估计表明，随着时间的推移，贡献值趋于下降，且内部与外部回报效应均为正值，但前者更强。前一伙伴贡献的正向影响非常

显著，这表明他人行为可能改变被试对他们的态度。这一发现与 van Dijk、Sonnemans 和 van Winden（2002）报告的结果一致，他们在多轮公共品实验之前和之后测量了对他人的态度。态度的改变是明显的，并且以一种直观的方式依赖于公共品博弈的结果。

经济利他主义和温情利他主义

尽管已有大量的公共品实验研究，但关于贡献的主要动机仍存在激烈争论。一种方法是建立一个新的个体效用函数，效用同时取决于自身收益和他人收益。比如说，将效用设为自身收益和其他人收益总和的增函数，如此可将利他心理（altruism）引入。Anderson、Goeree 和 Holt（1998）估计，在 Isaac 和 Walker（1988b）的实验中，被试为了使他人获得 1 美元，至多愿意放弃 10 美分，Goeree、Holt 和 Laury（2002）实验也得到了相近的结果。另一方面，有些人可能不喜欢看到他人收入高过自己，这意味着相对收入非常重要，这就如第 14 章所述。在多轮实验中，个体对他人的态度可能会随他人行为改变，比如，当选择贡献的人足够多，人们也会愿意做出贡献。Ledyard（1995）以及 Holt 和 Laury（2008）对这些替代性的解释进行了调查研究。

有人提出了为公共品做出贡献的另一种动机——"温情利他主义"（warm-glow altruism）。这是一种单纯基于贡献行为的情感，但绝不是贡献的唯一决定因素。贡献值随内部回报递增的特征表明贡献成本同样影响贡献决策。如前文所述，贡献对内部回报、外部回报以及（在一定程度上）小组规模的增加都做出了正向反应，尤以内部回报效应最为突出。除却个体差异以及决策中无法解释的一些变化，实验数据整体上可模型化，人们为帮助他人愿意贡献自己的部分代币。总结如下：

自愿贡献实验中的经济利他主义：当①贡献的私人成本降低，②对其他人的好处增加，以及③受益人数增加时，贡献行为更为普遍。即使是自私的搭便车者，如果认为贡献能诱导其他人后续增加贡献，那么也有可能决定向公共账户投资。但是，即便是无互惠机会的单轮实验，定性来看上述特征依然存在。此结果意味着，许多人并不是完全自私的搭便车者。且在某种意义上，利他主义趋势并不仅仅出于贡献物品的"温情"，也（部分）源于经济层面的考虑，故而受私人成本与他人收益两方面影响。从这个意义上说，经济利他主义取决于帮助他人的代价。

16.5　社会困境中带有排斥性的内生性小组的形成

在商业环境中，最常见的惩罚是切断联系并将交易转移到别的公司。本节是一个关于公共品博弈的文献的选择性概述，在这些博弈中，小组构成可以通过退出、进入和驱逐发生内在变化。这里引用了较多的文献，感兴趣的读者可自行检索原文及相关研究，其中一些在第 11 章的社会困境部分已有介绍，本节侧重自愿贡献实验方面。

这类研究最早的文献出自 Ehrhart 和 Keser（1999），他们在多轮、多小组的自愿贡献博弈实验中允许被试换组。他们观察到换组者对贡献的追逐，这似乎打击了合作者的积极性。这是一部未出版的经典著作，虽然它未能找到一个显著提高贡献水平的过程，但它激发了许多后续的工作。从这个角度来说，Coricelli、Fehr 和 Fellner（2004）也进行了尝试但仍遭遇了"失败"。他们针对自愿贡献实验中接受小组新成员的环节设计了一套拍卖程序，但问题是搭便车者往往出价更高，从而混入高贡献小组当中。

后续另一系列研究相比之下更为成功。它们先进行公共品博弈，之后再开展另一种博弈，早先公共品博弈中的合作行为预计将于其中得到回报。Barchy（2004）实验的前五期为四人自愿贡献博弈，第二阶段小组成员两两展开信任博弈（见第 15 章）。被试倾向于信任并奖励在公共品实验阶段贡献更多的人。预先已知第二阶段信任博弈的人，公共品阶段的贡献将提升，被试争相贡献。该文将此现象称为竞争性利他（competitive altruism）。相似地，Sylweste 和 Roberts（2010）在第二阶段进行了一个重复的贡献博弈，在这个博弈中，被试可以在一个高回报的两人博弈中表明谁是可接受的合作伙伴。结果显示，在第一阶段更合作的人往往在第二阶段收入也更高。

第三类论文则使用不同的程序来重新分组。Gunnthorsdottir、Houser 和 McCabe（2007）根据最近一轮中观测到的贡献水平，将高、低贡献者分开。这种（未公布的）外生分类程序增加了所有小组的总贡献，部分原因在于避免高贡献者陷入沮丧，从而保持高贡献。Page、Putterman 和 Unel（2005）使用一种基于偏好序的分类程序，同样实现了贡献的提升。被试可以给每一名其他被试设置优先级序，彼此皆为对方的高优先级选项则意味着高的排序和，在分组时优先成为伙伴。使用这种"优先级加和"机制重新分组，贡献值相比于固定配对的基准实验局几乎翻倍。其中，部分原因是该机制能将贡献水平相近的人分为一组。

驱逐出组是一种严厉的惩罚方式。Cinyabuguma、Page 和 Putterman（2005）允许小组成员浏览其他人的历史记录并投票放逐。尽管放逐的使用相当谨慎，但相比于有历史记录、无放逐选项的基准实验局，贡献依然得到了巨大的提升。

这一领域的现有研究大多依赖内生的二元网络，例如，被试结对参加信任、囚徒困境或协调博弈，其中一些环节可以在每轮后被打破或重新配对。其中，一些研究与进化生物学有关，如 Fehl、van der Post 和 Semmann（2011）的工作，Holt、Johnson 和 Schmidtz（2017）亦对此加以总结。普遍的研究发现是，网络调整的灵活性越大，合作越紧密。总结如下：

社会困境实验中内生性小组的影响： 由于被试"追逐合作"，自由进出并不能提高贡献。相反，基于过去贡献的外生排序，以及基于相互排序、驱逐和单边中断联系的内生排序，都会带来更高的贡献水平。

16.6　慈善捐赠的实地实验

16.6.1　选定人群的邮件募捐实验

关于哪些因素会影响慈善机构和非营利组织的捐款，研究者也保有相当的兴趣。由于这类事件和行为关联甚密，单纯依赖经济学理论展开分析或显不足。例如 List 和

Lucking-Reiley（2002）介绍的一项受控的实地实验（controlled field experiment），给被试发送的募捐邮件包含不同的"种子资金"(seed money)[⊖]，即募捐已得到的善款。结果显示，更多的种子资金能提高被试的贡献水平。

在另一个相似版本中，Falk（2007）开展了一项实地互惠实验，通过一家知名慈善组织向苏黎世地区约 1 万人发送邮件，请求为孟加拉国街头儿童捐款，收件人均来自潜在捐赠者名单。具体地，实验随机抽取了 1/3 的收件人，将额外赠送一份小礼物——1 张儿童手绘明信片，另有 1/3 的人收到 4 张，其余的 1/3 无礼物。除此之外，所有人收到的信件相同，附有礼物的信件额外说明，明信片可自己使用或者送人。结果显示，无礼物、小礼物和大礼物实验局的捐款人数分别为 397、465 和 691。此外，赠送礼物还具有些微提高捐款数额的倾向，但总体上较微弱，大小礼物对应的捐款数额分布基本相同。该文作者的结论是，附赠小礼物对于慈善机构而言是一种有利的策略。

促进筹款的另一种方法是现金匹配捐款。Karlan 和 List（2007）向一个以政治为导向的非营利组织的大约 5 万名以前的捐赠者发送了请求邮件。收件人分为四组，其一为控制局（无匹配），剩余三组匹配率分别为 1∶1、2∶1 和 3∶1。仅仅是存在承诺匹配（无论比率高低）就能够提高募捐邮件的响应率和捐款金额，而匹配率高低并无显著影响。关于这种募捐金额匹配机制，你可以把无匹配看作，1 美元的捐款相当于 1 美元，而 1∶1 匹配率则相当于，1 美元的捐款仅相当于 0.50 美元，以此类推。根据实验数据推算，无匹配控制局和有匹配捐款机制的全部小组之间，价格弹性为 -0.30，而不同匹配率小组之间的价格弹性基本为 0，也就是说，更高匹配的降价没有任何效果，这是一个令人困惑的结果。

现金匹配实际上是在扩大捐款的规模，相反，现金回扣则是按照预先公布的比例向捐款人返还。当然，返还的金额并不会在捐款之中扣除。显然，设计一组在功效上完全等价的现金匹配和回扣机制并不困难。然而，在早期实验室实验中得到了令人困惑的结果，现金匹配对捐款总额影响更大，价格弹性也较同等水平的回扣机制更高。为了研究和检验此发现，Eckel 和 Grossman（2008a）开展了一项实地实验，联系了明尼苏达州公共广播电台的年度基金活动，向大约 35 万人发出了募捐邀请。其中，包括过去和最近捐过款的人，以及未来潜在的捐款人。与早期研究采用实验室实验不同，实地实验的目标是令被试使用自己的钱进行捐款，从而和实验室实验中使用的"私房钱"（house money）（放弃的实验收益）加以对比。有趣的是，在实验室和实地实验中，估计出的现金匹配价格弹性大致相当，而且和实验室里一样，匹配要比理论上等效的回扣机制更加有效。

16.6.2　电子邮件募捐实验

过去的十年里，作为募捐手段来说，网络通信的使用已经超过了普通（蜗牛）邮件。接下来要讨论的几个最新的慈善捐赠实验均采用电子邮件形式。

⊖　查阅原文，该实验通过邮件向被试募捐，筹建一座公益性的研究机构。具体募捐项目是一台 3 000 美元的电脑，"种子资金"即为已经获得的募款。原作者设置了三档种子资金：10%、33% 和 67%。以 67% 为例，3 000 美元的募款项目已经得到了 2 000 美元，向收到邮件的被试募捐金额仅 1 000 美元。——译者注

电子邮件很容易被遗忘在"收件箱",因此刺激潜在捐赠者立即回复至关重要。Castillo、Petrie 和 Samek（2017）成功地实现了这一目标。他们在重要的捐赠日"周二回馈日"（Giving Tuesday[⊖]）前二到四周，提供限时的捐款匹配，匹配率分别为 80%、100% 或 120%。在每年 11 月下旬的一个星期二举行募捐的做法起源于美国，但已蔓延到百余个国家。该文章作者与九个非营利组织合作，向潜在的捐赠者们发送了超过 39 000 封电子邮件。根据提前时间（4 周或者 2 周）和匹配率（80%、100% 或 120%）的不同，形成了众多的实验组，每一实验组还对应一个控制局（无匹配）。所有的电子邮件均告知，在周二回馈日当天（2016 年 11 月 29 日）匹配率为 100%。结果上，提前的限时匹配显著提高了捐款率。此外，不管是实验组还是控制局，在周二回馈日当天的捐款金额基本相同，可见提前的匹配并未挤出之后的捐款。提前匹配组的捐款总额较控制局高出 80%，提前一个月的效果更为明显。匹配率决定了捐款的价格，捐款对此反应较强（提前 4 周的价格弹性为 −0.86，提前 2 周则为 −1.59），相比于 Eckel 和 Grossman（2008a）以及 Karlan 和 List（2007）的早期慈善捐款研究高出很多。

16.7　扩展

第一类研究文献专注文化、性别和年龄等因素对贡献水平的影响。这些研究得到的结果不一样。例如，有研究发现性别无明显影响（Ledyard，1995）。而 Goree、Holt 和 Laury（2002）的研究虽然也发现平均上无性别差异，但是男性被试却更可能选择极低或极高的贡献。

第二类研究文献则专注实验程序，例如，小组是保持固定还是每轮随机重新配置（如 Croson，1996），以及实验者或参与人能否观察到个体的贡献水平。研究发现，允许每轮间就贡献进行讨论有助于合作，即使随后停止沟通，这种效果一定程度上也会持续（Isaac and Walker，1988a）。

第三类研究文献关注收益结构的变化，比如，令公共收益为小组成员总贡献的非线性函数。在本章介绍的线性公共品博弈中，自利的人的最优策略即不做贡献，因为贡献的内部回报率小于 1。这种情况下的纳什均衡（固定已知轮数）是所有人均不贡献，对应可能贡献范围的下限。也就是说，任何噪声或者混淆都倾向于提高贡献至均衡预测水平之上。Andreoni（1995）估计，在线性公共品博弈中观察到的贡献中，约有一半出自某种形式的"善意"，剩余大部分归因于被试的混淆。为此，他开展了一项公共品实验，绝大部分设置和传统实验相同，但被试的现金报酬取决于实验收益排名而非具体的收益数值，如此便移除了绝大部分的利他动机。换句话说，帮助他人提高排名就会伤害其他人[⊖]。Andreoni 还在第三实验局中公布排名信息却仍保持常规的报酬规则，发现排名信具有很

⊖　感恩节后的第一个星期二。——译者注

⊖　此处原文为"when you help some by raising their rank, you hurt others"。或为"you hurt yourself"更加准确。查阅 Andreoni（1995）原文，该实验中被试收益在小组中的排名决定其报酬，而贡献给予所有小组成员相等的收益，贡献的成本要大于自身收益，将直接导致自身排名降低；虽然贡献于己有部分收益，但这和实验最终得到的现金报酬毫无关系，贡献于己无任何好处。——译者注

强的框定效应（framing effect）。规避边界效应（boundary effect）的另一种方法是设计新的博弈改变纳什均衡，使之位于贡献范围的中间而非下限。比如说，可以设计非线性的收益函数，使总贡献较低时贡献行为有利可图。有关这类内部纳什均衡的实验，可以参见 Laury 和 Holt（2008）的概述。

还有一种收益结构调整是引入特定门槛值，贡献总额须超过门槛才能惠及众人（Bagnoli and McKee，1991；Croson and Marks，2000）。除非预期他人的贡献足够大、能够达到门槛，否则贡献并不是最优决策，因此，这类起供点（provision point）带来了一个新的协调问题。关于贡献门槛的实验将在下一章介绍。

到目前为止，所有讨论都围绕着自愿捐款，但现实中许多机制的设计目标，其实是提高供应水平。一个关键的问题是，人们可能不知道其他人如何评价公共品的价值，如果税收份额或所需努力取决于报告的价值，人们就有动机低估自己的价值。理论上，有些机制确实可以激励人们如实报告，并已在实验室进行测试，可参阅 Chen 和 Plott（1996）或者 Ledyard（1995）的经典总结。现实中大多数的公共品决策都直接或间接地取决于政治考虑，比如游说、"投桃报李"（log rolling）或者选票交易。特别是，供给的决定可能对中位数选民（median voter）的偏好很敏感，他们的偏好将其他选民的偏好划分得差不多一样。此外，中位数选民的身份可能会随着人们搬到能提供符合他们个人需求的混合公共品的地方而改变。第 19 章将讨论关于公共品供应和其他问题的投票实验。

最后，还有一点值得注意，Ostrom、Walker 和 Gardner（1992）的一项实验首次使用了高成本的惩罚（图 16-2 中第二种实验局）。这些作者的动机是对代价高昂的制裁的观察，在面临限制过度使用的公共资源（例如渔业）的小型社会中，有时会观察到这种情况。这些类型的公共池塘资源问题将在第 18 章中讨论。

第 16 章习题

1. 在第 16.1 节的 "!Kung 族" 案例中，捕猎大型猎物的猎人们的 MPCR 大约是多少呢？

2. 假设 Ensminger 的实验（在第 16.2 节讨论）使用了大小为 8 人的组，而不是大小为 4 人的组，所有的贡献都加倍并平均分配。最终的 MPCR 会是什么？

3. 在 Ensminger 的实验中，如何令小组规模翻倍并保证 MPCR 不变？如何在保证小组规模仍为 4 人的同时将 MPCR 从 0.5 提高到 0.75？

4. （无须数学证明）Ensminger 在信封内部标有号码，这样她就可以一一对应地记录下每个人的贡献。除她以外，其他人看不到号码，所以贡献行为是匿名的。如果她希望捐款 "双重匿名"——连实验人员也无从知道谁做出多少贡献，那该怎么办呢？你是否能够想出一个可行的方法去执行这种实验局，并且仍然能够基于博弈的结果去支付给被试？

5. 假设 Ensminger 用不同的方式计算收益，4 人小组每名成员获得的收益等于其他 3 人贡献值翻倍后的 1/3。如果 ID1、ID2、ID3、ID4 四位的贡献分别为 1、2、3、4，计算他们各自从小组获得的收益。

6. 在问题 5 的例子中，内部回报与外部回报分别是多少？

7. 表 16-2 和表 16-3 中的内部回报效应是通过同一表中的垂直比较来表示的。另外，比较两张表格中的对应单元格还可以发现数值效应：一共有几组数值效应可供比较研究，其中，又有几组和预测方向一致（小组规模越大贡献越多）？

8. 表 16-2 和表 16-3 中的外部回报比较是通过观察同一行的平均值来发现的，由左向右预期贡献均值逐渐提高。在两个表的组合中有多少外部回报比较，有多少是在预测的方向上（提示：不要将考虑限制在相邻列的平均值上）？

9. 表 16-2 中哪两个条目能够体现 MPCR 效应？

10.（无须数学证明）请解释经济利他主义和温情利他主义的区别。从实验局中发现哪种影响可能说明并不只存在温情利他主义？

11.（无须数学证明）具有社会偏好的实验，有时对任务的构建（framed）方式很敏感。举一个你认为会产生影响的例子并加以解释。

志愿者困境

有些情况下，一项有利全体的行动，仅需要一名志愿者。如果这项行动的人均价值大于志愿者的个人成本，便将产生一种两难局面。因此，每个人都希望其他人承担这个成本，但如果没有其他人自愿，他们也愿意自愿。比如，某小国向联合国安理会递交了一份提案，几大成员国都想否决，但同时又希望对方承担否决的政治成本。这种两难困境引出了一些有趣的问题，例如，当潜在志愿者众多时，志愿行为发生的可能性高还是低。除了依靠直觉和理论预测以外，志愿者困境实验提供了用于比较的数据。

教师须知： 这类实验可通过 Veconlab 的博弈实验（公共菜单中）开展。

17.1 有时只需要一个英雄

1982 年，一名疯狂的影迷在观看了电影《愤怒的公牛》中女演员 Teresa Saldana 的表演之后，从苏格兰直奔洛杉矶，在她出门试镜时发动了袭击。女演员的尖叫声引起了一些人的注意，但是，最终是其中一名送水工挺身而出，冒着受伤（或更糟）的风险控制住了袭击者，直到警察和救护车赶来现场。Saldana 虽身受刀伤但活了下来，得以继续自己的演员生涯，并积极参与受害者支持团体。此案例便属常见的志愿者困境，很多人希望纠正现状，但需要有一个人站出来承担相应成本。另有一例，政客们都想提高薪水，但又希望由其他政客来提出要求。在以上案例中，都只需要一人付出代价，即可改善其他所有人的结果。此类志愿者困境（volunteer's dilemma）是一种特殊类型的社会困境，对于简单的二元选择博弈的建模非常有用。

17.2　最初的实验证据

Diekmann（1985，1986）首先研究了志愿者困境，他关注的重点是潜在志愿者数量的影响。最简单的模型包含 N 名参与者，每人都面临二元决策——是否花费成本 C 来担任志愿者。若至少一人愿为志愿者，所有人都会获得高收益 V；如果小组中无人担当，则所有人都只能得到低收益 L。因此，有三种可能的结果：要么，自己担当志愿者并获得 $V-C$（假设为正）；要么，不做志愿者并获得 V 或 L，这取决于其余 $N-1$ 人中是否有人愿意担当志愿者。

首先分析仅有两人的情形，并假设 $V-C>L$，以保证不会出现两人都不做志愿者的纳什均衡。当然，双双担任志愿者也构不成纳什均衡，届时双方都可通过搭对方的便车节省成本 C。于是可知，存在不对称的均衡——二人中仅一位担当志愿者。但由于决策是同时的，双方相互协调而实现不对称均衡实际上相当困难。最后，还存在对称的均衡——双方各以 p 的概率担任志愿者。直观上，随着潜在志愿者的人数增加，依赖他人之慷慨的风险越来越小，均衡的志愿概率 p 逐渐降低。Franzen（1995）用实验证实了这种直觉（见表 17-1），实验设置 $V-L=100$，$C=5$。结果显示，随着小组人数从 2 向 7 递增，志愿者率（表 17-1 中间一列）相应递减，而后趋于稳定。另据表 17-1 第三列，人数众多的小组无志愿者的概率基本为 0。换言之，随着人数增长，志愿者率趋于稳定，至少有一名志愿者的概率达到 1。

表 17-1　志愿者困境实验中的小组规模效应

小组规模	个体的志愿者率	整个小组无志愿者情况的概率
2	0.65	0.12
3	0.58	0.07
5	0.43	0.06
7	0.25	0.13
9	0.35	0.02
21	0.30	0.00
51	0.20	0.00
101	0.35	0.00

资料来源：Franzen（1995）。

Franzen 的实验是让被试完成一份问卷调查，后续采用邮寄的方式发放实验报酬和结果。该实验任务的单次性质也引出了一个问题：如果被试能够在实验中进行学习和调整，实验结果会不会发生什么变化？图 17-1 是一场课堂实验的结果：$V=25.00$ 美元，$L=0.00$ 美元，$C=5.00$ 美元，12 名参与者随机配对，前 8 轮每组 2 人，后 8 轮每组 4 人。双人实验局各轮的志愿者率均值通常在 0.5～0.7，见图 17-1 左侧。随着小组人数的增加，志愿者的比例下降到 0.4。图中虚线表示混合策略纳什均衡的志愿者率，下一节将做具体推导。在课堂上，使用两种实验局来说明一个观点是很方便的，例如，志愿者率在较大的群体中往往较低。然而，图 17-1 也呈现出被试的组内设计的潜在缺陷：当第 9 轮实验设

置改变后，数据相较于第 8 轮，仍表现出一定的延续性。小组规模效应将在稍后讨论的
被试组间研究实验重新讨论。

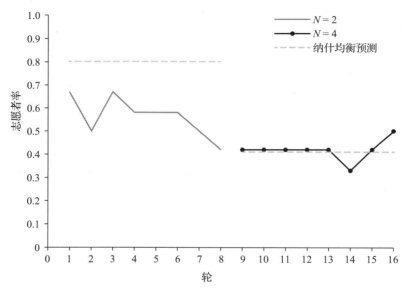

图 17-1　小组规模改变时的志愿者困境

资料来源：弗吉尼亚大学 2001 年秋季课堂实验。

　　志愿概率随着小组规模的扩大而下降，这不仅符合人们的直观猜测，更与有关"阶
段性突发事件"的社会心理学实验相一致。比如 Darley 和 Latane（1968）实验发现，在
人数较多的小组中，成员们更不愿涉足突发事件，他们称之为责任分散（diffusion of
responsibility）现象。20 世纪 60 年代发生的一件事，引起了人们对这种趋势的关注：在
纽约，Kitty Genovese 于公寓楼的庭院中遭到强奸和杀害，而在场超过 30 名目击者竟无
一人上前阻止（该报道的准确性之后遭到质疑）。尽管大团体中每个人的志愿概率很低，
但至少有一名志愿者的概率或许更高，就如表 17-1 的第三列所显示的那样。下一节，我
们将从博弈论的视角来推导小组规模效应的理论预测结果。

17.3　混合策略均衡

　　对志愿者困境的理论分析大多集中在随机策略下的对称纳什均衡上。所谓随机，即
担当志愿者与否对于每一名博弈参与人都无差异。否则，从理性的角度就应该去选择自
己偏好的选项。为了刻画这种无差异特征，需要计算两种选项的期望收益并使其相等。
首先，自己担任志愿者则排除了低收益 L 的可能性，预料到的收益是 $V-C$；而不做志愿
者预料到的收益则取决于其他人的志愿者率 p。简便起见，此处我们考虑其他人仅一位的
情况（小组规模为 2）。此时，不做志愿者的收益或 V（概率为 p）或 L（概率为 $1-p$），故
期望收益是：

$$\text{期望收益（不做志愿者）}=pV+(1-p)L \quad (N=2 \text{ 时}) \tag{17-1}$$

为刻画出无差异特征，需令自身做与不做志愿者的期望收益相等，得到方程：

$$V - C = pV + (1-p)L \quad (N=2 \text{ 时})\tag{17-2}$$

可求解出均衡的 p：

$$p = 1 - \frac{C}{V-L} \quad (N=2 \text{ 时，均衡的志愿者率})\tag{17-3}$$

回想图 17-1 第一种实验设置所用参数，$V = 25.00$ 美元，$L = 0.00$ 美元，$C = 5.00$ 美元。可以算出对应的纳什均衡预测志愿者率 4/5，恰对应图中水平的浅色虚线，纵坐标即为 0.8。而实验中的志愿者率并不及此，只有 0.6 左右。

若小组规模扩大，比如上述实验的第二种设置 $(N=4)$，则必须对公式加以调整。若自己选择担当志愿者，小组必然能享受高收益，自身收益 $V-C$ 无关于小组规模大小。但是，若不做志愿者，则收益将取决于另外 $N-1$ 人的决策。每个人不做志愿者的概率均为 $1-p$，所以，$N-1$ 人中一名志愿者都没有的概率是 $(1-p)^{N-1}$。这就类似于投硬币，正面概率为 1/2，那么连续两次掷出正面的概率为 $(1/2)^2 = 1/4$，连续 $N-1$ 次掷出正面的概率自然也是 $(1/2)^{N-1}$。总结起来，自己不做志愿者，如果也没有其他志愿者时，将得到低收益 L，而这种情况出现的概率为 $(1-p)^{N-1}$；相应地，可知高收益 V 的概率为 $1 - (1-p)^{N-1}$。根据上述分析，我们能够写出不做志愿者时的期望收益，对应等式的右半部分：

$$V - C = V[1 - (1-p)^{N-1}] + (1-p)^{N-1}L\tag{17-4}$$

等式左侧为担任志愿者的收益，故式（17-4）刻画了两种决策的无差异特征，这确保了参与人愿意随机选择。求解并不困难，不做志愿者的概率 $1-p$ 等于：

$$1 - p = \left(\frac{C}{V-L}\right)^{\frac{1}{N-1}}\tag{17-5}$$

于是均衡的志愿者率为

$$p = 1 - \left(\frac{C}{V-L}\right)^{\frac{1}{N-1}} \quad (\text{均衡志愿者率})\tag{17-6}$$

当 $N=2$ 时式（17-6）化简为式（17-3）。不难证明，志愿者率随价值 V 递增，随价值 L（无志愿者时的收益）递减。和预期一致，志愿者率还随成本 C 的增加而减小。根据式（17-6）右侧 C、V 和 L 的位置及分数前的负号，以上关系都相当明显。不过，在章后习题 8 的电子表格程序中，改变收益参数能够更清晰地予以证明。尽管看起来有些机械，但是，设置电子表格很有用。在单元格里输入收益参数，并于公式及计算过程引用该单元格，则后续只需要调整该单元格中的数字便能分析收益参数变化的影响并绘制图像。

接下来，考虑潜在志愿者数量 N 变化的影响。继续沿用图 17-1 的参数设置，$V = 25.00$ 美元，$L = 0.00$ 美元，$C = 5.00$ 美元。可知，$N=2$ 时志愿者率为 0.8；当 N 升至 4，由式（17-6）可计算出志愿者率 $1 - (1/5)^{1/3}$，大约等于 0.41（章后习题 8），对应图 17-1 右边的灰色虚线。N 增加，理论预测的志愿者率降低，定性来看和实验数据一致

（虽然 $N=2$ 时的理论预测值较实验数据高出不少）。用代数不难证明式（17-6）志愿者率公式是 N 的减函数。该公式也可用于计算表 17-1 中八种不同小组规模的纳什均衡志愿者率。

最后，我们将评估 N 名参与者中无志愿者的概率。就个人而言，不做志愿者的概率 $1-p$ 已由式（17-5）给出。由于 N 人决策各自独立，就像是掷硬币，N 个人都不做志愿者的概率即等于式（17-5）的 N 次幂：

$$\text{无志愿者概率} = (1-p)^{N-1} = \left(\frac{C}{V-L}\right)^{\frac{N}{N-1}} \qquad (17\text{-}7)$$

式（17-7）为人数 N 的增函数（有关制作电子表格进行计算，请参见章后习题第 9 题）。随着小组人数 N 递增至无穷大，式（17-7）的指数趋近于 1，无志愿者概率趋近于 $C/(V-L)$。结果预测 $C/(V-L)=1/5$，理论预测和表 17-1 中实际数据并不相符。总结如下：

偏离纳什均衡的志愿者率： 随着小组规模的扩大，纳什均衡的志愿者率递减且迅速趋近于 0，小组中无志愿者的概率亦反向移动。然而，实验数据显示，在大群体中，没有志愿者的结果几乎从未被观察到。这种理论和现实的差异可以通过行为的随机性（behavioral randomness）来解释，这种随机性会导致任何大的群体中总会有偶尔出现的志愿者存在。

式（17-6）的均衡志愿者率有一个有趣的特性，收益多少的影响只体现在 $C/(V-L)$ 上。如果 V 和 L 作等量变化，分母并不会改变。根据这种不变性，弗吉尼亚大学有一名学生设计了实验，并在课堂上利用 Veconlab 软件开展。该试验有两个实验局，"损失实验局中"收益参数同时减少 15 美元，从"正收益实验局"的 $V=25$ 美元，$L=0$ 美元，降低至 $V=10$ 美元，$L=-15$ 美元。除此之外，C 和 N 分别固定为 5 美元和每组 4 人。

"正收益实验局"中，被试所得一定为正，在"损失实验局"可能遭受巨大损失。设置这一对实验局的目的是，检验大额损失的可能性会不会提高志愿者率。如，"损失厌恶"也许会发挥作用。收益/损失设计下的志愿者困境收益如表 17-2 所示。

表 17-2　收益/损失设计下的志愿者困境收益

自身决策	其余志愿者人数	自身所得	正收益实验局（美元）	损失实验局（美元）
担任志愿者	任意	$V-C$	20.00	5.00
不做志愿者	无	L	0.00	−15.00
不做志愿者	至少一人	V	25.00	10.00

图 17-2 总结了上述单轮课堂实验之结果。两种实验局的志愿者率相差不多，都接近于纳什预测，可见损失厌恶似乎没有影响。该例说明了纳什均衡预测的不变性特征；同时也证明，即便是学生，同样能运用理论知识设计出巧妙的实验。但是，由于课堂实验的局限，比如，不易开展重复实验，激励相对有限，缺少让参与者支付实际损失的可靠方法，故而实际结果并不确定。

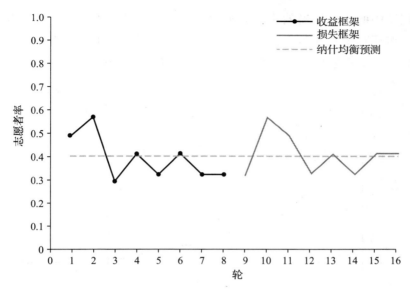

图 17-2　收益 / 损失设计下的志愿者困境

资料来源：弗吉尼亚大学 2001 年秋季课堂实验。

17.4　关于小组规模效应的实验

Franzen（1995）最初的实验采用了单轮博弈形式，实验参与人需通过邮件提交决策。与之不同，随机配对实验更适合于检验纳什均衡预测结果。Goeree、Holt 和 Smith（2017）实验的小组人数分为 2、3、6、9、12 五种，每一实验局含 36 到 48 名被试。被试将会随机配对参与一系列共 20 次志愿者困境博弈，期间小组规模不会变化（规避序列效应）。每场实验的参与人数和小组人数成比例，至少是小组人数的 4 倍。参数方面，$V = 1.00$ 美元，$C = 0.20$ 美元，$L = 0.20$ 美元，故随着小组规模由 2 人至 12 人，纳什均衡志愿者率也相应从 0.75 降至 0.12，具体实验数据和理论预测如图 17-3 所示。小组规模和无志愿者结果比例如表 17-3 所示。此种数量效应的显著性，已在第 13 章运用 Jonckheere 检验结合场均志愿者率完成检验，可回看表 13-1。

图 17-3 中实验数据与纳什预测的偏差，显示了一个系统的模式。$N = 2$ 时，实验观察到的志愿者率大幅低于纳什均衡预测，这与图 17-1 课堂实验相同。然而，N 增加后，观察到的志愿者率（实线）却又超过了预测值（虚线），实验均值较纳什均衡预测线平缓。因此，相较于纳什均衡预测，实验数据呈现"向心聚拢效应"（pull-to-center effect）。对这种数据模式的解释将在后文介绍。

接下来，让我们分析无志愿者的情况。当小组仅 2 人时，纳什均衡志愿者率为 0.75，无志愿者的概率则是 $0.25 \times 0.25 = 0.06$。小组规模达到 3 人时，纳什均衡志愿者率为 0.5，无志愿者的概率增至 $0.5 \times 0.5 \times 0.5 = 0.125$，具体数值可参见表 17-3。注意，无志愿者的预测概率随小组规模增大而递增，这一点和实验观测结果（表 17-3 靠下一行）相反。实验中被试的志愿者率高过理论预测，故而无志愿者概率并未随小组规模增大而上升。总结如下：

志愿者困境中的小组规模效应：随机匹配且同时决策，志愿者困境实验中被试的志愿者率随着小组规模的扩大而下降，这一点和纳什均衡的预测相一致；但是，实验中无志愿者结果出现的概率却随小组规模扩大而降低，这与纳什均衡相矛盾。

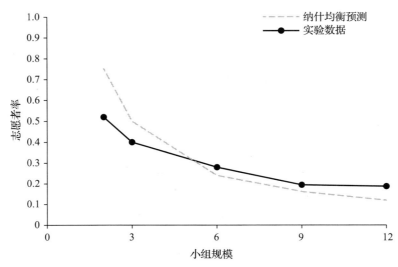

图 17-3　小组规模的影响

资料来源：Goeree、Holt 和 Smith（2017）。

表 17-3　小组规模和无志愿者结果比例

	N = 2	N = 3	N = 6	N = 9	N = 12
理论预测的无志愿者率	0.06	0.125	0.19	0.21	0.22
实验数据均值	0.21	0.22	0.16	0.13	0.11

资料来源：Goeree、Holt 和 Smith（2017）。

17.5　志愿者困境中的随机行为

Goree 和 Holt（2005b）讨论了志愿者困境以及密切相关的博弈，个体均面临二元决策，如是否进入市场或是否投票。他们指出，志愿者困境属于"门槛公共品"（每人都经历是否贡献的二元决策）的一个特例。在门槛公共品博弈中，除非贡献人数达到特定门槛值，比如说 M，否则无从获取公共收益，而志愿者困境恰是其 $M=1$ 的特例。Goree 和 Holt 分析了二元选择博弈的均衡，其中，概率选择规则决定个体决策。基本上，在行为中引入"噪声"的效果是将志愿者率拉向 0.5。这种方法能够解释，为何无志愿者概率并未像纳什均衡预测的那样，随小组规模扩大而上升。直觉上，小组规模越大无志愿者的概率越小，是因为"噪声"使大群体中往往会至少有一个人出于随机原因担任志愿者。这种直觉和纳什预测相悖，纳什预测无志愿结果的概率随组规模的增大而增大。

随机选择的效果可以用图 17-4 来说明上一段中所提出的直觉上的核心点。首先，回想 2 名参与人的情况，做和不做志愿者的期望收益差等于，其他人不做志愿者时自己担当的额外收益 $(V-L)$，乘以无其他志愿者的概率 $(1-p)$，减去志愿者成本 C，即 $(1-p)$

$(V-L)-C$。试想，p 是个体信念中对方的志愿者概率，对应图 17-4 的纵轴。于是，当
$p=1$（你认为对方一定会当志愿者）时，期望收益差便等于成本 $-C$。图中横轴为期望收
益差，中线左侧对应收益差为负的情况。反过来，当 $p=0$（预期对方绝对不会做志愿者）
时，期望收益差等于 $(V-L)-C$，对应图中虚线和横轴的交点。

定义期望收益差为 $\Delta(p)$，于是

$$\Delta(p)=(1-p)(V-L)-C \quad （N=2 \text{ 时的期望收益差 }） \tag{17-8}$$

期望收益差是 p 的线性函数，对应图 17-4 中的虚线，左上角处横坐标为 $-C$，而右侧与
横轴交点的横坐标为 $(V-L)-C$。在随机策略纳什均衡下参与人对于两种选项无差异（因
此愿意随机化），故均衡的 p 对应期望收益差和横坐标 0 的垂线交点。

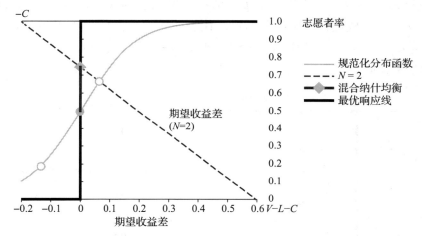

图 17-4 $N=2$ 时志愿者困境的期望收益和最优响应线

注：尖锐的最优响应线和期望收益差虚线的交点决定了纳什均衡的志愿者率（$p=0.75$ 处的菱形标志）。S 形的
累计分布曲线和期望收益差虚线的交点决定了质反应均衡（$p=0.67$ 处的圆圈标志）。

当期望收益差为正数时（做志愿者比不做强），即在 0 点的中心纵轴的右侧，最优响
应是以 1 的概率担任志愿者（见图 17-4 的右上角）。相反，当期望收益差为负数时，最优
响应里做志愿者的概率为 0（见图 17-4 左下端）。因此，最优响应线左侧始于横轴，在 0
点处急剧拉升，至顶部即 $p=1$ 继续向右延伸。这条最优响应线有尖锐的拐角，这是因为
最优响应对于极小的正负收益差非常敏感。在完全理性的假设下，重要的只是收益差的
符号，而不是大小。

相反，图 17-4 中另外一条 S 形曲线的拐点更加平滑，它所代表的是“较优响应”趋
势，会受到收益差大小的影响。这条曲线具有典型的随机变量累积分布的形状，从左边
的 0 开始，上升到右边的 1。该曲线表示对感知的收益差的随机冲击的分布。如果随机性
减少至消失，曲线将变尖锐；而随机性增加，曲线越发平滑。曲线和虚线的交点代表质
反应均衡（quantal response equilibrium）$^{\ominus}$（QRE）。注意，质反应均衡（图中的圆圈）位于

$\ominus$　将 quantal response equilibrium 译为“质反应均衡”主要以其意译为主，兼顾词 quantal 原意。已出现过的
　　翻译，如随机最优响应均衡、量子反应均衡、量化的反应均衡、可数性反应均衡等均不能兼顾上述二者，
　　尤其在意译上。——译者注

0.75 的纳什均衡之下。

　　至于志愿者困境实验数据，$N=2$ 的志愿者率较纳什均衡低，小组规模扩大后志愿者率反倒超过纳什均衡，相比纳什均衡而言整体呈现趋近中心点的特征。这一观测结果也就提出了一点疑问，小组规模扩大后图 17-5 将作何变化。第一步，首先让我们重新回到做志愿者和不做志愿者这两个选项，从期望的角度来比较前者的确定性收益和后者的风险收益。已知另外 $N-1$ 人均不做志愿者的概率为 $(1-p)^{N-1}$，当 $N>2$ 时式（17-8）调整为

$$\Delta(p)=(1-p)^{N-1}(V-L)-C \quad （关于 N 的期望收益差）\tag{17-9}$$

此时，期望收益差不再是 p 的线性函数；由图 17-5 可见，随着 N 依 3、6、9 递增，期望收益差越发弯曲。随着小组规模的增加，曲率的增加会导致纳什均衡与垂直的 0 - 期望收益差线相交于 p 值较低处。图中菱形标志代表纳什均衡，$N=3$ 时的纳什均衡志愿者率 $p=0.5$，N 越大 p 越小。数字说明了一个直观特征（前面已经提到），即纳什均衡志愿者率随小组规模扩大而降低。

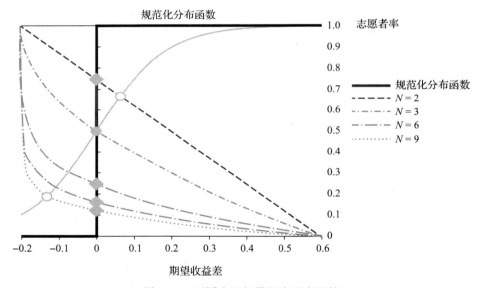

图 17-5　不同小组规模的志愿者困境

注：尖锐的最优响应线和期望收益差虚线的交点决定了纳什均衡的志愿者率（菱形标志）。S 形的累计分布曲线和期望收益差虚线的交点决定了质反应均衡（圆圈标志）。小组规模 N 扩大，圆圈（质反应均衡）的志愿者率也不会低于左下角大约 0.1 的极限情况。

　　和前面一样，图 17-5 中的质反应均衡仍是累积分布函数（曲线）和不同 N 的期望收益差（虚线）之交点。这些交点（圆圈标志）整体也向中心集中。随着随机性增长，曲线（累积分布函数）越来越弯曲，向心聚拢特征也将更加明显。相反，当随机性消失，曲线转变为拐角尖锐的最优响应线，质反应均衡趋近纳什均衡。换句话说，QRE 即是完美理性纳什均衡的一种一般化形式。

　　给定随机性水平（可能根据数据估计得到），可将累积分布函数曲线固定。然后，小组规模扩大会使交点即圆圈向左下方移动。但是，基于图中曲线的随机性水平，无论小

组有多大 / 小交点处的 p 值永远不会低于 0.1。因此，即使小组规模极大，行为的随机性也会阻止志愿者率一路降至 0。这将产生非常直观的效果：随着人数的增加，每个人的志愿率都在 0 附近，无志愿者的可能性越来越小。因此，无自愿结果的概率趋于零，这与表 17-1 和表 17-3 中的数据一致。

任何在经济学实验中观察过行为的人都会意识到，行为并不是完全理性的，即使人们确实以一种定性的方式对激励做出反应。总结如下：

随机性无志愿者结果： 小组人数越多，实验观察到的无志愿者结果越少，与纳什均衡预测（小组规模和无志愿者结果出现频率正相关）相悖。这一点可以通过在个人决策中加入随机性（较优响应而不是最优响应）来解释。这一修正也解释了观察到的志愿者率的主要定性特征，即相对于纳什预测，它们倾向于被拉向中心。

17.6　扩展：相关博弈和抱怨者困境

以上基础模型之外，还存在相当多的扩展版本。Healy 和 Pate（2009）考虑到了公开成本不对称的影响。在只有两名参与者的情况下，增加一名参与者的志愿服务成本不应影响该参与者自己的志愿服务率，因为否则，成本没有变化的人将不再对这两个决策无动于衷。纳什均衡中缺乏"自付效应"是很不直观的，也没有实验数据支持。特别是，他们报告说，随着个人成本的增加和其他团队成员成本的减少，个体志愿者率会下降。这些直观的结果可以用质反应均衡来解释，就像在第 10 章的非对称匹配硬币博弈中，直觉上违反对自付效应的纳什预测一样。

本章介绍的模型属于同时选择的情形，但有时引入持续时间维度更加自然。Otsubo 和 Rapoport（2008）研究了更动态化的志愿者困境博弈，在有限时间范围内，随着时间推移，公共品收益不断降低。该实验中观察到的志愿者决策通常早于理论预测。他们还发现被试的搭便车行为存在很高的异质性，这一点在颇多研究中都有提及。

Bergstrom、Garratt 和 Leo（2015）考虑了另一个有趣版本，一人被指定成为无助者[⊖]（victim），其余被试中只要有人担当志愿者，那么无助者将获得收益。该实验中的志愿者选项采用了一套限时机制，从而分离出被试的不同偏好。实验结果发现，该博弈中的人际间比较能够激励被试的志愿者决策[⊜]。

是否担当志愿者很大程度上取决于对他人决策的信念。Babcock 等人（2017）考察了性别分类的影响，并发现了人们认为女性更有可能在混合性别群体中做志愿者的证据。另一方面，第 17.4 节中讨论的 Goeree、Holt 和 Smith（2017）小组规模实验的后续分析表明，在所有五种小组规模里，女性被试的志愿者率明显低于男性。具体采用的检验方

⊖　所谓"无助者"，是指有一名被试在轮初未收到禀赋资金 V，其收益取决于其他人的决策。只要有人选择充当志愿者，贡献成本 C，那么受害者即可在本轮同样得到收益 $V-C$；反之本轮受害者无收益。系查阅原文。——译者注

⊜　该实验的实验局变化有两种，一是志愿者成本 C 的变化；二是实验结束后是否公开志愿者的身份信息。此处值得一提的是第二种变化，即公开志愿者身份时志愿者率更高。系查阅原文。——译者注

式是，首先随机排列志愿者的性别标签，进而根据按场次进行分层检验。正如第 13 章
所介绍，这种分层基本上控制了小组规模效应。之所以本章并未专门对性别效应展开介
绍，是因为其他情境中性别的影响相当微妙，甚至不能成立（Andreoni and Vesterlund，
2001）。这方面研究下一步是确定这种出人意料的性别效应在更大范围的参数化中是否
成立。

在某些情况下，公共品需要一个以上的志愿者来提供。例如，如果有人抱怨在纽
约打车到肯尼迪机场时司机并未打表计价，除非人数众多，否则投诉不太可能被登记。
Greg 和 Leo（2017b）[⊖]拓展出 $m > 1$ 名的一般化博弈及其纳什均衡条件，其仍是令志愿和
非志愿的预期收益相等，从而计算得出。这和本章内容的关键区别在于，如果需要多名
志愿者，那么对于个体而言，担任志愿者不再是无风险选择，需要正反两个方向并行分
析；除此之外，仍采用两种决策分别计算的形式。当然，在某些情况下，所需的门槛值
m 可能会很大。例如，他指出奥巴马时期白宫对投诉做出回应的门槛数量是 100。

上一节中的质反应均衡由 McKelvey 和 Palfrey（1995）提出，还可参见 Goeree、
Holt 和 Palfrey（2016）对不同类别博弈 QRE 的统一分析，应用案例兼取自经济学和政治
学。书中还有一章专门介绍了用来估计 QRE 模型噪声参数的案例。本章使用的特殊图形
基于 Goeree、Holt 和 Palfrey（2017）。

第 17 章习题

1. 考虑这样一个志愿者困境，有志愿者时每人收益 25，否则收益为 0，志愿成本为 1。在
   对称的情形下，小组仅 2 人，每人需要决策以 p 概率充当志愿者。请找到均衡的概率。
2. 小组规模增至 3 人，第 1 题的答案将作何变化？
3. 假设无志愿者时个人收益为 0；自己不做志愿者同时小组中至少有一名志愿者时，个人
   收益为 2 美元；自己充当志愿者时个人收益为 1.75 美元？从 2 美元到 1.75 美元，中间
   减去了志愿成本。计算小组规模为 2 人和 4 人时的纳什均衡志愿者率。
4. 在第 3 题的基础上，计算纳什均衡中无志愿者的概率，并证明 4 人小组中的无志愿者
   概率为 2 人小组的四倍。
5. 在决定是否参加志愿活动时，哪个决策风险更大？在你看来，纳什均衡（混合策略）
   里，一组风险厌恶者的志愿者率会不会比一组风险中性者更高？解释你的直观感想。
6. 第 1 题中的志愿者困境博弈可以写成 2×2 矩阵博弈的形式，包含一名行参与者和一名
   列参与者。写出此博弈的收益表，将行收益列在每个单元格的前面。请解释，为何志
   愿者困境并非囚徒困境。在该博弈中是否存在纯策略（非随机）纳什均衡？
7. 从式（17-4）推导式（17-5），给出全部中间步骤，进而使用式（17-5）计算表 17-1 中
   各行的纳什均衡预测结果。
8. 为计算志愿者困境实验的小组规模效应，建立电子表格程序。第一步是为要使用的

⊖ 该文题目 "Complainer's Dilemma" 即抱怨者困境，与本节标题对应。——译者注

变量创建列标题。将列标题 N、V、L、C、$C/(V-L)$ 和 P 分别输入单元格 A1、B1、C1、D1、E1 和 F1。然后，根据图 17-1 中第二实验局输入各项参数：单元格 A2 中输入 4，B2 中输入 25，C2 中输入 0，D2 中输入 5，然后，E2 中输入公式 $=$ D2/(B2$-$C2)，最后，将式（17-6）的均衡概率公式输入 F2 中。该公式的 Excel 代码为："$=1-\text{power}(E2, 1/(A2-1))$"，power 函数即取 E2 的 $1/(N-1)$ 次幂，其中，N 引用自 A2 单元格。如果你正确完成以上步骤，应该会得到本章提到的均衡志愿者率，四舍五入为 0.42 左右。实验中会改变 V、L 和 C，以确定这些参数变化对志愿者率的影响。为了评估小组规模的影响，请在 A3、A4、A5 和 A6 行中分别输入 6、9、12 和 24，其余 B2 到 F2 的内容直接复制到第 3 至第 6 行，即可得到不同小组规模的理论预测结果。

9. 为了计算无志愿者概率的预测值，在单元格 G1 中添加标题（"无志愿者"），并将式（17-7）按照 Excel 代码输入单元格 G2："$=\text{power}(E2, A2/(A2-1))$"，然后，将此公式复制到 G 列以下各单元格。随着参与者人数的增加，无志愿者概率的预测结果会收敛到什么程度？提示：当 N 趋于无穷大时，式（17-7）的指数收敛到 1。

10. 向你的室友或朋友解释志愿者困境，并根据课堂、宿舍生活、最近看的电影，或者经济或政治环境中的某些经验，举出对应的例子。

11. （无须数学证明）在二元选择博弈中，参与者信念中的概率 p 和带有随机扰动的"较优响应"概率相等时，即为质反应均衡。结合图 17-4 中 $N=2$ 的情况，解释为何 $p=0.5$ 并不是质反应均衡。

12. （无须数学证明）弯曲的分布函数代表"误差"，它的哪一个特性使得函数穿过中心点，也就是当预期收益差为 0 时，$p=0.5$？

外部性、堵塞和公共池塘资源

　　共享资源的过度使用造成了许多根深蒂固的城市和环境问题。例如，捕鱼活动的增加，可能减少全体渔民单位时间的收获；驶入隧道的人越多，通行速度越慢。个人往往忽视自身行动对其他人的影响，比如上述的捕鱼和通勤。事实上，如果负面影响很小且分散，人们甚至意识不到自己的行为有此影响。市场往往难以给这类外部性进行定价，于是经常出现过度使用现象。本章将介绍几个关于过度使用和堵塞（congestion）的典型范例。

　　一种应用是水资源。以一条公共运河为例，上游农民引水灌溉，意味着下游农民可用的水量减少，即便下游产量其实更高。政策层面，可能的解决方案包括使用费、拍卖以及谈判等。

　　另一种应用是由交通堵塞引起的。在市场进入（market entry）实验中，参与者独立决定是否进入市场（或者是否驶入拥挤的道路），每名进入者的收入是进入人数的减函数，而不进入市场这一外部选项的收益是固定值。实验中观察到两个选项的收益趋于相等，卡尼曼（Kahneman）如此评价："对于心理学家而言，这就好似魔法一般。"但在实际参与过进入/堵塞实验的人看来，实验结果的印象可能并非如此。尽管被试的进入率通常分布在无效率的均衡预测附近，但相比于最优的分配结果，进入率依旧过高，这是因为人们都忽略了自身决策对其他进入者的负面影响。

　　再一种应用是更为抽象的公共池塘资源博弈。其中，人们从资源中挖掘利益的行动会减少其他人的收益。从技术上讲，个体努力的平均和边际产出随着所有参与者的总努力递减。

教师须知： 公共运河悲剧实验可通过水资源外部性（water externalities）程序运行。

此外，进入 / 堵塞（entry/congestion）程序中增加了一些政策选项（通行费和"交通报告信息"），或有助于改善这些问题。最后，公共池塘资源（common-pool resource）程序则提供了一套抽象框架，每个人都有一系列可能的提取决策，不同于其他两款由水资源和交通问题驱动的博弈的二元决策。以上所有实验程序都列于 Veconlab 的公共选择（public choice）菜单。

18.1　范例的力量："泥泞的公地"

本书作者曾参加过奥巴马任期时美国国家科学基金会（National Science Foundation）一项重大计划的规划会议。该计划的任务是重新设计广播频谱频率的使用方式。与会者包括物理学家、天文学家、电气工程师、计算机科学家，甚至还有几位经济学家。有一天早晨，一名来自世界银行的经济学家起立发问："为何频谱不能像大海一样，供人们自由航行，畅通无阻，使人们免于忍受道路堵塞？"这一神奇的构想引起了不少人的共鸣，他们一个接一个地表示赞成。然而，当有人提到"泥泞的公地"（mud-pit of the commons）时，讨论戛然而止；另有人指出，一旦大电信公司倾倒溢出的流量，本地免费接入的频段就会陷入阻塞。

前面所提到的"泥泞的公地"是指开放的草场上牧民和牲畜蜂拥而至的情形，开放的草场过去在不列颠群岛被称为"公地"（commons）。Hardin（1968）曾讨论过这一案例，指出此案例最早出自 19 世纪的一位英国经济学家，他的见解是，在越来越泥泞的牧场上每增加一头牛，就会降低其他牛群的生产力。下面几节将介绍水资源、交通和渔业相关的"公共池塘"资源问题所激发的实验研究。

18.2　水资源：公共水渠悲剧

在发展中国家和发达国家，一些最具争议的分配问题都涉及水资源。考虑这一情境：河流分为上游和下游，且不存在规范或者规则，于是下游用户仅能得到上游剩下的水资源。这是公共池塘资源的一个典型案例，人们的行动可能降低他人收益。Ostrom 和 Gardner（1993）文章中的尼泊尔农民面临的问题也属于此类。如果上游用户使用大部分的水资源，从社会的角度来看有可能高度无效率（比如，下游土地更加肥沃的情况）。究其原因，上游持续引水灌溉，直到灌溉的边际产出非常低为止，而这些水资源给予下游的话产出要高得多。

例如，尼泊尔的 Thambesi 系统就是这样一个系统，在这个系统中，"源头的人们"对下游的人已经建立了优先用水权。在系统中，位于每个轮耕区源头的农民较下游的农民先取走他们所需要的所有水资源。尤其值得一提的是，在雨季之前，源头的人们种植的水稻需要大量的水资源，因此，那些在系统中下游的人们此时不能种植需灌溉的作物。如果所有的农民都种植一种耗水量较少的作物（小麦），那么雨季前的耕种面积将大幅扩大，几乎是现在的十倍。上游农民的灌溉决策的确增加了自身收入，但就下游农民的损失而言，代价相当大。这类问题常见的解决方案是限制资源使用，这种限制可以通过社会规范或明确的惩罚来实施。在这两种情况下，执行都可能有问题。在农民拥有水资源系统市场份额的地区，他们有出售这些水资源的动机，这样水资源就可以被转移到最高价值的用途上（Yoder，1986）。

如果增加水量的行动对两类（上下游）用户皆有利，那么有可能呈现除过度使用之外的另一种潜在无效率。举例来说，灌溉水渠可能需要每年维护，而这项工作可以由所有用户共享，无论所在位置。在这种情况下，维护工作的福利由全部用户共享，为之付出的人也只能从中获取一部分福利；若缺少补偿或奖励机制，努力的成本则全部由贡献者自己承担。需要注意的是，只要公共水量提高的额外收益（用作物产量衡量）大于成本（用农民花费时间的机会成本衡量），就应该一直提高维护工作的投入水平。因此，所有人都有搭便车的动机，且如果那些下游用户分享到的水资源更少，这种不正当的激励对他们而言或许更加强烈。总结如下：

公共池塘资源的无效率：效率低下的主要原因有二，即过度使用和供给不足。如果人们不考虑他们自己的使用决策对留给他人的资源的利益所产生的负面影响，就会出现过度使用。如果提供资源的利益由所有用户共享，但每个人都要承担自己对团队努力贡献的全部成本，就可能出现供给不足的情况，这可能会导致搭便车。

公地问题的标准经济学解决方案是分配产权，使财产的外部性内部化。产权的买卖可以控制在有效率的水平，即重新分配给有效率的使用者。而当产权难以执行或在政治上不可行时，一系列外生的直接法规可能会改善这种情况，如政府强制的税负以及资源开发的配额。埃莉诺·奥斯特罗姆（Elinor Ostrom）及其合作者做出的开创性研究，发现了许多公地问题的本土制度解决方案，其中，大多数无须外生的产权分配或繁重的监管。

奥斯特罗姆是相关尼泊尔研究项目的研究者之一，也是首位获得诺贝尔经济学奖的女性。她的职业生涯始于撰写一篇关于加利福尼亚州地下水管理问题的论文，这一点也不奇怪。之后，她继续致力于研究世界范围内的小型社会如何解决公共资源问题，尤其关注群体讨论的作用，而群体讨论通常以驱逐或其他惩罚手段为支撑。即便在今天，尽管在某些位置过度抽取地下水可能导致地表水位下降，加利福尼亚州仍未统一计量地下水使用情况，故难以展开针对性的管理工作。在美国，传统的也是广泛运用的解决方案包含错综复杂的诉讼网络，以及随之而来的漫长而烦琐的谈判，地下水盆地的土地所有者们达成协议往往需要多年时间。经济学家对以市场为基础的谈判替代方案特别感兴趣，尽管实施问题可能也相当大，如下所述。

以尼泊尔上下游用水的矛盾为基础，Holt 等人（2012）设计了一项实验室实验。每场实验中，6 名被试扮演生产者即农民的角色，按顺序分布于一条没有支流的运河上。每一轮（相当于一个生长季），运河供应 12 个单位的水资源，而每一名农民拥有 4 块土地，可以使用至多 4 个单位的水。如果上游的三位都使用 4 个单位，那么下游将无水可用。水的价值体现在土地的产量上，灌溉后土地产量能增至 3 倍，一块基础价值 5 美元的土地灌溉后产生 15 美元。实验中的两难困境在于，上游农民每人只有一块高产土地（价值在 7 ～ 11 美元间随机分布），下游则每人三块高产地块，如表 18-1 所示。有效率的分配方案是只灌溉高产土地。反过来，上游优先用水的分配方式将使效率降低 25%。最优的水资源使用费——每单位 13 美元，可以使农民放弃灌溉低产土地。这是因为，低产土地价值最高为 6 美元（见图 18-1），灌溉后增至 3 倍即为 18 美元，仅产生 12 美元的净收益，13 美元的使用费能够令其退出灌溉。当然，现实中的管理者往往并不知晓最佳的收费标准，且实际收费的决定多属政治过程，需要考虑政治势力、历史等诸多问题。

表 18-1　土地和生产力价值分布（灌溉可令价值增至 3 倍）　（单位：美元）

土地编号	上游农民 （ID1、ID2、ID3）	下游农民 （ID4、ID5、ID6）
1	7 ～ 11	7 ～ 11
2	2 ～ 6	7 ～ 11
3	2 ～ 6	7 ～ 11
4	2 ～ 6	2 ～ 6

每场实验的前三轮（生长季节有新的水源储备），上游农民取水全凭自己意愿，下游只能得到剩余的水资源。因此，这三轮的效率很低，参见图 18-1 各条折线的左边三轮。图 18-1 中每条线都对应相同设置下三场独立实验的数据均值。平均来看，前三轮效率约为 75%，和图中加粗浅色虚线——基于随机土地价值的自利预测基本相当。

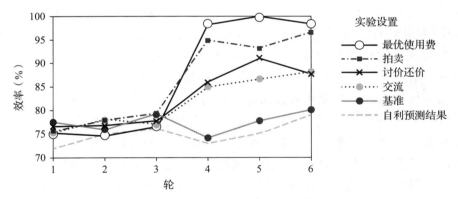

图 18-1　水资源实验：不同实验设置的效率结果

资料来源：Holt 等（2012）。

从图中右侧三轮的实验结果不难发现实验局效应。效率最高的是最优使用费实验局，即监管机构对每单位用水收取 13 美元。与之几乎相当的是拍卖实验局（带方块标志的虚线），其中，每一名农民可以提交 4 份报价，水资源归属于其中出价最高的 12 份，所有中标者需要支付最高的被拒报价（即排名第 13 的报价）。这种"统一价格拍卖"广泛应用于环境许可证销售，后续关于多单位拍卖的章节将详细介绍。高价值用户往往能够从拍卖中胜出，该实验局的效率达到 95% 的水平。

另有两个实验局允许被试在聊天室内进行讨论，以 ID 区分身份。其中，"交流"实验局仅允许廉价交流（cheap talk），聊天记录如下：

- ID1："所以每个人应该怎么做啊？"
- ID6："这个游戏烂爆了。"
- ID1："你是第 6 个啊，真悲哀。"
- ID6："我的农作物快渴死了。"

而讨价还价（bargaining）实验局允许被试之间进行交易，上游农民可以向下游农民出售水资源，但是由于谈判成功率不高且需要向中间用户付费（保证其不要先行取走水资源），讨价还价的过程格外复杂。最后，图中最下方的灰色实线对应"基准"实验局的平均效率，未施加上述任何设置，后三轮和前三轮无明显区别。

实验结果说明了公共资源开放获取这一困境的严重性，并展示了基于市场的解决方案，如拍卖（以建立产权和计量资源使用状况为前提）。当然，还有许多政治、法律和其他实施问题没有出现在这种简化的环境中。总结如下：

公共水渠实验结果： 正如预期的那样，上游用户的过度使用往往会降低效率，通过实施最佳使用费或让拍卖"发现"该费用，这种情况在很大程度上得到了纠正。相比之下，交流和双边谈判的实验局效果较差，尽管它们在一定程度上也抑制了效率低下。

18.3 鸭子和交通

自由进入和堵塞的压力可以用一个著名的动物觅食实验的结果来说明，这个实验是在剑桥大学植物园内用一群鸭子做的（Harper，1982）。实验是由两个人走到池塘的对岸进行的。每个人同时开始以固定的间隔投掷 5 克的面包球，在一种情况下每 10 秒扔一次，在另一种情况下每 20 秒扔一次。33 只鸭子很快就对自己进行了分类，这样每个人面前的鸭群每分钟摄入的食物克数就会相等。时间间隔的改变会在 90 秒内导致新的平衡，这比大多数鸭子在任何一个位置获得一个面包球所需的时间都要短。

即使在总体上达到平衡之后，单个鸭子也总是以一种随机和不可预测的运动模式运动。这些同样的竞争压力使得城市通勤时间均等，但这里的政策问题是，是否有可能改变这个体系，让每个人的处境都变得更好。由于高峰时段急切的通勤者看似永无止境，即便新建高速公路、桥梁以及隧道，其通行速度也未必超过原先复杂曲折的路网，故而相关投资项目常遭否决。

要厘清这一问题，不妨考虑一种格式化的环境，N 名通勤者需要在缓慢、可靠的路线和有可能更快的路线（比如高速公路或者隧道）之间选择。不过，如果大多数人都选择快速路将造成堵塞，使通行速度缓慢，因此驶入快速路是一个风险决策。Anderson、Holt 和 Reiley（2008）为此开展了实验室实验。每场实验中，12 名被试需要权衡趋势——是驶向可能堵塞的快速路，还是安全的慢速路。进入快速路的个人收益如表 18-2 所示。

表 18-2 中的数字可视作快速路通行的净收益，每增加 1 人，拥堵的时间成本将使收益降低 0.50 美元。相反，另一条路线（即实验中不进入快速路的选项）的通行时间固定。简而言之，不驶入快速路的净收益固定为 0.50 美元，无关于人数。显然，只要进入者数

不大于 8，进入者就是较好的决策，因此均衡进入者数为 8。在这种情况下，12 个人每人赚 0.50 美元，12 个人的总收入（净收益）是 6 美元。相比之下，如果只有 4 人进入，他们每人赚 2.5 美元，其他 8 人赚 0.5 美元，总收益为 14 美元。由此可见，通行限制能使社会净收益增加一倍以上。

表 18-2　进入快速路的个人收益　　　　　　　　　　　（单位：美元）

人数	1	2	3	4	5	6	7	8	9	10	11	12
收益	4.00	3.50	3.00	2.50	2.00	1.50	1.00	0.50	0.00	-0.50	-1.00	-1.50

其他情形的社会总收益不难计算（见章后习题第 1 题），结果如表 18-3 所示。可以预见，该实验情境中如果通行不受限制，大约会有 8 人进入快速路，使两种可选择的决策的收益均等。因此，所有参与者的总收益是低效率的。这样做的原因是，每增加一个决定进入的人，他们自己和所有其他进入者的净进入收益就会减少 0.5 美元，而这一"外部"影响可能会被每个进入者所忽略。举例来说，假设现在已经有 4 人驶入快速路，那么，第五人的到来将使前四位的收益共降低 2（4×0.50）美元，而自身收益仅增加 1.50 美元（快速路通行的收益 2.00 减去不驶入快速路的固定收益 0.50），社会总收益为此损失 0.50 美元。之后若有第六人进入，受外部影响的人数更多，总收益损失更甚，达到 1.50 美元（前五人所受损失 5×0.50=2.50 美元，扣除第六人自身 1 美元额外收益）。通行人数继续增加，外部影响的损失还会更高，故总收益随人数加速递减。这能够解释通勤高峰时段的严重交通堵塞。任何将一些交通流导向非高峰时段的政策都将改善福利，因为在这些时段增加拥堵的成本低于减少高峰拥堵的收益。

表 18-3　12 名参与者全体的社会总收益　　　　　　　　（单位：美元）

人数	1	2	3	4	5	6	7	8	9	10	11	12
收益	9.50	12	13.50	14	13.50	12	9.50	6	1.50	-4.00	-10.50	-18

不论是实验室实验还是现实里的道路，人们就好似动物觅食实验的鸭子，忽略了自身决策对他人的负面外部性影响。图 18-2 是一项实验室实验的数据，每组 12 名参与人，收益结构与图 18-2 相同。前 10 轮的平均进入率为 0.69，和均衡水平 2/3（12 人中 8 人进入）相近。和动物觅食实验一样，各轮结果表现出很大异质性；现实中，由于交通事故以及其他不可预测事件，差异还将更甚。

前 10 轮结束后，被试进入快速路段需支付 2 美元，对应到表 18-2 中，收益一行全部数字均减少 2。这种情况下，均衡的进入人数为 4，进入率为 0.33，如图 18-2 右下方的虚线。实验后 10 轮的平均进入率接近均衡水平，为 0.38。

尽管通行费使得进入率向社会最优靠拢，但个体并未享受到任何益处。要看到这一点，让我们暂时忽略变化性，假设收费令进入率达到 0.33。此均衡上，2.50 美元的收益需扣除 2 美元使通行费后剩余 0.50 美元，而不进入收益仍为 0.50 美元，二者收益相等。也就是说，进不进入快速路对收益没有影响。那么增进的社会收益到哪里去了呢？答案是收取的通行费，总计 8（4×2）美元。总收入 8 美元可作他用，比如抵扣税收或者道路维护。因此，以上模型中，除非通勤者能够从上缴的费用中分上一杯羹，否则堵塞的缓解没法给他们带来实质性收益。

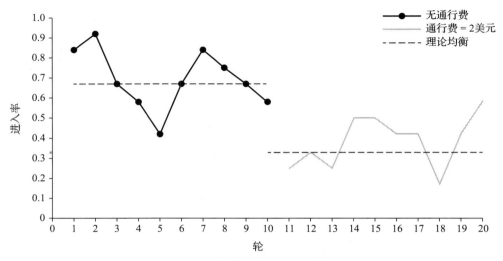

图 18-2　附带通行费的进入博弈

资料来源：Anderson、Holt 和 Reiley（2008）。

　　另在部分场次的实验中，通行费将做再分配，12 人均分。当不收费的前 10 轮结束后，参与者可以投票决定第 11 轮和第 20 轮的费用水平，而后每十轮重复投票过程。投票前会先进行小组讨论，少数服从多数，平局则由主席决策（主席从 12 人中随机选定）。在一场实验中，参与者首先投票决定 1 美元的通行费用，这将增加他们的总收益，因此在第 20 轮后再次被选中 1 美元的通行费用，在第 21 ～ 30 轮中一直保持 1 美元的通行费用。在第 30 轮之后，他们通过投票将最后 10 轮的通行费用提高到 2 美元，从而进一步减少了进入人数，并增加了总收益。另一场实验，参与人在第 20 轮后投票决定收费 2 美元，达到最优水平；但是，之后主席一直提议降低收费，后续投票中收费降低到 1.75 和 1.50 美元，直到最后 10 轮又重新提升至接近最优的 1.75 美元⊖。有趣的是，这场实验中小组讨论的关注点并不是总收益最大化，大部分争论都围绕着如何改善进入 / 不进入者的境况（站在哪一方的立场因人而异，取决于自身倾向于哪一选项）。上述两场实验中，通行费使最后 10 轮的收益几乎加倍。尽管不论收费高低，均衡下进入 / 不进入的平均收益都是 0.50 美元，但通行费为 2 美元时征收的费用最多，若参与人能够共享这笔收入，总收益将达到最高值。

　　除不同场次的进入率均值外，同一场实验各轮间差异也相当大，于图 18-2 中可见一斑。至于其他场次的实验，不论通行费是实验强加还是投票的结果，波动性都存在且显著。只要进入率大于 1/3，那么，上下波动本身就是有害的。简便起见，假设无通行费，

⊖　通过查阅原文发现，这一场实验长达 60 轮，也就是经过了 5 次投票制定通行费的过程。这 5 次决定的费用分别是 1、2、1.75、1.60、1.80 美元。书中后两轮的数据和原文有出入，疑与原文有出入，但不影响书中逻辑。——译者注

进入率将围绕均衡水平 8 上下波动。由表 18-3 可知，进入人数由 8 人增至 9 人，将导致总收益（包含收费分成）从 6 美元降至 1.50 美元；反过来，将进入人数从 8 人减少到 7 人只会使收入从 6 美元增加到 9.5 美元。一般来说，进入的反弹对收益的影响要大于同等数量的退出反弹对收益的影响，因此，均衡水平 8 人左右的对称变化将使总收益低于 6 美元，这是在无波动的均衡水平下可以预期的。这种非对称背后的直觉是，随着进入者数量的增加，更多的进入者会造成更大的伤害。

所有驾车通勤的人都知道，通行花费的时间浮动颇大，特别是那些时有堵塞的路线。在这种情况下，任何能够降低波动性的举动都有利于平均收益。此外，由于人们厌恶波动和由此产生的风险厌恶倾向，降低波动的吸引力愈发巨大。质量更好的信息能够减少一部分的波动性。许多城市都设有专门的广播频道，每 10 分钟发布一次路况报告。这些信息可以帮助通勤者避免陷入车满为患的路段。交通信息亦可程序化加入实验，只需在决策时间内，向被试公布其他人里的驶入人数。在这种情况下，进入的顺序由被试自己决定，一些人快速做出决定，其他人则等待。信息大幅降低了（但未消除）波动性。具有先前进入者数量信息的进入博弈如图 18-3 所示。

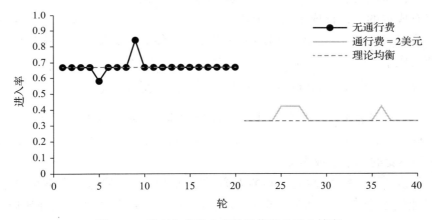

图 18-3　具有先前进入者数量信息的进入博弈

资料来源：Anderson，Holt，Reiley（2008）。

在更丰富的模型之中，有一部分通勤者的时间价值更高，缓解堵塞所节省的时间对他们而言更加宝贵。通行费可以从时间价值上令通勤者自行归类，时间价值高的人更愿意付费并进入高速路段。通过价格（通行费），商品（通行权）分配给了估值最高的人，进一步强化了社会效益。上述发现和 Plott（1983）报告的结果类似，低价值的人把许可证卖给高价值的人，最终总收益和市场效率双双提高。

交通实验的结果： 由于进入拥堵路线对他人收益的负面影响，超额进入拥堵路线往往会导致总收益大幅下降，而这些负面影响往往被个体决策者所忽略。这种情况可以通过收取通行费（过路费）来缓解，而且，当收入在投票者中分享时，关于收费额的投票可以带来显著的改善。

18.4 渔业

在市场进入模型中，每个人有两个选项——进入或不进入。与此不同，多数公共池塘资源问题有更多可能的选择，对应着公共资源开发的不同强度。例如，渔民不仅要决定当天是否出海，还需要决定（在法规和天气允许的范围内）一年出海多少天，每天持续几个小时。定义个人捕鱼的努力程度为 x_i，下标 i 对应不同个体。N 名渔民的总努力设为 X，等于所有个体努力的简单加总，$i = 1，2，\cdots，N$。为了简单起见，假设没有人比其他人更熟练，所以很自然地假设，一个人在总收获中的份额等于他在总努力中的份额，x_i/X。

在下面要讨论的实验中，每人选定的努力水平共同决定总的捕鱼收益 Y，一个关于总努力的凹函数：

$$Y = AX - BX^2 \tag{18-1}$$

其中，$A > 0$，$B > 0$，且 $X < A/B$（保证收成不会为负数）。该函数中，努力的平均产出收益 Y/X 是总努力 X 的减函数。具体计算为，$Y/X = (AX - BX^2)/X = A - BX$，由于设定 B 为正值，故 Y/X 随 X 增加而减小。平均收益随 X 递减意味着，个体努力越多，导致所有人努力的平均收益减少，体现出了公共池塘资源问题中的负外部性。

努力是有成本的，设该成本与努力成正比，个体 i 的成本即为 Cx_i，$C > 0$ 代表捕鱼的机会成本。假设式（18-1）中的产出用美元衡量，个体 i 的收入即为自身在总产出中所占份额 x_i/X 减去成本 Cx_i：

$$收入 = (AX - BX^2)\frac{x_i}{X} - Cx_i = (A - BX)x_i - Cx_i \tag{18-2}$$

式（18-2）右侧为努力平均产出收益乘以个体努力水平，减去个体努力的成本。请注意，式（18-2）右侧的收益表达式类似于古诺市场中的企业，都面临着 $A - BX$ 的需求（平均收益）曲线和不变的每单位成本 C。

在这种情况下，一个理性但自私的人会考虑到增加自己的努力会减少自己的产品平均收益，但他们不会考虑增加努力会对其他人的产品平均收益产生负面影响。现实中，不加管制的资源开发往往导致产量超过整体最优水平（比如，一个市场中多家企业未加协调的生产决策使总产出大于联合利润最大化水平），直观原因便在于此。

具体而言，以上设置的纳什/古诺均衡中，所有人选择努力水平 x_i，使式（18-2）中自身的收入在其他人行动给定的情况下最大化。设想共有 N 名参与人，除自己之外的 $N-1$ 人都选择常数 y。于是其他所有人的努力加总为 $(N-1)y$，总努力为：$X = x_i + (N-1)y$。代入式（18-2）：

$$\begin{aligned} 收入 &= [A - B(N-1)y - Bx_i]x_i - Cx_i \\ &= Ax_i - B(N-1)yx_i - Bx_i^2 - Cx_i \end{aligned} \tag{18-3}$$

令边际收益等于边际成本 C，可将上式最大化。边际收益是总收益的导数，边际成本是总成本 Cx_i 的导数。找到 x_i 的最佳水平的一种方法是，注意式（18-3）上面方括号中的项就像一个斜率为 $-B$ 的需求函数，所以，相应的边际函数斜率是 $-2B$，并且，令边际收入等于边际成本得到式（18-4）。一个等价的推导是对式（18-3）中的收入公式对 x_i 求导，然后使其等于 0：

$$A - B(N-1)y - 2Bx_i - C = 0 \qquad (18\text{-}4)$$

将其中的 y 和 x_i 全部替换成 x^*，即可得到均衡努力水平 x^*：

$$x^* = \frac{A-C}{(N+1)B} \qquad (18\text{-}5)$$

Guzik（2004）在美国明德学院（Middlebury College）读研期间开展的一项研究性实验，所构建的情境就能够说明公共池塘资源问题的本质。实验中每组 5 人，参数方面，$A=25$，$B=1/2$，$C=1$。每一轮每人得到 12 枚代币，可选择保留，或用于开发公共池塘资源。保留代币的收入为 1，对应参数中每单位 xi 的机会成本为 C。基于以上参数和 $N=5$，式（18-5）计算得到均衡决策 $x^*=8$。

为便于教学，Veconlab 软件的默认设置在呈现以上情境时，采用了更为温和的环境资源描述方式，如捕鱼的收获。调整软件并使用补充实验说明，可以为 Guzik 实验提供不同的描述方式，如环境资源术语、工作场所术语或者中性（"魔法小球"）术语。以三种描述分别设计三个实验局（环境、工作场所和小球）各开展 8 场实验，每场 5 名参与人固定配对，完成 10 轮决策。该实验的目的是检验表述方式或"框架"（frame）是否影响人们过度使用公共资源的程度。结果显示不存在明确的框定效应：每种实验局的决策均值基本相同：7.81（环境），8.04（小球）和 7.8（工作场所）。微小的差异在统计上不显著，但非中性（工作场所和环境）框架的方差有显著增加。控制人口统计学变量后，作者检测到一些微弱的框定效应，但该实验研究的主要启发是：如果你着眼于经济问题，那么框架在这些实验中可能不太重要，但仍应该在保持框架不变的条件下变换感兴趣的经济变量。

Guzik（2004）报告的结果是公共池塘资源实验的典型结果；尽管在不同的人之间和一轮又一轮的决策中可能存在相当大的差异，平均决策通常接近于纳什预测。然而，如果允许参与者在决策前自由交流，那么决策将向着社会最优水平靠拢（Ostrom and Walker，1991）。

18.5　公地悲剧

用于公共水渠实验的拍卖实质上确立了水资源的产权，进而为有效使用和维护提供了激励。尽管产权的激励效应看起来很显著，就产权无法私有化的情况展开探讨仍然很有意义。北美洲的詹姆斯敦殖民地是由一个股份公司组织起来的，该公司建立了一个农业集体组织，定居者不拥有土地，被迫将作物收获交给管理者。不论每个移民付出多少劳动，保证他们每个人都能得到同等的收获。这种安排造成了灾难性后果，第一批定居者中大约 2/3 在第一年便死于饥饿和疾病，接下来的 1609 年冬天，幸存者和新移民的情况更加糟糕。1611 年，一位新总督发现一些饥饿的人在街上打保龄球，等着别人来种庄稼。显然，定居者们将绝大部分精力投入于夜晚各自的打猎活动上，以之作为主要的食物来源。而 1614 年，定居者每人获得了 3 英亩的土地，据报道，收成大幅增加，到 1619

年，所有土地都被分割成私人地块。该殖民地最著名的居民约翰·史密斯上尉[⊖]，这样描述所有权在当地产生的激励：

> 当我们的人民从共同的仓库中获取食物，并共同劳动的时候，谁能逃避劳动，谁就高兴，或在他的工作中酣睡，也不在乎，不但如此，即便他们当中最诚实者，整个一周付出的辛劳也不及现在一天所挥洒的汗水。（Ellickson，1993）

就像第 18.2 节总结的那样，詹姆斯敦的案例展示出公共池塘资源的"供应不足、效率低下"。对于实验经济学家而言，集体生产的"等份额"性质类似于在 N 很大的"志愿者贡献"博弈中设置极低的 MPCR（1/N）。问题在于，个体在生产能力上存在差异，这将导致协调努力以维持集体生产格外困难。此外，每个人都必须决定是把自己的最大努力集中在集体生产上，还是集中在"集体生产以外的"私人活动上，比如晚上打猎和在工作时间打盹。学生们可以试着考虑如何利用扑克牌设计"手工"的课堂实验，展现这些激励问题（见章后习题 5 及其提示）。卡片点数对应不同的个体生产能力，每一名参与人需要决策如何在公共和私人生产中分配自身努力程度。

这一节的经验教训可以从界定明确的财产权与不界定财产权的影响的角度加以总结：

集体生产的供给不足： 在一个不考虑付出、强制分享成果的集体中，个体几乎没有动力去付出更多的努力，且集体规模越大，努力的私人回报越小（比如总量除以小组人数）。詹姆斯敦出现了搭便车所导致的严重困难。

18.6 扩展

Gardner、Ostrom 和 Walker（1990）报告了第一个公共池塘资源实验，其中还估计了被试经验的影响，Walker、Gardner 和 Ostrom（1990）则考虑了禀赋（代币）变化的影响。更多可参见 Ostrom、Gardner 和 Walker（1994）以及 1993 年秋季《经济展望》（*Journal of Economic Perspectives*）杂志专门讨论"地区公共资源管理"的特刊，其中对许多应用进行了有趣的讨论。

关于公共池塘资源的实地实验结果，参见 Cardenas、Stranlund 和 Willis（2000）。该实验在哥伦比亚的乡村进行，主要的发现是：外部强加规则的应用和监管不完善，往往会增加个人动机和纳什式结果的效果。他们得出结论，"政府对地方环境质量和自然资源使用的适度控制可能效果不佳，特别是与非正式的本地管理相比"。换言之，执行不力的规则似乎适得其反，减少了原本可能有助于解决公地问题的默契合作。考虑到现实中的自治机构，Cardenas（2003）和 Cardenas 等人（2002）的研究报告了该领域的一组类似实验，旨在探索非约束性面对面交流的潜力，这种设置在早先的实验室实验中是有效的。他们研究发现，实地中观察到的不平等（相对于群体内部和群体之间的社会地位和财富差

⊖ 约翰·史密斯（1580—1631 年），早期英国殖民者，在弗吉尼亚州建立了第一个永久英国殖民地，即詹姆斯敦。——译者注

距）限制了交流的效果。更富有、异质性更高的村民构成的小组，更难经过交流达成协作。虽然较贫穷的参与者在实际的公地困境中有更多的经验，但较富裕的村民收入更依赖于他们自己的资产，而且他们似乎在过去的这种社会交换情境中很少有互动。

第 18 章习题

1. 使用表 18-2 的中个体收益数据，计算 4、6、8、10、12 人进入时的社会收益。请给出你的结果。

2. 使用表 18-3 中的数据，解释为什么进入人数的不可预测性是不好的，例如，为什么 6 人或 10 人的"50—50"组合在预期收益方面不如确定的 8 人。

3. 用你自己的话来解释，为何表 18-3 中，当进入人数达到 4 名之后，每增加一人，社会效应就会依次递减，且降幅持续增加。

4. 如果通行费提高到每人 3 美元，第 18.3 节所述博弈的均衡进入率会是多少？当费用从 2 增至 3 美元，收费总额会有怎样的变化？或者，解释费用从 2 减到 1 美元时，收费总额将如何变化。

5. （无须数学证明）学生们应该思考如何用纸牌在课堂实验中展现集体收获平均分配导致的供应不足，如第 18.5 节最后所讨论的那样。具体而言，假设每一名学生有两张牌，一张点数大，一张点数小，需要在其中选择一张用于集体生产（集体产品平均分配）、另一张用于私人生产（就像詹姆斯敦人们夜晚独自进行的狩猎活动）。你的任务是写出一份这类课堂实验的实验说明（一页纸左右），介绍两张牌的设置及其使用，以及集体和私人生产的努力水平如何确定。

CHAPTER 19

第 19 章

投票与政治实验

在许多经济体的市场中，去中心化的均衡结果是有效的，因此，经济学家有时会陷入这样的陷阱：认为政治过程的结果必然具有可取的属性。相反，政治学家则很清楚，投票结果可能在很大程度上取决于某些特定因素，比如议程结构、是否允许意向性投票（straw votes）以及人们策略性或"诚实"（天真地）投票的比重等。投票实验允许人们评估其他的政治结构，包括新提议的法规。标准的博弈论模型在分析政治上的互动时作用有限，基于中位数选民位置的景气预测在多维环境中可能没有帮助。因此，在受控的实验室中研究人们如何行动就显得非常重要，即通过外生改变实验设置来推断因果关系。另外，巧妙的实地实验为实验室研究提供了补充，创造了更具外部有效性的环境，例如，让选民观看不同格式的媒体广告。

教师须知：Veconlab 的投票（voting）程序能够运行多种投票实验，包括简单议程（simple agendas）、决胜选举（runoffs）、非约束性民意调查（non-binding polls）、赞成投票（approval voting）以及随机决定的投票成本（randomly determined costs of voting）。对于候选人的竞选纲领、议程效果、提供不同公共产品和相关税收水平的社区之间的竞争，可以使用手工版本。本书附录 B 中提供了选址投票实验说明、用脚投票实验说明和项目支出的议程投票实验说明。

19.1 中位数选民定理

在最简单的投票模型里，沿着一条直线，每名选民有自己偏好的点。例如，马路上的公共图书馆的位置，可能会涉及选民的家或工作地点等首选地点。在这种情况下，获取公共品的成本与到达距离成正比。假设选民的住所由数字表示，道路两端分别为 1 和 100。中位数选民是偏好位置位于中心的选民。所谓中心，并非地理位置的中心，而是所有选民的中位数。比如，选民地址分别为 1、25、26、35 和 99，中位数位置即为 26，其余四人中有两人偏好较低位置，另两人偏好更高位置。在这个例子中，为公共利益而提议地点的候选人将被吸引到中位数选民的偏好点。如果有人提议 25，对方只要提议 26 即可 3 比 2 胜出。中位数选民模型最初由 Hotelling（1929）提出，之后又经过 Downs（1957）以及其他学者的改进。

当然，中位数选民的位置并不一定可知，接下来讨论的课堂实验将展示政治竞选是如何"发现"中位数选民的。实验从索引卡的分发开始，索引卡上的整数从 1 到 100，每个投票人的卡片决定投票人的首选位置。投票人的回报计算方法为，50 减去从获胜平台到他们自己喜欢的地点的绝对距离，这显示在他们的索引卡上。两名参与者首先被选为候选人，如果他们提议的地点获得更多选票，他们将获得固定的 50（选票相等时通过抛硬币决定胜负）。败选的候选人得到 0，并返回为选民（投票者），从选民中选出下一阶段的一位新"挑战者"。值得注意的是，只有 1 ~ 100 的一些数字被使用，所以没有人知道选民的偏好所在的位置。

每一期开始，两名候选人各从 [1，100] 选择自己提议的平台位置，其中，在任者（前一期胜者）首先公布。从图 19-1 中可看出，第 1 期在任者的提议 50 打败了挑战者的提议 65。第 2 期，新的挑战者提议 45 并胜出。随着每一轮挑战者（候选人不能参与投票）的改变，中位数选民的确切位置亦会变化。但到了 6 ~ 9 期，当选点收敛到 33 ~ 34 时，非常接近于中位数。在第 10 期，选民的卡片将做更替，类似于现实中的重新分区（redistricting）过程，之后当选平台很快地收敛到新的中位数，大约为 57。

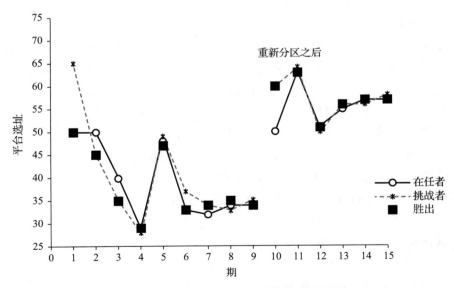

图 19-1　平台向中位数收敛，在第 10 期重新分区

资料来源：Wilson（2005）。

值得注意，即便谁都不清楚其他人卡片上的数字（且不允许讨论），政治竞选也往往能够发现中位数选民的位置。这一过程的另一特点是稳定性。偏离中位数的提议将被靠近中位数的提议击败，换句话说，朝"正确"方向的调整大多会通过，向错误方向的调整则更容易落选。实际上，此情境里中位数选民的位置即为孔多塞胜者（Condorcet winner），能够获多数选票战胜其他任何位置的提议。最后，这一基于投票的选举过程对各方向的选民数量十分敏感，但与选民偏好的强度敏感性无关，因为所有选民都只有一张选票。然而，如果投票有成本，比如参加投票的时间可以用来做其他的事情，那么偏好的强度便将产生影响。具体而言，如果投票成本高昂，偏好强度越强，参加投票的可能性越大。平台向中位数收敛，在第 10 期重新分区的示例如图 19-1 所示。

19.2 用脚投票（可在户外完成！）

不满意中位数选民或其他政治结果的人，可能会选择搬家，或在换工作时选择其他社区。事实上，不同的社区可能提供不同水平的服务和公共品，这些服务和公共产品是"地方性的"，因为它们不易被其他社区的人们使用。Tiebout（1956）的经典论文分析了迁移如何对公共品供应的区位差异做出回应。通过这种方式，那些喜欢高水平的特定公共产品（以及相关的高税收）的人可以找到更接近他们偏好的社区。例如，有孩子的家庭更偏好有优质学校的地区，愿意为此交更多的税，而退休人员有时则会避开这种地区。

考虑一个简单的课堂实验，单位公共品的边际价值固定，但公共品数量上限因人而异，由发给个人的扑克牌的点数决定。举例来说，得到红桃 8 的人，每单位公共品可获得 V 美元，直到第 8 个单位为止，后续再多公共品也不产生收益。而每多一单位物品将产生成本 c，成本 c 均摊给社区全体。Hewett 等人（2005）的文章包含了使用这种设置进行课堂实验的说明，这引出了对公共品水平的"单一峰值偏好"。如果 $V=1$，$c=1$，社区人数 $N=5$，则人均边际成本为 $c/N=0.20$ 美元，并且将一个单位添加到自己的最大偏好水平的收益是 $V-c/N=0.80$ 美元。因此，对于卡片点数 X 的人而言，用货币衡量的偏好斜率在 X 之前为 $1-0.2=0.8$，在 X 之后则为 -0.2。由于扑克牌随机分配，参与人偏好类型各异，见图 19-2，其中，扑克点数包括 2、4、6、8、10 等五种。卡片点数为 10 则偏好的峰值靠右。"中间的"那个人，拿到一张 6 的牌，他的偏好最高为 6，如图中灰色虚线所示。在横轴上，5 个投票人各自的偏好点用黑色菱形表示。请注意，在这种情况下，中位数选民是由对不同水平公共品的偏好决定的，而不是由物理位置决定的。

根据图 19-2 中的偏好以及少数服从多数的投票规则，在标准的中位数选民预测结果中，委员会的决策为 6，其他任何提案都无法在一对一的竞选中战胜 6 这个点。比如说，偏好 8 的选民提议生产 8 单位公共品，偏好 2、4、6 的三位都将反对，提议 6 将 3 比 2 胜出。同理可证明 6 能够一对一战胜任何其他提案，此即为孔多塞胜者的决定性特征。

由图 19-2 还能够看到孔多塞胜者的另一性质，也就是说，它不一定是使总（净）收益最大化的结果，前提是不允许附带支付（side payments）。这是因为，例如，将供给水平从 6 提高到 7，只需成本 1 美元，但它为两个更高偏好水平的选民中的每一个人提供了额外的金钱利益。一般来说，在这种设置下，公共品的收入最大化水平将是最大的整数 X，这样持卡号在 X 或 X 以上的选民收益数就大于成本。

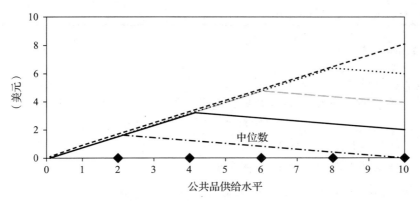

图 19-2　中位数等于 6 的单峰偏好

在课堂实验中，扑克牌代表选民对不同类型公共品（扑克牌花色，黑桃、红桃、方块、梅花）的偏好以及偏好上限（扑克牌的点数），每人有 2、3 张。举例来说，一人有梅花 2 和梅花 8 两张牌，那么，所在社区每增加 1 单位梅花公共品，此人便得到 1 美元，直到该社区的梅花公共品数量达到 10 为止；同时收益需要减去公共品的人均成本（1 单位成本 2 美元，地区成员均摊）。这个实验是在一个晴朗的日子里在户外进行的，有五个用牛皮纸信封标明的地点，每个地点都有一个名字，这个名字是由被随机分配到那个地点的学生选择的。每个地点选出一位"市长"，由他管理投票并宣布该社区的结果。

每单位公共品成本为 2 美元的一场课堂实验结果如表 19-1 所示。表 19-1 中的第一行，初次随机分配位置后，两个社区的选民选择了梅花（C）。比如，第二列的社区 2⊖供给 15 个 C，成本总计 30 美元（每单位 2 美元，乘以 15）；该社区共 3 人，于是第 1 期中该社区人均税赋为 10 美元。在当期的公共品数量以及税金公布之后，人们可以选择变更社区（每期至多一次）。可以看到，社区 2 在第 2 期失去了一名居民，人均税赋从 10 美元增至 15 美元；而到了第 3 期，该社区又新增 3 人，人均税赋又减至 5.2 美元。选民涌入使得当地梅花公共品的中位数偏好从 15（人头牌（扑克中的 J，Q，K）被分配了较高的数字）下降到 13。

表 19-1　一场课堂实验的结果（每单位公共品成本为 2 美元）

	社区 1	社区 2	社区 3	社区 4	社区 5
第 1 轮 收益＝14 美元	3 位居民 11S，税＝7.3 美元	3 位居民 15C，税＝10 美元	3 位居民 15D，税＝10 美元	3 位居民 8H，税＝5.3 美元	3 位居民 13C，税＝8.7 美元
第 2 轮 收益＝51 美元	3 位居民 13S，税＝8.7 美元	2 位居民 15C，税＝15 美元	3 位居民 15D，税＝10 美元	4 位居民 12H，税＝6 美元	3 位居民 13C，税＝8.7 美元
第 3 轮 收益＝65 美元	3 位居民 13S，税＝8.7 美元	5 位居民 13C，税＝5.2 美元	3 位居民 15D，税＝10 美元	3 位居民 10H，税＝6.7 美元	1 位居民 4H，税＝8 美元

⊖　原文中五个社区由学生"长官"命名，均为美国影视作品中的一些地名，不便于理解，故统编为社区 1、2、3、4、5。——译者注

（续）

	社区 1	社区 2	社区 3	社区 4	社区 5
第 4 轮 收益 = 77 美元	3 位居民 13S，税 = 8.7 美元	5 位居民 13C，税 = 5.2 美元	3 位居民 15D，税 = 10 美元	4 位居民 14H，税 = 7 美元	0 位居民 —

注：C = 梅花，D = 方块，H = 红桃，S = 黑桃。
资料来源：Hewett 等（2005）。

根据第 2 期后的提问和举手反馈，大部分学生比前一期更加满意，且总（净）收益（表格左列）也增长超过两倍。后续两期，总收益随着学生们变更社区继续增加，最终达到 77 美元之多。这意味着，在完全信息条件下，有计划的结果能够实现最高收益水平的 93%。大部分的收益增长缘于个体向提供高价值（卡片数字）公共品的社区迁移。基于人口的流动，各社区的公共品供给也随选民偏好平衡的演变而变化。总体上，全部 4 期共 19 次投票中有 17 次的结果和中位数选民定理一致。总结如下：

中位数投票定理实验： 在单一维度上的单峰值偏好下，无论在实验中还是理论上，中位数者的偏好点都具有很强的吸引力。中位数选民结果不一定会使总收入最大化，但政治竞争的过程似乎非常善于发现进步，特别是当选民还可以用脚投票的时候。

19.3　空间投票模型及实验检验

当选民需要完成两项相互关联的决策，用二维图像描绘其偏好有助于研究。例如，将图像横轴想象成教育支出，纵轴想象成交通支出。简单的空间模型假设选民偏好距离自己理想位置更近（欧几里得距离）的点，因此选民的理想位置即为其效用最大化的点，围绕该点的无差异曲线呈同心圆的形状。

图 19-3 中的 5 个黑色大圆点代表 5 位选民的理想点。围绕每个圆点，无差异曲线呈同心圆形状（图中并未画出），到选民偏好点距离相同的所有点之间无差异。连接两个选民的理想点，可以得到一条"合约线"，两人讨价还价所达成的协议一定位于这条直线上。因为直线之外的任何一点，垂直向该线移动，能够同时缩短与二人偏好点的距离，实现双方的改善。

McKelvey 和 Ordeshook（1979）采用图 19-3 的设置开展了委员会实验。实验中，每个黑色大圆点为对应选民抽中大奖这一事件，距离越近中奖概率越大，由多个同心圆标示。委员会在二维空间上的最终决策决定了所有选民的中奖概率，而后将会进行彩票的抽奖。此"二元彩票"支付程序旨在减少单边转移支付的机会。委员会由研究助理担任主席，事先并不了解理论预测结果，讨论遵从"封闭规则"或者"开放规则"。在封闭规则下，任何人想要交流或者移动都需要获得主席的认可，全部发言都要直接向主席汇报，且只允许就动议（motion）进行讨论。而在开放规则下，参与人可以直接相互交流，无须主席的同意，且讨论内容不限。不论哪种规则，初始点均位于（0，0）处，一个动议即向一个方向进行移动，水平或者垂直。如果一次动议得到支持并通过，则将据此决定新的位置。当有动议提出终止移动且通过，实验结束，最终收益通过彩票程序决定。

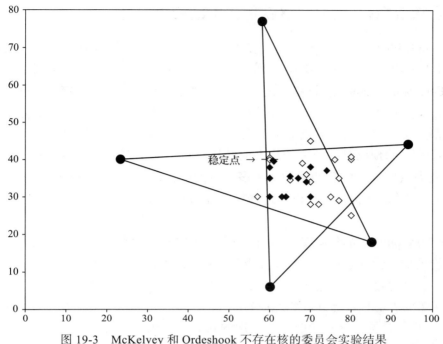

图 19-3　McKelvey 和 Ordeshook 不存在核的委员会实验结果

注：封闭规则（黑色菱形），开放规则（空心菱形）。

不幸的是，在多维度偏好下孔多塞胜者往往不存在，比如图 19-3 的偏好配置就没有孔多塞胜者。图中，将不相邻的理想点两两连线形成一个五边形，不论是封闭（实心菱形）还是开放规则（空心菱形）的场次，大部分结果位于该五边形之内。但即便如此，五边形内的任何一点都非孔多塞胜者。为了便于理解，不妨从五边形内任取一点，若垂直向五边形其中一条边移动，距离变短的三位选民势必支持，新的点可战胜旧的点；同理，继续向另一条边垂直移动，又将有新的联盟支持。

McKelvey 和 Ordeshook 实验背后的想法是，通过限制移动的方向，结果可能会被驱赶到一个稳定点（stable point）——水平方向上 5 个选民理想点的中位数和垂直方向上 5 个选民理想点的中位数之交叉点。该稳定点在图 19-3 中由 "＋" 表示。图中，封闭规则的委员会决策结果标为实心菱形，开放规则为空心菱形。然而，无论哪种规则，结果都没有紧紧围绕稳定点，不过封闭规则相对更接近些。McKelvey 和 Ordeshook 得出结论，封闭规则更严格的限制——每次只能朝一个方向移动，将有助于把结果引向水平和垂直两个方向的中位数上。政治机制对投票结果的这种影响与早先观察到的市场制度对市场结果的影响类似。总结如下：

空间投票实验：中位数选民定理在单一方向上具备强大的预测能力，但并不能延伸到双维度，对两个维度分别套用中位数选民定理的预测结果并不理想。原因似乎是，如果存在两个维度，二元比较中可能不存在能够击败其他所有选项的孔多塞胜者。这种不确定性为基于公平等因素的行为影响以及将在下一节中讨论的选举规则或议程等政治制度变化的影响提供了更大的 "空间"。

19.4　立法谈判和分肥："这就是我生活的世界！"

Eavey 和 Miller（1984）观察到，在不同的设计中，只有一个参与者，即议程"设定者"，可以提出一种替代外部指定现状的方案，从而产生了对公平结果的强烈偏见。Baron 和 Ferejohn（1989）将议程制定者模型一般化，成为一个就固定金额进行立法谈判的程式化模型。讨价还价之始，从立法机构中随机选择一人负责提议分配方案。如果得到多数投票支持，提案将被执行，否则另一个随机选出的立法机构成员可以提出一项新的提案。理论上的预测是，第一个提案的结构将获得勉强多数的支持，通过给这个联盟中的每个人提供比他们所能期望的稍微多一点的支持，如果提案被拒绝，游戏继续，即他们的"继续价值"。提议者可以通过选择获胜的联盟包括那些继续价值最低的联盟使收益最大化。

Baron-Ferejohn 模型计算的特点可用一个简单的对称性案例来说明。假设有三人为了分蛋糕讨价还价，蛋糕总量为 1。每人都有 1/3 的概率成为提议者，提案最少需 2 人支持才能通过。若未通过，博弈进入下一轮的概率为 $\delta \leq 1$。考虑对称均衡的情况，当前方案被否决时（随机决定是否继续博弈之前）每人的期望的收益为 c。如果随机终止博弈，所有人收益为 0。c 是提案被拒绝时个人预期的收益，那么作为提议者，向另两人之一分配 c 即可获得其支持，自己得到剩余的 $1-c$。于是 c 等于继续的概率乘以下式括号中的期望收益：

$$c = \delta\left(\frac{1-c}{3} + \frac{2}{3} \times \frac{1}{2} c\right)$$

括号中的第一项，即下一阶段自己有 1/3 的机会成为提议者，向一人分配 c，自己获得剩余 $1-c$ 的方案可获得通过；第二项，另有 2/3 的机会未能成为提议者，进而有 1/2 的机会收到新提议者为结成最小获胜联盟（2 人）而给予的 c。求解上式，可以得到预测结果 $c = \delta/3$。继续概率（δ）越小，提议者为了选票支持所需付出的收益也就越少。

一般化该模型的预测结果具有如下特征：①无延迟；②最小获胜联盟；③完全提取租金（提议者获得）。最后通牒讨价还价博弈实验（第 14 章）的结果表明，实施 Baron-Ferejohn 立法讨价还价模型的实验结果确实会表现出延迟、不完全租金提取以及获胜联盟人数大于必需人数的趋势，所有这些都偏离了深刻的理论预测。

Frechette、Kagel 和 Lehrer（2003）的实验运用了 Baron-Ferejohn 模型，每小组 5 人，分别在封闭规则和开放规则下展开实验。封闭规则下，必须就提案进行表决；而开放规则允许随机挑选的第二人支持或修改提案，如有修改，则在原提案和修改提案之间进行决选。和早期实验不同，该实验中被试会参与一系列的委员会讨价还价博弈，这强化了学习过程；且如果多次博弈之间收益趋向均等，还能够降低公平性考虑。封闭规则下，虽然提议者的收益不及理论预测，但是靠后的博弈结果接近理论预测的最小获胜联盟。相反，开放规则的场次中，通过的提案获得了绝大多数人的支持，和理论预测并不一致。

在 Christiansen、Georganas 和 Kagel（2014）的实验中，供分割的资源可视为立法者

在构建获胜联盟时，"润滑车轮"（grease the wheels）[一]所需要的 "政治分肥"（pork[二]）。新的元素体现在，立法者不仅分割资源，还要决定公共品选址。选址位于一条直线，范围是［0，100］，而立法者对选址的偏好存在差异。实验随机抽选一人提出议案，其中包括①选址；②总现金中分配给每个人的份额（分肥）。另外，实验的继续概率设为 1。三名立法者的选址偏好位置分别是 0、33 和 100，因此，不考虑现金分配的情况下，选址结果应靠近中间位置 33。无分肥／现金的实验局所得结果（大约 38）与理论预测的确接近。然而，在主实验局中，现金转移（分肥）的加入使平均位置提高到 50 附近。现金分配给予提议者提取租金的机会，选址目的倾向于获得第二张选票支持。值得注意的是，分肥／现金实验局中提案通过率有所提高，可见车轮得到了 "润滑"。但是，选址 50 并没有最小化交通成本（章后习题第 6 题），也就是说，分肥既可能产生积极影响，也可能产生消极影响。

无分肥实验局中较低的通过让人不禁想起，奥巴马承诺将否决任何带有分肥 "专项拨款"（earmark）的法案后，开支法案在美国国会变得极难通过，大多数支出都转而经由 "延伸议案"（continuing resolutions）的方式，使预算基本保持在先前的水平。最后一点需要指出的是，如果以否决权威胁专项拨款是为了抑制支出，那么奥巴马时代对延伸议案的依赖可能并不算太糟，不然的话，基于政治分肥的 "互投赞成票"（log rolling）[三]可能会导致支出持续增长。

以上研究还引出了一个有趣的故事。该文作者受邀前往经济科学协会（Economic Science Association）的一次会议上介绍这篇论文，在前往会议地的航班上检查幻灯片时，邻座恰好坐着一位前国会说客。她对有关延伸议案的内容很感兴趣，并开始提问交流，其间曾脱口而出："事情就是这样，这就是我现在生活的世界！"

19.5 议程和策略性投票：如果必须的话，如何操纵

一维环境下均衡投票结果的稳定性和唯一性并不普遍。事实上，"历史" 和决策结构对于结果的操纵可以达到令人吃惊的程度。比如议程，即选项达到三个或更多时的投票顺序，就能够极大地影响投票结果。本节我们将就此展开谈论。

19.5.1 现状议程和投票循环

有一种议程，选定一人针对现状提出替代方案。更精细的则是通过初始投票来决定最终投票的备选方案。议程本质上定义了投票过程的结构。于是在投票过程之初，选民

[一] 润滑车轮（grease the wheels），英文中多是指 "（花费一定成本）让事情顺利进行"，此处代表政治谈判中推动立法的通过。——译者注

[二] pork 此处并不是单词直译 "猪肉"，而是源于美国政治的一种特殊含义——"猪肉桶"（pork barrel）。美国南北战争前，南方种植园主家里都有几个大木桶，把日后要分给奴隶的猪肉腌在里面（也有说法是出自印第安人腌制猪肉的做法）。故 "猪肉桶" 喻指人人有份。后该词专指受政府资助的地方产品或者工程项目，这往往是代表某地区的国会议员为所在地区争取来的福利待遇，而这位国会议员也因此能获得政治资本，得到当地选民的拥护和选票。此处 pork 就是指代 "猪肉桶" 中的 "猪肉"，故翻译为政治分肥。——译者注

[三] log rolling，本意是指滚动圆木，在美国政治中专指两方为了自身利益，互相给对方的法案投赞成票。——译者注

们可能就会策略性地考虑哪些选项在后期更为有利，这就引出了很多有趣的问题。如果选民偏好造成了天然的不稳定，导致不存在孔多塞胜者，此时议程能够对投票的结果产生至关重要的影响。例如，考虑表 19-2 当中 3 类选民的偏好配置，其中，括号给出了现金收益的大小。此种偏好将产生"投票循环"。假设现状为 A，而 B 作为替代方案，人们诚实地遵照自身偏好来投票，B 将会以 6 比 3 的结果胜出，而 C 又将击败 B；反过来，最初的方案 A 又能够击败 C，三者形成了循环关系。

表 19-2　投票循环的偏好

第 I 类（3 名选民）	A（3 美元）>C（2 美元）>B（0.5 美元）
第 II 类（3 名选民）	B（3 美元）>A（2 美元）>C（0.5 美元）
第 III 类（3 名选民）	C（3 美元）>B（2 美元）>A（0.5 美元）

预先设定的议程，其影响体现在决定了人们考虑各个选项的顺序。最简单的一种投票结果如图 19-4 所示，设现状为 C，而首先就备选方案 A 和 B 投票，胜者再和现状 C 决选。第一阶段，第 II 类和第 III 类人在 B 和 A 之间选择 B，因为收益更高。但到了第二阶段，C 将会以 6 比 3 的票数击败 B。图 19-4 中上述过程以黑色箭头标示，第 II 类选民将对结果感到失望，他们在第一轮为最喜欢的选项 B 投了票，但最终只能得到最不喜欢的 C 和仅仅 0.50 美元的收益。如果他们出于策略性考虑，在第一阶段为不那么偏好的 A 投票使其胜出，A 将在最后阶段击败 C。如此，第 II 类选民的策略性投票（strategic voting）将使其收益从 0.50 提高到 2.00 美元。而前面介绍的非策略投票，即第 II 类选民在第一阶段为偏好选项投票、不考虑第二阶段的行为，政治学文献中称为诚实投票（sincere voting），经济学文献则更加直白，多称为短视投票（myopic voting）。

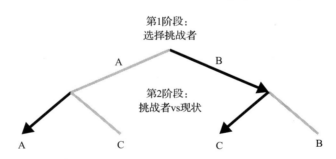

图 19-4　选项 C 为现状的现状投票，诚实投票的结果

有多种决策规则能引导天真型投票（忽视后续阶段将发生的事情）。例如图 19-4 所示的议程，首先要投票在两个组合之间做出选择，即第二阶段的竞选双方是"A 或 C"还是"B 或 C"。天真型投票行为包含以下几种行动规则：一是给个人最优结果的组合投票；二是投票避免自身最坏结果；三是以两种选项各 1/2 的概率计算期望收益、完成比较，如 Plott 和 Levine（1978）。Eckel 和 Holt（1989）议程投票实验，通过实验设计，使上述全部三种天真型规则在第一阶段的预测结果相同，且有别于策略性投票。该文作者预期，如此简单的实验环境中投票结果表现出策略性，在完全信息实验局（随机选定的委

员会主席统计不同选项下所有人的收益，并向全体展示）应更加明显。以上信息在委员会讨论中有所体现，相反"无信息"实验局的讨论则相对模糊。作者惊讶地发现，第一轮实验所有被试全部诚实投票，几轮之后策略性投票行为方才出现。不过有一小部分人发现了策略性投票的优势，之后各轮全都采用策略性投票。

当"最后 C 议程"在课堂实验中实施时，C 的现状通常在两阶段的初始投票中被选中，如预期的天真型投票。随着重复使用相同的议程，第 II 类选民最终转向战略投票，导致选择 A 方案。把另一个最终作为现状的选项的更改，将导致在初次表决上选择这一选项，正如真诚投票所预测的那样，在选民获得一些经验后才会出现战略结果。因此，议程的改变往往会改变观察到的结果，即便选民的偏好并未变化。此外，对于一个给定的议程，观察到的结果会随着人们最终学会策略性地投票而改变。议程设计的要点总结如下：

议程操纵： 在许多情境，特别是存在投票循环的情况下，构建不同的议程将产生不同的结果。议程操纵的成败取决于对投票行为的假设，例如，天真或策略性投票。实验表明，除最简单的环境外，天真型投票都是很好的假设，除非委员会经常开会，就像大学系的教师投票决定雇用决定一样，或者除非委员会成员在类似情况下有相当多的经验。

19.5.2　课堂议程实验中的无效率结果和投票循环

有一种在课堂议程实验中丰富情境的方式，发给每人两张扑克牌，红桃代表对"高速公路"建设的偏好，黑桃表示对"学校"的偏好。有些人只收到一张牌，其他人则有两张。表 19-3 为 7 名选民的卡片情况。若持有黑桃牌，当学校建成时能够得到 300 美元；持有红桃牌，当高速路建成时能够获得 300 美元。如果通过建设学校的提案，7 人都要支付 200 美元；同样地，建设高速公路提案通过，每人需要额外再付 200 美元。注意，学校的总收益（$5 \times 300 = 1\,500$）大于总税收成本（$7 \times 200 = 1\,400$），但这对高速公路不成立。可以复制表中的设置，每次添加 7 个新投票人组，组大小为 7、14、21 等。

表 19-3　投票循环的偏好

选民 1	选民 2	选民 3	选民 4	选民 5	选民 6	选民 7
红桃	红桃	红桃	红桃			
黑桃	黑桃			黑桃	黑桃	黑桃
高速	高速	高速	高速			
学校	学校			学校	学校	学校

有一场课堂实验运用了表 19-3 的设置，共 21 名学生参加（3 个 7 人小组）。不同的议程产生了差异显著的结果。其一，首先就"建设高速公路"或"都不建设"进行投票，高速公路以 13 对 8 胜出；之后，就"建设学校"和"都不建设"再进行投票，学校也以 16 对 5 胜出；最终，在"全部建设"和"都不建设"的投票中，后者却以 12 比 9 胜出。注意到在该议程下天真型投票产生了完全的投票循环，首尾均是"全不"这个选项。

相反，采用不同的议程也能使两个项目全部通过（细节参见 Holt and Anderson,

1999）。从表 19-3 中不难看出：即便高速公路带来的税负对于只偏好学校的 3 人来说是一种单纯的负担，将减少总收益，但投票中"高速公路"仍能以 4 对 3 胜出；相似地，虽然增加了只偏好高速公路 2 人的税负，"学校"也能以 5 对 2 胜出。这表明，即使都不建设能使总收入增加，分开单独考虑依然会使两个项目都通过。而如果议程最后阶段考虑"都不建设"选项，那么两个项目都将被否决。现实中，双方"互投赞成票"会大大加剧过度开支现象。所谓互投赞成票，即双方都给对方重视的项目投赞成票，无视项目给第三方带来的高额税负乃至带给全体的净损失。

19.5.3　飞行俱乐部的实地实验

议程操纵现象并不局限于实验室，但凡有过小团体投票经历的人都会有所感触。Plott 和 Levine（1978）在更复杂的议程中识别出了另外几种非策略性投票，并尝试藉此操纵一个加州飞行俱乐部的会议结果（Levine and Plott，1977）。作者是该俱乐部议程委员会成员，俱乐部当时正在开会决定通用航空机队的配置。委员会调查了俱乐部成员以确定他们的偏好，用来制定会议议程。议程委员会中，作者二人倾向于至少增加一架更大的飞机，但大部分成员偏好小型四座飞机。作者设计的议程通过将小型飞机的支持者拆分成多个利益不同的小群体，从而令大飞机选项胜出。尽管有人尝试提出其他方案，比如开展有助于增强成员投票策略性的民意测试投票（straw vote），但俱乐部主席还是采用了作者提出的议程。经过该议程，俱乐部最终选择了一队六座飞机，而随后的一项民意调查显示，此配置并不是孔多塞胜者。在《弗吉尼亚州法律评论》（*Virginia Law Review*）上发表文章报道上述过程后不久，两位作者被俱乐部开除。

19.6　协调方法：民意调查、决选和赞成投票

鉴于刚才讨论的戏剧性议程效应，人们可能更喜欢从多个候选人或选项中构建选择序列的更中性的方法，这一点也不奇怪。本节将介绍决选（runoffs）、民意调查（opinion polls）以及其他方法，这些方法能被选民用来协调他们的决定。分裂的多数派如表 19-4 所示，对应 Forsythe 等人（1993，1996）和 Morton 和 Rietz（2008）一系列实验中所使用的基本收益数据。

表 19-4　分裂的多数派

第 1 类选民（3 人）	第 2 类选民（4 人）	第 3 类选民（5 人）
A 1.20	B 1.20	C 1.40
B 0.90	A 0.90	A 0.40
C 0.20	C 0.20	B 0.40

注意到，第Ⅰ类和第Ⅱ类选民对"A 或 B"有强烈偏好，但二者构成的多数派围绕 A 还是 B 存在分歧。二元竞选中，A 和 B 都能够胜过 C。从这个意义上来说，C 乃是孔多塞败者（Condorcet loser）。但在简单多数投票规则（plurality voting）下，全部三个选

项一齐站上候选席，如果多数群体在选项 A（3 名选民支持）和 B（4 名选民）之间分裂，那么选项 C（5 名选民）将胜出，这一结果和诚实投票相同。如果第一阶段投票之后，前两名还将进行第二轮的决选（runoff），孔多塞败者将败下阵来。可见，决选机制使存在分歧的多数群体发觉，两个偏好的选项中究竟哪一个在决选中有更大的获胜机会。有趣的是，Kousser（1984）认为，为了防止少数族裔候选人获胜，美国的一些地区可能已经使用了决选机制。Forsythe 等人（1993）表示，在委员会投票实验中，在三方竞争前举行不具约束力的民意调查，也有助于多数群体协调其首选项。但是，民调不是在所有情况下都能和决选取得相同效果，民调结果往往表现出比实际投票更强的随机性。

简单多数投票程序的另一种替代方案，允许选民投票支持的候选数大于 1，或许有助于协调存在分歧的多数群体。最常见的多重投票程序称为赞成投票（approval voting），选民收到候选者或候选项列表，在每一项上选择"赞成"或"不赞成"，得到赞成票最多的选项获胜。至于表 19-4 的多数派分裂环境，如果第 1 类和第 2 类选民都为自己前两位的选项投赞成票，那么赞成投票机制能使选项 A 或 B 脱颖而出。通过这种方式，赞成投票机制或许能避免孔多塞败者（表 19-4 中选项 C）。

大多数对赞成投票的控制性评价使用了实地实验数据，但结论不一（Nagel，1984；Niemi and Bartels，1984）。Brams 和 Fishburn（1988）报告了一项有趣的实地实验，数据来自两次专业组织的官员选举。选民们既表达了自己偏好的候选人（简单多数规则），又递交了偏好排序并开展了实验性的赞成投票选举。有一些组织使用了赞成投票来选举理事会成员，其中就包括第 1 章提到的经济科学协会。

曾有多次实地实验试图研究赞成投票，实际参加选举的选民在选举日的投票地，参与实验性的赞成投票。法国 2002 年和 2012 年的实验并没有为不同的被试完全随机地单独分配实验局；取而代之的是，在选举第一阶段的标准单一投票中，参加投票并表示愿意参与实验的人（一个案例选定的城镇中，参与率约为 80%），实验程序将组织他们进行单独的赞成投票。考虑到在这两个阶段的选举中候选人的数量相对较多，法国的环境是考虑赞成投票和类似的可评估方法的理想选择，如果没有候选人在第一阶段获得多数，就进行决选。

法国 2002 年大选的第一阶段共有 16 名候选人。当时选出的两名候选人分别是国民阵线（National Front）的让 – 玛丽·勒庞（Jean-Marie Le Pen）和雅克·希拉克（Jacques Chirac），前者是一位极端的候选人，后者是一位保守派人士，后者在决选中以 84% 的选票获得决定性的胜利。赞成投票允许人们表达对多位候选人的支持，使候选人能够获得更广泛的支持。然而，这也引发了复杂的策略考量，比如，不给强有力的竞争对手投赞成票。两位作者的结论是，赞成投票规则将使第一阶段排名第三位的候选人对希拉克的挑战增加，但不会改变希拉克获胜的结果（Laslier and Van der Straeten，2008）。

另一次赞成投票实地实验于 2012 年法国大选时展开（Baujard et al.，2014）。研究得出的一般结论是，赞成投票和类似的可评估的投票程序往往有利于那些选民群体更加广泛的候选人，而非排他性更强的、政见较为极端的候选人。相比之下，传统的第一阶段 / 决选形式下，后者表现可能更好，候选人人数众多时更加明显。赞成投票也可能带来新的问题，投票结果更容易被黑客等非法手段操控，因为投票总数不再受登记选民人数的限制，伪造的赞成选票并不易识别。

19.7 参与博弈和投票率

对于投票行为的"理性选择"模型来说，最令人困惑的问题之一是，如何解释人们为什么会在大型选举中投票。毕竟，如果有很多选民，改变选举结果的可能性很小。但不管怎样，如果投票成本很低，甚至于对喜欢投票并告诉家人、朋友和同事的人来说成本可能为负，人们依然都会去投票。比如说，后萨达姆时代之初的伊拉克，选举的投票率（turnouts）非常之高，可以推断，人们认为参与选举投票的好处远大于成本。有一些间接证据表明，成本很重要。例如，在美国，从登记选民名单中选出陪审团成员的地方，选民登记率较低。此外，因果观察表明，当需要决定重要问题时，即当影响结果的潜在利益可能更大时，全体教员会议的出席率更高。虽然实验室实验难以引入现实中投票成本和收益的强度问题，但是可以对成本、收益、小组规模等影响的定性预测加以检验。

基本的选民投票模型是参与博弈（participation game），最早出自 Palfrey 和 Rosenthal（1983，1985）的研究。选民有投票的成本，这些成本要么是决定性的，要么是从成本分布中随机抽取的。这一成本可以视为显性成本（时间、交通等）与隐性机会成本（照顾生病的小孩、开车送朋友去修理店等）之总和。如上所述，上述成本有可能为负，因为投票或许是社交活动的一部分，比如说身边朋友和邻居对政治极感兴趣，时常围绕选举的目的和动机高谈阔论。正式的模型中定义了投票成本的范围，每一名选选民都能够观察到当天的随机成本。均衡中包含一个投票成本的门槛或者"临界点"，成本低于该点的人倾向于参与投票，反之则不参与。在这种情况下，投票对外部观察者来说似乎是随机的，观察到的投票率将与天气等成本冲击相关，或许还与一个人的投票具有决定性的可能性有关。

参与成本模型往往具有明确的定性预测，Levine 和 Palfrey（2007）通过"大型"投票实验检验了其中一部分，实验中选民小组的规模为 3 人、9 人、27 人和 51 人。理论预测结果相当直观：小组人数越少，选举情况越焦灼（两类选民人数越接近），投票率越高。当选民人数大于 3，且两类选民人数不等时，预计少数派的投票率更高。实验中，虽然投票率对实验局参数变化的反应不及预期灵敏，但是印证了理论预测的基本特征。这表明，由于模型并未考虑到个体在信念或经验上的差异，在决策过程中存在一些模型预测之外的随机性。作者使用质反应均衡（第 11 章中曾介绍）来容纳这部分剩余的随机性。

参与博弈实验结果显示，实验室中被试和对参数变化的反应符合理论预测，但社交互动潜在的巨大影响却很大程度上被忽略。Grober 和 Schram（2006）的研究是一个例外，他们在实验中加入了精心组织的有限的社交互动。和前文相同，仍有两类偏好相左的选民，且投票的成本已知。但不同的是，每种选民里都有一半设定成为信号传递者（senders），需决策是否提前投票。其中，一实验局内，信号传递者全部和相同类型的后投票者（late voter）两两配对，后者会被告知前者是否已经提前投票。至于未提前投票的信号传递者，同样可以在第二阶段和后投票者一起完成投票。此类信息交换极大地提高了总体投票率，相比作为控制局的标准一阶段参与博弈，投票率要高出 50% 左右。这一结果在当今世界意义重大，因为在一个候选人的目标优势领域，只要增加少量的投票率，就能改变选举结果。

19.8　现实情境下的实地实验：攻击性广告和登门拜访

政治学视野中的许多关键因素都涉及社会情境。比如登门拜访、电话以及"攻击性广告"，就难以在标准的实验室环境中进行重复。因此，政治学家开展实地实验的传统由来已久，大致可分为以下两类：①扩展的实验室实验（enriched laboratory experiments），比如在客厅进行实验或者随机选择选民样本；②纯实地实验（pure field experiments），实验设置在自然情境当中实行，参与人并不知晓自己身处实验当中。本节将就以上两者各举一例。

对于非实验的实地数据来说，一大问题在于其中关键因素往往并非外生。例如，竞选广告通常针对的本就是选情胶着的领域，因此，最终广告与投票份额之间的简单关联关系，也许相当微弱。一个理想的实地实验可能涉及竞选活动的外部操纵（细节如下）。

Ansolabehere 等人（1994）采用扩展的实验室实验环境，研究了正面和负面的竞选广告对投票投票决策的影响。招募的被试所进入的实验室布置成了起居室的风格。他们将观看 15 分钟的当地新闻广播录像带，中间有一段广告插播，或是正面的政治广告，或是负面的政治广告，或是商业产品广告（实验的控制局）。正面和负面的广告都与即将到来的选举有关，且广告的替换插入都经过精细处理，在视觉、内容、音频和其他特征上和原录像带保持一致。在事后调查问卷中，观看负面广告的人参与投票的可能性相比中性广告的控制局低 2.5%，相比观看正面广告的人低 5%。作者的结论是，消极的语气降低了选民对政治机构应变能力的信心，从而降低了投票意愿。一项关于 1992 年 32 个州参议院选举的实证研究，也发现了负面广告降低选民投票率的证据。由于非实验环境中其他因素存在干扰，通过实验将负面广告作为外生变量加以控制有助于研究者确定因果关系。例如，正如最近的经验所表明的，第三个因素，如高度两极化，很有可能在同一场选举中引发负面广告和高投票率。

在实验室中进行实验的控制也使研究人员避免了可能的偏见，例如，记住广告的人往往是那些更有可能投票的人。另一方面，投票的实际决定并没有被直接观察到，参与者对有关投票意图的调查问题的回答可能存在偏见。Gerber 和 Green（2000）巧妙地解决了这个问题。他们利用纽黑文选区的官方选民记录，来确定在实验之后的选举中每一名实验参与者是否前去投票。该研究采用实地实验方法，从而在现实社会情境中向被试传递激励，无须提醒他们受控实验的存在。29 380 名实验参与人随机分配至不同实验局，不同实验局设计了不同的消息以激励投票，包括不联系（控制局）、直接邮件、电话、面对面登门拜访或者这些方法的组合。信息均无党派立场，仅敦促人们站在履行义务、邻里团结或参政议政的立场上参加投票。实验的主要结论是，联系对投票率有积极和实质性的影响。其中，直接邮件的效果较弱，而电话联系似乎并无作用。这项研究引起了政界人士的广泛关注，因为在已知某个候选人更受欢迎的目标地区，投票率的小幅度增加可能产生巨大影响。Gerber 和 Green（2004）对实地实验在政治领域的优势做出了全面的评估。

19.9　假新闻、极化和表达性投票

2016 年，欧洲和美国的竞选活动以民粹主义或排外主义候选人为特色，比如马琳·勒庞（Marine Le Pen），他就被归类为更传统的候选人。选举中普遍的"别无选择"似乎成为 2016 年的遥远记忆。这一年的另一大意外事件当属英国脱欧投票通过。投票后第二天早上的新闻报道中，支持英国脱欧的选民们似乎也对此感到震惊和担心（谷歌搜索中关键词"Regrexit"的检索量大增似乎能说明这一点，⊖但这类数据也可能被人操纵）。本节将回顾有关表达性投票（expressive voting）和极化（polarization）的最新实验研究。

19.9.1　极化和反中位选民定理

当选民的偏好是单一维度的单峰偏好时，候选人若只关心胜选，那么根据第 19.1 节的论证，他们的政治主张应选择在中间附近的位置。在美国，人们对民主党和共和党候选人的大同小异普遍有怨言。竞选通常是不对等的，在任者、电影演员、受欢迎的总统亲戚等身份具有潜在的巨大优势。有理论研究预测，相较于占优势的候选人，劣势一方将选择更加极端的定位；可参见 Aragones 和 Palfrey（2004）对此类不对等竞争的实验评估。

政治极化的另一个相关观点是，"理想点"极端的人更有动机成为候选人。这种效应可能发生在候选人的立场没有完全暴露的时候，因此极端的候选人可以在选举竞争中以某种方式掩盖他们的观点。比如，有一种极端情况，候选人政党的"左"或"右"立场能传递出候选人本人立场的方向信息，但是并不确切。一组理论和实验系列论文中，Grober 和 Palfrey（2014，2017）令每个人都可以决定是否支付成本、成为所属党派的候选人；理想点的分布范围为 0 到 100，党派对应群体偏好的方向，左和右即中点 50 的左侧和右侧。若党内有多个候选人，将从中随机选出一名代表。假设选民知晓候选人的偏好方向，但不知道其理想点的具体位置，而胜出的候选人将把自己的偏好强加给其他所有人，且能够得到预先公布的奖金。均衡下，只有观点极端的人（0 或 100 的边界附近）才会竞争成为候选人。定性来看，（两）极（分）化的理论预测和实验室实验结果一致，实验中极端偏好的候选人当选的比例远远高于理想点在中间附近的候选人。总结如下：

反中位数选民定理： 在实验中，如果用概括的（例如，左 / 右）方向性党派标签掩盖候选人的个人偏好，则那些有极端偏好的人更有可能谋求公职，这可能会产生与中位数选民预测截然不同的结果。

⊖ 英国脱欧（Brexit）公投通过后，英国产生的衍生词，由"后悔"（regret）和"英国脱欧"（Brexit）两个词拼合。——译者注

19.9.2　表达性投票和党派信息处理（"假新闻"）

在大型选举中，个人的投票极不可能具有决定性（形成或打破平局），故而投票行为只能用心理上的收益来解释：

> 投票的行为或投票的方向都不能被解释为一种实现特定政治结果的手段，就像观看比赛的观众不能被解释为一种确保自己球队获胜的手段一样。（Brennan and Buchanan，1984）

可评估"表达性投票"重要性的一种方法是操纵决策维度。但问题在于，选民们对于自己选票的主观认识或许是模糊的，不清楚自己投票具有决定性的机会是多少，因此，无法准确衡量选民的信念。

Robbett 和 Matthews（2017）将被试分成 1、5、25 人的小组，从而操纵被试投票的决定性。1 人小组中的被试，其投票必然是决定性的。该实验的被试是通过在线服务平台——"Amazon Mechanical Turk"[⊖]招募的成年人，且采用调查问卷加以筛选，识别出党派（民主党或共和党）观点强烈的被试。党派人士的样本确定以后，实验要求参与人就一系列问题投票回答，尽管不同政党的看法相异，但这些问题实际上都具备可以证实的正确答案。问题涉及全球气温趋势、堕胎率、非法移民、奥巴马的支持率、医疗保险，以及其他两党人士看法可能不同的领域。每人或组需要回答 3 道政治问题和 1 道"中性"（不涉及政治）问题，而所有候选项将以图像的形式展示出来。如果小组中大多数人为正确答案投票，所有人都将得到 1 美元奖金。注意，如果小组只有 1 人，唯一的选民给出的答案直接决定小组即他自身的收益。

该实验的主要假设是，选民投票具有决定性的机会越小，关于政治议题的党派偏见将越严重。为了度量这种偏向，每道问题的答案区间定义为 [0，1]，0 代表最强的共和党观点，1 代表最强的民主党观点。结果中，党派分歧很大（大约 13%）且在 5 人和 25 人小组中显著，但不支持小组规模效应。相反，决定性个体（1 人一组）的党派分歧仅有约 5%。总而言之，即使投票必是决定性的，党派分歧依然存在，但 5 人或 25 人小组的分歧要大 2 ～ 3 倍。这表明即使在小规模的群体中也存在着表达性投票。中性问题为衡量正确答案的比例提供了控制。决定性选民（1 人一组）对中性问题和政治问题的正确回答比例无显著差异，但 5 组和 25 组政治问题的正确回答比例较中性问题低 15% 左右。Robbett 和 Matthews（2017）的主要发现可总结如下：

表达性投票： 对于具有实际答案的政治问题，表达性投票会产生党派偏见。当一个人的投票不是决定性的（群体规模大于 1）时，就能明显看出这一点，这与情绪激动的竞选中投票率高的情况相一致。

考虑在这种特殊环境下使用 Amazon Mechanical Turk 招聘和支付平台的方法的优势

⊖　Amazon 旗下论坛，请求者可将特定工作作为人工智能任务发布在其上，工作完成以兑换奖励。——译者注

是很具吸引力的。该平台也有潜在的问题，即平台无法保证参与人专注于任务本身。上述研究里注意力分散现象或许并不严重，因为投票限时 30 秒，并且有相对较高赌注的在线任务（每个问题答对奖金 1 美元），参与人或许无暇分心。此外，该平台使研究人员能够获得一个平衡的成年人样本，同时保证其中存在明显的党派分歧，而这在文理学院的学生群体中几乎不可能实现。最后，平台还提供了简单且直接的支付渠道，便于实现大样本和高激励。

第 19 章习题

1. 重新绘制图 19-3 中的二维设置，其中 3 名选民（不再是 5 名）拥有不同的理想点且不在一条直线上。在什么条件下会存在一个孔多塞胜者，什么条件下不存在？请解释。

2. 考虑高收入、中等收入、低收入选民人数相等的情况。有待投票决策的问题是税收资助公立学校的支出水平。对于中等收入的选民来说，公共教育很重要，他们更喜欢高支出，但他们的第二选择是低支出，因为如果公立学校质量不好，他们会把孩子送到私立学校。高收入选民在任何情况下都会选择私立学校，因此为了尽量减少税赋，更偏好低支出，中等支出其次，高支出最末。最后，低收入选民的偏好序为中、高、低支出。证明不存在孔多塞胜者，并且，以上偏好产生了投票循环。

3. （开放性问题）你能否想出一个简单的"互投赞成票"交易模式吗？它会导致少数服从多数的投票结果，产生浪费的支出，提供的总收益低于成本。

4. 假设目前学校的支出较低，且偏好设置同第 2 题。根据议程，第一阶段由高支出和中支出进行竞选，获胜者在最后阶段与低支出现状竞争。如果选民投票是诚实型的，预期会得到什么结果？如果投票是策略性的，结果会不会改变？请解释。

5. （开放性问题）你有过参加会议（俱乐部、兄弟会、学生组织）并感觉议程被操纵（以产生特定结果）的经历吗？如果有的话，请描述一下其议程，以及它可能产生影响的原因。

6. （开放性问题）假设有三个投票人，他们的理想点位于公路上的 0、33 和 100 处，而交通成本与投票人的理想点到公共服务地点的距离成正比。假设每个人的交通成本是相同的。中位数选民的结果是否最小化了三个选民的总交通成本？如果强行将公共服务定于 50 处，将会额外产生多少交通成本？如果 100 处选民的交通费用是另两人的 3 倍，答案会有什么变化？

第四部分

市场实验

这部分的博弈代表了许多经济学中使用的标准市场模型。在垄断中，只有一个卖家，他的生产决策决定了产品的销售价格。该模型可推广为让企业独立选择数量，其中，总数量决定市场价格。这种古诺（Cournot）设置被广泛使用，它有一个直观的特性，即卖方数量的增加会降低均衡价格。在第 20 章中讨论的实验，实现了一个线性需求和恒定成本的设置，它允许分析竞争对手数量改变的影响，从一个卖家（垄断）到多个卖家（竞争）。第二项实验涉及比较地方垄断和允许跨市场购买时产生的竞争，例如，通过取消关税或降低运输成本来实现。

当企业预先做出生产决策时，古诺模型可能是合适的，但是，以企业独立地选择价格去建模通常更为现实。第 21 章讨论了价格竞争、不完美和可替代的交易制度的影响，这时买家不能效仿。在双边拍卖（double auction）中，买卖双方的活动基本上是对称的，除了买方倾向于抬高价格，而卖方倾向于压低对方的价格。这种策略上的对称在竞价公告式拍卖（posted-offer auction）中并不存在，在这种拍卖中，卖家独立公布价格，而买家有机会按公布的价格购买（不允许进一步讨价还价和打折）。竞价公告式市场类似于零售市场，卖家"按订单"生产，并按商品目录或"清单"价销售。相比之下，双边拍卖更接近于像纽约证券交易所那样的竞争性公开叫价（open outcry）市场。串通和市场势力的行使会在公告价格的市场上造成更大的扭曲，不过，如果卖家能够私下向个别买家提供折扣，这些效果可能会减弱。同样，给予买方还盘和拒绝以不利价格购买的能力，亦会降低或削弱卖方的市场势力。

市场经济的许多重要方面都与供应链的中间产品的销售有关。在第 22 章中考虑的实验是基于一个非常简单的案例，即垄断制造商销售给垄断零售商，在这里每个公司的边际收入等于边际成本。正如实验所证实的那样，这种双重边际化（double marginalization）的过程导致行业产出甚至比两家公司合并成单一垄断的情况还要低。许多行业的特点是供应链"很长"，将制造商、分销商、批发商和零售商联系在一起。由于摩擦和扭曲在供应链中回响（牛鞭效应（bullwhip effect）），它们可能被放大，这为实验室实验提供了主题的丰富来源。

我们在第 23 章中对产品质量信息的非对称影响进行了回顾。当卖方可以选择一个质量"等级"和一个价格时，在完全信息的情况下，结果可能相当有效，但当买方在购买前无法观察到质量等级时，质量可能会下降到较低水平。质量的"拆解"可能最终导致市场失灵，此时只有低质量的产品才会被交易。类似的拆解可能导致医疗保险市场崩溃，因为低风险的个人会决定自保，这将推高其余保险购买者的平均索赔金额。由此产生的保费增加可能会导致对自我保险的进一步侵蚀。在这种情况下，逆向选择（将高危人群纳入保险池）可能导致高额保费和很大比例的未投保个人。实验被用来记录这些不利的选择效应和建议的补救措施。

由于所有权提供了两个潜在的价值来源，使得经济上的资产市场变得复杂起来，即，每一时期获得的收益（服务、股息等）和资产价值中的资本增值（或损失）。资产价值可能受到市场基本面的影响，如股息和资金的机会成本（在安全账户中可以赚取的利息）。此外，价值对未来价值的预期很敏感，并且这种预期驱动的价值会导致交易价格偏离由市场基本面决定的水平。在第 24 章中总结了一些关于此类资产市场的实验工作，在这些市场中，在现金充裕（宽松信贷）的环境下，价格泡沫和崩溃是普遍存在的。最后，在第 25 章中讨论了受储蓄、投资、消费、银行业和预测等宏观经济问题驱动的关联市场。

垄断、古诺和跨市场价格竞争

　　垄断者可以通过限制产量来获得更高的价格，并且，利润最大化便是在收取高价的欲望和保持销售量之间找到平衡点。在模拟买方的实验[⊖]中，被试作为卖方能够通过调整产量来使价格达到垄断水平。

　　以垄断的分析为桥梁，可进一步引申至寡头垄断模型即古诺模型（Cournot model），即几名卖家之间存在交互作用。该模型的核心行为假设是，每一名卖家将其他人的产量视作给定值，然后作为一个垄断者，使剩余需求的利润最大化。古诺模型之所以流行，很大程度上在于预测结果的直观性：随着卖家人数的增加，垄断程度降低，竞争增强，市场价格随之下降。

　　本章最后一部分比较了有无跨地区交易限制（运输成本或关税）的影响。如果存在交易限制，将产生地区性的垄断厂商。自然地，在此设定下企业决定产品价格（而不是产量），自由贸易实验局中其他市场的人也可跨地区购买产品。能够抵制价格上涨的积极买家的存在，可以对垄断定价产生抑制作用，但就降低价格和提高整体市场效率而言，竞争的影响甚至更为强大。

　　教师须知：Veconlab 的古诺程序可以开展简单的垄断实验，只需将卖家数量设定为 1 即可。实验程序可以给价格施加随机冲击，提升兴趣和现实性。程序支持学生远程登录参与实验。实验后，学生们可以利用价格和数量数据来估计需求和边际收入来推导垄断价格，和实验中通过试错得出的价格进行比较。另外，垄断/自由贸易（monopoly/free-trade）实验程序也位于 Veconlab 的市场（market）菜单下。

　　⊖　买方的行动由需求函数表示，卖方生产的产品都将售出，但是数量越多则价格越低。——译者注

20.1　垄断

　　垄断者被定义为市场上的唯一卖家，但是垄断的一般模型是反托拉斯问题分析的中心，因为它可以被更广泛地应用。比如说，假设市场中全体卖家都以某种方式达成串谋，共同制定了一个价格使总利润最大化，而后再进行利润分割。在这种情况下，无论是提供价格和数量的预测，还是作为衡量卡特尔（cartel）成功与否的基准，垄断模型将是与之相关的。

　　在反垄断分析中，垄断模型也适用于一大多小的情形——市场中存在一家大企业和多家竞争性的小型边缘（fringe）企业（只要价格能超过产出的边际成本，小企业便会扩大产量）。竞争边缘企业的行为可以用供给函数表示，它表示这些企业提供的总数量是价格的函数。设边缘供给函数为 $S_F(P)$，如果小企业的边际成本递增，则该函数也随价格递增。于是市场上的剩余需求（residual demand）$R(P)$，等于市场总需求 $D(P)$ 减去边缘供给，$R(P)=D(P)-S_F(P)$。此剩余需求函数体现出了价格和边缘企业以外的那部分产量间的关系，后者由市场中大的、占主导地位的一家企业所占据。于是，主导地位企业依然可以视为垄断者，其面对的需求函数为 $Q=R(P)$。

　　站在垄断厂商的视角，需求（或剩余需求）函数反映的是所有可能定价下能售出的产品数量，整体而言，定价越高，销量越少。反之，价格亦可作为产量的函数，出售产品越多，市场价格越低。举例来说，线性反需求函数为以下形式：$P=A-BQ$，其中，A 和 B 均为正数。在需求函数图像中以价格作为纵轴，则 A 即为纵轴上的截距，$-B$ 则为斜率。本章将要讨论的实验均采用线性的反需求函数，为了简单起见，我们将其称为需求函数。图 20-1 为一场实验室实验的结果，每一名被试扮演一家垄断厂商，单位生产成本固定为 1 美元，线性需求为：$P=13-Q$。因为斜率为 -1，也就是说，多生产一单位产品不仅将增加 1 美元的成本，还将使市场价格降低 1 美元。图中纵轴是每轮产量均值，很显然，参与人的决策很快稳定在 6 附近，后续我们将证明这是利润最大化的产量决策。

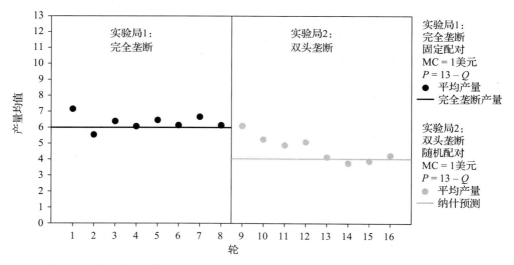

图 20-1　完全垄断（第 1～8 轮）和双头垄断（第 9～16 轮）下的平均产量选择

实验所使用的需求曲线的前两行如表 20-1 所示。注意，随着第二行的价格从 12 美元减少为 11 美元、10 美元，销售量也从 1 增至 2、3。总收入等于 PQ 见表第三行，总成本（等于产量）位于第四行。表中空白部分请自行计算填充，第五行中的利润等于收入减去成本。因此，我们能够证明产量为 6、价格为 7 时的利润最大。

表 20-1 线性需求和固定成本的垄断厂商

Q	1	2	3	4	5	6	7	8	9	10	11	12
P（美元）	12	11	10	9	8	7	6	5	4	3	2	1
TR（美元）	12	22	30	36					36	30	22	12
TC（美元）	1	2	3	4					9	10	11	12
利润（美元）	11	20	27	32					27	20	11	0
MR（美元）	12	10	8	6					-6	-7	-9	-11
MC（美元）	1	1	1	1					1	1	1	1

尽管利润的计算很简单，但考虑垄断者的决定时，数量从 1 增加到 2，然后增加到 3，同时密切关注这些增长在边际上对边际收入和边际成本的影响。第一个单位的产出所得收入为 12 美元，其边际收入也等于 12 美元，如 MR 行左端所列示。产量从 $Q=1$ 到 $Q=2$，总收入也从 12 美元提升为 22 美元，增加了 10 美元，同样列示于 MR 行。前两个单位带来的额外收入高于边际生产成本（每单位 1 美元），此时提高产量是合理的。接下来考虑产量增长到 3 的情况。此时，收入从 22 美元增至 30 美元，边际收入为 8 美元，依然高于边际成本 1。因此，只要边际收入大于边际成本，增加产量就能够提高利润，直到最优产出 6 为止，读者可以自行验证。

注意到表 20-1 的 MR 一行中，产量每增加 1，虽然价格只降低 1 美元，但边际收入降幅却是 2（12 到 10 到 8……）。图 20-2 对这一点有详细展示，靠外的是需求线，加粗虚线是边际收入线。二者斜率均为负数，但后者为前者的 2 倍。边际收入和水平的边际成本线交于产量 6。因此，填写表格时将看到，第 1 到第 6 个单位的边际收入大于边际成本，直到第 7 个由正转负，故而不应生产该单位产出。（注：表中的边际收入与图中数据不完全一致。前者是依次增长的。例如，表中第六列的边际收入应是 2 美元，即产量从 5 增加到 6 提高的收入。而图 20-2 中把这种情况视为 5.5，其中，产量 5.5 的边际收益正好是 2 美元。）除了表格和图之外，还可用简单的微积分重新推导垄断产量。（本章附录中简要回顾了所需微积分公式。）由于需求为：$P = 13 - Q$，故总收入 PQ 为 $(13 - Q)Q$，是关于产出的二次函数 $13Q - Q^2$。边际收入（总收入的斜率）为 $13 - 2Q$，呈一条直线，从 $Q = 0$ 处等于 13 开始，产量每增加一个单位边际收入减少 2，如图 20-2 所示。由于边际成本是 1，最优产量的边际收入等于边际成本即 $13 - 2Q = 1$，可知 $Q = 6$ 即该市场的垄断产出。

图 20-2 显示了一个反对垄断的案例，其中垄断价格为 7 美元，边际成本仅为 1 美元。因此，估值在 1 美元到 7 美元之间的买家将愿意支付足以弥补成本的金额，但是，垄断厂商为了保持高价格和高收益，并不愿意满足这一需求。如本书第 2 章，买家的价值损失可用需求曲线下方的面积衡量，需求线以下、垄断产量 6 往右、边际成本线以上的面

积，即为净损失。此三角形由浅色灰线标示，是测度垄断市场福利成本（相较于价格等于边际成本1美元、产量12的竞争结果）的一种手段。当然，如果存在第12章介绍的为谋求垄断地位的无效竞争（比如寻租），垄断的实际成本还将更高。此外，垄断的另一隐性成本在于，如果垄断地位受到政府限制的保护，市场中创新的动力就会减少。

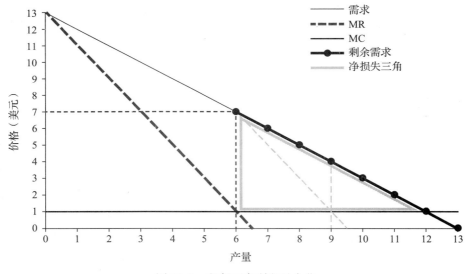

图 20-2　垄断厂商利润最大化

在模拟市场需求侧的背景下，图20-1左侧实验结果确实向垄断预测收敛。这种实验更加适合大量消费者聚集的市场，其中，没有消费者具有足够的规模或力量去与垄断者讨价还价，压低垄断价格。

20.2　古诺双寡头垄断

接下来考虑有第二家企业进入市场的情况。具体地，假设两家企业边际成本固定，皆为1美元，且独立完成产量决策，二者产量之和决定市场价格（仍遵循表20-1）。图20-1右半部分实验采用此双寡头垄断结构。注意，纵轴表示每个卖家（per seller）产量，在第9轮时该产量等于垄断水平6。两个卖家各生产6单位，总产量12迫使价格降至1（＝13－12）美元。当价格为1美元，也就是单位成本时，这一轮的利润为零。第10轮平均产量下降；鉴于前一轮中利润为0，观察到减产不足为怪。削减产出的动机可以从图20-2的图表中看到。假设其中一家企业（进入者）知晓对方会生产6个单位，那么自身若不生产，价格将保持在垄断水平7美元；如果进入者生产1个单位，价格跌至6美元，以此类推。进入者的价格/产量组合在图20-2当中由深色点线表示，并标有"剩余需求"。剩余需求的边际收益（浅色虚线）之斜率为剩余需求线自身斜率的两倍，且和MC交于产量9处。该交点意味着，若对方生产了6个单位，进入者产量应是3。总之，当一家企业生产6个单位时，另一家公司的最优响应是选择产量3。这就说明了为什么图

20-1 右侧的平均产量从第 9 期开始的 6 逐渐下降。最后平均产量降至 4，也就是均衡下，如果一个卖家生产了 4 单位，另一个卖家的最优响应亦然。

为了表明古诺均衡实际上是每个卖家生产 4 个单位，我们需要考虑一些其他的最优响应计算，如表 20-2 所示。表中为两家企业各种产量组合（分别对应行和列）下，其中一方的利润情况。左起第一列 "0"，即 "列" 企业不生产的情况，对于 "行" 企业来说和垄断并无差别，其利润数据可见表 20-1 中对应的行：生产 1 单位利润 11 美元，2 单位利润 20 美元等。这一列中利润的最大值是左上角的 36 美元，即垄断产出 6，上标一个星号。为加强理解，请读者自行填补表格右上方的两处空格。其余情形的最优响应的收益同样由单星号标示。回想前面，当对方生产 6 个单位时最优响应是生产 3 个单位（见图 20-2），恰好对应最右一列第四[⊖]行，行企业利润为 9 美元。双寡头市场的纳什均衡是两家企业产量的组合，二者均为之于对方产量的最优响应。前面的 3 虽然是对 6 的最优响应，但（一方生产 6，另一方生产 3）不是纳什均衡（章后习题 1）。而表中的收益 16 美元处，产量 4 的最优响应也是产量 4，是一个纳什均衡，上标有双星号。如果两企业都生产 4 个单位，那么双方都没有动机单方面改变产量。诚然，如果双方合作，双双将产量减少到 3，总产量 6 将实现整个行业的利润最大化，达到完全垄断水平的 36 美元，双方各得 18 美元。联合利润最大化组合位于表中 18 美元处，用三个星号标示，但并不是纳什均衡，双方都有激励单方面扩大产量。

表 20-2　行企业的利润矩阵　　　　　　　　　　　（单位：美元）

		列企业的产出						
		0	1	2	3	4	5	6
行企业的产出	6	36*	30*	24	18	12	6	
	5	35	30*	25*	20*	15	10	
	4	32	28	24	20*	16**	12*	8
	3	27	24	21	18***	15	12*	9*
	2	20	18	16	14	12	10	8
	1	11	10	9	8	7	6	5

注：* 代表行企业的最优响应；** 代表古诺均衡；*** 代表联合利润最大化结果。

事实上，纳什均衡并未最大化联合利润，这也就引出了一个有趣的行为方面的问题——为何实验中的被试们无法就限产增收达成合作呢？原因或是实验的双寡头阶段采用随机配对，各卖家在每一轮都和随机选择的人配对，这种持续变动使得限产合作极难实现。在使用固定配对的实验中往往能观察到合作，卖家仅 2 个时尤为明显。Holt（1985）实验发现，部分卖家存在同步减产的行为模式，例如，双寡头在同一期将各自产量从 7 减少到 6，然后，在下一期又减少到 5，以此类推。即使卖家之间不能明确地交流，这种默契共谋（tacit collusion）亦有发生。还有一种情况是，一个卖家首先扩大产量，使价格降至 0，然后，再大量减产，即先后发出威胁与和解信息，从而促使对方合作。当卖家多于 2 个时，以上默契共谋现象便不再多见。部分原因可能在于，当一方减产，其他人

自然有动机单方面增产，也就是说，一方表现出的克制反而会增强其他人所受到的诱惑；此外，如果为了惩罚某一人而增产，市场价格的降低将损害全体卖家，故而这种惩罚方式并不具有针对性。

我们刚刚论述的纳什均衡也称作古诺均衡，以法国数学家古诺的名字命名，他在1838年分析了双寡头和寡头垄断模型。本例的古诺均衡是对称的，但同样存在不对称的古诺均衡。对表20-2的进一步分析表明，至少存在另一个纳什均衡，其总产出也为8，因此平均值是4，即使两家公司的产出量不相等。你能找到这个非对称均衡吗（章后习题第3题）？

就像垄断一样，图形有助于我们加深对双寡头均衡的理解。古诺双寡头垄断如图20-3所示。如果一家企业生产4个单位的产品，另一家生产1个单位（总产量=5），则价格等于8（=13−5）美元，就像图20-3中剩余需求曲线上的一点。想想纵轴在另一家公司的产出量为4时向右移动，如纵虚线所示，剩余需求点形成需求曲线的斜率是−1。和以前一样，边际收益的斜率是需求曲线斜率的二倍，如图中粗虚线所示。这条线穿过边际成本刚好位于产量8之上，因此，产量为4是对另外企业产出为4的最佳对策。从图20-3中可以看出，这个双寡头均衡下的价格是5美元，低于7美元的垄断价格。

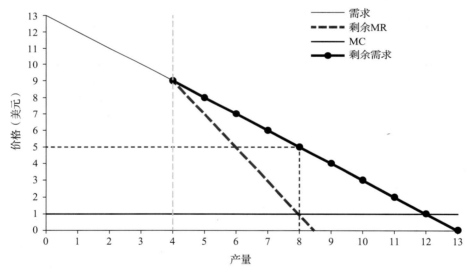

图20-3 古诺双寡头垄断：给定剩余需求的利润最大化

20.3 古诺寡头垄断

如图20-4所示的课堂实验采用固定配对，分别为双寡头市场（左侧）和三家企业市场（右侧）。尽管配对的性质是固定的，然而，参与者仍无法协调减产，使产量低于双寡头垄断的预测，即每个企业产出4单位。而在三寡头实验局中，平均产量向3收敛，也就是说整个行业的产出为9，不同于双寡头垄断产量8（两家企业各4）和垄断产量6。由此我们可以看出，卖方数量的增加，提高了总产量，并使价格朝着竞争市场水平下降。

针对三寡头市场（卖家数为 3），在图 20-3 的基础上加以修改，可以直观地证明，当另两家企业各生产 3 个单位时，余下一家企业的最优产量也是 3（章后习题第 4 题）。取而代之，我们将使用一个基于需求是线性的情况的简单推导，则边际收益曲线的斜率是需求收益曲线斜率的二倍。不过，只要需求曲线呈线性，则边际收益曲线的斜率是其两倍，此处我们将运用简单的数学推导来证明。即便是一般化的 N 家企业的情形，亦能方便地推导出均衡，而后再回到三寡头市场即可。

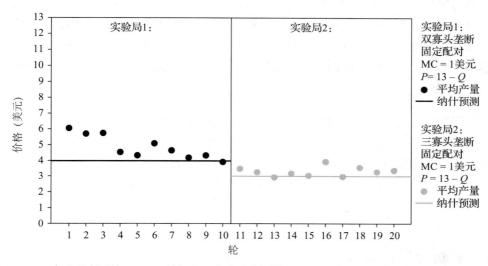

图 20-4　双寡头垄断（第 1 ~ 10 轮）和三寡头垄断（第 11 ~ 20 轮）的课堂实验的卖家平均产量

首先，站在一家企业的角度，假定其他 $N-1$ 家企业各生产 X 单位，产量之和为 $(N-1)X$。如果我们所考虑的企业选择了 Q 的产出，那么行业产出等于他人生产的 $(N-1)X$ 与被考虑企业生产的 Q 之和。根据式（20-1）的第一行，最终价格等于 A 减去 B 乘以总产量。于是，对这家企业来说，总收益（total revenue，TR）等于价格乘以 Q。

$$P = A - B(N-1)X - BQ$$
$$\text{TR} = AQ - B(N-1)XQ - BQ^2 \tag{20-1}$$
$$\text{MR} = A - B(N-1)X - 2BQ$$

第三行的边际收益（MR）斜率为 $-2B$，符合边际收益斜率二倍于反需求的事实。（或者，你也可以参照本章附录，将 TR 对 Q 求导计算 MR；二倍缘于 Q^2 的导数为 $2Q$。）

同垄断厂商的情况，只要边际收益大于边际成本，寡头垄断厂商就应扩大产量，而最佳产量是通过边际收益与边际成本相等得到的，如式（20-2）的顶部一行所示。

$$C = A - B(N-1)X - 2BQ \text{（边际成本 = 边际收入）}$$
$$C = A - B(N-1)Q^* - 2BQ^* \text{（基于对称性）} \tag{20-2}$$

图 20-3 中双寡头产量相等（均为 4），寡头数量为 N 时亦然，对称均衡下 $Q = X = Q^*$，Q^* 为所有企业相同的均衡产量。式（20-2）第二行正是基于对称性所得，进一步求解可得古诺产量：

$$Q^* = \frac{A - C}{(N+1)B} \quad \text{（古诺均衡）} \qquad \text{（20-3）}$$

运用式（20-3），我们能够验证前面 $A = 13$、$B = 1$、$C = 1$ 设置下的诸多结论。$N = 1$ 时，公式的计算结果等于垄断产量 $Q^* = (13 - 1)/2 = 6$；$N = 2$ 时，公式的计算结果亦等于双寡头垄断的平均产量 4。企业数量为 3 时，均衡产量是 3，和图 20-4 右边部分的平均产量数列相若。随着 N 增大，均衡产量减少，但行业总产量却在增加。对此，可以将式（20-3）和 N 相乘获得行业总产量，进而分析总产量和 N 的关系（章后习题 5）。

在采用模拟需求、固定配对的产量决策实验研究中，对串谋的默许往往导致价格超过古诺均衡预测。但是，由于生产最多产品的人赚得也最多，竞争性激励会导致卖家将产量扩大到古诺水平以上（Holt，1985）。当他人收益可观测时，被试可能会去"模仿"高收益卖家，增加产量，此时，上述影响最为明显（Hück，Normann，and Oechssler，1999）。总结如下：

古诺实验： 古诺均衡中，每个卖家的产量决策是使自身收益最大化。对此，可以理解成，每个卖家都面对着一份属于自己的剩余需求（总需求扣除其他卖家的产量），并使这份需求的边际收益与自己的边际成本相等。若市场上只有 2 个卖家时，价格有时会高于（数量也会低于）古诺均衡。但随着卖家数量的增加，竞争性激励往往会迫使产量趋近于古诺预测，当其他卖家收益可观察时，则尤其明显。

20.4　垄断与自由贸易

如今的购物通常从互联网搜索开始，搜索结果显示消费者的满意度评分，可以用来选择一个或多个品牌。然后，第二次搜索可以显示价格、运输成本和当地可得性（或者选择在库存到达当地门店时得到通知）。通常，最简单、最快捷的网购流程是：在网上订购选定的品牌、用信用卡支付并安排送货上门或其他地点。事实上，这种看似简单的交易过程需要相当程度的信任，包括可靠的口碑、运输、信用卡支付、产品质量以及方便的退货方式等等。建立在这些商业实践中的信任极大地扩大了许多发达国家的市场范围，特别是在美国和欧盟。放眼世界却不尽然，许多地区的运输和支付风险要大得多；某些国家的关税和费用甚至构成了跨市场竞争的障碍。每个地区性垄断市场的价值和成本如表 20-3 所示。

表 20-3　每个地区性垄断市场的价值和成本　　　　　　　　　　（单位：美元）

	买家 1	买家 2	买家 3	卖家 4
第 1 单位产品	6.50	5.50	4.50	0.50
第 2 单位产品	1.50	2.50	3.50	0.50
第 3 ~ 9 单位产品				均为 0.50

在 Veconlab 的垄断和自由贸易（monopoly and free trade）实验中，每 3 个买家一开始各自位于分离的地区性垄断市场，由唯一的卖家决定价格以及最大销量。买家输入意

愿以当地价格购买的产品数量；卖家收到这笔钱，生产相应数量的产品并支付成本（未售出的部分不支付生产成本）。在初始设置中，2 单位产品对于不同买家的价值不等，一高一低，且每轮都会互换。实验收益等于所购产品的价值和价格之差。如果多个买家意愿向一个卖家购买产品，谁能买到产品则随机决定（就像买家以随机的顺序到达市场）。买家的价值数据（各轮之间互换）见表 20-3。

实验中，输入价格须为整数。也就是说，只要买家不拒绝有利可图的交易，则卖家售价 6 美元能售出 1 单位产品，售价 5 美元售出 2 单位，4 美元售出 3 单位，以此类推。售价每提高 1 美元，需求相应减少 1 单位。

假设买方不会策略性地拒绝购买（该假设本身较脆弱），即可计算总收入。价格为 6 美元时，产量为 1，第一个单位的 MR ＝ 6 美元，总收益 TR ＝ 6 美元。价格为 5 美元时，产量为 2，总收益 TR ＝ 10 美元，故第二个单位的 MR ＝ 10 － 6 ＝ 4 美元。同理，可以得到第三和第四单位的边际收入分别为 2 美元和 0 美元。总结起来，随着产量从 1 到 2 到 3 到 4，价格从 6 降低至 5 美元、4 美元、3 美元，而边际收益降幅是价格的两倍，从 6 美元降至 4 美元、2 美元、0 美元。因边际成本固定为 0.50 美元，边际收益为 0 美元的第四个单位并不应生产销售，于是垄断厂商的最优产量是 3 个单位，价格为 4 美元。如表 20-3 第一行所示，每名买家最终以垄断价格购买一单位高价值产品。三个最高价值之和 6.5 ＋ 5.5 ＋ 4.5 ＝ 16.50 美元减去对应的成本总和 0.5 ＋ 0.5 ＋ 0.5 ＝ 1.5 美元，即为理论预测的垄断市场总剩余 15 美元。

第二种实验局是允许买家从任何市场的任何卖家那里购买，这样他们就可以看到卖家在自己市场和其他地方市场上公布的所有价格。关于以上两种实验局设置还可以通过关税的形式实现：实验局一的跨市场购买需支付高额关税，从而阻止跨市场交易；实验局二则移除关税。在自由贸易下，价格（理论上）将被压低至 1 美元，这是高于成本的最低整数价格，每个地区性市场的所有 6 个单位都将售出。总剩余将是表 20-3 中 6 单位价值之和的 24 美元，减去 6 个单位的成本总和 3 美元，共 21 美元。回想一下，完全垄断市场的剩余仅 15 美元，预计取消关税将使效率从垄断下的 15/21（71%）提高到 21/21（100%）。

图 20-5 显示了两个地区性垄断市场的课堂实验结果（每个市场有 3 个买家和 1 个卖家）。其中，卖家不知晓买家的价值，反之买家也不了解卖家的成本。前 4 轮实行地区性垄断贸易，地区平均价格约 3 美元，产量约为 4 个单位，略低 / 高于 4 美元 /3 单位产品的理论预测，不过后者也需要依赖完全信息以及买家被动接受价格的隐含假设。后 4 轮实行自由的跨地区贸易，市场价格平稳下降，最后一轮终至 1 美元，实现了 100% 的市场效率。图 20-5 左边同样给出了边际收益曲线（呈阶梯状，几个台阶分别是 6 美元、4 美元、2 美元、0 美元），它与垄断量为 3 时的边际成本线相交。由后 4 轮结果可见，引入灵活的买家增进了卖方的竞争，这些在下一章还会涉及。总结如下：

地区性垄断和自由贸易实验： 自由贸易打破了地方垄断力，由此产生的跨市场价格竞争将价格压低到竞争的水平，并且提高了市场效率。

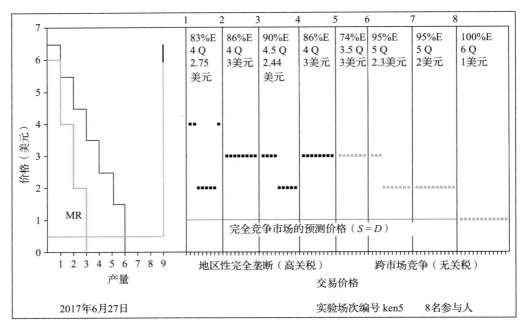

图 20-5 地区性垄断（1 ~ 4 轮）和自由贸易（5 ~ 8 轮）的课堂实验

20.5 扩展

古诺模型可能是产业组织理论研究中应用最为广泛的模型。它的流行是基于易处理性和均衡价格是卖方数量的递减函数的预测。这一预测得到了实验室实验的支持，这些实验实施了古诺假设，即企业独立选择产量。

相比之下，古诺模型在反垄断案件中很少被使用。这体现出古诺模型的一个明显不足，即确定价格的具体方式。其中隐含着假设：企业独立地做出产量决策，产量决定价格，于是所有的产品都可以售出。举例来说，不难想到这样一种情况，即一定数量的产品已经生产出来，故短期供给曲线在某点垂直，价格由垂直的供给函数与市场需求函数的交点决定。换言之，假定价格竞争过程中的竞争性极强。虽然有部分博弈论和实验证据支持此观点，但即便如此，如果企业独立决定价格而非数量，然后按订单生产产品，古诺均衡便不再适用。如果公司在互联网上邮寄商品目录或邮寄"现购"价格，并有能力迅速完成订单，独立的价格选择可能是一个适当的假设。一些更丰富和更相关的折扣价格竞争模型将在下一章中讨论。

附录 20A 微积分简单回顾（选读）

线性函数的导数即为其斜率。比如图 20-2 中的需求函数：$P = 13 - Q$，斜率是 -1（每增加 1 单位产量，价格降低 1 美元）。通过微积分求取斜率，我们需要公式：不论斜率参数 B 取何值，BQ 关于 Q 的导数即为 B。因此，$(-1)Q$ 的斜率是 -1。需求线的斜率即

$13 - Q$ 的导数，而后者的第二部分 $-Q$ 的导数已经求得，为 -1。于是，13 的导数应该是 0。实际上，任意常数的导数都是 0。在此，要知道函数的导数等于其斜率，对于一个固定高度的函数，就和平整的桌面没有斜率一个道理，该函数的斜率是 0。以更一般性的线性需求函数 $A - BQ$ 为例。截距 A 是一个常数项（并不受变量 Q 的影响，始终保持固定），其导数是 0，而 $-BQ$ 的导数是 $-B$，于是 $A - BQ$ 的斜率等于 $0 - B = -B$。

此处，我们使用了函数和求导规则：函数之和的导数等于函数导数的和。这是一个相当直观的规则。设想，Fred 和 Grace 在渡轮上向游客贩卖啤酒与三明治（Fred 卖啤酒），他们的销售收入取决于游客的人数 Q。设 Fred 的收入为函数 $F(Q)$，Grace 的收入为 $G(Q)$，二者的总收入为 $F(Q) + G(Q)$。当 Q 增加，总收入的变化等于 Fred 啤酒收入的变化加上 Grace 三明治收入的变化，即导数之和。关于求导规则，总结如下（规则 4 和 5 目前还未使用）：

规则 1：常函数 $dA/dQ = 0$。

常数 A 的导数是 0。

规则 2：线性函数 $d(KQ)/dQ = K$。

一个常数乘以变量的导数，就是一个常数斜率，也就是常数斜率参数，即，KQ 关于 Q 的导数就是 K。

规则 3：函数之和

两个函数之和，其导数即为各自导数的和。

规则 4：二次函数 $d(KQ^2)/dQ = 2KQ$。

二次函数求导，需要将指数上的 2 移动到系数上，KQ^2 的导数就是 $2KQ$。

规则 5：幂函数 $d(KQ^x)/dQ = xKQ^{x-1}$。

一个变量的 x 次幂的导数是通过将 x 向下移动并将其幂减 1 得到的，故 KQ^3 的导数是 $3KQ^2$，KQ^4 的导数是 $4KQ^3$，更一般化，KQ^x 的导数是 xKQ^{x-1}。

举例来说，前面讨论的垄断厂商的单位边际成本恒定为 1 美元，生产 Q 单位的总成本即为 Q 美元。于是总成本函数可看作 1 和 Q 的乘积，通过规则 2 可知 $1Q$ 的导数为 1。如果还存在固定成本 F，总成本增至 $F + Q$。注意此处的 F 是常数，通过规则 1 可知，其导数为 0，因此，总成本函数的导数是 $F(0)$ 和 $Q(1)$ 两部分的导数之和，即边际成本仍等于 1。

接下来考虑需求方，$P = A - BQ$ 包含截距项 A 和斜率 $-B$。总收入函数则是价格与产量 Q 的乘积：$AQ - BQ^2$，包含斜率为 A 的线性部分以及系数为 $-B$ 的二次项。通过规则 2 可知，AQ 的导数是 A，而 $-BQ^2$ 的导数需要运用规则 4，将指数上的 2 提取到系数上，得到 $-2BQ$。二者相加即为总收入函数的导数：$A - 2BQ$，可见边际收入和需求在纵轴上的截距相等，斜率却是二倍。以上计算结果和表 20-1 中的计算结果一致，每增加一个单位的产量，价格降低 1 美元，边际收入减少 2 美元。

第 20 章习题

1. 使用表 20-2 说明，一个企业的产出为 6 个单位，另一个企业的产出为 3 个单位，这并不构成作为该表基础的双寡头模型的纳什均衡。

2. 使用表 20-2 表明，两企业各生产 3 个单位不构成古诺 / 纳什均衡。

3. 在表 20-2 中找到一个不对称的古诺 / 纳什均衡，其总产量为 8 个单位，但有一家企业生产得更多。因此，你需要给出两家企业的具体产量，并证明双方都没有单方面的偏离动机。(这种不对称均衡是离散性产量决策的产物，表中产量被限制在整数范围。)

4. 重新绘制图 20-3，将垂直虚线的横坐标设为 6 个单位（另外两个公司各生产 3 个单位），证明余下一家企业的剩余边际收入将与边际成本交于产量为 3 个单位处，即生产 3 个单位是该企业的最优响应。

5. 基于式（20-3）中给出均衡产量，证明线性古诺模型的均衡价格是企业数量 N 的减函数。

6. 图形有助于对式（20-3）的理解。如果以图 20-3 为基础绘制一般性的线性需求函数 $P = A - BQ$，那么，纵轴上的截距是 A，另由 $P = 0$ 可以得到横轴的交点 $Q = A/B$。注意式（20-3）中的 $(A - C)/B$。图中，MC 线的高度等于边际成本 C，而长度正是 $(A - C)/B$。这条线在图 20-3 的双寡头图中被分成 3 个相等的部分，就像 MR 线将垄断图分成 2 个相等的部分一样。通常，这条线被分成 $N + 1$ 段。使用几何学论证为什么这条线有长度 $(A - C)/B$，为什么它在对称古诺平衡中被分成 $N + 1$ 段。

市场势力、串谋与价格竞争

在双向拍卖中，交易者可以看到所有交易的价格和当前的买卖价差，就像纽约证券交易所的交易一样。双向拍卖是一种竞争性很强的制度，能刺激参与者随着时间推移不断地修改和完善报价，以便及时完成交易。相反，明码标价市场多要求卖方事先设置固定的"要么接受/要么离开"（take-it-or-leave-it）式的价格，交易期间不允许修改。本章首先对这些市场中的价格与效率展开分析，特别侧重于卖方掌握市场势力（market power）的市场环境。所谓市场势力，粗略地说，即一家企业具有提价高于竞争水平从而获利的能力。绝大多数情况下，双向拍卖市场的效率更高，该制度灵活的弹性价格往往能将市场引向竞争结果（供求相等）。

本章的第二部分是关于价格串谋的，当卖方不能从公布的价格提供秘密折扣给个人买家时，串谋就更有效了。这样的折扣往往会打破实验室实验中的串谋，反垄断当局（有时）会关注限制折扣机会的商业行为。本章相较本书其他章节略长，但附录部分属于选修，第二部分的故事也颇为直观，技术性并不强。

教师须知： 各种市场制度可以通过 Veconlab 中的双向拍卖（double auction）、明码标价市场（posted offer）或伯特兰市场（Bertrand）程序来实现。

21.1 在双向拍卖与明码标价市场中的价格调整

实验室市场产生有效竞争结果的普遍看法是令人惊讶的，因为在产业组织理论著作中，普遍强调市场的不完善。通过考虑交易制度（trading institutions）的影响，这个明显的矛盾得到了解决。如第 2 章所述，"双向拍卖"经常得到竞争结果，和许多集中化金融交易市场规则类似。但是，产业组织领域的经济学家所关注的大多数市场具有不同的制度特征：卖家公布价格，买家要么按这些价格购买，要么进行有成本的搜索和谈判以获得折扣。不同于竞争性更强的双向拍卖，市场势力、价格操纵（pricing-fixing conspiracy）和周期性需求冲击的存在，会损害明码标价市场的表现。

通常，市场中人数较少的一方有能力制定价格。例如，卖家通常会在零售市场上公布价格。由于这个原因，理论上的价格竞争模型通常是建立在一个假设上的，即在每"期"的开始价格同时列出，这被称为伯特兰竞争（Bertrand competition）。借助实验室实验，能够在受控的条件下平行地比较明码标价和其他市场制度（例如，双向拍卖，买卖双方集中展开互动，要价与出价方式类似集中化的证券市场）。令人惊讶的是，双重拍卖在各种实验室环境中得到了高效率的竞争性市场结果，即便是无模拟买家（Smith，1962，1981）的垄断市场也不例外。相反，明码标价市场的价格往往高于竞争水平（Plott，1989；Davis and Holt，1993）。

图 21-1 和图 21-2 乃是成对的两个市场，前者采用双向拍卖，后者采用明码标价拍卖，均以研究为目的且在实验室内展开。实验报酬等于实验中收益的 1/5，且价值和成本设置令所有人的期望收益基本相当。不管哪一场，买方价值都在第 5 期后减少 4 美元，即需求下降 4 美元，使预期竞争价格降低 2 美元，如两幅图的左半部分。举例来说，两个高价值买家在第 5 期的价值为 15 美元，到第 6 期便降至 11 美元，成本则在各期保持不变。

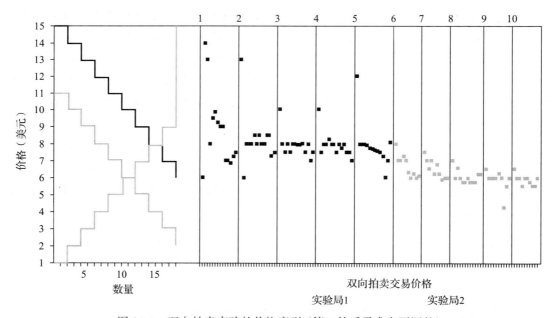

图 21-1　双向拍卖实验的价格序列（第 5 轮后需求向下调整）

首先考虑双向拍卖，即图 21-1。图中左半部分是需求和供给线，右半部分的垂线分隔开各期，实点则代表观测到的交易价格，按照顺序排列。回想一下，双向拍卖的参与者需要开出合约（买家出价，卖家要价），或从市场另一方的全部合约之中择优成交。因此，这类市场通常呈现要价序列逐渐降低、出价序列逐渐提高的景象，直到价差足够小，有人选择接受合约。

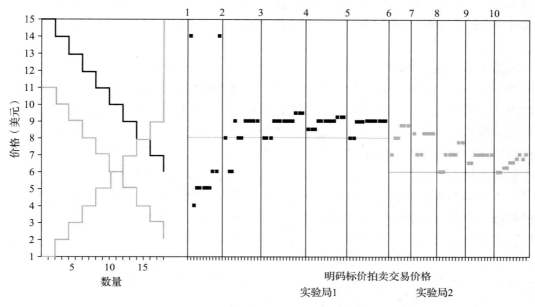

图 21-2　明码标价拍卖实验的价格序列（第 5 轮后需求向下调整）

　　尽管第 1 期的成交价差异很大，但双向拍卖市场整体上富有效率，实现了最大可能剩余的 99%，前 5 轮的平均效率更达到 98%，且产量 14 等于完全竞争的预测。实验中，所有参与者均知晓第 6 轮可能改变收益参数。届时，卖家会观察到自己的成本未做调整，但不了解买家价值或其他卖家的成本作何变化。第 6 轮开始，成交价格仍保持在原先的 8 美元，至轮末便降至新的均衡价格 6 美元。以下是被试的普遍行动模式：一期开始阶段，高价值买家和低成本卖家早早完成交易，成交价格接近于前一期；而价值 / 成本接近边际水平的买 / 卖家交易时间更晚，且成交价格接近供需交点。第二个实验局各轮的交易量都等于竞争预测 10，且随着交易价格在第 6 轮后段降低到新的竞争价格 6 美元，之后各轮都保持在附近，效率约为 96%。

　　回忆本书第 2 章，明码标价市场当中的买家无法出价。每一期开始阶段，卖家各自独立制定要价以及最大出售产品数量。而后，买家依随机顺序购买产品。一旦所有的买家完成购买，或者卖家的库存售空，本期即告结束。如图 21-2，明码标价市场的价格在第 1 期中同样差异极大，且不同于双向拍卖市场，严重偏离竞争预测。第 2 ～ 4 期，价格看起来收敛到比竞争预测水平高 1 美元的位置。总之，相比之下，明码标价市场的平均成交量（12）和效率（86%）都更低。当第 6 期的需求下降，成交价格下降缓慢，且始终未达到新的竞争预测，后 5 期的效率仍为 86%。需求下降后的头两期效率最低，可见明码标价市场的调整速度相对更慢，这一点对卖家更有利，价格得以维持在竞争水平以上。不过，在两种实验局的最后一期，市场效率都攀升至 90% 以上，交易量也达到竞争预测水平。

图 21-1 和图 21-2 所示的结果颇为典型。与双向拍卖相比，实验室中的明码标价市场向竞争预测结果收敛的速度更慢（Ketcham，Smithm，and Williams，1984），且并不彻底（Plott，1986，1989）。即使是固定供需函数的非垄断设计，明码标价市场中的交易者通常仍会损失 10% 左右的可能收益，相反，双向拍卖中大多能够实现总剩余的 95% 到 98%。

从图 21-2 可见，标价市场的价格反应相对迟缓。如果市场需求随经济繁荣 / 萧条而周期性变化，此特征将更加突出。首先，考虑这样一种情况：需求在一段时期内多次上涨且供给保持稳定，市场将产生需求持续上涨的预期；但是，"繁荣"之后市场却迎来了预期之外的需求下降趋势，竞争价格预测值逐渐降回初始水平。双向拍卖市场中的实际价格与预测价格在涨跌趋势上高度吻合，市场效率亦较高。这是因为需求的变化通过买方各期的竞价行为强度传导至市场，卖方可以在出售产品时了解到新的市场状况。相反，明码标价市场中卖家需在交易开始前制定价格，故无法及时观察到市场状况的变化，只能根据每一期结束后的交易量进行推断。面对和相同的连续需求变动，明码标价市场的实际交易价格调整较慢。当需求增加，竞争预测价格相应提高，而实际交易价格却难以跟上，即便需求已由升转降，价格可能仍在继续上升；反过来，当需求减少，实际交易价格的下降速度也滞后于竞争预测，下行周期中过高的市场价格使交易量跌势更加剧烈，导致之后几期的交易枯竭、卖家利润严重减少（Davis and Holt，1996）。总结如下：

价格调整与市场制度： 相比明码标价市场，双向拍卖的市场价格对供需变动的反应更加迅速。面对一系列的需求变动，明码标价市场当中的价格滞后于供需预测结果。在下跌（萧条）阶段，价格可能下跌得非常缓慢，以至于购买者很少购买，市场甚至可能"冻结"，很少有交易。

21.2　无明确串谋的卖方市场势力的行使

当同一市场当中两家企业合并时，反垄断部门会重点考虑新形成的大企业是否有能力抬高市场价格从而损害买方利益。当然，不论大小，所有卖家都可以单方面地涨价，真正的问题在于这是否有利可图。对于一个卖家而言，涨价意味着市场份额的减少，但如果市场中的其他卖家无法消化此份额，则涨价更有可能提高利润。因此，其他卖家的生产力能够限制某一卖家的市场势力，故合并若是削弱了市场当中其余卖家的生产力，或许将创造市场势力。这就提出一个问题：涨价行为可否用博弈论计算来解释。根据卖方将价格提高到一个共同竞争水平之上的动机，明确市场势力的博弈论定义是很简单的（Holt，1989）。换句话说，当竞争均衡不是纳什均衡时，市场势力就存在了。

虽然通过检验单方面偏离竞争结果是否有利能够简单直接地判断竞争均衡是不是纳什均衡，但是找寻明码标价市场的纳什均衡却并不简单。设想一种最简单的情形，企业产量不受任何限制，通常称作伯特兰竞争（Bertrand competition）。举例来说，所有企业的边际成本相同且固定为 C。此市场中，任何高于 C 的定价都构不成纳什均衡，因为届时所有企业都有动机稍稍降价，从而获得全部市场份额。单次价格竞争博弈的伯特兰预测结果是，即便市场仅有 2、3 家企业，严酷的市场竞争也将驱使价格降到边际成本水平。

即便重复多期，如果采用随机配对使市场互动具有一定的单次性质，那么单次纳什均衡预测结果仍然适用。大部分的市场互动都是重复的，但只要期数固定且已知，则单次纳什均衡预测适用于最后一期，逆向归纳过程可证各期价格都等于单次纳什预测。现实中，多数市场并无明确的结束期，某些自发合作或由此形成。具体地，若卖家在某期降价，此举传递出的信息可能使其他卖家随后效仿，因此降价受到其他卖家报复性降价的威慑。至于自发合作的方式有很多，第 11 章介绍的惩罚策略可为其提供支撑。

以上关于伯特兰模型的讨论，有赖于广泛的定价范围——现实当中"极小幅度"的降价在模型中也实际可行。这意味着离散价格[⊖]的自发协议或有碍市场竞争。例如，Cason（2000）使用实验室实验证明，纳斯达克交易商的"偶数 1/8"[⊜]惯例或助长串谋。离散价格的双向拍卖和明码标价市场的比较如图 21-3 所示。图 21-3 左侧中价格的最小单位是 1 美元。

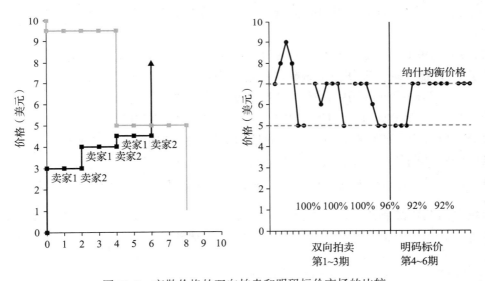

图 21-3 离散价格的双向拍卖和明码标价市场的比较

2 个卖家各有 3 个单位的产能，成本分别为 3 美元、4 美元、4.5 美元，如图 21-3 左侧的供给函数所示。根据供需交点，竞争均衡价格是 5 美元。该设计并不是出于研究目的，重点在于展示双向拍卖和明码标价两种交易方式的差异。实验手工开展，前 3 期进行双向拍卖交易，后三期进行明码标价交易。每一期的价格序列用实线相连，间断处

即一期截止。左侧的双向拍卖市场中，每一期末卖家都争先恐后地出售边际单位以赚取 0.50 美元的利润，届时价格都降至 5 美元。竞争的结果是 6 单位产品全部售出，各期效率（图 21-3 中各期下方）均达到 100%。接下来 3 期明码标价市场中，卖家都将价格升至 7 美元，成交量缩减为 4 个单位，效率降至 92%。当价格为 7 美元，每一个卖家出售 2 个单位，挣得 7 + 7 − 3 − 4 = 7 美元。此时，如果一个卖家价格不变，另一个卖家单方面降价至 6 美元，售出全部 3 单位产品将得到 6 + 6 + 6 − 3 − 4 − 4.50 = 6.50 美元，小于 7 美元，这也意味着售价 7 美元构成了纳什均衡。（类似地，可自行检验单方面提价是否有利；参见章后习题 1。）因此，明码标价阶段的售价升至纳什均衡水平。

Holt、Langan 和 Villamil（1986）的实验重点关注双向拍卖当中市场势力的影响。该实验较图 21-3 复杂，包含 5 名卖家，且定价未做整数限制，存在 1 单位成本稍高于竞争价格的过度供给。最终结果显示，大约一半场次的市场价格超过竞争水平。换句话说，即便供需设计赋予卖家行使市场势力的强烈动机，仍有一半场次的市场价格收敛至竞争水平，这也证明了双向拍卖制度的竞争性之强。Davis 和 Williams（1991）重复了 Holt、Langan 和 Villamil 的双向拍卖实验，大部分场次的市场价格略微高于竞争水平。此外，他们还在另一些场次当中采用明码标价交易，结果卖家提价至更高水平，不再出售边际产品。

史密斯（1981）研究了市场势力的极端情况——市场中仅有一个卖家和一些真实买家（非模拟）。他发现，即便完全垄断者，在双向拍卖中有时也无法维持价格高于竞争水平；相反，在明码标价市场中往往能发掘垄断价格并维持之。二者的不同之处在于：明码标价市场的卖家在期初一次性地制定"要么接受－要么离开"式价格，期中既无动机也无机会为出售边际产品而降价；而双向拍卖市场当中则确实存在这种动机，具体而言，如果垄断者在某期的最后阶段降价出售边际产品，那么在下一期继续维持垄断价格将变得困难，这种买方阻力可能导致双向拍卖垄断者的价格低于垄断预测。总结如下：

市场势力与市场制度： 在"要么接受－要么离开"的定价背景下，市场势力的影响更为显著。相比之下，在双向拍卖中，由于有持续的降价机会，价格更接近于竞争性的供求预测。

21.3 埃奇沃思循环和随机价格

若卖家产品同质化，且买家掌握正确的价格信息，那么买家将会蜂拥至售价最低的卖家。这可能会造成价格不稳定，从而导致价格的随机选择。首先，考虑一个特定的例子，假设需求在价格低于 6 美元的范围内无弹性，固定为 3 个单位，即需求曲线在数量 3 的左侧水平且高度为 6，在数量 3 处垂直向下，如图 21-4 所示。两个卖家各有 2 单位产能，成本为 0，市场供给线垂直于 4 单位，供需交点处价格为 0，数量是 3。卖家是同质的，预计如果两家售价相同，则各得到一半市场份额，平均 1.5 个单位。如果售价不同，价低的一方将售出 2 单位，另一方只售出 1 单位（价格不高于 6 美元）。如果允许"小幅度"降价，则 0 ~ 6 美元的任何价格都构不成纳什均衡，因为卖家可通过些微降价将预期销量从 1.5 增至 2。同时，0 美元也并不是纳什均衡，因为此时收益是 0，卖家均有涨价动机，赚取 1 单位的剩余需求。因此，在纯（非随机）策略中不存在纳什均衡，不会出现稳定的价格。

"盒式"设计及埃奇沃思循环如图 21-4 所示。

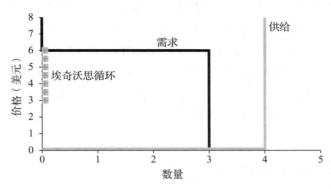

图 21-4 "盒式"设计及埃奇沃思循环

埃奇沃思首先考虑到了一种可能性：价格形成循环，每家企业在螺旋式的降价过程中压低对方价格；而当价格过低时，卖家又将涨价。沿用上文案例，假设一个卖家定价略微高于 p，介于 0 ~ 6 美元。此时，另一个卖家可以定价为 p 出售 2 个单位，获得 $2p$；或者提价至上限 6 美元，出售 1 单位，得到 6 美元。可见，如果 $2p > 6$ 即 $p > 3$，降价更有利；反过来 $p < 3$ 时，提价至 6 美元更优。由上述思考过程可知，该市场的价格会从 6 美元逐渐递减至 3 美元，而到达 3 美元后，又将重新升至 6 美元。但此观点问题是：若能预测到对方降价（比如 1 美分），则最优响应是自己降价 2 美分，但若对方也能预测，或将降价 3 美分，以此类推。因此，在埃奇沃斯循环（Edgeworth cycle）的范围内，价格的下降阶段可能是零散的，一定程度上不可预测。这增加了随机价格的可能，即第 10 章中的混合策略纳什均衡。根据混合策略均衡的定义，随机价格范围内的所有价格对于卖家而言无差异，因此在均衡的价格分布中，所有价格的期望收益须相等（关于图 21-4 相关计算之细节，参见本书附录）。正如我们将看到的，埃奇沃斯循环内的价格循环现象确实存在，而混合策略纳什均衡预测的定价模式相当少见。总结如下：

埃奇沃思循环： *如果卖方的生产能力受限，双方可能会有动机"压低"对方价格，除非价格低到可以通过提价来从剩余需求（超过竞争对手的产量）中赚取更多利润。*

21.4 市场势力的影响

在前面提到的设计中，价格高于竞争水平可能有几个原因。例如，如果只有两个卖家，就可能出现某种类型的默契串谋（tacit collusion），特别是当卖家反复互动时。另一个可能的原因是需求是无弹性的。在这个例子中，当价格高于 0 美元的竞争水平时，超额需求仅为一个单位。最后一个原因是，在竞争结果中，收益将为零，这可能会导致不稳定的（erratic）行为。这些争论激发 Davis 和 Holt（1994a）考虑了两种实验局设计，其总供给和总需求函数保持一致，但是产能分配相异，构造出市场势力。具体操作是，将一个卖家的产能转移给另一个卖家，这也使得纳什均衡价格从竞争价格水平（伯特兰结果）移至更高的埃奇沃思循环（随机）。

在图 21-5 的"无势力设计"中，虚线为市场需求。实线为供给，其上有两个"台阶"，且各单位上标有对应卖家的 ID。卖家 S1、S2 和 S3 各有 3 个单位的产能，S4 和 S5 则仅有 1 个单位的低成本产能。需求曲线的纵轴截距为 R，并在一定范围与供给曲线重合（最高竞争价格 P_c 到高成本台阶 C）。需求采用模拟的方式，从高价值的单位开始购买。如此，若有卖家单方面提价超过 P_c，则一定被排除在优先购买的 8 个高价值单位以外，最终无法售出，故无利可图。因此以上设计中不存在市场势力。

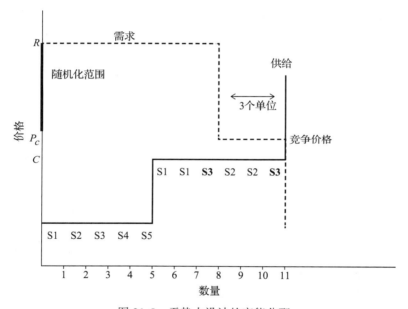

图 21-5 无势力设计的产能分配
注：将卖家 S3 的两单位高成本产能分别配置给 S1 和 S2，即为势力设计。

将 S3 的 2 个单位高成本产能（图 21-5 中的粗体字）分配给 S1 和 S2，即可创造市场势力。此时，两个大卖家 S1 和 S2 各掌握 4 单位产品，多于竞争价格之上的超额需求 3。如何有大卖家单方面涨价至截距项 R，由于其余企业的总产能 7 小于竞争均衡的总需求 8，这个大卖家的 4 个高价产品将有 1 件售出。R 和 C 的距离越远，大卖家越有利可图，市场势力越强。在这种情况下，可以通过将卖家的预期收益等同于一个常数来计算混合策略均衡中的价格分布（因为卖家只愿意在预期收益与某个区间的价格无关时随机化）。此计算与本章附录类似，但不对称的卖方成本结构使分析更为烦琐（参加 Davis and Holt，1994a）。有市场势力设计下，随机化定价范围即纵轴上的加粗区域。请注意，市场势力从无到有，卖方数量和总供求序列并未变化，因此，价格差异可完全归因于市场势力，而非其他因素（如卖方人数少，或高价格的超额供给较少）。总结如下：

市场势力： 可销售量集中在少数大卖家手中可创造市场势力，这表明赋予了大卖家单方面涨价的动机，即以更高价卖出更少商品。

图 21-6 为有 / 无市场势力条件下的价格均值，每组 5 个卖家完成 60 期价格决策。需求侧采用模拟的方式，买家被动接受价格；卖家即被试完全了解总期数以及供需结构。其中，有三场实验的前 30 期使用图 21-5 的无市场势力设计，后 30 期使用有市场势力设计（将 S3 的 2 个单位高成本产能分配给 S1 和 S2）[⊖]。这三场实验的价格均值对应图 21-6 中的深色实线，断开处即为两种实验局的分界。

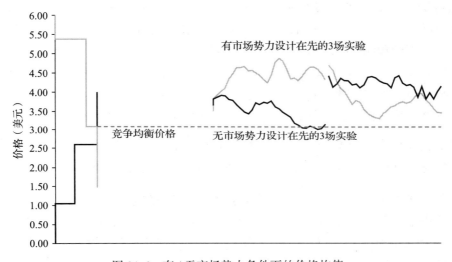

图 21-6　有 / 无市场势力条件下的价格均值

注：有 / 无市场势力（灰色），无 / 有市场势力（深色）。
资料来源：Davis 和 Holt（1994a）。

3 场 A 型实验（深色实线）的价格一开始较高，但至第 30 期却已回落至竞争水平。一旦加入了市场势力，价格立即向上跃升，和另外三场 B 型实验（浅色实线）的市场势力实验局价格基本相当。相反地，三场 B 型实验中，一旦市场势力消失，价格便迅速下滑。但请注意，价格并未一路下跌到竞争水平，表明在前半段市场势力实验局中，成功的默契串谋一定程度保留了下来，产生了序列效应（sequence effect）。

部分场次在有市场势力时，观察到了埃奇沃思循环。其典型模式是：大卖家之一提高售价至需求截距（图 21-5 中的 R）附近，从而行使市场势力——以高价出售 1 单位产品；而后，其余卖家发现自己所有产品都能售出，也相继涨价。当所有价格都到达较高水平，全体卖家将开始尝试在维持高价的同时，定价稍稍低于其他卖家当中的最高价格。这种避顶尝试有时会引导价格逐步降低。当有大卖家再次发出信号——定价接近 R，出售 1 单位，上述循环将再度开启。而在无市场势力时，上述涨价信号无法成功，定价过高将

⊖　简便起见，前 30 期无市场势力、后 30 期有市场势力的场次称为 A 型实验；前 30 期有市场势力、后 30 期无市场势力的场次称为 B 型实验。——译者注

使企业的全部产品被排除在需求以外。

全部 6 场实验中卖家数量和总供需结构保持不变，而市场势力都带来了价格的上涨。注意，实验采用的是被试内（within-subjects）设计，每场实验的被试（一组 5 人，扮演卖家）自己充当自己的控制局。原假设为"市场势力无影响"，即加入市场势力之后，涨价和降价的可能性相等，一场实验的市场势力实验局观察到涨价的概率应为 1/2。于是，全部 6 场实验中都观察到涨价的可能性很小，就好比掷 6 次硬币均为正，其概率（1/2）×（1/2）×（1/2）×（1/2）×（1/2）×（1/2）= 1/64 = 0.016。事实上，6 场实验都出现了涨价，故能在 0.05（甚至 0.02）的水平上拒绝原假设，但无法达到"1%"。这种最极端情形下的上述检验等价于第 13 章中的 Wilcoxon 配对检验，后者以每对差异的符号秩为基础。

虽然该实验中市场势力使得价格上涨，和纳什均衡预测一致，但观察到的价格循环自相关却和随机化价格矛盾。Kruse 等人（1994）也曾提出此问题。实验中的市场势力涨价效应远大于理论预测（即市场势力实验局的纳什均衡价格分布和无市场势力实验局的纳什/伯特兰价格之差）。由于实验不允许卖家间进行显性沟通，卖家共同涨价超过纳什均衡水平价格的行为符合"默契串谋"的定义。综上，市场势力在该实验环境有双重影响：既提高了预测的平均价格，又促成了默契串谋，使实际价格超过纳什预测。总结如下：

市场势力实验： 通过将卖方产能重新分配给几个较大的卖方来创造市场势力，确实在实验中提高了价格，这是通过策略行为和默契串谋的结合，尽管定价并不是随机的。

最近关于市场势力影响的文献，可以通过重新考虑供求之间在供需交叉点左侧的纵向差距的缩小来理解（见图 21-5）。间距较窄则意味着，若卖家定高价，造成部分产品未售出，这部分收益损失相对较小。反过来，如果坚持涨价能使自家的低成本产品以高价出售，超过上述损失，卖家甚至能从中获利。设想，在需求高涨的"繁荣"时期，需求/供给缺口很大，出售边际单位更加有利，这能限制卖家行使市场势力；相反，紧缩期间的供需缺口可能减小，涨价减量更加有利。因此某些市场中的市场势力或表现出反周期性（Reynolds and Wilson，2005），低需求时期市场势力更强。

关于市场的高/低需求变化，电力市场的非常典型的案例，用电需求在高峰、平峰与低谷时期的差异相当之大。2000 年加利福尼亚能源危机期间，"现货市场"的电价（投资者拥有的分销商所需支付的批发电价）大幅上涨，将当地的电力分销商推向破产的边缘。分销商必须不惜一切代价获得电力，以满足住宅和商业用户的"必须服务"需求。Rassenti、Smith 和 Wilson（2001）指出，分销商之所以陷入如此窘境，是因为难以在短缺时期向必须（must-serve）客户涨价。他们提出了一个思想实验：如果要求航空公司在必须服务的基础上向所有客户提供座位，需求高峰期亦不能涨价，那将会发生什么事？他们认为这将导致高成本、低效率的服务产能过剩。

Rassenti、Smith 和 Wilson 开展了一项实验，以图研究存在市场势力的条件下电力市场每日分时定价的灵活程度如何。实验设置了"有市场势力"和"无市场势力"实验局，构造市场势力的方式同图 21-5，仍是向大卖家配置更多产能。实验中，卖家对应现实中的发电厂，买家则对应分销商。作者的结论是，如果存在市场势力，发电厂将能够大幅提高向地区分销商收取的批发价格，而后者仍向零售和工业用户保持统一的价格。但是，若地区分销商有能力在需求旺季（或电能短缺时期）涨价，部分消费者将倾向于减少消费，实验结果显示，价格飙升趋势将很大程度上被遏制。Rassenti 等人的论文标题便涵盖了这个故事："关灯：消费者允许的服务中断可以控制市场势力、降低价格"（Turning off the lights：consumer allowed service interruptions could control market power and decrease prices）。这是灵活的非模拟买家遏制市场势力的又一例证。

21.5　价格串谋："这就是经济学"

自亚当·斯密以来，经济学家一直认为卖方经常性地串谋涨价。此类串谋涉及信任和协调，如果部分卖家背叛串谋，则计划很可能失败。事实上，虽然斯密经常就价格操纵的可能性发出警告，但也承认操纵有其生效的条件：

> 在一种自由行业中，不经过每一个同业公会成员全体一致同意，就不能建立有效的联合，而且成立以后也只能维持到每一个成员不改变主意的时候。在同业公会中，经多数通过就可制定实行正当惩罚的规则，这将比任何的自愿联合能更加有效和更加持久地限制竞争。[一]（斯密，1776：144）

在美国以及大部分发达经济体，价格操纵（price-fixing）都是违法行为，因而很难获取研究数据。此外，同谋者会试图对那些不得不付出高价的人隐瞒他们的活动。而且，还可能存在选择偏向（selection bias），因为浮出水面的数据更有可能来自失败密谋的不满参与者。缺少关于参与者及其成本的良好数据，很难评估串谋的性质和成败，更遑论失败是否缘于成本或需求条件的变化。相反，实验室实验不受数据问题的阻碍，既可以有控制操纵价格的机会，同时令其他助力超竞争价格的市场结构和制度要素保持不变。除此之外，反垄断领域关心的另一个问题是，实验观察到的定价模式及其他市场环境，能不能在事后用以推断串谋是否存在。

鉴于有关信息不易获取，难免有观点认为阻止操纵价格并没有多大价值。例如，Cohen 和 Scheffman（1989）指出，操纵价格其实很难成功，反垄断当局的执法成本浪费颇多。当然，这一观点受到其他经济学家和反垄断机构的质疑（参见 Werden，1989；Davis and Wilson，2002）。

早期的实验室实验结果表明，串谋是否生效在很大程度上取决于市场交易制度的性质。在 Isaac 和 Plott（1981）开展的双向拍卖实验中，交易规则接近于有组织的资产市场，要价、出价和交易价格连续不断。其中，卖家可在交易期内到房间中央讨论价格。在此快节奏的双向拍卖市场竞争之中，卖家面对着降价出售边际单位的利益诱惑，未能形成有效的串谋来提高交易价格。也就是说，若禁止卖家在每期当中降价，实现串谋的可能性或将提高。比如，明码标价拍卖中卖家一次性地提交要价，后续无法根据交易情

[一]　参考了《国富论》杨敬年先生的译本（陕西人民出版社，2006），特此致谢。——译者注

况制定折扣。

下面围绕 Davis 与 Holt（1998）论文中的市场实验展开，该论文重复了早期实验，并通过可控的方式引入折扣机会，从而放松了明码标价市场的价格刚性。每场实验中买家卖家各 3 人。期初，实验人员会以分配赎回价值的名义将买家带离房间。此时，卖家们可将椅子推出隔间、就定价展开交流，但不能涉及自身生产成本或收入分成。等到买家回到房间，卖家们即返回隔间的电脑面前，独立完成定价，不能再继续讨论。一场无串谋的明码标价市场实验如图 21-7 所示。各场实验采用的供给和需求函数如图 21-7 左侧所示。供需相交处决定了竞争价格的范围，其上界对应图 21-7 右侧的浅色虚线，标有"竞争均衡价格"。

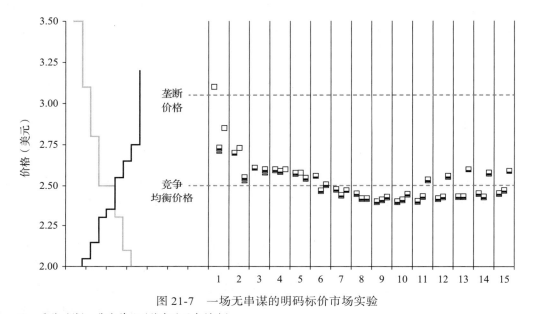

图 21-7　一场无串谋的明码标价市场实验

注：要价（箱），售出单位（箱中的黑色横线）。

图 21-7 中的供给和需求函数中，3 个卖家总收益最大化的方法是定价等于"垄断价格"，此时三家各自售出 1 单位。（根据实验设定，买家在找到卖家购买产品之前需要支付 5 美分的"交通成本"，因此垄断价格线较需求台阶 3.10 美元略低 5 美分。）所有场次中，买家被带到房间外进行价值分配，而卖家不能操纵价格。"无串谋"场次的价格数据表现为箱形，箱中的黑色横线为售出产品的具体价格。堆叠黑线的厚度能反映卖方在对应价格下实际销售的产品数量。各期之间以垂线分隔，每期 3 个卖家的价格从左到右按 S1、S2、S3 的顺序排列。注意，低价格企业 S2 在第 1 轮当中售出全部 3 个单位产品，其他企业之后则迅速降价回应，往后各期的市场价格大致在竞争价格附近。该实验局中市场的竞争性质（没有串谋）是实验设计有意为之。

相反，图 21-8 展示出了相同市场结构下加入串谋的巨大影响。串谋实验局和无串谋实验局在程序上的唯一差异是，当买家离开房间时，允许卖家进行串谋，制定无约束性的计划。由于卖家尝试操纵市场价格，实验之初的价格相对较高且多变，见图 21-8 左侧。

卖方在第 4 轮通过谈判商定了一个共同价格，但 S2 并未守约，致使市场份额分配出现问题；于是后续 3 家进一步达成协议，各自将产量限制为 1，分配问题得到了有效解决。然而几期之后，该协议再次被打破——S2（其要价位于图中各期的中间）降低了要价。卖方在最后的 6 期重新制定了共同保持高价的协议，但仍略微低于联合利润最大化的垄断价格。其中的第 10 期和第 13 期，卖家们同意一齐涨价少许并维持产量为 1，而 S2 均选择悄悄增产，导致 S3 在这两期颗粒无收。事后，S2 试图掩盖自己的背叛，不承认增产并声称"这就是经济学"（价格越高，销量越少）；其他两人则未能识破这套说辞，同意在下一轮稍微降低价格。

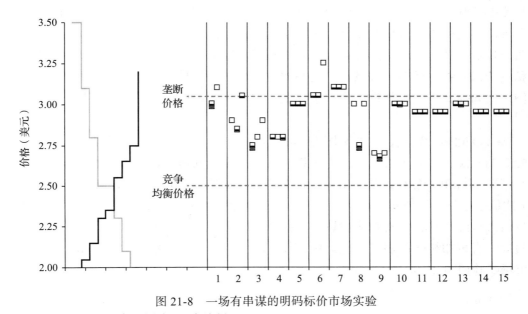

图 21-8　一场有串谋的明码标价市场实验

注：要价（箱），售出单位（箱中的黑色横线）。

其余所有采用串谋实验局的场次当中，仅有一例未能实现成功的串谋。有一场实验（并未以图片形式展示）直到第 5 轮卖家仍未能就协同定价达成一致；该轮买家购买的都是 S1 的产品，卖家收入呈现差异。S1 于是建议 3 家轮流开出低价，而自己则首当其冲！这一提议被大家采纳，下一期 S1 卖出了全部产品，之后 3 家轮流以低价独占市场，很像 20 世纪 60 年代著名的月相（phases of the moon）电力设备价格操纵案⊖。各期价格有的高于联合利润最大化水平，有的则相对较低，但整体都围绕在其附近。不过，尽管市场价格很高，但卖家利润并不及想象中的大。轮换方案实际上效率很低，因为每个卖家都有 1 单位的低成本产能，若采用轮换方案，则每期都有 2 个单位的低成本产能无法投入市场。总结如下：

⊖　当时，美国的大型电力设备制造商——以通用电力和西屋电力为代表，联合行业内众多公司，在政府项目采购相关设备时，长期就投标价格进行串谋，从而操纵中标价格。而它们操纵中标价格的轮转系统——各公司轮流以高价格中标，其余公司投标配合，是以月相为基础的。也就是说，串谋的公司高管们无须其他交流方式，只需根据投标日的月相即可获悉当期该由谁中标，以及自身投标如何定价。这套价格操纵系统自 20 世纪 50 年代即开始运行，1960 年败露，多家企业高层被捕，震惊一时。——译者注

串谋实验：如果价格是以"要么接受，要么离开"的方式明码标价的，并且不允许折扣，那么价格串谋可能导致近乎垄断的价格，即使是对没有（用需求函数）模拟的买家。有时候会观察到卖家之间的"月相"轮流销售行为。由于每次轮转都会将部分市场份额分配给高成本产能，实质上降低了市场效率。

21.6　秘密折扣串谋

产业组织经济学家感兴趣的市场，大多不符合连续双向拍卖市场（所有定价行动公开）或者明码标价市场（不允许折扣和促销行为）的定义。这就提出了一个问题，在这些拥有丰富的定价策略和信息条件的市场中，显性串谋的效果到底如何。具体而言，不同于明码标价市场制度，生产性商品或主要消费品市场中卖方可以在"清单"价格的基础上私下予以折扣。反垄断政策自然关心此类市场中串谋是否生效。许多著名的价格操纵案例，比如前文中的电气设备投标串谋案，都属于生产性商品市场，折扣通常缘于双边谈判。

Davis 和 Holt 沿用图 21-7 和图 21-8 的市场结构，设计了第三种实验局以评估折扣机会的影响。卖家之间仍可以讨论和串谋，但是买家回到房间，看到卖家要价后，可向特定卖家要求折扣。若有买家提出要求，对应的卖家则需要输入新的价格，等于（拒绝折扣）或低于标价。其他卖家观察不到此折扣价，打折是秘密进行且有序的。此外，卖家可以自由选择给谁打折、折扣多少以及折扣持续时间。结果显示，相比无折扣机会的串谋实验局，有折扣机会的串谋实验局中市场价格大大降低，其中，一场有串谋及秘密打折的市场实验如图 21-9 所示。

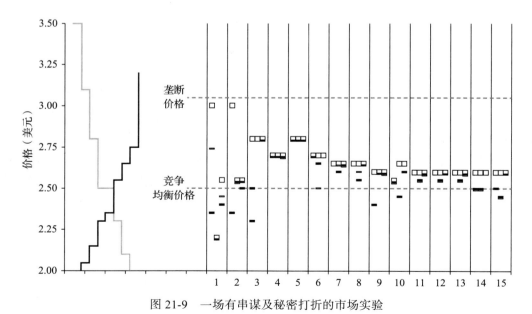

图 21-9　一场有串谋及秘密打折的市场实验

注：要价（箱），售出单位（箱中的黑色横线）。

和之前两幅图一样，图 21-9 中的箱型代表价格，黑色横线对应售出产品。然而，此图中的黑色横线常在箱型下方，即最终成交的折扣价格低于标价。比如第 3 期，所有卖家标价相同，但是 S1（靠左）以很高折扣售出了 2 件产品；至第 6、第 7、第 8 期，S2（中间）也开始提供秘密折扣，对应的黑线均位于箱型下方，也导致 S1 在这三期中有两期销量为 0；作为回应，S1 于第 9 期大幅提高折扣，于第 10 期甚至降低标价。自此以后，打折行为普遍起来，成交价格也更加接近竞争水平。注意到，卖家一直在尝试操纵价格，但只有价格整体接近竞争水平时操纵才能成功。总体上，带有折扣的几场实验基本都观察到了竞争结果。该实验采用被试间设计，第 13 章介绍的 Mann-Whitney 非参数检验结果显示，实验局影响显著。

面对秘密打折，卖方难以维持高价，一个原因在于识别背叛者的难度。现实中的许多价格操纵案例，特别是参与人众多的密谋，一般都涉及行业协会。后者能够提供每一个卖家销量的可靠信息（Hey and Kelly，1974）。受此启发，上述实验中还设计了一个"行业协会"实验局——卖家在每一期末能得到所有人的销量信息，其他程序保持不变，包括串谋和秘密打折等。虽然仍允许打折，但事后的销量信息使卖家成功抬高了市场价格，介于竞争水平和联合垄断水平之间。相应的实验结果（未展示）发现，显性串谋使卖家提高标价，经常高于垄断水平；而高价意味着销量有限，几乎所有产品最终都打折售出。销量的不均等使私下提供折扣的卖家遭到全体卖家的敌视，但实际上所有人都在打折，相互之间似乎并无信任可言。尽管如此，实验均价相比竞争价格更接近联合利润最大化水平，卖家收入也比无事后销量信息时高出很多。

List 和 Price（2005）报告了一项实地实验，该实验属于多边的分散化讨价还价市场。实验参与者招募自一场体育卡片交流会，与会的交易者被赋予卖家角色，非交易者扮演买家。市场中的产品是同质化的——一种标准的、通行的体育卡。其实验局设计和 Davis 与 Holt 的实验室实验对应：卖家之间无交流；有交流，价格公开；有交流，价格不公开。在没有共谋讨论机会的情况下，交易价格接近竞争水平；一旦允许串谋，价格则会大幅提高；至于允许串谋却不公开价格的情况，其均价介于前两者之间。该实地实验和实验室实验颇为类似，但加入了更多的现实背景，参与者的市场经验也更加丰富。从这个意义上来说，它拓展了早期实验室实验成果，提供了一种新视角。总结如下：

串谋和秘密打折： 如果市场中买家只能选择接受或拒绝卖方要价，市场势力和显性串谋的影响更大。而若卖家有机会在交易期间提供折扣，卖方相互协调、抬高市价的难度将增加，即使允许串谋，市场价格仍有可能接近竞争水平。另外，事后的行业协会报告会在一定程度上抑制秘密打折对竞争的促进作用。

21.7　扩展：廉价交流、相互克制以及"拍卖"⊖

这些实验结果与反垄断对行业惯例的敌意一致，这些惯例被视为限制卖家提供选择性折扣的选项。阻止打折的销售合同和商业惯例一直是反垄断诉讼的打击目标，如联邦

⊖ V-word，即 veiling，荷兰语中的"拍卖"，和后面荷兰政府的一项失败的拍卖项目有关。——译者注

贸易委员会（Federal Trade Commission，FTC）的 Ethyl 案⊖，FTC 起诉某些最佳价格政策（best-price policies）阻止卖家提供选择性折扣。Grether 和 Plott（1984）的一些实验也证明了最佳价格政策的反竞争性质，实验的市场结构模拟了当年 Ethyl 案所涉含铅汽油抗震剂市场的主要特征。Holt 和 Scheffman（1987）进一步分析了最佳价格政策以及 Grether 和 Plott 的实验研究。直观来说，最佳价格政策使卖方有理由拒绝买方的个别折扣——"如果我给你打折，我与其他人签订的合同将要求我提供相等的折扣。"然而，法院最终裁定并不违法，因为很难区分此类政策在哪些市场条件有利竞争、哪些又会阻碍竞争。

关于价格串谋影响的后续研究相当之多。Isaac 和 Walker（1985）发现，密封拍卖与明码标价拍卖当中串谋的影响强度接近。鉴于两种拍卖形式的相似性（密封拍卖类似于限定购买一个单位的明码标价拍卖），此发现并不意外。密封拍卖中的串谋是一个重要的议题，现实中许多价格操纵发生在这类市场，且越来越多的企业依赖其完成产品销售。

另一个有趣的议题是，哪一种投标行为模式可以在事后作为非法串谋的判别标准。Davis 和 Wilson（2002）着手此问题，设计了一对实验局。在允许交流的场次中，卖方被允许在第四期开始前讨论价格，这就实现了非法讨论可能只会很少发生的想法。实验局中的供需设置使市场存在纳什均衡，即所有的卖方选择相同的竞争价格。根据理论预测，即便禁止交流，卖家仍会表现出"可疑的"相同定价行为。但在实验里，此行为只见于允许交流实验局，不允许交流的实验局中价格较低也更多变。因此，上述市场环境之中，相同定价行为可作为串谋的代表性指标。串谋导致价格大幅上涨，且随着实验的进行，卖家间建立起更加有效的串谋，价格的上涨幅度更为显著。

Davis 和 Wilson（2002）还设计了第二种市场结构，旨在模仿现实中的建筑合约市场。其中，4 家企业为一组，每一家的生产能力都是有限的，如果当期获得合约，则之后几期内再承担额外项目的成本将会增加。设计这种递增成本的动机是，当企业一次承担多个项目时，它可能需要支付加班费、延误罚款或分包部分工作。随着有项目在身的企业要价越来越高，并允许其他公司接手后续项目，预计会出现一些竞价轮换是很自然的。因此，即使在没有串谋的情况下，预期也会出现有时被认为是一种可疑模式的低出价轮转。允许交流和不允许交流的实验场次都观察到此现象，但 Davis 和 Wilson 的结论是，串谋常常可以从落选标的模式中推断出来。特别是，当输标者事先同意出价过高而输掉竞标时，落选标与成本之间的相关性较小。这一模式也在学生饮用奶项目招标的实证研究中被观察到（Porter and Zona，1993）。

另有一类论文关注于"默契串谋"和"意见一致"（meeting of the minds）行为——

⊖　20世纪80年代初，FTD 指控含铅汽车燃油抗震剂的 4 家主要生产商——杜邦、Ethyl、PPG 和 Nalco，通过预先公布价格变动等手段，限制秘密打折，从而共同操纵汽车燃油抗震剂市场价格。关于该案件的更详尽信息，可参考《反托拉斯革命——经济学、竞争与政策》一书的第 7 章，以及刊载于 *Chemical & Engineering News* 报刊上的"FTC RULES AGAINST FOUR FIRMS ON PRICING"一文，对此有详尽论述。——译者注

即便没有非法的直接交流，此二者依然可能导致涨价，并辨识出了一些可能促进默契共谋的市场条件和商业惯例。具体有研究指出，若能通过计算机网络发布价格，则竞争对手之间可能会以此发出威胁或合作信号。在早期 FCC 频谱拍卖中，存在投标者将邮政编码附加到出价的小数位，试图暗中威胁对手，令其退出。同样，在航空运价公布公司（Airline Tariff Publishing，ATP）的电脑化系统中，一些航空公司会在提交的机票价格上附加攻击性的字母组合（例如 FU）。Cason（1995）报告称，此类无约束沟通（"廉价交流"）能够提高价格，但具有暂时性。Holt 和 Davis（1990）也得到相近的结论，在他们设计的市场当中，卖家可在正式提交要价之前，先公布无约束性的"意向价格"。这种无约束价格公布对应的是现实中航空公司在 ATP 上发布的未来意向价格（intended future prices），竞争对手先于消费者了解到此价格。Cason 和 Davis（1995）报告称，在多市场环境（multi-market setting）⊖下价格信号的影响更甚，但即便如此，纯粹的无约束价格公布依然作用有限。

　　不论哪种形式的串谋（隐性或显性），要想生效，都需要保证参与者既能表明意图，又能识别并制裁背叛者。虽然密封投标为显性串谋提供了便利，但其他更加开放的拍卖形式则允许参与者发送信号以及惩罚他人。设想，相比于市场中的一般企业，正在拍卖的许可证对于在市场占主导的企业而言价值更大。举例来说，投标者 A 对拍品 A 和 B 的估值分别是 10 和 5，投标者 B 则相反⊜。若不存在串谋，两张许可证或都将以价格 5 成交。但递增投标拍卖中，投标者可通过尽早停止叫价对方偏爱的拍品，从而发送"相互克制"（mutual forbearance）的信号，拍卖很可能在出价达到 5 之前便告终止，也可能反其道而行之，通过大于 5 的叫价惩罚对方，当双方价值信息已知时，此举可明确地传递出不满信号。而密封拍卖却消除了渐进拍卖方式下传递克制和惩罚信号的机会，故而可能破坏默契串谋。Plott 和 Li（2009）论述了多人投标的递增价格拍卖中串谋是如何形成的，设定中每名投标者都有各自偏好的拍品，实质上是上文简单案例的一般化；还证明了荷兰式拍卖能够打破串谋。在该拍卖中价格逐渐降低，直到有人按下"购买"按钮终止拍卖，之后有章节将做详尽介绍。由于购买决策位于拍卖的最后阶段，荷兰式拍卖里更难传递相互克制信号，故而串谋难以形成。

　　Goeree、Offerman 和 Sloof（2013）也在实验室的递增价格拍卖中观察到了主导企业相互克制（降低需求）的行为，此举导致其成交价格低于条件对等的密封拍卖。他们的实验受荷兰电信拍卖失败的启发。由于市场主导企业停止相互竞争，荷兰电信拍卖收入惨淡，得到了广泛关注和讨论。相较邻国运用这类拍卖取得的相当成果，该失败令荷兰政府相当难堪。当时，荷兰语中拍卖一词是"veiling"（戴面纱的），曾有荷兰某政府机构的经济顾问得到建议，最好不要使用"V 字"（拍卖）（veiling，荷兰语中的拍卖）一词。

⊖　多市场环境，即存在多个相互分隔的市场，如 Cason 和 Davis（1995）文中设计了 3 个市场，3 个卖家在每个市场上都有独立的产能分布。——译者注

⊜　也就是说，投标者 A 在许可证 A 所处市场占主导地位，故更加偏好许可证 A；同样地，投标者 B 在所处市场占主导地位，故更加偏好许可证 B。——译者注

附录 21A 价格混合策略均衡的计算

在计算第 21.3 节中的例子的均衡分布之前，从一些价格分布的例子开始是有益的。若价格连续分布，则另一名卖家定价小于等于 p 的概率是 p 的增函数，设此概率为 $F(p)$。比如，假设价格是 1 到 10 之间的任意整数，且概率均等，则价格分布可通过投掷 10 面骰子（各面上标记 1，2，…，10）的结果来模拟。均匀分布的价格如表 21-1 所示。此时概率 $F(p)$ 如表 21-1 所示的第二行。对于第一行中的每一种取值，第二行中乃是卖方价格小于等于此 p 值的概率。以 $p = 10$ 美元为例，根据假设，卖家定价必然小于等于 10，因此表中第二行对应位置的 $F(p)$ 等于 1；由于所有价格的机会均等，其中，有一半将小于等于区间的中点 5，故 $p = 5$ 美元对应 $F(p) = 0.5$。此价格分布的数学公式是：$F(p) = p/10$，经由计算可证明之（章后习题 2）。

表 21-1 均匀分布的价格

p	0	1 美元	2 美元	3 美元	4 美元	5 美元	6 美元	7 美元	8 美元	9 美元	10 美元
$F(p)$	1	0.1	0.2	0.3	0.4	0.5	0.6	0.7	0.8	0.9	1

因为 0 ~ 10 范围内的所有价格概率均等，故函数 $p/10$ 以均匀的速度随 p 递增。其他的分布形式其函数增速未必均匀。比如，有些分布其中间区域的价格比极高 / 低价格可能性更大；若是如此，$F(p)$ 仍将是增函数，但在上述可能性更大的区域内增速更快。

在混合策略均衡中，价格分布 $F(p)$ 须令该区间所有价格对卖家无差异，因为卖家随机选择价格的前提是这些的价格期望收益都相等。和第 10 章一样，我们将在风险中性假设下求解均衡，此时无差异意味着预期收益相等。

考虑第 21.3 节的双寡头案例，2 个卖家的成本都为 0，产能为 2（换句话说，第 3 单位产品的成本过高，令人望而却步）。因此市场供给垂直，数量为 4。和前文一样，假设需求在数量 3 以内无弹性，且更一般性地将保留价格设为 V，V 既可以是之前案例当中的 6 美元，也可为其他任意正数。只要价格为正，市场一定供大于求，故竞争市场价格为 0。但如前面所述，这并不是纳什均衡。首先站在其中一个卖家的角度，考虑 0 到 V 之间的价格 p。另一个卖家的价格小于等于 p 的概率是 $F(p)$，据假设，其随 p 的递增而递增。如果对方价格更低，那么己方将售出 1 单位产品，收益等于 p。因为价格连续分布，我们将忽略双方价格相等的情形，故 $F(p)$ 即为"己方价格更高，收益等于 p"这一事件的概率，$1 - F(p)$ 则为"己方价格较低，收益等于 $2p$"对应概率。如此，期望收益可写为：$F(p)p + 2p[1 - F(p)]$。为确保卖家对定价无差异，所有定价的期望收益应全部相等，为恒定常数值。如果价格定为上限 V，那么一定是对方定价更低，卖家自身只能出售 1 件产品，收益亦为 V。如此即可知常数值是 V。令定价 p 期望收益等于 V：

$$F(p)p + 2p[1 - F(p)] = V \tag{21-1}$$

式（21-1）确保所有定价的期望收益为固定常数，等于定价为买方价格上限 V 时的收益。式（21-1）可求解得到均衡价格分布 $F(p)$：

$$F(p) = \frac{2p - V}{p} \tag{21-2}$$

其中，$V/2 \leqslant p \leqslant V$。据式（21-2），$p=V$ 时 $F(p)=1$，对方价格小于等于 V 的概率为 1。而价格分布的下界是 $p=V/2$，此时式（21-2）右侧值为 0。$p=V/2$ 也是前面埃奇沃思循环的下界（$V=6$ 时，循环下界为 3）。至于产能存在限制的市场，更加一般化的混合策略计算方法可参见 Holt 和 Solis-Soberon（1992）。他们还分析了风险厌恶的情况。

第 21 章习题

1. 考虑图 21-3 中的市场结构，请说明在明码标价市场中，单方面涨价超过共同价格 7 美元无利可图。

2. 表明公式 $F(p)=p/10$ 能够得到表 21-1 第二行中数值。如果价格改为 0 到 20 美元的均匀分布（有一半小于 10 美元，1/4 小于 5 美元……），该公式将如何变化？

3. 基于第 21.3 节（图 21-4）的双寡头案例，表明双方价格均为 0 并不是纳什均衡，即任何一方单方面涨价能增加收益。

4. 考虑图 21-4 中双寡头垄断例子的修改，在这里，对于所有低于 6 美元的价格，需求现在纵向为 6 个单位，而每个卖家的产能为 5 个单位，成本为零。埃奇沃思循环发生的价格范围是什么？

5. 在每个卖家的成本不变，为每件 1 美元的情况下，回答第 4 题。

6. （开放性问题）构想一个案例：卖家数为 3，其中，两家合并能够使得行使市场势力更有利可图。用图表说明你的答案，该图表显示每个卖家的 ID，以及降低成本的方式。

CHAPTER 22

第 22 章

供应链

复杂经济的特点是供应链上的相当高的专业化程度；经由供应链，中间产品制造商、最终产品制造商、批发商和零售商之间建立起了广泛的联系。部分理论与实验证据显示，市场摩擦以及不完善可能缘于这种纵向（vertical）供应关系。本章首先从一个非常具体的纵向市场结构出发：上游为垄断批发商，下游则是地区垄断零售商。理论上，两名垄断者纵向联盟产生的零售价格可能高于整合企业（即上下游企业合并）制定的垄断价格。供应链层次的增加提出了一个问题：零售层次的需求冲击有多大可能导致供应链上游的订单和库存出现更大波动。这种现象称为牛鞭效应（bullwhip effect）。

教师须知：Veconlab 的纵向垄断（vertical monopoly）程序可用于研究纵向价格效应。或者，也可以选择手工开展实验，配合相对应的实验说明，参见 Badasyan 等人（2009）的户外实验版本。Veconlab 市场（market）菜单下的供应链（supply chain）程序还可搭载单层供应链，即"报童问题"（newsvendor problem）。

22.1 双重边际化

自亚当·斯密开始，反对垄断已经成为经济学家的一种标志性符号。根据美国的反垄断法，垄断（严格意义上）是犯罪行为，横向合并若有可能形成垄断，通常会被反垄断部门所质疑。相比之下，反垄断对于纵向兼并——供应链上下游、有生意往来企业之间的合并，却表现出更大的宽容。相对宽容有一个动机——"两个垄断者比一个垄断者更糟"，至少它们纵向排布时如此。直观上，每一名垄断者都会限制产量，使边际收益等于边际成本，导致产出低于竞争水平，价格上涨。当供应链上游的垄断企业如此行事，下游垄断企业受到涨价影响，最终再次提高零售价格。结果，双重边际化（double marginalization）的作用可能比纵向合并之后单一垄断者的产出限制更加强烈。

通过一个简单的实验室实验即可展示双重边际化的影响（见图 22-1）。设零售层次为线性需求函数：$P = 24 - Q$，上游制造商的边际成本恒定为 4 美元。简便起见，假设零售商从上游购买产品只支付批发价格，无其他成本。因此，单位产品的总生产成本（制造＋零售）也只有 4 美元。如果供应链实现了纵向整合，4 美元即为唯一垄断企业制造和销售产品的边际成本。

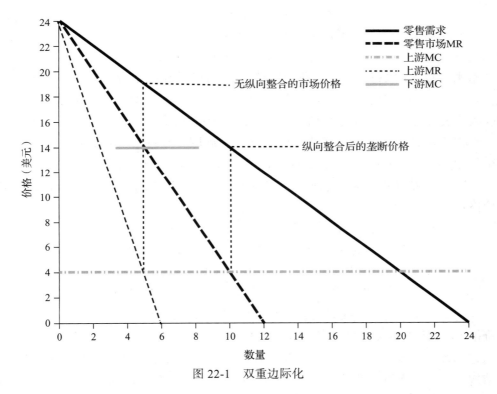

图 22-1 双重边际化

首先考虑整合后完全垄断的情况，亦即找出满足边际收入等于边际成本（4 美元）的产量，具体方法在前面章节已有介绍。给定需求函数 $P = 24 - Q$，可知总收入等于 $24Q - Q^2$，边际收入即为 $24 - 2Q$，斜率是需求函数的 2 倍。令边际收入等于边际成本 4，解得完全垄断产出 $Q = 10$，垄断定价为 14 美元。以上计算体现为图 22-1 中的加粗线条。需求线在纵轴的截距为 24 美元，斜率为 –1，故横轴截距亦为 24。而边际收入（marginal revenue，MR）线纵轴截距同为 24，但斜率是需求的 2 倍，故横轴截距为 12。MR 和边际成本（MC）线交点的产量是 10，垂直向上与需求线交点即对应垄断价格 14 美元。

纵向整合企业分析归纳如下：

$$整合企业需求：P = 24 - Q$$
$$整合企业边际收入：MR = 24 - 2Q$$
$$整合企业边际成本：MC = 4$$
$$整合企业生产：Q = 10，由于 4 = 24 - 2Q$$

(22-1)

318 · 第四部分 市场实验

接下来考虑未纵向整合的情况。此时，两家垄断企业都会令自身的边际收入和边际成本相等。求解这类问题中，最简单的办法是从供应链末端（零售）开始，逆向推导最终的产出水平。不论制造商的批发价 W 是多少，都直接构成零售商的边际成本，后者零售的每一件商品都要以 W 的价格向批发商购买，且假设采购价格 W 是零售商的唯一成本来源。因此，站在下游零售商的角度，边际成本为 W，边际收入仍是 $24-2Q$，二者相等可得：$W=24-2Q$。同样地，不妨将条件全数列出：

$$下游零售企业需求：P=24-Q$$
$$下游零售企业边际收入：MR=24-2Q$$
$$下游零售企业边际成本：MC=W \quad (22\text{-}2)$$
$$下游零售企业生产：W=24-2Q$$

根据式（22-2）末行，下游企业的产量是上游批发价格的函数，同时亦构成了上游企业的反需求函数——多出售 1 单位产品，价格需降低 2 美元。此反批发需求函数与前面的边际收入公式 $MR=24-2Q$ 完全相同。因此，下游市场的 MR 曲线（图 22-1 中加粗虚线）即为上游需求函数。上游企业的边际收入曲线，即图中细虚线，在纵轴上的截距同样是 24，但是斜率是 $MR=24-2Q$ 曲线的两倍：$MR_{上游}=24-4Q$。边际收入只要未降到边际成本 4 美元，上游的批发商都愿意增产，即 $24-4Q=4$。这个交点产量是 5，也就决定了批发价格：$W=24-2Q=14$。

$$上游批发企业需求：W=24-2Q$$
$$上游批发企业边际收入：MR_{上游}=24-4Q$$
$$上游批发企业边际成本：MC=4（生产成本）\quad (22\text{-}3)$$
$$上游批发企业生产：Q=5，由 4=24-4Q$$
$$上游批发价格：W=24-2\times5=14$$

批发价格 14 美元进而成为零售商的边际成本，如图中浅色水平粗线。此边际成本线和零售企业边际收入线交点产量为 5，零售价格 $24-5=19$ 美元。总结起来，在图 22-1 中的市场结构下，完全垄断产出为 10，价格为 14 美元，但若存在两家纵向堆叠的垄断企业，垄断产出将减至 5，价格则增至 19 美元。可见，相比于一家纵向整合的垄断企业，两家垄断企业的产出限制更甚。

图 22-2 中的课堂市场实验前 5 轮采用图 22-1 的市场结构。2 名学生一组，一人扮演零售商，另一人则扮演批发商。每一轮的批发和零售价格分别预测值（14 美元和 19 美元）见水平实线，实际均价则为圆点标志，的确向均衡预测收敛。注意到批发价格（大圆点）收敛的速度相对较慢，可能是由于实验不同于理论模型，下游的零售商以及买家并非模拟的，而是真实的实验参与者。先前章节曾介绍，真实买家如果认为（批发）价格过高，有失公平，很可能以减少购买作为回应，即便多购买能提高买家（本例中的下游企业）收益。

在图 22-2 的中间 5 轮中，第一阶段的 12 名参与者不再两两成对，每一位都独自充当一个纵向整合市场的垄断者，面对 $P=24-Q$ 的零售需求。这 6 ~ 10 期的均价收敛到垄断水平 14 美元（图中横线）。随着价格从约 19 美元降至 14 美元，销量相应增加，垄断力量对产出的限制有所减轻，这一点和理论预测一致。此外，整合企业的利润更高，因为根据定义，完全垄断能使卖家利润最大化。另外，分别计算两家的利润，可验证纵向整合的盈利能力（章后习题第 1 题和章后习题第 2 题）。

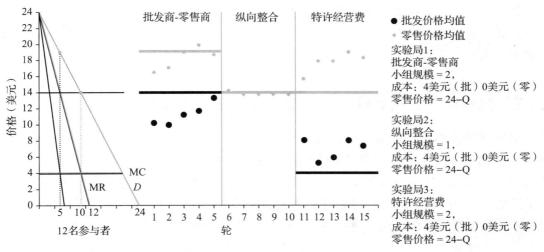

图 22-2　课堂市场实验：无纵向整合（1～5 轮）、纵向整合（6～10 轮）、特许经营费（11～15 轮）

　　纵向整合可能并不可行或可取，甚至在所有情况下都不具成本效益。另一种选择是，上游企业让下游企业保留所有的零售收入，并要求零售商支付固定的特许费，以销售产品，这在理论上是可行的，有时在实践中也会被观察到。具体而言，上游的批发商将选定一个批发价格以及特许经营费。（实际上，这也就是第 15 章委托代理博弈之具体案例，分成比例 $S = 1$，给予代理人/零售商适当的激励。）零售商可以选择拒绝特许经营协议，双方收入都为 0；零售商也可以接受协议并订购产品。特许经营费背后的思路是，将批发价格从未整合时的 14 美元降到批发商真实的边际成本 4 美元，从而使零售商行业利润最大化。面对边际成本 4 美元，零售商将和整合后的完全垄断企业相同，选择产量 10，收取完全垄断价格 14 美元，进而赚取完全垄断收益 $10 \times 14 - 10 \times 4 = 100$ 美元。因此，特许经营协议降低了下游企业的边际成本，使其回归生产成本 4 美元，从而使其和纵向整合后的完全垄断企业无异，产生和式（22-1）相同的市场结果。若仅限于此，批发商的产品出售价格等于边际成本，利润为 0；但是，特许经营费使其可以从下游企业的垄断利润中分一杯羹。本例中，收费 50 美元，则利润平分。理论上，假设零售商偏好有（哪怕只有 1 分钱）胜于无，则批发商可收费 99.99 美元，只给零售商留下 1 分钱利润。然而，不论是出于直觉还是其他实验证据，攻击性的特许经营费常遭拒绝（类似最后通牒博弈中的攻击性要求）。实际上，零售商很有可能拒绝他们看起来不够公平的合约，这也会引导批发商在之后提出更加合理的合约。

　　实验第 11～15 轮的均价见图 22-2 右端，此时参与者重新按批发商/零售商配对，并采取特许经营费的设置。该收费未在图中展示，但平均约为 40 美元，远未达到攫取全部利润时收取的 100 美元。相反，上游卖家显然也未将批发价降至生产成本 4 美元。均价确实低于前 5 轮，但也只下降到 6 ～ 8 美元附近。可见，对公平的考虑似乎阻碍了特许经营费解决纵向垄断问题。总结如下：

双重垄断实验结果： 双重边际化使观察到的零售价格高于联合垄断水平，如果上游和下游企业合并成一个单一的垂直整合的垄断者，则该价格被否定（降低）。在实验室实验中，保持独立并在特许经营费用上讨价还价的卖家（上游和下游企业）依然无法实现预期的有效垄断结果。

22.2 报童问题：两名优等生的见解以及一些微积分知识

纵向垄断模型之中的双重边际化现象证明，各阶段的垄断势力均会加剧市场扭曲。在本小节我们将要介绍的模型则与此不同，不存在操纵价格的市场势力，价格被设定为固定的外生变量。零售企业购买产品的批发价格是外生给定的 W，并以固定的零售价格 P 出售之，$P > W$。然而，零售市场上的最终需求是随机的，如果零售企业有产品未售出，该产品将失去所有价值。这一情境称作"报童问题"——前一天的报纸转天则没有任何商业价值。由于未售出的存货价值为 0，风险有所增加（一定程度上还提高了现实性），也产生了有趣的决策问题。为此，报童实验炫耀研究噪声反馈的行为影响，即市场主体对随机性需求的反应。策略规划需要比较产品未售出的成本（当订货量太高时），以及库存不足的收入损失（当订货量太少时）。

上述模型的最简化版本设零售需求为 0 到 100 之间任意数值，且每一点的概率均等。这就类似于抛两次 10 面骰子（0，1，2，…，9），分别决定十位数和个位数，共有 100 种可能的结果：0，1，…，99，各自机会也都相等（1/100）。一种报童问题如图 22-3 所示。代表概率的虚线高度为 0.01。举例来说，如果订购 60 件产品，有未售出剩余产品的概率为 0.6，因为需求有 60/100 种可能位于 60 左侧。

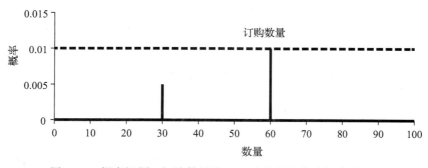

图 22-3 报童问题：订购数量为 60，有产品未售出概率为 0.6

简便起见，假设需求同样可能是 0 ～ 100 之间任意数字（包含分数），因此，订单数量往左、虚线以下的区域为市场需求小于订购数量的概率。这种情况如图 22-3 所示，虚线下方 6/10 的区域在 60 的左侧。水平虚线称为均匀分布（uniform distribution），概率（垂直高度）在整个区间内都是均匀的。因为需求在 0 ～ 60 之间的概率均等，当需求小于订购量 60 时，平均售出的产品数量为 30。

展示实验结果之前，本节提供 3 种方法求解最优库存策略。第一种是专业经济学家的方法，给定预期收益函数，并将导数设为零。大多数读者可能更想略过这种基于微积分的"教学方法"，快速地掌握全局。相比之下，另外两种方法简单直接。第二种方法出自课上一位同学之手，直接着眼于边际进行比较，既直观又有见地。第三种方法同样源自一位同学，用 Excel 求解，令人印象深刻。

22.2.1　老师的微积分解法

总体上，由于需求在 0 ～ 100 的均匀分布，随机需求小于 X 的概率是 $X/100$，同理，大于 X 的概率是 $1 - X/100$。因此，一家企业订购 X 件产品，全数售出的概率是：

$$售出概率 = 1 - X/100 \tag{22-4}$$

另外 $X/100$ 的概率下，产品未能全数出售，出售产品数量的均值为 $X/2$。之所以是 $X/2$，是因为每一种可能的销量 0 ～ X 概率均等。概率和销量相乘，即可获得期望销量：$X(1 - X/100) + (X/2)(X/100)$。第一项是售出全部 X 单位的情况，第二项则是（平均）售出一半的情况。上式可化简为：$X - X^2/100 + X^2/200$，即 $X - X^2/200$。企业的期望利润等于期望销量乘以价格 P，再减去订购产品的成本 XW，为：

$$期望利润 = XP - \frac{X^2P}{200} - XW \tag{22-5}$$

关于 X 求导，进而求出令导数得 0 的 X 值，即可实现此二次期望收益表达式的最大化：

$$P - \frac{2XP}{200} - W = 0 \tag{22-6}$$

不难求出 X 即最优库存：

$$X = 100 \times \frac{P - W}{P} \quad （报童问题最优库存规则） \tag{22-7}$$

22.2.2　学生的直观解法："经济学[○]的边际思想"

2008 年，Veconlab 的报童问题实验首次在课堂开展，有两名学生每一轮都选择了最优的库存数量。当被问及是否提前阅读过相关内容，其中一人，Matt Cooper 如此回答："没有，我只是使用了经济学基础课程讲授的边际思想。"他并没有详尽说明，作者，也就是当时的教师，在很久之后才理解其中意味。其思路是令边际成本等于预期的边际收入。额外 1 单位库存的边际成本固定，即其购买价格 W。至于边际收入，假设经理正在考虑订购 X 件产品。此时，额外订购 1 单位产品，除非需求大于 X，才能带来相应的回报 P；而需求大于 X 的概率为 $1 - X/100$。将这一单位产品的收入 P 和对应概率相乘，可得 $P(1 - X/100)$（额外订购一单位产品的期望收入）。最后一步则是令边际成本 W 和边际收入相等：

[○]　原文为 "Marginal Ideas from Econ 2010"，即《经济学 2010》中的边际观点，意思是"在大二的经济学基础课程中学到的边际思想"。——译者注

$$W = P(1 - X/100) \qquad\qquad (22\text{-}8)$$

可得报童问题的最优库存规则，同式（22-7）。Matt Cooper 是一名政府和外交事务专业的学生，他成功地找到了边际条件，甚至并未使用导数工具！

22.2.3　蛮力法："求人不如求己"

班上的另一位同学 Vadim Elenev，是经济学专业的学生，也向老师解释自己的方法。在 Excel 中建立一张 100×100 的表格，每行对应一种订购数量，1，2，…，100；每列对应一种可能的市场需求量。如果需求大于订购量 X，销量等于 X，反之销量等于需求，因此需要使用 Excel 中的 "min()" 命令。每一列需求的概率都是 1/100，计算期望收益时需要乘以概率。将每一行的所有乘积加总，即为对应订购决策的期望收益，进而可以比较全部 100 种订购决策，选出最优订购数量。这种蛮力法是有用的，因为它可以很容易地扩大或适应需求不均匀或除了订单成本还有其他库存成本的情况。在听说 Excel 方法后，教师向 Vadim 提到 Matt 使用的边际计算方法；Vadim 承认，他曾经猜测有一个解析解，但 "求人不如求己"（consulting spoils you），所以还是选择直接进行计算。

总结如下：

报童问题库存规则： 如果需求在 0 到 100 的区间均匀分布，对于风险中性的人来说，最优库存是价格 / 成本比 $\dfrac{P - W}{P}$ 乘以最大需求 100。

22.3　报童实验中的中心点拉动效应

一场实验涉及报童问题定价规则，实验采用被试组间设计，3 种实验局的批发成本不等。若零售价格 $P = 4$，批发成本 $W = 2$，则 $(P - W)/W = 1/2$，风险中性卖家的最优订购量为 50；保持零售价不变，批发成本变为 3，最优订购量降至 25；批发成本若减少为 1，最优订购量则增至 75。每一名被试将在同一种实验局下完成一系列共 30 次订购决策。基准的完全信息实验局中，每一轮后会向被试提供需求和销量信息，使用 Veconlab 市场（market）菜单下的报童问题（newsvendor）程序即可开展。余下的 3 种实验局，（$W = 2$）实验局包含 36 名被试，（$W = 1$）和（$W = 3$）实验局各包含 24 名。报童问题的平均订购数量和理论预测值如图 22-4 所示。

实验中观察到的订购均值如图 22-4 所示，且附有理论预测值（虚线）。根据三组实验局数据的间隔不难看出，订购量随着成本降低而增加。但是，当最优订购量小于 50 时，存在订购过多的趋势；当最优订购量大于 50 时，则有订购不足的趋势。此外，在最优订购量等于 50 的情况下，会有轻微的上升偏向，这一点在另两种情形也有体现。因此，我们可以描述与理论预测相关的两种偏向：订购数量对批发价格变化反应迟缓的趋势和上升倾向，即"中心点拉动"。这种迟缓调整效应正是 Schweitzer 和 Cachon（2000）报告的行为模式，他们为此构思了很多行为角度的解释，但最终全部否定。

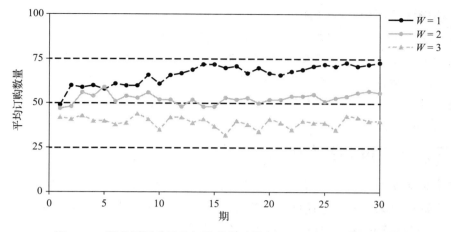

图 22-4　报童问题的平均订购数量（圆点）和理论预测值（虚线）

资料来源：Bostian、Holt 和 Smith（2008）。

　　解释图 22-4 中模式的一种可能方法是在决策中加入随机"噪声"，因为决策中的随机性往往会在最优值接近底部时将决策向上拉，而在最优值接近可能需求量范围的顶部时，将决策向下拉。这是 Bostian、Holt 和 Smith（2008）采用的方法，具体涉及混合的决策误差（见本书第 9 章）和强化学习过程（见本书第 7 章）。

　　学习方向理论（learning direction theory）提供了另一种解释（Selten and Buchta，1999），该理论假设调整将趋向于前一时期的最优响应的方向。举例来说，$W = 3$ 实验局最优的订购数量为 25，而随机的市场需求在 3/4 的情况下大于 25[⊖]，于是将向下拉动订购量。反过来，低成本的 $W = 1$ 实验局最优订购量为 75，市场需求也有 3/4 的机会小于 75，将向下拉动订购量。尽管该理论只是预测了各期的调整方向、而非幅度，但不难想象如何导致实验中观察到的"中心点拉动"现象。

　　通常，有关报童问题的研究文献把根据前一期结果调整订购量的趋势称为需求追逐（demand chasing）。Veconlab 的报童问题实验附带的绘图程序能够绘制出当期订购数量和前一期实际需求的对比图，发现仅有部分被试表现出需求追逐，大部分均无此特征。运营管理专业课程在讨论这种库存问题时，通常的建议是设计一套应对方案（set a course）并遵循之，不管需求以哪种方式波动。当然，人们也可能设计出错误的方案。前文实验中不光有两名同学正确求解了报童问题，同样也有两人的收入极低，他们每一期的订购数量都超乎寻常地少：（假设风险中性）最优订购量为 75 时，他们的订购均值分别为 26 和 49；最优订购量为 25 时则只有 15 和 12。另一方面，少订购产品可避免承受损失，订单极少的被试可能和风险厌恶或损失厌恶特征有一定关系。相反，虽然多订购更有可能承受损失，但是高成本（$W = 3$）实验局（最佳订购量仅 25）中大部分被试的订购量却上偏，这不能仅由损失或风险厌恶来解释（章后习题第 8 题）。总结如下：

　⊖　当本期随机的市场需求大于 25（概率为 75%）时，那么订购量大于 25 则收益会更高。事后来看，此时最优响应的订购量大于 25。于是根据学习方向理论，下一期将会向着最响反应的方向调整订购数量，即增加订购量。也就是说，根据此理论，当理论最优的订购数量不在均匀分布候选区间的中间位置（50）时，个体保持理论最优的订购数量（本例中的 25 和 75）是非常困难的。——译者注

报童问题实验结果：当订单成本较高而最优订购量较低时，观察到的订购量往往高于最优订购量。反之，当订单成本较低且最优订购量较高时，观测订购量往往过低。这种向中心拉动的效应，在许多实验中已经被观察到，可能是由于"需求追逐"的趋势，即在库存缺货后增加订单，而在冗余后减少订单。然而，大多数被试并没有表现出明确的需求追逐模式，在这一点上有几种可供选择的行为解释。

22.4　啤酒博弈和牛鞭效应

回顾上下游垄断企业的双重边际化问题，通过纵向合并或在下游引入竞争，在一定程度上能缓解该问题。若无上述修正，第22.1节中的分析可推广至更长的供应链。例如，垄断制造商→分销商→批发商→零售商，各自在所在阶段均是垄断者。若不存在各层次的竞争稀释垄断势力，多次"边际化"的影响会比双层时更加复杂。

在单层供应链的简单报童问题中，订购数量的偏向性构成了无效率的另一来源。更长的供应链下，订单和库存或许不能充分协调，特别是当各层次信息传递不畅时。例如：宝洁公司发现，相对于消费者的尿布需求，分销商的订单变化太大；惠普公司也发现，相对于消费者的打印机需求，零售商的订单变动剧烈。Lee、Padmanabhan 和 Whang（1997a，1997b）讨论了这些案例以及其他例子。

商学院有一个悠久的传统——让 MBA 学生进入模拟供应链，这就是众所周知的"啤酒博弈"（Beer Game）。由上至下，市场存在 4 个层次：制造、分销、批发和零售（Forrester，1961）。课堂博弈的参与者需要向供应链上游提交订单，并且选择向下游出售的库存数量。如果存货未能全数售出，将承担一定的成本；同样地，向下游供货小于需求，也意味着成本即利润损失。实验有时会令前几轮的零售需求保持稳定，而后再加入预期外、无公告的需求增长。需求增加会导致上游订单的波动越来越大，故称为"牛鞭效应"[译注符号]。

在课堂啤酒博弈实验中，上游卖家往往将巨大的波动归因于外生的需求变动；事实上，绝大部分的波动缘于供应链下层的反应（Sterman，1989）。然而，随后有实验也证明牛鞭效应不能完全归因于意外的需求变动，因为即使零售需求冲击具有不变（平稳）且已知的分布，牛鞭效应仍会出现（Croson and Donohue，2002，2005，2006）。

供应链实验的参与者被分成 4 "队"（team），一队 4 人，每人对应 4 种角色之一，从下游接收订单，向上游提交订单，订单需要从库存当中购买。收到订单后会有几期的装运延迟时间，时长已知并提前公布。被试被给予激励，以使整个供应链的持有成本和缺货成本的总和最小化，这对于一个整合的公司是合适的。

图 22-5 是此供应链由下往上，从零售商（左侧）到批发商、分销商和制造商（右侧）订购数量的方差。请注意，相比左侧零售商，三种企业的方差都非常大。这就是牛鞭效应的本质，零售层次的微小变化会导致上游订单的大幅波动。

○　从下游到上游，订单的波动越来越大，图像（～～～）上形似一条挥舞的鞭子，故称"牛鞭效应"。——译者注

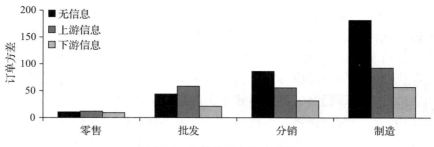

图 22-5　牛鞭效应与库存信息

资料来源：Croson 和 Donohue（2005）。

在 Croson 和 Donohue 实验中讨论的问题是改进的信息是否可以减少这种牛鞭效应。在基准实验局（深色）中，参与人得不到有关供应链其余三个层次库存水平的任何信息。另外两个信息实验局则分别提供了供应链上游或下游的库存信息（或在负库存情况下的未完成订单）。从结果来看，下游信息实验局更好地缓解了牛鞭效应。Croson 和 Donohue（2005）还证明，为供应链中的其他成员提供销售终端（point-of-sale）的信息，同样能够缓解牛鞭效应，但无法消除。总结如下：

实验室中的牛鞭效应： 零售需求的随机变化可能随供应链从下向上逐渐放大，导致批发、分销和制造企业的订单变化幅度更大。即使牛鞭效应能通过更好的信息传递来减弱，但供应链上下游的订单变化效应的放大，也为我们提供了一个重要的视角，即相互关联的市场构成的经济系统或许对看似微小的随机冲击格外敏感。

22.5　扩展

本章介绍的报童问题和牛鞭效应是 MBA 运营管理课程的基本内容，亦有大量的实验文献致力于用各种行为因素来解释观察到的这些偏向。比如，可参见 Bolton、Ockenfels 和 Thonemann（2012）的文献，他们比较了经理人和学生的行为，发现两种被试的小组中，皆存在中心点拉动偏向。Boulou、Resheff 和 Holt（2017）分析了一般化的库存问题（存在风险厌恶、结转以及其他成本）中的最优存货决策。在他们报告的实验当中，库存订单行为模式仍表现出中心点拉动偏向。

纵向垄断模式与产业组织、反垄断等经济学分支领域的关系更为密切。Durham（2000）比较了上游垄断者的定价行为，其中，垄断者选定批发价格并向一家或多家下游卖家公布之。实验共设置了两种实验局，分别有 1 家或 3 家下游企业。她发现下游竞争的存在产生了类似于纵向整合的结果。实际上，下游的竞争消除了垄断边际化的一个源头，使价格和产量趋近于单一垄断者的情况。另一种看法是，如果下游的竞争充分，下游价格将压低至边际成本，总产出将位于零售需求曲线而不是零售边际收入曲线上，那么上游企业本质上可以表现为一个整合的合垄断者，它可以在零售需求曲线上选择一个点，使总利润最大化。

Ho 和 Zhang（2008）开展了一项纵向垄断实验，上游企业选择特许经营费以及批发价格，即实行两部收费制（two-part tariff）。与图 22-2 中的课堂实验一样，此过程并不能解决双重边际化问题。事实上，相对于没有特许经营费的单一批发价格基准情况，市场效率并没有得到改善。另一实验局引入了定量折扣，理论上可激励下游企业扩大产量，作为双重边际化问题的另一解决方案。但实验结果显示，尽管数量折扣程序使上游企业在总剩余当中的分成显著提高，但总体效率仍然很低。该文作者的结论是，特许经营费之所以不起作用，是因为被试将其编码为一种损失，损失厌恶使得下游企业不愿接受高额的特许经营费。还有一种解释思路在前面已经介绍，即特许经营费若被视为不公平的剩余分配方案，也有可能被拒绝。

重要的是，纵向整合或垂直价格操纵可能有其他有利或不利的后果。对多个市场上均有声誉的制造商来说，它们自然希望不同地区市场的零售商都能够提供充足的服务，而这可能需要通过合约将零售价格维持在较高水平，以确保利润率能够覆盖零售商的质量改进和店内服务。因此，在美国，纵向价格操纵本身并不被视为违法。在美国最高法院裁定其不违法的标志性案件中，质量保证论点发挥了建设性的作用。该案的专家证人 Kenneth Elzinga 教授指出，允许制造商施行建议零售价格能够提高质量和服务。这位教授指出，这些价格政策"不会使得不提供这些服务的零售商得到优惠，而会使提供这些服务的零售商可搭便车"（引自 Nash（2007），论文中对此案的梗概进行了非技术性的总结）。至于价格竞争对产品质量的负面影响，我们将在下一章讨论。

第 22 章习题

1. 设法获得第 22.1 节中描述的市场中垄断卖家的预测利润。

2. 如预测的那样，当批发价格为 14 美元、零售价格为 19 美元时，求出第 22.1 节所述市场中批发商和零售商的利润。证明这两家公司的利润总额低于上一个问题中计算的纵向整合垄断企业的利润。

3. 设市场的反需求函数呈线性：$P = 46 - 2Q$。在批发水平上，每件产品的成本是 0。在零售层面，批发购买的每个单位的零售成本是 6。因此，这两个级别的平均成本加起来也是 6。利用图表或微积分，求纵向整合垄断者的最优产量和零售价格。无论哪种情况，你都应该用图表来说明你的答案。

4. 如果你正确地回答了第 3 题，你的答案应该暗示公司的总收入是 260，总成本是 60，而整合垄断者的利润是 200。现在考虑上游和下游企业各自分开的情况，上游批发商选择批发价格 W，并以"要么接受 – 要么离开"的形式向下游企业宣布这个价格（无进一步价格谈判）。因此，下游企业的边际成本为 $6 + W$。令其等于边际收益（用图表或微积分），以 W 的函数来确定下游企业的最优产量。然后使用此函数找出上游卖家的最优 W 水平（使用图形或演算），并用图表说明你的答案。

5. 假设第 4 题中的上游垄断者可以收取特许经营费。如果下游卖家完全理性：宁愿微利也不愿一无所获，那么上游卖家能收取的最高费用是多少呢？站在上游批发商的角度，批发价和特许经营费的最优（利润最大化）组合是什么？

6. 考虑一个零售企业，其外部给定的批发成本为 20 美元，外部给定的零售价格为 30 美元。需求在 0～300 均匀分布。风险中性企业的利润最大化订购数量是多少？

7. 假设第 6 题中的企业订购了 100 件产品。找出该企业最终将赔钱的已实现需求数量的范围。

8. 如果在计算收益时损失隐约比收益大，那么公司就被称为"损失厌恶"型。使用直觉来猜测在第 6 题中损失厌恶的影响是什么，也就是说，相对于预期的利润最大化水平，损失厌恶倾向于提高或降低订单数量？损失厌恶本身能否解释图 22-4 中的数据模式？

9. (开放性问题) 如何改变标准的报童实验，以消除损失厌恶的可能影响？如果亏损是不可能的，那么这对平均订单会有什么影响呢？

10. (开放性问题，预习内容) 在保持高成本和低成本的双实验局设计的同时，如何改变标准的报童实验来操纵或控制产生拉动中心效应的因素？

柠檬市场和保险市场中的逆向选择

当买方能够同时了解价格和质量时,将带给卖方更强的竞争压力,进而要求其提供优质的产品和实惠的价格。但是,如果买家在购买之前观察不到产品的质量,将会引发一些问题,例如,卖家受利益驱使,有动机去降低质量以节约成本。于是,高价格(高质量产品获利之所必需)或许会令买家犹豫不决,迫使卖方价格、质量齐降。

随着卖家降低产品质量以及买家预期到低质量,或将开启市场拆解(unraveling)过程。当质量是外生的时候,拆解也会发生,但卖家必须决定是否在当前的价格水平下出售。因为如果价格过低,一些生产高质量产品的卖家将会退出市场,致使市场当中的产品质量下降。要是这些卖家的退出进一步降低了市场价格,则越来越多的高质量卖家将退出市场,余下的产品质量越来越差。此过程称为逆向选择(adverse selection),市场以某些原因选择了低质量的产品。健康保险市场当中常出现相似的拆解过程,健康的人更不愿购买保险或者难以接受高价,这就降低了买方的平均健康状况。

本章标题中的术语柠檬市场(lemon market)源于乔治·阿克洛夫(Akerlof,1970),他解释,之所以好车难以在二手市场立足,是因为潜在的买家将它们也视作"柠檬"⊖。阿克洛夫证明,信息不对称和逆向选择如何导致市场质量恶化到极低水平,以至于市场本身或无法存续。

教师须知:柠檬市场博弈可基于 Veconlab 的柠檬市场(lemon market)程序的实验说明(自信息菜单中)完成。班级实验推荐使用默认参数以及同步购买设置(simultaneous shopping setup),避免买方连续购买造成延误。为了让实验参与人数和设置的进程相符,可将学生分对或分组。

⊖ 柠檬(lemon)在美国俚语当中有"残次品""不中用的事物"的含义。——译者注

23.1　内生产品质量

在下面所考虑的市场中，由卖家选择自身产品的质量。高质量商品的生产成本更高，对买家也更有价值。成本和收益引出了是否存在最佳质量的问题。在大多数市场中，不同买家对产品质量的支付意愿不等，从而使不同质量等级的产品以差异价格出售。但是，供应高质量、高价格产品的卖家面对利润诱惑依然有动机去悄悄降低质量以节省成本，提高利润，特别是当买方于购买前观察不到质量之时（信息不对称）动机尤为强烈。但即便是质量信息不对称，只要返修、退货政策等能够反映卖家声誉，卖家仍可能去维护声誉，保证质量。在我们分析这些政策的效果之前有必要先研究为什么市场在买家不能提前观察质量的情况下可能会失灵。

简便起见，假设所有买家需求至多 1 个单位，且质量偏好相同，由数字等级 g 表示。单位产品的最大支付意愿 $V(g)$ 是质量 g 的增函数，卖家生产成本 $C(g)$ 也是质量的增函数。每个等级 g 的净值是二者的差值：$V(g) - C(g)$。最优的质量等级使这一差值最大化。最优等级可能不是最高可行等级。例如，去除所有杂质或将产品故障的风险降低到零的成本，往往高得令人望而却步。在这种类型的市场中，重要的行为问题是竞争将迫使质量接近最优水平的程度。

市场的特点可以用一个简单的三级的课堂实验来说明（见图 23-1）。每个买家需求 1 单位商品，而且商品估价取决于质量等级：等级 1 估价 4.00 美元，等级 2 估价 8.80 美元，等级 3 估价 13.60 美元。举例来说，如果市场中有 4 名买家且商品质量为 2 级，如图 23-1 中间部分的 2 级需求线所示，对于任何低于 8.80 美元的价格，市场需求将垂直于 4 单位。其他需求与此类似，1 级和 3 级的价值分别为 4.00 美元和 13.60 美元。

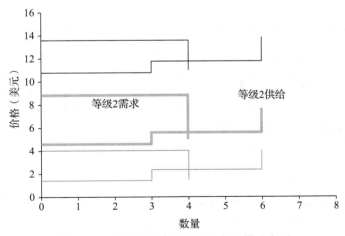

图 23-1　按质量等级划分的需求和供给序列

每个卖家产能为 2，其中，第二个单位的成本要高出 1 美元。质量等级为 1 的产品的两单位成本分别是 1.40 美元和 2.40 美元，因此，单独一个卖家的供给曲线带有两个台阶，当价格高于 2.40 美元时，每两件产品的供给曲线将变成完全无弹性。如果有三个相同的卖家，市场供应也会有两个台阶，每一台阶宽 3 单位。图 23-1 下半部分所示，1 级的市场供应量以 2.40 美元的价格超过 1 级的需求。其他等级的供需曲线显示在等级 1 的供和需曲线之上。不论哪种质量等级，总剩余都在供需曲线之间的区域。不难看出，令消费者和生产者总剩余最大的是质量等级 2。

Holt 和 Sherman（1999）课堂实验的结果如表 23-1 所示。学生们分成小组并分配身份，一组有 4 个买家、3 个卖家。前 3 轮，卖家提交的价格和质量等级将写在黑板上，买家以随机顺序购买。注意到第 1 轮有 2 个卖家选择了最高的质量等级 3，各售出 1 单位；相比之下，另一卖家生产并售出 2 单位 2 级产品，获利更多。买家们偏好 2 级商品，因为相对于价格而言，2 级商品剩余更大。至第 3 轮，所有卖家都选择供应 2 级商品，整体价格 5.60 美元也非常接近供需曲线交点的竞争价格。

表 23-1 课堂实验结果

	卖家 1	卖家 2	卖家 3
第 1 期 （完全信息）	11.50 美元 等级 3 售出 1	6.00 美元 等级 2 售出 2	12.00 美元 等级 3 售出 1
第 2 期 （完全信息）	5.75 美元 等级 2 售出 2	5.50 美元 等级 2 售出 1	1.90 美元 等级 2 售出 1
第 3 期 （完全信息）	5.65 美元 等级 2 售出 1	5.60 美元 等级 2 售出 2	5.60 美元 等级 2 售出 1
第 4 期 （仅价格信息）	2.40 美元 等级 1 售出 1	5.60 美元 等级 2 售出 1	2.40 美元 等级 1 售出 2
第 5 期 （仅价格信息）	2.40 美元 等级 1 售出 1	1.65 美元 等级 1 售出 1	5.50 美元 等级 1 售出 2

"完全信息"的三轮后另有两轮，卖家依然提交价格和质量，但买家选购时黑板上只有价格信息。有 2 个卖家在第 4 轮立即降低了质量。不过，它们同时也降低了价格，买家如果能将此视为一种低质量的信号，也将从中得到提示。行至最后一轮，3 号卖家选择以 5.50 美元的价格供应低质量（1 级）商品，5.50 美元曾是 2 级商品的成交价格。当轮购买该商品的买家一定预计商品质量是 2 级，但事与愿违，蒙受损失。Holt 和 Sherman（1990）实验观察到的质量拆解现象与上述行为模式类似。总结如下：

无法观察产品质量的实验中出现的拆解现象： 在信息不对称和内生性卖方质量决策的实验中，价格竞争和以质量为基础的成本节约，可能会导致柠檬市场的后果，即价格和质量相对于最优的剩余最大化水平来说都太低了。

关于缓解柠檬市场问题的实践效果，有几项实验性研究。Lynch 等人（1986）证明，在信息不对称的双重拍卖中，通过某些类型的保证、对真实广告的要求等，市场表现可以得到改善。在 DeJong、Forsythe 和 Lundholm（1985）的实验中，允许卖家就产品价格和质量进行展示，但是质量展示并不要求准确，而且买家甚至在使用产品后依然无法获得完全的质量信息。该实验中，卖家经过经验积累，选择供应高质量产品来建立声誉。建立声誉的过程防止了市场向最低质量崩溃。Miller 和 Plott（1985）也报告了一些实验，其中，卖家能够支付一定成本以传递高质量"信号"，从而防止市场质量的恶化。

23.2　外生质量下的逆向选择

阿克洛夫（1970）解释，即便卖家不能决定产品的质量等级，只要存在不对称信息——买方在购买前观察不到产品质量，那么市场失灵仍有可能发生。外生质量下的市场失灵缘于逆向选择（adverse selection）过程：卖家预期观察不到质量的买家不会出高价，于是高质量的卖家会退出市场。这种退出导致平均质量的下降，因此买家支付的意愿下降，这就迫使更多拥有高于平均质量商品的卖家退出市场。这一拆解过程的最终结果可能是没有交易发生，或者完全的市场失灵。

Kirstein 和 Kirstein（2009）基于非对称质量信息市场模型开展了实验。市场中的每个卖家拥有 1 单位产品，其随机质量 g 在 0 到 1 均匀分布，好比从彩票箱（101 个小球，0，0.01，…，0.99，1）中抽取小球。卖家知晓质量而买家无从观察。其中，一个实验局令卖家保留产品的货币收益为 $3g$，卖家价值线如图 23-2 所示；产品对买家而言价值则更高，达到 $4g$。图 23-2 中横轴所有质量等级上买方的价值都高于卖方，因此站在经济效率的角度，市场应该实现所有的交易。

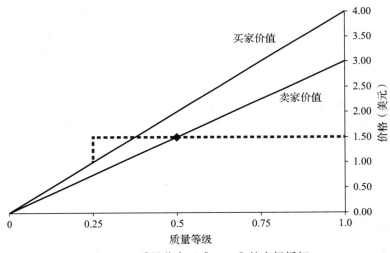

图 23-2　质量分布于 [0，1] 的市场拆解

在一轮的开始，每个卖家与一个买家配对，然后买家给出一个接受或离开的价格，即 p。由于不允许后续交流，对于知晓 g 的卖家而言，如果对方出价高于自身价值，则应接受出价，完成交易。买家可以通过提供 3 美元的价格来使购买机会最大化，而卖家无论等级如何都会接受这个价格。但已知质量在 0 到 1 之间的概率均等，故均值仅为 0.5，对买方的价值是 $4 \times 0.5 = 2$ 美元。因此，如果买家开出最高价格 3 美元。意味着为平均仅值 2 美元的商品支付 3 美元，损失概率很大。那么要是调低价格，比如出价 1.50 美元

（图 23-2 中的水平虚线）又会如何呢？出价与卖家价值线交点的质量等级是 0.5，只有质量等级小于等于 0.5 的卖家才会接受。此时平均质量等级处于 0 ～ 0.5 的中点即 0.25，对买方来说仅值 1.00 美元，出价 1.50 美元依旧过高。

如读者们所猜测，以上案例并不难一般化。假设买家出价 p，只要 $3g < p$ $(g < p/3)$，卖家便将同意交易。因此，若买家出价 p 并达成了交易，购得商品的质量等级分布在 0 到 $p/3$ 之间。由于买卖双方随机配对，且接受范围 $[0, p/3]$ 之内所有质量等级的概率均等，因此，出价 p 成交后所得商品质量等级的均值为区间的中点：$(0+p/3)/2 = p/6$。前文设定买家的价值是质量等级的 4 倍，期望等级的 4 倍等于 $4p/6 = 2p/3$。故平均而言，支付 p 购买商品所得仅值 $2p/3$，期望损失高达 $p/3$。出价越高，预期损失越大，因此出价应为 0，这将导致市场上交易消失。

Kirstein 和 Kirstein 的实验常在初期观察到高价，而后逐步下降，至最后几期相对稳定，且交易商品的平均质量也随价格下降。但是，市场并没有完全崩溃到价格为 0 的程度，该文作者认为，这是由于实验参与者迭代（iteratively）思考最优出价的能力有限。实验中出价降低的速度较慢且不完全，第 1 期价格约为 1.70 美元，第 10 期也只降低到 1.00 美元左右，第 15 ～ 20 期基本稳定在 0.50 ～ 0.80 美元。这种模式又提出了新的问题，是什么在推动价格的动态调整过程？此市场给买家的反馈带有噪声，购买并不一定受损，卖家的质量等级恰好靠近接受范围上限时购买商品能够获利；此外，出价过低也有可能遭到拒绝。不论上述哪种事件，都构成了买家在下一轮提高出价的动机，其可能会和受损买家的降价行为相互抵销。以上观测结果表明，学会"降低出价更加有利"是一个缓慢的过程。Feltovich（2006）对学习过程加以计算机模拟，解释了为什么价格下降相当缓慢。他使用的是本书第 7 章介绍的"强化学习"过程，过去收益更高的决策后续被采用的概率更大。总结如下：

外生质量实验中的逆向选择： 即使存在外生的（观察不到的）质量差异，逆向选择也可能导致低质量商品的比例较高，并导致基于低消费者预期的相关低价格。实验中，市场失灵程度不及理论预测的完全拆解那样严重，可能是个体经验的异质性和学习过程的缓慢所致。

23.3　医疗保险市场的拆解

相似的分析可用来解释保险市场的拆解现象，例如，2018 年美国一些州的平价医疗法案保险交易所（Affordable Care Act Insurance Exchanges）⊖似乎正在发生这种情况。假设特定健康保险目标群体中个体的综合健康等级为 g，g 越大越健康。简单起见，可将

⊖　《平价医疗法案》（Affordable Care Act）是美国综合医疗改革法及其修正案的统称。该法律涉及医疗保险覆盖范围、医疗保健费用和预防保健。保险交易所（insurance exchange）又称保险市场（marketplace），是 2010 年《平价医疗法案》创建的医疗保险购买和注册服务。在大多数州，联邦政府主要经营该交易市场，也有一些州独立经营。借助网络，居民可以通过互联网完成注册、资格审查，并根据需要选择所需保险项目。——译者注

g 看作无须保险赔付（比如住院）的概率。因此，图右侧等级 1.0 对应不可能理赔的健康人，0.9 则意味着有 10% 的概率要求赔付。健康等级决定了个体保险赔付的期望成本，是关于等级 g 的减函数，如图 23-3 中向右下方倾斜的成本线，最左端等级 0 的期望赔付成本为 80 美元。当保险价格恰好等于期望赔付成本时，大多数人愿意购买保险来降低风险，因此实际保险费用理应高于期望价值[⊖]，图 23-3 中支付意愿上限（点线）也高于期望成本线。

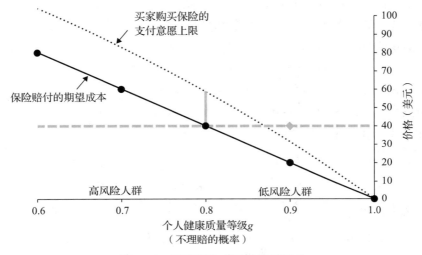

图 23-3　医疗保险市场的拆解现象

注：右侧低风险人群的期望赔付成本（实线）较低。风险厌恶令保险的支付意愿（点线）高于期望赔付成本。保险费（虚线）位于右侧低风险人群支付意愿虚线的上方，他们可能会选择自我保险（不购买保险），这会降低保险池的平均健康等级，进而提高保费，从而导致更多低风险者退出。理论上，随着购买保险的人越来越少，拆解过程最终将使市场崩溃。

简便起见，假设人们并不知晓自己的健康等级（该条件可以放松），且健康等级沿线均匀分布。若分布区间为 0.6 ~ 1，平均等级则为 0.8，预期成本为 40 美元，等于 0.2 乘以赔付金额 200 美元。此时，40 美元的保费即可覆盖期望赔付金额，如果不知道自己的健康状况，人们大多会愿意购买保险以降低风险。

随着人们更多了解自身健康状况，健康等级很高的人可能会排斥 40 美元的保费。比如，图 23-3 中健康等级高于 0.85 的人最大支付意愿低于 40 美元。如果这些最健康的人退出保险市场，人群平均健康等级将下降，反过来推高保费；保费上涨将使更多人退出，继续推动价格上涨，可能导致市场全面崩溃。

Riahia、Levy-Garboua 和 Montmarquette（2013）的实验采用了图 23-3 模型的离散版本。被试分为两类：低风险（$g = 0.9$）与高风险（$g = 0.7$）人群。如图，右侧低风险人群的期望赔付成本仅有 20 美元，左侧高风险人群则高达 60 美元。设二者人数相等，整体样本的期望赔付成本即中点 40 美元。实验中共有 4 个保险卖家提交保险价格，所有买家向保费最低的卖家购买保险。根据理论预测，严酷的（伯特兰）价格竞争将驱使保险价格

⊖　卖方的期望成本即买方的期望价值。——译者注

降至期望赔付成本，事实也的确如此。保险买家知晓自己的风险类别（高还是低），进而基于保费高低决定是否购买。

实验通过彩票的形式决定被试的最终报酬。作者诱出了一个效用函数，其弯曲并且表现出风险厌恶特征（该方法在第 6 章中简要提及）。基于本章的目的，这已经足以说明风险厌恶是令图中支付意愿线高于期望成本线的原因。根据实验测度的风险厌恶水平，尽管期望的赔付价值只有 20 美元，低风险人群愿意支付至多 32 美元来购买保险降低风险。因支付意愿低于图中虚线上对应的保费 40 美元（菱形标志），预计低风险个体不会购买保险而是自我保险。如果购买保险的全都是高风险者，保费需提高到 60 美元才能覆盖期望成本。但这在实验中并未发生，低风险人群仅有大约一半退出，卖家之间的竞争也使保费降至 40 美元左右，远低于预期的 60 美元。由于相当一部分低风险者购买了保险，降低了期望赔付成本，卖家在维持低价的同时并未亏损。从某种意义上说，高风险者买保险的比例更高，一定程度上拆解了市场，但低风险者也未全部退出。综上，实验呈现出一种中间结果，市场并未完全崩溃。总结如下：

保险市场的实验结果： 当买方知晓自身风险类型时，相比高风险者，低风险者往往更多地选择自我保险（不购买保险）。然而，由此产生的逆向选择只是局部性的，并不会造成保险市场的崩溃，因为卖方会设法避免平均损失，并继续提供保单。

该文作者还设计并开展了另一种实验局，其中，保险公司可以提供附加高免赔额的保险合约，在损失发生时只赔付 200 美元中的部分而不是全部。在这种情况下，相关理论（Rothschild and Stiglitz，1976）预测，低风险个体将选择高免赔额的合约，只有高风险个体才会购买全覆盖的高价保险，市场能够实现完全分离（complete separation），卖方可以根据买方选择的保险合约（有无免赔额）推断其风险类型；此外，更加吸引人的是，理论预测市场不会崩溃，所有人都将选择所需类型的保险。但是，实验中观察到的分离并不完全，不过高风险者的确更多选择全覆盖合约。另外，免赔额的加入并未解决逆向选择问题，仍有相当多的人不买保险（50% 的低风险人群和 25% 的高风险人群），相比无免赔合约的基准实验局无明显降低。该文作者指出，不同个体感知风险的方式似乎存在异质性，这导致购买决策的可预测性低于纯理论预期。总结如下：

基于损失风险的免赔额和"筛选"： 在实验室实验中，利用有免赔额和无免赔额的保单并没有解决逆向选择问题。结果显示，基于是否选择了免赔额的市场分离并不完全。此外，相比无免赔额的基准实验局，未投保率也没有减少。

23.4　扩展

第 23.3 节对医疗保险市场失灵的讨论较为抽象。更具体地，Hodgson（2014）提出了一个易于实施的课堂实验，许多有趣的细节取材于美国医疗保险市场。实验中，每个人都扮演具有一定健康状况的"角色"，例如"35 岁，身体健康"或"57 岁，糖尿病未控制"，角色给出了主要和次要健康支出的概率，市场上有 3 种免赔金额不同的医疗保险计划供选择。学生选择计划后，教师会将其输入电子表格，计算每一计划下注册人员的期望赔付成本。若健康的人选择退出，期望赔付成本和保险费都将上升，学生们便可观察到市场崩溃。此课堂实验可用于指导有关当前政策问题的讨论，例如，若强迫保险公司受理有病史的保险申请人，将产生何种影响。

Capra、Comeig 和 Banco（2014）采用实验室实验研究了一种信贷市场常用的筛选机制，展示出贷款人是如何通过一对激励相容的合约来筛选高低风险借款人从而防止质量恶化和信贷市场失灵的。贷款合约包含两个要素：利率（价格）和抵押品（担保）。高质量借款人（违约风险低）自愿选择高抵押物和低利率（价格更好）的合约，而低质量借款人（违约风险高）更喜欢无抵押物和高利率（价格更差）的合同。低风险借款人交付的抵押品往往只有在小概率违约事件发生时才无法赎回。该实验非常适合课堂使用，其最初的动机是研究实际贷款市场中使用的合约（Comeig，Del Brio，and Blanco，2014）。

第 23 章习题

1. 基于图 23-1 中供给与需求设置的单位成本和赎回价值，计算质量等级 1 的总剩余。
2. 在给定等级的竞争均衡下，价格由该等级商品的供给与需求的交点决定。比较（或估计）图 23-1 中市场各等级的均衡总卖方利润。
3. （开放性问题）针对图 23-1 中的市场结构，考虑所有等级 2 卖家的第一单位成本小幅上升的情况。这一成本增长 0.25 美元意味着等级 2 卖家的竞争均衡利润低于其他等级的卖家。你认为卖家的等级选择是否还会向最佳等级（2）收敛？
4. 格劳乔·马克斯⊖曾经说过："请接受我的辞职，我不想加入任何接受我为会员的俱乐部。"这和第 23.2 节讨论的外生质量模型有何不同（或相似）？
5. 改动第 23.2 节的外生质量模型，一个质量 g 的商品对卖家而言价值 $3g$（和之前一样），但是对买方的价值改为 $1+3g$。讨论从这个修改过的结构的实验中可以学到什么。

⊖　Groucho Marx，美国 20 世纪初著名的喜剧演员。此处引用的话出自他的自传即回忆录《格劳乔和我》（Groucho And Me）。——译者注

资产市场和价格泡沫

本章的特色实验涉及资产股份的交易，资产在每期产生随机的分红（股息），交易者购买股份并获得分红。后者既可继续用于购买股份，又可以存入安全账户赚取利息。利率是一种机会成本，从基本面的角度决定了资产的价值：分红和相关概率，以及在预先宣布的最后一轮交易后每一股的赎回价值。基本价值能够充当价格泡沫的测量基准。实验中，泡沫和崩溃是常见的结果，交易者缺乏经验时尤为突出，基于实验的探讨可融入现值、资产回报、价格预测等方面的教学当中。

教师须知： 使用 Veconlab 的限价指令市场（limit order market）程序（在 finance/macro 菜单上），资产市场设置很容易实现。杠杆资产市场（leveraged asset market）程序则提供了更多的选项，包括价格预测和受限的首付（limited down payments）购买。两个程序管理员页面上的"停止"按钮都允许你在有人速度太慢时结束一期交易。

24.1 郁金香狂热

尽管人们普遍认为，股权价值在长期内会稳步上升，但股权市场表现出强劲的价格波动，而这种波动似乎与基面条件的变化无关。对此，凯恩斯给出的说法是，许多（甚至大多数）投资者不太关心决定公司未来长期盈利能力的基本面信息，而更关心股票在几周或几个月内可卖出的价格。这类投资者会试图找出（他们认为的）其他投资者趋之若鹜的股票。羊群效应可能形成价格上涨的压力，使预言自我实现。关于此过程的心理，可参考 Charles Mackay（1841）对荷兰 17 世纪"郁金香狂热"的解释：

> 贵族、市民、农民、技工、海员、帮工、女仆，甚至扫烟囱的杂役和年迈的

制衣女工，全都痴迷于郁金香。房屋和土地全都被以极低的价格出售或转让，投入郁金香的交易市场。外国人也被同样的狂热迷住了，金钱从四面八方涌入荷兰。

当然，郁金香并不如钻石那般稀缺，它们是能够被生产出来的，只要给市场一些时间，供不应求的状况便会得到修正。Mackay 在后面的解释中说道：

> 然而，那些更加谨慎的人终于开始意识到，这种愚蠢行为不可能永远持续。有钱人买郁金香的目的不再是装点庭院，而是转卖获取利润。看起来最后一定会有人亏得很惨。随着这一信念的传播，郁金香价格下跌且再也没有上涨。市场的信心被摧毁了，商人们普遍陷入恐慌。

即使交易者意识到价格脱离了生产成本且和盈利机会不符，过度自信的感觉仍可能让他们相信自己能够"逢高卖出"，或至少在崩盘来临时及早清盘。问题是一旦崩盘开始，任何价位上都不存在买家。通常只需轻微下跌，或许源自外生冲击，就能够吓住买家，从而激起随后价格自由落体式的下跌。

资产价格泡沫产生过山车般的情绪波动，伴随着强劲的价格飙升和剧烈的调整。以房地产市场为例，年轻夫妇或许会嫉妒那些已经买房并"享受"房价上涨的熟人。价格的持续上涨可能会引发人们失去耐心，在价格高到无法承受之前购买。目睹房子很快抢购一空，自然会产生后悔或预期到的后悔等强烈情绪。而且，物价稳定上涨期间，风险看似很低，这也会产生过度自信。经济产权引发的市场情绪还可能与其他激情混合。这亦是 2017 年电影《郁金香狂热》(*Tulip Fever*) 的主题，一对充满激情的 17 世纪情侣将他们所有的一切都投资于高风险的郁金香市场。

多年来，一些经济学家认为，郁金香狂热和类似的事件不一定是价格泡沫，而是在很大程度上根植于"基本面"。Garber（1989：535）给出了谨慎的解释：

> 大多数的"郁金香热"并不属于明显的疯狂（madness）。稀有的球茎价格高且迅速贬值是这类花卉行业的典型商业模式。只有在最后一个月的投机期间，普通球茎价格迅速上涨，然后暴跌，或是一个潜在的泡沫。

对泡沫持怀疑态度的观点并不少见。曾有一位刚来到弗吉尼亚大学的博士生，写了一篇关于价格泡沫的论文，论及了她自己在任职金融交易员时观察到的"互联网泡沫"⊖与俄罗斯债券市场崩溃。尽管她的热情很高，但当时导师还是劝她不要去研究一种"不存在"的经济模式。

正如 Garber 和其他人所做的审慎分析，人们很难辨别剧烈的价格波动究竟是缘于毫无根据的投机行为还是经济基本面。突然的价格下跌有可能是经济事件（如银行倒闭）和其他事件（如 1907 年旧金山地震）共同作用的结果。有时，经济衰退的根源在本质上是随机的。作者本人曾遇到过一位专业交易员，他记得自己曾在 1987 年按照公司要求，用

⊖ 互联网泡沫，即"dot-com"bubble，特指 1995—2001 年的投机泡沫，期间欧美及亚洲多个国家的股票市场与与科技及新兴的互联网相关企业股价持续上升，最终迅速跌回。——译者注

了整个周末大量卖出资产。这些指令在下周一（"黑色星期一"）执行并触发了大机构的程式交易（program trading）[⊖]，随后导致了股市的大规模暴跌。然而，此次事件当中的股票可能事前并未被高估，因为在下跌了大约 30% 以后，市场反弹并恢复到了下跌前水平。评价资产是否定价过高的困难在于，世界总在变化，从不停息。无论如何，正如两位经济史学家书名所示，"这次不同"，并不是消除泡沫的理由：《这次不同：近八个世纪的金融愚行》（*This Time Is Different：Eight Centuries of Financial Folly*）（Reinhart and Rogoff，2011）。

美国 16 个城市的 Case-Shiller 房价指数如图 24-1 所示。

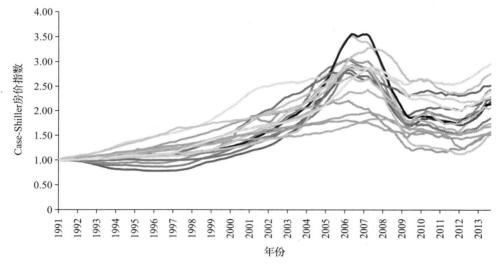

图 24-1　美国 16 个城市的 Case-Shiller 房价指数（以 1991 年为基期）

资料来源：Coppock 等（2015）。

尤金·法玛（Eugene Fama）在凭借金融经济学研究获诺贝尔奖前，曾指出：房地产市场之所以有效率，是因为购房者会仔细考虑房地产的可比价格，毕竟这可能是他们有生之年购买的最大的商品。而就在 2008 年美国房地产泡沫破裂前，法玛还曾打趣道："'泡沫'这个词让我发疯。"他接着指出，"互联网泡沫"时期科技股的高估值是由 14 家与微软规模相同的公司证明的（引自 Clement，2007）。回顾过去，图 24-1 显示 2008 年房价暴跌是一次泡沫现象，其原因是不健全的贷款操作为高风险借款人提供了便利的信贷。1991 年到 2007 年，大多数城市的房价比基准值高出 2～3 倍，且在这段时期末迅速飙升。房地产可比价格表（"comps"）[⊜]固然重要，但主要作用体现在评估相对价格的高

⊖　程式交易是指，赋予金融操作以明确定义和描述，且按照所设定的规则去执行交易。程式交易有多种形式，纽约股票交易所把程式交易定义为包含 15 只或 15 只以上的指数成分股的组合交易，价值超过 100 万，且这些交易同时进行。程式交易主要是大机构的操作工具，它们同时或几乎同时买进或卖出整个股票组合。——译者注

⊜　comps 是 comparables 的缩写，字面含义是"可比（性 / 物）"，在不同行业和领域具体意义不同，但通常涉及财务指标和其他因素之间的比较，以量化业绩或确定估值为目标。在零售业，它是指一个公司的同店销售额（same-store sales），即当年销售额和前一年销售额或类似公司销售额的比较。类似地，在财务分析中，comps 是"可比公司分析"（comparable company analysis）的缩写——一种根据同行的估值指标为企业分配价值的技术。在房地产中，comps 即是通过与类似房产的比较来评估房产价值。——译者注

低，而不能识别整体价格是否过高。

实验室实验有一个明显优势，在调整那些与股票和房地产价格泡沫有关的经济条件（例如宽松信贷或"超额现金"）的同时，能控制技术变化或人为短缺等外生因素。或者，更高引入基于趋势（trend-based）和基于基本面（fundamentals-based）两类交易者，执行不同的交易策略，价格泡沫和崩溃还可以在计算机模拟中重现。模拟中的价格飙升缘于正向外生冲击的刺激，触发了那些倾向于外推价格变化的类型交易者的程式交易；在负冲击之后，甚至可以产生负泡沫（Steiglitz and Shapiro，1998）。在"负泡沫"中，人们预期先前的价格下跌还将继续，模拟的趋势交易者售出资产，如果基本面交易者没有资源来修正这种趋势，抛售压力则会进一步拉低价格。

计算机模拟具有启发性，特别是如果它们模拟了在股市繁荣和崩溃时观察到的价格和交易量模式。但显而易见的问题是，随着环境的变化，现实中的交易员会不会一直执行机械的交易规则，或者说能够坚持多久？另一方面，真实参与的实验室实验也面临问题，实验结束后如何补偿未售出股票的人。比如，下一节描述的实验设定，在预先宣布的最后一期结束后，资产将无任何价值。

24.2　基本价值递减实验：文献综述

Smith、Suchanek 和 Williams（1988）在实验中预先宣布最后一期之后资产的赎回价值，以解决前述终点问题（endpoint problem）。实验赋予交易者一定的资产份额与现金，每期开始时可以买卖资产（通过双重拍卖交易）。期末根据持有的股份支付分红，分红的具体数值来自已知的随机分布；持有现金不能获得利息，实验结束后所有现金根据预先公布的比率换算成报酬。

实验的大多数市场都设最终赎回价值等于 0。对于风险中性者而言，资产份额的价值相当于剩余各期期望分红之和。举例来说，一股每期产生 0.50 美元或 1.50 美元的红利，概率各 1/2，则期望分红为 1 美元，最后一期的每股价值即 1 美元，而在倒数第二期，已知还剩两期，价值是 2 美元，以此类推。因此，资产的基本价值和剩余期数成正比，随着时间推移线性递减。在递减价值的设置下的多场（但不是全部）实验都观察到了价格泡沫。

递减基本价值实验的 15 轮双向拍卖成交均价如图 24-2 所示。

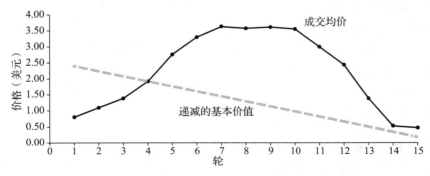

图 24-2　递减基本价值实验的 15 轮双向拍卖成交均价

如图 24-2 所示，实验场次设最终赎回价值为 0、期望分红为 0.16 美元，实验最终产生了巨大的价格泡沫。已知共 15 期（轮），不难计算初始的基本价值 15 × 0.16 ＝ 2.4 美元。于是，基本价值线始于 2.40 美元，并以每期 0.16 美元的速度递减，至最后一轮达到 0.16 美元。图 24-2 中还展示了每一轮双向拍卖交易的均价。均价在较早期的轮次是低于基本价值的，但却持续稳步上涨并最终超越匀速下跌的基本价值。前一轮买入的人看到价格上涨，通常会尝试继续购买，其他想要加入涨势的人也会开始买入。而随着最后一轮的临近，显然没人愿意支付高于末轮预期分红的价格，将导致泡沫的破裂。此类泡沫已在不同的参与者群体中发现：本科生、研究生、商科学生，甚至还包括一组大宗商品交易商。且即便人们知晓实验中固定的终点，依然有可能形成投机泡沫。

Smith、Suchanek 和 Williams 也在一些场次当中改变最终赎回价值为 0 的设置，令其等于所有轮已实现分红之和。因此，最终赎回价值事先未知，且由随机的分红决定，但依然呈现逐期递减的特征（章后习题第 1 题）。

零赎回价值的价值递减结构已广泛应用于资产市场行为的多方面检验之中。其中的主要结果简略列示如下（章末的扩展小节将提供更多的参考文献）：

- 超额现金（excess cash）：通过收入、分红或增长市场周期等方式向系统中注入现金以后，往往会增强泡沫。反过来，如果现金注入受限，例如，将分红支付推迟到末期结束，或者设计正负分红相互抵消，泡沫就会减少。
- 经验：如果被试首先在一个市场序列当中积累了经验，之后再进入基本结构相同的第二个市场序列，泡沫量级（magnitudes）将会降低。然而，如果分红结构或者流动性注入发生改变，也可能重新生成新的泡沫。
- 生物学标志（biological markers）：服用一定剂量睾酮（testosterone）的男性被试组，泡沫振幅（amplitudes）更大。
- 性别效应（gender effects）：一些研究发现女性组的泡沫振幅更大。然而，正如本章后面要讨论的，并不是所有研究都观察到性别效应，并且性别效应可能对程序、文化以及基本价值设置（递减 / 不变）等因素都很敏感。
- 认知技能（cognitive skills）：在认知能力测试中，得分较高的被试往往收益更高，而且平均认知能力较高的小组多表现出较低的泡沫量级。
- 期货市场和卖空机会（futures markets and short sale opportunities）：和预期的一样，这些因素往往会降低泡沫强度，但是无法消除泡沫。
- 风险厌恶（risk aversion）：个人风险厌恶测度指标与资产价格峰值时持有份额之间的相关性较弱。这或许是因为泡沫更多由预期资本收益和外推价格趋势驱动，而不是风险承受能力。

这些研究整体的印象是，泡沫可强可弱，但是在具有大量流动性的资产市场中，泡沫无处不在。总结如下：

实验资产市场的结果： 在基本价值不断下降的情况下，现金过剩、睾酮激素和认知反应测试得分较低等因素会加剧价格泡沫。相反，先前的资产市场交易经验、延迟的分红支付和卖空机会则会降低泡沫幅度。

24.3 当支付安全资产的利息时的贴现和现值

由于大多数金融资产不具有可预测的、不断下降的基本价值，因此用不变或递增的价值进行实验是有指导意义的。其中，一种方法是设置一个固定的破损概率，从而诱出被试偏好现在（资产尚未破损）胜过未来的程度。虽然这种概率终止规则能诱导被试考虑贴现和现值，但下文的做法更加接近于最初的经济学研究动机——贴现未来的收益，即未来 1 美元的价值低于今天的 1 美元，因为钱可以通过复利进行投资并增值。假设一个人目前正考虑以价格 V 购买一只股票，预计股票每期支付期望为 D 的随机分红；相反，若这笔钱未用于购买股票，则能够赚取利息，利率为 r。设不存在无资产利得，购买股票的预期收益是 D，而束缚这笔现金的机会成本为 rV。如果 $rV=D$，也就意味着安全资产和风险资产的期望回报相等，或者表示成

$$r = \frac{D}{V} \quad （1 \text{ 美元利息} = \text{每投资 1 美元的分红}） \qquad （24\text{-}1a）$$

$$V = \frac{D}{r} \quad （\text{股份价值} = \text{未来收益的现值}） \qquad （24\text{-}1b）$$

关于这种等价性的另一种切入视角是从最后一期展开分析。首先假设最后一期资产以 D/r 的价格售出并赎回，即不存在资本利得。如果使用 D/r 购买股票，这笔钱对应的利息为 $r(D/r)$，等于期末分红 D。最终，式（24-1b）[一] 右侧的比值 D/r 等于未来分红的现值。

实验中使用的股票在有限期内支付分红，并最终支付赎回价值，因此股票的价值（没有资本利得的情况下）是所有这些未来收入的现值。每期的现金余额理应获得利率为 r 的利息，可作为计算现值的依据。设想一资产仅在第 1 期末分红 D 美元，之后一文不值。那么评估此资产的现值，就相当于考虑第 1 期末的 D 美元之于现在价值几何。已知现在取 D 美元，于第 1 期末一定可能到 $(1+r)D$ 美元，显然大于 D，因此该资产当下的价值一定小于 D。可见，当下的 D 美元优于第 1 期末的 D 美元。以上便是现期收益优于未来收益的本质——为什么未来的收益需要 "贴现"。

为计算贴现，需首先设想有一笔钱且金额少于 D。具体地，若当下有 $D/(1+r)$ 美元，按利率 r 进行投资，期末将获得 $(1+r)D/(1+r)=D$ 美元。由此可知，未来一期的 D 美元之现值（present value）即是 $D/(1+r)$ 美元。同理，未来一期的任意量 F 之于当下的现值是 $F/(1+r)$。反过来，当下投资 V 在一期后能获得 $V+Vr$，V 是本金，Vr 是利息。以上结果可总结成

1 期水平的现值和未来价值。

当前收益 V 的未来价值：$F=(1+r)V$

未来收益 F 的现值：$V = \dfrac{F}{1+r}$

㊀ 原文为（21.1b），有误。——译者注

同理，如果 V 不只投资一期，而是在第 1 期后以相同的利率继续投资，只需在原本 $(1+r)$ 的基础上再乘 $(1+r)$ 即可。因此，根据复利计算，V 美元投资两期后的未来价值为 $V(1+r)^2$。反过来，两期之后的价值 F 之现值便是 $F/(1+r)^2$。

2 期水平的现值和未来价值。

当前收益 V 的未来价值（两期之后）：$F=(1+r)^2V$

未来收益（两期之后）F 的现值：$V = \dfrac{F}{(1+r)^2}$

总之，未来第 t 期的收入 F 之于当下的现值等于 $F/(1+r)^t$。运用此公式可计算任意有限期 t 内系列分红的价值。例如，资产在未来两期支付分红 D 且最后以价格 R 赎回，则资产现值为：$D/(1+r)+D/(1+r)^2+R/(1+r)^2$。其中最后一项是赎回价值的现值。

回顾式（24-1b），如果 $V=D/r$，购买以 V 美元出售的股票与持有现金并赚取利息的股票有相同的预期收益。计算未来无限期分红的现值总和，也可得相同结果：

$$V= \frac{D}{1+r}+\frac{D}{(1+r)^2}+\cdots+\frac{D}{(1+r)^t}+\cdots \tag{24-2}$$

推导永续年金（perpetuity）现值的一种方法是，在式（24-2）右侧提取出公因式，进而使用式（24-2）中 V 的定义将原式改写成式（24-3）：

$$V= \frac{1}{1+r}\left[D+\frac{D}{1+r}+\frac{D}{(1+r)^2}+\cdots\right]=\frac{1}{1+r}(D+V) \tag{24-3}$$

因此，$V= \dfrac{1}{1+r}(D+V)$，可以推导出 $V=D/r$。例如，利率为 0.05($=1/20$)、分红 1 美元，那么无限期分红的现值等于 1 除以 1/20，即 20 美元。总结如下：

永续年金的贴现和现值： 如果被试有机会获得一项支付利率为 r 的安全资产，那么激励会诱发对当前支付的偏好，而非未来支付，这就必须贴现。t 期后的收入除以 $(1+r)^t$ 完成贴现，t 越大，贴现越多。尽管无限期内的固定分红 D 总和无限大，但无限分红和的现值却是一个有限的数值——D/r，使安全和风险资产的预期收益相等。

24.4　不变的基本价值："打破成规"

这里讨论的价值递减设定是一种建立具有明确定义的基本价值的资产的极其简单的方法，然而应注意的是，尽管被试知道资产最终将变得一文不值，但泡沫仍然普遍存在。另一方面，大多数资产并不会像已知储量的金矿或油田那样持续贬值。例如，与其说资产在 15 期内每期分红 D，不如将其具体化：一座内含 15 个单位黄金的矿山，每单位黄金价值 D 且每期仅开采 1 个单位，采空后矿山无任何价值。这种描述倾向于减轻甚至消除我们之前观察到的泡沫（Kirchler，Huber，and Stöckl，2012）。Jörg Oechssler（2010）认可使用价值递减设置开展平行实验研究的价值，但同时号召将不变的资产价值和多资产种类等更具现实性的设置引入实验，并给出了有力的论证，该论文的题目为"打破成规[⊖]：让我们关注和经济相关的问题"。

第 24.4 节将探讨不变基本价值的实验设计。被试保留的现金在每一期赚取利息（例如，活期存款账户），利率为 r；作为风险资产的股票支付的随机分红或高或低——H 或 L，概率各 1/2。因此分红的期望价值表示为 $D=(H+L)/2$。如上一节所介绍，若无期限，则资产的价值等于 D/r。在下面介绍的第一个实验当中，设 $H=1.00$ 美元，$L=0.40$ 美元，期望分红 $D=0.70$ 美元，利率为 10%，即 $r=0.1$，无限期资产的现值为 0.70/0.1 = 7 美元。此现值来源于未来无限期的分红，不随时间推移而改变，因为无限漫长的未来不管在哪一时点都保持不变。想要设计资产价值不随时间改变、恒为常数的有限期实验，诀窍是将赎回价值设为 D/r，即无限期分红的现值。通过这种方式，无限的未来便纳入了结束期的每股赎回价值中，资产价值不再随时间变化，即便至结束期亦然。具体到本实验，赎回价值设为 7 美元。相似地，令赎回价值高于（低于）D/r 则可以实现基本价值递增 / 递减（Holt，Porzio，and Song，2017）。

在实验中，持有股票的人都可以提交卖单，其中，包含最低售价以及出售股票数量；持有现金的人也都可以提交买单，包含最高买入价格以及想要购买的购票数量。交易是通过这些指令来安排的，以确定一个单一的市场出清价格，在这个价格上，出售的股票数量与需求的股票数量相等。当市场关闭或者称作"叫停"（called）时，交易全部执行。这种设计通常称作叫价市场（call market），因为当预先设定的时限一到（例如，在工作日结束时，或早上金融市场开盘前），所有的市场进程终止，交易立即执行。当所有交易者都提交了订单，或者当实验者按下管理结果（Admin Results）页面上的"停止"按钮（无论哪个在先），实验中的市场就会"叫停"。

叫停后，买单将从高到低排序，形成需求序列；卖单则从低到高排序，形成供给序列。供需序列的交点决定市场出清价格和数量。举例来说，一个买家出价 5 美元购买 2 股，另一买家出价 4 美元购买 2 股，那么需求序列在 5 美元和 4 美元的位置会有两个台阶；如若此时唯一的卖单只有 3 股，最低要价 3 美元。那么 3 股会以 4 美元的价格交易，因为在任何低于 4 美元的价格都有 4 股需求而在任何更高的价格只有 2 股需求。

图 24-3 展示的是 Veconlab 的"管理结果"图，不变的基本价格为 7 美元，结果呈现典型的泡沫。实验的参与者是巴伦西亚大学金融学课程的学生，携带笔记本电脑（或借用邻座）进行实验。第 1 轮价格大多始于基本价格附近，可见，金融学课程的学生们的初始交易价格接近理论预测的股票价值。但是，这种状况并没持续很久，随着价格逐渐上涨，投机本能被激发。在这种情况下，泡沫的上升速度可能急剧、缓慢或者稳定，但繁荣的结束通常出乎多数交易者的意料。

⊖　原文是" Searching beyond the lamppost"，本意是搜寻路灯以外的范围，也就是不要光盯着路灯所照亮的那一小片区域。此处意译为"打破成规"。——译者注

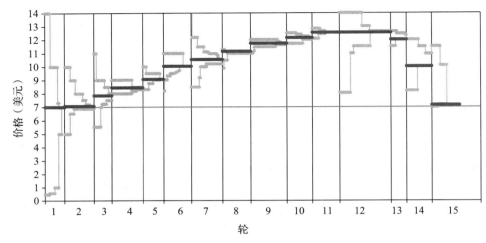

图 24-3　基本价格不变（7 美元）的课堂资产实验

图 24-3 中每一轮的宽度代表当轮的成交量。成交量有时候在泡沫破裂之前就出现下滑，但显然图中并未发生。由于人们不愿意亏本出售股票，价格开始下跌后可能出现成交量缺口。该实验最后一轮结束时，巴伦西亚大学的学生们集体鼓掌，这让作者想起了纽约证券交易所交易结束时的掌声。此外，实验还引发了热烈的讨论，教师报告说，第二天她在办公时间接待的学生人数多得反常。

鉴于价格的迅速下跌很可能触发负面情绪（后悔、焦虑、失望），引出了一个更具体的问题：情绪状态（emotional state）能否预测价格。Breaban 和 Noussair（2017）使用面部识别软件测量并划分情绪状态。他们报告说，市场开盘前测量的（measured before a market）积极情绪状态和更大泡沫有相关关系，消极的市场前情绪状态则与低价格相关。

高额的现金储备是加剧泡沫的另一因素。例如，Caginalp、Porter 和 Smith（2001）在一项价值递减实验中赋予被试更多的现金，产生了更多的价格投机和泡沫活动。在不变价值市场中通过提高利率和分红收益，并保持现金与股票禀赋不变，也能够施加相同效果。例如，令利率与分红收益都增加一倍，保证 D/r 不变，同时结束期的赎回价值也不变，于是基准实验局（分红 0.7 美元，利率 0.1）和高现金实验局（分红 1.4 美元，利率 0.2）的基本价值仍同为 7 美元。但是，高现金实验局中的利率和分红组合使现金储备大增，之后可能产生更大的泡沫。结果是，采用"高财富"的实验局的全部三场实验都产生了更强的泡沫，见图 24-4 当中的加粗灰线，且随着泡沫破裂，价格都回归基本价格 7 美元。

由于一些市场中出现最后几轮价格骤降的趋势，激励着实验研究在保持基准参数不变（10% 的利率和期望分红 0.70 美元）的同时将实验周期拓展至 40 轮。实验周期的增加在一定程度上也提高了财富的水平，40 轮时间积累的利息和分红收入远远高于 20 轮。执行 40 轮市场的几场实验中，有一场在第 25 轮之后出现了戏剧性的价格上涨，于第 31 轮达到峰值 257 美元，是基本价值的 30 多倍！泡沫的破裂起初很缓和，但是在第 34 轮突然加剧，价格骤降了 100 美元之多。这是实验中所观察到的最极端的泡沫，其他多场实验泡沫也很大但与此尚有距离。

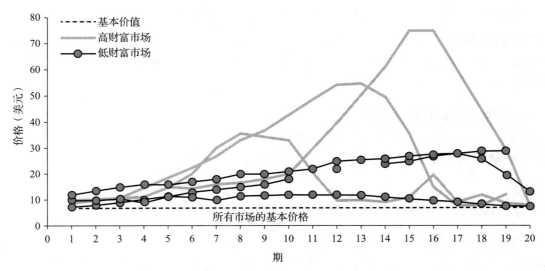

图 24-4　6 个基本价格为 7 美元的限价指令市场

资料来源：Bostian，Goeree，Holt（2005）。

允许投资者贷款购买资产会放大市场上超额现金的影响。Coppock 和 Holt（2014）比较了不同借贷难度的资产市场，发现在宽松信贷的实验局中，在投资人购买股票的支付金额中，现金仅占比 20%。紧缩信贷实验局在保持实验任务复杂性不变的同时，巨幅提高信贷的贷款条件——抵押品要求数额增至 10 倍。另外，不管哪一个实验局，只要投资人持有的总股价跌破借贷总金额，股票将被迫出售以偿还债务。图 24-5 展示了两实验局的均价变动轨迹，其中，水平虚线是风险资产的基本价格 28 美元（期望分红 1.40 美元，持有现金的利率为 5%）。

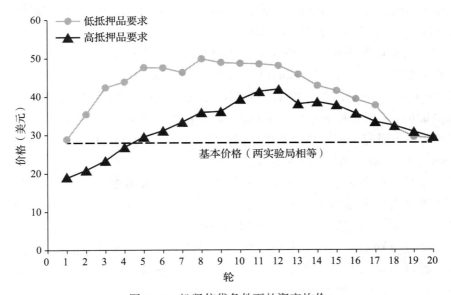

图 24-5　松紧信贷条件下的资产均价

资料来源：Coppock 和 Holt（2014）。

结果并不意外，低（20%）抵押品要求下的泡沫更大。值得注意的是，由于一开始就能够借贷购买资产，信贷宽松实验局从一开始就产生了更大的泡沫。在一些低抵押贷款市场，当被试在经济低迷导致其贷款"陷入困境"后被迫出售资产时，危机就加剧了。总结如下：

不变基本价格的实验结果： 在一个随机支付股息的股票的资产市场，加上另一种支付已知利率的安全资产，观察到的股价通常会出现泡沫和崩盘。分红和利率加倍使得 D/r 基本价值保持不变，会导致幅度更高的泡沫，就像允许投资者以较低的抵押品要求借款一样。

24.5 预测、性别和认知反应差异

凯恩斯本人就是一名疯狂的投机者，他曾断言投资人受到"动物精神"（animal spirits）驱动。具体地，他指出，投资人专注短期价格变动，鲜少为基本价值而担忧：

> 投资者便有理由使自己感到宽慰，相信他所承担的唯一风险是：关于不久的将来的真正的信息会有所改变。只有这种改变才会影响他投资的价值，而关于改变的可能性，他尚可形成自己的判断，同时，这种改变也不太可能很大……他不会单纯由于对自己的投资在 10 年以后一无所知而失眠。[⊖]（Keynes，1965：153）

即使投资人并不清楚资产的基本价值，也不打算近期内清盘，这类短期收益依然能够产生很强的心理影响。举例来说，试想市场中股票的期望分红为 1.40 美元，利率是 5%，分红 / 利率为 1.40/0.05 = 28 美元，若赎回价值为 28 美元则基本价值不变。此时，如果预测每期有额外 1.40 美元的资本利得，加上先前 1.40 美元的分红，某种意义上股票的价格便应修正为 56 美元，达到基本价值的 2 倍。

价格预测实验通常采用稳定环境，被试面对的是外生的随机价格序列。早期的实验发现了一种简单的"自适应性"（adaptive）预测行为：锚定上一次预测结果，并视预测过低 / 过高决定向上或向下调整。但如果价格不稳定，被试自然会将过去的价格趋势"外推"（extrapolation），可参见 Haruvy、Lahav 和 Noussair（2007）的实验研究。资产市场的繁荣和萧条实验为研究价格非平稳和内生时的实际预测行为提供了良好的环境。

图 24-6 中的市场价格轨迹（黑色实线）出自一对 25 期市场，不变基本价格设为 28 美元（预期分红 1.40 美元，利率 5%，25 期之后赎回价值为 28 美元）。每期交易前，市场中的 9 名被试需要预测当期、未来一期和未来两期的市场价格。如果预测值落在随后实际价格上下 2.50 美元范围内，能够获得小额奖励。图 24-6 中灰色短线段为预测均值。线段上的三个点分别对应当期、未来一期和未来两期。以右半部分的市场为例，左侧的第一条灰色线段表示，在第一期所有交易开始之前，被试对于未来三期价格的预测均值分别是 19 美元、24 美元和 27 美元。

⊖ 译文参考了商务印书馆出版的《就业、利息与货币通论（重译本）》（1998），由高鸿业翻译。——译者注

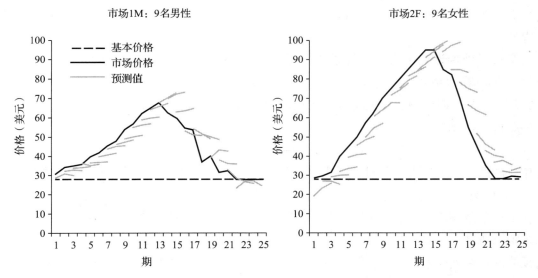

图 24-6 一组性别隔离市场的资产均价（深色实线）和预测（灰色线段）

资料来源：Holt、Porzio 和 Song（2017）。

图 24-6 中的预测往往在价格上涨时过低，而在价格下跌时过高。此外，相对于观察到的价格变动，短期预测通常过于平淡。最后，在峰值处的超调表明，经济衰退的时机并不在预料之中。另外几场实验也都符合上述行为模式，并总结如下：

资产市场中的价格预测： 在繁荣时期，短期预测往往过低、过平；在萧条时期，短期预测往往过高、过平。此外，在最高价格水平上的下跌是普遍难以预期的。

24.5.1 预测模型

关于第 t 期价格，最简单的预测 F_t 计算方式是，首先锚定上一期的预测值 F_{t-1}，并引入上一期的实际价格 P_{t-1} 和之前对该价格的预测 F_{t-1} 之偏差以修正预测：

$$F_t = F_{t-1} + \beta(P_{t-1} - F_{t-1}), \quad 0 < \beta < 1 \text{（适应性预期）} \tag{24-4}$$

$0 < \beta < 1$，故适应性预测值是前一期预测和最近观测价格的加权平均。

当价格序列不是平稳的时，适应性预期规则有一个广为人知的问题，它的预测会产生系统性的、可纠正的预测误差（systematic，correctable forecast errors）。例如，假设序列价格递增，为：1，2，3，…，而第 1 期的预测值是 1，由于第 1 期实际观测到的价格也是 1，那么不论权重 β 大小，根据适应性预期规则，第 2 期的预测值一定还是 1，远小于 2；到第 3 期，适应性预测值是上一期预测（1）和上一期价格（2）的加权，依然小于第 3 期的实际价格 3。如此，所有的预测结果都会过低。理论家通常拒绝那些存在永久性预测误差的模型，而事实上，图 24-6 中的两个市场都出现了这种永久性预测误差（persistent forecast errors are the norm）。

如前面所述，当存在价格趋势时，一种替代的预测方法是，锚定前一期的价格（prior price）并对观测到的价格趋势进行部分外推：$F_t = P_{t-1} + \beta(P_{t-1} - P_{t-2})$（$0 < \beta \leqslant 1$）。众所周知，趋势外推规则会给特定的宏观经济系统增加不稳定性，这一点得到了实验的证

实，在实验中，被试会因准确预测变量而获得报酬，这些变量是由他们自己的预测内生决定的。

交易者外推近期价格趋势的想法很有吸引力，因此，不妨设计一个双重适应性预测模型（double-adaptive forecasting model），同时，对价格水平和价格趋势做适应性调整。定义 F_{t-1}^+ 为上一期预测的本期价格，当期的预测值 F_t 锚定于 F_{t-1}^+，并基于价格水平 (β) 和价格趋势 (γ) 来修正误差：

$$F_t = F_{t-1}^+ + \beta(P_{t-1} - F_{t-1}) + \gamma[(P_{t-1} - P_{t-2}) - (F_{t-1}^+ - F_{t-1})] \tag{24-5}$$

其中，β 和 γ 都在 0 和 1 之间。根据式（24-5），第 t 期的价格预测 F_t（式子左侧）等于 F_{t-1}^+（右侧第一项，代表先前第 $t-1$ 期对于 t 期价格的预测）加上两个适应性调整项。参数 β 根据最近观测到的价格水平预测误差 $(P_{t-1} - F_{t-1})$ 来调整当期预测，而参数 γ 针对的则是最近观测到的价格趋势预测误差，即最近观测到的价格变化 $(P_{t-1} - P_{t-2})$，以及前一次预测的价格变化 $(F_{t-1}^+ - F_{t-1})$ 之差。当 $\beta = 1$ 时式（24-5）为完全的价格水平修正，$\gamma = 1$ 时则完全由趋势外推。

将预测值的变动 $(F_{t-1}^+ - F_{t-1})$ 作为因变量，最近的预测误差 $(P_{t-1} - F_{t-1})$ 和变动误差 $(P_{t-1} - P_{t-2}) - (F_{t-1}^+ - F_{t-1})$ 作为自变量，利用市场中观察到的实际价格和所有个体的价格预测数据，可以用最小二乘法估计式（24-5）。参数 β 和 γ 的估计值（未展示）都显著区别于 0 或 1，表明两个适应性调整项均发挥作用。整体上男性和女性的参数估计结果相近，但是女性的 γ 估计值更大，意味着女性比男性更倾向于外推价格趋势。此实验发现男性和女性的预测行为近乎相同，而下文泡沫形成中的性别效应也不明确，二者在逻辑上是一致的。

24.5.2　性别效应

图 24-6 中的两种市场都在现金充裕的环境下运行，初始禀赋包括 6 单位股票和 70 美元，另外每一期还有 30 美元的外生收入。同时，实验周期也相对较长，达到共 25 期，能够积累很多的现金，预计会为投机行为提供富裕的资源。大部分实验市场中的价格都超过了基本价值 28 美元，包括图中所示的两例。左、右两个市场参与人数均为 9 人，但全部为男性/女性。实际上共进行了 16 场实验，全为男性/女性的场次各半，在泡沫强度和其他的泡沫振幅传统测度指标上，并未发现显著的性别差异。后续的稳健性检验实验局采用了较短的市场序列（15 期），并保持男女市场各半，也未观察到性别效应。

Holt、Porzio 和 Song（2017）还介绍了一个平行的实验局，转而采用价值递减设置（a declining value setup），发现男性市场产生的泡沫更大。此性别效应与 Eckel 和 Füllbrunn（2015）最初的实验结果相一致，后者在 15 轮价值递减设置中明确地按性别分组，发现男性小组的泡沫更大。然而，Eckel 和 Füllbrunn（2017）的一项后续研究（依然是价值递减）采用相同的被试样本，但是向被试隐藏了小组的单一性别构成信息[⊖]，性别差异便告消失。Wang、Houser 和 Xu（2017）报告了更复杂的实验结果，他们用美国男

⊖　Eckel 和 Füllbrunn（2015）的实验中，"小组成员皆为男/女性"是全体成员的已知信息，而 Eckel 和 Füllbrunn（2017）隐藏了该信息，未向被试公布小组成员的构成。——译者注

女样本复现了 Eckel 和 Füllbrunn（2015）发现的性别差异（价值递减、公开分组信息），但相同条件下的中国样本却未见性别差异。表 24-1 总结了上述实验发现的行为模式。

表 24-1 男性群体是否导致更大的资产价格泡沫

	基本价值递减	基本价值不变
模糊的 分组信息	Holt 等（2017）：男性泡沫更大 Eckel 和 Füllbrunn（2017）：无差异	Holt 等（2017）：无差异
明确的 分组信息	Eckel 和 Füllbrunn（2015）：男性更高 Wang 等（2017）：男性更高 Wang 等（2017）：中国样本，无差异	

揭示或隐藏性别分类的基本原理是值得考虑的。明确的性别分组可能引发实验者需求效应（experimenter demand effects）[一]，使得被试的反应和行为主动去对抗刻板印象。此外，现实中的大多数金融市场中，交易不在场内进行也不按性别分组，故而性别并非外显信息。另一方面，在某些情况下，性别可以在一定程度上推断出来，例如，在交易终端上使用的姓名，在这种情况下，可以使用显式性别排序来研究群体动态和共同期望的重要因素。总结如下：

资产市场实验中的性别效应：目前关于资产市场中性别效应的证据正反参半，或取决于价值结构（递减或不变）、性别分组信息的性质（隐藏或明确）以及文化等因素。在这一点上，没有证据表明基本价值不变和隐藏性别分组时市场存在性别差异，而这两个特征普遍存在于现实中的金融市场，相反，价值递减或性别明确区分的市场通常不会出现。

24.5.3 CRT 得分

由于资产市场泡沫创造了相对于其他人的盈利和亏损的机会，人们自然会考虑认知差异的任何影响。心理学家使用的标准测试方法称作认知反应测试（cognitive response test），其包含五个问题。一般来说，每一问都有一个显眼且错误的答案，冲动思维下很容易答错。Holt、Porzio 和 Song（2017）只使用了 2/5（Q1 和 Q2），并额外搭配了一个反应速度题目（Q3）：

Q1：球棒和冰球总共要 110 加元。球棒比冰球贵 100 加元。请问冰球多少钱？

Q2：湖里有一片睡莲，叶片大小每天翻倍。如果睡莲需要 48 天才能覆盖整个湖面，那么需要多长时间覆盖一半湖面？

Q3：一个人以每小时 60 公里的速度行驶 60 公里，然后，以每小时 20 公里的速度掉头返回起点。此人的平均速度是多少？

其中，第一个问题的标准措辞从棒球术语变成了冰球。第二个问题是标准的，冲动思维下的错误答案是 24 天（48 天的一半），忽略了覆盖面积每天翻倍这一点。作者考虑到资产评估任务大多和数学相关，故设计了第三问（引自一本 GRE 教材），正确答案是用总

[一] 实验者需求效应，即被试在实验室中的行为可能会受到其认知中实验者目标或期望的影响，即主动地去迎合自己所认为的实验者的目标。参见本书第 13 章。——译者注

距离（120）除以总时间（4小时），而非两种速度的简单平均。答对问题的个数即测试得分，有0、1、2、3四档。

数据显示，测试得分高者在实验中赚取利润比得分低者更多。此结果与Corgnet等（2014）一致。而后者还发现，当股价超过（递减）基本价值时，净买入方往往是CRT分数较低的人。相比之下，交易员群体的平均CRT得分与泡沫幅度之间的相关性相当弱，这表明了外推收益倾向等其他因素的重要性。

24.6　扩展："泡沫来了" ⊖

迄今为止介绍的所有资产价格泡沫都出自缺乏经验的参与者，也就是那些未在资产交易实验中遭遇过泡沫的被试。相反，在有经验的被试参与的场次中，不一定都产生泡沫（Smith et al.，1988；Van Boening，Williams，and LaMaster，1993）。Peterson（1993）构造了"富有经验"实验局，其被试都已参加过两场资产价格市场实验，该实验局中的价格并未比递减的基本价值高出多少。在讨论经验差异的影响时，弗农·史密斯曾评论道，市场崩溃发生的频率相对并不高，有时甚至相隔几十年，且都伴随着大量的新手投资人涌入市场。Dufwenberg、Lindqvist和Moore（2005）报告称，只要有1/3的交易者经历过泡沫，市场泡沫就会消除或基本消除。这意味着泡沫在混合经验情境下并不常见，或许可以解释，为什么主要金融市场中剧烈波动和崩溃鲜少发生。然而，Hussam、Porter和Smith（2008）研究显示，只要存在外生的结构性改变，比如，在顺序的第二或第三个市场中增加流动性和分红的不确定性，那么泡沫甚至能够在有经验的被试身上死灰复燃（rekindled）。此结果对他们论文题目里的问题给出了肯定的答案："泡沫来了：有经验的被试能再次引发泡沫吗？"（Thar She Blows：Can Bubbles Be Rekindled with Experienced Subjects？）

相对于现实中成熟的交易者使用的繁复的投资工具，资产市场实验是高度简化的。期货市场和卖空期权或许能给投资者提供缩小泡沫的策略，且这种直觉也已被实验所证实（King et al.，1993；Haruvy and Noussair，2006；Noussair and Tucker，2006；Porter and Smith，1995）。

本章引用的大多数资产市场实验采用双重拍卖交易，价格在每一交易期内发生变化，类似中央交易所的股票行情。另一方面，现实中大多数人从事指定股票的交易时，无论过程如何，最终都会向其经纪人发送指令，指定支付或支出的金额上限，要么是总额，要么是每股。叫价市场实验的一个优点是限价指令极快的执行速度，从而能够支持更长的交易周期。Lahav（2011）使用叫价市场进行了200期的交易，观察到了比本章图中的单峰模式更广范围的行为模式。

Giusti、Jiang和Xu（2016）报告称，若通过调高赎回价值使基本价值递增，那么相

⊖　原文为"Thar She Blows"是一句美式俚语，原本是当捕鲸船的了望员发现有鲸鱼喷水时所用的一种固定的感叹词，后来则多用于"某些事物正在喷发或爆发时"或者"能够看到某物或已经到达某处时"的感慨，带有一定的幽默色彩。——译者注

比于基本价值不变的情形，泡沫将有所减弱。最后，Ball 和 Holt（1998）使用了随机终止规则引导被试去考虑资产的现值以及不变的基本价值。

　　围绕资产市场的预测以及这些预测在宏观经济模型中的影响，衍生出了大量的研究文献。Williams（1987）首次论证，简单的适应性规则能够在平稳（stationary）环境中解释预测行为。Haruvy 等人（2007）则最先在资产市场实验中研究人类被试的预测行为，并构造了一个外推趋势的模型。本章讨论的双重适应性模型是一个特例，属于引入最近两期价格的"自回归"线性函数，且已有研究显示该模型契合个体预测（Hommes et al.，2005）。有关最近研究的总结请参见 Assenza 等人（2014）。

　　上一节中的认知反应测试通常不设激励，全赖于被试内在动机来回答问题。在 CRT 分数上有明显的性别差异，可能是由于专业或中学课程的不同。Brañas-Garza 等人（2016）调查了上述因素的影响，还另外涉及其他一些方面。此外，《经济行为与组织杂志》（Journal of Economic Behavior and Organization）上的一期特刊（Brañas-Garza and Smith，2016）给出了有关 CRT 分数和经济行为的更广泛视角。

　　关于资产市场实验文献的最新总结可参见 Palan（2013）。Stöckl、Kirchler 和 Jürgen（2015）提出并评估了根据基本价值平均偏差来测量泡沫的不同方法。Nadler 等人（2016）的研究记录了资产市场实验中男性被试服用睾酮的影响。Cipriani、Fostel 和 Houser（2012）首次评估了金融市场中杠杆（买入保证金）的提价效应。

　　最后，还有一些不直接相关的文献涉及如何利用资产市场来整合信息，进而预测选举或者其他事件。例如，Wolfers 和 Zitzewitz（2004）的调查，以及 Forsythe 等人（1992）及 Davis 和 Holt（1994b）的选举应用案例。

第 24 章习题

1. 考虑一个没有利息支付的资产市场。假设实验持续 5 个时期，股利为 1 美元或 3 美元，每一时期的概率为 1/2，最终赎回价值等于这 5 个时期实现的股利之和。因此，实际的最终赎回价值将取决于随机股利的实现。在任何股利被确定之前，在第一期开始计算资产的期望价值。平均而言，资产的期望价值每轮下降的速度有多快？

2. 一个项目当期的建设成本为 2 000 美元，10 期之后，将产生 5 000 美元的收益。5% 利率下未来支付的现值是多少？这是一项值得的投资吗？

3. （开放性问题）价格预测通常附有激励，即预测误差在允许的误差范围内将得到奖励。你认为奖励应不应该在实验期间作为现金支付给被试，从而影响他们的可用现金总额？对预测准确性的奖励是否存在影响交易行为的危险？实验人员会如何处理这些可能的问题呢？

4. （开放性问题）你认为未经宣布的性别分类是骗人的吗？

5. 在一个现金利率为 10% 的资产市场中，每一时期的预期股息为 5 美元，要保证一个稳定的基本价值，必须使用多大的赎回价值？赎回价值落在什么范围会导致基本价值递增？

CHAPTER 25
第 25 章

银行挤兑和宏观实验

就像 20 世纪初的大萧条（Great Depression）促使凯恩斯和其他经济学家重新考虑宏观经济政策的作用一样，2008 年的大衰退（Great Recession）动摇了人们对那些自己认知中的宏观经济推动力量的普遍信心。因此，受到宏观经济问题的刺激，实验研究重又兴起。尽管这类实验存在明显的规模限制，但是不难想象它们能够提供哪些有用的视角。例如，实验中的互动可以放大个体行为的偏向（bias）。即使是旅行者困境（第 11 章）这种简单的社会困境博弈中，行为偏向的放大也会对平均决策产生巨大影响，使数据从唯一的理论预测移动到可行决策集的另一边。参与者预期他人的行动，同时他人的行动又和他们自己的预期相关，于是所有人的预期相互联系，共同造成上述巨大影响。在更宏观的背景下，预测和受预测驱动的价格运动相互作用，金融资产市场或剧烈波动，一如前一章中的实验研究。

然而，宏观经济互动远比单个博弈或市场来得复杂，其体现在多个方面。首先，储蓄和资本存量的积累将简单的问题转化为多阶段动态决策，这就在现在和未来之间产生了难以管理的权衡取舍。此外，即使在单一的生产周期内，劳动力、资本和金融资产市场之间也存在着相互联系。另一种类型的互联涉及供应链上的上下连接，从零售商到批发商、分销商和制造商。第 22 章介绍的牛鞭效应显示，一个部门的冲击经由订单、库存的延迟而层层放大，而此类延迟是宏观经济模型的一大特征。最后，还存在整个经济放缓的威胁，这通常缘于供给协调的失败，若供应链中有环节断裂这种情况就很可能发生。宏观经济平稳运行需要协调和信任，信任一旦动摇很难重建，金融危机中的银行挤兑便是如此。本章将回顾由消费、银行和多市场生产等宏观问题推动的实验室实验。

教师须知： 相关实验位于 Veconlab "金融／宏观"（finance/macro）菜单。银行挤兑（bank run）程序很容易在课堂内开展，通常能够活跃课堂气氛。第二节探讨的贴现窗口污名（discount window stigma）博弈也位于"金融/宏观"菜单下。宏观市场（macro markets）程序需要更长的时间，因为生产之前需要先完成劳动力市场的出清，而货币注入可能会产生延迟效应。实验的期末报告向参与者提供有关就业、价格和工资的汇总信息。菜单下的第三个选项是杠杆资产市场（leveraged asset market），可通过贷款和保证金的渠道购买资产，且包含价格预测的环节。此程序同样需要占用较多的课堂时间，而且这可能不适用于在前一章的资产市场交易实验中遇到过价格泡沫的人们。此外，程序还附有消费选项，让参与者在消费和为未来消费而储蓄之间分配资产，所有这些都是在风险资产市场的背景下进行的。消费受边际效用递减的影响，因此最优消费是一种平滑的消费模式，同时利用复利的力量为以后的时期（如退休）储蓄。

25.1　银行挤兑与协调："信心就是一切"

银行破产往往是金融危机全面爆发的标志。当一家银行无法满足存款人的提款和债权人的偿还要求时，它就会破产。要了解流动性如何出现问题，必须首先明确一点，银行通常将个人和企业的存款资金用于高回报率的贷款或其他投资。这些投资减少了短期需求所需的流动性，但当个别储户的取款总体上或多或少是随机的、独立的和可预测的时，这通常不是一个问题。但是，如果令人忧虑的金融消息引发一系列连锁的提款热潮，银行的舒适区会在危机中急剧缩小。有人曾说，古时候的银行大楼建造极为庞大的大厅，就是为了防止提款人潮延伸到马路上被人们看到。到了 21 世纪，银行挤兑有了一个新的维度，主要储户变成了机构，比如其他银行。例如，2008 年"大衰退"中的第一家破产的大型银行——英国的北岩银行（Northern Rock），尽管它持有的抵押贷款在当时表现良好，但是，由于大量从其他银行借入资金用以投资，使其他银行实质上成为存款大户。2007 年，其中一些机构收回贷款，个人存款人也选择排队提现，致使北岩银行破产。

在美国，联邦存款保险公司（Federal Deposit Insurance Corporation）迅速扩大了存款保险的覆盖范围。但冰岛的崩溃如此严重，以至于政府多年来都在努力偿还储户的部分损失（高达 15 000 英镑）。关键是存款保险通常有限制、风险和可能的延迟。还有许多投资基金和投资银行不受为商业银行设计的监管保障措施的保护。比如说，2008 年一些投资基金就被迫限制了客户的提现额度。在美国，尽管商业银行能通过"贴现窗口"向美联储借款，但由此而来的坏名声（stigma）可能会导致更多储户选择提现，因此"贴现窗口"选项在 2008 年并未得到广泛使用。正如伯南克（2009）所指出的："2007 年8 月……银行不愿依靠贴现窗口贷款来满足融资需求。它们的担忧是，如果向贴现窗口贷款一事被知晓，在市场参与人看来可能是成一种虚弱的表现——或可称作污名问题（stigma problem）。"这种恐惧确有其根据。2007 年，英国广播公司（BBC）泄露了北岩银行向英格兰银行借款的消息，是该银行破产的重要原因之一。

当挤兑扩散恐惧并导致进一步挤兑时，银行危机就会加剧。在这种情况下，存款人会面临两难的处境：如果别人要取钱，提前取钱是可以安全收回资金的最佳选择。但是，如果其他人不愿意以令银行感到压力的利率提取资金，为了安全和收益，最好把现金留在银行。Diamond 和 Dybvig（1983）有关银行挤兑的经典论文指出，此情况近似于一个协调博弈，一个均衡是所有储户尽数全额提现，另一均衡中则只提取"正常"的最小金额。

在银行挤兑课堂实验中，所有学生均扮演存款人的角色，并各自在一些银行储蓄有资金。每一期，学生须决定是否提现。如果提款超过既定阈值，模拟银行将破产。而只要银行未破产，提现即可成功；反之，当时未取款的所有存款人只能得到较低回报，甚至于要是没有存款保险，将一无所获。

实验结构如下，每家银行有 8 名存款人（学生），整场实验每名学生只和一家银行固定配对。存款人在每期开始时获得 10 美元的储蓄资金，如果不提现且银行在当期未破产，余额增至 15 美元。银行的流动性门槛设为 4 人，即一家银行每期最多可支持 4 名存款人提款 10 美元。一旦有 4 人完成提现，银行破产将使其他存款人蒙受损失——在无存款保险实验局中一无所获，在 90% 存款保险实验局中获得 9 美元。"展示提款"选项使被试看到自己所在银行以及其他银行的所有存款人提款。教师可以自行决定是否使用默认的中性银行名称以避免框定效应（framing effect），程序也允许指定更加生动的银行名称标签，如"德国银行"或"西班牙银行"。存款人的提现率如图 25-1 所示。

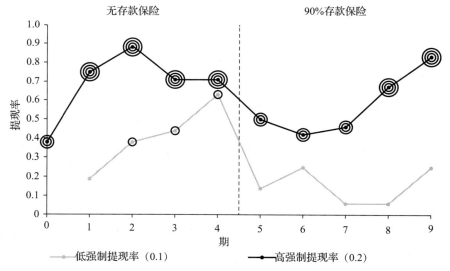

图 25-1　银行挤兑时存款人的提现率，虚线为 90% 存款保险出现前后的分界线

注：黑线和灰线均为市场的整体提现率，黑线对应强制提现率较高（0.2）的场次，下半场实验增加的 90% 存款保险并未阻止持续的提现和银行破产，一个同心圆圈表示一家银行破产。灰线对应强制提现率较低（0.1）的场次，其中银行破产不太常见，甚至于在有存款保险的下半场，出现了最低的提现率（多数是被迫提款）。

实验中是这样模拟正常交易需求的：预先设定一个固定的外生提现概率，即每一名存款人每期强制提现的可能，对应现实中正常的（或未预期到的）流动性需求引致的提款。图 25-1 中的灰线为外生提现概率为 0.1 的一场实验的提现率，圆环表示当期破产的银行数（详见下文）。该线从一开始就升至外生提现率 0.1（没有主动提现，纯外生提现的期望比率）上方。第 2 ~ 4 轮单个圆环表示各有一家银行破产，且均为同一家银行，鉴于悲观和不信任均为持续的情绪，这并不令人吃惊。随着 90% 存款保险的引入（垂直虚线右侧），破产现象立即终止，提现率也降至与外生提现率差不多的水平。

相比之下，另一场实验设定外生的随机提现概率为 0.2，结果大大提高了整体提现率（外生＋内生）。具体地，总提现率在第 1 轮就达到了外生概率的两倍之多，从该轮的两个圆圈也能看出当期有两家银行因此破产。接下来的三轮，圆圈数量增加至 3 个，即 3 家银行尽数破产。90% 存款保险加入后，提现率有所减少但仍有 2 家银行破产，且实验的最后两轮又回到了全部破产的局面。可见，部分存款保险有时候能够消除银行挤兑，有时候却不行。保存课堂实验数据，将多场实验数据统一展示有助于呈现结果的多样性。如果课堂实验中存款保险未能减少取款，那么在开始课堂讨论前，以一句"信心就是一切，失去后很难恢复"作为开篇颇为合适。

必须明确，银行挤兑实验中的被试行为很难预测，强制提款的外生随机性、风险承受能力和信任上的个体差异以及内生的预期，都可能朝各种方向推动个体行为。如果连续课堂博弈向学生们展示他人的提现行动，相当于赋予他们根据趋势选择提款时机的灵活性。这种连续博弈的模型可以更简单，即让每个人同时做出是否提现的决定（如果提现不是被迫的）。就结果而言，只要外生的提现率没有过高，都不提现就能构成均衡，每个人都有很大概率获得高收益 15 美元。但如果所有人都打算提现，每个人的最优决策均是提现，以求进入随机决定的 4 名成功提现者之列。（简化的双存款人设置可参见章后习题 1。）总结如下：

银行挤兑实验的结果：一般的银行挤兑实验设置可建模为一个多重均衡的协调博弈，其中，一个均衡是所有人提现，另一个则都不提现（除非强制取款）。在没有存款保险的情况下，高提现率和相应的银行破产现象颇为常见。而且，如果之前的银行破产已经摧毁了人们的信心，那么即便实施高比例的存款保险，也并不一定能够纠正市场现状。

25.2　协调和贴现窗口污名

大多数中央银行都有义务给需要流动性的银行以贷款。这类贷款可以通过设定利率上限来支持货币政策，利率上限与银行隔夜存款利率下限一起决定利率走廊。如果银行担心投资人将自己向央行贷款的行为视作实力不济的表现（如前面伯南克所述），因而抵触向央行贷款，那么利率走廊的上界可能"漏水"（leaky）。

中央银行贷款旨在帮助那些长期资产和短期负债不平衡而暂时缺少流动性的银行，其中，部分银行的资产或许仍大于负债，就这一点而言它们是具备偿付能力的。但问题在于，因为信息不对称，个人投资者很难区别有无偿付能力的银行。因此，缺少流动性的银行面临两难选择：要么向央行贷款，要么"甩卖"手中的资产。后者成本往往更高，但前者亦有其风险，一旦消息泄露很可能落得和 2007 年北岩银行一样的下场。一种消除向央行贷款的"污名"的政策举措是，随机选定一些银行并强制其向央行贷款。如此，贷款行为本身所能传递出的银行运行状况信息大大减少。事实上，英格兰银行最近便实施了一项强制贷款政策。

Armantier 和 Holt（2017a）在实验室环境中评估了一种简化的强迫借贷政策，这种政策在没有贴现窗口借贷的情况下，很容易产生不希望的结果。和前面介绍的银行挤兑实验不同，被试不再只扮演存款人，而是被划分成了"投资人"和"银行"两种身份（随机一一配对）。在这个实验中，如果"他们的"银行被证明是有偿付能力的，投资人就能赚到 100，但是他们会想从一家资不抵债的银行中撤回资金，因为这家银行有可能随后倒闭，而且收益为 0，相当于投资者最好的替代机会的收益为 50。实验每一轮都会随机选定一半的银行陷入流动性困境，这些银行需要流动性来满足短期经营的要求，且有且只有两个选项——要么向贴现窗口借贷（成本 20），要么出售资产来补充流动性并保守流动性不足的秘密（成本 40）。实验告知投资人，缺少流动性的银行破产概率为 2/3，届时若未收回资金将一无所获。

另外，银行向央行借款的行为有可能被投资人发现。现实中，泄密或诉讼可能使其曝光，或者基于美联储区域汇总信息和市场活动提供的间接信号，投资人也有可能推理出结果。人们普遍认为，随着越来越多的银行采取这种方式，任何一家银行的借款不被发现的可能性都增加了，从这个意义上说，数量多是安全的，也就是所谓的人多势众（safety in numbers）[⊖]。此设置产生一个纳什均衡，所有缺少流动性的银行都从贴现窗口贷款，投资人发现便撤资，使银行投资收益为 0。以上可称为"无污名"[⊜]均衡。之所以不担心贷款招致提现，是因为当缺少流动性的银行都向贴现窗口贷款时，实验的"人多势众"设置使被发现的概率降至 0.30，帮助克服了污名效应。相反，如果其他银行都回避贴现窗口，一家银行向贴现窗口借贷被发现的概率高达 0.75，这足以断绝贴现窗口借贷，形成一个都不贷款的"污名"（纳什）均衡。相关期望收益如表 25-1 所示。

表 25-1 缺少流动性银行的期望收益，取决于其他同类的选择

	其他银行向 DW 借贷	其他银行变卖资产
变卖资产	收益 **60**（＝50＋50－40）	收益 **60**（＝50＋50－40）
向 DW 借贷	收益 **65**（＝80，被发现时 30）	收益 **42.5**（＝80，被发现时 30）

表 25-1 的两行分别对应银行缺少流动性时的两种选择——向贴现窗口（DW）贷款或者变卖资产。不论流动性如何，银行只要持续经营就能够获得 50；若投资人发现银行向 DW 借贷仍未撤资，还能够获得另外 50 收益。而变卖资产没有被发现的风险，收益固定为 50（存续）＋50（来自投资）－40（变卖资产的成本），总计 60，如表 25-1 第一行。请注意，此安全收益和其他银行是（左列）否（右列）向 DW 借款无关。

⊖ safety in numbers，做俚语时通常译作"人多势众"，但是和中文里此成语的本意存在一定差别，这里是指：一个人在群体中受到伤害的可能性比独自一人时更小。——译者注

⊜ 无污名（no-stigma）均衡，指银行不担心贴现窗口贷款的坏名声，不忌惮贷款导致投资人提现，缺少流动性便选择贷款。stigma 本书中译为"污名、坏名声"，英文原义为：公众对于某事、某行动的普遍反感或羞耻态度。为便于理解，特此注明。——译者注

反过来，向 DW 贷款的收益＝50（存续）+50 × 不被发现的概率 - 20（DW 贷款成本）。因此，在 DW 贷款是有风险的，导致总收益要么为 80，要么为 30，这取决于投资者是否发现了这一点，如若他们撤出资金，会导致投资收益为 0。发现的概率是内生的，取决于向 DW 贷款的银行数量。当其他银行也都向 DW 借款，向 DW 贷款的期望收益为 65，即前述无污名均衡。相比之下，当其他银行都不贷款，不被发现的概率仅 0.25，期望收益较低，仅 42.5。上述期望收益位于表 25-1 第二行，数值由实验设定的发现概率和缺少流动性的比例决定（细节省略）。比较期望收益可知，最好是在其他银行都贷款时，选择借贷（左下角的无污名均衡），其他银行都不贷款时，也不要去贷款（右上角的污名均衡）。

第二行的粗体数字是向 DW 贷款的期望价值，简单的数字掩盖了高风险——仅有一高一低两个极端结果，30 或 80。现实中，经济陷入金融危机之初，银行对这一种风险尤其重视。此实验局最终收敛至污名均衡，最后一轮，缺少流动性的银行中只有不到 20% 选择向 DW 贷款。就被试个人而言，向 DW 借贷与否和风险厌恶程度负相关，后者采用本书第 3 章的炸弹任务（100 个盒子）测度。

另一实验局中，每一期随机从 6 家银行中选择一位，强制其向央行贷款，使得投资人更难借助贴现窗口贷款来推断银行的偿付能力，进而助推被试向无污名均衡移动，即所有缺少流动性的银行向贴现窗口贷款。和理论及直觉预测一致，强制贷款实验局中观察到被试的确向无污名均衡收敛：缺少流动性的银行中大约有 80% 选择向贴现窗口贷款，投资人发现后大多选择撤资。强制贷款实验局的投资率（40%）大约是基准实验局的 4 倍。对个体数据的分析表明，不论是没发现银行的贷款行为时，还是发现之后坚持继续投资时，随机的强制贷款规则都模糊了发现贷款所提供的信号，发挥了建立信心的效果。总结如下：

贴现窗口借贷污名：银行向最后贷款人贷款可能会带来坏名声，导致发现此举的投资人撤资。如果被发现的概率取决于也在借贷的其他银行的数量，根据期望收益，可能构成一个双重均衡协调博弈：①无污名均衡，流动性差的银行确实从贴现窗口借款；②污名均衡，流动性差的银行追求更安全但成本也更高的策略，例如变卖资产。基准实验局中可观察到贴现窗口污名，但如果随机选择银行强制从贴现窗口借贷（无论其是否缺乏流动性），则无污名借贷结果将占主导地位。

25.3　具有劳动和商品市场的宏观经济中的货币冲击

本节将展示一场封闭经济的课堂实验结果，封闭经济包括劳动和商品市场。学生被试有 2 种身份——工人（也是消费者）和制造商，他们都将获得一定的代币。消费者使用代币购买企业生产的产品，企业则用于向消费者购买劳动力。货币的数量是外生性固定的，且如果在交易过程中出现现金失衡和流动性约束，可通过增加货币量来缓解。不同于前边章节的银行实验，该实验不存在银行破产的问题。工人闲暇消费和企业生产技术如表 25-2 所示。

表 25-2　工人闲暇消费和企业生产技术

工人闲暇价值				企业产出价值						
闲暇单位	第1	第2	第3	劳动投入	第1	第2	第3	第4	第5	第6
闲暇价值	3	1	0	边际产出	12	8	6	4	2	0

表 25-2 右半部分表示企业的生产技术，边际产出呈递减特征。第 1 单位的劳动投入能够生产 12 个单位的产品，第 2、第 3 单位劳动力产出逐渐降至 8 和 6。名义工资、名义价格和实际工资如图 25-2 所示。

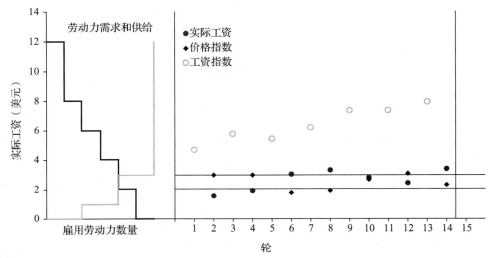

图 25-2　名义工资（圆圈）、名义价格（小菱形）和实际工资（大圆点）

注：货币供给在第 6 期翻倍，在第 9、第 10、第 11、第 12 期又各增加 25%，引起了价格和工资的增长。

图 25-2 左侧，企业边际产出在纵坐标 12 处有一台阶，对应第一个单位劳动力的边际产出价值为 12 美元。如果边际产出（12 美元）乘以产品价格 P 大于该单位劳动力的工资成本 W，这一个单位劳动力投入生产是有意义的。换句话说，如果 MP_L 代表单位劳动的边际产出，则一个单位劳动有需求的前提是 $P MP_L > W$，或表示为 $MP_L > W/P$，即边际产出大于实际工资。因此，图 25-2 的纵轴可视为实际工资，决定企业劳动需求。接下来，第二个单位劳动能生产处额外 8 个单位的产品，对应边际产出线在 8 美元上的台阶。相应地，第三个乃至其余台阶分别位于 6 美元、4 美元、2 美元、0 美元处，向右逐渐降低。台阶构成的企业劳动力需求是实际工资的函数，亦即每单位劳动的边际产出递减序列。

一名工人每期有 3 个单位的时间可用于闲暇消费或者作为劳动售出。第一个单位闲暇消费的价值相当于 3 个单位的产品，见表 25-2 左侧第一列。可以这样想：如果消费者放弃了 1 个单位的闲暇，得到工资现金 W，这笔钱能购买 W/P 个单位产品；实际工资 W/P 若小于 3 美元，消费者最好保留时间用于闲暇消费。因此，当实际工资大于等于 3 美元时，则消费者愿意供给全部闲暇时间用于劳动，图 25-2 中劳动供给函数最靠右的台阶纵坐标为 3。第二个单位闲暇消费的价值仅为 1 个单位产品，因此，只要实际工资高于

1 美元，消费者愿意供给 2 个单位的劳动。第三个单位闲暇的价值为 0 美元，因此只要实际工资大于 0 美元就能令工人供给这一个单位的劳动。综上，劳动供给函数始于最左端的 0 点，在纵轴 1 美元和 3 美元处各有一个台阶。

实验的奇数轮（1，3，…）结清劳动市场，企业发布工资，工人决定最低工资要求。而后，企业利用雇用的劳动生产商品。到了偶数轮（2，4，…），企业制定每单位商品的价格，而工人则基于工资和储蓄决定自己的最高支付意愿。

实验开始会给予每人一笔现金用于购买商品或支付工资。实验报酬与实验结束时持有的现金余额无关，这一点在实验说明中便已清楚解释："实验中的现金余额是你无法带走的。"最终的实验报酬决定方式因身份而异，企业的报酬由其消费（未售出）的产品量决定，工人的则取决于闲暇消费量，具体如下：

- 工人购物流程：企业公布价格之后，每一名工人选择自己能接受的最高价，以及在此价格范围内购买的产品数量上限。工人必须已经有足够的现金来购买所要求的物品。
- 商品分配：如果工人想购买的商品数量大于企业的供给上限，产品将以随机的方式决定归属。
- 企业消费：未售出的以及选择不出售的产品，将由企业保留并自行消费掉。每单位将给企业带来 0.30 美元的最终实验报酬。
- 工人消费：工人消费掉所有自己购买的产品，保留的闲暇时间也将换算成相应的产品。每消费 1 单位产品，最终实验报酬增加 0.30 美元。

企业生产的产品要么由消费者消费，要么由企业自己消费，不存在库存结转的问题。此外，消费者享受闲暇消费的收益（以产品单位衡量），也可视为一种"家庭生产"。因此，消费者的效用函数包括两部分，产品部分是线性函数，闲暇部分则是非线性函数，递减情况如表 25-2 左侧。

劳动市场供给是所有工人供给的劳动的总和，因此有高度为 0、1 和 3 的三个台阶。同理，劳动市场总需求为企业需求之加总，台阶高度分别是 12、8……因为工人数量是企业的两倍，函数交点的实际工资在 2 美元、3 美元之间，每名工人供给 2 单位的劳动，第三个单位则用于闲暇消费，每家公司雇用 4 个单位的劳动。另外，如图 25-2 右侧，在第 7 期货币供应量翻倍后，货币工资相应上涨，而价格在 2～4 美元范围波动，实际工资仍接近理论预测区间 2～3 美元。

鉴于表 25-2 左侧的闲暇价值可以解释为"家庭消费"，提供了另外一种理解角度。假设每一名工人保留 1 单位闲暇，相当于家庭生产出 3 个单位产品。此时，每名工人供给 2 单位劳动，每家企业雇用 4 单位，边际产出分别是 12、8、6、4，第五个单位劳动的边际产出是 2，小于家庭生产的产出 3。换句话说，图 25-2 左侧的劳动供需交点决定了，（劳动总量确定的条件下）最大化总产出（含家庭生产）的企业雇用劳动数量。

预测雇用数量（每名工人供给 2 个单位，每家企业雇用 4 个单位）结合企业的生产函数即可得到预期总产量。4 个单位劳动的边际产出分别是 12、8、6 和 4，每家企业总计产量为 30。于是，总产量等于 30 乘以企业数量 2，加上 3 乘以工人数量 4（1 个单位闲暇用于家庭生产）。图 25-3 为各偶数轮次的实际总产量 / 预测的最优总产量。产出比在本场实验始于 0.7 左右（最优产量的 70%），至最后一期达到 0.9。初始产出较低可部分归因于货币先行（cash-in-advance）要求，即全部现金支付，不支持贷款购买。第 6 期工人和企业得到一笔额外的禀赋，使货币供给翻倍。在"飞机撒钱式"的货币注入后，产量最优比趋于上升。这意味着名义货币供应量的扩大可以在有现金约束的经济中产生实际影响。从图 25-2 也可看出，货币扩张对于劳动市场的影响表现为名义工资上涨，而本场实验中未见实际工资受到显著影响。

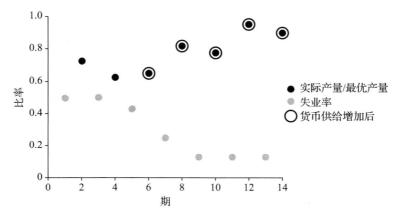

图 25-3　失业（浅色圆点）与产出和最优产出的比率（深色圆点）

注：深色圆图表示第 6 期代币供给翻倍之后的时期。货币供给在 10 ～ 12 期还分别提升了 25%。货币的注入缓
　　解了货币先行约束的影响，产出率有所增加，失业相对减少。

工人愿意供给的劳动能够衡量劳动市的场参与度，结合企业雇用的劳动数量可计算失业率（实际就业劳动 / 工人供给劳动）。具体而言，如果 6 名工人总共供给 10 个单位劳动，而公司只雇用 9 个单位，虽然每人都至少售出了 1 个单位劳动，失业率也将被测度为 10%。实验中的失业率在图 25-3 中绘制为浅色圆点。

根据本章之前介绍的内容，信心危机会导致银行挤兑和信贷紧缩，进而限制企业的雇用和生产经营能力。而从图 25-3 可以看出，在金融危机中，积极的货币政策可以对就业和生产产生重要的实际影响。总结如下：

宏观市场课堂实验：在现金紧张的经济体中，大规模的货币扩张可以产生一种实际效果，表现为实际产出与最优水平的比率更高，失业率更低。此外，货币扩张对名义工资和物价的影响也往往大于对实际工资的影响。

25.4　金融危机的剖析：由表及里

实验的主要优势之一便是可以在施加激励的条件下审视个体的决策。换言之，在调整参数以图理解因果关系的过程中，通过实验很有可能实现"由表及里"[⊖]而获得更多信

　　⊖　原文是"look inside the box"，此处采用意译。——译者注

息。在多数实验中，研究者关注整体结果，而被试对研究者的蓝图一无所知，这是为了将互动解释为单独博弈中的独立决策。相比之下，企业、消费者和投资者都渴望了解宏观经济的运行情况。上一节讨论的宏观实验在程序上很有趣的一点是，每一名被试每期收到的报告中包括工资和价格指数以及总产出、就业和失业率的数据。这些报告模仿了发达经济体中从新闻和媒体来源免费获得的汇总信息的类型。表 25-3 为另一场实验最后一期的报告，实验包含 5 家企业和 10 名工人。

表 25-3　工人和企业得到的宏观经济报告

期	1、2	3、4	5、6	7、8	9、10	11、12	注
产量	142.00	102.00	107.00	90.00	94.00	127.00	含家庭生产
价格指数（美元）	1.25	1.17	0.95	0.96	0.88	1.21	按数量加权的价格
雇用劳动力	18.00	16.00	15.00	14.00	13.00	19.00	以劳动单位计量
工资指数（美元）	4.67	3.63	3.30	3.57	3.08	5.47	按劳动单位加权的工资
失业率（%）	10.00	30.00	30.00	50.00	40.00	11.00	在找工作，但没被雇用
货币供给	150.00	150.00	150.00	150.00	150.00	465.00	由工人和企业持有

由于工人数量是企业的两倍，理论预测中每名工人出售 2 个单位的劳动（合计 20），每家企业雇用 4 个单位劳动生产 30 个单位产品，30 即全部 4 个单位劳动的边际产出总和（12 + 8 + 6 + 4）。全部 5 家企业的理论预测即最优总产量是 5 × 30 = 150。表 25-3 第 1 列的实际产量 142 约是最优产量的 90%，即只有 1/10 的员工没有被雇用。

然而，该实验经济体在第 3、第 4 期（第 2 列）出现了就业和产出的急剧恶化，迅速陷入萧条并一直持续到第 10 期。注意，每家企业最初的现金禀赋为 20 美元，而预测的实际工资为 2 ~ 3 美元，需要支付的实际工资总额达到 40 ~ 60 美元（每家企业 8 ~ 12 美元），且如果价格大于 1，货币工资将更高，前几期也的确如此。但不管怎么说，第 1 期中流动性未出现问题，就业率也相对较高。

然而，本场实验的劳动和产品市场交易过程造成了现金失衡，且似乎和货币先行约束交互作用，制约了劳动雇用和生产活动。至第 9 期，5 家企业总共只掌握 75 美元的现金（初始总禀赋都有 100 美元），而且更糟的是，这些钱大多属于一家企业，该企业在上一期卖出了较多产品。虽然工人供给了充足的劳动，但是现金失衡使企业无法雇用到想要的数量，导致失业率激增。至第 11 期，每一名工人和每一家企业都额外获得 21 美元，预料外的货币供给的增加使失业率降回 10%，产量增至 127（仍少于理论预测 150）。除实际影响之外，现金注入还有"名义"影响，工资和价格增幅分别为 80% 和 40%。

表 25-3 中的经济体在开始和结束阶段运行相对良好，其间经历严重的衰退和复苏。衰退和复苏的过程展示出，在市场正常运转的前提下，信贷受限是如何导致经济活动减少的。银行危机便是可能构成信贷受限的原因。总结如下：

实验室中的经济周期：正常的交易活动可能会造成现金失衡，在缺乏信贷的情况下导致就业和生产双双减少。这种不利局面可以通过货币注入加以纠正，最终既会对生产产生实际影响，又会对工资和价格产生名义影响。

25.5 退休和消费

常识和经济理论都承认，在高收入时期存钱非常重要，可以保证自己在预期收入减少时（例如退休）有钱可用。直观上，基于边际效用递减的概念，高收入时期增加储蓄造成的效用损失，远小于低收入退休时期的效用增益。加之利息经由复利增长（存款有利息），储蓄余额的增速越来越快，储蓄动机更甚。实验室实验表明，人们并未充分认识到复利的力量（Levy and Tasoff，2016），或是个人储蓄不足的一种解释。根据美林证券在2016年的一项研究约40%的美国工人怀疑他们的储蓄能否支撑舒适的退休生活，甚至有17%的人认为要靠中大奖才有可能实现退休目标！退休储蓄过低的另一种解释是现期偏向（present bias），但是，在时长仅1小时左右的实验中，很难想象此偏向能有多强烈。然而，有些人可能有一种典型的倾向，就是拖延存钱，把它推迟一段时间，在复利的存在下，这更像是一个错误。最后，储蓄不足还涉及观念问题。如Groneck，Ludwig和Zipper（2017）研究认为，年轻人往往储蓄不足是因为低估了自己的寿命。

不管储蓄不足的原因到底是什么，实验室提供的环境都足够有吸引力，因为能对上述种种猜想（比如对生存机会的误判）施加控制。本节所描述的实验使用储蓄利息来激励人们及早储蓄。此外，该实验收益到"实得报酬"间采用非线性转换，模拟递减的消费效用。

上一节宏观市场实验中，消费者每消费1单位产品得到0.30美元的实验报酬。换句话说，第t期消费c_t的效用为线性：$u(c_t)=0.3c_t$。如此，今天消费，明天消费，甚至于攒到最后一天一口气花光，对于消费者来说都无差异。相反，如果消费的边际效用递减，那么狂欢型（binge）消费模式并非首选。举例来说，设效用函数是指数为2/3的幂函数：$u(c_t)=c_t^{2/3}$。此函数图形呈"坡"状，消费量较低时增速很快，提高后增速减慢。效用的导数能反映边际效用递减的原因：

$$u'(c_t)=\frac{2}{3}c_t^{-1/3} \tag{25-1}$$

其指数为负，可知导数随消费量增加而递减。（幂函数求导法则于第20章附录已做介绍。）因此，消费越多，等量消费产生的效用增量越小，如表25-4所示。具体地，实验室中第一笔100元的消费转换为实验报酬（带回家的真钱）为1.11美元，至第二笔仅能换算成1.88－1.11＝0.77美元。基于此效用函数，将钱攒到最后一股脑花光绝非最优选择。实验室中的货币与实验报酬的换算如表25-4所示。

表25-4 实验室中的货币与实验报酬的换算

实验室货币（美元）	100	200	300	400	500	600	700	800	900	1 000
换算的报酬（美元）	1.11	1.88	2.53	3.11	3.64	4.14	4.61	5.06	5.49	5.91

在实验中，被试被赋予了一种预先确定的每股1美元股息的股份。如前一章所述，股份是在一个竞价市场过程中交易的，最后阶段的赎回价值导致资产的基本价值持平。此外，被试每期开始时还会得到一笔外生的现金收入，数额同样预先公布。除分红外，

期末持有的现金有 5% 的利息。实验前 18 期有外生现金收入,至第 19 期,使用相同的非线性效用函数,所有余额自动转换成实验报酬。该实验的其他程序上的细节参见 Bohr、Holt 和 Schubert(2017)。

每一期初,被试需要决定从现金余额(来自收入或上一期的现金结转)中拿出多少转换成实验报酬。由于前文未介绍实得报酬的非线性转换,以下摘录了一部分实验说明,其中解释了转换的过程并给出了一些提示。

- 现金转换决策:每一期初,你可以选择一部分现金(实验货币)转换为实验报酬(美元)。实验货币一旦转换成美元将不再产生利息,且美元无法换回实验货币。
- 转换策略:如前所述,转换率随转换金额增多而递减。因此,在后期一口气大量转换实验货币对提高实验收入而言没有太多好处。另一方面,过早地全部转换意味着不再有实验货币提供流动性,而流动性是利息、分红、购买资产、销售产品等等环节的必需品,亦即后续各期赚取实验货币的基础。转换公式参见下拉菜单各行:

- 注意:下拉菜单当中显示,如果转换金额太少,所得为负。因此,如果不转换实验货币,或者转换很少,都将降低最终到手的实验报酬。

实际报酬在效用函数的基础上全部减常数(20 美分),以表明转换为 0 美元而损失 0.20 美元不是一个有吸引力的选择,这一点在前面的说明中已经提到。实验说明在总结部分还强调,至(预先公布的)最后一期,所有剩余实验货币将自动转换成现金,转换方式不变。关于消费和储蓄的提示,旨在以一种朋友、媒体抑或顾问给出建议的普遍方式,帮助被试减少困惑并明确策略前景。接下来介绍的两种实验局里,实验说明部分完全一致。

该实验研究的动机是想评估许多欧洲国家施行的固定福利(defined-benefit)退休制度。这些国家税率普遍很高,相应的税收用于建立辅助储蓄(assisted saving),税负在退休前收入中占比极大,且比例已知。在私人储蓄(private savings)实验局中,不存在辅助储蓄的举措,被试需要自行为退休生活(第 15 ~ 18 期)进行储蓄,退休期间无外生收入。具体而言,该实验局的被试在前 14 期每期都能获得 100 美元,之后收入为 0 美元。相比之下,辅助储蓄实验局中被试在全部 18 期收入均为 80 美元。以上收入设计保证两实验局的总收入现值接近(收入金额为 10 美元的整数倍的前提下)。

通过简单直观的观察即可计算最优消费路径。利率为 5% 时,当期储蓄 1 美元将在下一期增至 1.05 美元。因此,最优消费需要满足,第 t 期消费 1 美元的边际效用和第 $t+1$ 期消费 1.05 美元的效用相等:

$$-u'(c_t) + 1.05u'(c_{t+1}) = 0 \quad \text{或表示为} \quad u'(c_t) = 1.05u'(c_{t+1}) \tag{25-2}$$

代入式(25-1)即边际效用函数,上述等价条件可写为

$$\frac{2}{3}c_t^{-1/3} = 1.05 \times \frac{2}{3}c_{t+1}^{-1/3} \tag{25-3}$$

可以消去系数 2/3，并将消费项交叉相乘，获得：

$$c_{t+1}^{1/3} = 1.05c_t^{1/3} \tag{25-4}$$

将式（25-4）两端同时做立方运算，可以得到消费的跨期增长率公式。

$$c_{t+1} = 1.05^3 c_t \tag{25-5}$$

最后一步是尝试不同的初始消费水平 c_1，消费在每期增加 1.05^3 倍，余下收入储蓄起来。正确的 c_1 令第 19 期的最终强制消费正好是第 18 期消费的 1.05^3 倍。

显然，此最优初始消费取决于收入流。比如图 25-4 中两条紧挨着的虚线分别对应的收入流（辅助储蓄实验局各期收入为 80 美元，私人储蓄实验局的前 14 期收入为 100 美元），令两实验局的最优消费路径大致相同。使用非整数可以实现精确等价，但整数收入也能做到近似等价。

因利息复利，两实验局的最佳消费轨迹向上倾斜。如果效用函数曲率较小（边际效用递减速度较慢），则初始最优消费较低，增速较快。不过，最优消费路径最为重要的一个特征是，收入下降得到了平滑，当私人储蓄实验局的收入在第 15 期从 100 美元骤降到 0 美元时，理论预测的最优消费并不下降。另外，实验增设资产市场的目的是提供更具风险的储蓄策略，并允许投机和过度自信产生的本能（visceral）情绪去干扰谨慎的储蓄决策。

各期的最优消费和实际消费如图 25-4 所示。图 25-4 中的实线为实际的消费路径，两实验局各由 6 场实验取均值得到。不难看出，两实验局的实际消费都在初期超过最优水平，而在末期远远不足。此外，私人储蓄实验局在退休时（第 15 期）消费出现骤降，辅助储蓄实验局并无此现象。实验局设计上的区别产生了显著的经济差异。统计意义上，私人储蓄实验局的消费在临退休阶段（第 10～15 期）显著更高，而在退休后（第 15～18 期）显著更低，基于场次数据（每一实验局 6 个观测值）的 Mann-Whitney 检验之 p 值均小于 0.01。

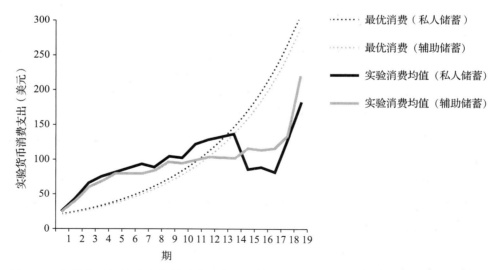

图 25-4　各期的最优消费和实际消费，含私人储蓄实验局（深色）和辅助储蓄实验局（灰色）
资料来源：Bohr，Holt，Schubert（2017）。

退休时消费骤减在美国非常普遍，虽然现实市场当中并未直接观察到最优的消费，实验观测数据依然可以推断储蓄未达最优。退休消费骤减现象以及相关参考文献可参见 Ackert 和 Deaves（2010）。两实验局各场次的资产峰值价格如表 25-5 所示。

表 25-5 两实验局各场次的资产峰值价格

场次	1	2	3	4	5	6	平均值	基本价值
辅助储蓄（美元）	42.5	21.25	30	26	43	38	**33.5**	20
私人储蓄（美元）	42	36	53	61.5	38.5	70	**50.2**	20

最后一个实验局差异体现在价格泡沫方面。回想上一章，每股基本价值等于股息与利率之比（本实验中为 1/0.05），也就是 20 美元，可使资产的基本价值保持不变。直觉上，成本 20 美元的风险资产的股息为 1 美元，利率 5%，与安全资产保持一致。实验中所有场次均呈现出资产价格泡沫，价格显著高于基本价值，且私人储蓄场次更甚，泡沫峰值价格参见表 25-5。私人储蓄实验局的平均峰值价格大约为 50 美元，高出基本价格两倍有余。通过 Mann-Whitney 检验能够推导出差异的统计学显著性。总结如下：

具有资产市场、利率和边际效用递减的消费实验： 相对于早期的最佳水平，被试往往会过度消费，并且在已知的有限生命周期的后期消费不足。这些方向性偏向在私人储蓄实验局（退休后收入即为 0）更甚。许多被试在退休时期消费骤减，可知储蓄并未达最优解。相反，辅助储蓄实验局未观察到消费骤减现象。此外，资产价格泡沫在私人储蓄实验局更为明显，该实验局中期被试的现金更多，可开展更多的投机活动。

储蓄的另一面是负债。如果预计未来收入将大幅提高，最优的选择是贷款而不是储蓄。Meissner（2016）最近的一项研究设计了两种实验局，收入分别呈递增和递减模式。收入递增实验局中，被试表现出了一种"负债厌恶"特征，即贷款过少。但是另一方面，大多数经济学家并不为负债厌恶担心，毕竟很多国家存在巨额的学生贷款和住房债务。举例来说，Eckel 等（2007）结合实验室和实地观察得出结论，没有有力证据能够证明在高等教育贷款上存在负债厌恶。Brown、Camerer 和 Chua（2009）给出了另一种相关的视角，他们在受控的实验中对口渴的被试施加饮料奖励来研究不耐烦（impatience）和消费问题。这意味着，本能的情感，如生理欲望、炫耀性消费或房地产投机，可能在与储蓄不足和债务相关的冲动决定中发挥作用。标准的实验室环境中通常不存在这类情绪，但本节的消费/储蓄实验中加入了资产市场，故而明显存在着本能情绪。

25.6 扩展：资产价格和现值

最近，Duffy（2016）对日益丰富的宏观经济学实验进行了一次总结，其中，有几个章节是专门面向有关最优消费和银行挤兑的研究。Balkenborg、Kaplan 和 Miller（2011）的银行挤兑课堂实验和本章第一节的课堂实验颇为接近，同时很好地总结了现代银行挤兑，并结合 2008 年经济衰退加以说明。此外，他们使用的银行挤兑博弈可以在埃克塞特大学（University of Exeter）的"FEELE"网站（https://projects.exeter.ac.uk/feele/LecturerStart.shtml）上找到（免费）。

Veconlab 的宏观市场实验以较早的手工版本实验为基础（纸牌代表钱和产品）。在手工实验中，实验代币用红色牌表示，产品则对应黑色牌。红黑牌交换即为交易过程，货币注入即是向参与者分发更多红色牌。细节方面参见 Goeree 和 Holt（1999a），其中还展示了一幅"四象限"图，象限分别对应均衡的实际和名义部分。此外，近期的一项实验同时包含货币政策、通货膨胀以及生产环节，参见 Duffy 和 Puzzello（2017）。

用动态、多周期的实验来研究储蓄和消费行为的论文数量颇多，也引出了一个问题，即如何激励被试去考虑现值。一项关于消费的开创性实验室研究中，Hey 和 Dardanoni（1988）兼用现金利息和固定概率随机终止规则，令被试考虑现值。他们得出的结论是，由于被试往往误解终止概率的独立性，产生了理论预测外的时间依赖（time dependencies），且对随机终止规则提供的贴现激励不敏感。Noussair 和 Matheny（2000）根据随机终止和利率两种现值引入渠道分别构造实验局，都观察到非最优消费尖峰，但是随机终止实验局中"一股脑消费"现象略多。值得注意的是，随机终止（生存风险）和利率因素也都会在实验室外影响一个人对现值的偏好。但是鉴于上述研究结果，实际开展实验时，最好只选择一种方式，以减少混淆。

最近文献中有一些实验发端于卢卡斯资产定价模型（包含资产市场和消费行为之间的互动）。其中两篇未观察到价格泡沫。第一，Crocket 和 Duffy（2015）推测是由于凹的效用函数激励被试平滑消费，抑制或消除了简单的单一市场环境中普遍的价格泡沫，而简单环境下被试并无他路可走，投机行为自然更多。第二，Asparouhova 等人（2016）的实验中也未见泡沫，他们将泡沫归因于，异质性禀赋和状态依赖收入等因素造成的"持续不断的交易激励"（incessant incentives to trade）。关于上述实验中的无价格泡沫现象，还有另外一种解释思路，即两实验都不存在超额现金积累。以 Asparouhova 等人（2016）的实验为例，未投资于资产的现金于每一期末即刻全数消费，防止了现金的累积。超额现金是泡沫形成的重要原因之一，是早期资产市场泡沫实验的一个重要结论，上一节的私人储蓄实验局中超额现金更多，确实也出现了较大的泡沫。Fenig、Mileva 和 Petersen（2017）最近的一项实验兼备劳动市场和资产市场，还加入了内生的政策规则，结果也和上述观测结果吻合。该实验关注的宏观经济政策之一（绑定杠杆约束）倾向于增加劳动供给，产生了现金余额的积累，也相应带来了更大的价格泡沫。

第 25 章习题

1. 考虑一家银行，存款人有两个，临界值为 1；也就是说，一旦至少一名存款人选择提现，银行即告破产。假设两人各存款 10 美元，须选择取出（或尝试取出）全部 10 美元，或者将存款继续留在银行（若另一人亦如此，可赚取 12 美元）。请写出此 2 人 2 决策博弈的收益矩阵。与本章首节讨论的课堂实验不同，以上决策同时进行，并且没有强制取款的问题。如果双方都选择取款，则掷硬币决定，即各有 1/2 的机会取回存款，

1/2 的机会一无所获。若一人取款，则其收益为 10 美元，另一人收益为 0 美元。假设两人都是风险中性的，因此，如果存在随机均衡，收益矩阵中可直接填入预期价值。验证该协调博弈有两个纯策略纳什均衡。

2. 对于第 1 题的博弈，若加入存款保险（银行破产、无法收回存款时，向存款人支付 9 美元赔偿），收益矩阵将作何变化？要明确的是，如果双方都选择取款，则各有 1/2 的机会赚取 10 美元，另外 1/2 的机会取款失败，只能得到 9 美元保险金。如果只有一个人取款，此人获得 10 美元，另一人获得 9 美元保险金。这与协调博弈有何不同或相似之处？

3. 在第 1 题描述的博弈中，确定一个 1 级参与者的决策，这个参与者在相信另一个参与者是 0 级（完全随机）参与者并以 1/2 的概率取款时做出的最优对策。（假设参与者 1 是风险中性的。）

4. 使用表 25-2 中的闲暇和产值，确定当有 5 家企业和 15 个工人时，预计的实际工资和劳动单位数量，即每个企业有 3 个工人而不是 2 个。

5. 结合辅助储蓄实验局（场均数据）中每一期的价格峰值（表 25-5 第一行），计算对另一实验局数据的比较获胜（binary wins）次数。根据最小比较获胜次数和两实验局（6）的观测数决定单尾和双尾 Mann-Whitney 检验的 p 值。第 13 章的表 13-2 中给出了相应的 p 值。

6. （开放性问题）第 24 章对资产市场实验的讨论指出了一些与更大的价格泡沫相关的因素。这些因素中的一个或多个是否可以解释第 25.5 节中的私人储蓄实验局中观察到的较高的价格泡沫？请解释。

7. （开放性问题）如果在第 25.1 节中的银行挤兑实验中，存款人可以决定使用哪家银行，你会期望看到什么样的行为？你认为银行破产的频率会比外生分配银行时更高还是更低？

8. 降低贴现窗口借贷成本（20 美分到 10 美分）会产生哪些影响？这将如何影响表 25-1 的最后一行的缺乏流动性银行的每一项收益？

第五部分

拍卖和机制设计

拍卖在鱼和花等易腐商品的销售中非常有用。当平等待遇和"光明正大"的协商很重要时，大多数拍卖的公开性质也是一个可取的特点，例如公共采购牛奶、公路建设（仅举几个例子）等。至于对于需要联系地理上分散的买家的特殊物品的卖家来说，网络拍卖特别有用。此外，拍卖正越来越多地用于频段许可证的销售，作为行政或"选美竞赛"分配的替代方案，后者或因游说成本而产生浪费。

考虑到竞争的赢 / 输（win/lose）性质，大多数参与者认为拍卖是令人振奋的。关于拍卖，模型上主要分为两类：一类，投标者知道拍卖品对自己的私人价值；另一类，投标者不知悉潜在的共同价值。私人价值可能因人而异，即使拍卖品的特征众所周知。例如，两个潜在的购房者可能拥有不同的家庭规模或车辆数量，因此，相同的面积对一个人的用处可能远远小于另一个人，这取决于他们如何配置公共区域、卧室和停车场。石油开采权招标则是共同价值拍卖的典型示例，每个投标方都要对租赁土地可能的回收率（recovery rate）展开独立的地质研究。鉴于事实往往证明中标者可能会高估了拍品价值，在这样的拍卖中，胜出可能会伴有压力，这种情况被称为赢家诅咒（winner's curse）。

第 26 章将介绍私人价值拍卖，重点是比较在不同投标人数量的情况下，纳什均衡预测的投标策略。此外，本章的讨论范围还包括私人价值拍卖的一些有趣的其他版本，例如，"第二价格"规则，其中，出价最高的投标者只需要支付次高的出价。

第 27 章将讨论共同价值拍卖。其中一个问题是，要确定各种因素（如投标人的数量）对赢家诅咒的严重性产生何种影响。买方诅咒（buyer's curse）与赢家诅咒类似，当一个投标人试图从当前所有者手中收购一家盈利能力未知的公司时，就会出现这种现象。然而，收购的成交可能是由于买方高估了公司的价值。在每一种情况下，诅咒效应都会出现，因为竞标者可能没有意识到，一个成功的竞标者传递了有关其他估值或价值估计的有用信息。

互联网为新的拍卖设计创造了许多令人兴奋的可能性，而实验室实验可以在拍卖规则最终确定之前对程序加以"测试"。例如，佐治亚灌溉减量拍卖（georgia irrigation reduction auction）是由实验经济学家设计和运行的，其结构是没有预先宣布的最后阶段和一些其他特征，旨在击败投标人（农民）可能的串谋企图。这是一个多单位拍卖：州政府从大量的农民处购买减少灌溉的承诺，根据不同农民提出的每英亩减少灌溉的费用，择低选择。

另一种类型的多单元拍卖涉及企业购买的排放许可证，企业每排放一吨温室气体需要一个许可证。由实验经济学家设计的温室气体排放拍卖，现已成为美国（加利福尼亚州和东北部各州）和欧盟的标准监管工具。纽约联邦储备银行（Federal Reserve Bank of New York）也通过拍卖来出售各种金融资产（如抵押贷款支持证券）的投资组合，这涉及如何用一种拍卖实现多种资产的买卖，需要通过相对价值的估算（称为"参考价格"）将不同证券的出价加以标准化。这些多单位拍卖引起的拍卖设计和政策问题将在第28章中集中讨论。

第29章关注的是投标者能够打包（package）的投标商品或许可证的拍卖。例如，对于电信公司来说，地理位置上相邻的广播频段构成的组合或者"网络"可能会相当有价值。在这种情况下，大公司可能更愿意竞标许可证组合，以避免暴露（exposure）问题——当没有获得网络中的一些所需的许可证时，就会出现获得的许可证的价值大打折扣。联邦通信委员会（FCC）通常对单张频段许可证同时展开拍卖，但在2008年，它采用了一种组合投标方式，允许公司对许可证组合提交整体（all-or-nothing）投标，解决了暴露问题。此拍卖使用的分层组合结构，事先通过实验室实验进行了测试。此项目和组合拍卖的相关发展将在第29章讨论。

在被认为不适合给予高收入家庭优势的背景下，基于价格的拍卖可能是不可取的，例如，宿舍房间的分配、城市学校的名额、住院医师职位、姐妹会成员资格等。此时，可以基于市场一方或双方提交的偏好排序进行分配。一个好的匹配机制能够激励参与者，诱出真实且非策略性的偏好排序，并保证匹配结果具备稳定性，即所有匹配的双方都不会倾向于打破现有配对而重新匹配。第30章将对评估几种匹配算法的实验进行综述。

私人价值拍卖

通过当下的互联网群组和在线交易网站，我们有机会一窥各种收藏品的拍卖方式。其中，有些人仅仅发布一个价格，而另一些人则会宣布一个投标期限，截止时出价最高者中标。投标可以通过电子邮件收集，作为密封投标（sealed bid）直到投标期限截止再公开，或按照递增投标拍卖（ascending bid auction）的方式，随时公布既有的最高出价。同一拍品对不同个体而言价值不尽相同，故而推动了交易的产生。比如，有人想要集齐一套藏品，有人则希望摆脱重复。本章主要关注的情况是：个体估值不同，且只了解自身"私人"价值。在最简单的私人价值拍卖模型中，投标者的私人价值相互独立，随机抽取自一个均匀分布，也就是说，指定区间内的每一种私人价值出现的概率均等。比如，可以把一个十面骰子投掷两次，第一次决定私人价值的"十位"数，第二次决定"个位"数。本章从这个最简单的情形入手，投标者知晓自身私人价值，与一名模拟的对手展开竞标，对手的出价随机抽取自一个均匀分布；之后，还将考虑对手为实际参与人的情形。不论哪种情形，我们都将把出价/价值之比同纳什均衡的预测值进行比较。

教师须知： 这些拍卖可利用骰子手工完成，或者使用 Veconlab 的私人价值拍卖程序。此在线拍卖的设置选项中包含"第二价格拍卖"（second price auction）。第 28 章讨论的上海车辆牌照拍卖同样是私人价值拍卖，可用 Veconlab 中的多单位拍卖（multi-unit auction）程序运行，选择其中的"单轮歧视价格拍卖"（single round discriminatory）或"连续歧视价格拍卖"（continuous discriminatory）选项。

26.1 引言

随着电子商务的迅速发展，构造一个新市场、连接不同地域的买者与卖者已经成为可能。网上潜在交易者的数量大增，虽然商品种类也已经高度专业化，依然有机会发展出相对稠密的市场。从结构上讲，这类市场呈现为拍卖形式，24 小时不断收集出价和要价。由于每种商品的价值因人而异，交易是有利可图的。当然，拍卖的运行方法众多，在不同的交易规则设计下，市场可能表现出不同的特征。因此，卖家自然会考虑选择哪种拍卖方式能够增加销售收入；而经济学家感兴趣的是哪种拍卖方式能够将商品有效分配给最珍视该商品的人。如果拍卖未找到私人价值最高的买家，那么"售后市场"交易也能够予以纠正，但会产生额外的交易成本，或为商品价值的 5%。至于那些高运输和搬运成本的大宗低价值商品，交易成本还将更高。

在评估不同拍卖规则的效率属性时，经济学家通常依靠理论分析。关于拍卖理论的开创性著作，可以阅读 William Vickrey 于 1961 年发表在《金融学期刊》（*Journal of Finance*）上的论文，Vickrey 后来获得了诺贝尔经济学奖。在 Vickrey 以前，拍卖分析多基于伯特兰德（Bertrand）式模型，设定商品的价格等于转售价值。而 Vickrey 意识到，不同的人对相同商品的价值可能存在不同看法，并设计了一个由此展开竞争的数学模型。模型假设总体对商品的估值遵循概率分布，而投标者随机抽取自总体。以大空间、低油耗的汽车为例，其对于买家的价值由买家的日常通勤时间决定，而总体的通勤距离遵循一定分布，于是该汽车的私人价值亦然。每个人了解自己的需求，也就确定了自身对商品的估值，但却不能确定其他投标者的价值。在讨论 Vickrey 模型之前，我们会先概述一下不同类型的拍卖，这对本章内容的理解有所帮助。

26.2 拍卖：递增、递减拍卖和"魔法小精灵"

假设你是一名万智牌（Magic：The Gathering）收藏者。这种纸牌与游戏配套，玩家在游戏中扮演巫师的角色，用卡组中的卡牌施展咒语、展开对决。卡牌随机成包出售，因此，收藏者自然会有一些多余的牌。此外，稀有卡牌的价值非常之高，绝版牌的售价甚至能达到数百美元。试想，你将会如何构思一套卡牌销售策略？你登录社交群组，拿出部分卡牌与他人交换，并得到了一些回应。但是，别人作为交换的牌，并非你所喜好，因此，你打算直接定价出售自己的牌。这次，又有好几个人愿意付款，其中，甚至有人预料到需求旺盛，于是出价稍高于你的定价。这令你不禁怀疑，其他人是不是也愿意提高出价呢，于是转而就为卡牌展开了拍卖，期限定为一周。其中，有一张特别珍贵的卡，收到第一笔投标的出价为 40 美元，之后第二笔出价更是达到了 45 美元。你好奇前一名投标者会不会跟进，比如加价到 55 美元。如果你选择继续拍卖，并在每次最高出价刷新时公布之，那么，实际上是在进行递增投标的英国式拍卖（English auction）；反之，如果在结束时将卡片卖给出价最高者，但不公开投标者的出价，那么，实际上这是在进行第一价格密封拍卖（first-price sealed-bid auction）。David Lucking-Reiley（2000）指出，尽管也存在第一价格密封拍卖，但万智牌市场中最常采用的是英国式拍卖。

　　Reiley（亦称 Lucking-Reiley）还发现，万智牌市场中存在着递减投标的荷兰式拍卖（Dutch auction）。在此拍卖方式下，价格从高位开始逐渐降低，直到有人愿意接受当前价格，拍卖即告终止。荷兰的鲜花销售使用的便是此方法：一间拍卖室内有多个时钟，时钟上面标有价格而非时间；鲜花推车沿着轨道迅速驶入拍卖室，当一辆推车"就位"（on deck）后，其质量等级和种植者信息会显示在电子屏幕上；之后，对应时钟的价格指针沿着刻度，从高到低开始递减，直到有投标者按下按钮表示接受当前价格，拍卖立即终止。拍卖过程相当迅速，仅上午晚些时候便可完成大量拍卖。且拍卖行位于阿姆斯特丹机场附近，鲜花可以直接空运送到纽约和东京等地。

　　如果你知道拍卖品对自己的私人价值，那么荷兰式拍卖就类似于密封拍卖。这一点成立的前提是，随着荷兰式拍卖的进行（直到为时已晚），你并未从中学习到任何相关知识。如此，你便和密封拍卖中一样，预先决定在何时停止叫价。此外，两种拍卖方法还有一个共同特性，即中标者支付的价格等于自身出价。提高出价能够增加获胜的机会，但也会导致中标时的收益降低，故出价等于私人价值绝非最优策略，此时无论中标与否，收益都为 0。总而言之，已知拍卖品私人价值的情况下，递减投标的荷兰式拍卖在策略上等同于第一价格的密封拍卖。

　　以上两种拍卖方式的等价性也引发了又一个问题，即是否存在另一种密封拍卖等价于递增投标的英国式拍卖。若已知私人价值，英国式拍卖的最优策略是在价格上升到私人价值前坚持投标。例如，拍品对某人来说价值为 50 美元，对另一人为 40 美元，对第三人为 30 美元。当价格叫到 20 美元时，三人都保有兴趣；提高到 31 美元时，第三个人将退出；价格到 41 美元时，第二个人也将退出，而第一名投标者甚至愿意接受更高的价格，不过对手已悉数退出，也就没有了提价的压力。随着拍卖员喊出熟悉的"一次、两次"，最终拍品将以 41 美元的价格出售给第一名投标者。请注意，虽然拥有最高价值的投标者将中标，但其支付的价格约等于第二高的私人价值。

　　Vickrey 观察到英国式拍卖的竞价止于第二高的私人价值，于是设计了第二价格密封拍卖（second-price sealed-bid auction）。和许多其他的密封拍卖一样，在第二价格密封拍卖中，卖方从所有密封投标里挑选出价最高者售予拍品；然而不同的是，中标者只需支付第二高的出价。Vickrey 指出，此拍卖中投标者的最优策略是按照自己对拍品的估值来出价。想搞清楚此举为何最优，不妨假设你对拍品的估值为 10 美元。一场第二价格拍卖中，如果你出价 10 美元，而其他所有投标者的出价都低于 10 美元，你便将中标；如果你决定把出价提高到 12 美元，中标概率的确提高了，但这种提升只发生于有人出价高于 10 美元的情况下，以高于 10 美元的价格中标反而会造成损失。比如，你的出价为 12 美元，第二高的出价为 11 美元，则你要为这件对你而言只值 10 美元的拍品支付 11 美元。因此，在第二价格密封拍卖中，出价高于自身估值绝非最优策略。接下来，考虑压低出价（比如 8 美元）的情形。如果其他人的出价都低于 8 美元，无论是否压出价，你都将毫无异议地胜出并支付次高出价；但是，如果有人出价超过 8 美元，比如说 9 美元，那么压低出价将导致你错过此拍品，然而，此时中标本来有利可图。综上，在第二价格拍卖中，最优出价等于你的私人价值。若所有人都如此行动，私人价值最高的人将中标，支付价格等于第二高的私人价值。而英国式拍卖中的出价也止于第二高的私人价值。因此，"Vickery"拍卖和英国式拍卖在理论上是等价的。

Reiley（2000）指出，邮票收藏者长期使用一种类似 Vickrey 拍卖的方式，且在投标者无法亲临现场时也能运行。举例来说，有两名远程（不在现场）投标者通过邮件投标，出价分别为 30 美元和 40 美元，则拍卖将从 31 美元起拍。如果现场的投标者都不能承受该价格，则出价更高（40 美元）的远程投标者中标，并以 31 美元的价格买下拍品；如果现场有投标者能够接受 31 美元，那么，主持人将继续提高价格至 32 美元，仍有投标者在场便以此类推，直到出价超出远程投标者的高出价 40 美元。这种"代理投标"形式将英国式拍卖与第二价格密封拍卖结合，主持人根据远程投标者邮件投标的出价，替其在实地进行竞拍。设想一场只接受邮件投标的第二价格英国式拍卖，上述拍卖方式正是其自然延伸。Lucking-Reiley 发现 1893 年马萨诸塞州北安普顿曾举办过邮票的第二价格密封拍卖。他还提到，流行的电子商务网站——eBay 就支持代理投标，网站说明如下：

> 与其让每个人在电脑前坐上几天，等待拍卖结束，我们的做法有所不同：为每人准备一只魔法小精灵（也就是代理），替其完成投标。你所要做的就是告诉精灵，自己最多能承受多高价位，然后，它就会在拍卖场中自动替你投标，超过其他人，直到你给出的极限价位。

请注意，在第二价格密封拍卖中，投标者可能不理解按私人价值出价的动机何在；在递增价格的英国式拍卖中，投标者却往往能意识到，只要当前出价尚低于自己的私人价值，那么继续叫价就对自己有利。总结如下：

私人价值已知的第一和第二价格拍卖：策略上，递减投标的"荷兰式"拍卖类似于第一价格密封拍卖（出价最高的投标者中标，并支付自己的出价）；递增投标的"英国式"拍卖则等同于第二价格密封拍卖（中标者只支付第二高的出价）。但是，如果投标者通过连续的荷兰式与英国式拍卖，能够使自身决策更加谨慎，则上述策略上的等价并不必然意味着相同的决策。

26.3　和均匀分布的出价竞标

在本节将要介绍的实验中，投标者了解自己的私人价值，而其他人的投标通过十面骰子模拟完成。因此，被试既能够研究有关最优出价的权衡取舍，又无须全面分析现实市场中的（非模拟的）投标者行为。每一轮初，实验者来到每名被试桌前，掷三次十面骰子，以决定被试的私人价值。在此区间（0.00 美元到 9.99 美元）内，每种金额被选中的概率相等，私人价值总体呈均匀分布。被试知晓自己的私人价值和"其他人的"出价⊖都是由十面骰子随机产生的，而后需要选定自己的出价：若高于模拟的对手，那么被试将

⊖　出价并不是价值，也就是说被试知晓自己的"对手"仅是一个随机生成的出价，而非其他被试。——译者注

获得私人价值与出价的差值；反之，一无所获。

设掷骰子得到私人价值为 v，v 已知且位于 0.00 美元到 9.99 美元之间。被试想要赚取收益，则出价必须低于 v，问题是低多少才合适呢？此类拍卖中，策略上的两难体现在，提高出价虽然能够增加中标概率，但是也意味着中标后支付更高的价格，导致收益降低。最优出价即在权衡取舍之间寻找"甜蜜点"（sweet spot），令风险保持在可承受范围内（低出价可能一无所获，风险相当高）。

为了方便理解策略上的权衡，不妨将问题简化，假设风险中性进而集中分析投标者的期望收益。期望收益由两部分组成：中标的概率和中标时的收益。私人价值为 v、出价为 b 的投标者，在中标时需要支付自身出价，故中标收益等于 $v-b$。期望收益乃是中标收益和中标概率的乘积，为

$$\text{期望收益} = (v-b)\text{Pr}（\text{出价 } b \text{ 中标的概率}）\qquad(26\text{-}1)$$

而出价 b 中标的概率即是 b 高于模拟对手出价的概率。对手出价在以下金额间等概率分布：0.00 美元，0.01 美元，…，9.99 美元。简便起见，我们忽略平局的情况，假设平局时对方中标。于是可知，出价 0 美元中标概率为 0，出价 10.00 美元为 1。由此可见，中标的概率等于 $b/10$，$b=0$ 则概率为 0，$b=10$ 则概率为 1。比如出价 5 美元，依据公式，中标概率为 1/2，对手的出价有 500 种可能（0.00 美元，0.01 美元，0.02 美元，…，4.99 美元）低于 5 美元，另外 500 种可能（5.00 美元，5.01 美元，…，9.99 美元）高于或等于 5 美元，亦佐证了公式的正确性。使用此公式（$b/10$）表示中标概率，则式（26-1）中的投标者的期望收益可进一步写为

$$\text{期望收益} = (v-b)\,\frac{b}{10} = \frac{vb}{10} - \frac{b^2}{10}\qquad(26\text{-}2)$$

期望收益呈现之前所说的策略困境。中标收益 $v-b$ 随出价 b 递减，而中标概率 $b/10$ 随 b 递增。最优出价便是要在二者之间找到平衡。

投标时，投标者的私人价值 v 已知，故可以绘制出式（26-2）右侧函数的图像，如图 26-1 所示，进而寻找其最高点。其中设 $v=8$ 美元，横轴对应出价 b，出价 0 无机会中标，故 $b=0$ 处函数也等于 0；在另一端，如果出价等于价值 v，那么无论中标与否收益均为 0，故期望收益函数也等于 0。以上两点间，期望收益函数呈峰状，随着出价的提高（从左到右）先增后降。

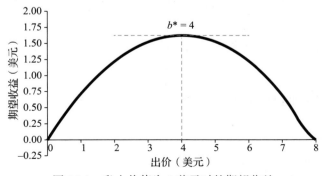

图 26-1　私人价值为 8 美元时的期望收益

私人价值为 8 美元时的期望收益如图 26-1 所示。

寻找最优出价的一种方法是，基于式（26-2）建立一张电子表格并计算每一种可能出价所对应的期望收益，进而找到期望收益最高的出价（课后习题 1）。例如，假设 $v = 4$ 美元（不同于图中的 8 美元），期望收益情况如下：出价 0 美元时为 0 美元，出价 1 美元时为 0.30 美元 $= 0.1 \times (4-1)$ 美元，出价 2 美元时为 0.40 美元，出价 3 美元时为 0.30 美元，出价 4 美元时为 0.00 美元。逐美分填写出所有出价对应的期望收益后，可以确定，私人价值为 4 美元时最优的出价是 2 美元。同理，私人价值为 5 美元时，可知最优出价是 2.50 美元。上述计算表明，（对于风险中性的人）最优策略是令出价等于私人价值的一半。

从图 26-1 中（私人价值为 8 美元的情况）也能够直观地发现上述结论。期望收益函数从图中的零点开始，升高、下降，至出价等于私人价值（8 美元）处再度归零。期望收益函数为二次函数，形成了围绕最高点左右对称的山峰，这种对称性与最大值位于 4 美元（0 美元和 8 美元之间的中间位置）的事实相一致。

函数趋扁平处的切线（虚线）斜率为 0，位于横坐标 4 美元的正上方。任何给定的私人价值都可通过图形化找到最优出价。或者，我们也可以使用微积分推导出适用于所有 v 值的公式（如已熟练掌握微积分，可以跳过这一部分；若需要更多复习，可参考第 20 章的附录）。既然你没跳过这一段，那么除了一点直觉外，还需要记住一些导数（切线的斜率）计算法则。首先，变量 b 的线性函数，比如说 $y = 4b$，是一条斜率为 4 的直线，所以导数为 4。该法则可以推广到斜率为 k 的任何线性函数：$y = kb$ 关于变量 b 的导数为 k。要用到的第二条法则是，二次函数（比如 $y = b^2$）的导数是线性函数 $y = 2b$。直观上，函数 $y = b^2$ 的切线斜率随着 b 的增加而变陡，故其斜率 $2b$ 是 $y = 2b$ 的增函数（其系数 2 是由 b^2 的指数决定的）。系数的变化不影响此公式的应用，比如，$3b^2$ 的导数是 $3 \times 2b$，$-b^2$ 的导数是 $-2b$。

式（26-2）的期望收益由两部分组成。前一部分可以写成 $(v/10)b$，一个关于 b 的、斜率为 $v/10$ 的线性函数。因此，期望收益的导数中将包含 $v/10$ 项，见下方式（26-3）的右端：

$$\text{期望收益的导数} = \frac{v}{10} - \frac{2b}{10} \qquad (26\text{-}3)$$

式（26-2）的第二部分是 $-b^2/10$，由于 b^2 的导数为 $2b$，因此这部分的导数是 $-2b/10$。总之，式（26-3）右侧的导数是上述两部分的加总，分别由式（26-2）中期望收益对应部分求导所得。

最优出价 b 处的切线斜率应为 0，因此下一步是求出令式（26-3）等于 0 的 b 值：

$$\frac{v}{10} - \frac{2b}{10} = 0 \qquad (26\text{-}4)$$

此为 b 的线性方程，不难得出最优出价策略：

$$b^* = \frac{v}{2} \ （风险中性者的最优出价） \qquad (26\text{-}5)$$

和图像与数值方法不同，微积分方法无须分别考虑每一个 v 值，而是提供了适用于所有可能 v 值的计算公式，具有普遍性。

总而言之，式（26-5）中预测的最优出价是私人价值的线性函数，斜率为 0.5。Holt 和 Sherman（2014）实验中实际出价的散点图接近于线性，但是，多高于最优预测值（0.5 倍私人价值）。实验数据线性估计的结果为

$$b = 0.14 + 0.667v \quad (R^2 = 0.91) \tag{26-6}$$

其中，常数项 14 美分并不显著区别于 0，而斜率（标准误为 0.017）显著区别于 1/2。

投标者出价若高于私人价值的一半，虽然中标的机会将提高，但中标时的收益也将减少。若投标者厌恶风险，则可能为了降低竞标失败、一无所获的风险，放弃中标时所能获得的部分收益，下一部分将对此展开讨论。当然，关于过度出价还有其他解释，但该实验中投标者的对手是人为模拟的，并不是实际的参与人，我们可以排除一些可能性。因为对方的出价只不过是掷骰子，所以不可能是出于公平、公正、为了赢得或减少对方收益的竞争欲望。

26.4　双人第一价格拍卖中的出价行为

前面介绍的实验中，"其他投标"是模拟的，本质上属于个体决策问题。我们可以设计一个类似的博弈，两名投标者一组，私人价值随机决定（均匀分布于 0 美元到 10 美元）。同之前一样，提高出价能增加中标概率，中标收益等于私人价值和出价的差值；而出价过低（导致落选）则将一无所获。另外，遵循第一价格拍卖，出价最高的投标者需要支付自身出价（第一价格）。

若投标者为风险中性的，纳什均衡出价应为私人价值的一半。可运用前一节的分析来证明这一点。假设对手的出价在 0 美元到 10 美元间均匀分布，其出价等于私人价值的一半。由于价值均匀分布，对手的出价将均匀分布于 0 美元到 5 美元（最大私人价值一半）之间。那么，对于我方来说，出价 0 美元必无可能中标，而出价 5 美元则一定中标，出价 2.50 美元中标概率为 1/2。因此，中标概率可以表示为 $b/5$。此时的期望收益和式（26-2）相比，分母由 10 变成了 5，式（26-3）和式（26-4）也以相似的方式变换，最后将新的式（26-4）两端同乘以 5，得到和式（26-5）一样的最优出价规则 $v/2$。

课堂实验中观测到的 10 名被试的出价策略如图 26-2 所示。

回忆前面，在投标者风险中性的前提下，理论预测的出价策略呈线性，斜率为 1/2。但是，不光是前一节模拟对手的实验，其他一些全部由被试投标的实验中，也都发现了出价超过 $v/2$ 的现象。图 26-2 展示的是一场课堂实验（借助了网络）中十轮的出价/价值。实验将学生划分成 10 个小组，每组 1～2 人，各组随机配对。观察到的被试出价方式接近线性，但随着私人价值的提高有趋于平坦的迹象，这一特点 Dorsey 和 Razzolini（2003）也曾有记录。图 26-2 中，实线为纳什均衡的预测出价 $v/2$，结果中只有很少一部分出价位于其下方。虚线为前一节实验数据的线性回归式（斜率为 0.67）[⊖]，课堂实验的大部分出价甚至还要在其之上，各轮次平均的出价/价值比接近 0.7。这种相较于纳什均衡

⊖　即前一部分 Holt 和 Sherman（2014）实验数据的线性回归结果，式（26-6）：$b = 0.14 + 0.667v$，其中常数项 0.14 并不显著，故最终保留的线性回归式为 $b = 0.667v$。——译者注

预测的过度出价典型模式，通常被归因于风险厌恶。本章附录中介绍了风险厌恶投标者的拍卖模型，证明了"平方根效用函数" $u(x)=x^{1/2}$（相对风险厌恶系数为 1/2）投标者的最优出价是 2/3 私人价值。风险厌恶的测度是本书第 3 章的讨论内容。

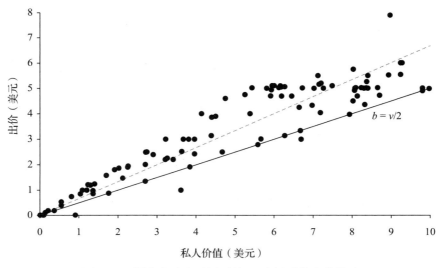

图 26-2 课堂实验中观测到的 10 名被试的出价策略

私人价值拍卖的实验结果：私人价值的第一价格拍卖中，出价和私人价值之间接近于线性关系，这一点和理论预测是一致的。但是，也有实验观测到线性关系之外存在二阶项。另外，实验中被试的出价总体高于纳什均衡的预测值。

26.5 投标者数量、风险厌恶和后悔厌恶

至此，我们仅考虑到投标者为风险中性的双人拍卖。若投标者数量增加，由于竞争更加激烈，出价将越发趋近私人价值。设投标者的私人价值取自均匀分布，则式（26-5）能够将 N 名投标者的情形一般化：

$$b^* = \frac{(N-1)v}{N-r} \quad \text{（私人价值均匀分布时的纳什均衡出价）} \tag{26-7}$$

其中，r 是效用函数 $u(x)=x^{1-r}(0 \leqslant r < 1)$ 中恒定的相对风险厌恶系数，另外假设所有投标者的效用函数相同。

注意，当 $N=2$ 且投标者为风险中性 $(r=0)$ 时，式（26-7）的最优出价同为私人价值的一半。随着拍卖小组规模 N 的扩大，出价与私人价值之比 $(N-1)/(N-r)$ 将提高，越来越接近于 1，即出价向私人价值收敛。出价 / 价值之间的差距随着竞争加剧不断缩小，预期收益向零收敛。

Vickery 模型的一些早期实验检验可参见 Coppinger、Smith 和 Titus（1980）的论文。具体来说，在私人价值第一价格拍卖中，假设风险中性，他们观察到了相对于纳什均衡预测的过度出价（出价过高）现象。Cox、Roberson 和 Smith（1982）以及 Cox、Smith 和

Walker（1985，1988）的一系列论文探讨了私人价值第一价格拍卖中，风险厌恶对个人行为的影响，得出结论，被试出价之所以超过基于风险中性的纳什预测，主要原因便是风险厌恶。此外，和式（26-7）中的最优出价函数相同，论文在比较不同小组规模下的出价行为时都发现，规模较大组中的拍卖结果表现出更强的竞争性（出价/私人价值更接近于1）。总结如下：

第一价值密封拍卖实验： 随机决定私人价值的拍卖实验中，有一个稳健的发现，即被试的出价高于风险中性假设下的纳什均衡预测值，这通常被归因于风险厌恶。但是另一方面，实验也定性地支持纳什均衡预测（不论风险厌恶与否），即，出价随着小组规模扩大而趋近于私人价值。

长期以来，风险厌恶能否解释过度出价一直是实验经济学争论最激烈的话题之一。Harrison（1989）是最早的质疑者之一，他在顶尖的专业期刊《美国经济评论》（*American Economic Review*）上发表了一篇带有挑衅意味的论文，随后引起了踊跃的回复、评论和交流。Harrison 有的放矢地指出，在这些实验的设定中，期望收益在最大值附近都相当平坦，就像图 26-1 里平坦的峰顶。因此，轻微的过度出价给期望收益带来的损失其实很低。例如，在图 26-1 中，过度出价 1 美元或 2 美元，期望收益只降低不到 25 美分。此外，如果他人也存在过度出价行为，以上损失还将会更低。

的确，这种针对平坦峰值的批评，使偏离于风险中性预测的出价行为具有了一定的合理性。但是，它却不能解释为什么偏离的方向（direction）都是过度而非不足。要解释偏离的方向性，除了风险厌恶外，最常提及的是后悔厌恶（regret aversion）这一概念。注意，在这些拍卖实验中往往不只进行一次拍卖，而是包含一系列拍卖。因此，投标者如果对某次拍卖结果感到不满，可以在后续拍卖中调整出价与私人价值之比。不妨思考一下，输家的后悔（loser's regret）从何而来？这对理解后悔厌恶概念大于帮助。对于未中标的人来说，如果中标者的出价低于自己的私人价值，自然会感到后悔。换句话说，当输家意识到提高出价既能中标又能赚取收益时，便会为自己之前的出价而悔恨。反过来，如果中标者发现更低出价即可中标，也有可能产生赢家的后悔（winner's regret）。特别地，如果中标者的出价远远高于次高出价，此举业内称为"有钱不赚"（leaving money on the table），中标者的后悔情绪会更加强烈。美国内政部有几次拒绝公布木材租赁拍卖中落选的投标，想必是为了避免中标者产生后悔情绪，以便之后诱导更高的出价，提高拍卖收入。

如果所有投标都被公布，那么赢家和输家都有后悔的可能，这将把出价拉向两个相反的方向。Englebrecht-Wiggans 和 Katok（2008）提出了一个强有力的观点，即失败者的后悔情绪更加强烈，因此，后悔模型能够解释第一价格密封拍卖中的过度出价行为。

后悔还有许多有趣的变式。Filiz-Ozbay 和 Ozbay（2007）指出，投标者甚至不必真正体会到后悔再做出反应；反之，即使在单次拍卖的设定下，投标者也有可能前瞻（anticipate）到后悔情绪。此外，他们通过在实验中控制拍卖后公布的他人出价信息，得到了实验证据，证明前瞻到的输家后悔情绪能够解释过度出价。与此紧密联系，Neugebauer 和 Selten（2006）运用学习方向理论（learning direction theory），提出投标者倾向于朝着最近一次拍卖中的最优响应来调整自己的出价。这种方向性使投标者在落选后提高出价，在中标后降低出价。若输家的数量多于赢家，落选的心理影响势必更加强烈，于是，这种方向性的学习也为过度出价现象提供了解释。总结如下：

关于实验中过度出价的其他解释： 拍卖中，输家可能会为出价过低感到后悔，赢家则可能因出价过高觉得遗憾。如果输家的后悔情绪更为强烈，或者拍卖结束后不公布落选者的投标（降低了赢家的后悔情绪），那么后悔情绪的净效应将导致平均出价向上偏离纳什均衡预测。此外，还存在一种动态的解释思路，即投标者会向着最近一次拍卖中本应是最优响应的方向调整出价。通过在实验中操控发布给投标者的信息，实验结果为基于学习方向和后悔的解释提供了支撑。

为了从相互作用的复杂环境中分离并识别出因果关系，一套有用的程序是，根据实验者感兴趣的主要因素的高低，在实验之前预先对被试进行分组。Millner 和 Pratt（1991）是最先运用该程序的经济学家。他们使用价格表的方式测度风险厌恶，以此作为被试分组的依据。他们发现，在寻租竞赛中，风险厌恶程度较高的被试群体倾向于付出较少的努力，这在第 12 章有介绍。至于最近，Füllbrunn、Janssen 和 Weitzel（2016）使用"炸弹"任务法测度风险厌恶，根据人们打开盒子的数量划分不同的拍卖组。他们使用的炸弹任务中包含 100 个盒子，其中，一个藏有炸弹，一旦打开将使报酬归零。如本书第 3 章介绍，风险中性的人会打开一半的盒子（此实验中为 50 个），而风险厌恶者打开的盒子少于一半，以降低爆炸的风险。

每场实验招募 20 ~ 24 名被试。首先，对其进行炸弹任务测试，并根据测度出的风险厌恶程度将被试排序。然后，建立规模为 4 人的市场组，把风险厌恶程度最高的 4 名被试划为第一组，风险厌恶程度次高的 4 人为第二组，以此类推。在全部 46 个市场组中，平均风险厌恶程度最高的 9 组被归为高风险厌恶（high risk aversion，HRA）类别；这些被试在炸弹任务中平均只从 100 个盒子中选择了大约 29 个。同样，平均风险厌恶程度最低的 9 组被归为低风险厌恶（low risk aversion，LRA）类别；他们平均从 100 个盒子中选择了大约 58 个。其余小组则被归类为中度风险厌恶（moderate risk aversion）组（平均打开 43 个盒子）。

除了根据风险厌恶划档的处理（treatment）外，此实验中还加入了有 / 无后悔情绪的处理。无后悔实验局中被试只能获知自己中标与否；而后悔实验局中落选的被试还能获知中标的出价以及自己错失的获利机会（missed opportunity）有多大。所谓错失的获利机会，即未中标者的私人价值和中标出价之差（若为正）。之所以引入有 / 无后悔处理，是为了模拟输家后悔情绪来解释过度出价行为。

每个市场组将参加一系列共 50 次私人价值拍卖，配对固定，前 25 次采用无后悔拍卖程序，之后 25 次则采用后悔（信息披露）程序。在所有拍卖中，$N = 4$，$r = 0$，在风险中性假设下的纳什均衡出价预测可用式（26-7）计算，为 $(N-1)/N = 3/4$ 乘以各自的私人价值。私人价值随机取自 0 到 10 000 货币单位的区间。实验发现，私人价值较低的人倾向于提交不稳定的"信口开河的"（throw-away）出价，因此，市场层面的焦点是中标出价

（市场价格）与预测值（组中最高私人价值的 3/4 ）的比例关系。由左到右，随着小组的风险厌恶程度递增，过度出价百分比（相比纳什风险中性的预测）也逐渐提高（见图 26-3）。不论是二元 Mann-Whitney 测试（HRA 对 LRA）或顺序检验（HRA > MRA > LRA），风险厌恶的影响都在 1% 的水平上高度显著。

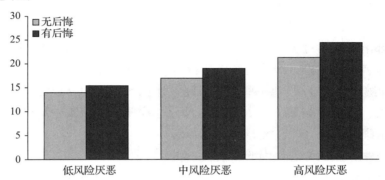

图 26-3　相较于风险中性纳什均衡预测结果的过度出价百分比，通过 BRET（炸弹风险诱出任务），
　　　　根据风险厌恶程度对被试预先分组

资料来源：Füllbrunn、Janssen 和 Weitzel（2016）。

　　此外，通过比较浅色（无后悔）和深色（后悔）条形图，该实验还提供了后悔效应存在的证据。但是，由于后悔实验局总是在一场实验（50 轮）的后半部分，而过度出价随着拍卖轮次不断加剧，因此，在过度出价水平的回归方程中，"后悔"这一虚拟变量并不显著。⊖

　　相反，实验设计确实能够使作者得出结论，第一价格拍卖中投标者的风险厌恶对过度出价具有稳健的、因果的正向影响（robust、causal、and positive effect），无关于信息发布（后悔）情况。过度出价的代价高昂——相比于实验中的实际出价，若按照风险中性纳什均衡（risk-neutral Nash equilibrium，RNNE）出价，实验收益将有很大提高。在高风险厌恶组中，被试如果在各轮都使用 RNNE 出价，总收益能够提高 65%；即便是低风险厌恶组，向 RNNE 出价的单方面（unilateral）转换带来的收益增幅也高达 20%。总结如下：

　　根据风险厌恶预先分组的实验结果：在高风险厌恶组中，投标者相较于 RNNE 预测结果的过度出价显著更高。也就是说，投标者放弃了单方面转向 RNNE 出价所能获得的可观收益。此外，后悔效应也存在一定的实验证据，但是由于实验局顺序的安排，并不能保证识别出此效应。

　　在私人价值拍卖中，结果之所以偏离于敏锐的博弈论预测，也可能是因为有限理性

_____

⊖　此回归方程中，除了"后悔"处理的虚拟变量（本轮采用后悔处理，= 1；否则，= 0）外，还包括关于实验轮次的变量。因为实验顺序的安排，这两个变量高度相关（共线性），回归估计无法分辨过度出价的加剧是由于轮次的增加，还是由于后悔效应（后悔实验局）。——译者注

在拍卖过程中注入了行为噪声。Goeree、Holt 和 Palfrey（2002）设计了一种第一价格拍卖实验，私人价值虽然仍随机决定，但并不是来自均匀分布，而是抽选自间隔的离散分布。其中，一个实验局里，出价高于纳什均衡（私人价值的一半）的成本较低，低于纳什均衡的成本（放弃的收益）却相当高。这种不对称性可能令出价向上偏移。试想，随着出价向纳什均衡水平靠拢，期望收益快速增加，而出价超过均衡水平后，期望收益降低的速度却非常缓慢。而第二个实验局中，这种不对称性恰好颠倒过来，超过纳什均衡预测（私人价值的一半）的成本极高，因此出价有可能向下偏移。上述设计的动机是，通过开展实验，运用有限理性来解释两种实验局中出现的过度出价和出价不足。然而，两种实验局都出现了相对于 RNNE 的过度出价，且在意图引导出价向上偏移的实验局[○]中更加突出。作者得出结论，即使是在包括行为噪声的模型中，风险厌恶同样是一个影响因素。他们的实验证据排斥其他一些解释思路，比如，中标的喜悦心情，但是，仅属于间接证据。相反，Füllbrunn 等人（2016）的预分类程序外生于实验局设置，为风险厌恶效应提供了更清晰的证据。

接下来，我们考虑性别的影响。一项针对研究助教（RAs）和实验经济学专业学生的信息调查显示，基于有关侵略行为（aggressive behavior）的猜测，人们普遍预期男性在第一价格拍卖中会出价更高。但事实并非如此。例如，第 12 章讨论的寻租竞赛中，女性往往通过付出更多的努力来提高出价。同样有证据表明，其实女性在第一价格的私人价值拍卖中出价更高。Füllbrunn 和 Holt（2017）使用精确的性别预分组，将被试划分成全体男性、全体女性或男女比例 5∶5 的混合小组，每组 4 名被试，参加 50 次私人价值密封拍卖，与前述实验一样，也采用固定的配对方式。另外，还告知混合小组中的被试，其所在小组包括男、女各两人。同上，为了规避低价值投标者脱口而出的出价的影响，他们使用了和之前实验相同的指标来衡量过度出价，即中标价格和风险中性预测（拍卖中最高私人价值的 3/4）的差异（百分比）。

如图 26-4 所示，较之于纳什均衡预测，各实验局均存在过度出价现象。在前 1～25

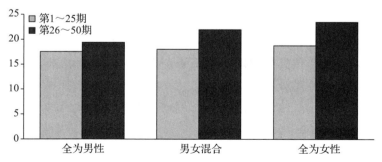

图 26-4　相较于风险中性纳什均衡预测结果的过度出价百分比，根据性别预分组

资料来源：Füllbrunn 和 Holt（2017）。

○　即，此实验局中的期望收益函数随着出价向 RNNE 水平靠拢而快速增加，在超过 RNNE 出价后降低速度缓慢。——译者注

轮（灰色条形）中，过度出价比和性别百分比之间不存在相关关系；但是在后半部分（深色条形），从左至右，随着女性比例由 0 到 50% 再到 100%，过度出价比也相应提高。不论是全体男性和全体女性实验场次间的比较，还是顺序检验（全体女性 > 混合 > 全体男性），实验后半部分的性别效应均告显著。在预分组下，性别效应随着实验期数增加而愈发凸显，可能是因为：精准分组之初，被试普遍认为男性竞价更加积极，而随着实验进行，性别效应逐渐战胜了这种刻板印象。

关于上述性别效应，Chen、Katuscak 和 Ozdenoren（2013）提出了另一个有趣的观点，文章名为"为何女性的出价方式与男性相异"（Why can't a woman bid like a man）。该研究发现，女性被试在第一价格拍卖实验中出价较高，因此收入也较低；而第二价格拍卖中却没有表现出性别差异。作者表示，女性出价过高与服用口服避孕药的女性月经周期之间存在系统性联系。总结如下：

第一价格拍卖实验中的性别效应：有一些证据表明，女性在第一价格拍卖中的出价高于男性，实验进行到后期尤为明显。此外，女性被试的过高出价与生物因素有关。

26.6　扩展：网络广告位置拍卖

关于私人价值拍卖，一个有前景的扩展方向是网络广告位置市场。只有一个广告位时，在第二价格拍卖里，中标支付价格源于他人出价，这将激励投标者按照自身私人价值进行投标。谷歌便采用了一种广义的第二价格拍卖（generalized second-price auction）来销售广告位，广告位置根据消费者观看的顺序排列。相比一般的第二价格拍卖，其扩展之处在于：排名最高的广告位卖给出价最高的投标者，价格等于次高出价；排名第二的广告位卖给出价次高的投标者，价格等于第三高的出价；以此类推。但有一个问题，在这种拍卖程序下，按照私人价格投标未必构成纳什均衡。例如，假设有两个广告位，前一个可收获 100 的"点击量"，后一个可收获 70。对于投标者 I、II、III 来说，每次点击的价值分别为 10 美元、8 美元和 5 美元。如果 II、III 依照私人价值 8 美元和 5 美元投标，那对投标者 I 来说，按照私人价值来投标的收益为（10－8）×100＝200 美元，但如果以排名第二的广告位为目标，将出价调整为 6 美元，收益可提高到（10－5）×70＝350 美元。

广义第二价格拍卖有一种替代方案——Vickrey-Clarke-Groves 拍卖（VCG），为 Facebook 所采用。该方法要求中标者支付的价格等于其外部性（externalities）。所谓外部性，即自己的加入令其他投标者因位置下降损失的收益。沿用前面双广告位的例子，投标者 I 出价 10 美元，将导致：原本排名第一（100 次单击量）的投标者 II 下滑至第二位（70 次单击量），失去了 30 次点击，投标者 I 需为此支付 8×（100－70）＝240 美元；而投标者 III 原先排在第二位（70 次点击量，每次价值为 5 美元），此时滑落到底，一无所获，投标者 I 需为此支付 5×70＝350 美元。这种情况下，投标者 I 为第一名支付的价格等于以上外部性之和：240＋350＝590 美元。当然，付款对象是平台而非其他投标者。如此，高价值投标者 I 的最终收益为 10×100（点击量）－590＝410 美元，高于调整出价，得到第二广告位的收益[⊖]；第二位需要支付的价格为，投标者Ⅲ降至第三位的外部性 350 美元。McLaughlin 和 Friedman（2016）在实验中允许投标者于连续时间内提交与更改出价，每次更新时重新计算价格，进而比较了上述两种拍卖方式。他们报告说，研究选取的大多数参数都显示 Vickrey 的 VCG 拍卖效率更高；不过，两种拍卖方式的销售收入大致相当。鉴于网络广告拍卖的经济意义愈发重要，想必会刺激更多的相关研究。下一章中，我们将放眼更广阔的视野，探讨其他类型的多单位拍卖。

附录 26A　风险厌恶

这一部分的分析意图展示如何通过简单的风险厌恶模型来解释本章讨论的过度出价的典型模式。其中，将用到简单的代数知识。比如，幂函数（power function）如 kx^p 的导数计算，其中，k 是常数，变量 x 的指数为 p。$y = kx^p$ 关于 x 的导数是一个新的函数，$y' = kpx^{p-1}$。以上即为微分的"幂函数法则"。要用到的另一条法则是关于两函数乘积的求导，等于前者导数和后者的乘积加上后者导数与前者的乘积。这就好比房间面积（长和宽的乘积）变动的计算，等于长度乘以宽度的变化加上宽度乘以长度的变化。"乘积法则"能够精确度量"微小"的变化。

运用上述两个法则前，我们还需要构造投标者期望效用的表达式。为了对拍卖中的风险厌恶加以建模，最方便的方式是假设效用函数为非线性，收益 $v - b$ 产生的效用为幂函数 $(v-b)^{1-r}$，$0 \leq r \leq 1$。若 $r = 0$，则效用函数为线性函数，对应风险中性的情况；若 $r = 1/2$，那么效用函数的指数 $1 - r$ 也等于 $1/2$，此时，效用函数为平方根函数。r 越大则风险厌恶程度越高。

首先，考虑对手出价服从均匀分布（0～10）的简单情形。此时，中标概率为 $b/10$。由于存在风险厌恶，分析对象从式（26-2）的期望收益转为期望效用，期望效用等于中标收益产生的效用乘以中标概率：

$$\text{期望效用} = (v-b)^{1-r} \frac{b}{10} \tag{26-8}$$

令此函数的导数等于零，即可求得最优出价。式（26-8）右端的期望效用是两个关于 b 的函数之乘积，故运用乘积法则[⊜]计算导数（第一个函数乘以第二个的导数，加上第二个乘以第一个的导数）。$b/10$ 的导数是 $1/10$，故第一个函数乘以第二个函数的导数即为式（26-9）中的第一部分；接下来，运用幂函数法则可算出 $(v-b)^{1-r}$ 的导数 $-(1-r)(v-b)^{-r}$，于是得到式（26-9）中的第二部分，两部分之和为 $(v-b)^{1-r} \frac{1}{10} - (1-r)(v-b)^{-r} \frac{b}{10}$。该导数可改写为式（26-9）的左半部分，进而令其为 0：

$$(v-b)\frac{(v-b)^{-r}}{10} - (1-r)b\frac{(v-b)^{-r}}{10} = 0 \tag{26-9}$$

⊖　此时的总收益为 10 美元 × 70（点击量）- 350 美元 = 350 美元 < 410 美元。——译者注
⊜　原文此处为"幂函数法则"（power-function），联系上下文，疑有误。——译者注

两侧同乘 $10/(v-b)^{-r}$，得到：

$$(v-b)-(1-r)b=0 \tag{26-10}$$

此为变量 b 的线性方程，可计算出最优出价策略：

$$b^*=\frac{v}{2-r}（存在风险厌恶时的最优出价规则）\tag{26-11}$$

当 $r=0$ 时，该出价规则简化为风险中性的最优出价规则（出价等于私人价值的一半）。r 的提高将使出价相应提高。当 $r=1/2$ 时，最优出价等于私人价值的 2/3，与式（26-6）的结果一致。均匀分布的出价如图 26-5 所示。

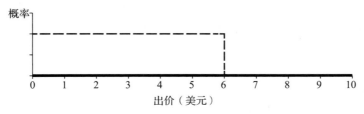

图 26-5　在 0 ~ 6 美元均匀分布的出价

截至目前，只包含一名风险厌恶投标者，模拟对手的出价在 0 ~ 10 美元的区间均匀分布。现在，考虑两名投标者的情况。假设风险厌恶的均衡出价策略是线性的：$b=\beta v$，其中 $0<\beta<1$。于是，最低出价是 0 美元，对应私人价值为 0 美元的情形；最高出价是 10β，对应私人价值的最大值 10 美元。给定 β 值，出价将均匀地分布于 0 到 10β 之间，如图 26-5 中高度固定的虚线，每种可能出价的概率均等。此图为 $\beta=0.6$ 的情况，出价在 0 ~ 6 美元均匀分布。出价为 0 美元不可能中标，出价 $10\beta=6$ 则必然中标，中标概率为 $b/6$。进一步推至一般化情形，出价 b 的中标概率为 $b/(10\beta)$。

在双人拍卖中，如果对方的出价在 0 到 10β 间均匀分布，那么期望收益函数中的中标概率为 $b/(10\beta)$，不再是原先的 $b/10$。除了 10 替换成 10β 之外，其余部分并未改变，且 10β 在式（26-9）中同样互相抵消，最终的均衡出价仍为式（26-11）。此出价策略依旧是线性的，若存在风险厌恶（$r>0$），均衡出价将大于私人价值的一半。如果风险厌恶系数 $r=1/2$，则出价直线的斜率为 2/3。回想图 26-2，粗略来看，图 26-2 中出价线对应的风险厌恶系数不低于 1/2。

第 26 章习题

1. 建立一张简单的电子表格计算最优出价。首先，在"A1"单元格输入文本"$V=$"，在 B1 单元格输入任意数字，比如 8。然后，将可能的出价以每 50 美分的间隔（也可以设置为 1 美分，只要你愿意）依序填入 A 列："A3"填入 0，"A4"填入 0.5，"A5"填入 1，以此类推。B 列中期望收益公式，从"B3"开始，输入公式，其中，涉及"\$B\$1"⊖（拍品的价值）和"A3"（出价）。利用式（26-2）中的期望收益公式来完成，

⊖　"\$B\$1"为 Excel 等电子表格软件中的表达形式，表示 B1 单元格中的值。——译者注

然后，向下复制到 B 列较低的单元格中。之后，将 B1 单元格的值修改为 4，进而验证第 26.3 节的期望收益计算。查看 B 列中的预期收益，可以确定预期收益最高的出价。如果 "B1" 的值为 8，则最优出价应为 4 美元。请证明，如果将 "B1" 的值更改为 5，最优出价应为 2.50 美元。

2. 回忆式（26-1）到式（26-5）中所使用的，一名投标者面对另一名模拟投标者的情形。假设风险中性，写出双人拍卖中式（26-2）、式（26-3）、式（26-4）和式（26-5）的修正版本。

3.（无须数学证明）如何重新设计第 26.5 节中的风险厌恶分组实验，以便清楚地检验拍卖中的过度定价是否受到后悔情绪的影响？

4.（无须数学证明）第 26.5 节中使用的炸弹任务，在何种意义上类似于第一价格拍卖？在你看来，使用这一方法有没有什么问题？

赢家诅咒

本章首先将考虑的是，买家无法直接观察到事物潜在价值的情形，比如，目标收购公司的基本价值。如果公司对买方的价值高于其对于卖方的价值（也许是因为买方拥有更好的管理者，或者生产协调性更佳），则有可能达成交易。当然，买方出价也必须高于卖方的价值，交易方能成行。此外，买方面临着高估卖方价值的风险，若因此调高出价以图增加成交机会，可能会令自己蒙受损失。

上一章的私人价值拍卖具有以下特征：买家确切知道拍品的价值，且由于需求等原因，不同买家的私人价值有所不同。本章要考虑的情况则正好相反：所有竞标者的奖品价值都是同样的，尽管没有人能够准确地评估这个共同价值（common value）最终会是什么。每位竞标者均可获得奖品价值估价，例如，某块土地上能够开采出多少石油。估值较高的投标者更可能开出高价，因此，中标的极有可能是高估拍品价值的人，结果支付的价格超过拍品价值。此外，参与人数众多时，中标者更有可能高估，赢家诅咒（winner's curse）更为严重。

教师须知： 单一买家和单一卖家的买家诅咒博弈可通过十面骰子手工进行，或者选用 Veconlab 的拍卖（auctions）菜单下的收购博弈（takeover game），后者很容易扩展规模以满足大班的需求。相似地，多投标者的共同价值拍卖也可通过骰子或 Veconlab 的公共价值拍卖（common value auction）开展，后者的默认设置能够评估赢家诅咒随投标者数量增长的加剧趋势。最后，第 27.3 节中讨论的棉花糖竞猜游戏及相关拍卖，可以借助课堂响应系统（"点击器"），或通过手机数据采集器收集投标，从而在大班开展（Bostian and Holt，2013）。为了在清点棉花糖或 M&M 时避免错漏，最好是每 50 个分为一组，分别装入小杯中，之后把糖果倒入容器时，只计算杯子数量即可。

27.1 《华尔街》

在 1987 年的好莱坞电影《华尔街》(*Wall Street*) 中，Michael Douglas 饰演的企业狙击手[○]想要收购 TELDAR 公司[○]，意图通过解雇工会员工提高公司的盈利能力，从而牟利。但是，收购完成后，他开始发现那些之前隐藏起来的商业问题（正在开发的飞机型号存在缺陷），极大地降低了公司的盈利潜力。随着公司股票下跌，Douglas 转身，下达了"抛售它"的命令。这一事件代表了 20 世纪 80 年代中期席卷华尔街的激进收购浪潮。其中，许多收购的动机是，相信注入新资本和更好的管理技术，能够改变目标公司。但是，由于多数公司并未能借助收购实现利润目标，乐观的市场情绪逐渐消退。

一些经济学家事后诸葛亮，将这些失败的兼并归因于选择性偏向（selection bias）：利润较低公司的所有者掌握着公司问题的内部信息，更有可能出售自己的公司，而狙击手并不一定了解这些信息。在多人参与的竞标中，预期过于乐观的投标者最有可能开出最高的收购报价，而公司的实际盈利能力或许并不能与之匹配。即使只有一名潜在买家，出价过高也和更大的成交机会相挂钩。买方有可能因故蒙受损失，称作买方诅咒（buyer's curse）。

某种意义上，从竞购中胜出这件事本身就带有相当大的信息量。它至少表明，该出价高于当前所有者的估值。而如果所有者和投标者对公司的估值相等，交易的动机是不存在的。因此，若不能事先确定目标公司的内在价值，即便投标者掌握更优质的资本和管理服务，最终仍然可能会支付过高。

27.2 收购博弈实验

会计数据揭示了一些影响公司内在盈利能力的因素，并且很容易被当前和未来的所有者观察到。但其他方面的信息属于私有信息，而且，内部问题也不太可能向外部透露。本节介绍的模型设定非常严格，盈利能力信息全部为私有，只有公司当前的所有者知晓。"狙击手"或潜在买家并不能确定公司准确的盈利能力，只能基于概率信息完成投标，但是，他们在生产力上更具优势，这将在下文进行解释。

在实验中，公司对当前所有者的价值在 0 ~ 99 美分均匀分布。所有者知晓确切价值 V，而潜在买家只知分布区间和分布方式。实验开始阶段，实验人员避开"买家"，在"公司所有者"的桌上投掷两次十面骰子，决定公司的价值。为了给交易提供动力，实验赋予买家更强的管理能力，即公司对买家的价值是其所有者价值的 1.5 倍。例如，投标者出价 60 美分买下，一家对当前所有者而言只价值 50 美分的公司，则收益等于 $1.5 \times 50 - 60 = 15$ 美分。

　　表 27-1 展示了一场采用上述结构的课堂实验（第一轮）的结果，其中，并未给出投标者的姓名（以及他们的诅咒！）。我们注意到，本轮中的投标者相当不走运：除了投标者 6（后面我们将看到，这名投标者懂的"格外多"），平均出价为 49 美分并全部成交，但是，对应所有者（投标者 1 ～ 5 对应的所有者价值分别为 21 美分、23 美分、31 美分、6 美分和 43 美分）的平均价值仅有 25 美分。如表中最末一行所示，前四名投标者均告亏损，只有第五名赚取了 15 美分的收益，等于 1.5 乘以价值 43 美分减去收购出价 50 美分。事后来看，买家的亏损倾向并不意外，他们的平均出价将近 50 美分，这只有在所有者价值低于 50 美分的时候才能成交，就算五名对应卖家的平均价值为 25 美分，乘以 1.5 倍也只有 37.5 美分，仍远低于 50 美分。

表 27-1　一场课堂实验第 1 轮的结果

	投标者 1	投标者 2	投标者 3	投标者 4	投标者 5	投标者 6
买家出价（美分）	60	49	50	36	50	0
所有者价值（美分）	21	23	31	6	43	57
所有者的回复	接受	接受	接受	接受	接受	拒绝
买家价值（美分）	32	35	46	10	65	86
买家收益（美分）	−28	−14	−4	−26	15	0

　　注：1. 资料来自弗吉尼亚大学，2002 年春。
　　　　2. 因第 2 行"所有者价值"显示的是四舍五入后取整的整数，故乘 1.5 后与第 4 行"卖家价值"有些许差异。

　　图 27-1 进一步展现出买家的亏损倾向。所有者价值均匀地分布于 0 ～ 99 美分，每一点对应的概率均为 1/100，一如图中高度 0.01 的水平虚线。假设出价 60 美分，由于所有者价值均匀分布且低于出价才会成交，意味着如果出价 60 美分并成交，则所有者价值的期望等于 30 美分，乘以 1.5 倍得到收购公司的期望价值 45 美分，见图中垂线。以上分析不难一般化：只有在所有者价值低于买家的出价 b 美分时才会成交，于是接受出价 b 美分的所有者价值在 0 到 b 美分之间均匀分布，均值等于 $b/2$；由此得出买方价值的期望 $1.5(b/2)$，即 $(3/4)b < b$。因此，在以上实验设置中，任何 b 美分的正出价从均值的角度来看，都将面临损失，最优的出价是 0！

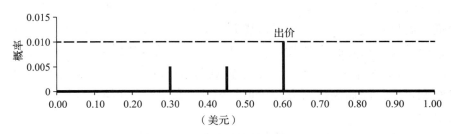

图 27-1　出价 60 美分的期望结果

　　投标者收到的反馈是有些变化的，所以很难通过经验来了解这一点。在课堂实验的 5 轮投标过程中，13 笔成交的交易里只有 3 笔的买家收益为正。此外，无论在何种情况下，一旦发生亏损，投标者都将在下一轮降低出价。而若成交且收益为正，投标者则都在下一轮提高了出价；若出价被拒绝，投标者在下一轮提高出价的概率大约为 1/2（排除了一直出价 0 的投标者）。基于上述投标者行为模式，第 2 ~ 5 轮的出价稳定在 30 美分左右。全部 5 轮实验结束后，除了坚持出价 0 的那位，其他投标者的累积收入都为负值。这位投标者是一名双修物理和经济学专业的大二学生，自行计算出了最优的出价策略。此课堂实验的结果与以下实验研究的典型结果一致。

首个买家诅咒实验出自 Bazerman 和 Samuelson（1983）的论文，他们使用了一组离散的、概率均等的所有者价值（0 美分、20 美分、40 美分、60 美分、80 美分和 100 美分）。Ball、Bazerman 和 Caroll（1990）则招募了 MBA 学生作为被试，并使用 0 ~ 100 美分的网格表，最终出价并未降到 0，均值保持在 30 美分以上，众数则接近 50 美分。总结如下：

收购博弈实验结果： 卖方的价值从低点 0 到高点均匀分布，买方的收购能够提升公司效率，体现到实验中，买方价值大于卖方价值（1 倍以上）。只要价值乘数小于 2，买方任何投标的期望收益都为负值，因此最优出价是 0。价值乘数为 1.5 的实验中，除了 0 出价外，大多数被试（甚至是 MBA 学生）都遭受了损失。

27.3　共同价值拍卖中群体的智慧和离群的智慧

有一次，作者需要更换厨房地砖，于是要求几家地板公司给出报价。鉴于厨房中各种奇形怪状的门廊和储藏室，各家公司根据所需材料和换新时间展开了估算。其中一个出价比其他几个出价略低。它并没有因得到这份工作而表示高兴，虽然最后它没有退出竞标，但是显得相当焦虑，担心自己算错了成本。这个故事阐明了一个事实：中标本身可以是一个信息性事件，换句话说，中标提供了关于未知拍品价值的新信息。在投标之初，一名理性的投标者就应该预料到这些信息。这是一个微妙的策略问题，几乎只能从（不愉快的）经验中学习。

对于一次性拍卖来说，为一件价值未知的物品支付过高价格的可能性尤其危险，因为竞拍者无法从经验中学习。假设一家保险公司有两名合伙人，他们分别在两间办公室工作，销售不同类型的保险，比如说商业保险和人寿保险。二人都能够得知对方的收入，但是却无法知晓其努力程度。其中，一人是单身母亲，工作时间很长，成果显著但每小时收入较低；而另一人幸运地享受着利基市场（market niche⊖），每天有大把的空闲时间进行网络社交，又能获得较高的收入。经过几年愉快的合作之后，二人都决定尝试从股东（对方）手中收购整个公司。出价时，掌握利基市场的一方可能会认为对方的资源和自己的一样有利可图，因而高估对方的价值。因此，该合伙人可能会以高于公司价值的出价完成收购。

在石油产业中，中标者高估价值的倾向久为人知，石油钻探公司对租赁土地可开采石油的估计，几乎必然是不完美的。例如，斯坦福大学商学院教授 Robert Wilson 曾为一家石油公司提供咨询服务，他发现该公司提交的报价很低，尚不到估算的租赁价值的一

⊖ 利基（niche）是指针对企业的优势细分出来的市场，这个市场不大，而且没有提供令人满意的服务，产品进入这个市场有盈利基础。企业在确定利基市场后，往往可通过更加专业化的经营来获取最大限度的收益。——译者注

半。他向对方询问是否考虑提高出价，得到的答复是，出价像他这么激进的公司早就从行业中淘汰掉了。（资料来源：20 世纪 80 年代初，一次拍卖理论研讨会上的个人交流）

激进的投标无利可图，也就意味着，拍卖中出价最高的公司很可能高估了租约的价值。这一现象被称为赢家诅咒。在投标者人数众多的情况下，由高估而"亏本"中标的可能性还会更高。因为即便每个人的事前估计都是无偏的，随着人数的增加，所有估计中的最大值上偏的概率仍然会提高。举例来说：假设单值估计是无偏的。那么，两个无偏估计中较高的会向上偏。类似地，三个无偏估计中最高的估计会更有偏倚，而 100 个估计值中最高的估计值可能会显示出一个极端的偏差，即向上的最大可能估计值偏差。在多人拍卖中，投标者如果能理解这一点，便应该预计到自己的出价或许太高。且如果中标，事实往往会证明这一预测的准确性。一般情况下，当投标者数量增加时，和上一章对私人价值拍卖的分析相同，通常投标者的反应都是提高出价以保持竞争力。因此，上述数量效应（number effect）可能产生相当严重的后果。

乍一看，赢家诅咒随小组规模增大而加剧的论断或许令人费解。毕竟，若每个人的估计都无偏，那么小组讨论或许能够汇总信息并得到一个很好的小组估计结果。并且，如果小组成员决定对估计结果展开投票，根据中位数选民定理（见第 19 章），中位数估值将占上风，而且，此估计值随着小组规模增大愈加准确。关于上述悖论，要知道的是，中标者一定是出价最高的人，其估值往往与全体估计的中位数相去甚远。

Bostian 和 Holt（2013）的课堂实验结果便可以阐明这一点。他们购买了几袋迷你棉花糖，清点后将数字写在小纸片上，纸片和棉花糖一并放入半透明的矩形塑料容器中。在一堂行为金融课上，他们将容器展示给大约 200 名学生，摇一摇，转一转，保证所有人都能看清，然后，要求学生们使用点击器（clicker）提交自己猜测的棉花糖数量，猜得最准的人将获得奖金 10 美元。

宣布胜者前，他们还组织学生参加容器的拍卖，同样借助课堂点击器提交出价。拍卖的规则是，出价最高者中标，支付自身出价，而容器中每一枚棉花糖对应 1 美分的奖金。实验允许学生提交任何大于 0 的出价，但是，如果中标者的出价超过了奖金，则需要课下与教授协商解决（没有提供商议过程的任何细节）。

图 27-2 中是学生猜测的糖果数量（横轴）和出价（纵轴）。注意，散点大多位于垂线 1 250 左侧，而 1 250 是容器中实际的棉花糖数量。由此可见，学生的猜测存在明显的低估，这可能是由于错判了该容器的容积及其对棉花糖的容载力。此倾向（向下偏）在课堂实验中十分常见（Thaler，1988），但具有讽刺意味的是，在互联网中充斥着大量相似的游戏，但是，其中小组的预测结果却出人意料地准确，远优于任何个人预测。这一概念在 James Surowiecki（2004）的书中得到普及，其书名令人印象深刻——《群体的智慧：为什么多数要比少数聪明，以及集体智慧如何塑造商业、经济、社会和国家》（*The Wisdom of Crowds：Why the Many Are Smarter Than the Few and How Collective Wisdom Shapes Business，Economies，Societies and Nations*）[⊖]。

   ⊖ 中文译名为《群体的智慧：如何做出最聪明的决策》，中信出版社 2010 年出版。另有 2007 年译本，中国社会科学出版社出版，译名为《百万大决定：世界是如何运作的？》。——译者注

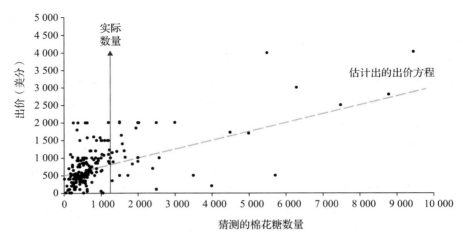

图 27-2　容器中棉花糖的猜测数量和出价

资料来源：弗吉尼亚大学，2002 年春。

表 27-2 中展示出了棉花糖的猜测数量以及出价的均值和中位数。显而易见，不论是均值还是中位数都低于实际值 1 250。这一结果（以及其他班级的实验中所得到的类似结果）表明，对"群体智慧"概念的一般性应当持保留态度。

表 27-2　课堂棉花糖博弈的猜测数量和出价

	均值	中位数	最大值
猜测数量	970	550	9 475
出价（美元）	8.12	6.00	40.24

那么为何在互联网上，类似游戏中的群体预测却更加准确呢？作者认为最有可能的解释是：这种现象实质上是一种选择性偏向（selection bias），即只有那些群体预测准确的游戏才会被发布到网上；抑或存在干扰性更强的证实偏向（confirmation bias），即实验者可能会在小组的平均猜测恰好准确时，诱导人们结束游戏，以获得理想的实验结果。

表中的最后一列印证了赢家诅咒的存在。学生猜测的最大数量超过 9 000，远高于实际的棉花糖数量，且这位同学在拍卖中同样开出了超过 40 美元的最高价，而容器中棉花糖的奖金仅有 12.50 美元！图 27-2 中的虚线为回归方程，斜率约 0.3，可见出价与猜测数量相关。投标者人数众多时，这种相关性几乎必然导致最高出价高于拍品价值。

27.4　带有私人信号的共同价值拍卖

在上一节中提到的拍卖顾问 Wilson 教授，后来设计了一种满足以上共同价值结构的拍卖模型，并证明在其纳什均衡下，完全理性的投标者前瞻到赢家诅咒的影响，将对出价做向下调整（Wilson，1969）。其中，每一名理性的投标者都意识到：只有当自身出价最高时（这也意味着自身对拍品的估值最高），收益才和自己的出价有关；如果开出高价并中标，也意味着其他人的估值都比自己低，这是在估计收益时唯一的关联事件。因此，对高估的先验修正将引导投标在平均水平上取得正的收益。

让我们考虑一种最简单的情况，有两名投标者，分别能够观察到一半拍品的价值。就好比在油井开采租约拍卖中，投标者可以在不同地块钻试验孔；又或者像上一节中保险公司的两名合伙人一样，分别把自己观察到的价值乘以 2 作为对公司总价值的估计。具体地，我们假设投标者 1 和 2 的估值分别是 v_1 和 v_2，而拍品的实际价值等于两者均值：

$$\text{拍品价值} = \frac{v_1 + v_2}{2} \tag{27-1}$$

两名投标者了解自己的估值以及对方估值的分布。接下来在要讨论的实验中，个人价值取自 0 美元到 10 美元的均匀分布。也就是说，投标者 1 知道自己的估值 v_1，以及投标者 2 的估值为 0 美元到 10 美元之间的任意数值（等概率）。

一场课堂拍卖采用了以上参数，5 对投标者一对一进行多轮拍卖。第一轮中，一名投标者的价值信号相对较高，为 8.69 美元，此人出价 5.03 美元（据推测，那额外的 3 美分意在胜过出价为 5 美元的人），其对手的价值信号只有 0.60 美元，因此，拍品价值为 8.69 美元与 0.60 美元之均值 4.645 美元。前者中标但须支付 5.03 美元，故而蒙受损失。本轮拍卖，五名中标者中有三人亏损，之后每轮平均也有一人亏损。

式（27-1）中的拍品价值公式可推广至更多投标者的情形，即，价值信号间相互独立，用所有人的价值信号之和除以总人数。在另一场课堂拍卖中，参数不变，12 名投标者展开 5 轮拍卖，每轮一人中标。全部五轮中，有三轮的中标者以亏损收场。因此，对于大多数投标者来说，总收益非零即负。在第五轮也是最后一轮中，一名投标者的价值信号高达 9.64 美元，故提交了 6.10 美元的高出价，但全部 12 个信号的均值却仅有 5.45 美元，使其在这轮损失了 65 美分。

在之前的双投标者课堂拍卖中，尽管也有损失出现，但前五轮中标者的平均收益仍为正的（每人 3.20 美分）。相比之下，12 名投标者的课堂拍卖中，五轮中标者的人均收益为负 30 美分。可见，投标者越多，赢家诅咒的影响越严重。可以这样想：价值信号最大的人通常出价也最高，而均匀分布的 12 个信号中的最大值，可能远高于相同分布的 2 个信号中的最大值，故 12 人拍卖中信号最大的出价往往更高。或者换一种思路：只有两个投标者时，拍品价值是两个信号的均值，因此这两个信号都是无偏的；而人数增加后，多个信号的最大值却是共同价值的有偏估计，且偏差随着投标者人数增加而扩大。总结如下：

赢家诅咒： 在拍品价值未知的共同价值拍卖中，即使个人的估值是无偏的或向下偏的，中标者依然很有可能高估拍品价值。这种选择效应可能会导致中标者出价超过实际价值。此外，在投标者众多的环境下，赢家诅咒效应发生的可能性更大。

作者曾受邀为一家大型电信公司提供咨询服务，该公司当时是（现在也是）个人通信服务的主要供应商，正计划参加美国首次无线电波频带（供个人通信服务使用）的大型拍卖。但是，在拍卖会开始前，他们直接决定放弃投标。公司代表提到了支付价格过高的风险。这个故事确实说明了一点：那些有权不参与（0 收益）的玩家，永远不会在预期收益为负的条件下投标。技术上的含义是，对于一个有退出选择权的博弈，纳什均衡的预期收益不能为负值。这也引出了纳什均衡中的投标者如何理性地调整自身行为以避免损失的问题，下一节中将对此展开讨论。

27.5　共同价值拍卖中的纳什均衡

同第 26 章中的私人价值拍卖的情况一样，均衡出价最终将成为价值信号的线性函数，表示为以下形式：

$$b_i = \beta v_i \quad 0 < \beta < 1 \text{ 且 } i = 1, 2 \qquad (27\text{-}2)$$

假设投标者 2 的出价为该出价函数的特定形式，$\beta = 0.5$。在后续内容中，我们将基于这一假设来求取投标者 1 不同出价的期望收益，进而证明，对于投标者 1 来说，同样令出价等于自身信号的一半，即 $\beta = 0.5$ 时的期望收益最高。类似地，当投标者 1 出价等于信号的一半时，对手的最优响应也相同。因此，两个风险中性投标者的纳什均衡出价是个人信号的一半。

由于以下论证比本书的绝大部分内容更加数学化，所以不妨拆分成一系列步骤，以帮助理解。简便起见，我们假设投标者为风险中性，因此在求解最大化问题前，首先要明确期望收益函数形式。（本章后续内容将指出，双投标者情形下，风险厌恶对于纳什均衡出价策略没有影响⊖。）若未中标时收益为 0，则期望收益等于中标时的期望收益乘以中标概率。因此，第一步，假设对方的出价等于其价值信号的一半，进而求出自身出价对应的中标概率。第二步，求出以特定出价中标的条件下（conditional on winning with a particular bid）投标者 1 的期望收益。第三步，将中标概率乘以中标条件下的期望收益，得到期望收益函数。最后一步，利用简单的微积分求解该函数的最大化问题。结果将表明，当对手的出价等于自身价值信号的一半时，投标者的最优响应也相同，故此，这一策略是纳什均衡策略。

开始上述步骤之前，先回顾一下函数的最大化问题有助于后续内容的理解。回想第 26 章的图 26-1，函数图像形似山峰，从左到右先增高后降低，峰顶处切线水平（想象一顶平衡在某人头上的毕业帽）。因此，要使函数最大化，需要找到切线斜率为 0 的点。诚然，切线斜率可以测量求得，但绘制图像需要给定具体数值，因此，测量法不具备一般性。一般性的方法是通过求导来计算函数斜率。中标概率和条件期望收益都是个人出价 b 的线性函数，因此，目标最大化的期望收益，即二者的乘积，为二次函数，包含 b 和 b^2 项。线性项，比如 $b/2$，是一条经过原点的直线，斜率为 1/2，导数等于斜率 1/2。而二次项，b^2，同样始于原点，当 $b=1$ 时 $b^2=1$，$b=2$ 时 b^2 为 4，$b=3$ 时 b^2 为 9，$b=4$ 时 b^2 为 16。不难发现，随着 b 的增大，这类函数增速也越来越快，即斜率随 b 增大而增大。这里你需要知道的是，像 b^2 这样的二次项表达式，其导数为 $2b$，在任何一点上 b^2 曲线的斜率都等于 $2b$，曲线随着 b 的增大而越发陡峭。掌握了以上信息，我们就可以确定期望收益函数并将其最大化。

步骤 1：给定出价，求投标者 1 的中标概率

假设已知对手（投标者 2）出价等于其价值信号的一半。由于信号在 0 美元到 10 美元之间概率均等，所以投标者 2 的信号可能是 0 美元到 10 美元之间 1 000 种金额（以美分为

⊖　后面并未见此证明。且风险厌恶程度似乎对纳什均衡出价策略有所影响（证明见章末附录），此处或应为"风险中性对于纳什均衡出价策略没有影响"，即风险中性假设下期望收益和期望效用等效。——译者注

单位）的任意一个，每种金额对应的概率都相等，如图 27-3 中高度 0.001 的虚线。根据假设 $b_2 = v_2/2$，投标者 1 出价 $b_1 > v_2/2$ 便能中标，或者说，当对方价值信号足够低（$v_2 < 2b_1$），投标者 1 便能中标。由此可知，投标者 1 出价 b_1 中标的概率即为 $v_2 < 2b_1$ 的概率。

借助图 27-3 可以进一步评估中标概率。若投标者 1 出价 2 美元，如图中短竖线。我们已经证明当对方的信号低于 $2b_1$（4 美元）时，投标者 1 即可中标。请注意，虚线下有 4/10 的区域位于 4 美元左侧，因此，对方价值信号低于 4 美元的概率是 $0.4 = 2b_1/10$。此时，投标者 1 出价 0 绝不可能中标，出价 5 美元则必定中标。为了更加一般化，我们可以将以上结果表示为

$$\text{中标概率（出价 } b_1\text{）} = \frac{2b_1}{10} \tag{27-3}$$

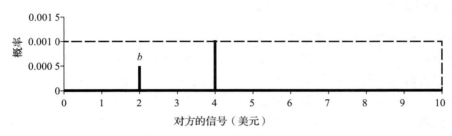

图 27-3　0 ～ 10 美元的均匀分布

步骤 2：求中标时的期望收益

假设投标者 1 出价 b_1 并中标，此时 $v_2 < 2b_1$ 必然成立。举例来说，若出价为 2 美元并中标，则意味着 $v_2 < 4$ 美元，即投标者 2 的信号位于图 27-3 中较高竖线左侧。由于 v_2 出自均匀分布，可能是任何小于 4 美元的数字且概率均等，所以当出价 $b_1 = 2$ 美元中标时，v_2 的期望值也等于 2 美元。这一点很容易一般化：投标者 1 出价 b_1 且中标的条件下，对方价值信号 v_2 的期望值就等于 b_1，加之投标者 1 已知己方信号 v_1，于是此时拍品的期望价值即为 v_1 和 b_1 的平均值：

$$\text{条件期望价值（出价 } b_1 \text{ 且中标）} = \frac{v_1 + b_1}{2} \tag{27-4}$$

其中，v_1 为投标者 1 自身的价值信号，而投标者 1 中标时，对方价值信号的期望值等于 b_1。

步骤 3：求出期望收益函数

关于 b_1 的期望收益函数，等于条件期望价值减去出价 b_1，再乘以中标概率：

$$\text{期望收益} = \frac{2b_1}{10}\left(\frac{v_1 + b_1}{2} - b_1\right) = \frac{b_1 v_1}{10} - \frac{b_1^2}{10} \tag{27-5}$$

步骤 4：最大化期望收益函数

为了最大化期望收益函数，需要令其导数得 0。式（27-5）的右侧表达式包含两部分，分别是 b_1 的二次项和一次项。回忆，b_1^2 的导数是 $2b_1$，线性函数的导数为其斜率系数，因此：

$$\text{期望收益的导数} = \frac{v_1}{10} - \frac{2b_1}{10} \tag{27-6}$$

令此导数等于 0，化简（两侧同乘 10）得到：$v_1 - 2b_1 = 0$，或者写成，$b_1 = v_1/2$。总之，如果投标者 2 出价满足最初假设，即出价等于自身价值信号的一半，则投标者 1 的最优响应也相同，自身价值信号的一半是二人的纳什均衡出价策略。

$$b_i = v_i/2 \quad i = 1, \ 2 \text{（均衡出价）} \tag{27-7}$$

第一价格拍卖中，一个人通常应令"出价低于价值"，式（27-7）中的出价也确实低于式（27-4）中的条件期望价值。最后，本节一开始便假设，投标者 2 使用的策略符合式（27-2）（$\beta = 1/2$），这看似武断，但上述分析可以证明，此拍卖的唯一线性出价策略的斜率一定等于 1/2。

27.6　共同价值拍卖中的高估情况

如果两名投标者的出价均为自己估值的一半，如式（27-7），那么，中标的一定是估值较高的投标者，也就是说，高估拍品价值的人将中标。想要理解这一点，不妨设想一下，天真型的拍品价值计算将导致什么后果。由于对方的估值是在 0 美元到 10 美元，且概率均等，于是天真型的投标者可能认为，对方估值的期望值等于 5 美元；进而，已知自己的价值信号 v_1，便得出拍品的期望价值 $(v_1 + 5)/2$。但是，这个结果并没有考虑到中标的条件期望问题。请注意，如果投标者出价低于 5 美元，以上无条件的期望价值就一定会大于式（27-4）中的条件期望价值。若出价是估值的一半，除非估值恰为上限 10 美元，否则对方的出价一定低于 5 美元。可见，这种天真型的算法将高估拍品价值，可能导致过高的出价和负收益。

Holt 和 Sherman（2014）开展了多场共同价值拍卖，令拍品价值等于信号的平均数。实验提供给被试现金余额 15 美元，用于弥补实验中遭受的损失。图 27-4 为其中一场实验

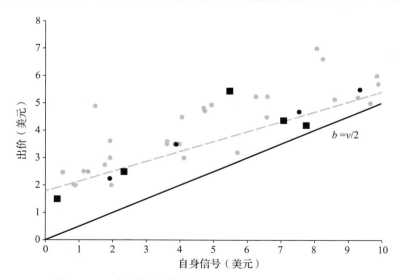

图 27-4　一场共同价值拍卖最后五轮中 8 名被试的出价

注：实线表示纳什均衡；虚线表示全场实验的出价 - 信号回归方程。

资料来源：Holt 和 Sherman（2014）。

最后五轮的出价和信号。其中一名被试以大正方形记号标示，以区别他人。注意到，此人出价方式近似于线性，但却高于代表纳什均衡的 $v/2$ 线。事实上，几乎所有出价都在 $v/2$ 线上方，这说明本场实验中的赢家诅咒降低了收益。全部出价 – 信号的回归方程由虚线所示，可见这场实验中出价整体较高，但是并没有背离典型的出价 / 价值关系。

27.7　扩展

Wilson（1969）最早对赢家诅咒加以探讨，而 Capen、Clapp 和 Campbell（1971）将其应用于石油钻探权拍卖。Kagel 和 Levine（1986）提供了实验证据，证明即便被试具备一定经验，赢家诅咒也可以在实验室中重现。而关于共同价值拍卖的文献可参见 Kagel（1995）所做综述，此问题和相关主题的完整论述可参见 Kagel 和 Levine（2002）。

在第 27.2 节介绍的收购博弈中，最优出价为 0。但是，如果所有者价值的下限不再是 0，结果将发生变化。比如，卖方的价值分布变为 50 ~ 100 美分，而买方价值仍然是卖方的 1.5 倍，最优出价便到达价值区间的上限，即 100 美分处。Holt 和 Sherman（1994）使用该设置开展了实验，发现被试出价远远低于最优水平。同样，上述课堂实验的 6 ~ 10 期也搭载了这种高所有者价值设置，几轮的平均出价分别为 75 美分、76 美分、78 美分、83 美分和 83 美分，也显然低于最优水平 100 美分。Holt 和 Sherman 将这归因于另一种类型的错误，即，投标者没有意识到提高出价至高边际时的期望收益更高。举例来说，出价 70 美分能够在卖方价值在 50 ~ 70 美分的情况下中标，拍品的平均价值为 60 美分；但如果提高出价，从 70 美分提高到 71 美分，则可以在卖者价值位于区间上限 70 美分时保证中标。未能认识到这一点可能导致出价过低，他们称此为输者诅咒（loser's curse）。总结如下：

输者诅咒： 在共同价值拍卖中，投标者还可能受到输者诅咒的影响。这是因为他们没有意识到，提高出价能够收获价值等于出价边界的拍品。只有一名投标者时，这将会导致出价过低。在某些参数设定下，收购博弈中也存在这种现象。

第 27 章习题

1. 如果投标者的拍品价值为所有者价值的 K 倍，$0 < K < 2$，所有者价值仍在 0 ~ 100，且概率均等，在第 27.2 节中，最优出价分析将作何变化？若成交，投标者得到的收益等于所有者价值乘以 K 倍减去出价。具体而言，最优出价是否依赖于 K？

2. 假设所有者价值在 50 ~ 99 概率均等，于是出价 100 必定中标；而所有者在己方价值和投标者出价相等时不会接受出价，即投标者出价 50 则必定被拒绝，收益为 0。此外，拍品对投标者的价值为所有者的 1.5 倍。请证明，50 并不是最优出价。（提示：对比出价 50 和出价 100 的期望收益。）

3. 沿用第 2 题的设定，出价 90 有 4/5 的机会成交。如果出价 90 并成交，此时所有者期望价值在 50 ~ 90，均值为 70。根据以上信息，计算出价 90 的期望收益，并将其与第 2

题中出价 100 的期望收益进行比较。

4. 基于第 2 题和第 3 题的分析（所有者价值在 50 ~ 99），可知此设置下的最优出价是 100。对此加以模型化：出价 b 的成交概率为 $(b-50)/50$，出价 50 成交概率 0，出价 100 为 1。在投标者看来，出价 b 中标时，所有者价值的期望等于 50 加上（$b-50$）的一半，而自己所得为所有者价值的 1.5 倍，但也必须支付出价。在 Excel 中使用此信息来计算从 50 到 100 的所有出价的期望收益，从而找到最优出价。表格包含五列，分别是：①出价 b；②出价 b 成交的概率；③所有者期望价值（出价 b 成交的条件下）；④投标者的期望价值（记得减去出价）；⑤投标者出价 b 的期望收益（第 2 列乘以第 4 列）。或者，你也可以将投标人的期望收益写成 b 的二次函数，然后运用微积分，令此函数的导数为零，以求解最优出价 b。（注：借助第 2 题～第 4 题设置开展的课堂实验中，平均出价约为 80。此信息对计算最优出价没有帮助。）

5. 利用第 4 题的模型，讨论风险中性投标者的最优出价。（提示：利用你在第 4 题中的答案，通过区域的中间点计算出价的成交概率。之后，一种方法是用出价的中标概率乘以拍品的期望价值与出价之差。得到的期望收益将是一个关于出价的二次函数，进而求解其最大化问题。）

第 27 章附录：证明风险厌恶如何影响双人共同价值拍卖中的纳什均衡

为了引入风险厌恶，我们需要对投标者的效用函数做出假设。具体地，此处沿用第 26 章的设定：$u(x) = x^{1-r}$（$0 \leqslant r < 1$），x 为收益，r 是恒定的相对风险厌恶系数，假设投标者 1 和 2 的效用函数相同，且互相了解。

在此基础上，沿用第 27.5 节的设定，纳什均衡下，投标者 1 和 2 的出价策略应是相同的，均为 $b_i = \beta v_i$。假设，投标者 1 已知投标者 2 的出价策略为 $b_2 = \beta v_2$。也就是说，投标者 1 的出价 b_1 高于 βv_2 即能中标。

第一步，计算投标者 1 中标的概率。此即 b_1 高于 βv_2 的概率，可进一步表示为 $v_2 < b_1/\beta$ 的概率，因为 v_2 在 0 到 10 之间均匀分布，可知其小于 b_1/β 的概率为 $b_1/(10\beta)$。于是

$$\text{中标概率（出价 } b_1) \quad \frac{b_1}{10\beta}$$

第二步，计算中标时的期望收益。中标的收益等于拍品价值减去出价——$(v_1 + v_2)/2 - b_1$。因为 $v_2 < b_1/\beta$，且 v_2 均匀分布，可知中标时 v_2 的期望值为 $b_1/(2\beta)$。于是，中标时的期望收益可表示为 $[v_1 + b_1/(2\beta)]/2 - b_1$，化简得到

$$\text{条件期望拍品价值（出价 } b_1 \text{ 且中标}) = \frac{v_1}{2} + \left(\frac{1}{4\beta} - 1\right) b_1$$

第三步，计算期望效用。期望效用等于中标概率乘以条件期望效用。后者即为以上收益产生的效用。于是可知

$$\text{期望效用} = \frac{b_1}{10\beta}\left[\frac{v_1}{2} + \left(\frac{1}{4\beta} - 1\right) b_1\right]^{1-r}$$

第四步，求解期望效用最大化问题，即令以上函数对 b_1 的导数得 0，得到以下方程：

$$\frac{1}{10\beta}\left[\frac{v_1}{2} + \left(\frac{1}{4\beta} - 1\right) b_1\right]^{1-r} + (1-r)\left(\frac{1}{4\beta} - 1\right)\frac{b_1}{10\beta}\left[\frac{v_1}{2} + \left(\frac{1}{4\beta} - 1\right) b_1\right]^{-r} = 0$$

化简并求解该方程，得到：

$$\frac{v_1}{2} + \left(\frac{1}{4\beta} - 1\right) b_1 + (1-r)\left(\frac{1}{4\beta} - 1\right) b_1 = 0$$

解得：

$$b_1 = \frac{\beta}{2(2-r)\left(\beta - \frac{1}{4}\right)} v_1$$

第五步，求解纳什均衡出价策略。由于纳什均衡下，投标者 1 和 2 的出价策略应是相同的，均为 $b_i = \beta v_i$，可知：

$$\frac{\beta}{2(2-r)\left(\beta-\dfrac{1}{4}\right)}=\beta$$

求解得到：

$$\beta=\frac{4-r}{4(2-r)}$$

即

$$b_i=\frac{4-r}{4(2-r)}v_i$$

可见，纳什均衡出价策略受到风险厌恶程度的影响，当风险中性，即 $r=0$ 时，$\beta=1/2$；随着风险厌恶程度递增，即 r 逐渐提高，β 也逐渐提高，比如 $r=1/2$ 时，$\beta=7/12$。也就是说，随着双方风险厌恶程度的提高，均衡出价也会提高。但是对比第26章中的附录部分，可以发现，此时出价提高的幅度小于双人第一价格拍卖（私人价值）的情形。

由此可知，脚注对于原文"风险厌恶对于纳什均衡出价策略没有影响"（It turns out that risk aversion has no effect on the Nash equilibrium bidding strategy in this 2-bidder case, as noted later in the chapter.）一句的怀疑是有理由的，或应为"风险中性对于纳什均衡出价策略没有影响"。

多单位拍卖：排放权、水、汽车牌照、证券……

本章将从一项多单位同质拍品的拍卖设计研究——灌溉许可证拍卖切入。此拍卖使农民实质上能够出售自己的灌溉权。具体而言，在 2001 年的作物生长季节，佐治亚州西南部遭受了旱灾，而拍卖确定了哪些土地不能得到灌溉。为完善拍卖设计，开展了大量的实验室实验和一次实地检验（在南佐治亚州现场进行），实际的拍卖是分别在 8 个地方基于互联网协同开展的。

此外，实验室实验还为管理温室气体排放权的拍卖设计奠定了基础。例如，区域温室气体倡议下销售二氧化碳排放限额的拍卖设计（Auction Design for Selling CO_2 Emissions Allowances Under the Regional Greenhouse Gas Initiative（RGGI））这份咨询报告，便结合了实验室实验方法，其在 RGGI 网站便能够查到。拍卖投标按出价从高到低排序（就像一个需求函数），位于拍卖数量（垂直供给函数）左侧的投标将成交，中标者支付的价格等于市场出清价格，其等于最高的拒绝报价。RGGI 采纳并实施了上述报告中的拍卖程序，后续还产生了许多有趣的其他版本，被加利福尼亚州的限额 – 交易程序（cap-and-trade program）和欧盟排放权交易系统（European Union Emissions Trading System，EUETS）所采用。

拍卖还可以让参与者同时进行买和卖两种行为。2014 年，加利福尼亚州启动了一项雄心勃勃的温室气体排放计划，其构成主体便是拍卖系统，允许参与者买入和卖出许可证。获得免费许可证的受监管的公用事业公司被要求将许可证交付"寄售"（consign），然后在相同的拍卖中回购所需的许可证。寄售拍卖在水资源市场上有广阔的应用前景，这类市场的问题在于，获得免费配额的人往往没有意识到自己可以出售配额。以上内容和其他主题将在本章后面几节详细讨论，包括逆向拍卖（reverse auction）（政府采购）和正向拍卖（forward auction）（销售）的案例。通过学习本章中多单位拍卖的广泛应用，有助于读者理解如何根据具体情况来调整实验设计和策略决策，从而适应政策制定者的需要。

教师须知：本章内容尽管技术性并不是很强，但在篇幅上较其他章长。关于课堂实验的开展，有以下三个选项：①佐治亚州水资源拍卖，可通过 Veconlab 的水资源拍卖（water auction）程序开展，该选项位于拍卖（auctions）菜单。程序中，设置政府采购预算（government purchase budget）为 25 000 美元乘以投标者数量，目标土地面积（target number of acres）为 300 乘以投标者数量。② Veconlab 的机会成本实验（opportunity costs experiment），位于微观原理（micro principles）菜单。该实验便于开展（使用默认设置即可），且能够用来模拟机会成本的影响，后者激发了拍卖与溯往原则（auctions-versus-grandfathering）实验，这将在第 28.2 节讨论。图形（graph）按钮允许你选择"展示 ID"（SHOW ID）选项来识别收益最高和最低的人，从而辨识忽略机会成本的代价有多高。③运用统一价格或简单的时钟拍卖的排放许可证（emissions permits）实验，同样位于拍卖菜单。在此程序的第一个管理员设置页面，子选项——储存（banking）、现货市场（spot market）、加利福尼亚州 AB32（california AB32）和寄售（consignment）上都选择"否"（no）。此外，该页面底部列表可以从默认的统一价格拍卖切换到时钟拍卖，若需要可以选择。之后，还需要将本页面中的高、低排放企业数量设置为和班级大小相符的水平。拍卖数量应为参与者总人数的大约 3 倍，如此，在外生产品价格为 21 美元时，预测的许可证拍卖出清价格为 8 美元，如图 28-2 所示。

28.1 干旱的 2000 年

2000 年年初，就在千年虫问题被大家所熟知后，美国东南部的大部分地区遭遇了严重的干旱。佐治亚州南部受灾最为严重，甚至亚特兰大[⊖]有报纸专门开设了"干旱的 2000 年"版块，跟进报道灾情进展和应对措施。特别值得关注的是，当时弗林特河的水位创历史新低，威胁到了河中的鱼类和野生动物。同年 4 月，佐治亚州立法机构通过了《弗林特河干旱保护法》(Flint River Drought Protection Act)：如果州环境保护部门主管宣布干旱为紧急情况，将会采取"拍卖类程序"来限制某些地区的农业灌溉。由于拍卖性质不详尽，需要检验各种备选方案，实验方法便有了用武之地。

弗林特河起源于亚特兰大机场附近的一条排水管道，当流至佛罗里达州边界时，水量已经足以支撑驳船运输。其流域大部分是农业用水，当地农民可以免费获得灌溉许可证，进而使用特定的循环灌溉系统，系统通常覆盖 50 ~ 300 英亩的土地。由于用水量不受限制，在干旱时期农民会将大量河水引至农田，形成一个高空可见的绿带，这也为限制灌溉提供了监控上的便利。《干旱保护法》隐意是利用招标过程中的经济激励，选出使用价值相对较低的土地，使其退出灌溉，与此同时，农民得到相应的补偿，以减少可能

⊖ 佐治亚州首府。——译者注

发生的负面政策影响。为此，州立法机构从多州烟草行业协议中调拨出 1 000 万美元，用于支付农民放弃灌溉的费用。拍卖不但兼具非强制性和对经济使用价值的敏感性，相比行政手段亦在公平性和实施便利度上具有优势。此外，拍卖速度也是一个重要因素，从 3 月 1 日宣布干旱紧急情况的最后期限算起，几周后便是播种作物的最佳时间，可用时间非常有限；最后，由于农民地理位置分散，拍卖需要从不同地方收集投标，这要求各采集点的行政机构间建立基于网络的沟通渠道。

拍卖包含唯一买家——州环境保护署（state environmental protection department，EPD），以及众多卖家——持有灌溉许可证的农民，每张许可证覆盖的面积不同。由于州环保署可以"购买"许多许可证，进而根据农民放弃灌溉的面积支付补偿金，故此拍卖为多单位拍卖。拍卖目的有二，一是避免关于政策武断、公平的非议，二是在预算允许的条件下收回尽可能多的灌溉权（许可证覆盖的土地面积）。当然，经济学家还会关注经济效率，即保证拍卖后退出灌溉的是产出较低的土地。

当时考虑和测试的拍卖种类相当之多。所有这些拍卖中的要价都折算为每英亩价格，以保证不同面积的投标之间能够进行比较和排序，并最终接受那些要价更低的投标。在其中一种拍卖方法——歧视价格拍卖（discriminative auction）中，投标密封提交，要价更低而中标的投标者的收入等于自身要价。举例来说，如果有 4 名投标者，要价分别是每英亩 100 美元、200 美元、300 美元和 400 美元，买方接受了其中要价更低的两支投标，则要价最低的投标者将得到每英亩 100 美元的补偿，而要价次低者得到每英亩 200 美元的补偿。该拍卖具有"歧视性"，因为放弃几乎相同的灌溉权，不同投标者的每英亩补偿不等。与之相反，统一价格拍卖（uniform price auction）确定截止价格（cutoff price）后，要价等于或低于此价格的所有投标者得到的支付均等于截止价格。前面例子中若截止价格为 200 美元，则要价最低的两位投标者得到的补偿价格均为每英亩 200 美元，即便其中一位其实只要每英亩 100 美元的价格就愿意成交。可以说，这种统一价格拍卖是第 26 章中讨论的"第二价格拍卖"的多单位、择低中标版本；而歧视价格拍卖则近似于第一价格拍卖。投标者在第一和第二价格拍卖中的行为存在差异，歧视价格和统一价格多单位拍卖亦然，因此，不加实验很难辨析给定预算下哪种方法能够最大限度地减少灌溉。

最初的实验于 2000 年 5 月在佐治亚州立大学展开，付诸实践是在大约一年以后（细节见 Cummings，Holt，and Laury，2004）。与州政府官员的早期讨论显示，他们更加青睐歧视价格拍卖，目的是避免明显的"浪费"——因为统一价格拍卖每英亩按相同价格向所有中标者支付补偿，支付价格可能会高于某些投标者的要价。在开展了一些初步实验之后，研究人员清楚地认识到，多轮拍卖能够消除投标者在新形势下面临的诸多不确定性。所谓多轮拍卖，是在每一轮都收集投标并排序，进而公布临时的中标者；但是，如果拍卖负责人决定进入下一轮，待投标者修改要价后再决定，则本轮的拍卖结果并不作为最终结果。未修改的投标将自动进入下一轮，但是，投标者亦可根据临时结果来调整要价。研究者认为，这个拍卖过程能够使农民大致了解价格的走向，进而在边际上就减灌的价格展开竞争。此外，研究人员还决定在事前不公布拍卖的轮数，以增加串谋的难度，并保持时间上的（协调弗林特河流域内众多站点的投标收集工作）弹性。

观察了初步的实验结果后，州环保署官员提出在实验中加入一定的现实背景，这在实验室实验中并不多见。他们认为，逆向拍卖中要价低者中标，可能令被试迷惑不解，故向其解释减少灌溉的实际拍卖背景是有意义的。实验的支付金额在每英亩 1 美元的范围内，因此，实验者并不担心被试会把自种价值（homegrown values）带入进来。实验招募了亚特兰大市的学生和佐治亚州南部居民，分成 8 到 42 人的小组，并告知被试扮演的角色是"农民"。此外，还组织了超过 50 名本地居民和学生在奥尔巴尼市的三个投标点开展了实地检验，以测试软件设施以及和亚特兰大市政部门间的通信状况。最终，实际的拍卖在 2001 年 3 月进行，大约 200 名农民在 8 个投标点参加了这场拍卖。

由于现实中的农民往往拥有多块土地，且面积和生产力各异，因此，实验中赋予每名被试 3 块土地，每块附有一定的面积和使用价值。所谓使用价值，即该土地得到灌溉所能赚取的金额。被试还被告知，如果自己出售了灌溉许可证，对应的土地就无法耕种。设想，有一人拥有 3 块土地的灌溉许可证，土地的面积和每英亩使用价值见表 28-1 的前两列。第一张许可证覆盖 100 英亩，使用价值为 100 美元每英亩，因此，想要该投标者放弃这一张许可证至少需要 100 美元每英亩的补偿。本例中，许可证 1 的要价为 120 美元每英亩，且被买方所接受，故许可证 1 的拍卖收入等于 120 美元（每英亩）乘以 100（英亩），即 12 000 美元，列于右边最后一列。如果该要价被拒绝，此人将使用灌溉权耕种土地，收益等于 100 美元每英亩乘以面积，总计 10 000 美元。

表 28-1 灌溉减少拍卖的收益计算示例

	总面积 （英亩）	使用价值 （每英亩）（美元）	要价 （每英亩）（美元）	拍卖结果	收入（美元）
许可证 1	100	100	120	接受	12 000
许可证 2	50	200	250	接受	＿＿＿
许可证 3	100	300	400	拒绝	＿＿＿

经过多套程序的反复实验并向环保署工作人员征询意见，关注焦点逐渐缩窄至多轮的歧视价格拍卖。该拍卖在每轮结束时收集所有投标，并由低至高排序；从要价最低的许可证开始逐渐累加，直到要价总和达到拍卖师分配的总预算，从而确定截止价格。例如，假设总预算为 50 000 美元，而要价最低的前 20 项投标的要价之和等于 49 500 美元，若加上第 21 项投标，要价总和便会超过预算限额，故只有前 20 项投标能够成交。这也就计算出了截止价格，要价低于该价格的许可证将宣布为"暂时接受"状态；之后，如果出现新投标，则也将加入排序，若被接受，还会重新宣布暂时接受的投标。这一过程会一直持续，直到实验者决定终止拍卖，此时被接受的投标将决定被试的拍卖收入，被拒绝地块的收入则通过拍卖开始前分配的使用价值决定。

我们此处将介绍一场代表性的实验。实验开始，首先进行拍卖"培训"，其中，并不涉及后续正式拍卖中使用的实际收益参数，练习的目的是向被试传递实验的主要特征，包括如何递交不同地块的要价及地价将如何排序——部分低要价将被接受，其余则被拒绝。此培训用时约 45 分钟，而后进入正式的现金支付的单次拍卖。之所以不使用一系列的重复拍卖，是为了模仿现实环境中农民首次参与拍卖的情境。有些人关心现实中互相熟识的农民是否会串谋，因此，实验中除了阻止他人前往投标区域（在一场测试中讨论过）外，允许被试以任何形式进行串谋要价。于是，有的被试结成小组讨论价格，也有人公开交流。

图 28-1 展示的是成本结构相同的两场实验结果，二者的程序性（打破平局规则）差异将在随后解释。图中"成本"线代表许可证的每英亩使用价值，线上每一个"台阶"的高度对应许可证每英亩的使用价值，宽度则为该许可证所覆盖的土地面积。这些机会成本由低到高排列，组成了供给函数。

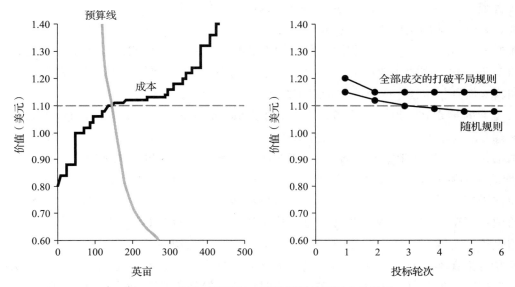

图 28-1　采用不同的打破平局规则的两场实验结果

资料来源：Cummings、Holt 和 Laury（2004）。

两场拍卖中，买方购买许可证的总预算固定不变。所以价高时能够买入的土地面积就小，反之面积就大，这将产生一条类似于需求函数的曲线。其中，B 为总预算，用于以每英亩价格 P 购入 Q 英亩的土地灌溉权，若预算全部耗尽，则满足 $PQ = B$ 或 $P = B/Q$，P 和 Q 之间呈负相关关系，如图 28-1 左半部分中的曲线所示。而图中右半部分展示的则是两场实验中各轮暂时接受要价（每英亩）的均值。注意，尽管允许参与者进行串谋，但均价依然非常接近左半部分预测的竞争价格。

实验室实验的一个优点是能够测试拍卖程序，从而在实际进行前发现并解决一些意料之外的问题。比如说，图中所展示的其中一场实验中有一名被试提问：如果多项投标的要价均位于截止价格，而实验说明中买方总预算不足以支付全部这些投标，将会如何处理？这种可能性在实验说明中并未解释清楚，于是负责本场实验的实验人员宣布：如果发生这种情况，则所有要价等于截止价格的投标者都成为临时中标者；且如果在末轮，他们就将成为最终的中标者。本场实验的第二轮便在截止价格上出现了平局，此截止价格较竞争水平高出约 5%，平局投标都进入了临时接受的状态。接下来，更多的投标者将要价调整至平局价格，凭据价格作为焦点积累了越来越多的投标。最后，实验者需要支付全部这些投标的要价，总金额达到了预算的两倍。这就好比，实际拍卖中的预算为1 000万美元，而最后的支出却高达2 000万美元之巨！

图28-1右半部分中，靠上的平均要价轨迹即对应上述全部成交的打破平局规则。不久后的第二场实验采用了随机的打破平局规则，招募了与第一场不同的被试，最终价格收敛至竞争水平，如图中靠下的平均要价轨迹所示。

此外，实验也对其他一些程序变动进行了检验和解释。例如，如果在每一轮结束后公布临界价格，则本轮要价较低的投标者倾向于在下一轮提高要价。这种低价提高趋势非常直观，只要知晓前一轮中多高要价导致出局，低要价者在下一轮提价的风险将大大降低。后续的几场实验中，每一轮末公布的暂时中标者名单仅包含许可证编号，略去了具体的要价数额。这种拍卖程序变化导致实验后几轮中的低价提高趋势明显减弱；但和之前实验一样，高要价投标者依然会为了成交而在后几轮降低要价。以上对打破平局规则和轮末信息公布程序的修改，最终被纳入了实际的拍卖规则。

实际的拍卖在2001年4月进行，得到了Susan Laury和Ron Cummings的指导，以及来自多所大学的实验经济学家的协助（Mark Van Boening、Lisa Anderson、Regan Petrie和本书作者）。经济学家和州环保署的高级官员齐聚佐治亚州立大学的实验经济实验室（前期的大多数实验室测试都在此开展），每一轮的投标结果都被收集并向他们展示。拍卖时间定于周六上午8点，近200名农民以及众多记者和观众来到规定的8个投标点。实际的拍卖程序和实验室版本非常接近，只是环保署并没有公布自身预算。每一轮完成投标的收集、传输和排序后，位于实验室的官员们将讨论决定是否结束拍卖；若继续，则还需要讨论在本轮拿出多少预算，以确定临时中标者。这种不固定的预算不同于实验中的拍卖程序，但与规则上并不冲突，且临时增加预算能够避免截止价格的大幅下降。例如，拍卖第4轮的截止价格为125美元，EPD署长随后决定增加预算以回购更多的灌溉权，于是第5轮的截止要价达到了200美元，EPD亦决定于此轮结束拍卖。

拍卖取得了成功。目标土地中有60%参与拍卖，经过拍卖，其中，33 000英亩出让了灌溉权，平均成交价格为135美元每英亩。第二年还组织了一次拍卖，采用了邮件密封投标的方式，表现同样令人满意（Petrie，Laury，and Hill，2004）。总结如下：

佐治亚州灌溉权拍卖结果： 实验采用了多轮的逆向拍卖，按照歧视性价格向中标者支付补偿。实验室试点测试证明，随机的打破平局程序和不公布临时中标金额的做法具有合理性，能够防止价格上涨超过竞争性预测。这些程序最终在实际拍卖中付诸使用。

28.2 排放的限额与交易：拍卖与溯往原则

管理温室气体排放有两种主流办法：①向排放企业征收"碳税"；②"限额和交易"计划，以吨为单位向企业分配二氧化碳排放的许可证或者说"津贴"。原则上，经济学家倾向于采用基于价格的征税方法，但是，如何确定碳排放的社会成本始终是一个难题，且税收会随着时间推移而遭受通货膨胀和政治阻力的侵蚀。例如，以"削减税负"为纲领的候选人当选总理后，就废除了澳大利亚的碳税计划。环保人士更青睐限额和交易方法，以排放量重回代表性年份（例如 1990 年）为目标制定限额。固定的上限更能抵御政治或经济的侵蚀。无论许可证如何分配，计划中的"交易"环节都有助于对错配进行纠正，并激励厂商提高清洁技术。

2007 年，美国东北部十州签署了一份谅解备忘录，将建立覆盖电力行业的平行的碳排放限额 - 交易计划，即所谓的区域温室气体倡议（RGGI）。迫在眉睫的问题是许可证应该如何分配。多数企业倾向于溯往原则，即根据历史排放量分配免费许可证，使用燃煤设施的电力企业将得到更多配额，它们的碳排放量约为天然气设施的两倍。由于天然气发电量的增加，现货市场的交易将引导许可证进行重新分配，从而导致许可证价格提高，使天然气电力公司的碳排放背负额外成本。替代上述免费配额的一种方法是，对限额供给的许可证展开拍卖，价高者得之，而出价最高的企业往往成本（包含购买许可证的附加成本）也最低。

不考虑最初的分配情况，许可证都将在二级"现货"市场进行交易。企业需要许可证来覆盖自己的二氧化碳排放，否则将面临严厉处罚。监管机构担心，要求企业支付许可证费用，可能会导致最终产品（电力）的价格上涨。简单总结与此相关的经济学理论：无论购买还是免费发放，可交易的许可证都将产生机会成本（opportunity cost）；企业在制定价格时需要考虑机会成本，因此，初始分配方法不会影响产品价格。但是，在 2007 年纽约市举行的一次利益相关者和监管官员的公开会议上，这种理论观点却遭到了质疑（◉◉⊖）。

关于以上机会成本的观点，可以通过 Veconlab 机会成本实验的一个简单例子加以解释，其实验说明如下：

- 你有能力生产和销售最高 3 个单位的产品。
- 生产并销售每单位产品将额外产生燃料成本：第 1 单位 1.00 美元，第 2 单位 3.00 美元，第 3 单位 5.00 美元。
- 销售每单位产品还需要一份单独的许可证。本轮中，你将免费获得 2 张许可证，但如果需要额外的许可证，则必须以 3.00 美元的价格购买。若生产和出售的产品少于 2 个单位，即没有用光所有的许可证，那你可以每张 3.00 美元的价格出售剩余的许可证。
- 注意：本轮产品的现行市场价格为 5.50 美元，你生产的所有产品都将以此价格出售。
- 现在，决定你在本轮的产量，是否全面运用 3 个单位的产能。

此时，已知每单位产品的收入为 5.50 美元，请读者们决定是生产 1 个单位、2 个单位还是 3 个单位的产品。

有人可能得出这样的结论：因为产品价格高于每一单位产品的边际燃料成本，所以生产 3 个单位产品。但是，第 3 个单位需要额外购买价格 3.00 美元的许可证，此单位产品的总成本 5 + 3 = 8 美元其实要大于产品价格 5.50 美元。那么，第 2 个单位产品呢？由于前两张许可证是免费的，生产这一单位不需要购买许可证，只要支付需 3 美元的燃料成本。但是，生产此单位产品其实也会降低收益（章后习题 1）。这是因为，使用第二个免费许可证需要 3 美元的机会成本，即出售该许可证的价格。事实上，最优生产决策与是否免费获得许可证并无关系。总结如下：

机会成本： 在碳排放限额 – 交易计划中，免费配额的机会成本由许可证的市场价格决定，免费与否并不影响最优的生产决策。这是因为，在制定最优生产决策时，边际收入的比较对象不仅包括边际成本，还包括显性和隐性的机会成本。具体而言，如果要求受监管实体购买排放许可证，并不会因为许可证价格的"传导机制"而造成产品价格的上涨。

这种错误的传导机制却具备直观的吸引力，激励 Goeree 等人（2010）展开了研究，其中，包含两个实验局，分别以免费发放和拍卖销售两种方式配置被试的初始"许可证"。在这两种情况下，初始分配之后都是现货市场，在现货市场中，被试可以购买或出售许可，然后提交投标，在需求曲线向下倾斜的产品市场中出售生产的（电力）单位。生产成本从均匀分布中随机抽取，故供给曲线近乎线性，服从随机变化。由于产品价格受到成本抽取数值大小的影响，因此，在每个实验局中使用相同的成本抽取是很重要的。此外，特定的成本抽取结果可能偏向于某种特定的分配方式，于是研究人员使用相同的抽取结果，分别采用"溯往原则"和"拍卖"实验局各开展一场实验。每场实验含 6 名被试，共进行 9 个市场周期的交易和生产决策，需要经历初始分配（拍卖或免费发放）、许可证的现货市场以及产品市场，产品市场中市场需求优先分配给要价更低的卖者。

求取市场均衡需要同时决定许可证和产品价格（类似于电力）。图 28-2 展示的是产品市场的均衡解。如果许可证无成本且免费获得，产品市场供给取决于两种企业的生产成本。实验中，高排放企业（排放大户）每单位的生产成本在 4 ～ 8 美元均匀分布，于是图 28-2 中供给函数从 4 美元逐步上升至 8 美元。这些"高排放企业"类似于现实中燃煤的发电厂，其生产单位产品的成本较低，但需要双份的许可证。而当许可证免费时，供给完全由生产成本决定。实验中，还存在相等数量的低排放企业，其排放量少，故生产单位产品只需要一张许可证。但事实上，低排放企业的生产成本更高，在 8 ～ 12 美元均匀分布，如图 28-2 中供给函数的深色部分。总而言之，可以把图中较低的这条供给线想象为众多成本台阶，高排放企业构成了较低的台阶，低排放企业则构成了右上方较高处的台阶。许可证免费时，供给函数与市场需求的交点决定产品的市场价格为 12 美元，数量为 24，其中，12 个单位由低排放企业生产，另 12 个单位由高排放企业生产，此时总排放量为 36（12 个来自低排放企业，24 个来自高排放企业）。

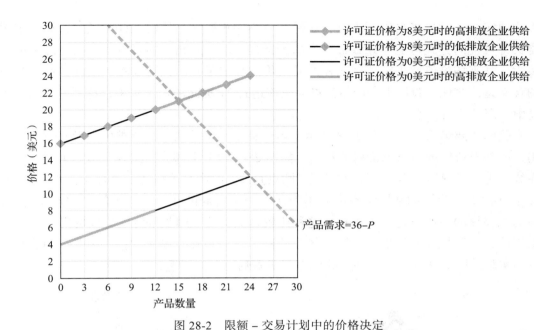

图 28-2　限额 – 交易计划中的价格决定

注：许可证免费分配时，高排放企业供给（粗灰线）位于较低位置生产函数的左半部分，低排放企业供给（细黑线）位于其右半部分。当许可证采用拍卖方式进行分配时，许可证的均衡价格 8 美元将使"低排放企业"（生产 1 单位产品需要 1 许可证）的边际成本提高 8 美元，"高排放企业"由于单位产品的排放量更高，需要 2 张许可证，故边际成本将提高 16 美元。在较高位置的生产函数中，成本的提高导致高排放企业供给（粗灰线）从左移动到右半部分。该函数与市场需求的交点显示，产品的市场价格提高至 21 美元，产量降低到 15 单位，其中，大部分来自低排放企业。

在此实验中，通过限制许可证数量（18）来控制排放量，该限额是许可证免费时总排放量（36）的一半。数学上能够证明，此时许可证的均衡价格为 8 美元，这一点在图 28-2 中亦有所体现。此时，低排放企业生产单位产品的成本提高了 8 美元，供给函数上的深色部分上升 8 美元；由于双倍的排放量，高排放企业的生产成本提高了 16 美元，故灰色部分上升 16 美元，从较低位置生产函数的左侧跃升至较高位置生产函数的右侧（上方标有菱形符号）。新的产品均衡价格为 21 美元，数量为 15 个单位（其中 12 个由低排放企业生产，使用 12 张许可证，3 个由高排放企业生产，使用 6 张许可证）。在此均衡状态下的总许可证使用量与许可证的上限 18 相匹配。

回忆一下，每场实验中包含 6 个被试——3 个低排放企业和 3 个高排放企业。每个最多能够生产 4 个单位产品，因此，如果许可证免费则总产量为 24 个单位。在溯往原则实验局中，高排放企业被赋予 4 张许可证（可以覆盖 4 个单位产量中的 2 个单位），低排放企业被赋予 2 张许可证，发放的许可证总数为 18。而在拍卖实验局中，这 18 张许可证在轮初的拍卖市场通过统一价格拍卖的方式出售，价格为落选投标中的最高出价。通过拍卖或免费发放完成初始配置后，被试可以在现货市场买卖许可证，现货市场是双边集合竞价市场，单一的出清价格由出价和要价序列的交集确定。现货市场出清后，每个被试可以制定产品的要价，要价序列与外生的产品需求（$Q = 36 - P$）的交点将决定产品的出清价格和数量。要价遭拒绝的被试可以"储存"自己的许可证，以备下期使用。

这项实验的动机来自以下观点：如果企业不能正确地"传递"许可成本，那么拍卖中购买许可证的方式可能会导致最终产品价格提高。与此相反的观点是，只要许可证可以买卖，其市场价值便决定了企业在产品定价过程中确立的机会成本。因此，经济学理论的含义是，两种实验局中，产品价格都应该达到21美元的均衡水平，特别是，拍卖实验局中，产品价格并不会更高。

实验的主要结果展示如图28-3所示，虽然在拍卖实验局中，要求生产者支付许可证费用，但并未造成产品市场价格的提高，如图28-3中上半部分的黑线所示。事实上，虽然在统计上并不显著，溯往原则实验局（圆点直线）的产品价格还要略高于拍卖实验局。对比采用拍卖实验局的9场实验和采用溯往原则实验局的9场实验中的平均产品价格，实验局无差异的原假设得到了支持。这种比较是成对的，因为两种实验局的第一场实验均采用同一套随机成本抽取值，第二场实验则采用另一套，以此类推。因此，为这9场成对的实验采用了Wilcoxon配对检验方法（见章后习题第2题）。

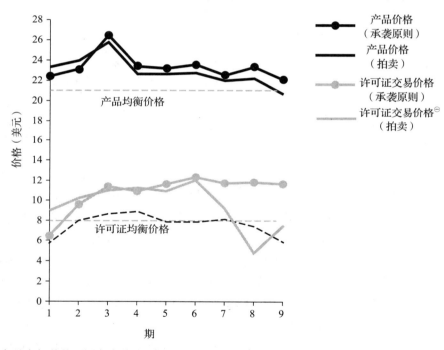

图28-3 产品市场价格（深色实线）、许可证现货市场价格（灰色实线）和许可证拍卖价格（深色虚线）。
注：溯往原则实验局中的价格由圆点标出。

图28-3中，拍卖实验局的许可证拍卖价格贴近于源自供求分析的理论预测值8美元。而在许可证的现货市场中（灰色实线），交易价格略高于预测值8美元，溯往原则实验局（圆点）尤为明显。

实验室实验的优点在于，可以密切观察交易过程，以明确因果机制。实验中，许可证现货市场的价格非常接近于许可证的价值，但也有例外，即在溯往原则下，许可证在

○ 此图例原书似有遗漏，特此补充。——译者注

现货市场的要价远高于价值。这是因为，按照溯往原则，高排放企业免费获得了 2/3（基于其较高的历史排放量）的许可证，而根据之前图 28-2 的讨论，均衡下这些高排放企业仅使用 18 张许可证中的 6 张。根据预测，高排放企业将在现货市场中把手中大约一半的许可证出售给低排放企业，只要他们为了试图提高售价而减少许可证供给，其实际要价将导致许可证的供给函数向右上方倾斜（高过许可证使用价值）。

高排放企业对其市场势力的运用，解释了许可证现货市场的高价，这在溯往原则实验局的最后一期最为明显。反过来，许可证的高价可能导致产品市场价格也保持在高位。但是，在两种实验局的最后阶段，产品价格都向下趋近于供需预测的 21 美元。总结如下：

拍卖与溯往原则： *当企业被要求购买而不是免费获得许可证时，产品价格不会上涨。*

就效率而言，两种实验局中消费者剩余大致相同。考虑到两者在产品平均价格上的相近，这一点并不意外。两者的主要区别在于，拍卖实验局中卖方利润（生产者剩余）只有约 1/4，其余部分作为拍卖收入归政府所有。自 2008 年以来，尽管许可证的价格多年来一直处于意想不到的低位，RGGI 系统也已经产生了大量的拍卖收入，在第一个十年里大约有 27 亿美元之多。造成低拍卖价格的原因包括：那几年有利的天气条件（暖冬和凉爽的夏季）以及 2008 年的经济衰退抑制了电力需求；大量天然气储备的发现降低了燃料成本，并有助于减少排放限额对企业的影响。尽管如此，拍卖收入仍相当可观，并主要被用于支持战略能源计划。

28.3 寄售拍卖和加州 AB32 法令

加州的温室气体排放限额 - 交易程序，采用了和东海岸地区 RGGI 相同的统一价格拍卖。然而，为了减轻对企业收入的影响，加州为许多类型的企业免费配置许可证，并规定免费配置将随着时间的推移逐渐减少。其拍卖设置也在许多方面不同于 RGGI，其中，一个尤其有趣的特点是，企业能够在拍卖中寄售（consign）许可证。该许可证售出后将把收入返还给企业，计算方法是统一价格拍卖的出清价格乘以售出许可证的数量。

更加有趣的是强制寄售的情况：得到免费配置的企业必须将免费获得的许可证寄售参加拍卖，并出价回购生产所需的许可证。例如，一家企业将 1 000 张许可证寄售拍卖，而后在拍卖中出价 10 美元每张求购 1 000 张许可证，那么，如果拍卖的成交价格高于 10 美元，这家企业的 1 000 张许可证全部售出，而投标将被拒绝，因此买入 0 张许可证。反过来，如果拍卖成交价格低于企业的出价，那么，企业投标将会被接受，即重新购入其原本的许可证（1 000 张）。比如说，成交价格为 9 美元，这家企业将通过寄售许可证获得收入 9 000 美元，并为重新购买许可证支付成本 9 000 美元，最终状况和拍卖前保持不变，仍然握有 1 000 张许可证，并未从拍卖中得到任何净收益。换句话说，该公司在拍卖中的出价相当于一种保留价格，其中传递的信息是："除非你能给出 10 美元或更高的价格，否则我们将保留这 1 000 张许可证。"若根据历史排放量决定免费配额，寄售拍卖能引导获得大量许可证的企业将其中一部分或全部出售给效率更高或排放更少的生产者。

关于寄售拍卖，存在着一点担忧：得到大量免费配额的企业必须将许可证寄售，故必然成为许可证的净卖家，它们有可能为了提高寄售收益而尝试操控拍卖的出清价格；进而，拍卖市场的高价格信号，将会抬高相对稀疏的现货市场中的许可证价格。上述担忧的反对者则认为：寄售增加了拍卖中的许可证数量（更高的市场"流动性"）；此外，由于寄售者同样需要参与拍卖，而非依赖拍卖结束后的现货市场，拍卖参与者的数量得到了扩充；而且，寄售者的回购出价也在传递关于许可证价值的信息，因此，寄售拍卖提供了更好的价格发现机制。下面将介绍 Holt 和 Shobe（2017）的实验，其研究动机正来自以上争论。

该实验提高了之前"拍卖与溯往原则"实验中的实验参数，投标者（6家低排放企业和6家高排放企业）和许可证（由18张变为36张）的数量均翻了一倍。实验不再包括产品市场，产品价格是外生给定的，设为21美元，等于之前实验设置中的均衡价格。成本分布仍和图28-2一致，成本的随机抽取将产生随机的许可证价值，且各期之间不同（见图28-4）。举例来说，如果一家低排放企业一次随机抽取的成本为10美元，则对应许可证的价值等于使用该许可证进行生产所能带来的回报，即 21－10＝11 美元。对于高排放企业，因为生产一单位产品需要2张许可证，许可证价值等于产品价格和成本之差除以2。因此，如果高排放企业抽取到的成本为7美元，对应许可证价值即为 (21－7)/2＝14/2＝7 美元。与之前的实验一样，每家企业的产能为4个单位，每单位成本均随机决定。图28-4左侧展示的是最后12轮的许可证价值（灰色粗线段组成的台阶）。这组价值列与垂直的拍卖市场许可证供给（36张）相交，决定了"瓦尔拉斯"预测价格为8美元。浅色阴影矩形称作"瓦尔拉斯收入"，提供了与实际拍卖收入比较的基准。

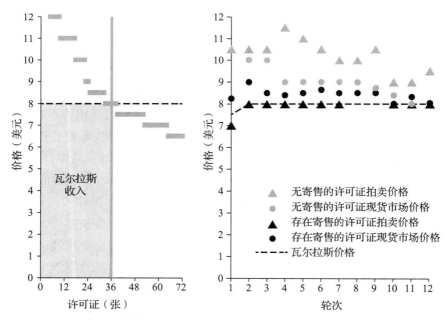

图 28-4　许可证价值和需求（左侧）以及拍卖与现货市场的价格序列：
寄售（黑色标记）和无寄售（灰色标记）

注：三角形标示代表拍卖价格，圆点标示代表现货市场价格。

同之前的实验一样，初始配额向高排放企业倾斜，他们总共获得了 24 张许可证；相比之下，低排放企业只得到 6 张。在无寄售实验局中，另有 6 张许可证投放于拍卖市场；相反，在强制寄售实验局中，所有的免费许可证必须参加寄售拍卖，因此，拍卖总量为 36。该实验的研究动机是为了确定，寄售究竟会降低（由于有益的流动性效应）还是提高（由于许可证净卖者运用其市场势力）许可证价格。

图 28-4 右侧的三角形代表各场实验的平均拍卖价格，圆点则代表平均的现货市场价格。强制寄售实验局的价格（黑色）显著低于无寄售实验局（灰色）。并没有实验证据表明净卖者有能力将拍卖价格推至瓦尔拉斯（虚线）预测之上。这一结果和 Shobe、Holt 和 Huetteman（2014）早先实验基本一致，其中，寄售机制运作顺利，价格并未偏离瓦尔拉斯预测。相比之下，早先论文中还记录到，对投标者储存许可证的"持有限额"将带来负面影响。

在用水权等交易有限的商品市场，寄售拍卖或许有重要的应用前景。例如，地表水权通常具有"要么使用，要么丢弃"（use it or lose it）的特征，这鼓励农民继续灌溉，即使作物生产的价值低于下游其他行业。如果"要么使用，要么丢弃"变为"要么使用，要么出售（或丢弃）"，则寄售拍卖将能产生相当吸引人的额外流动性。Zelland（2013）讨论了一些早期灌溉权寄售拍卖实验及其对水资源管理的启示。相似地，Ledyard 和 Szakaly-Moore（1994）讨论了寄售拍卖在排污许可证销售方面的应用。这两篇论文都将寄售拍卖（强制通过统一价格拍卖出售许可）与标准的双向拍卖（买家和卖家实时提交出价和要价，并像股票市场那样提供良好的价格信息）进行对比。意料之中的是，双重拍卖表现同样出色，甚至更好，因为双重拍卖是出了名的高效。但是另一方面，管理机构非常不情愿为许可证交易建立连续的集中市场。在缺少集中的水权市场的情况下，农民更易于参加寄售拍卖，而非两两讨论交易内容。在任何情况下，拍卖都是提供流动性和大规模价格发现的强大机制，而寄售的便利之处在于，它将标准的销售拍卖转变为双边拍卖。

28.4　其他拍卖方式：串谋、宽松限额、价格发现

关于 N 张许可证的多单位拍卖，运行方式繁多。本节将要讨论其中三种：歧视价格拍卖、统一价格拍卖和时钟拍卖。如前所述，在歧视价格拍卖中，收集所有密封投标后，出价最高的 N 个投标将被接受，中标者支付自己投标的出价。因为，不同的投标者最终支付的金额不同，这种"按出价支付"的拍卖具有歧视性，佐治亚州灌溉权拍卖便属此类（尽管那是一种"逆向拍卖"，要价更低者中标）。而在统一价格拍卖中，同样施行密封投标程序并将拍品卖给其中出价最高的 N 名投标者，但是中标者只需支付被拒投标中的最高出价（或者成交投标中的最低出价）。因此，如果拍卖三张许可证，投标者出价分别为 55 美元、44 美元、33 美元和 22 美元，那么，出价较高的三个将中标并支付 22 美元。即便投标者可以同时提交多个出价（这是更典型的情形），该规则同样适用。

不同于以上两种，时钟拍卖包含多个阶段，各阶段都将宣布临时价格。每一阶段中

都将给出临时价格，需要提交自己愿意以此价格购买的许可证数量，如果总"需求"超过拍卖总量 N，临时价格将按照预定的增量提高，就像时钟的表针一样。直到需求小于或等于 N，时钟价格停止上升。以图 28-4 左半部分为例，假设时钟从 6.50 美元开拍，此时投标者的购买意愿共 72 个单位，于是时钟价格将要提高，比如说到达 7 美元。但如果投标者抑制自身需求，那么 6.50 美元处的总需求也可能稍低于 72。当价格到达 8 美元，假设投标者全部如实按照自身需求投标，根据图 28-4 中 8 美元台阶的厚度，此时仅存在极少量的超额需求，因此，时钟价格将再次跳升，进而需求将低于拍卖数量，拍卖终止。

任何统一价格拍卖中，投标者都可能试图操纵市场出清价格。设价格拍品数量为 2，一个投标者的出价为 5 美元和 3 美元，另一个出价为 4 美元和 2 美元。将出价排序，5 美元、4 美元、3 美元、2 美元，市场出清价格等于被拒投标中的最高出价 3 美元，于是两个投标者将以价格 3 美元各购得一件拍品。通过降低边际出价，投标者能够降低中标时支付的金额。当然，投标者事先并不知道哪个出价将成为边际出价，但在这种情况下，投标者的策略通常是降低第二个单位（对投标者而言边际价值较低）的出价，这在实验室和实地环境中均观测得到。例如，List 和 Lucking-Reiley（2000）通过两家、两单位的统一价格拍卖，销售了数以千计的体育卡。这些拍卖是在一次体育卡片收藏家大会的陈列桌上进行的，卡片的账面价值都相等。通过对出价进行比较，作者得出结论，第二单位的出价通常低于其价值。在后续关于体育卡的实地实验中，投标者数量的增加使得这种策略性的需求抑制不再那么明显（Engelbrecht-Wiggans，List，and Reiley，2006）。这类以获利为目标的需求抑制不太可能在单一商品拍卖，或者投标者众多、许可证价值随机变化的情况下发生。

如果有人为了停下时钟而降低投标数量，那么，在时钟拍卖中也可能出现需求抑制。假设时钟拍卖 2 张许可证，一个投标者的私人价值为 5 美元和 3 美元，另一个的为 4 美元和 2 美元。起始价格 2 美元时，两个投标者的投标数量均为 2，需求大于拍卖数量，时钟价格将上升。但是，如果投标者根据经验猜测，自己最终只能购得一张许可证，于是降低投标数量至 1，时钟在价格为 2 处即告停止，两者都将以这个低保留价格拍得高价值（一人为 5 美元，一人为 4 美元）的许可证。

可交易的排放许可证首次运用时钟拍卖，是在 2004 年的弗吉尼亚 NOx 拍卖上。竞拍的是数千张一吨的许可证，随着时钟价格的提高，投标者表示他们的需求数量，直到需求下降到可用的许可证数量。时钟进入下一阶段时，并不会告知投标者当前的超额需求，拍卖的管理者（Bill Shobe）认为此程序避免了拍卖过早停止。最终，拍卖的出清价格比许可证的现货市场价格高出 3% ~ 6%。此拍卖在透明度、速度和收益方面都被认为是成功的，这可能是因为投标者看重此拍卖大量购买许可证的机会，而无须在现货市场上购买"零零碎碎"的许可证。此外，时钟拍卖的可行性也事先经历了一系列实验室实验的论证（Porter et al.，2009）。有趣的是，州政府在关于该拍卖的 RFP（request for proposal，征求意见书）中，对时钟拍卖形式只字未提，因为其从未用于排放许可证的拍卖。唯一提出时钟拍卖的是最终中标的那家经纪公司，这家公司在例行的互联网检索中，发现了一篇未发表的拍卖理论论文，从而了解到了该方法！

几年之后，来自弗吉尼亚大学和未来资源研究所（Resources for the Future）的实验与环境经济学家组成团队，开始设计最初的 RGGI 拍卖。对这几种拍卖机制的初期测试包含 12 名被试，采用无许可证储存、无随机成本抽取（决定随机的许可证价值）的简单设置。考虑到拍卖的许可证数量只有投标者全产能需求的 66%，该实验设置的竞争性相当之高。在这种竞争环境下，三种拍卖方式均表现优秀，收益接近瓦尔拉斯基准水平，效率几乎达到 100%。（效率为 100% 意味着私人价值最高的 N 个投标者得到了拍卖的 N 张许可证。）

第二波实验放宽了上述竞争性条件，投标者数量减少，串谋的机会增多，排放限额也有所宽松（拍卖数量达到最大产能的 90%），还给许可证需求附加了无法预测的变化。具体来说，每场实验包含 6 个投标者，配对固定，成本随机抽取且保持不变。此外，拍卖市场结束后将进入现货市场，为串谋失败的投标者提供购入许可证的机会。在这几场实验中，拍卖的轮数更多（12），以保证串谋有机会发展。在一半场次中，投标者没有交流的机会，而在另外一半中，投标者能在一个较短的时间段内，通过聊天室发表观点。

在有交流机会的几场实验中，聊天里最常见的请求是让人们按保留价格出价，即每张许可证 2 美元。这种请求并不是一呼百应，有人评论道："经济学是邪恶的。"也有人打趣："人各为己，尔虞我诈。"有人道歉："各位抱歉，我每次都被骗。"还有人回复："我们都这么做了。"小组动态在有些情况下非常重要，特别是当小组内建立起了幽默和信任的氛围时。此外，时钟拍卖下更容易形成最有效率的串谋。以下为其中一个小组的聊天记录：

> "再说一遍，尽早减少投标数量，这样我们能够以更便宜的价格购买到许可证。"
>
> "不如我们都选择上一轮结束时的投标数量，因为这样的话出清价格不是也一样吗？"
>
> "如果我们在拍卖的第一阶段就达成合作，拍卖就能提前 5 个阶段结束，大家将会节省大量的成本。"
>
> "喔，这听起来不错啊。"

其中，一位有远见的被试建议（斜体标明），在拍卖一开始就按照上一轮拍卖最终成交时认购的许可证数量进行投标。由于最终成交的数量和拍卖总量完全匹配，这一建议可以使时钟在起始价（即保留价格）便告停止。

图 28-5 展示出 Burtraw 等人（2009）的实验中，各轮的拍卖价格均值。图 28-5 的右侧，和预期结果一致，交流实验局的均价整体更低，但歧视价格拍卖是个例外。总体来看，统一价格和歧视价格拍卖在均价方面大体相当，但后者在抵御串谋方面效果更好；而在两种实验局（交流实验局或无交流实验局）中，时钟拍卖的均价都显著低于另外两种密封拍卖方式。实际上，有超过一半的时钟拍卖在保留价格或者只加价一次（15 美分）的情况下便告结束。

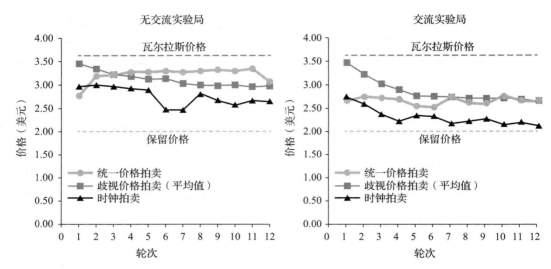

图 28-5　统一价格拍卖、歧视价格拍卖和时钟拍卖的平均拍卖价格

除此之外，面对其他检验——"宽松限额"或在拍卖序列进行到一半时出现预期外的需求冲击，时钟拍卖的表现相比另外两种密封价格拍卖并无优势。在宽松限额实验局中，歧视价格拍卖相比统一价格拍卖提高了收益（Shobe et al.，2010）；但在"价格发现"检验（Burtraw et al.，2010）中，面对不可预测的需求变化时，表现却相对更差。

除了价格和卖方收益之外，其他因素亦值得关注。具体而言，在一次利益相关者会议中，有参与者抱怨，较早期的弗吉尼亚州时钟拍卖，完成其全部轮次投标的用时长达一天之久，还有参与者表示更加青睐统一价格拍卖，这样可以避免其他竞争者以低于自己的价格获得许可证。会议最终的建议是采用统一价格拍卖，因为它比时钟拍卖更能抵御串谋，而且实施起来也更容易。总结如下：

排放许可证拍卖实验： 在投标者数量众多、严格限额的竞争性条件下，这三种拍卖形式全部产生了高收益和高效率。但在竞争性较弱的条件下，歧视与统一价格拍卖产生的许可证拍卖价格大致相等，前者相对而言更能抵御串谋的影响。不论投标者有无交流的机会，这两种密封价格拍卖产生的价格和收益都要高于时钟拍卖。有超过一半的时钟拍卖在保留价格或者只加价一次的情况下便告结束。

28.5　扩展：供给缓冲器、汽车牌照和证券

本节将简要总结相关研究，展示多单位拍卖设计的广泛应用。

28.5.1　供给缓冲器

在设定排放限额时，政策制定者和监管机构常常为限额的严格程度感到苦恼。如果过于宽松，许可证价格将会下降，企业将缺少投资减排的动力；而如果限额太紧，高昂的许可证价格可能会给企业利润造成压力，或导致更高的电价，从而损害消费者的利益。此

外，气候和经济条件的意外变化使得问题愈加复杂，这些变化与许可证需求相关联：其中，一些需求冲击是暂时的；但也有一些，比如发现新的天然气储备，则具有长期影响。

图 28-6 中展示的是一种极端情况，许可证需求非高即低，如两条向下倾斜的直线所示。如果需求高、低两种情况出现的概率相等，则平均需求如中间虚线，与垂直的供给线相交于许可证价格为 10 美元处。需求高时，由于外部需求的加入，拍卖的出清价格会相应提高。而需求低时，出清价格仅为 2 美元，如图中保留价格上的"□"所示。注意，在此低价格上，低迷的需求少于拍卖的许可证数量。不过，若生产者能够预计到需求将会复苏，亦有可能买入全部的许可证。这些额外的购买或创造额外的许可证储备，进而抑制未来一段时间的许可证拍卖出价。

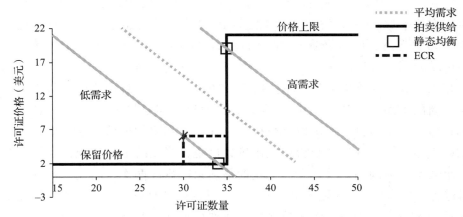

图 28-6　存在高、低需求冲击的许可证市场，保留价格为 2 美元，虚线台阶为供给缓冲器（ECR）

注：若需求连续几个时期处于低位，企业将不会储备许可证以备后用，价格亦将下跌。图中虚线允许监管机构将部分许可证从拍卖中移除，以防出清算价格跌至 6 美元以下。因此，通过降低许可证的投放（日后更少的排放）但同时维持许可证价格，保留了激励生产者继续减排的优点，使得需求低迷的益处被经济和环境所分享。

在图 28-6 中，供给垂线的左侧呈水平状，对应于清算价格低于 2 美元的情况，此时卖方通过减少拍卖数量来维持保留价格。相反地，图 28-6 中右侧价格 22 美元处的水平部分，体现的是价格上限（price cap）的影响——为了防止价格突破上限，卖方向拍卖市场增加许可证的投放。保留价格和价格上限中间的垂线上的需求变化会对拍卖价格产生剧烈影响，尽管生产者的许可证储备可能会抵消掉其中的一部分（章后习题第 4 题）。

现在假设监管机构采用了一项规则：如果出清价格低于 6 美元，则最多将有 5 张许可证从拍卖中移除。此规则必然将在 6 美元处形成一个拍卖供给"台阶"，如图中虚线所示。虚线与低需求线交于（30，6）点。该政策背后的直觉是，在需求较低时，通过数量限制减轻需求对价格的冲击，从而降低价格波动，防止生产者储存市场上的许可证形成过剩。"台阶"使得拍卖供给更趋近于向上倾斜的直线。

2017 年 9 月，区域温室气体倡议设计了这种单阶的供应缓冲器，称为排放控制储备（Emission Containment Reserve，ECR）。为支撑台阶上的价格而退出拍卖的许可证，将被永久移除，以防供电企业储备许可证造成积累过剩。实施该政策的目的是在环境利益（减少排放）和经济利益之间分享许可证需求降低的好处。RGGI 的管理层在仔细阅读一份持肯定意见的备忘录后，最终采纳了此政策。备忘录中的部分论据，源于 RGGI 原始设计团队所做的初步实验室实验。一个合理的扩展是引入多个台阶。

28.5.2　上海市汽车牌照拍卖

中国的几个城市采取了通过限制牌照来控制机动车保有量的政策。在北京，牌照抽签分发，这不但不会带来任何收入，还产生了一些辅助成本。相比之下，上海采用了定期拍卖的方式，年收入高达约 10 亿美元，并用于建设地铁系统等开支。尽管时有发生，但是转售牌照是不合法的，因此，该拍卖计划可以视同"限额且禁止交易"的情形。意在防止投机的转售禁令，同样强化了拍卖程序的重要性，需要令私人价值更高的用户买入牌照。

这类拍卖始于 2003 年，使用了"支付等于出价"的歧视价格拍卖程序。比如说，拍卖提供 10 000 张车牌，则出价前 10 000 的投标者将中标，并按照自己的出价支付。这类拍卖起初运转顺利，但是，到了 2008 年，车牌价格上涨了大约两倍，几乎与一辆新的经济型汽车相当！高昂的价格引起了一些担忧，2008 年，有关部门为降低价格，决定调整拍卖程序。新的上海车牌拍卖会先给出初始投标窗口，时长数小时，投标者们可以线上提交投标；窗口关闭后将按照出价进行排序，并宣布临时的最低接受出价；之后将进入修改阶段，投标者均有权选择是否修改出价，但是，修改的范围限制在当前最低接受出价周围一个较窄的区间内。投标者在截止前最多只能修改两次，因此，常有人选择在临近结束时进行"狙击"。被接受的出价范围会随着时间的推移而变化，先前被接受也可能会被推入拒绝区域。由于投标者人数众多，而许可证数量和修改出价的次数有限，大量投标者最终落选。

新的拍卖机制导致了价格的大幅下降，但不久后，有关部门提供了大约两倍数量的许可证，降价效果为此大打折扣。随着中国经济的持续快速增长，牌照价格回升至先前水平，政府又为此设置了一些价格限制。

Holt 和 Liao（2016）报告了一项实验，该实验控制了外部因素，如许可证的数量和收入增长而导致的私人价值变化。基本设计中包含三个实验局：支付等于出价的歧视价格拍卖，对应 2008 年以前的政策；统一价格拍卖，所有中标者支付价格等于最高的拒绝出价；两阶段的上海车牌拍卖，包含出价修改过程。每种实验局将开展 3 场独立的实验（12 名被试、10 轮拍卖，私人价值随机产生）。表 28-2 列出了每场实验的平均拍卖收益和效率指标，其中，效率的计算方法是，中标者私人价值之和与将许可证授予价值最高的人所产生的最大价值之和之比。

表 28-2　实验场／局的收益和效率

	每场实验收益：实验局均值	每场实验效率：实验局均值
统一价格（密封投标）	74.6，76.6，82.2：**78.5**	96.3，99.2，96.6：**97.4**
歧视价格（密封投标）	74.9，73.6，80.5：**76.3**	97.1，97.6，98.3：**97.6**
上海车牌拍卖（限制出价次数）	46.6，51.5，57.3：**51.8**	85.7，84.6，88.1：**86.1**

资料来源：Holt 和 Liao（2016）。

　　两种密封投标拍卖方式，统一和歧视价格拍卖在收益上基本相同，不存在显著差异，接近瓦尔拉斯基准（采用类似于图 28-4 左侧矩形的方式计算）。实验的主要结论是，上海修改出价拍卖的收益要低得多，这种差距在经济上和统计上均显著（章后习题 5）。这种预期的收入减少是以效率为代价的，效率比密封投标拍卖近乎完美的水平低了约 10 个百分点。针对个人出价模式的分析为此提供了解释：如果投标者决定在当前接受价格附近修改自己的出价，往往选择向下调整，自然会减少拍卖收益；但是，由于修改次数的限制以及最后时刻"狙击手"的存在，私人价值最高的投标者未必能够中标，这又将会降低拍卖效率。分析表明，在狭窄的修改范围内，投标者私人价值与最终出价之间的相关性较低，远低于其他拍卖形式。总结如下：

　　上海车牌拍卖实验结果： 上海车牌拍卖分两阶段进行，修改出价的次数有限。与没有修改投标机会的统一价格和歧视价格密封投标拍卖相比，其收益和效率都较低。在上海拍卖的投标修改阶段，竞标者之间的竞争和有限的投标修改机会的限制降低了收益（实现了预期目标），作为其副产品，效率也有所降低。

28.5.3　抵押支持证券的参考价格拍卖

　　2008 年 9 月下旬，美国经济快速下挫，国会通过了问题资产救助计划（Troubled Asset Relief Program，TARP）。TARP 授权财政部大规模购买"不良的"抵押支持证券，预算一度超过 5 000 亿美元。美国财政部立即开始制定计划，为这些购买行动设立一个逆向拍卖。预计共有 8 000 多种不同的证券（以 CUSIP⊖号码标识）参加此计划，其中，大多数的交易并不活跃，价值高低值得怀疑。随着 11 月大选的临近，以及形势的迅速恶化，没有时间对每一支 CUSIP 证券进行单独的逆向拍卖，但在联合拍卖中，如果从最低的出价购买，那么购买到的大多数将是"垃圾"证券。主要设计团队与纽约联邦储备银行的 Olivier Armantier 合作，提议使用相对价值估计来规范各种证券的投标，以创造一个公平的竞争环境，加强不同证券卖家之间的竞争。举例来说，假如认定证券 A 的价值只有证券 B 的一半，那么，证券 A 的参考价格便将是 B 的 1/2。设 A 的要价为 5，B 的要价为 8，标准化后的要价则分别是 5/1 和 8/2，即 5 和 4。因此，即便未标准化之前要价更高，高要价（标准化后为 4）的 B 仍将在要价为 5 的 A 之前被买方接受。然而，由于软件采购进度方面出现问题，而且在大选前几周进行如此大规模的拍卖存在着重大风险，TARP 拍卖于 10 月下旬暂停，不过由于当时股市的波动性，这一消息没有公开宣布。（设计团队接到一个电话，建议他们"休假"。）团队的工作重心转向搭建实验来评估参考价格拍卖的有效性，以及这种拍卖方式在未来是否有用武之地（Armantier，Holt，and Plott，2013）。

　　10 年后，情况发生了逆转，此时联邦政府持有约 4 万亿美元的抵押支持证券，这些证券是在 2008 年之后收购的，主要是通过与银行的直接谈判。2017 年末，政府开始了

　　⊖　CUSIP 是 Committee on Uniform Securities Identification Procedures 的缩写，即证券统一标识委员会，是由美国银行协会协助成立的一家常设机构，对美国、加拿大境内进行交易的所有证券进行统一编码，其中包括市政债券、政府债券、公司债券和股票等。——译者注

这一投资组合的清盘过程，主要针对其中未到期的资产。当然，另一种选择是一只一只单独出售证券。Armantier 和 Holt（2017b）报告了一项实验，评估了正向拍卖（出价高者中标）中的参考价格销售方式。同之前一样，该提案设想，在每次拍卖中组合多种证券，并基于证券估值计算参考价格，进而除以参考价格，实现出价的标准化。标准化过程可以将不同证券的投标按出价完成排序，直到出价总值达到满意的收入水平。该实验还评估了另外一种拍卖程序，其中，参考价格根据拍卖中的投标数量内生调整，而后再进行标准化。即便在投标者知情的实验局中，内生的参考价格程序亦改善了拍卖结果。这种通用的参考价格程序在收到投标书后亦能后台完成，无须遵循明确的预先宣布程序（Klemperer，2010）。

第 28 章习题

1. 在第 28.2 节中插入的机会成本实验的实验说明中，根据其所举的例子，计算卖方生产和不生产第 2 个单位产品时的收益。

2. 在下方表格中，两两配对的实验场次，采用的是相同的随机数"种子"来生成随机许可证价值。例如，种子编号为 1 的第一列，这两场实验使用的是相同的随机价值序列，但是，其中一场采用"溯往原则"实验局设置，另一场采用"拍卖"实验局设置。下方从左向右的数字展示出每场实验的平均价格。注意，种子编号 6 的两场实验的平均价格完全相等，因此，这一组将从分析中移除。"差距"一列为两种实验局设置的平均价格之差。此处注意，种子编号 5 和 7 得到的实验局差距相等，均为 0.44，它们也是绝对值上差距最小的两组，因此，排名第 1 位、第 2 位，由于平局的缘故，两组的秩均记为 1.5。请将表中空格（差距绝对值、秩、符号秩）填写完整，并计算符号秩的总和（即，将计算出的最下方一行数字加总求和）。利用第 13 章的表 13-6，证明符号秩之和小于 $N=8$，$p=0.05$ 下的截止值（别忘了有一组已经被移除出分析），因此，不能在 5% 的水平上拒绝无处理效应（no treatment effect）的原假设。

种子编号	1	2	3	4	5	6	7	8	9
拍卖	23.00	23.33	22.67	23.22	23.67	23.56	24.44	22.44	23.89
溯往原则	21.33	21.44	23.44	22.67	23.22	23.56	24.00	23.56	22.89
差距	1.67	1.89	−0.78	0.56	0.44	0.00	0.44	−1.11	1.00
绝对值			0.78	0.56	0.44	0.00	0.44		
秩			4	3	1.5	—	1.5		
符号秩			−4	3	1.5	—	1.5		

3. （无须数学证明）推测卖方可能考虑采用哪种拍卖程序来对抗投标者串谋，或者利用投标者的风险厌恶。

4. 考虑图 28-6 中高低需求线可能性相等的情况。在低需求时期，企业可以选择不使用此时使用价值较低的许可证，将其储存以备后用。如果许可证价格为 10 美元，许可证卖出（在垂直的拍卖供给线上）但不使用，原图在水平方向上需要做什么调整？反过来，如果高需求时期企业将储存的许可证（这些许可证的买入价格为 10 美元）取出使用，原图在水平方向上又需要做什么调整？最后，若在低需求时期买入储存，高需求时期取出使用，解释为什么各期许可证价格都稳定在 10 美元。换句话说，请解释，当高、低需求的概率相等时，为什么储存能够免除价格的波动性。

5. 考虑表 28-2 中歧视价格拍卖与上海车牌拍卖实验局的拍卖收益。Mann-Whitney 检验里用来评估显著性（拒绝"无影响"原假设）的二元获胜计数的最小值（U）是多少？参考第 13 章中的 Mann-Whitney 表以确定 p 值。

6. （无须数学证明）基于你在回答第 4 题时的论点，（投标者知晓高、低需求的概率相等）图 28-6 中虚线标出的 ECR 将产生什么影响？除了让高、低需求以相等概率独立和随机地决定，还有什么其他的需求或信息结构可能有助于对 ECR 进行有趣的检验？

组合拍卖和双边拍卖

在聚集偏好强度和安排有效的生产和贸易模式方面，市场的效率是惊人的。但是，在某些情况下，很自然地会考虑提供比自然市场所能提供的更多选择的配置方法。本章所介绍的几种机制，允许参与者对许可证或其组合展开竞标。例如，美国联邦通信委员会（Federal Communication Commission，FCC）对不同地域和频段的通信带宽进行的拍卖。这些拍卖大多同时就多张许可证展开竞标，并采用递增投标的形式。除去单张许可证的标准拍卖，一种替代方案是令投标者对组合（packages）许可证展开竞标。

假如许可证组合对投标者们的价值高于其中单张许可证的价值之和，那么打包这种方式就具有吸引力。如果同时对单张许可证和许可证包展开拍卖，则"时钟"机制能够提高被试们提交的出价，无论单张还是组合投标都不例外。举例来说，一名投标者对许可证 A、B 和 D 单独投标，而另一名被试投标 ABC 组合。也就是说，许可证 C 没有收到独立的投标；而许可证 A 和 B 作为两名投标者的共同目标，价格将因此拉高；对于许可证 D，由于只收到单独一人投标，不存在超额需求，价格也就不会再提高。通过上述方式，投标者在面临超额需求时，能够显示出自身是否愿意提价的意愿。实验室实验现已广泛应用于组合投标程序的设计和评估，包括 2008 年 FCC 拍卖中使用的分层组合投标（hierarchical package bidding，HPB）。如今，FCC 计划从电视台等机构回购频段，售予无线服务供应商，如何通过拍卖实现这一目的，引起了人们广泛兴趣。此外，本章最后一部分还将对双边拍卖展开讨论。

教师须知：本章讨论的一些拍卖设置可以在 Veconlab 的频谱拍卖（spectrum auction）程序里的拍卖（auction）菜单找到。有关当前默认设置的建议，请参考该菜单。

29.1　FCC 的带宽拍卖和可选择的组合投标方法

许多国家的政府机构已经转而采用拍卖的方式，来完成部分广播频率带宽的分配。这类拍卖通常涉及基于地理区域和相邻频率间隔划分的、数量庞大的许可证。同时展开拍卖的理由是，由于频段许可证的价值存在互补性，投标者致力于争取连续的许可证。相邻的频段能为投标者带来规模经济，也能为消费者提供更有价值的服务。例如，如果通信公司在邻近地区提供可靠的免"漫游费"服务，用户的支付意愿也将会提高。除少数案例外，这类同时拍卖均为英国式拍卖，每一张许可证同时展开递增投标。拍卖包含多"轮"（round），每轮都将收集投标，并指定每张许可证上出价最高的人为临时中标者。

每轮结束后，仍有资格参加竞标的投标者，如果出价低于许可证临时中标出价，可以在当前出价上提高指定增量，从而使自己保持活跃状态。这里的行动规则可能很复杂，但基本思想非常简单；其目的是迫使公司继续加价，以便有资格参与之后几轮的竞标。例如，对于在拍卖开始时通过预付款获得 2 个行动点数（activity unit）的投标者来说，虽然能够自主决定投标对象，但在每轮投标对象的上限为 2；且如果在本轮只投标了单一对象（并且不是其他任何对象的当前最高出价者），便将会失去之前获得的 1 个行动点数，在后续轮次里只能投标 1 个对象，除非使用数量有限的行动"豁免"机会，从而重新获得第二个行动点数。这种强制投标是为了保持出价向上移动，在拍卖的过程中揭示投标者的价值信息，避免最后轮次中的出价跃升。正如一位拍卖专家所说："你不能像草丛中的蛇一样，伺机等待，最后一击致命。"如果在某轮没有一张许可证的出价有所提升，拍卖即刻终止，此时的临时中标者将成为拍卖最终的胜者。

FCC 从 20 世纪 90 年代起，便使用这类同时多轮（simultaneous multi-round，SMR）拍卖来出售个人通信服务的频段带宽，拍卖收入高得惊人，欧洲等地竞相效仿。事实证明，与以前使用的行政分配（"选美"）相比，拍卖是快速、高效和有利可图的配置方式；有关行政程序潜在的低效率，进一步讨论请参阅有关寻租的第 12 章。递增投标拍卖中的暴露问题示例如表 29-1 所示。

表 29-1　递增投标拍卖中的暴露问题——一个示例

价值	第 1 轮	第 2 轮	第 3 轮
投标者 I	A 出价 4	不变	A 出价 6
$V_A=10$，$V_B=0$，$V_{AB}=10$	B 出价 0		
投标者 II	A 出价 0	不变	B 出价 6
$V_A=0$，$V_B=10$，$V_{AB}=10$	B 出价 4		
投标者 III	A 出价 3	A 出价 5	不变
$V_A=5$，$V_B=5$，$V_{AB}=30$	B 出价 3	B 出价 5	

然而，对这种单张许可证同时拍卖的效率，也有几点理由提出质疑。在私人价值已知的独立单位、递增投标拍卖中，投标者的策略是相当简单的；出价超过自身私人价值以前，投标者都将坚持跟进出价。据此，拍卖过程将会把低价值的买家排除，使私人价值最高的投标者中标。如果加入共同价值这一要素，策略环境将更加有趣，因为通过观察其他投标者何时退出，能够从中获取信息从而推断未知的共同价值。

即便只是简单的私人价值情形，如果价值存在互补性，投标的策略环境也将变得复杂。用一个简单的例子即可解释清楚。假设有两张毗邻的许可证，分别对应地块 A 和地块 B，Ⅰ、Ⅱ和Ⅲ三人参与竞标。投标者Ⅰ是地块 A 的本地供应商，对其而言，许可证 A 的价值为 10，许可证 B 的价值为 0；相反，投标者Ⅱ是地块 B 的本地供应商，对其而言，许可证 A 的价值为 0，许可证 B 的价值为 10；而投标者Ⅲ是区域级供应商，对其而言，许可证 A 和许可证 B 的价值均为 5，AB 组合的价值高达 30。这些价值展示在表 29-1 的左侧，其中，许可证 A、许可证 B 和 AB 组合分别用下标注明。

设想一下这场拍卖前 3 轮的投标顺序，同样展示在表 29-1：第 1 轮投标后，投标者Ⅰ、Ⅱ分别在许可证 A 和许可证 B 的竞标中领先。假设存在行动点数规则，因此，投标者Ⅲ在第 2 轮需要将许可证 A 和许可证 B 的出价提高到 5，以保持自己在两张许可证上的行动点数，得到表中第 2 轮的结果。作为回应，投标者Ⅰ、Ⅱ在第 3 轮同样为保持点数，都将偏好的许可证出价提高到 6，如表 29-1 中第 3 轮结果。

第 4 轮开始时，如果不知道另两位的私人价值，投标者Ⅲ将面临两难困境：此时，许可证 A 和许可证 B 的最高出价都已超过其单张许可证的私人价值 5，因此，只单独争取其中一张毫无意义；但是，同时竞标两张许可证，需要使出价高于单张私人价值，这又将产生暴露问题（exposure problem）——投标者Ⅲ不知道另外两人的私人价值，是否会将单张出价之和推高至自身 AB 组合价值 30 之上，因此对投标者Ⅲ而言，同时竞标 AB 组合可能遭遇只得其一的危险局面。若其因暴露风险而退出拍卖，则拍卖结果的总价值（投标者Ⅰ得到许可证 A，价值 10；投标者Ⅱ得到许可证 B，价值 10）小于 AB 组合对投标者Ⅲ的总价值（30）。从这个意义上讲，拍卖缺乏效率，仅达到 20/30 即 66% 的水平。要降低暴露问题的影响，一种办法是允许投标者在拍卖中撤回投标。但是，FCC 规则中撤回的机会有限，如果在最终中标时撤回，投标者还将面临罚款；且若许可证成交价格低于投标者先前撤回的出价，也将附带额外赔偿。这些限制旨在迫使投标者严肃地进行投标，从而传达出有关许可证价值的信息。

鉴于有限的撤回机会并不能完全保护那些以组合为目标的投标者，FCC 开始考虑在部分场合采取"组合投标"的拍卖方式。举例来说，此拍卖方式允许投标者同时竞标单独的许可证 A、许可证 B 以及 AB 组合。竞标完成后，卖方将以最大化销售收入为目标选择最终的分配方案，前提是任何单位只能出售一次。若拍卖的许可证数量众多，组合式投标可能相当复杂，计算收入最大化的配置方案存在难度，至少在有限的时间内（at least in finite time）并不容易。经济学家和运营研究人员致力于开发及时处理收入最大化问题的算法，因此，FCC 考虑将组合式投标应用于带宽许可证的拍卖，并加以测试。组合投标下"门槛问题"的一个示例如表 29-2 所示。

表 29-2 组合投标下"门槛问题"的一个示例

价值	第 1 轮	第 2 轮	第 3 轮	第 4 轮
投标者Ⅰ $V_A = 10$，$V_B = 0$，$V_{AB} = 10$	A 出价 4 B 出价 0	不变	A 出价 8	不变
投标者Ⅱ $V_A = 0$，$V_B = 10$，$V_{AB} = 10$	A 出价 0 B 出价 4	不变	B 出价 5	不变

（续）

价值	第 1 轮	第 2 轮	第 3 轮	第 4 轮
投标者Ⅲ $V_A = 5$，$V_B = 5$，$V_{AB} = 16$	AB 出价 6	**AB 出价 10**	不变	**AB 出价 15**
建议价格	$P_A = 4$，$P_B = 4$，$P_{AB} = 8$	$P_A = 5$，$P_B = 5$，$P_{AB} = 10$	$P_A = 8$，$P_B = 5$，$P_{AB} = 13$	$P_A = 9$，$P_B = 6$，$P_{AB} = 15$

组合投标可能带来的问题，并不仅仅来自计算方面。考虑表 29-2 中示例，私人价值和前例相同，不过 AB 组合对投标者Ⅲ的价值由 30 降至 16。本例第 1 轮中，投标者Ⅲ不再分别投标，而是直接投标 AB 组合，出价为 6；由于投标者Ⅰ和Ⅱ对自己偏好许可证的出价仍都为 4，第 1 轮结束后收入最大化的分配方案是将许可证拆开出售给Ⅰ和Ⅱ，总收入为 8。第 2 轮投标者Ⅲ提高 AB 组合的出价至 10；作为回应，第 3 轮Ⅰ和Ⅱ分别将许可证 A 和许可证 B 的出价提至 8 和 5，总计 13；为保持竞争力，投标者Ⅲ在第 4 轮将 AB 的出价提高到 15，即为第 4 轮结束后的收入最大化分配方案。

投标者Ⅰ和Ⅱ要想获得自身偏好的许可证，必须进一步提高许可证 A 和许可证 B 的出价，使其总和超过投标者Ⅲ的组合出价 15，但是他们都希望提价由对方完成。比如，投标者Ⅰ希望自己保持出价 8 不变，投标者Ⅱ将出价也提高到 8，从而打败投标者Ⅲ的组合出价 15；反过来，投标者Ⅱ则希望投标者Ⅰ提高出价。如果投标者数量更多且彼此不了解对方的私人价值，协调问题将更加严重。不难想象，由于部分投标者意图"搭便车"，让其他人承受提高出价总额的成本，协调问题将导致区域级投标的出价总额，达不到战胜全国级投标的总门槛（threshold）。本例中的协调 / 门槛（coordination/threshold）失败，使得投标者Ⅲ最终购得 AB 组合，总价值为 16，低于Ⅰ和Ⅱ分别中标的私人价值总和（10 + 10）。此时，效率等于 16/20，即 80%。

结合以上组合投标程序，协调 / 门槛问题的一种解决方案是，在每轮结束后计算并公布临时价格，这能够帮助投标者了解自己出价多少才能取得许可证或者组合。计算方法可以参见表 29-2 的最后一行。其中，临时价格大于或等于每张许可证的最高出价：如果临时中标的是组合投标，则其中单张许可证的临时价格之和等于此组合出价；如果临时中标的是单张投标，该许可证的临时价格即等于其对应出价。临时价格传递重要的信号。例如，表 29-2 中第 4 轮结束后，临时中标的是投标者Ⅲ的组合投标，此时临时价格能够告诉单张投标者，他们的出价要达到多少（9 和 6）才能与投标者Ⅲ竞争；从这个意义上说，临时价格有助于解决协调问题。组合投标临时中标时，其出价与两张许可证最高出价（8 和 5）总的的差值，平分给两笔单独投标，便得到了单张许可证的临时价格。本例中，差值为 15 − 8 − 5 = 2，因此在单张许可证的最高出价的基础上分别加 1，8 + 1 = 9 和 5 + 1 = 6 即为本轮中许可证 A 和许可证 B 的临时价格。若非临时中标者，又想要继续竞标，则投标者至少须在此价格上提高最小单位的增量。

大投标者想要尝试阻止竞争，可以在拍卖伊始便为组合开出"跳跃式出价"（jump bid），比如，表 29-2 的情形下，投标者Ⅲ可直接对 AB 组合开出 11 ～ 14 的高价，从而引发投标者Ⅰ和投标者Ⅱ的协调问题。如果置于更复杂的情形，投标者Ⅰ和投标者Ⅱ选择更多，投标者Ⅲ这种大幅跳跃式出价可能会转移小投标者们的注意，使其转向那些当前出价或建议价格远低于自身价值的许可证。大投标者的此类行为有时被称作直接式投出价（straightforward bidding），它能够很好地解释实验室实验中观察到的行为。此外，不难想象，大投标者为了避免自身偏好许可证价格的大幅推高，也有理由放弃该策略，转而选取其他策略。比如，拍卖专家经常讨论的泊车（parking）策略，即拍卖前期令出价"尾随"那些占主导地位的强势投标者，从而保留行动机会，到拍卖后期再全力竞标偏好的许可证。泊车策略便不属于直接出价，也是FCC改用盲标（blind bidding）的原因之一，盲标令参加竞拍的企业无法知悉其他投标者的身份，因而也就无法辨别像Verizon[⊖]这种占主导地位的强势投标者。加之一些所谓的经济"专家"鼓吹的典型案例，跳跃式出价导致小投标者们措手不及，被迫放弃行动点数，FCC还对单轮的出价增幅施加了限制。

McCabe、Rassenti和Smith（1999）观察到实验室实验中偶发的跳跃式出价造成的无效率，并设计了一个简单的时钟拍卖意在缓解此问题。该拍卖背后的逻辑是，赋予每件拍卖品以价格并机械式地提高价格（而非由投标者提交），逐步挤出商品的超额需求。每一轮价格公布之后，投标者可以自行选择投标的商品或组合，组合的价格即为其所含商品价格之和；且投标者一旦撤回对某一商品或组合的选择，便无法返回，这能够激励其诚实地表达自身偏好。

关于时钟拍卖的运行方式，下面是一个绝佳的案例。假设私人价值设置同表29-2左侧，且每件商品的时钟价格始于6。面对该价格，投标者Ⅰ愿意购买A，投标者Ⅱ愿意购买B，投标者Ⅲ愿意购买组合AB（价格等于$2 \times 6 = 12$）。通过直接对组合投标，投标者Ⅲ避免了分别出价5存在的暴露问题。时钟机制在计算超额需求时也将组合商品考虑在内，因此，时钟价格为6时，两件商品上均存在超额需求，都有两名投标者表示出了兴趣。而后，时钟的价格指针提升到7、8，时钟价格为8时投标者Ⅲ将撤标，因其不愿支付$2 \times 8 = 16$来购买AB组合。于是，两件商品将分别以价格8售给两名小投标者，此亦为本情况下有效率的结果。可以看出，时钟拍卖的逐步提价，既排除了跳跃式出价，又增强了小投标者的力量，同步的提价使他们不至于因门槛问题退出拍卖。总结如下：

暴露和门槛协调问题： 如果投标者的许可证组合价值超过其中单张许可证的价值总和，则将面临"暴露问题"。当出价上升超过单张许可证价值，而又低于组合的价值时，所谓暴露，即最终只赢得组合中的部分许可证，且支付价格大于其中部分许可证的价值的风险。允许投标者对整个组合进行投标，排除了只获得部分许可证的可能性，这一问题便得到了解决。但是，组合投标又引发了新的门槛/协调问题。当组合投标者的出价领先，偏好单张许可证的小投标者都希望对方能够提高出价，从而使双方的出价之和超过组合投标。通过在拍卖中提供价格信息——出价必须提高多少才能在下一轮继续竞标，协调问题亦能够得到缓解。

⊖　Verizon由美国多家电信公司合并而成，是美国最大的本地电话公司、最大的无线通信公司。——译者注

29.2　其他组合投标方式的实验检验

围绕同时多轮拍卖的运行方案，经济学家提出了诸多建议，前一节并未全部囊括。最近，关于拍卖程序中，是通过计算机生成价格还是以时钟驱动价格，引起了部分研究者的浓厚兴趣。此外，还有人提出在递增价格投标阶段结束后加入第二阶段，比如，第二价格的密封"代理"投标（Ausubel，Cramton，and Milgrom，2004）。在这些提议中，有些还没得到实验的检验，至于那些经过检验的方案，关注的焦点集中在以下两个维度的表现——销售收入和经济效率。除了收入和效率，政府决策者还关心其他问题，例如，选定的拍卖形式不会不公平地使小竞标者处于不利地位。此外，如果高收入由于暴露或其他问题而导致中标者遭受损失，则不认为高收入本身是有益的。本节的其余部分简要总结了对基于价格的机制的两次评价的结果。

Porter 等人（2003）共报告了 55 场实验室拍卖的结果，以对比"组合时钟"和其他的同时多单位销售方式（兼有组合投标和非组合投标）。在测试环境下，组合拍卖的效率要比其他替代方案更高；事实上，几乎所有使用组合时钟的拍卖都获得了 100% 的效率，仅有两场例外。

只要还存在超额需求，时钟价格将一直提高，因此，组合时钟可以视作一种寻找竞争性均衡价格集的机制。然而，价值互补性有可能会排除这种价格的存在（Bykowsky，Cull，and Ledyard，2000），如表 29-3 所示。这里包括 3 名小投标者：投标者 Ⅰ 对许可证 A 和许可证 B 感兴趣，投标者 Ⅱ 对许可证 B 和许可证 C 感兴趣，投标者 Ⅲ 对许可证 A 和许可证 C 感兴趣。可以把这三个投标者看作部分利益重叠的"地区级"供应商。而大投标者 Ⅳ 相当于"全国级"的供应商，对全部 3 张许可证都有兴趣，ABC 组合之于投标者 Ⅳ 的价值为 36，亦即本例中的最高效率。只要每张许可证价格低于 15，投标人 Ⅰ、Ⅱ、Ⅲ 将坚持竞标 AB、BC 和 CA，此时每张许可证都有两名小投标者展开竞争，时钟会增加许可证 A、许可证 B 和许可证 C 的价格。但是，一旦价格超过 15，由于两两组合的价格高于 30，ABC 组合的价格也高达 45（超过投标者 Ⅳ 的价值 36，表中右下角粗体），全部投标者都将退出拍卖。因此，若价格低于或等于 15，需求大于供给；若价格超过 15，供给大于需求。这就是为什么本例中没有针对单个许可证的竞争性价格集合（需求等于所提供的 1 个许可证）。

相比之下，非时钟的组合投标允许直接对组合投标，价格并不是组合中单个许可证价格之和。这能够确保供求相等，例如，对 ABC 组合出价 36，对 AB、BC 和 AC 三个组合出价 31。表 29-3 中的例子表明，在某些情况下，允许投标者提交组合投标，结果可能比时钟机制更好。

表 29-3　强互补性的投标者私人价值：不存在竞争均衡

组合	A	B	C	AB	BC	CA	ABC
投标者 Ⅰ	3	3	0	30	3	3	30
投标者 Ⅱ	0	3	3	3	30	3	30
投标者 Ⅲ	3	0	3	3	3	30	30
投标者 Ⅳ	3	3	3	24	24	24	**36**

表 29-3 中的价值结构是 Brunner、Goeree 和 Holt（2005）实验的基础，该实验比较了时钟驱动（clock-driven）和出价驱动（bid-driven）两种组合投标机制。4 名投标者一组，连续进行 10 轮拍卖，许可证价值随机生成，大致以表 29-3 中的价值为中心。相较于地区投标者的双许可证组合价值，只要随机生成的投标者Ⅳ的 ABC 价值足够大，竞争均衡一般是存在的。但随机生成的价值将被重新排序和选取，竞争均衡也不会在每一轮都存在。时钟实验局中，每一轮初给出的组合价格即是其中各张许可证的时钟价格之和；在无时钟组合投标实验局中，则计算出"伪竞争价格"并提供给投标者，令其大略知道自己需要出价多少才能留在拍卖中。这些价格本质上通过数学规划问题计算得到，被称为 RAD（resource allocation design）价格（DeMartini et al., 1999）。对于最后五轮拍卖，非时钟组合投标（98%）和组合时钟（98%）的效率，高于禁止组合投标的同时多轮拍卖（92%）。虽然这两种组合投标方法在效率方面不相上下，但组合时钟的收入比非时钟组合投标程序更高。一位实验经济学家曾对作者说过，"时钟就好比饥饿的野兽"，指的就是时钟拍卖在收入方面的优势。在三个许可证的简单环境中，观察到这两个组合投标机制的相对效率较高，这就提出了一个问题，即在许可证和投标人数量更多的复杂环境中，哪种拍卖程序会更好。

29.3　分层组合投标和最近的一些拍卖

不受限制的组合投标的一个主要障碍是，可能的组合的数量可能相当大，能分配给投标人的数量也可能很大。假设有 n 张许可证和 b 名投标者，就有 b 种方法来分配首张许可证，另有 b 种方法来分配第二张（因为中标第一张的人还有可能中标第二张）。因此，前两张许可证共有 $b \times b = b^2$ 种分配方法。以此类推，全部 n 张许可证共有 b^n 种分配方法。自然对数和指数互为逆运算，分配方案数量可改写为：$b^n = e^{\ln(b^n)} = e^{n\ln(b)}$，是许可证数量的指数函数，随着许可证数量增加增速极快。由于可能的分配方案众多，FCC 难以保证从数以百计的投标者处收集数百个投标，并找到其中收入最大化的分配方案，进而在合理的时间内确定临时中标者。

于是，Goeree 和 Holt（2010）提出了一种将价格分配给分层组合结构的方法，限制了可能的组合数，且只需简单的（纸和笔足矣）递归运算，便能够确定临时中标者，求取许可证及其组合的价格。FCC 将此方法称为分层组合投标（hierarchical package bidding，HPB）。例如，这种层次结构可划分为三层，分别由较少数量的连续组合构成：顶层，一个"全国级"组合，由所有许可证组合；中层，一系列无重叠的"地区级"组合，覆盖全部许可证；底层：单张的"本地级"许可证。

关于组合投标的政策讨论，大多数围绕是否偏向大投标者（通常偏好竞标大量相互关联的许可证）或损害小投标者利益展开的。这类讨论在效率层面意义重大，本地级和地区级的供应商可能具备当地的知识和经验，故而在成本上占据优势[○]，但却被全国级供应商

○　即小投标者取得许可证效率更高。——译者注

的强势出价所压倒。HPB 拍卖的一个主要目标就是以经济上的（economic）考量来决定拍卖结果——许可证究竟是单独销售、以地区级组合销售还是作为覆盖所有区域的全国级许可证销售。

如图 29-1 所示，想要实现内生的组合拍卖目标，首先要计算每一张本地许可证的最高出价。如图 29-1 中第三行，共有 12 张单独的许可证，标号从 A 至 L。第二行是 3 个地区级的许可证组合：ABCD、EFGH、IJKL，各包括四张许可证；如果对地区级组合的最高出价高于其中每个许可证最高出价之和，则地区内的许可证打包出售，"地区级收入"被定义为地区级组合的最高出价和地区内所有本地许可证最高出价之和二者中的最大值。最后，地区级收入之和将与全国级组合 ABCDEFGHIJKL 的最高出价进行比较，进而决定拍卖最终的分配结果：是一张全国级许可证，还是一些本地 / 地区级的许可证。在实验中，通过设计随机价值的分布以及与获得多个许可证有关的协同效应，以确保最佳分配有时是国家级许可证，有时是本地级和地区级许可证的混合。

```
                    A B C D E F G H I J K L

        A B C D              E F G H              I J K L

    A   B   C   D    E   F   G   H    I   J   K   L
    1   1   1   1    3   3   3   3    5   5   5   5
    6   6   2   2    2   2   4   4    4   4   6   6
    7   7   7   7    7   7   7   7    7   7   7   7
```

图 29-1　分层组合投标——国家级、地区级和本地级

注：许可证下投标者 ID 表示对应投标者的私人基础价值为正。编号为奇数的地区级投标者 1、3、5，其兴趣和第二行的地区级组合相契合；在另一半拍卖中，地区级组合的划分有所改变，令偶数投标者的兴趣与之契合。投标者 7 是全国级投标者，对全部 12 张许可均有兴趣。

收益最大化的组合集和许可证的获得的分层计算，是自下而上递归地完成的，因此，从计算的角度来看，这些计算是微不足道的，从单个投标人的角度来看则也是直观的。高透明度和计算上的可行性（无须数值近似）是 HPB 方法的主要优势。

HPB 结构的重要组成部分之一便是许可证价格的计算，组合价格即为其中许可证价格之和。这些价格能够加强竞争，缓解门槛协调问题。想要了解价格是如何计算的，不妨假设当前所有临时中标均为单张许可证。在这种情况下，临时中标的单张许可证出价构成许可证价格，组合的价格即为其所含许可证的价格之和。组合价格显示出门槛——组合投标者需要跨过这道门槛，才能击败单张许可证的投标者。简便起见，假设仅为两层结构，上层为全国级的组合，由所有单张许可证组成，没有地区层。此时，如果临时中标者为全国级组合，那么组合出价和单张许可证最高出价总和的差距（overhang），将按人口比例分配给本地级许可证。这一分配方式保证了本地级许可证的最高出价加上各自分配的"差距"，等于临时中标的全国级出价；价格还将传递信息，即本地级出价至少提高多少才能和临时中标的全国级投标者竞争。举例来说，临时中标的全国组合 ABC 出价为 14，单张许可证 A、B、C 的最高出价分别是 2、2、4，差距等于 14 − 2 − 2 − 4 = 6，加之三张许可证覆盖区域的人口相等，故将差距等分，单张许可证的价格分别在其最高出

价的基础上提高 2，于是 A、B、C 的价格分别为 4、4、6。地区级别的差距分配与之类似，加入后即组成先前介绍的三层结构。

Goeree 和 Holt 的实验设计（已经事先通过了 FCC 的审查）包含 7 名投标者，分为两类：6 名小投标者或"地区级"投标者（编号为 1 ~ 6）以及 1 名"全国级"投标者（编号为 7）。许可证的分层结构如图 29-1 所示，包括一个全国级组合 ABCDEFGHIJKL 和 3 个不重叠的地区级组合，各含 4 张许可证。

每张许可证下方的投标者 ID，表示许可证对该投标者的私人基准价值为正；每场实验中，投标者 7 均为全国级投标者，对图中 12 张许可证的私人基准价值均为正，且行动点数充足。举例来说，对地区级投标者 1 而言，许可证 A、B、C、D 的私人价值为正；而投标者 2 的兴趣则在于 C、D、E、F。编号为奇数的地区级投标者 1、3 和 5，偏好恰好和地区级组合相契合；而编号为偶数的地区级投标者，偏好却分别落在两个组合。另一半的拍卖场次中，地区级组合的划分有所改变，契合编号偶数投标者的偏好。这种实验局称为"HPB 偶数"实验局。

除了图中 3 层的 12 张许可证外，拍卖中还包括第二组共 6 张许可证，对全国级投标者而言价值为 0；设置第二组是为了，在全国级投标者赢得国家级组合时，保证地区级投标者也能够获得一些正收益。重要的是，不论是图中的第一组还是上述第二组，获得连续许可证的数量越多，基本私人价值增长迅速，这就是"协同效应"的产生。

实验比较了三种拍卖程序。其一，前一节讨论的同时多轮（SMR）拍卖，每张许可证单独拍卖，仅通过行动点数将其联系起来，行动点数对投标者在每一轮中投标的许可证数量施加了"要么使用、要么失去"的限制；投标者无法对组合进行投标。其二，修改后的组合投标（modified package bidding，MPB），在该实验局中，投标者可以完全灵活地投标任意许可证组合，这点稍微不同于上一节提到的 RAD 组合投标设置；关于 MPB 形式最重要的一点是，虽然投标组合是完全灵活的（full flexibility），但是投标数量仍受行动点数的制约；投标者以组合的形式进行投标，组合中包含的许可证数量不限（2 ~ 12）。其三，HPB 拍卖，许可证组合具有严格的分层结构，为一个全国级组合 ABCDEFGHIJKL 和三个不相重叠的地区级许可证，如图 29-1 所示；因此，在 HPB 结构下，拍卖中仅有 4 个组合可供选择，不同于 MPB 下可能出现的极多数量的组合。另外，MPB 下临时中标价格的计算，可通过数学规划程序完成，并未向实验被试加以解释。

在全部三种形式下，投标者都能够创建"自定义"组合，从而观察中标这些许可证所能产生的价值。在 MPB 下，投标者可以投标自己创建的任意组合；在 SMR 下，自定义组合只做展示，不能将其放入投标栏；而 HPB 下，投标者只能将预先设定的四个组合加入投标栏。

图 29-2 是对实验结果的总结，图 29-2 左侧为各实验局的平均效率，图 29-2 右侧为平均收入。其中，收入指标的计算，是实际收入与瓦尔拉斯预测收入之比；瓦尔拉斯收入是所有出价如实显示价值时的拍卖收入，在前一章中已做介绍。实验结果显示，存在价值互补性的环境中，分层组合投标（HPB）占据显著优势。回想一下实验设置，有一半的地区级投标者所偏好的组合和预先设定的招标组合不相匹配。HPB 收获了显著更高的收入

和效率，以及更少的未售出许可证。由于被试为了避免暴露而撤回投标，在 SMR 拍卖中许可证流拍现象最为普遍。

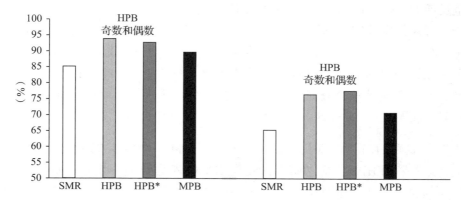

图 29-2　无组合的 SMR（白色条形）、HPB 即分层组合投标（灰色条形）和 MPB 灵活组合投标（黑色条形）
注：图中 HPB 对应的是奇数区域投标者的偏好和预设组合一致的实验局；HPB* 对应的则是偶数区域投标者的偏好和预设组合一致的实验局。

　　鉴于价值互补性的存在，作者预计 FCC 广泛使用的同时多轮拍卖形式，在效率和收入上都会较低。令人意外的是 HPB 和更灵活的 MPB 之间的相对排名。仔细检查投标数据，就会发现导致这种差异的共同模式。考虑图 29-3 的设置，其中，投标者 1、投标者 2、投标者 3（粗体显示）随机生成的私人价值最高。由于他们的偏好相互重叠，而每张许可证只能出售给一名投标者，因此，这三位可能将无法对竞标 12 张许可证的全国级投标者 7 形成挑战。针对灵活组合投标（MPB）数据分析表明，自制（home-made）组合投标的确倾向于相互重叠，引发适配问题（fitting problem），导致地区级投标者难以中标，即便这是有效率的拍卖结果。从某种意义上来说，在灵活组合的 MPB 拍卖中，地区级投标者像是在互相踩脚趾（stepping on each other's toes）。结果显示，MPB 下全国级投标者得到的许可证数量远高于最优数量，而非 SMR（无组合）或分层组合投标（预设的不重叠的组合）下。更重要的是，在 MPB 下，全国级投标者一无所获的轮次中，地区级投标者通常也无法协调投标、避免重叠；这种协调问题在分层组合结构下几乎不存在。

| ABCDEFGHIJKL | | | | | | | | | | | |
A	B	C	D	E	F	G	H	I	J	K	L
1	**1**	**1**	**1**	**3**	**3**	**3**	**3**	**5**	**5**	**5**	**5**
6	6	2	2	2	2	4	4	4	4	6	6
7	7	7	7	7	7	7	7	7	7	7	7

图 29-3　灵活组合投标的协调问题：黑体数字显示了地区级投标者的利益重叠
注：如果投标者 1、投标者 2 和投标者 3（黑体显示）抽取了一组高随机值，并构建了与其利益相匹配的 4 个许可证组合，以最大限度地发挥协同作用，重叠可能会阻止这些投标者挑战强大的国家级投标者（投标者 7）。

　　但预组合的缺点也显而易见，选定的组合未必最优；不过无重叠的分层结构也保证了组合之间相互适应（fit），使投标者能够协调投标，避免门槛问题，进而对效率和收入产生积极影响。除此之外，随着拍卖的进行，HPB 下的分配和定价高度透明，便于投标者自行验证。当然，将分级和灵活的组合投标推广到其他环境时必须小心。但如果许可证数量增加，从而提高了适配问题的潜在复杂性，实验结果似乎表明，简单的 HPB 程序相比完全灵活的组合投标形式（如 MPB）仍具优势。

组合投标对比实验结果： 就实验场次而言，相比完全灵活的组合投标（MPB）和无组合投标（SMR），分层组合投标（HPB）具有显著更高的收入和效率。SMR 表现不佳，在收入和效率上均居劣势，其主要原因是暴露问题。分层组合投标形式提供了避免暴露的保护机制，且其预设的非重叠组合，避免了强势的地区级投标者投标组合相互重叠的问题，这种问题在 MPB 下普遍存在。

鉴于定价规则的简单性以及在实验中的表现，FCC 决定在 2008 年的 700MHZ 频段"C 块"拍卖中采用 HPB。总体而言，此次拍卖收入达到了（当时）创纪录的 196 亿美元。如此高的收入，部分原因在于该频段很少进行拍卖，且具有很强的穿透性和传播性。拍卖中存在活动规则造成的摩擦、放弃投标的处罚以及频率组合和地理边界未对齐（地理区域和频率子集错位）的情况，因此还有相当的改进空间。如果现实中很容易发生类似的错位，那么实验在记录此类摩擦时可能很有帮助。

HPB 的使用是 FCC 首次实施组合投标的大型拍卖，当 FCC 考虑采用 HPB 开展后续拍卖时，得到了极大投标者 AT&T 的支持，而反对的声音主要围绕的是小投标者利益。小投标者通常是组合拍卖的反对者，这种反对意见很可能是出于小投标者的利益考虑；但问题的另一面是，HPB[⊖]并不要求许可证以大组合的形式出售，而是将中标的体量交由投标决定，即出于经济而非政治考虑。此外，大型竞标者（Verizon 和 AT&T）并未积极参与最近的 FCC 拍卖（将在下一节讨论），很可能是因为缺乏组合投标的机会。

29.4　FCC 的激励拍卖

在 2012 年，美国国会授权 FCC 进行双边的激励拍卖，将频谱从低价值用途（如模拟电视台）转移到高价值的无线数据供应上。双边拍卖在实验室实验中很常见，如，史密斯的双边拍卖；此外，上一章讨论的寄售拍卖部分也介绍了双边拍卖在排放许可证市场的成功案例。双边拍卖在商业活动中也屡见不鲜，例如采购。然而，双边频谱拍卖从未有人尝试。激励拍卖所涉经济利益和风险巨大，在 2016 年 3 月拍卖实际开始的几年之前，于斯坦福大学召开的规划会议上最初讨论的焦点之一便是，如何拍卖约 100MHz 的频谱产生 1 000 亿美元以上的回报。

考虑到拍卖的新颖性和高风险，四年的规划期似乎是合理的；在庞大的拍卖计划开始运行后，不能再随意地改变路线方针，就好比在这个月开始以某方法拍卖排放许可证，不能到了下个月突然增加一套修正方案。然而，双边激励拍卖持续了整整一年，于 2017 年 3 月结束，考虑到不断变化的经济状况，拍卖周期可谓很长。在此期间，一些主要的潜在竞标者从其他来源获得了频谱。不管怎样，三家主要竞标者（Verizon、AT&T 和

⊖　原文为 HPD，联系上下文，疑有误。——译者注

Sprint）最终都没有参与激励拍卖：当拍卖的第一阶段终于开始时，Verizon 已经决定不再需要频谱了，至少这是它给出的理由；而 AT&T 的确参加了第一阶段的拍卖，随后却以 FCC 规则允许的最快速度摆脱了行动点数，退出了拍卖。考虑到当时超过 90% 的行业现金流由 Verizon 和 AT&T 控制，它们的不参与对创收来说可谓一场灾难。

FCC 的网页摘要对最终结果给出了更积极的看法："此拍卖利用了市场的力量，使广播电波的使用与 21 世纪消费者对视频和宽带服务的需求保持一致。拍卖保留了一个稳健的广播电视行业，同时使电视台能够产生额外的收入，它们可以投资于节目和服务于它们所服务的社区。"虽然，原本有机会额外拍出 42MHz 的频谱，但是，拍卖最终确定的数量为 84MHz，金额超过 190 亿美元；其中，100 亿美元流向了卖家，即电视台所有者。虽然，约 100 亿美元的净收入是一笔巨款，但是，远低于 FCC 近期其他一些拍卖的收入。

2017 年，在华盛顿特区举行的拍卖后会议（post-auction conference）上，与会者讨论了激励拍卖未达到预期的方面。有人指出，需求下降是其中一个原因，在策划和运行拍卖的五年时间里，公司的需求发生了变化。尽管拍卖清除了 84MHz 的频谱，但许多低价值的电视台未能清除。

FCC 的激励拍卖并不是买方和卖方同时参与的单一拍卖，而是交替运行逆向拍卖（电视台卖家提供频谱）和正向拍卖（无线供应商竞购频谱）。每一阶段都要用时一个月甚至更久。在拍卖后会议上，不少人抱怨这种交替造成了不必要的拖延。其中，每一段逆向拍卖都必须从头开始，经历大约 50 轮的竞标才能终止。虽然提高最低投标增量能加快速度，但有人指出，正是当增量从 5% 增加到 10% 时，AT&T 选择了退出。不过，与会者普遍同意，必须提高两阶段（two-phase）拍卖进程的速度。

激励拍卖在某些方面相当简单，比如，不存在组合投标，可能降低了大投标者的兴趣。即便如此，这个两阶段拍卖过程本身仍然相当复杂。商务委员会的一位工作人员惊呼道，这是"人类历史上最复杂的拍卖"。他指出，如果在拍卖后加入重新打包阶段，整个拍卖过程将需要十多年的时间（从最初讨论到频谱最终使用），相比之下，奥巴马医改只用了 1 ～ 2 年。图卢兹经济学院的 David Salant 对拍卖的复杂性和不确定性发表了评论，并指出投标者可能在每一轮中都需要大幅提高出价。复杂性也是一个问题，它降低了参与度，增加了不确定性，从而抑制了出价。AT&T 的一位职员在会议上表示，"人们讨厌不确定性"。

尽管采用了"激励拍卖"的名称，但仍存在一些重大的激励问题。例如，有一种感觉是，卖家可能行使了市场势力（market power）。有一位卖家在匹兹堡地区拥有 12 家电视台，最终通过拍卖只卖出了其中 5 家的频谱；令人担忧的是，这名卖家提高了那些未出售电视台的要价，以抬高那些已售出电视台的价格。这种减少供应策略在早先的（非实验）分析中就已经预测到（Doraszelski et al., 2016）。此外，还存在其他价格异象，如宾夕法尼亚州哈里斯堡的电视台售价高于费城地区的电视台，很难证明这种差异是合理的。一位拍卖设计顾问承认，他们花了很多精力在正向（买家）的激励措施上，本可以更多地考虑卖方激励措施。另一位与会者表示，拍卖给予"大投标者的力量过大，甚至一名正向投标者通过隐藏其在小市场的行动，便有机会结束一个阶段的拍卖"。每次在正向和逆向阶段间的切换都需要花上几个月的时间。

虽然高度复杂,激励拍卖在某种意义上依然是渐进式的——它是以"久经考验"的同时多轮拍卖(SMR)为基础建立起来的,继承了多轮次、行动点数规则等特征。对于在 SMR 基础上加入的新奇的双边性,有人指出,由于没有时间审视实验数据,所以激励拍卖的设计者们只能"依靠理论"。但是,在早些时候的斯坦福会议上,密苏里大学的 Ron Harstad 就曾指出,相关理论基于私人价值,而频谱许可证显然具有共同价值的成分。华盛顿会议上亦有人好奇,如果采用完全不同的方法,比如,用快速的密封投标拍卖收集买卖双方的出价,将会产生怎样的结果。David Salant 指出,他一直认为正向和逆向拍卖应该并行开展(run in parallel)。克莱姆森大学的 Tom Hazlett 提出了一种科斯式(Coaseian)[⊖]的叠加许可证(overlay licenses)的想法:将一个区域内电视频道的权利授予一家公司,这家公司就可以直接与当前的频谱所有者们谈判,并把他们清除出市场。这些都是有待进一步研究的重要领域,此时实验可能会有帮助。在参加斯坦福大学早先的一次规划会议时,本书作者询问了有关实验的情况,并被告知计算机模拟代替了实验;当天晚些时候,作者把这一情况告诉了一位 FCC 官员,并问道:"你晚上怎么睡得着?"

29.5 扩展

对许可证结构加以分层的观点,最早可见于 Rothkopf、Pekeč 和 Harstad(1998)的论文。有关设计多单位拍卖时的常见考虑事项,Klemperer(2002)进行了权威的讨论。面向广大科学受众,Noussair(2003)清楚地描述了暴露和协调/门槛问题。Kagel 和 Levin(2004)用计算机模拟了"纯净"环境中的小投标者,分析了暴露问题和策略性的需求降低。David Salant 的著作《拍卖设计、管理和策略入门》(*A Primer on Auction Design, Management, and Strategy*)有一章专门介绍了组合投标,其中,涵盖 HPB 和组合时钟拍卖。Bichler 和 Goeree(2017)主编的《频谱拍卖设计手册》(*Handbook of Spectrum Auction Design*)中收录的论文,对当前关于频谱拍卖的研究进行了很好的整理。Thomas Hazlett 在 2017 年的书籍和 2014 年的论文中介绍了叠加许可证的思路,文章题目颇具挑衅性:"带有阻塞和避免涅槃谬误[⊖]的高效的频谱分配"(Efficient Spectrum Allocation with Hold-Ups and without Nirvana)。

第 29 章习题

1. 考虑表 29-3 中具有很强补偿性的估值设置,唯一的变化是投标人Ⅲ的许可证 C 价值从 3 提高到 10。此时有效率的分配方案是什么?是否存在竞争均衡和 A、B、C 价值,以得到这种有效率的分配方案?

---

2. 对于上一个问题中的估值设置，如果投标方 Ⅳ 赢得了所有三个许可证，观察到的效率是多少？

3. （无须数学证明）第 29.3 节⊖提到的两阶段拍卖具有以下特征：先进行第一场拍卖，而后进行第二场，类似于点球决胜（final shootout）。为简便起见，假设单一拍品，且第二阶段为密封第一价格拍卖，第二阶段出价最高者中标。你应该怎么做，才能避免第一阶段被投标者忽视？换句话说，采用什么程序来诱导竞标者在第一阶段认真竞标？

4. 考虑一个三层结构，包括：全国级组合 ABCDE，两个地区级组合 ABC 与 DE，五张当地级许可证 A、B、C、D、E。如果 A 的最高出价是 10，B 的最高出价是 10，C 的最高出价是 15，而 ABC 的最高出价是 30，那么，这个 ABC 地区的"地区级收入"（在第 29.3 节中定义）是多少？

5. 考虑一个两层结构，包含组合 ABC 以及本地级许可证 A、B、C，三张许可证覆盖区域的人口相等。如果 A 的最高出价为 10，B 的最高出价为 20，C 的最高出价为 30，ABC 的最高出价为 69，那么，在分层组合投标下，三张单独许可证的价格分别是多少？

6. （无须数学证明，开放性问题）阅读第 29.4 节后，请回想上一章讨论的排放权寄售拍卖中的积极经验，是否或如何应用于双边频谱拍卖的设计？在策略操纵方面可能会出现什么问题？

⊖　或应为 29.2，见第 29.2 节第一段。——译者注

CHAPTER 30

第 30 章

匹配机制

基于价格的分配被认为是不可取甚至不道德的情况下，不应给予富人的优先权，例如，宿舍的分配，热门班级的名额，军校毕业生的任务分配，或城市高中的招生。在这些情况下，可以考虑根据市场中一方（或双方）提交的偏好排序来构建分配方案。例如，将医科学生分配到住院医师项目就是基于医院和医科学生提交的愿望清单。这样的系统就像一个票据交换所，收集双方提交的排序并安排配对。

如果可能的话，好的匹配系统能够激励参与者提交真实的偏好排序，并同时兼具稳定性（匹配是稳定的）。所谓稳定性，即不存在没有配对的两个人，他们都愿意打破现有的组合，然后重新配对。

本章将介绍最常用的几种匹配机制及其特点，并对它们的表现进行评估。

教师须知：Veconlab 拍卖菜单中，课堂版本的匹配程序目前还在开发阶段。现有的关于默认设置的建议，可参考该菜单。教师也可以考虑使用单边的"连续独裁者"程序（第 30.3 节），来组织学生的课堂实验任务。

30.1 匹配机制：优先级乘积和延迟接受

以前，雇主围绕着专业学院的学生的竞争愈演愈烈，签约时间不断被提前。然而，如此匆忙的决定或将面临不确定性，且偏好也有可能发生改变，提前的要约与承诺有降低效率的风险。而匹配机制已被用于缓解与提前录用相关的问题，具体应用领域包括：面向医学院学生的住院实习和面向法学院学生的高级司法书记员等职位。为了有效地遏制提前合约，匹配机制必须发挥防止拆解（unraveling）过程的作用，后者可能导致无效率的提前匹配。

例如，在围绕美国联邦上诉法院书记员职位的劳动力市场中，法官们竞相招募最好的法律专业生，故而越来越早地提供工作合约。这种趋势甚至发展到，早在学生们毕业前两年，法官们就直接向刚完成一年级学业的学生发出录用通知书（Roth，1984）。

在许多医疗劳动力市场中使用的另一种方法是建立匹配机制。这种匹配机制使用计算机程序，根据潜在雇主和雇员提交的优先排序偏好创建匹配。20 世纪 50 年代，美国的住院医生分配就曾运用此类系统，其改良版本一直沿用至今（Roth，1984）。美国住院医生匹配程序（US national resident matching program）的成功引起了英国方面的注意，后者亦被普遍的拆解现象以及提前合约所困扰。随后，英国因地而异引入匹配机制。这些系统中，有些幸存下来并蓬勃发展，其余则因未能抑制拆解而宣告失败。这些匹配机制的性能差异值得进一步分析。

本节将介绍两种主流的匹配机制，并使用 Kagel 和 Roth（2000）实验的简化版本来阐明其特性。两种机制的算法都需要每名潜在的雇员（"工人"）提交一份关于雇主（"公司"）的排序表，其中，1 号代表自己的首选，以此类推；同样地，也需要每家公司都提交可用的员工的排序表。

两种系统的主要区别在于，如何运用偏好排序，从而实现匹配。优先级乘积（priority product）系统通过计算双方排序的乘积，来衡量一组工人－公司配对的吸引力。例如，如果有工人和公司互为对方的第二选择，那么，二者配对的优先级乘积等于 4，程序即是根据优先级乘积按照由小到大的顺序配对。只要工人和工作岗位的数量相等，就不存在无法通过该系统实现配对的工人或公司。优先级乘积机制的应用相当广泛，如学生择校匹配等；其多种其他版本也在实验室实验中付诸实践，比如，在自愿贡献博弈中，如何将被试分组的问题（Page et al.，2005）。

另一种普及的匹配程序的系统叫作延迟接受（deferred acceptance）系统。其中，公司首先各自向最青睐的工人发送合约，工人只接受自己最青睐公司的合约并拒绝其他公司。下一阶段，被拒绝的公司继续向偏好程度次高的工人发出合约，已经签约的工人若收到自身偏好列表中位置更高的公司发来的合约，可退回之前合约并重新签订新合约。如此，随着各阶段不断递进，每名工人的满意程度也不会下降。

为搞清延迟接受系统的运作方式，不妨设想如何在婚姻市场中将其付诸实践。令每一名适龄男性列出目标女性的偏好排序，并向其中排在最高位的女性求婚；收到多人求婚的女性暂时答应其中自己最满意的男性，并拒绝其余追求者。被拒绝的男性则继续追求自己名单中的下一位女性；对于已经接受求婚的女性，在新的求婚出现时可以重新选择自己更满意的男性，即使这意味着要抛弃前一名伴侣，因此，重新恢复单身的男性则继续沿着偏好排序表进行求婚。当不再有新的求婚出现，该程序便告完成。这个例子生动地呈现了延迟接受系统的运转方式。[一]但是，在实际的计算机匹配程序中，不存在轮间反馈，无法体现遗憾、失望或拒绝带来的情感伤害，而这些在婚姻的匹配机制中必然存在。

　　面对相同的偏好排序输入值，两种匹配系统的最终匹配结果可能在许多方面呈现不同特征。若得到真实的偏好排序，延迟接受系统的匹配结果具有稳定性——只要工人和公司双方都是诚实的，就不存在这样的工人和公司——二者都愿意放弃自身既有的配对，转而和对方进行匹配。如何理解延迟接受匹配结果的稳定性？请注意，如果相较既有配对，公司更偏好于另外一名工人，其实就意味着在它的偏好排序中后者的位置高于前者；也就是说，在沿着排序表从上向下发送合约的过程中，公司一定曾向这名更受青睐的工人发送过合约，并遭到了拒绝；而即便有机会，之前选择拒绝的工人也不会改变想法。因此，纵使公司在匹配结束后想要追求其他工人，后者也没有理由跳出自己的配对。

　　相反，即使所有的工人和公司都如实地提交偏好排序，优先级乘积系统也未必能产生稳定的结果。下面我们来看一个简单的例子。设想，工人中有一半人的生产能力高，另一半生产能力低，公司雇用前者能够获得 15 美元的产值（无关公司自身能力），雇用后者的产值则仅有 5 美元；同样地，公司也分为两种，一半生产能力高，另一半生产能力低，工人受雇于前者平均能获得 15 美元的报酬，反之平均报酬只有 5 美元。本节后续将沿用这个设置，对比延迟接受系统和优先级乘积系统的匹配稳定性。

　　此外，在下一节将要讨论的实验中，还在上述例子中加入了另一设定：实际的匹配收益等于，配对者的产值加 / 减一个随机的偏差（私人可见，绝对值小于 1 美元）。此偏差是为了模拟异质性的匹配价值，比如，即便各方面条件相若，医学院的学生也可能更偏好到离亲朋好友更近的医院就职。表 30-1 展示了一套简化的实验设置，包括四名工人和四家公司。举例来说，按照顺序，相较于工人 W1、W3 和 W4，公司 F1 更偏好于工人 W2，与后者配对能够获得 14.90 美元。类似地，见表 30-1 下半部分，工人 W1 偏好公司 F2 依次胜于 F1、F3 和 F4，其与 F2 配对的收益最高。

表 30-1　每组匹配对应收益　　　　　（单位：美元）

F1 收益	F2 收益	F3 收益	F4 收益
W2 = 14.90	W2 = 15.50	W1 = 15.30	W1 = 14.90
W1 = 14.20	W1 = 14.60	W2 = 15.00	W2 = 14.50
W3 = 5.90	W3 = 5.30	W3 = 5.50	W4 = 5.50
W4 = 5.60	W4 = 4.60	W4 = 4.70	W3 = 5.10
W1 收益	W2 收益	W3 收益	W4 收益
F2 = 14.90	F2 = 15.50	F1 = 15.50	F1 = 15.50
F1 = 14.80	F1 = 14.60	F2 = 14.60	F2 = 15.10
F3 = 5.60	F3 = 5.00	F3 = 5.30	F3 = 4.90
F4 = 5.30	F4 = 4.60	F4 = 4.60	F4 = 4.50

　　如果真实的偏好排序如前表，且匹配遵循延迟接受程序，则：第一阶段，公司 F1 和 F2 各自向工人 W2 发送合约，W2 保留 F2 的合约并拒绝 F1；公司 F3 和 F4 则各自向 W1 发送合约，W1 保留 F3 的合约并拒绝 F4；低生产力的工人在第一阶段不会收到合约。第二阶段，先前被拒的 F1 向 W1 发送合约，后者将会接受并退回之前低生产力公司 F3 的

合约。第二阶段结束后，高生产力工人 W1 和 W2 将暂时与公司 F1 和 F2 配对，而且，这种配对不能被低生产力的配对所推翻。可以证明，后续的匹配中 W3 与 F3、W4 与 F4 将配对（见章后习题第 1 题）。此外，上述设置具备稳定性：虽然 W4 更想与 F3 配对，但意愿却不是相互的，F3 更偏好目前配对的 W3 而非 W4；该结论同样适用于高生产力公司和工人。综上，该结果具备稳定性。

接下来，同样假设真实的偏好排序如前表，让我们考虑优先级乘积系统将作何表现。由于 W2 和 F2 互为首选，二者配对的优先级乘积等于 1，可证明为最小乘积（见章后习题 2）；于是，这一组配对将确定，并将 W2 和 F2 移出讨论。那么，F1 是否会和 W1 配对呢？F1 和 W1 互为第二选择，故配对的优先级乘积等于 4，大于 F1 和 W3 的优先级乘积。F1 是 W3 的第一选择，W3 是 F1 的第三选择，故而二者的优先级乘积等于 3；同理，F3 和 W1 的优先级乘积也等于 3，同为第一组配对（W2，F2）后剩余配对中乘积最小者，故优先级乘积算法将把 W1 和 F3、W3 和 F1 配对。可知，该结果并不具备稳定性，高生产能力的个体（F1 和 W1）都更偏好于打破现有的组合相互配对。

重要的是，延迟接受的配置结果可以防止拆解的发生，而优先级乘积系统不能防止拆解的发生。总结如下：

延迟接受和拆解现象： 如果公司和工人都如实提交偏好排序，延迟接受系统总能够产生稳定的匹配结果，在这个结果中，目前还没有匹配的配对不希望被重新匹配（不存在成对阻塞）。相反，即便工人和公司都提交真实的偏好，优先级乘积系统（偏好乘积排序）也未必能产生一个稳定的结果。

30.2 匹配机制和拆解现象的实验分析

一个不稳定的系统会在配对宣布后产生遗憾和不满，因此，当工人和公司寻求双边（bilateral）配对而不是通过配对系统进行配对时，参与率可能会下降。由于这些双边报价不像匹配系统那样局限于单一的时间段，因此，可能会出现早期合约的问题。

Kagel 和 Roth（2000）基于前一节内容设计了实验，其中，提前匹配可能造成市场拆解。设计该实验的目的是，确定集中的匹配过程（延迟接受或优先级乘积）的推出能否消除工人（接受）和公司（发送）提前合约的倾向。

结构上，实验中的匹配价值依然近似于表 30-1，但每场实验中工人和公司的数量增至 6。具体到实验过程，公司可在每期向一名工人发送合约。每一轮实验包含 3 期：-2 期、-1 期和 0 期（毕业日）。如果在 -2 期完成双向配对需要承担 2 美元的成本，-1 期成本为 1 美元，而在 0 期完成匹配无此成本。一组工人和公司一旦匹配，二者便都不能再接受或发送合约。在包含匹配机制的实验轮次中，若有工人 / 公司到 0 期仍未配对，将自动为其运行匹配机制。0 期后未成功配对者，实验报酬为 0 美元。

每场实验的前 10 轮将会重复进行无匹配机制的市场过程（3 期）。匹配值配置在各轮之间随机打乱，但是在一轮内（-2 期、-1 期和 0 期）保持不变。而后，从第 11 轮的 0 期开始，后续轮次将搭载一种匹配机制（延迟接受或优先级乘积）。提前匹配的平均成本如图 30-1 所示。

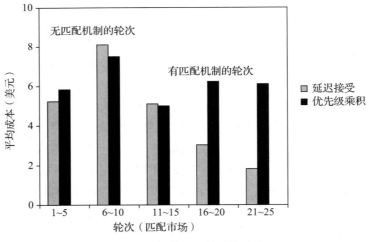

图 30-1　提前匹配的平均成本

资料来源：Kagel 和 Roth（2000）。

评估结果的一种方法是查看与提前匹配相关的平均成本，如图 30-1 所示。图中左侧的两组条形图对应的是加入匹配机制（第 11 轮）之前的 10 轮。注意，从其中的前 5 轮到后 5 轮，平均成本有上升趋势，这证明拆解现象的存在。之后，不论哪一种实验局，第 11 ～ 15 轮的平均成本都有所降低，可见两种匹配机制在运行后都发挥了降低成本的作用。但是，最后的 16 至 25 轮中，延迟接受系统的平均成本继续降低，优先级乘积系统（深色条形）却没有降低趋势。尽管未在图中展示，延迟接收系统下的最后 5 轮中，−2 期的高成本提前配对已然完全消失。总结如下：

实验结果和匹配机制： 若缺少集中的匹配程序，往往会出现代价高昂的提前匹配。在数轮（不止一轮）之后引入匹配机制，可减少提前匹配及对应成本。但是，如果是优先级乘积机制，那么，随着实验的进行提前匹配可能会复发；反之，在延迟接受机制下，并未观察到拆解现象。

从方法论的角度来看，这个实验很有创新性。首先，需要注意的是，之所以使用顺序（被试内）设计，是因为匹配机制是在已经发生拆解的自然实验中实现的。因此，序列效应是关注的焦点，而不是麻烦。

方法论角度的第二点创新在于，作者通过该实验能够观测到被试调整过程中（during the process of adjustment）行为模式的变化，这些细节难以从实地数据中获取。在实验中，匹配机制这一选项的突然出现，并未阻断公司像先前一样提前配对的途径。换言之，−2 期和 −1 期未实现配对的人最终尝试了匹配机制，并取得了较好的结果。这一点在延迟接受机制下尤其明显；相比之下，优先级乘积虽然也能够在引入之初提升匹配质量，但随着高成本的提前匹配由减转增，市场拆解现象有复发趋势。此外，实验室实验能够再现现实中的市场拆解模式，以及稳定匹配机制的优越性。

这个实验之所以重要，还有另外一个原因。延迟接受机制下参与双方并不一定都有揭示他们真实偏好的动机："没有一种稳定的匹配机制能够将陈述真实偏好作为占优策略（Roth and Sotomayor，1990）。"特别是，我们可以构建这样的例子，即一方的参与者一致地偏好一种稳定的匹配，而另一方的参与者则更偏好另一种稳定的匹配，这可能会激励参与者进行战略误导。由于延迟接受系统的稳定性是有条件的，它是以真实的偏好为基础的，因此，用实际的参与者选择来评价机制是很重要的，这些选择可能会因为策略原因，或者更有可能是因为与有限理性相关的原因，而偏离真实的偏好。不过，在 Kagel 和 Roth 的实验中，延迟接受系统对匹配结果的改善令人放心，特别是在其稳定性和抵抗拆解的能力上。

若不经过实验室实验的检验，面对像英国这种有些地区保留、有些地区废止匹配机制的现状，人们可能会困惑这究竟是由于匹配机制在细节上的差异，还是不同地区的偶然差异（chance difference），如人口统计学因素、社会规范或者实际运用中未加注意的其他方面。此外，两种实验局中的被试来自相同样本，因此，他们的表现差异可归因于两种匹配机制的激励特征。总而言之，实验室实验和自然实验为这类市场调整和参与者行为提供了更清晰的图景。

30.3　序列独裁者（单边）匹配机制

前面介绍的双边匹配机制中，工人和公司双方都要提交优先级排序。然而，也存在只考虑单方偏好的单边匹配机制，其中，最简单的是序列独裁者（serial dictator）过程。依据此过程，市场双方中只有一方提交偏好排序；而后，随机地打乱排序表的顺序，并执行排名第一位的首选项。接下来，如果可能的话，也将执行第二位的首选项，否则顺延至其第二选项；每一阶段，按照之前随机生成的顺序进行，轮到的人得到了最好的选择，而这个选择还没有被排序中更高的人占据。注意，即便使用其他外生非随机的排序标准，如资历或其他维度的表现，也不影响在本机制下，如实提交偏好排序的激励。总结如下：

序列独裁： 当市场一方提交的偏好表按顺序排列和执行时，提交真实的排名符合个人的利益，因为何时轮到某人对排名表没有影响，而当轮到他们时，只有真实的排名才能确保获得最佳的选择。

作者在教学中，会在每章的课堂实验结束后，要求学生进行展示，而课堂展示任务的分配便使用了上述方法。即便如此，学生们经常对提供真实排名符合他们自身利益的观点表示怀疑。这种怀疑应通过例子来讨论和解决。

当存在约束以及目标冲突时，匹配系统也存在崩溃的可能。不过，机制的调整可以部分解决这些问题，单边匹配机制便是其中一种调整方式。例如，目前在住院医生和医院的匹配过程中存在联合选址（joint location）问题，即，有一些夫妻希望双方都能够和同一区域内的医院配对。这导致匹配过程在其他方面受阻，但这对于匹配的参与者来说非常重要。Al Roth 致力于对医疗匹配机制加以调整，以兼容联合选址的需求。

至于课堂展示主题，每章至多分配三名学生，关系好的学生会希望在同一章进行展示，也就引发了类似的联合选址问题。为此，可在序列独裁者程序中允许学生成对提交偏好排序。因此，当出现一对的轮时，这一对就会得到此时的最佳选择。然而，此方法在实际运用中存在摩擦，如果一对学生的第一选择已经分配有两人，由于位置不足两个，他们只能向联合偏好排序的下一选项顺延。

通过匹配机制分配课堂展示主题，还反映出了另外一个重要问题。由于标准的匹配机制并不以市场为基础，因此，对于偏好的强度（intensities）并不敏感。例如，有两人的第一选择相同，但是，在其中一人看来，自己的第一和第二选择并无差异，而另一人则极度地偏好第一选择，可是，基于排序的匹配系统无法对以上重要信息做出回应。为此，有人提出对匹配机制加以修改，使人们能够表达无差异的偏好（Fragiadakis and Troyan，2017），但是，这些调整导致了强烈的强度效应，影响了匹配机制原本所期望的理论特性，比如，提交真实偏好信息的激励。引入偏好强度的一种方式是，要求人们提前到达、排队等候，或者参与其他一些有成本且能够揭示偏好强度的活动。该方法的问题就在于有成本（costly）一词，基于努力程度的竞争类似于第 12 章介绍的寻租竞赛，后者已被证明会造成大量的浪费和重复支出。

相反，市场配置之所以有效，正是因为出价和要价确实反映了成本和价值上的差异。问题是，基于价格对某些商品（比如，城市高中的入学名额）进行分配显然是不合适的。此类名额的拍卖将导致收入分层，并被认为非常缺乏公平性。然而，在市场机制可以接受的情况下，使用基于排序的匹配机制同样可能弊大于利，原因如前所述。举例来说，有一半的员工开车上下班，另一半相较于开车（支付停车费）更喜欢乘坐公共汽车或步行，如果停车位的分配采用非市场（免费）的序列独裁者机制，将会使相当比例的停车位被错配！重点在于，匹配机制的目标不是提高分配的效率，而是保证有限资源的公平获取机会，或者避免资源分配与其他目标（如种族平衡或收入分层）之间产生矛盾。

30.4 扩展：棒球、宿舍、择校、深空网络和联谊会招新

Gale 和 Shapley（1962）最早构造了延迟接受程序，该机制的激励特征在 Roth 和 Sotomayor（1990）的论文中得到了进一步讨论。Roth、Shapley 以及他们的合作者探讨了该机制在大学入学、婚姻等方面的应用。双边机制被广泛应用于姐妹会（sorority）⊖的纳新中，在这里拆解（unravelling）可能意味着在到达校园后不久就做出选择，而没有时间去寻找一系列的朋友。作者本人曾亲身体验过兄弟会（fraternity）⊜的会员纳新制度，依计划，纳新会在每年的第一周（学前辅导阶段）举行，然而，在学生们到校以前，就已经有夏季招募派对在一些城市提前举办！

⊖ 美国大学女生联谊会。——译者注
⊜ 美国大学男生联谊会。——译者注

有一些论文介绍了在实地使用的特定匹配系统驱动的实验，比如 Nalbanthian 和 Schotter（1995）报告了职业棒球中自由球员匹配的实验。此外，还有许多关于单边匹配问题的有趣实验研究，例如，排除以货币为基础的分配方式（如拍卖），如何给学生分配宿舍房间（Chen and Sonmez，2004）。Olsen 和 Porter（1994）受到喷气推进实验室（Jet Propulsion Lab）深空网络（Deep Space Network）天线使用时段分配的启发，研究了拍卖类机制和以排序为基础的非价格的匹配机制。Chen 和 Sonmez（2006）通过实验，评估了学生根据提交的排序完成分配的波士顿系统（Boston System）[⊖]。他们的结论是，和基于优先级的系统（如波士顿系统）相比，Gale-Shapley 机制等替代方案可以提高性能。

波士顿的体系在纸上看起来不错，因为学生往往会被分配到他们声明的（stated）排名最高的学校。然而，在这种基于优先级的分配之下，学生们很可能并不会将排序表的头名"浪费"在那些最热门的学校上。甚至有一些媒体报道公开地发出警告，如果目标太高（shooting too high），表述自己的实际偏好也将伴随着风险：

> 请在你表中的首选学校处做出现实且合理的选择。显而易见，系统将为你分配一所学校，**但是目标过高也可能令你错失良机**（but if you aim too high you might miss）。原因在于：如果计算机随机选择程序拒绝了你的第一选项，那么你的第二选项被选中的机会也将大大降低。这是因为，一旦错过第一选项，那么在第二选项的分配中，你的顺序将落后于所有把它作为首选的学生。（Tobin，*St. Petersburg Times*，September 14，2003；其中黑体为作者添加）

上述策略性的误导陈述可能使学生认为，自己提交的（submitted）歪曲的偏好排序比真实的（actual）排序更为有利，于是诱导学生放弃自己的实际偏好。

有时候，为了限制公立学校学生的匹配范围，还会根据种族和收入等人口统计学特征制定配额。Fragiadakis 和 Troyan（2016）开发了一种动态配额机制，既兼顾了配额的分配，又提高了基于排序的匹配机制的性能。Fragiadakis 和 Troyan（2017）的研究还修改了序列独裁者机制，允许参与者将多个选项放入无差异箱（indifference bin）。这些信息可以帮助匹配机制更好地完成分配。例如，某人在选项 A 和 B 之间无差异，而另一人偏好 A 胜过 B，那么，通过引入无差异箱，即便前者在序列独裁匹配的随机序列中更高，仍然可将 A[⊖]分配给后者。在 Fragiadakis 和 Troyan 的实验中，无差异箱这一调整的确提高了匹配机制的表现。而 Featherstone 和 Roth（2017）报告了一种修改的序列独裁机制，涉及哈佛大学商学院 MBA 学生的海外留学机会匹配，用以应对其中的多样性约束和偏好无差异等问题（见章后习题 6）。

⊖ 全称 Boston Public School（BPS）System，是当地公立学校名额分配系统。亦可参考 Abdulkadiroğlu，Atila，et al." The Boston public school match." American Economic Review 95.2（2005）：368-371。——译者注

⊖ 原文此处为 B，疑有误。此处想表达的应是，给前者分配选项 B，将后者更偏好的选项 A 留下。——译者注

第 30 章习题

1. 设工人和公司提交的偏好排序同表 30-1，证明在延迟接受程序中 W3 将和 F3 配对，W4 则和 F4 配对。

2. 沿用表 30-1 的案例，填写下表中的优先级乘积。其中，第二行和第二列的优先级乘积已填入表格，W2 和 F2 的优先级乘积（1）最小，将被最先匹配。填写完成后，确定该匹配机制将执行哪四组匹配。

	W1	W2	W3	W4
F1		2		
F2	2	1	6	8
F3		6		
F4		8		

3. 在前一题中，依照优先级乘积，F1 将和低生产能力的工人 W3 配对。如果 F1 预见到这种不理想的结果，那么 F1 如何改变提交的工人排名，以更好地匹配一个高生产力的工人呢？请解释。

4. 请思考，如何修改表 30-1 中一个匹配的价值（收益），以表明延迟接受算法并不一定会产生总体（全部工人和公司的）收益最大化的结果。要做到这一点，请考虑匹配值中的一个非常大的变化，它不会改变延迟接受过程的结果，但这确实会导致一个公司与一个不把公司排在前列的工人失去一个极具生产力的匹配。

5. （无须数学证明）讨论分配实验经济学课程的各章节展示主题时，若匹配通过序列独裁者程序完成，想要同组的两人（pair of people）是否应该报告真实的偏好排序？

6. （无须数学证明）假设有十名 MBA 学生申请访学机会，访学的目的地包括欧洲和加拿大。进一步假设，先前经验显示所有报名者都更想到欧洲访学，而不是加拿大。这十名学生有一半是白人，另一半不是。在序列独裁者机制下，如何避免把欧洲访学的机会全部分配给同一人种？

章末习题提示

第 1 章习题提示

1. 将需求公式中的 P 替换为供给价格 $1 + 0.2Q$，得到单变量 Q 的一个方程，解出 Q。然后通过将这个值代入供给公式的右边来确定 P：$P = 1 + 0.2Q$。

2. 在价格为 9 时，只有 4 个高价值的买家愿意交易，但所有的卖家都愿意出售。

3. 这个解题过程与第 2 题类似。

4. 要找到总剩余，请注意，以价格为 6 交易的单位是那些成本为 2、价值为 10 的单位，所以每单位交易的剩余是 8，然后算出所有单位的总剩余。

5. 考虑如何将买家和卖家分成不同的组，以获得更多的交易单位。例如，一组可能具有高价值、高成本和高价格。

6. 在高价值 10 和高成本 8 的情况下，每个交易单位的剩余是 2。类似的论证也适用于低价值和低成本。总共有 8 个单位可以交易，所以计算这些单位的总剩余，然后，除以第 4 题中得到的最大值。

第 2 章习题提示

1. 价值从 10 下降到 2，因此最高需求步长的垂直截距是 10。从 10 开始画一条水平线，从纵轴向右移动。每个人都有一张牌，所以台阶宽是 1。然后在需求曲线上加上其他的台阶，类似于图 2-5 左边的台阶的方式。供给曲线从台阶 2 开始，沿着台阶 3、4 等向上。请注意，供给和需求是对称的，并找到交集或重叠。对于 b 部分，有一个台阶 2，但是没有台阶 3、4 和 5，所以台阶从 2 到 6 到 7。看看交点或重叠移到了哪里。由于这是供给的减少，价格应该上升而数量应该下降。

2. 移动平均值并保持交点不变的一种方法是改变一个极值（例如，提高最高值或者降低最低值）。对于 b 部分，尝试改变预测，然后进行另一个调整，使均值相等。

3. 对于供给，将一半以上的单位成本置于最低水平，比如 1 美元，然后让剩余单位的供给上升。使需求与供给相交，远高于最低成本，并最后进行调整，在需求的右边增加低价值单位，使中位数价值下降到足以等于中位数成本。

4. 作为一种近似，让供给从 0 美元开始上升，让需求从 24 美元开始下降，让它们相交于 12 美元的数量和价格。然后考虑与数量减少到 6 个单位相关的标准福利损失（三角形区域）。你可以在数量为 6 处画一条垂线，然后观察福利损失（三角形区域），它是由供给和需求相交产生的。

第 3 章习题提示

1. 用 0.6 乘以 77 的平方根，之后继续。

2. 这条线应该向上弯曲（边际效用递增），这意味着第 2 美元比第 1 美元更有价值（风险偏好）。

3. 你的答案应该是列表中的中位数，因为可能的收益在这个中位数附近是对称的。你应该计算一下，概率是 1/9，然后验证这种判断。

4. 一种计算方法是，在电子表格的 A 列输入收益，然后将其转换为效用，对于效用平方根的情况，在 B 列插入以下公式：= (A1)^0.5。记住，在比较期望效用（概率和效用乘积的总和）之前，每个彩票都要将效用乘以概率，然后求和。

5. 考虑彩票的最好结果和最差结果分别是什么。

6. 可以把左边的确定性收益看作价格。

7. 你可以对第 5 题的表格加以调整，并在右侧列出正在估价的商品。然后解释从交叉点可以学到什么。

8. 6 的平方根约为 2.5，在 Excel 中可以用以下公式验证："= 6^(0.5)"。

9. 本题中的期望效用最大化问题实质上是分子部分的最大化，因为分母中并没有出现选择变量 x。将分子中的项相乘以等价形式表示是很方便的：$Nx^{1-r} - x^{2-r}$。接下来要用到微分公式，即 Cx^b 的导数等于 Cbx^{b-1}，其中 C 和 b 为常数（不是 x 的函数）。要对带指数的函数求导，整个表达式要乘以指数 b，并将指数减 1。例如，x^2 的导数是 $2x$。于是可以得到，Nx^{1-r} 的导数为 $N(1-r)x^{-r}$；同理，$-x^{2-r}$ 的导数等于 $-(2-r)x^{1-r}$。因此，期望效用的导数即为以上两部分之和，为 $N(1-r)x^{-r} - (2-r)x^{1-r}$，提取出 x^{-r}，得到：$[N(1-r) - (2-r)x]x^{-r}$。两边同时除以 x^{-r}，令此导数等于 0，即可得到 r 给定的情况下最优的 x，进而，你可以将 r 用 x 表示并和第 3 章中的式（3-1）对照。

第 4 章习题提示

1. 你需要计算每个决策的期望收益。这是通过对概率和相关收益的乘积求和来实现的。

2. 阅读第 1 题的提示，并且记住两种可能收益的概率之和必须为 1。

3. 你认为哪个岗位的招聘启事能吸引最多的应聘者？哪项工作被录用的可能性更低？然后想想那些行为以概率加权表征的人会如何感知这些概率，这个概率加权高估了低概率。

4. 自然对数和幂函数之间是反函数关系，因此 $\exp(\ln(x)) = x$。反函数之间相互"抵消"，就像对 x 的平方根求平方得到 x 一样。

5. 没有提供任何提示，这道题是开放性问题。

第 5 章习题提示

1. 回答这个问题的一种方法是，先画出修正后的图 5-1，再数一数黄球，然后得出相应的概率。

2. 首先，注意有两种获得平衡样本的方法：ab 和 ba。如果抽自 A 杯，每一个可能的排序都有 $(3/4) \times (1/4) = 3/16$ 的概率，所以 $\Pr(s|A) = 2 \times (3/4) \times (1/4) = 6/16$。你还需要计算从 B 杯中抽取均衡样本的概率，然后构造贝叶斯规则所需的概率。

3. 想想 N 彩票的结果是什么。

4. 这道题没有提示。

5. 考虑烤焦面数的比例。举个例子，两片烤焦的煎饼，总共有三面烤焦。这应该会让你获得启发。

6. 平均每 1 000 名女性中有 10 名左右患有癌症，其中 8 人的检测结果为阳性（80%）。在 990 个没有患乳腺癌的人中，有 10% 的假阳性，因此，有多少假阳性是可以预料的？然后，用这些数字来确定贝叶斯规则概率。如果你的答案在 10% 以上，那么你就和德国的内科医生一致了，但是，你还是应该重新计算一下。

7. 首先将注意力限定在最下面一行（温和策略）。注意，数一下最下行的 H 的数量，你可以得出 $\Pr(H|$ 好形势 $) = 2/3$。然后，计算 $\Pr($H|$ 坏形势 $)$，再构成相关比率，求出贝叶斯规则概率 $\Pr($ 好形势 $|H)$。最后，你会看到，即使结果是 H 和温和的策略，在更新你对这个国家的信念之后，最好切换到极端的策略。因此，在这道题中，"赢则继续，输则求变"策略是不可取的。

8. 观察到的样本看起来像其中一个杯子里的东西吗？

第 6 章习题提示

1. 对于表 6-1 事件发生机会为 20% 的事件 A（$R = 0.2$），式（6-1）下面的公式意味着 $1 - 0.2^2 = 1 - 0.04 = 0.96$，这与表中第 20 行右列中显示的事件 B 的收益相匹配。另一个收益 0.36 可以用类似的方法计算。

2. 你应该将主观概率（本题中为 0.2）乘以事件 A 收益列中的相关数字。如果事件 A 的概率是 0.2，那么事件 B 的概率是多少？这个概率应该乘以相关行中事件 B 的收益。

3. 记住以下这个论点：一个极度风险厌恶的人会倾向于报告每个事件的相同概率，而不管他实际的信念概率。然后想想那些极度风险追逐的人。

4. 是否可以对第二个事件使用单独的 QSR 公式，并将第三个概率计算为残差？可能会出现什么问题？

5. $x > 0$ 时，$\ln x$ 对 x 求导等于 $1/x$。

6. 你可能会考虑，如果被试报告了一个售价 $P > V$，且"出价"介于两者之间的价格，会发生什么。相反，使用类似的论证，表明报告低于 V 的最低售价永远不会是最优的。请记住，BDM 程序中使用的随机出价并不依赖于所设定的最低售价！

7. 想一下，把右边的彩票变成一个模糊彩票。为什么在这样一个表格中，决策会同时受到模糊厌恶和风险厌恶的影响？在这种情况下，如何使用表 6-4 的初始版本来消除风险厌恶效应呢？

第 7 章习题提示

1. 相信你的直觉，这道题没有提示。

2. 理性策略（在了解哪个事件发生概率更高之后，每一次都选择该事件）有多大概率赚取 0.20 美元？概率匹配策略里，选择大概率事件的比例只占 3/4 而不是全部，因此获得 0.20 美元的机会必然更小。问题是机会减小了多少以及期望收益如何变化。

3. 如果你正确回答了第 2 题，这道题的解题过程和第 2 题类似。

4. 进行更多次模拟的一种办法是，复制第一次模拟的代码组。

5. 想象一下，由于某些随机的原因，前 14 次出现的都是一个事件。于是在给定的任务组中，第 15 次实验哪一个事件发生的概率更大呢？

6. 以表 7-1 的第一行为例，第三位决策者观察到前两次决策结果为 AA，且私人信息也是 a。在级联模型中，这就等于第三位决策者看到了三次抽取结果 a。于是，适用于图 5-3，根据计数直觉推断法可以得出结果为 8/9。其他各行的计算方法类似。

7. 你凭直觉应该可以认识到，第一次决策结果和第三次抽取带来的信息质量相等，由于二者的方向相反，那么只要第二次决策含有哪怕一点点信息，便能打破"平局"。当第二次决策与第一次决策匹配时，判断第二次决策是否包含信息，需要考虑两种情况：①第二位决策者的信息与第一位决策者的决策相匹配，所以第二位决策者的决策是清楚的；②第二位决策者的信息与第一次决策不匹配，所以第二位决策者会随机选择。

第 8 章习题提示

1. 如果两人都选择高努力，收益为 $30 - 25 = 5$ 美元。这两名参与者是否有动机背叛，转而选择低努力？

2. 如果都选择"推"，他们每个人都得到 6 美元还是 8 美元？你的回答确定了合作 / 合作结果的收益。此外，如果一"拉"一"推"，选择"拉"的人将得到 6 + 8 = 14 美元。

3. 出牌不同的收益为 0 美元，出牌相同的收益为正（各得 6 美元或 8 美元）。收益填写完毕后，证明存在两个纳什均衡，进而确定博弈的种类。

4. 如果存在两个纳什均衡，便不是囚徒困境。

5. 全部提示已在问题中。

6. 全部提示已在问题中。

7. 如果均值为 50，那么 20 加均值一半等于 45。

8. 一种方法是，在不改变协调博弈结构的前提下，改变收益，从而排除亏损的情况。

9. 找出由与图中中心线的距离决定的偏差损失，然后试着将其与 $p = 0.5$ 时的期望收益差的符号联系起来。

10. 尝试 V 的一些取值，看看是否会得到一个协调博弈，有两个均衡，其中一个对两位参与者都更有利。一定要写出收益表。记住，选择更高努力的人只会得到这两种努力的最小值。

第 9 章习题提示

1. 在图 9-2 下半部分的博弈中，先行动者选择 S 获得 80 美分。选择 R，先行动者要么赚 20 美分，要么赚 90 美分，但你必须计算两者的概率。注意，先行动者选择 S 的比例为 52%，也就是说剩下的 48% 选择了 R。其中，有 12% 的人收到的回应是 P。这是 12/ 48 的概率，即如果博弈到达这一点，P 的回应是 25%。上述观测结果可用于回答本题。

2. 要回答这道题，你必须证明，假设对方没有偏离均衡，那么任何一方的单边偏离都不会增加自身收益。假设参与者 1 选择 S，确定了参与者 2 的收益，因此参与者 2 单边偏离不会影响自身收益，因此没有偏离的动机。下一步，给定参与者 2 的决策 P，检查前者是否有单方面的动机偏离。

3. 第 2 题的提示依然适用。

4. 先行动者的决策节点包含三个分支箭头，和先行动者的三种提议一一对应，每个箭头指向一个新的节点，下设两个分支箭头，对应后行动者及其两种决策——接受和拒绝。

5. 为了确保这种不平等的分配是一个简单的纳什均衡，后行动者必须有一个策略，包括拒绝其他不太有利的分配。这样的策略是不满足序贯理性的。

6. 各节点硬币（25 美分）的数量从 1 增至 2，再到 4、8、16，最后达到 32（8 美元）。因此，蜈蚣共有 6 条"腿"。各节点处选择拿走盒子的人占有全部硬币，故对应的终节点上另一方的收益是 0。

7. 使用类似式（9-4）的 logit 选择函数。

第 10 章习题提示

1. 如果右侧参与者选择黑 8 的概率为 p，则左侧参与者的相关方程为 $8(1-p)=2p$，可解出 p 的值。对右侧参与者的分析与此类似。

2. 你可以回顾一下第 10.2 节中的期望收益公式，把其中的 2 换成 3。

3. 用 p 表示高努力的概率，相对应的方程是 $20p=10p+3(1-p)$，解出 p。在第 8 章的图 8-2 中，你可以检查你的答案是否与在垂直轴上的"菱形"和 1/2 同侧。菱形符号表示的是混合均衡，因为两种决策的期望收益差正好为 0，这时期望收益差线与中心垂线相交。

4. 共有 12 名参与者，每人决策 5 次，决策总数 60。其中，有 45 是东（行参与者）或西（列参与者）。这个比率（45/60）可以与选择偏好方向的预测概率（p）进行比较。令参与者两种方向的期望收益相等，计算另一名参与者的 p。根据对称性，你只需要对其中一个参与者这样做。答案应该是 4/5。

5. 你能想到攻击者和防御者的身份以一种不可预测的方式从相同样本中抽取的场景吗？在什么样的背景下这些身份几乎每个时期都是一样的？

6. 在图 8-2 中，中心垂线上的菱形代表混合策略纳什均衡，因为当期望收益差线与中心垂直线相交时，两个决策的期望收益差正好为 0。为了解释稳定性，根据期望收益差异的符号，看看方向箭头和它们背后的逻辑。

7. 当玩家 2 跟注的概率 γ 很低时，玩家 1 的最优响应是虚张声势（$\beta=1$），最优响应线位于"方框"的顶部。通过类似的方法找出最优的跟注率。

8. 在第 10 章最后一节的期望收益计算中，将 -1 替换为 $-L$，-2 替换为 $-2L$，其中，$L>1$ 代表损失厌恶。损失厌恶将会提高虚张声势概率，使其超过纳什均衡的预测值 1/3（$L=1$ 时），相应地，跟注概率也将小于纳什预测 2/3。

第 11 章习题提示

1. 假设每人都知道对方的要价，且两者中有一人要价更高。要价更高的这位有没有动机降低自身要价？这种动机和纳什均衡测试有什么关系呢？

2. 假设两方的要价都是 0 美元。此时收益将如何？其中一人如果降低要价至 -1 美元是否有利可图？双方要价均为 -2 美元又将如何？

3. 对比 2 人博弈和 4 人博弈中，单方面提高要价的风险。

4. 在所有的 4 轮中，要价 200 美分是最高的，因此，括号中显示的是对方的最低要价。利用这个信息和惩罚金额 10 美分，来计算在这个"谋求最大"的策略下，该组的收益将会是什么。

5. 如果退出，双方收益都是 0。如果没有退出，那么在最后一轮的决策中，序贯理性意味着什么（合作或背叛）？

6. 更高的精度意味着更少的噪声。一种猜测是，这将使平均要价下降到纳什预测，但这种猜测应该通过计算验证。

7. 利用 V 的定义证明 $V = 1 + \delta V$，然后求出 V，就能得到想要的结果。

第 12 章习题提示

1. 当你检查对 2 单位努力或 4 单位努力的单向偏离的获利能力时，请记住假设其他三人继续选择 3 单位努力。当然，为了完整，必须考虑所有可能的偏离，但是你可以通过考虑 2 单位努力和 4 单位努力的偏离来得到这个猜测。

2. 第 1 题的提示仍然适用，只不过偏离值有所变化。

3. 你可以使用式（12-3）。

4. 依然可以使用式（12-3）。

5. 如果数字列表的长度与获胜概率成比例，就不存在偏离。

6. 记住要根据参考点来思考。

7. 你认为结果会是不寻常的大量预提案涌入吗？还可能出现哪些问题？

第 13 章习题提示

1. 考虑不同实验局的持续性和不同群体的异质性的影响。

2. 因为这些都是排序，所以顺序很重要。这个枚举任务可以通过试错来完成，也可以通过一个系统方法来完成（找到以 Q 开头的三个排序和以 D 开头的另外三个排序）。

3. 相关公式的分子为一个阶乘表达式，分母则是两个阶乘表达式的乘积。

4. 本题冗长的陈述中已包含提示。

5. 独立事件集的概率被计算为每个结果的概率的乘积。

6. 表 13-4 最后一行低努力成本的秩 7 超过了其余的三个秩。在表 13-2 中 $n_1 = n_2 = 4$ 一行找到对应的单尾检验 p 值。

7. 符号秩和为：$-1 + 2 + 3 + 4 + 5 + 6 = 19$。进而从表 13-6 中的 $N = 6$ 一行中找到 Wilcoxon 配对检验的 p 值。

第 14 章习题提示

1. 考虑 0.5 美元和 10 美元的乘积，然后减去冲突成本，进而决定回应者可以接受的最小整数。

2. 适用于第 14.5 节中基于 X 和 Y 的分析。

3. 想想"最小获胜联盟"这个短语，它有时会在关于立法谈判的文献中被提到。

4. 如果一个人（相对于另一个人）更关心相对收益而不是绝对收益，也就是说，一个人厌恶不平等的嫉妒成分很强，那他又会怎样做呢？

第 15 章习题提示

1. 一种方法是在收益空间中找到两个"点"，一个是当第一个移动者没有传递任何东西时，另一个是当第一个移动者传递所有 10 美元而没有返还时。预算线应该连接这些点，这可以通过考虑当提议者传递 5 美元时会发生什么来检查。

2. 和前一个问题相同，考虑两种极端情况：回应者不返还以及全部返还。

3. 纵轴上回应者收益的变动不影响提议者的效用。想想这是否意味着提议者的无差异曲线是垂直线还是水平线。

4. 可以设想回应者愿意为了增加提议者至少 3 美元的收益而放弃自身的 1 美元。这说明了回应者无差异曲线的斜率是什么？

5. 对于前面的提示，考虑一个来而复往的回应者是如何愿意放弃更多来回报提议者的。

6. 记住，先将产品价值和代理人的份额相乘，再减去努力成本。合同中的固定费用部分就像一笔固定成本，不会影响最优努力水平。于是根据表 15-3 的第 8 行，当分成比例为 0.8 时，代理人付出 8 单位努力的情况下，代理人的收益为 $0.8 \times 160 - 64 = 64$。用同样的方法，你应该能够计算出 7 单位努力和 9 单位努力的对应收益均只有 63。

第 16 章习题提示

1. 这个问题首先要假设如何分配"大型猎物"。假定平均分配，猎手的狩猎成本是 5 000 卡路里，每个家庭从中得到 2 500 卡路里的食物（包括猎手自己家庭），这些数据可以用于估计 MPCR。

2. 小组规模为 4 人，贡献加倍，那么对个人来说贡献 x 能够得到 $2x/4$ 的回报，$MPCR = 2/4 = 0.5$。由此，你应该能够将小组的大小更改为 8 人，并显示由于倍增和区分过程，MPCR 对于较大的小组是如何降低的。计算 MPCR。

3. 回顾 Ensminger 的实验设计，小组规模为 4 人，贡献翻倍，那么对个人来说贡献 x 能够得到 $2x/4$ 的回报，$MPCR = 2/4 = 0.5$。在此基础上，小组规模翻倍将使 MPCR 的分母翻倍，因此其分子（$2x$）也要相应翻倍。所以，除了总贡献翻倍，还需要增大哪些因素来保证 MPCR 不变？

4. 使用一个私人房间，人们在房间中可以从信封里取出一部分资金，然后将这笔钱投入桶中？你需要想出一个办法，确保人们走出房间后，信封厚度不会传递出任何信息。

5. 第一个人得到的收益为 $(2 + 3 + 4) \times (2/3) = 6$。以此类推。

6. 对于外部回报，设想如果 ID1 多贡献一枚代币，其他人会得到多少。对于内部回报，请考虑 ID1 多贡献一枚代币，那么他自己会得到多少（如果有的话）。

7. 这个比较在第 16 章中已经做过了。

8. 看看你能否找到 10 组对比，就像之前第 13 章为 Jonckheere 方向性检验所做的从左至右获胜计数（binary win to the right）的一样。

9. 这些是内部回报和外部回报相等的条目。

10. 第 16 章中并未给出二者的明确定义，因此首先给出你自己对温情利他主义和经济利他主义的定义，并以之为依据得出结论。其中，经济这个词暗示了价格的重要性。

11. 许多可能的方法之一是考虑其他构建方式，包括"接受""贡献"或"投资"。

第 17 章习题提示

1. 使用式（17-6）。

2. 再次使用式（17-6）。

3. 再次使用式（17-6）之前，你需要利用给出的信息计算出志愿者的成本是多少。用电子表格程序（如 Excel）进行计算可能是最简单的。

4. 当 $V = 2$，$L = 0$，$C = 0.25$ 时，式（17-7）中 $C/(V-L)$ 的比值为 1/8。你可以用这个来计算每个小组没有志愿者的概率。

5. 在考虑风险厌恶的影响时，你可能会考虑每个决策的回报，无论是否志愿，然后，决定哪些行为的回报是安全的（靠近），哪些是有风险的（离的更远）。

6. 如果他们都是志愿者，他们每个人都得到 $V - C = 24$。如果两人都不是志愿者，他们每人收益为 0。你可以在收益矩阵中，填入另外两个单元格的收益。

7. 首先取式（17-4），并将 $(1-p)^{N-1}$ 置于方程一边，然后，将两边取 $1/(N-1)$ 的幂，得到式（17-5）。

8. 问题的陈述为使用 Excel 提供了详细的帮助。

9. 从式（17-7）的右边可以得出，当 N 变大时，无志愿者的概率应该收敛到 $C/(V-L)$。你可以利用 Excel 程序使用的参数来验证这一点。

10. 无提示。

11. 把最初的信念想象成一条高度为 0.5 的水平线。当 $N = 2$ 时（自直虚线），找出这种信念的预期收益差。然后，画一条垂直线，其横坐标等于预期收益差。现在沿着垂直线看它和弯曲的分布函数线的交点。交点决定了对原信念的随机响应概率。

12. 中间的垂直线位于预期收益差为 0 的点，也就是说，每个决策都有相同的预期收益。注意，远离中心点的方向性偏差的缺失意味着，如果每个决策（志愿者，非志愿者）的预期收益相等，那么它们的可能性是相等的。如果与每个决策相关的随机误差并不具有相同的零期望值分布，情况会是这样吗？

第 18 章习题提示

1. 4 名进入者，表 18-2 显示每人赚 2.5 美元，总共 10 美元。但是有 12 个人，8 个非进入者每人赚 0.50 美元，所以总的社会效益是 10 美元 + 4 美元 = 14 美元，这与表 18-3 中的数据相匹配。其他进入人数的社会福利也可以用类似的方法计算。

2. 一定要取 6 个进入者和 10 个进入者的收益的平均值（将收益相加，然后除以 2）。然后，将其与 8 个进入者的确定收益进行比较。

3. 为了直观理解，想想为什么在拥挤的道路上增加通勤者会降低其他人的速度，当有很多其他人的时候，这意味着什么。

4. 如果通行费为每人 3 美元，表 18-2 最后一行的收益将减少 3 美元。为了计算收入，你需要计算进入者的数量。

5. 学生可以参考基于卡片的公共品实验的说明，这在第 16 章的捐献博弈的说明附录中提供。其理念是给每个人发两张牌，然后收集已出的牌，并按相反的顺序重新分配，这样每个人都将在下一轮开始时收到自己的牌。然后，你需要将游戏适应于饥饿的詹姆斯敦公共场景设置。这个问题是开放性和非结构化的。

第 19 章习题提示

1. 画直线连接三个理想点。对于结果三角形内部的任何一点，表明两个选民可以通过向其中一个边移动而变得更好。接下来，考虑三条连接线上的点，并寻找可以获得两票的替代方案。

2. 对于中等收入的选民，H > L > M，这三个字母依次代表高资助、低资助、中资助，而大于符号代表偏好。写下另外两种选民收入类型的定向排名。从 H 的现状开始，然后在投票中确定哪个选项打败了它，再找出哪个选项打败了上一个获胜的选项，以此类推，直到发现一个循环。

3. 考虑两个群体，他们共同构成了大多数，对地方公共品有强烈的偏好，A 代表群体 I 的偏好，B 代表群体 II 的偏好。假设群体 III 需要支付 1/3 的税收成本。如果采用 A 和 B，收益之和必须大于成本的 2/3（这两组的税收份额）。你如何构建一个例子，使所有三个群体的总成本大于总效益，但其中两个群体会投票支持提供公共品？请提供数据。

4. 首先回顾你在第 2 题中确定的偏好等级，然后写下在第一阶段中哪些选民类型会真诚地投票支持中 / 高支出。然后在第二阶段确定结果。然后再想想哪一组在第一阶段真诚地投票支持中支出的人，会希望自己在第一阶段投票反对中支出。

5. 没有提示。

6. 中位数选民位于三个首选点的中间，而不是道路的中间点（50）。如果地点是 33，那么最后两个人的总交通成本是多少？如果地点是 50，三个人的总交通成本是多少？在最后一个问题中，直觉表明，从 33 的中位数向人们偏好的高交通成本点移动，将会减少总成本。

第 20 章习题提示

1. 如果另一家企业的产出为 3 个单位，那么 6 个单位是否是最佳对策，如果另一家企业的产出为 6 个单位，那么 3 个单位是否是最佳对策。所以，查看 6 列，看看是否有一个星号是产出为 3 个单位的相关收益等。

2. 不要被三个星号所迷惑。如果另一家企业选择生产 3 个单位，产出为 3 个单位不是最优响应（看看收益）。

3. 不要生产 4 个单位和 4 个单位的组合，试试 5 个单位和 3 个单位的组合。

4. 垂直虚线将在 6 处，MR 线将在 6 个单位和 13 个单位之间与横轴相交，因为它的陡峭程度是剩余需求的两倍。

5. 要说明价格在下降，你所需要的就是说明总数量 NQ^* 在增加。记住，每个企业的均衡量 Q^* 是 N 的函数（当企业数量增加时，每个企业的产量减少）。所以你首先用式（20-3）把 NQ^* 用 N 表示出来，结果会有一个 $N/(N+1)$ 项。如果你不确定它是否在 N 中增加，试试一些整数，比如 2、3、4，来说服自己。

6. 如果有两家企业，第二家企业认为对方的产出是给定的，将水平线的剩余部分分成两段，所以有三个相等的部分，一部分用于另一个企业，一部分用于如第 6 题图中所示的剩余 MR 的企业，以及在 MR = MC 交点右侧的一部分。当有三家企业时推导类似的情形。

第 21 章习题提示

1. 若对方售价保持在 7 美元，而你提高价格至 8 美元（价格被限制在整数范围），你将卖出几件产品？这些产品的成本是多少（记住你先卖低成本的产品）？给出这些答案，如果单方面涨价，你的收益将是多少？相比于定价 7 美元、售出 2 个单位产品，收入提高还是降低了？

2. 对于第 2 题第 2 部分，确保你的答案满足 $F(0)=0$，$F(20)=1$ 以及 $F(10)=1/2$。因为价格均匀分布，这个函数应该与 p 成比例。

3. 价格为 0，则收入也是 0，因此本题你需要证明的是，当对方价格仍为 0 美元，你单方面涨价将使收入为正。你必须使用有关其他卖家产能的信息来表明单方面的价格上涨将使销量增长。

4. 首先重新绘制图 21-4，需求线垂直于 6 个单位处，两个卖家的总容量为 10 个单位。如果其中一个卖家定价更高，其销售量 $X<3$，X 由剩余需求（总需求剔除低价卖家的产能，5）所决定。X 是多少？价格为多少时，$6X=3p$？在此价格水平以下，提高价格至 6 美元，售出 X 个单位产品，相比以 p 的价格瓜分市场需求（3 个单位）更加有利。剩下的解题步骤就简单了。

5. 首先重新绘制图 21-4，令供给线水平于 1 美元处，数量为 10 个单位。剩余需求 X 和第 4 题中确定的一样。在哪个价格 p 下，你愿意以 6 美元卖出 X 单位还是以 p 卖出 3 个单位？确保在你用于求解 p 的方程中包含每单位 1 美元的成本，这是范围随机化的下限。

6. 如果在思考问题时尝试画出供给和需求图并调整，那么下面的提示才有用。给每个卖家一些低成本的单位，然后给一些高成本的"台阶"。你需要一个场景，在这个场景中，垂直的需求向下延伸到高成本台阶，在交叉点和供给变为垂直的右侧点之间，卖家单位的数量大于该台阶上任何一个卖家的能力。例如，如果 3 个卖家中的每家在上面的供给台阶中有 2 单位，并且如果需求将这个台阶削减一半，在交点的右边有 3 个单位。在这种情况下，没有一个卖家能够通过将它们的 2 个单位产品撤出市场并提高价格。但如果两家合并，在这个台阶上将形成一个拥有 4 个单位的大卖家，那么这个卖家可以将价格提高到该台阶的水平之上，即从该台阶中撤出 4 个单位。为了盈利，卖方需要有一个或多个低成本的单位，低于高成本台阶的平坦部分。

第 22 章习题提示

1. 与式（22-1）相关。
2. 与式（22-2）与式（22-3）相关。
3. 对式（22-1）和式（22-3）进行修正。
4. 如果你答对了，产量应该是你在第 3 题中发现的垄断产量的一半。
5. 最优的费用应该迫使下游公司的利润下降到 1 分钱。
6. 可以修改式（22-7）。为了检验，使用边际直觉使边际成本和多订购一个单位的边际收入的期望值相等。
7. 即使 30 美元的价格很高，但如果实际需求较低，购买了 100 个单位，就会出现损失。实际需求会有多低？
8. 损失厌恶是否能够解释订单数量相对于风险中性预测过高的情况？
9. 亏损可以通过固定收益来避免，但如果人们仍然将糟糕的结果"编码"为相对于安全收益水平的亏损，那么这种简单的修复方法可能不会奏效。你能想到更好的方法吗？
10. 考虑可能保留双实验局结构的设计变化，但在双实验局的某个中间位置都有预测的订货量。或者以某种方式改变需求，使双实验局方法的预测在需求中点的同一侧。蛮力法的 100×100 电子表格可能为计算新设计中的预测订单提供一个框架。

第 23 章习题提示

1. 仔细阅读本题的内容，找到确切的价值和成本。
2. 利润由均衡价格和卖方成本之间的差额所决定。请将所有利润为正数的单位的利润相加（其他单位将不生产）。
3. 要回答本题，需要对买家购买和卖家定价决策的相对影响进行推测。
4. 要回答本题，就需要考虑逆向选择效应。
5. 首先绘制修改后的图 23-2，并考虑可能发生的情况。

第 24 章习题提示

1. 在第 1 期，获得任何分红之前，期望价值等于全部五期的期望分红之和加上赎回价值，这也等于期望分红之和。

2. 计算现值，分母即 $(1+r)^t$，代入本题中的 r 和 t 即可。投资未来收入的现值高于当前成本，那么投资就是值得的。

3. 鉴于过剩的现金会放大泡沫，应该如何构造预测准确性的奖励机制，才能不影响市场序列中的现金余额？

4. 为什么一般来说欺骗不可取，是因为被试相信后续实验中都将遵循公布的实验程序吗？

5. 如果市场永远持续，要获得不变的基本价值序列，需要设置赎回价值等于所有"未来"股息的现值。该现值即为式（24-1b）部分中的 V。接下来考虑如何调整赎回价值以产生不断增加的基本价值。

第 25 章习题提示

1. 如果两个存款人都取钱，那么每个人的收益要么是 10 美元（概率为 1/2），要么是 0 美元（概率为 1/2），所以预期收益是 5 美元。这比当另一个人取钱时他没有取钱而得到的 0 美元收益要高。

2. 如果两人都取钱，那么每个人的收益要么是 10 美元（概率为 1/2），要么是 9 美元（概率为 1/2），所以预期收益是 9.5 美元。这比当一个人取钱时，另一个人不取钱而得到的 9 美元保险赔偿要高。

3. 假设另一个参与者投掷一枚公平的硬币来决定是否取钱，并比较自己是否取钱的预期收益。

4. 你将需要使用工人和企业的数量来绘制劳动市场的需求与供给函数。确保水平线上使用的单位为整数增量。

5. 第一行 42.5 的峰值价格超过了第三行的三个最高价格（42，36，38.5）。以这种方式继续，以确定获胜的总数。单尾检验的 p 值可以从表 13-2 的 Mann-Whitney 检验的倒数第二行确定。

6. 考虑两种方法中"超额现金"的影响。

7. 是否存在类似或不同的"合作追逐"行为（早先在第 16 章讨论过的免费进入和退出的自愿贡献博弈中也出现了这种情况）？

8. 在最下面一行的每个例子中，银行都从贴现窗口借款，因此，由于贴现窗口借款的成本降低，收益会上升还是下降？

第 26 章习题提示

1. 可以通过以下方式逐步完成公式。从差值这列开始（私人价值减去出价），然后将其向下复制，确保每行递减 50 美分。当出价为 8 美元时，差值为 0（假如在单元格 B1 中输入值为 8）。这一步容易犯的错误在于，忘记使用带美元符号（$）的"$B$1"引用格式，该引用在向下复制差值公式时能够保证固定引用。（"$"符号固定引用格式适用于 Excel 办公软件，其他程序中或许不同。）此时，单元格 B3 中输入的式子应该是：

"=(B1−A3)"。价值减去出价差值的计算完成后，回到单元格 B3，将中标概率加入公式中，中标概率与以上差值之间用星号（*）相连，表示相乘。记住使用圆括号，以便在乘法前计算差值："=(B1−A3)*(A3/10)"，其中不需要"A3/10"项周围的圆括号，尽管第二组圆括号确实可以更容易地看清公式的逻辑结构。之后，转到包含新公式的单元格（出价差值乘以中标概率），将其复制/拖动下来。

2. 回顾第 26.4 节的第二段，了解如何输入双人拍卖中的中标概率。

3. 我们已经进行的实验中，前半场运行无后悔实验设置，后半场运行有后悔实验设置。问题在于如何重新设计实验，避免后悔情绪与顺序和实验安排的影响相混淆。为此，你需要让有/无后悔设置在相同的实验阶段展开。在研究风险厌恶效应的同时，想想如何做到这一点。加入更多的实验局是否可行？

4. 拍卖的收益是中标概率与中标时收益的乘积。试着把这个想法和炸弹任务的结果联系起来。然后，思考这种相似性究竟是好事还是坏事。

第 27 章习题提示

1. 必须用符号 K 替换 1.5 的乘数，其中 $0 < K < 2$。如果出价 b 被接受，则卖方的价值，平均来看应该在 0 到 b 之间，于是出价被接受时，卖方价值的期望值等于 $b/2$。现在，写出代表买方期望价值关于出价 b 的表达式。若期望价值小于 b，则平均来说投标就会有损失。要确定最优出价，请使用你的直觉：在这种情况下，你会出价多少？

2. 如果 50 的出价将被拒绝，那么这样一个出价的期望收益是什么？如果出价 100，由于一定被接受，此投标的期望收益即为买方价值的期望值和出价 100 之差：买方价值的期望值 −100。如果出价 100 被接受，则卖方价值在 50 ~ 100，平均来说等于 75。将此卖方价值的期望值乘以 1.5，求出买方价值的期望值，并使用上述括号中的公式。如果结果显示期望收益为正数，则意味着出价 100 优于出价 50。

3. 计算期望收益的过程与第 2 题的提示中使用的过程完全近似，只是这次出价为 70。

4. 对于 Excel 的构造，有关 Excel 的命令可见第 26 章第 1 题的提示部分。微积分方法在第 5 题的提示中介绍。

5. 第 4 题已经给出了答案（100），现在让我们通过微积分来推导。卖方价值至少为 50，因此从投标者的角度来看，当出价 b 被接受时，所有者的期望值等于 50 加上 50 与出价 b 之间距离的一半：$50 + (b−50)/2$。因此，买方的期望价值等于卖方期望值的 1.5 倍，$1.5[50 + (b−50)/2]$。收益公式是以下两项之乘积：（买方价值的期望值 $−b$）（中标概率）。这个公式中唯一剩下的部分是投标 b 被接受的概率。此概率为 $(b−50)/50$，当出价 50 时等于 0（必被拒绝），出价 100 时等于 1（必被接受）。现在你已经求出上方公式的全部组成部分了，包括中标的概率以及中标时的期望收益。最后一步是将各项相乘，求导数，并令其等于零。然后你便可以解出 b 的表达式，从而证明 $b = 100$。换句话说，在这种情况下，最优出价位于可行出价范围的上界。

第 28 章习题提示

1. 当第 2 个单位不生产时，一定要包括销售许可证的 3 美元收入。

2. 绝对值都为正。在根据绝对值大小进行排序后，每当"差距"行中的数据为负值时，符号秩亦为负数。然后求出符号秩之和，查找第 13 章中的 Wilcoxon 表。

3. 投标者在密封拍卖中所面对的主要风险是什么？如何通过改变出价金额来降低这一风险？拍卖形式又将怎样影响这种风险？运用你自己的直觉，想象你是一名公司里负责参加投标的代表，在公司管理者面前为你建议的出价做出解释。

4. 问题陈述中提供了提示。

5. 拍卖收入方面，歧视价格拍卖实验局的三场实验均高于上海车牌拍卖实验局的三场，所以，一个方向的二元获胜计数为 0。

6. 这是一个开放性问题。你可以试着考虑，比如，减少向被试提供有关可能出现需求的信息，或者不在每一期都随机切换需求结构（例如，增加某种持续性），将产生怎样的影响。不论如何，对于自己所提出的设置为何能构成有趣的实验，你需要给出解释。

第 29 章习题提示

1. 由于许可证 C 对投标者 Ⅲ 的价值最高，注意组合 AB 对谁的价值最高。把许可证 C 分配给投标者 Ⅲ、组合 AB 分配给投标者 Ⅰ，总价值将是多少？如果 AB 卖给投标者 Ⅰ，你需要 A 和 B 的价值之和小于或等于 30，即 AB 对于投标者 Ⅰ 的价值。C 的价值必须小于 10，投标者 Ⅲ 才有意愿购买。但同时，价值也需要足够高，从而防止其他投标者坚持跟进投标、产生超额需求。你能够找到这样的价值吗？

2. 注意 ABC 对于投标者 Ⅳ 的价值。

3. 考虑一下如何利用活动规则让投标者不断提交投标，直到价格提高使得活跃投标者的数量从 3 人降至 2 人。为什么这两名投标者会想要坚持到这一刻呢？

4. 考虑一下，是将 3 张许可证组合起来，还是独立拍卖，哪一个分配方案对提高收入更为有利。

5. 剩余（overhang）为 69 – 60，需分配 3 张许可证。由于 3 张许可证对应的人口相等，上述差距应该等分。

6. 将这道题视为一次挑战，设计 FCC 的 incentive 拍卖的人尚未将其承担起来。构建具体数字的例子或许有助于理解程序的运行机制。是否存在卖家操纵拍卖过程攫取高价的风险？

第 30 章习题提示

1. F4 被 W1 和 W2 拒绝；F3 起初被 W1 接受，后遭反悔，之后又将被 W2 拒绝。而后，F3 和 F4 都将采用自己的第三选择。

2. F1 将 W1 排在第二位，W1 将 F1 排在第二位，因此左上单元格的优先级乘积等于 4。填写出其他优先级乘积，然后按照优先级乘积 1（如果有）到优先级乘积 2（如果有）到优先级乘积 3（如果有）到优先级乘积 4 的顺序执行它们。

3. 无提示。

4. 寻找一个没有做出延期接受的匹配，并且在不改变偏好排序的前提下，大幅增加另一个匹配的价值。

5. 如果你认为提交一份不真实的列表更好，那么一定要用一个具体的例子来阐明为什么会出现这种情况。

6. 请记住，提交的排名所依据的顺序不一定是随机的（如第 30.3 节中第一段所述）。

课堂实验说明

教师须知： 附录 B 是一些课堂实验说明，这些实验都无须使用计算机设备。由于网站上的程序非常方便，因此附录 B 仅包含那些手工（by hand）教学特别高效的课堂实验，例如第 1 章的交易所市场实验以及多种投票实验。这些课堂实验说明是为课堂使用而改编的，有时会有更多的背景和社会互动，而不适合进行研究。许多实验可以通过小组或一次性互动来完成，这会节省课堂时间。

对于这类手工运行的实验，以下几个提示有助于提高效率：
- 教师通常可将全班学生分成团队（team），或 3 ~ 5 人的小组（group）⊖。这样的分组安排使得在一个更大的班级中收集和处理决策变得更容易，而且这种分组安排可能有助于学生通过小组讨论来学习。当决策是按顺序做出时，团队尤其有用，这将缩短从不同参与者收集数据的过程。
- 有些博弈，比如首先出现的交易所市场，很难由团队来完成，但交易的分散性使得这个市场可以由多达 60 名学生手工操作。如果班级规模很大，可以使用团队，让每个团队派一名代表到交易所进行谈判，并在每轮之间汇报情况。
- 后面实验说明中的表格都比较长，大部分能够容纳多轮重复实验，但附录 B 中的这些课堂实验通常只需要 1 ~ 2 轮的决策就足够让学生把握要点，也能避免多次重复引起的厌烦情绪⊜。
- 竞争性市场和拍卖实验通常无须为参与者提供现金或其他激励。如果需要激励，

⊖ 分组：小组中的每一名学生即为一名被试，独立参与实验；分队：一队学生扮演一名被试，一起完成决策并与其他队互动。——译者注

⊜ 原文是"Groundhog Day feeling"，土拨鼠日（Groundhog Day）原本是北美洲的一个传统节日，也有"事件不断重复"的引申含义，这源于 1993 年上映的同名电影，电影主角始终度过同一天。——译者注

比如涉及讨价还价和公平问题的博弈：一种方法是，事后随机选择一人并将实验收入按一定比例换算成现金收入，比如事先公布"实验货币 1 元兑换 1 美分"；另一种方法是，将实验收入转换成积分，作为每一周或两周课堂上颁发奖品的兑换券。

- 有一些博弈只需要挑选几对学生在全班面前展示决策就已经足够了。这可能提供了参与式学习的一个重要元素，而不必要求每个学生做大量的重复。例如，第 8 章和第 9 章使用扑克牌的博弈就可以采用这种方法，第 10 章和 Reiley、Urbancic 和 Walker（2008）描述的"简化版扑克"博弈，均属于上述情形。
- 教师可以找学生大声朗读实验说明，在朗读者读完实验说明时，所有学生能够了解实验过程。
- 一些实验需要用到扑克牌或者十面骰子，它们可以在便利店和玩具店买到。为了避免丢失，最好每 10 名学生准备一副扑克牌，并额外多准备几枚骰子。

后面的一些实验说明取材或改编自本书作者参与的研究论文及教学实验，包括：第 1 章，Holt（1996）；第 3 章，Laury 和 Holt（2002）；第 16 章，Holt 和 Laury（1997）；第 12 章，Goeree 和 Holt（1999b）；第 19 章，Holt 和 Anderson（1999）、Hewett 等（2005）和 Wilson（2005）。

交易所市场实验说明（第 1 章）

我们将建立起一个市场，我右手边的同学扮演买家，左手边的同学扮演卖家，双方人数相等。此外，我还将选出几名助理协助我登记价格。接下来将发给每人一张扑克牌，其中，已经移除人头牌，到手的一定是数字牌。拿好自己的牌，不要让别人看到。发给买家的都是红色牌（红桃或方块），发给卖家的则是黑色牌（梅花或黑桃）。每张卡片代表一个"单位"的未指明商品，可以由买家购买或由卖家出售。

交易：买卖双方将在房间中央（或其他指定区域）会面，并在 5 分钟的交易期间进行谈判。一旦一名卖家和一名买家达成一致，请一起到教室前面报告成交价格，此价格将会向全班公布。之后双方上交扑克牌并回到原位，等待该交易期结束。市场将会有几个周期。

卖家：每一期你都有 1 单位商品可供出售，扑克牌上的数字即为出售商品的美元成本，不能以低于成本的价格出售。出售商品的收入 = 谈判达成的价格 − 扑克牌上的成本。如果未达成交易，当期收入和成本都是 0。不妨这样理解：这就好像你知道有人会以与你的成本价相等的价格卖给你，所以如果你能够以高于获得成本价的价格转售商品，你就可以获得差价。比如你的牌是黑桃 2，谈判售价为 3 美元，则赚取 3 − 2 = 1 美元。此外，你的售价不能低于 2 美元。如果你不注意，答应了低于成本的售价，来到教室前登记时，交易将被否决；你可以拿回自己的牌重新投入谈判。

买家：每一期你能够购买 1 单位商品。你的扑克牌上的数字是你购买时收到的美元价值，你不能以超过这个价值的价格购买。购买商品的收益等于扑克牌价值减去谈判达成的价格。如不购买商品，当期收入为 0。不妨这样理解：购买商品之后，有人以扑克牌上的价格从你这里收购，因此只要你的购入价格小于扑克牌上数字，差价自然到手。比如你的牌是红桃 9，谈判买入价格为 4 美元，事后收益为 9 - 4 = 5 美元。另外，以超过 9 美元的价格购买商品是不允许的。如果不注意答应了更高的购买价格，来到教室前登记时，交易将被否决；你可以拿回自己的牌并重新投入谈判。

收益登记： 每一期开始都将重新发牌，因此，即便有卖家 / 买家某一期没能谈判达成交易，也不必气馁。请记住，只要未购买 / 出售，买家 / 卖家收益为 0（此时，卖家不承担成本，买家不获得价值）。一期结束后，我将收回未能付诸交易的扑克牌，你可以在我洗牌和重新分牌时计算收益。你的总收益等于各期收益之和，用下一页的**收益记录表**实时更新自己的收益。卖家使用表的左半部分，买家使用右半部分。请在不用的那一侧画上"×"。所有收益都是假想收益。在交易正式开始之前，请不要相互交谈。

大家还有什么问题吗？

最终观测结果： 卖家和买家就价格达成一致后，立即到教室前方上交卡片，以便我们核实价格不低于卖方成本、不高于买方价值。届时前面若有人排队，还请耐心等待。核实完价格后，助理将记录并大声公布。然后，买卖双方可以回到座位上计算自身收益。助理们也会回到原位待命。买家和卖家们，现在请前往教室中间的交易区，开始就买卖展开谈判交流。市场开放了，还有 5 分钟。

你的姓名：＿＿＿＿＿＿＿＿＿＿＿＿＿＿＿＿＿＿＿＿＿＿＿＿＿＿

卖家收益
（卖家请使用这半边）　　　　　　　　　　　　　买家收益
（买家请使用这半边）

＿＿＿ － ＿＿＿ ＝ ＿＿＿　　第 1 期　　＿＿＿ － ＿＿＿ ＝ ＿＿＿
（价格）　（成本）　（收益）　　　　　　　　（价值）　（价格）　（收益）

＿＿＿ － ＿＿＿ ＝ ＿＿＿　　第 2 期　　＿＿＿ － ＿＿＿ ＝ ＿＿＿
（价格）　（成本）　（收益）　　　　　　　　（价值）　（价格）　（收益）

＿＿＿ － ＿＿＿ ＝ ＿＿＿　　第 3 期　　＿＿＿ － ＿＿＿ ＝ ＿＿＿
（价格）　（成本）　（收益）　　　　　　　　（价值）　（价格）　（收益）

＿＿＿ － ＿＿＿ ＝ ＿＿＿　　第 4 期　　＿＿＿ － ＿＿＿ ＝ ＿＿＿
（价格）　（成本）　（收益）　　　　　　　　（价值）　（价格）　（收益）

＿＿＿ － ＿＿＿ ＝ ＿＿＿　　第 5 期　　＿＿＿ － ＿＿＿ ＝ ＿＿＿
（价格）　（成本）　（收益）　　　　　　　　（价值）　（价格）　（收益）

＿＿＿ － ＿＿＿ ＝ ＿＿＿　　第 6 期　　＿＿＿ － ＿＿＿ ＝ ＿＿＿
（价格）　（成本）　（收益）　　　　　　　　（价值）　（价格）　（收益）

各期总收益：　　　　　　　　　　　　　　　　各期总收益：
＿＿＿＿　　　　　　　　　　　　　　　　　　＿＿＿＿

彩票选择实验说明（第 3 章）

在下一页的决策表格中，每次决策均是在"选项 A"和"选项 B"之间做选择。你需要完成总计 10 次决策，答案填写在表格中的最右列。但是，结算实验收益时只会随机选择其中一行作为依据。在你开始做这 10 个决定之前，请让我解释一下这些选择将如何影响你的实验收益，除非另有说明，否则这只是假设。

决定收益的道具是一枚十面骰子；各面分别为数字 1 ～ 10（0 代表 10）。大家完成选择之后，我们将投两次骰子，第一次确定选取哪一次决策，第二次确定该决策中选项（A 或 B）的具体收益。虽然你需要填写 10 次决策，但其中只有一次决策最终用于确定你的实验收益，不过你事先无法得知具体哪一次决策会被选中。显而易见，10 次决策被选中的概率是相等的。

现在，请看表格第一列的决策 1。如果十面骰子掷出 1，选项 A 收益为 2.00 美元，选项 B 收益为 3.85 美元；如果掷出 2 到 10，选项 A 收益为 1.60 美元，选项 B 收益为 0.10 美元。其他决策与此类似，不同之处在于，越往下，骰子掷出高收益的机会越大。至最下面的决策 10，已经不需要骰子，两个选项都固定给予最高收益，你做出的决策相当于是在 2 美元和 3.85 美元之间取舍。

总而言之，你需要做出总共 10 次决策。选 A 还是 B 全凭自己意愿，决策顺序也是。当你完成后，我们会来到你的桌子前，掷十面骰子，选择哪一个决策将被使用，即，表格中的哪一行将是相关的。然后，我们将再次掷骰子，以确定你为该决策选择的选项所赚的收益。此选择获得的收益将加到您以前获得的收益中（如果有）。

现在请看表格最右列的空格。你必须在每一个空格里写下你的选择，即 A 或 B，然后掷骰子来决定哪一个决策会被用于计算。我们会看看你所做的用于计算的决策，并圈起它，再掷骰子来决定你获得的收益。然后你要在这一页的底部写下你获得的收益是多少。

还有什么问题吗？

你的姓名：_____

	选项 A	选项 B	你的选择
决策 1	骰子掷出 1 获得 2.00 美元 骰子掷出 2 ～ 10 获得 1.60 美元	骰子掷出 1 获得 3.85 美元 骰子掷出 2 ～ 10 获得 0.10 美元	
决策 2	骰子掷出 1 ～ 2 获得 2.00 美元 骰子掷出 3 ～ 10 获得 1.60 美元	骰子掷出 1 ～ 2 获得 3.85 美元 骰子掷出 3 ～ 10 获得 0.10 美元	
决策 3	骰子掷出 1 ～ 3 获得 2.00 美元 骰子掷出 4 ～ 10 获得 1.60 美元	骰子掷出 1 ～ 3 获得 3.85 美元 骰子掷出 4 ～ 10 获得 0.10 美元	
决策 4	骰子掷出 1 ～ 4 获得 2.00 美元 骰子掷出 5 ～ 10 获得 1.60 美元	骰子掷出 1 ～ 4 获得 3.85 美元 骰子掷出 5 ～ 10 获得 0.10 美元	
决策 5	骰子掷出 1 ～ 5 获得 2.00 美元 骰子掷出 6 ～ 10 获得 1.60 美元	骰子掷出 1 ～ 5 获得 3.85 美元 骰子掷出 6 ～ 10 获得 0.10 美元	
决策 6	骰子掷出 1 ～ 6 获得 2.00 美元 骰子掷出 7 ～ 10 获得 1.60 美元	骰子掷出 1 ～ 6 获得 3.85 美元 骰子掷出 7 ～ 10 获得 0.10 美元	
决策 7	骰子掷出 1 ～ 7 获得 2.00 美元 骰子掷出 8 ～ 10 获得 1.60 美元	骰子掷出 1 ～ 7 获得 3.85 美元 骰子掷出 8 ～ 10 获得 0.10 美元	
决策 8	骰子掷出 1 ～ 8 获得 2.00 美元 骰子掷出 9 ～ 10 获得 1.60 美元	骰子掷出 1 ～ 8 获得 3.85 美元 骰子掷出 9 ～ 10 获得 0.10 美元	
决策 9	骰子掷出 1 ～ 9 获得 2.00 美元 骰子掷出 10 获得 1.60 美元	骰子掷出 1 ～ 9 获得 3.85 美元 骰子掷出 10 获得 0.10 美元	
决策 10	骰子掷出 1 ～ 10 获得 2.00 美元	骰子掷出 1 ～ 10 获得 3.85 美元	

墨水炸弹实验说明（第 3 章）

这个实验需要你做出选择，实验收益取决于这个选择以及一个随机事件，且最终采用现金支付。你会看到一行 12 个编了号的盒子：

　　☐ 1　☐ 2　☐ 3　☐ 4　☐ 5　☐ 6　☐ 7　☐ 8　☐ 9　☐ 10　☐ 11　☐ 12

你需要决定勾选哪些盒子。完成后，实验人员将在你的桌面上掷一枚 12 面骰子，各面分别标有数字 1 ～ 12，概率均等。如果掷出的数字恰好和你勾选的某个盒子编号吻合，你在此实验中的收益为 0；如果掷出的数字对应你**没有**勾选的某个盒子的编号，那么你将获得一个整数的美元，它等于你勾选的盒子的数量。

不妨这样理解：每个盒子中都有一张 1 美元钞票，而其中一个盒子里面还装着墨水炸弹，一旦打开该盒子引爆炸弹，所有钞票都会被墨汁浸染，变得一文不值。因此，**只要没碰到炸弹**，打开盒子越多，收益越高。但是随着收益的累积、剩余的盒子越来越少，碰到炸弹的概率就越来越高，一旦引爆，你将一无所获。

由于你只需要执行一次该任务，我们希望确保你了解流程，因此请给出以下问题的正确答案：

1. 如果你一个盒子都不选：

　__（A）不论骰子掷出多少，你的收益都是 0

　__（B）你的收益取决于骰子掷出的结果

2. 如果你勾选全部 12 个盒子：

　__（A）不论骰子掷出多少，你的收益都是 0

　__（B）你的收益取决于骰子掷出的结果

3. 如果你勾选 N 个盒子（$0 < N < 12$）：

　__（A）收益为 0 的概率是 $N/12$

　__（B）收益为 N 的概率是 $N/12$

我们将来到你的桌前检查你的答案，你也可以就任何环节提问。

现在请选择盒子吧，在选中的盒子前画**黑色"×"**：

　　☐ 1　☐ 2　☐ 3　☐ 4　☐ 5　☐ 6　☐ 7　☐ 8　☐ 9　☐ 10　☐ 11　☐ 12

我们将掷一枚 12 面骰子，如果掷出的数字与你选中的任一盒子的编号吻合，你将获得 0 美元，反之，你得到的美元数量等于你勾选盒子的数量。

姓名：＿＿＿＿＿＿＿＿＿＿＿＿＿＿＿掷骰子结果：＿＿＿＿＿收益：＿＿＿＿

成对彩票选择实验说明（第 4 章）

你的决策表在最左边列出了 6 个决策，分别标为决策 1、决策 2……决策 6。每个决策都是"左"（L）列所描述的随机收益和"右"（R）列所描述的随机收益之间的配对选择。你将做出 6 个决策，并将它们记录在最后一列，但其中只有一个将用于最后决定你的收益。填表之前，让我们就决策和收益之间的关系详加说明。除非另有说明，所有收益都是假设的。

决定收益时会用到一枚六面骰子和一枚十面骰子，各面分别标有数字 1 ~ 6 和数字 0 ~ 9。在你完成所有选择之后，我们将通过掷六面骰子从 6 次决策中选择其一。即使你要做 6 个决策，其中只有一个最终会影响你的收益，但你不会提前知道哪一个决策会被使用。显然，每个决策最终被使用的机会都是均等的。在我们选择了与收益相关的决策后，我们掷两次十面骰子来决定你所选择的选项（L 或 R）的收益是多少。

现在看看最上面的决策 1。如果这是我们最后使用的决策，我们会掷两次十面骰子。两次掷出的数字将从 0 到 99，第一次掷出的是"十位"数字，第二次掷出的是"个位"数字。对于 L 选项，如果掷出的十面骰子是 0 ~ 99，则收益为 6 美元，否则收益为 0 美元。因为所有投掷结果都在 0 ~ 99，L 选项提供了一个确定的 6 美元。如果掷出的骰子是 0 ~ 79，R 选项的收益为 8 美元，否则收益为 0 美元。因此，决策 1 的 R 选项提供了 80/100 的机会（4/5 的概率）获得 8 美元。其他各行与此类似，但收益和对应的机会不尽相同。

总结一下，你要做出 6 个决策：每一行一个。选择你喜欢的选项（L 或 R）。每一行应该有一个复选标记。你可以以任何顺序做决策。完成后，将你的选择填入最后一列，我们将来到你的桌子前，掷六面骰子，以选择将使用哪个决策。我们将圈出该决策，然后掷十面骰子，以确定你为该决策所选择的选项的收益。

在开始之前还有一点需要注意，不同的人可能会在同一决策上做出不同的选择，就像我们选购不同的商品一样。我们对你的偏好感兴趣，即你更喜欢哪个选项，因此请仔细考虑每次决策，且不要与其他人交流。

还有什么问题吗？

你的姓名：＿＿＿＿＿＿＿＿＿＿＿＿＿＿＿＿＿＿＿＿＿＿＿＿＿＿

	左（L）	右（R）	你的选择（L 或 R）
决策 1	骰子掷出 0 ~ 99 获得 6.00 美元	骰子掷出 0 ~ 79 获得 8.00 美元 骰子掷出 80 ~ 99 获得 0.00 美元	
决策 2	骰子掷出 0 ~ 89 获得 6.64 美元 骰子掷出 90 ~ 99 获得 0.25 美元	骰子掷出 0 ~ 89 获得 5.47 美元 骰子掷出 90 ~ 99 获得 2.75 美元	
决策 3	骰子掷出 0 ~ 24 获得 6.00 美元 骰子掷出 25 ~ 99 获得 0.00 美元	骰子掷出 0 ~ 19 获得 8.00 美元 骰子掷出 20 ~ 99 获得 0.00 美元	
决策 4	骰子掷出 0 ~ 89 获得 3.89 美元 骰子掷出 90 ~ 99 获得 25.00 美元	骰子掷出 0 ~ 89 获得 5.11 美元 骰子掷出 90 ~ 99 获得 6.00 美元	
决策 5	骰子掷出 0 ~ 66 获得 8.38 美元 骰子掷出 67 ~ 99 获得 1.25 美元	骰子掷出 0 ~ 66 获得 6.18 美元 骰子掷出 67 ~ 99 获得 3.25 美元	
决策 6	骰子掷出 0 ~ 66 获得 4.25 美元 骰子掷出 67 ~ 99 获得 9.50 美元	骰子掷出 0 ~ 66 获得 4.85 美元 骰子掷出 67 ~ 99 获得 5.90 美元	

简化版扑克实验说明（第 10 章）

教师须知：这个简单的课堂实验需要一副扑克牌，使用到其中的四张 A 和四张 K。

最好取大约 20 美元的一美元面值钞票作为赌注，供两名学生志愿者用以博弈。

这是一个简单的扑克游戏，我们需要 2 名自愿参加游戏的志愿者，以及 1 名负责记录的志愿者。如果你愿意参加游戏或记录，请举手。（你不需要知道真正的扑克游戏的任何规则。）

（游戏开始）

每个人一开始都有 10 美元的 1 美元面值纸币，我现在会发给他们相应的纸币。每一轮开始时，每个人在赌桌上押 1 美元的赌注。现在请双方为第 1 轮下注。

我手中有一副只有 4 张 A 和 4 张 K 的不完整的牌，其他牌都移除了。每次抽牌前会将前一张牌退回牌堆，所有抽牌行为属于放回抽样。

我右手边的同学为先行动者（以下简称 I），左手边的同学为后行动者（以下简称 II）。首先抽牌交给 I，II 不会收到牌，直到最后才会看到 I 手中的牌。

如果 I 得到的牌是 A，意味着 I 获胜；相反，如果得到的牌是 K，那么除非对方先弃牌，否则 I 失败。

我首先将抽一张牌交给 I；I 需要决定是弃牌（损失 1 美元的底注）还是加注（再将 1 美元放到桌上）。

之后，如果 II 选择弃牌，桌上所有的钱（双方底注 + I 刚下的 1 美元加注）归 I 所有。如果 II 跟注（也向桌上放 1 美元），则翻开 I 手中的牌一决胜负：若是 A，桌上 4 美元都属于 I，反之 II 拿走全部 4 美元。注意，因为 II 不会拿牌，所以最终胜负结果完全取决于发给 I 的那一张牌。

游说博弈实验说明（第 12 章）

这是一个简单的扑克牌游戏。你们每个人都将被分到一个投资者团队中，各队正在就价值 16 000 美元的地方政府通信许可证进行竞标。政府将从收到的申请中随机选择分配许可证。团队完成一份申请的文书工作和法律费用的成本共计 3 000 美元（可视为文书工作所需时间和材料的机会成本），此成本和申请成败没有关系。每个团队可以提交最多 13 次申请。每个团队的初始营运资金为 100 000 美元。

实验共设 4 个团队，发给每个团队相同的 13 张扑克牌（每队一种花色）。每轮许可证竞标时，每一个团队可选择任意数量的牌放入信封。每张牌好比抽奖时的一张彩票，许可证就好比 16 000 美元的奖金。四个团队信封里的牌都将汇总并打乱顺序，然后从中抽取一张，被选中的团队得到 16 000 美元，其他团队本轮收益为 0。无论结果如何，只要打出一张牌，就要支付 3 000 美元。总而言之，收益的计算如下所示。

收益 = 16 000 美元（如果中奖）- 3 000 美元 × 打出牌数（不论输赢）

没能中奖的团队当轮收益为负数，下方记录表中收益前将有 - 号。表格最右侧为累计收益，初始资金为 100 000 美元，后续收益的计算在此基础上增减。本实验的收益都是假想收益（就好比你在想象这样一场竞标）。还有什么问题吗？

轮次	打出牌数	每张牌的成本 （美元）	总成本（美元）	许可证 价值（美元）	你的收益 （美元）	累计收益 （初始资金为 100 000 美元）
1		3 000		16 000		

　　下一轮许可证竞标对应第二张许可证。你所在的团队同样拥有 13 张牌，但是每张牌的成本降至 1 000 美元（管理效率提高，文书成本降低）。无论你的团队是否已经获得了许可证，这张许可证和以前一样，价值为 16 000 美元。

轮次	打出牌数	每张牌的成本 （美元）	总成本（美元）	许可证 价值（美元）	你的收益 （美元）	累计收益 （美元）
2		1 000		16 000		

　　再下一轮许可证竞标，许可证的价值因团队而异。你所在的团队同样拥有 13 张牌，每张牌的成本仍然是 1 000 美元。教师将单独告知各团队许可证的价值，学生把相关内容填写在下表对应位置。

轮次	打出牌数	每张牌的成本 （美元）	总成本（美元）	许可证 价值（美元）	你的收益 （美元）	累计收益 （美元）
3		1 000				

　　最后一轮中，许可证对你的价值与第三轮相同，但没有扑克牌及申请费用。取而代之的是，我将从底价 8 000 美元开始拍卖，递增叫价直到只剩一支队伍为止。中标的团队须支付其出价的金额。其他落选的团队不必支付任何费用；获胜团队的收益等于其许可证价值减去支付价格。另外，拍卖收入将平均分配给四个团队，举例来说，如果你们团队出价为 8 000 美元并中标，每个团队可以获得 2 000 美元的分成，因此你只需要支付 6 000 美元的净成本。

轮次	你的收益 （中标时：你的许可证价值 − 3/4 × 你的出价⊖ 未中标时：1/4 × 中标出价）（美元）	累计收益（美元）
4		

"打出还是保留" 贡献博弈实验说明（第 16 章）

　　你们每个人现在会得到 4 张扑克牌，其中两张是红色的（红桃或方块），两张是黑色的（梅花或黑桃）。每个人的 4 张牌的点数相同。

　　实验共有多轮。一轮开始时，我将依次来到你们桌前，你们每一位需要打出自己 4 张牌中的 2 张，把这两张牌正面朝下放在我手里的那叠牌的最上面。

_____

　　⊖　原文中标收益为"许可证价值减去出价，未中标收益为 0"，和上下文不符，疑有误。——译者注你的实验收益取决于你如何处理你的红牌。在这一轮中，每留一张红牌，你将在这一轮中赚 4 美元，而每留一张黑牌，你将一无所获。放在牌堆里的红牌会对每个人的收入产生如下影响：我会计算牌堆中大家上缴的红牌数量，每个人都将获得这个数量的收益。牌堆中的黑牌同样没有收益。清点完红牌后，我不会公开你们各位的决策。你的当轮收益计算方式如下所示。

你的收益（美元）= 4 × 自己保留的红牌数量 + 1 × 我收到的红牌数量

在这一轮结束时，我会把你们手中的牌按相反的顺序交还给你们，从我手中的一叠牌中，把最上面的两张牌正面朝下交给你们。因此，无论你刚刚使用的是哪张扑克牌，你都可以从每种颜色的两张扑克牌开始下一轮实验。

第 5 轮（也许更少）之后，我将宣布改变保留红牌的收益，即使保留的红牌的收益会改变，但放在牌堆上的红牌总是为每个人赚 1 美元。

使用下表来记录你的决策、你的收益以及累计收益。对所有人来说，所有的收益都是假设的。（也可以这么做：实验结束后随机选择一人，并将获得由老师宣布的收益的一定比例的报酬。）还有什么问题吗？

姓名 /ID：_____

记录表：每张上缴的红色牌的收益为 1.00 美元

轮次	保留红牌的数量	保留 1 张红牌的价值（美元）	保留红牌的收益（美元）	来自上缴的红牌的收益（美元）	总收益（美元）	累计收益（美元）
1		4				
2		4				
3		4				
4		4				
5		4				
6		2				
7		2				
8		2				
9		2				
10		2				

投票：3 种课堂实验（第 19 章）

选址投票实验说明

（需要 100 个编号的索引卡和一个随机选择候选人的方法）

我们将进行两名候选人参与的一系列选举，并根据多数决定原则（平手时掷硬币决定胜者）决定获胜的候选人。每次选举有两名候选人，一人为在任者，另一人是挑战者，其他人都是选民。

这里有一摞数字卡，从 1 到 100 各一张。我们将打乱顺序随机发放给大家，一人一张。你得到的卡上的数字（1～100 中的一个数字）代表你偏好的位置。作为一名选民，你的收益计算为 100 减去你偏好地点与选举胜出地点之间的绝对距离。没有得到数字卡时不要投票。

投票前，每个候选人提出一个地点，举手决定获胜者。设想你是一位选民，偏好位置是 20，而获胜候选人的位置是 75，绝对距离为 55。记录表中，作为一名选民需要在"角色"一栏填写"V"，之后依次填写选民偏好的位置、胜出的位置、绝对距离并记录收益，收益等于 100 减绝对距离（100 - 55 = 45）。

期	角色 （C 或 V）	选民偏好 的位置	胜出的位置	绝对距离	收益 V：100 - 绝对距离 C：100（若胜出）
1	V	20	75	55	45
2	C 提议 45	NA	45	NA	100
3	C				

实验开始时，将随机选择两人担任候选人，候选人需在"角色"栏填"C"，后面附加自己的位置。之后将公布两名候选人的"选址"。候选人和选民之间不允许有交流。

胜出的候选人收益为 100，落选者收益为 0，无论他们卡片上标注的偏好位置是什么。第 1 期胜出的候选人在第 2 期继续担任候选人，即所谓的"在位者"，而第 1 期的落选者则回归选民的行列，根据手中卡片决定偏好的位置。上表中，此人在第 2 期扮演候选人（C），提出的位置为 45 并胜出，获得的收益为 100。注意，候选人收益并不受自己的偏好位置以及绝对距离的影响，因此那些栏目中均填写"NA"。不过，落选者回归选民行列后，依然是由偏好位置来决定收益。

如上所述，先前获胜的候选人作为在位者继续参选，且可以提议新的位置。然后，另外一名候选人即挑战者仍然从选民中随机选出，提出另一个候选位置。其中，在位者首先选址，挑战者必须选择不同的位置，范围都是 1～100。此过程将持续几期，直到宣布程序调整。

宣布（几期之后，由老师宣布）：由于重新划分选区等原因，排除了一些选民，增加了一些新的选民，一些选民的偏好位置将会改变。我将分发新的位置卡，同时收回旧卡。

你的姓名：_____

选址投票的决策记录表

期	角色 （C 或 V）	选民偏好 的位置	胜出的位置	绝对距离	收益 V：100 - 距离 C：100（若胜出）
1					
2					
3					
4					
5					

（续）

期	角色 （C 或 V）	选民偏好 的位置	胜出的位置	绝对距离	收益 V：100 − 距离 C：100（若胜出）
6					
7					
8					
9					
10					
11					
12					
13					
14					
15					

用脚投票实验说明

教师须知： 此实验需要几副扑克牌（数字牌），保证每人得到 2 ～ 3 张。此外，你还需要 5 个纸制的信封来记录社区的名字，实验所在教室要有较大的开放空间，天气好时可以考虑在户外开展。

卡片和偏好： 这是一个模拟，你将选择在哪里居住。信封上标有五个社区的地址和名字。现在我要把你们每个人分配到一个社区并给每个人几张扑克牌。扑克牌有一个数字和一套花色（红桃、梅花、方块和黑桃）。同花色的一组扑克牌与特定类型的公共品有关。这个数字反映了你对这类公共品的偏好程度。例如，如果你的牌是红桃 3、红桃 6 和方块 4，那么，你的强度是红桃 3+6=9，但方块只有 4。强度会影响你对四种可能的公共品中的每一种的价值。黑桃或梅花的公共品对上述例子中的人毫无价值。你的收入将是你所选择社区的公共品水平对于你的价值，减去相关的税收成本。

投票： 你的社区必须选择提供这四种公共品中的一种且仅一种。此外，社区必须决定要提供的公共品的水平。例如，一个社区可能决定提供 6 个水平的方块（这意味着其他 3 种公共品的水平为 0）。高水平对应的是对公共品更详尽的规定，例如，公园开放时间较晚，或者高尔夫球场有 18 个洞而不是 9 个洞。这些决定将在初步讨论偏好和谈判之后通过一系列投票做出。所有投票将根据多数决定原则来决定。这些投票和讨论将由一位镇长来协调，我现在将为每个社区任命一位镇长。镇长将主持会议，公布社区的公共品选择和个人税率（个人成本）。如果镇长搬到其他社区，他 / 她应该在离开之前指定另外的镇长。在平局的情况下，镇长可以投第二票打破平局。

收益： 一般来说，你更愿意让社区提供你最珍视的高水平的公共品，用你拥有高点数（或数字总和）的花色来表示。就某一花色所提供的每一额外单位的公共品而言，你将获得 1 美元的收益，金额取决于该花色的强度（你的牌的数字总和）。如果社区选择的水平恰好与你所拥有的花色的总数量相对应，你将会感到非常高兴。提供的公共品的成本是提供水平的 2 倍。社区的所有成员必须平等地分担这一成本，因此高水平的供给会导致更高水平的税收。因此，你不会希望你的社区选择的公共品水平高于你所拥有花色的数量（点数）。例如，如果社区提供 5 个单位的红桃，那么，拥有 9 个单位红桃的人将获得 5 美元，如果社区提供 9 个单位的红桃，他将获得 9 美元，但是，如果社区提供超过 9 个单位的红桃，他也只能获得 9 美元。提供 9 个单位红桃的税收成本是 $9 \times 2 = 18$ 美元，这将在社区成员中平均分配，所以，如果大社区能够提供你所珍视的公共品，大社区就是好的。

例 1　假设你的牌是红桃 8 和黑桃 2，并且假设你的社区有 4 个人。如果社区选定红桃 6 的水平，那么这个决定的成本是 $2 \times 6 = 12$ 美元，除以人数（4），每个人的成本是 3 美元。你的收益是 6 美元（尽管你有一张红桃 8 的牌，但社区只投票给你红桃 6 的水平）减去个人成本 3 美元，也就是 3 美元。当水平从红桃 6 增加到红桃 10 时，你的收益将增加到 8 美元（受红桃 8 牌的限制）减去你的成本，即 $(10 \times 2)/(4 \text{ 个人}) = 5$ 美元，所以你的新收入是 $8 - 5 = 3$ 美元。

例 2　现在轮到你了。一个人在一个 5 人的社区中，该社区选择梅花水平为 5，总成本为＿＿＿，人均税收成本为＿＿＿。拥有红桃 9 和梅花 10 的人将获得＿＿＿的收益，支付＿＿＿的税，因此，将获得＿＿＿的净收益。

选择社区： 每个社区的居民将在镇长主持的会议上通过投票做出自己的决定（花色和水平）。在所有社区做出决定后，镇长们将公布他们的公共品的花色和水平，以及相关的税收。我们将把每个社区的结果写在黑板上。然后，人们将可以自由地转向一个更符合他们喜好的公共品决策的社区，并理解新配置的社区将在一轮开始时就所提供的公共品的类型和水平再次进行投票。每轮只能转换一次。你可以搬出社区来改善你的福祉，也可以选择留在社区。在这个过程中，社区可能会消失，也可能会重新出现。

记录： 使用下面提供的表格，记录你的扑克牌（花色和号码）、社区 / 地点、社区的决定，以及每一轮后你的收益。

你的姓名：＿＿＿＿＿＿＿＿＿＿＿＿＿＿＿＿＿＿＿＿＿＿＿＿＿

你的牌的分布

	第 1 张	第 2 张	第 3 张	第 4 张
花色（红桃，方块，黑桃，梅花）				
点数				

轮	社区名称	社区的决定	你的收益	你的成本（2× 水平）/N	净收益（收益 − 税收成本）
1					
2					
3					
4					
5					
合计					

项目支出的议程投票实验说明

教师须知： 此实验需要 1 ～ 2 副扑克牌，具体取决于课堂人数。实验人数应为 7 的倍数，例如 7、14、21 等。额外的学生可以结对参与。

这是一个简单的实验，用来说明不同政治制度的影响。你们每人将得到 2 张扑克牌，决定个人能否从不同提案中受益。小组将使用少数服从多数规则投票选择提案，平票由掷硬币决定。如果你在一个小组中，你应该只在收到装有卡片的信封时投票。每组只有一票。

备选的项目有两个，修建"高速公路"或者修建"学校"。不论哪一个项目，只要开始运作都将给每人造成 200 美元的税收成本，无关投票支持与否。项目给你带来的福利取决于你的扑克牌。如果你有一张黑桃牌，则你是学校派，修建学校的福利为 300 美元，净福利等于 300 - 200 = 100 美元。如果你有一张红桃牌，则你是高速公路派，修建高速公路的福利为 300 美元，净福利同样等于 300 - 200 = 100 美元。如果你的 2 张牌是一张红桃和一张黑桃，那么你在两个项目上的净收益是：300 美元 - 200 美元 + 300 美元 - 200 美元 = 200 美元。如果你没有黑桃牌，但小组最终决定修建学校，那么税收将使你的净福利为 -200 美元；无红桃牌而小组决定修建高速时同理。最后，梅花牌对福利没有直接影响，所以如果你的牌是梅花和黑桃，只修建学校时获得 300 - 200 美元的净收益，只建公路时得到 0 - 200 美元。同样，如果你的牌是梅花和红桃，只修建公路时获得 300 - 200 美元的净收益，只修建学校时得到 0 - 200 美元。此时，请查看你的扑克牌，并填写以下四种可能情况下的净福利：

只建高速：　　　　_____ -200 = _____
只建学校：　　　　_____ -200 = _____
二者兼修：　　　　_____ -400 = _____
二者均否：　　　　_____ -0 = _____

一些人的最终福利可能为负；计算总收益时不计损失，只累加收益。以上所有收益都是假想收益，仅仅以讨论为目的。

议程 1

前两票将决定哪些项目将成为最终投票的选项。最终投票将决定哪些项目获得资助。因此，最终的投票将决定收益。首先，想要修建高速公路的请举手。

你的投票：

同意____(修建高速公路)

反对____(不修建高速公路)

接下来，不管前面的修建高速公路的提案是否通过，如果你想修建学校，请举手。记住，如果你和其他人合作，你们一共只能投一票。

你的投票：

同意____(修建学校)

反对____(不修建学校)

至此，我们已同意修建以下项目：_____。

最后，我们将决定是修建这个项目（或这些项目作为一个整体），还是回到最初不修建的情况。首先，如果你不想修建这两个项目，请举手。接下来，如果你想为到目前为止认可的项目提供资金，请举手。

你的投票：

都不修建____

都修建____

接下来记录你的收益。

议程 1 之下修建的项目：_____

议程 1 之下你的收益：____

议程 2

我们将以新的议程重新开始，你的收益将按照与之前相同的方式计算，但与议程 1 的收益分开计算。（想象一下，你刚刚搬到一个新的城镇，正好赶上选举。）首先，你要选择要么不修建所有项目，要么只修建高速公路。如果你只想修建高速公路，请举手；现在，如果你哪个项目都不想修建，请举手。

你的投票：

只修建高速公路____

两个项目都不修建____

接下来将在_____（上次投票的胜者）和只修建学校之间做出选择。如果你想修建_____（上次投票的胜者），请举手；现在，如果你只想修建学校，请举手。

你的投票：

修建前一轮胜者____

只修建学校____

最后，你将在_____（上次投票的胜者）和修建两个项目之间做出选择。如果你只想修建_____（上次投票的胜者），请举手；现在，如果你两个项目都想修建，请举手。

你的投票：

修建前一轮胜者____

修建两个项目____

现在记录你的收益。

议程 2 修建的项目是：_____

议程 2 之下你的收益：____

收购博弈实验说明（第 27 章）

我将把全班分成若干两人小队。有一半的小队扮演买家，另外一半扮演卖家。我会选择团队，并指出你的角色：买家或卖家。每队都应该有一份这些说明的复印件，并将角色分配（买家或卖家）写在下表填写姓名的位置旁边。

每个卖家小队都是企业的所有者。这家企业价值多少只有卖家自己知道。每个买家将与一个卖家匹配。买家一次性出价以图购买该企业，但不知道企业的价值。买家不知道企业对卖家的价值，但买家是一个更好的管理者，他知道自己可以将利润提高到目前水平的1.5倍。收到买方出价后，卖家必须决定是否接受。如果卖家不接受，那么卖家获得企业价值，反之得到出价的金额。如果投标被拒，买家将一无所获，反之，买家所得等于1.5倍的企业价值减去出价的金额。

企业价值通过投掷两次十面骰子决定，单位是美分。这将为每个卖家单独完成。骰子十面标有数字0到9；第一掷决定十位数，第二掷决定个位数，于是企业的价值可能是0到99之间的任意整数，且机会均等。如果该企业被买家收购，企业之于买家的价值是卖家的1.5倍，故买家价值在0～148.5之间均匀分布。

下面提供的表格用于记录结果。为简单起见，记录将以美分为单位。首先，我会来到每名卖家桌前，投掷两次十面骰子，你可以在第（1）列记录由此得到的卖家价值。然后，在不知晓此价值的情况下，买家需决定出价并将其记录在第（2）列。然后，我会随机配对买家和卖家，每名买家的出价都将传达给相应的卖家，卖家选择是（接受）或否（拒绝），此决定记录在第（3）列。若交易达成，卖家告知买家企业的价值，买家将其乘以1.5，填入第（4）列。最后，卖家和买家在各自对应的第（5）和（6）列中计算自身收益。买家的收益为0（如果交易未达成）或买家价值（4）与出价之差。卖家收益为卖家价值（如果交易未达成）或买家出价。你们每个人的初始现金余额为500美分；在这个数额上加上收益，减去损失。表格第（7）列用来记录累计余额，所有收益均为假想收益。还有其他问题吗？

现在，我们将来到卖家桌前掷骰子。当我们这样做的时候，买家应该决定一个出价，并将其写入第（2）列。对于买家，卖家价值栏（1）留空即可。买家只有在公布自己的出价之后才能知道卖家价值。卖家现在还不能做决定，但是在听到买家出价之后，必须在保留企业价值（当下掷骰子决定）或放弃企业以换取买家的出价之间做出选择。本轮内容都填写在表格的第一行。（在配对交易以及第一轮收益计算完成后，你们将转换角色，买家和卖家互换角色。第二轮决策记录在第二行。）

你的角色：_____　你的姓名：_____

收购博弈的记录表

轮次	（1）卖家价值	（2）买家出价	（3）卖家决策（接受或拒绝）	（4）买家价值 1.5×（1）	（5）卖家收益（1）或（2）	（6）买家收益（4）-（2）或0	（7）现金余额 500美分
1							
2							

参考文献

Ackert, Lucy and Richard Deaves (2010) *Behavioral Finance: Psychology, Decision-Making, and Markets*, Mason, OH: South-Western Cengage.

Akerlof, George A. (1970) "The Market for 'Lemons': Quality Uncertainty and the Market Mechanism," *Quarterly Journal of Economics*, 84, 488–500.

Allais, Maurice (1953) "Le Comportement De L'homme Rationnel Devant Le Risque, Critique Des Postulates Et Axiomes De L'ecole Americaine," *Econometrica*, 21, 503–546.

Alsopp, Louise and John D. Hey (2000) "Two Experiments to Test a Model of Herd Behavior," *Experimental Economics*, 3, 121–136.

Anderson, Lisa R. and Beth A. Freeborn (2010) "Varying the Intensity of Competition in a Multiple Prize Rent Seeking Experiment," *Public Choice*, 143(1–2), 237–254.

Anderson, Lisa R. and Charles A. Holt (1996a) "Classroom Games: Understanding Bayes' Rule," *Journal of Economic Perspectives*, 10, 179–187.

—— (1996b) "Classroom Games: Information Cascades," *Journal of Economic Perspectives,* 10, 187–193.

—— (1997) "Information Cascades in the Laboratory," *American Economic Review*, 87, 847–862.

Anderson, Lisa R., Charles A. Holt, and David Reiley (2008) "Congestion and Social Welfare," in *Experimental Methods, Environmental Economics*, T. L. Cherry, J. F. Shogren, and S. Kroll, eds., London: Routledge, 280–292.

Anderson, Lisa R. and Sarah L. Stafford (2003) "An Experimental Analysis of Rent Seeking Under Varying Competitive Conditions," *Public Choice*, 115, 199–216.

Anderson, Simon P., Jacob K. Goeree, and Charles A. Holt (1998) "Rent Seeking with Bounded Rationality: An Analysis of the All Pay Auction," *Journal of Political Economy*, 106, 828–853.

Andreoni, James (1995) "Cooperation in Public Goods Experiments: Kindness or Confusion," *American Economic Review*, 85(4), 891–904.

Andreoni, James, Marco Castillo, and Regan Petrie (2003) "What Do Bargainers' Preferences Look Like? Experiments with a Convex Bargaining Game," *American Economic Review*, 93(3), 972–985.

Andreoni, James and Alison Sanchez (2014) "An Experimental Analysis of the Cognitive Processes Underlying Beliefs and Perception Manipulation," Discussion Paper, UC San Diego.

Andreoni, James and Lise Vesterlund (2001) "Which Is the Fair Sex? Gender Differences in Altruism," *Quarterly Journal of Economics*, 116, 293–312.

Ansolabehere, Stephen, Shanto Iyengar, Adam Simon, and Nicholas Valentino (1994) "Does Attack Advertising Demobilize the Electorate?" *American Political Science Review*, 88, 829–838.

Aragones, Enriqueta and Thomas R. Palfrey (2004) "The Effect of Candidate Quality on Electoral Equilibrium: An Experimental Study," *American Political Science Review* 98 (February), 77–90.

Armantier, Olivier and Charles A. Holt (2017a) "Discount Window Stigma: An Experimental Investigation," Discussion Paper, Federal Reserve Bank of New York.

—— (2017b) "Endogenous Reference Price Auctions for a Diverse Set of Commodities: An Experimental Analysis," Discussion Paper, Federal Reserve Bank of New York.

Armantier, Olivier, Charles A. Holt, and Charles R. Plott (2013) "A Procurement Auction for Toxic Assets with Asymmetric Information," *American Economic Journal: Microeconomics*, 5(4), 2013, 142–162.

Armantier, Olivier and Nicolas Treich (2013) "Eliciting Beliefs: Proper Scoring Rules, Incentives, Stakes, and Hedging," *European Economic Review*, 62, 17–40.

Asparouhova, Elena, Peter Bossaerts, Nilanjan Roy, and William Zame (2016) "Lucas in the Laboratory," *Journal of Finance*, 71(6), 2727–2780.

Assenza, Tiziana, Te Bao, Cars Hommes, and Domenico Massaro (2014) "Experiments on Expectations in Macroeconomics and Finance," in *Experiments in Macroeconomics*, volume 17 of *Research in Experimental Economics*, J. Duffy, ed., Emerald Insight, Series ISSN, Bingley, UK: Emerald Group Publishing 0193–2306.

Ausubel, Larry M., Peter Cramton, and Paul Milgrom (2004) "The Clock-Proxy Auction: A Practical Combinatorial Auction Design," Discussion Paper, University of Maryland.

Babcock, Linda, Maria Recalde, Lise Vesterlund, and Laurie Weingart (2017) "Gender Differences in Accepting and Receiving Requests for Tasks with Low Productivity," *American Economic Review*, 107(3), 714–747.

Badasyan, Narine, Jacob K. Goeree, Monica Hartmann, Charles A. Holt, John Morgan, Tanya Rosenblat, Marcos Servatka, and Dirk Yandell (2009) "Vertical Integration of Successive Monopolists: A Classroom Experiment," *Perspectives on Economic Education Research*, 5(1), 1–18.

Bagnoli, Mark and Michael McKee (1991) "Voluntary Contributions Games: Efficient Private Provision of Public Goods," *Economic Inquiry*, 29(2), 351–366.

Balkenborg, Dieter, Todd Kaplan, and Timothy Miller (2011) "Teaching Bank Runs with Classroom Experiments," *Journal of Economic Education*, 42(3), 224–242.

Ball, Sheryl B., Max H. Bazerman, and J. S. Caroll (1990) "An Evaluation of Learning in the Bilateral Winner's Curse," *Organizational Behavior and Human Decision Processes*, 48, 1–22.

Ball, Sheryl B. and Charles A. Holt (1998) "Classroom Games: Bubbles in an Asset Market," *Journal of Economic Perspectives*, 12, 207–218.

Bannerjee, Abhijit V. (1992) "A Simple Model of Herd Behavior," *Quarterly Journal of Economics*, 107, 797–817.

Barclay, Pat (2004) "Trustworthiness and Competitive Altruism Can Also Solve the 'Tragedy of the Commons,'" *Evolution and Human Behavior*, 25, 209–220.

Baron, David P. and John A. Ferejohn (1989) "Bargaining in Legislatures," *American Political Science Review*, 83, 1181–1206.

Barr, Abigal M. (2003) "Trust and Expected Trustworthiness: Experimental Evidence from Zimbabwean Villages," *Economic Journal*, 113, 614–630.

Basu, Kaushik (1994) "The Traveler's Dilemma: Paradoxes of Rationality in Game Theory," *American Economic Review*, 84(2), 391–395.

Battalio, Raymond C., John H. Kagel, and Komain Jiranyakul (1990) "Testing Between Alternative Models of Choice Under Uncertainty: Some Initial Results," *Journal of Risk and Uncertainty*, 3(1), 25–50.

Battalio, Raymond C., John H. Kagel, and Don N. MacDonald (1985) "Animals' Choices over Uncertain Outcomes: Some Initial Experimental Results," *American Economic Review*, 75, 597–613.

Baujard, Antoinette, Herrade Igersheim, Isabelle Lebon, Frédéric Gavrel, and Jean-François Laslier (2014) "Who's Favored by Evaluative Voting? An Experiment Conducted During the 2012 French Presidential Election," *Electoral Studies*, 34, 131–145.

Bazerman, Max H. and William F. Samuelson (1983) "I Won the Auction but Don't Want the Prize," *Journal of Conflict Resolution*, 27, 618–634.

Becker, Gordon M., Morris H. DeGroot, and Jacob Marschak (1964) "Measuring Utility by a Single-Response Method," *Behavioral Science*, 9, 226–232.

Becker, Tilman, Michael Carter, and Jorg Naeve (2005) "Experts Playing the Traveler's Dilemma," Discussion Paper, Honhenheim University.

Bediou, Benoit, Irene Comeig, Ainhoa Jaramillo-Gutierrez, and David Sander (2013) "The Role of 'Perceived Loss' Aversion on Credit Screening: An Experiment," *Spanish Journal of Finance and Accounting*, 157, 83–98.

Berg, Joyce E., John W. Dickhaut, and Kevin A. McCabe (1995) "Trust, Reciprocity, and Social History," *Games and Economic Behavior*, 10, 122–142.

Bergstrom, Ted, Rod Garratt, and Greg Leo (2015) "Let Me or Let George? Motivations of Competing Altruists," Discussion Paper, UC Santa Barbara.

Bernanke, Ben S. (2009) "The Federal Reserve's Balance Sheet: An Update," Speech at the Federal Reserve Board Conference on Key Developments in Monetary Policy, Washington, DC, available at http://www.federalreserve.gov/newsevents/speech/bernanke20091008a.htm.

Bernoulli, Daniel (1738) "Specimen Theoriae Novae De Mensura Sortis (Exposition on a New Theory on the Measurement of Risk)," *Comentarii Academiae Scientiarum Imperialis Petropolitanae*, 5, 175–192, translated by L. Sommer in *Econometrica*, 1954, 22, 23–36.

Bichler, Martin and Jacob K. Goeree (2017) *Handbook of Spectrum Auction Design*, Cambridge, UK: Cambridge University Press.

Bikhchandani, Sushil, David Hirschleifer, and Ivo Welch (1992) "A Theory of Fads, Fashion, Custom, and Cultural Change as Informational Cascades," *Journal of Political Economy*, 100, 992–1026.

Binmore, Ken, Lisa Stewart, and Alex Voorhoeve (2012) "How Much Ambiguity Aversion? Finding Indifferences between Ellsberg's Risky and Ambiguous Bets," *Journal of Risk and Uncertainty*, 45, 215–238.

Binswanger, Hans P. (1980) "Attitudes toward Risk: Experimental Measurement in Rural India," *American Journal of Agricultural Economics*, 62, 395–407.

Bohr, Clement E., Charles A. Holt, and Alexandra V. Schubert (2017) "Saving, Spending, and Speculation," Discussion Paper, University of Virginia.

Bolton, Gary E. and Axel Ockenfels (2000) "ERC: A Theory of Equity, Reciprocity, and Competition," *American Economic Review*, 90(1), 166–193.

Bolton, Gary E., Axel Ockenfels, and Ulrich W. Thonemann (2012) "Managers and Students as Newsvendors," *Management Science*, 58(12), 2225–2233.

Bornstein, Gary, Tamar Kugler, and Anthony Ziegelmeier (2004) "Individual and Group Decisions in the Centipede Game: Are Groups More 'Rational' Players?" *Journal of Experimental Social Psychology*, 40, 599–605.

Bornstein, Gary and Ilan Yaniv (1998) "Individual and Group Behavior in the Ultimatum Game: Are Groups More 'Rational' than Individuals," *Experimental Economics*, 1, 101–108.

Bostian, AJ A., Jacob K. Goeree, and Charles A. Holt (2005) "Price Bubbles in an Asset Market Experiment with a Flat Fundamental Value," Discussion Paper, University of Virginia.

Bostian, AJ A. and Charles A. Holt (2013) "Classroom Clicker Games: Wisdom of the Crowds and the Winner's Curse," *Journal of Economic Education*, 44, 217–229.

Bostian, AJ A., Charles A. Holt, and Angela M. Smith (2008) "The Newsvendor Pull-to-Center Effect: Adaptive Learning in a Laboratory Experiment," *Manufacturing and Service Operations Management*, 10(4), 590–608.

Boulou-Resheff, Beatrice and Charles Holt (2017) "Inventory Management with Carryover in a Laboratory Setting: Going Beyond the Newsvendor Paradigm," Working Paper, University Paris 1, Sorbonne.

Brams, Steven J. and Peter C. Fishburn (1978) "Approval Voting," *American Political Science Review*, 72, 831–847.

—— (1988) "Does Approval Voting Elect the Lowest Common Denominator?" *Political Science and Politics*, 21, 277–284.

Brañas-Garza, Pablo, Praveen Kujal, and Balint Lenkei (2016) "Cognitive Reflection Test: Whom, How, When..." Research Report, Behavioral Economics Group, Middlesex University, London.

Brañas-Garza, Pablo and John Smith (2016) "Cognitive Abilities and Economic Behavior," *Journal of Economic Behavior and Organization*, 64, 1–4.

Brandts, Jordi, and David Cooper (2006) "A Change Would Do You Good, . . . An Experimental Study On How to Overcome Coordination Failure in Organizations," *American Economic Review*, 96(2), 669–693.

—— (2007) "It's What You Say, Not What You Pay: An Experimental Study of Manager-Employee Relationships in Overcoming Coordination Failure," *European Economic Review*, 5(6), 1223–1268.

Brandts, Jordi, and Charles A. Holt (1992) "An Experimental Test of Equilibrium Dominance in Signaling Games," *American Economic Review*, 82, 1350–1365.

Breaban, Adriana and Charles F. Noussair (2017) "Emotional State and Market Behavior," *Review of Finance*, 1–31.

Breit, William and Kenneth Elzinga (1978) *Murder at the Margin* (under the pseudonym Marshall Jevons), Princeton, NJ: Princeton University Press.

Brennan, Geoffrey and James M. Buchanan (1984) "Voter Choice: Evaluating Political Alternatives," *American Behavioral Scientist*, 28(2), 185–201.

Brown, Alexander L., Colin F. Camerer, and Zhikang Eric Chua (2009) "Learning and Visceral Temptation in Dynamic Saving Experiments," *Quarterly Journal of Economics*, 124(1), 197–231.

Brown, Alexander L. and Paul J. Healy (2018) "Separated Choices," *European Economic Review*, 101, 20–34.

Brunner, Christoph, Jacob Goeree, and Charles A. Holt (2005) "Bid Driven Versus Clock Driven Auctions with Package Bidding," Discussion Paper, presented at the Southern Economic Association Meetings in Washington, DC, November 2005.

Bryant, John (1983) "A Simple Rational Expectations Keynes-Type Model," *Quarterly Journal of Economics*, 98, 525–528.

Buchan, Nancy R., Rachel T. A. Croson, and Sara Solnick (2008) "Trust and Gender: An Examination of Behavior and Beliefs in the Investment Game," *Journal of Economic Behavior and Organization*, 68(3–4), 466–476.

Burtraw, Dallas, Jacob Goeree, Charles Holt, Erica Myers, Karen Palmer, and William Shobe (2009) " Collusion in Auctions for Emissions Permits: An Experimental Analysis," *Journal of Policy Analysis and Management*, 28(4), 672–691.

Burtraw, Dallas, Charles A. Holt, Erica Myers, Jacob Goeree, Karen Palmer, and William Shobe (2010) "Price Discovery in Emission Permit Auctions," in R. M. Isaac and D. A. Norton, eds., *Experiments on Energy, the Environment, and Sustainability, Research in Experimental Economics, Vol. 14*, Bingley, UK: Emerald Group Publishing, 11–36.

Bykowsky, Mark, Robert Cull, and John Ledyard (2000) "Mutually Destructive Bidding: The FCC Auction Design Problem," *Journal of Regulatory Economics*, 17(3), 205–228.

Caginalp, Gunduz, David Porter, and Vernon L. Smith (2001) "Financial Bubbles: Excess Cash, Momentum, and Incomplete Information," *Journal of Psychology and Financial Markets*, 2, 80–99.

Camerer, Colin F. (1989) "An Experimental Test of Several Generalized Utility Theories," *Journal of Risk and Uncertainty*, 2, 61–104.

—— (1995) "Individual Decision Making," in *The Handbook of Experimental Economics*, J. H. Kagel, and A. E. Roth, eds., Princeton, NJ: Princeton University Press, 587–703.

—— (2003) *Behavioral Game Theory*, Princeton, NJ: Princeton University Press.

—— (2016) "The Promise and Success of Lab-Field Generalizability in Experimental Economics: A Critical Reply to Levitt and List," in *Handbook of Experimental Economic Methodology*, G. R. Frechette and A. Schotter, eds., Oxford, UK: Oxford University Press, 249–295.

Camerer, Colin F. and Teck-Hua Ho (1999) "Experience Weighted Attraction Learning in Normal-Form Games," *Econometrica*, 67, 827–874.

Camerer, Colin F., Teck-Hua Ho and Juin-Kuan Chong (2004) "A Cognitive Heirarchy Model of Games," *Quarterly Journal of Economics*, 119(3), 861–898.

Capen, E. C., R. V. Clapp, and W. M. Campbell (1971) "Competitive Bidding in High Risk Situations," *Journal of Petroleum Technology*, 23, 641–653.

Capra, C. Monica, Irene Comeig, and Matilde O. Fernandez Banco (2014) "Entrepreneurship and Credit Rationing: How to Screen Successful Projects," in *Entrepreneurship, Innovation and Economic Crisis, Lessons for Research, Policy and Practice*, K. Rudiger et al., eds., Cham, Switzerland: Springer International, 139–148.

Capra, C. Monica, Jacob K. Goeree, Rosario Gomez, and Charles A. Holt (1999) "Anomalous Behavior in a Traveler's Dilemma?" *American Economic Review*, 89, 678–690.

—— (2002) "Learning and Noisy Equilibrium Behavior in an Experimental Study of Imperfect Price Competition," *International Economic Review*, 43(3), 613–636.

Capra, C. Monica and Charles A. Holt (2000) "Classroom Experiments: A Prisoner's Dilemma," *Journal of Economic Education*, 21(3), 229–236.

Capra, C. Monica, Tonomi Tanaka, Colin F. Camerer, Lauren Feiler, Veronica Sovero, and Charles Noussiar (2009) "The Impact of Simple Institutions in Experimental Economies with Poverty Traps," *Economic Journal*, 119(539), 977–1009.

Cardenas, Juan Camilo (2003) "Real Wealth and Experimental Cooperation: Evidence from Field Experiments," *Journal of Development Economics*, 70(2), 263–289.

Cardenas, Juan Camilo, John K. Stranlund, and Cleve Willis (2000) "Local Environmental Control and Institutional Crowding Out," *World Development*, 28(10), 1719–1733.

—— (2002) "Economic Inequality and Burden-sharing in the Provision of Local Environmental Quality," *Ecological Economics*, 40, 379–395.

Carpenter, Jeffrey, Steven Burks, and Eric Verhoogen (2005) "Comparing Students to Workers: The Effects of Stakes, Social Context, and Demographics on Bargaining Outcomes," in *Field Experiments in Economics*, J. Carpenter, G. Harrison, and J. List, eds., Greenwich, CT: JAI Press, 261–290.

Carpenter, Jeffrey, Eric Verhoogen, and Steven Burks (2005) "The Effect of Stakes in Distribution Experiments," *Economics Letters*, 86, 393–398.

Cason, Timothy N. (1995) "Cheap Talk and Price Signaling in Laboratory Markets," *Information Economics and Policy*, 7, 183–204.

—— (2000) "The Opportunity for Conspiracy in Asset Markets Organized with Dealer Intermediaries," *Review of Financial Studies*, 13(2), 385–416.

Cason, Timothy N. and Douglas D. Davis (1995) "Price Communications in Laboratory Markets: An Experimental Investigation," *Review of Industrial Organization*, 10, 769–787.

Castillo, Marco, Regan Petrie, and Anya Samek (2017) "Time to Give: A Field Experiment on Intertemporal Charitable Giving," Discussion Paper, Texas A&M.

Celen, Bogachan and Shachar Kariv (2004) "Distinguishing Informational Cascades from Herd Behavior in the Laboratory," *American Economic Review*, 94(3), 484–497.

Chamberlin, Edward H. (1948) "An Experimental Imperfect Market," *Journal of Political Economy*, 56, 95–108.

Charness, Gary and Uri Gneezy (2012) "Strong Evidence for Gender Differences in Risk Taking," *Journal of Economic Behavior and Organization*, 83(1), 50–58.

Charness, Gary, Edi Karni, and Dan Levin (2013) "Ambiguity Attitudes and Social Interactions: An Experimental Investigation," *Journal of Risk and Uncertainty*, 46, 1–25.

Charness, Gary and Dan Levin (2005) "When Optimal Choices Feel Wrong: A Laboratory Study of Bayesian Updating, Complexity, and Affect," *American Economic Review*, 95, 1300–1309.

Chen, Yan, Peter Katuscak, and Emre Ozdenoren (2013) "Why Can't a Woman Bid Like a Man," *Games and Economic Behavior*, 77(1), 181–213.

Chen, Yan and Charles R. Plott (1996) "The Groves-Ledyard Mechanism: An Experimental Study of Institutional Design," *Journal of Public Economics*, 59, 335–364.

Chen, Yan and Tayfun Sonmez (2004) "An Experimental Study of House Allocation Mechanisms," *Economics Letters*, 83(1), 137–140.

—— (2006) "School Choice: An Experimental Study," *Journal of Economic Theory*, 127, 202–231.

Cherry, Todd L., Peter Frykblom, and Jason F. Shogren (2002) "Hardnose the Dictator," *American Economic Review*, 92(4), 1218–1221.

Christiansen, Nels, Sotiris Georganas, and John H. Kagel (2014) "Coalition Formation in a Legislative Voting Game," *American Economic Journal: Microeconomics*, 6(1), 182–204.

Christie, William G. and Roger D. Huang (1995) "Following the Pied Piper: Do Individual Returns Herd Around the Market?" *Financial Analysts Journal*, 51, 31–37.

Cinyabuguma, Matthias, Talbot Page, and Louis Putterman (2005) "Cooperation under the Threat of Expulsion in a Public Goods Experiment," *Journal of Public Economics*, 89, 1421–1435.

Cipriani, Marco, Ana Fostel, and Dan Houser (2012) "Leverage and Asset Prices: An Experiment," George Mason Working Paper in Economics, 12–05.

Cipriani, Marco and Antonio Guarino (2005) "Herd Behavior in a Laboratory Financial Market," *American Economic Review*, 95(5), 1227–1443.

Clement, Douglas, ed. (2007) "Interview with Eugene Fama," *The Region*, Federal Reserve Bank of Minneapolis, December.

Cochard, Francois, Phu Nguyen-Van, and Marc Willinger (2004) "Trust and Reciprocity in a Repeated Investment Game," *Journal of Economic Behavior and Organization*, 55(1), 31–44.

Cohen, Mark and David Scheffman (1989) "The Antitrust Sentencing Guideline: Is the Punishment Worth the Cost," *Journal of Criminal Law*, 27, 330–336.

Cohn, Alain, Jan Engelmann, Ernst Fehr, and Michel André Maréchal (2015) "Evidence for Countercyclical Risk Aversion: An Experiment with Financial Professionals," *American Economic Review*, 105(2), 860–885.

Colander, David, Sieuwerd Gaastra, and Casey Rothschild (2010) "The Welfare Costs of Market Restrictions," *Southern Economic Journal*, 77(1), 213–223.

Comeig, Irnene, Esther Del Brio, and Matilde O. Fernandez Blanco (2014) "Financing Successful Small Business Projects," *Management Decision*, 52(2), 365–377.

Comeig, Irene, Charles A. Holt, and Ainhoa Jaramillo (2016) "Dealing with Risk: Gender, Stakes, and Probability Effects," Discussion Paper, University of Virginia.

Composti, Jeanna (2003) "Asymmetric Payoffs in a Soccer Field Experiment," Distinguished Majors Thesis, University of Virginia.

Cooper, Russell, Douglas V. DeJong, Robert Forsythe, and Thomas W. Ross (1996) "Cooperation without Reputation: Experimental Evidence from Prisoners' Dilemma Games," *Games and Economic Behavior*, 12(2), 187–218.

Cooper, Russell and Andrew John (1988) "Coordinating Coordination Failures in Keynesian Models," *Quarterly Journal of Economics*, 103, 441–464.

Coppinger, Viki M., Vernon L. Smith, and Jon A. Titus (1980) "Incentives and Behavior in English, Dutch and Sealed-Bid Auctions," *Economic Inquiry*, 18, 1–22.

Coppock, Lee and Charles A. Holt (2014) "Teaching the Crisis: A Leverage Experiment," Discussion Paper, University of Virginia.

Coppock, Lee, Charles A. Holt, Anna Rorem, and Sijia Yang (2015) "Economics in 10,000 Words: A Picture Is Worth a Thousand Words," Discussion Paper, University of Virginia.

Corgnet, Brice, Hernán-González, Praveen Kujal, and David Porter (2014) "The Effect of Earned Versus House Money on Price Bubble Formation in Experimental Asset Markets," *Review of Finance*, 1–34.

Coricelli, Giogio, Dietmar Fehr, and Gerlinde Fellner (2004) "Partner Selection in Public Goods Experiments," *Journal of Conflict Resolution*, 48, 356–378.

Coursey, David L., John L. Hovis, and William D. Schulze (1987) "The Disparity between Willingness to Accept and Willingness to Pay Measures of Value," *Quarterly Journal of Economics*, 102, 679–690.

Cox, James C. (2004) "How to Identify Trust and Reciprocity," *Games and Economic Behavior*, 46, 260–281.

Cox, James C., Bruce Roberson, and Vernon L. Smith (1982) "Theory and Behavior of Single Object Auctions," in *Research in Experimental Economics, Vol. 2*, V. L. Smith, ed., Greenwich, CT: JAI Press, 1–43.

Cox, James C., Vernon L. Smith, and James M. Walker (1985) "Expected Revenue in Discriminative and Uniform Price Sealed-Bid Auctions," in *Research in Experimental Economics, Vol. 3*, V. L. Smith, ed., Greenwich, CT: JAI Press, 183–232.

—— (1988) "Theory and Individual Behavior of First-Price Auctions," *Journal of Risk and Uncertainty*, 1, 61–99.

Cox, James C. and Sadiraj Vjollca (2001) "Risk Aversion and Expected Utility Theory: Coherence for Small and Large Scale Gambles," Discussion Paper, University of Arizona.

Crockett, Sean and John Duffy (2015) "An Experimental Test of the Lucas Asset Pricing Model," Discussion Paper, University of California, Irvine.

Crosetto, Paolo and Antonio Filippin (2013) "The 'Bomb' Elicitation Task," *Journal of Risk and Uncertainty*, 47(1), 31–65.

Croson, Rachel T. A. (1996) "Partners and Strangers Revisited," *Economics Letters*, 53, 25–32.

Croson, Rachel T. A. and Melanie Marks (2000) "Step Returns in Threshold Public Goods: A Meta- and Experimental Analysis," *Experimental Economics*, 2(3), 239–259.

Croson, Rachel and Karen Donohue (2002) "Experimental Economics and Supply-Chain Management," *Interfaces*, 32(5), 74–82.

—— (2005) "Upstream Versus Downstream Information and Its Impact on the Bullwhip Effect," *System Dynamics Review*, 21(3), 249–260.

—— (2006) "Behavioral Causes of the Bullwhip Effect and the Observed Value of Inventory Information," *Management Science*, 52(3), 323–336.

Cummings, Ronald, Charles. A. Holt, and Susan K. Laury (2004) "Using Laboratory Experiments for Policy Making: An Example from the Georgia Irrigation Reduction Auction," *Journal of Policy Analysis and Management*, 3(2), 241–263.

Dal Bó, Pedro and Guillaume R. Fréchette (2011) "The Evolution of Cooperation in Infinitely Repeated Games: Experimental Evidence," *American Economic Review*, 101(1), 411–429.

Darley, John M. and Bibb Latane (1968) "Bystander Intervention in Emergencies: Diffusion of Responsibility," *Journal of Personality and Social Psychology*, 8, 377–383.

Davis, Douglas D. and Charles A. Holt (1993) *Experimental Economics*, Princeton, NJ: Princeton University Press.

—— (1994a) "Market Power and Mergers in Markets with Posted Prices," *RAND Journal of Economics*, 25, 467–487.

—— (1994b) "The 1994 Virginia Senate Market," unpublished draft, Virginia Commonwealth University.

—— (1994c) "Equilibrium Cooperation in Three-Person, Choice-of-Partner Games," *Games and Economic Behavior*, 7, 39–53.

—— (1996) "Price Rigidities and Institutional Variations in Markets with Posted Prices," *Economic Theory*, 9(1) 63–80.

—— (1998) "Conspiracies and Secret Price Discounts," *Economic Journal*, 108, 736–756.

Davis, Douglas D. and Robert Reilly (1998) "Do Too Many Cooks Always Spoil the Stew? An Experimental Analysis of Rent Seeking and the Role of a Strategic Buyer," *Public Choice*, 95, 89–115.

Davis, Douglas D. and Arlington W. Williams (1991) "The Hayek Hypothesis in Experimental Auctions: Institutional Effects and Market Power," *Economic Inquiry*, 29, 261–274.

Davis, Douglas D. and Bart Wilson (2002) "Collusion in Procurement Auctions: An Experimental Examination," *Economic Inquiry*, 40(2), 213–230.

Dechenaux, Emmanuel, Dan Kovenock, and Roman M. Sheremeta (2015) "A Survey of Experimental Research on Contests, All-Pay Auctions, and Tournaments," *Experimental Economics*, 18(4), 609–669.

Deck, Cary A., Jungmin Lee, Javier A. Reyes, and Christopher C. Rosen (2013) "A Failed Attempt to Explain Within Subject Variation in Risk Taking Behavior Using Domain Specific Risk Attitudes," *Journal of Economic Behavior and Organization*, 87, 1–24.

DeJong, David V., Robert Forsythe, and Russell Lundholm (1985) "Ripoffs, Lemons, and Reputation Formation in Agency Relationships: A Laboratory Market Study," *Journal of Finance*, 40, 809–820.

DeMartini, Christine, Anthony M. Kwasnica, John O. Ledyard, and David Porter (1999) "A New and Improved Design for Multi-Object Iterative Auctions," Caltech Social Science Working Paper 1054, revised March 1999.

de Palma, Andre, Moshe Ben-Akiva, David Brownstone, Charles Holt, Thierry Magnac, Daniel McFadden, Peter Moffatt, Nathalie Picard, Kenneth Train, Peter Wakker, and Joan Walker (2008) "Risk, Uncertainty, and Discrete Choice Models," *Marketing Letters*, 8, nos. 3-4 (July), 269–285.

Devenow, Andrea and Ivo Welch (1996) "Rational Herding in Financial Economics," *European Economic Review*, 40, 603–615.

Diamond, Douglas W. and Philip H. Dybvig (1983) "Bank Runs, Deposit Insurance, and Liquidity," *Journal of Political Economy*, 91(3), 401–419.

Diekmann, Andreas (1985) "Volunteer's Dilemma," *Journal of Conflict Resolution*, 29, 605–610.

—— (1986) "Volunteer's Dilemma: A Social Trap without a Dominant Strategy and Some Empirical Results," in *Paradoxical Effects of Social Behavior: Essays in Honor of Anatol Rapoport*, A. Diekmann, and P. Mitter, eds., Heidelberg: Physica-Verlag, 187–197.

Dimmock, Stehen G., Roy Kouwenberg, and Peter P. Wakker (2016) "Ambiguity Attitudes in a Large Representative Sample," *Management Science*, 62(5), 1363–1380.

Dohmen, Thomas, Armin Falk, David Huffman, Uwe Sunde, Jurgen Schupp, and Gert Wagner (2011) "Individual Risk Attitudes: Measurements, Determinants, and Behavioral Consequences," *Journal of the European Economic Association*, 9(3), 522–550.

Doraszelski, Ulrich, Katja Seim, Michael Sinkinson, and Peichun Wang (2016) "Strategic Supply Reduction as Rent-Seeking Behavior," Discussion Paper, UPenn, Wharton.

Dorsey, Robert and Laura Razzolini (2003) "Explaining Overbidding in First-Price Auctions Using Controlled Lotteries," *Experimental Economics*, 6, 123–140.

Downs, Anthony (1957) "An Economic Theory of Political Action in a Democracy," *Journal of Political Economy*, 65, 135–150.

Drehmann, Mathias, Jörg Oechssler, and Andreas Roider (2005) "Herding and Contrarian Behavior in Financial Markets: An Internet Experiment," *American Economic Review*, 95(5), 1403–1426.

Drichoutis, Andreas and Jason L. Lusk (2016) "What Can Multiple Price Lists Really Tell Us about Risk Preferences?" *Journal of Risk and Uncertainty*, 53, 89–106.

Duffy, John (2016) "Macroeconomics: A Survey of Laboratory Research," in *Handbook of Experimental Economics, Vol. 2*, J. Kagel and A. Roth, eds., Princeton, NJ: Princeton University Press, 1–90.

Duffy, John and Daniela Puzzello (2017) "Monetary Policies in the Laboratory," presentation made at the 2017 Economic Science Association Meetings, Richmond, Virginia.

Duffy, John and Margit Tavits (2008) "Beliefs and Voting Decisions: A Test of the Pivotal Voter Model," *American Journal of Political Science*, 52(3), 603–618.

Dufwenberg, Martin, Tobias Lindqvist, and Even Moore (2005) "Bubbles and Experience: An Experiment," *American Economic Review*, 95(5), 1731–1737.

Durham, Yvonne (2000) "An Experimental Examination of Double Marginalization and Vertical Relationships," *Journal of Economic Behavior and Organization*, 42(2), 207–229.

Eavey, Cheryl L. and Gary J. Miller (1984) "Fairness and Majority Rule Games with a Core," *American Journal of Political Science*, 28(3), 570–586.

Eckel, Catherine C. (2016) "Review of *Risky Curves: On the Empirical Failure of Expected Utility Theory*," *Economics and Philosophy*, 32(3), 540–548.

Eckel, Catherine C. and Sascha C. Füllbrunn (2015) "Thar SHE Blows? Gender Competition, and Bubbles in Experimental Asset Markets," *American Economic Review*, 105(2), 905–920.

—— (2017) "Hidden vs. Known Gender Effects in Experimental Asset Markets," *Economics Letters*, 156, 7–9.

Eckel, Catherine C. and Philip Grossman (1998) "Are Women Less Selfish Than Men? Evidence from Dictator Games," *Economic Journal*, 108, 726–735.

—— (2002) "Sex Differences and Statistical Stereotyping in Attitudes toward Financial Risk," *Evolution & Human Behavior*, 23(4), 281–295.

—— (2008a) "Subsidizing Charitable Contributions: A Natural Field Experiment Comparing Matching and Rebate Subsidies," *Experimental Economics*, 11(3), 234–252.

—— (2008b) "Differences in the Economic Decisions of Men and Women: Experimental Evidence," in *Handbook of Experimental Economics Results*, Vol. 1, C. R. Plott and V. L. Smith, eds., New York: Elsevier, 509–519.

—— (2008c) "Forecasting Risk Attitudes: An Experimental Study Using Actual and Forecast Gamble Choices," *Journal of Economic Behavior and Organization*, 68(1), 1–17.

Eckel, Catherine C. and Charles A. Holt (1989) "Strategic Voting Behavior in Agenda-Controlled Committee Experiments," *American Economic Review*, 79, 763–773.

Eckel, Catherine C., Cathleen Johnson, and Claude Montmarquette (2005) "Savings Decisions of the Working Poor: Short and Long-Term Decisions," in *Research in Experimental Economics Vol. 10: Field Experiments in Economics*, G. Harrison, J. Carpenter, and J. List, eds., Bingley, UK: Emerald Group Publishing, 219–260.

Eckel, Catherine C., Cathleen Johnson, Claude Montmarquette, and Christian Rojas (2007) "Debt Aversion and the Demand for Loans for Postsecondary Education," *Public Finance Review*, 35(2), 233–262.

Eckel, Catherine C. and Rick K. Wilson (2004) "Is Trust a Risky Decision?" *Journal of Economic Behavior and Organization*, 55(4), 447–465.

Edwards, Ward (1962) "Subjective Probabilities Inferred from Decisions," *Psychological Review*, 69(2), 109–135.

Ehrhart, Karl-Martin and Claudia Keser (1999) "Mobility and Cooperation: On the Run," CIRANO Working Paper 99s-24.

Ellickson, Robert C. (1993) "Property in Land," *Yale Law Journal*, 102, 1315–1400.

Ellsberg, Daniel (1961) "Risk, Ambiguity, and the Savage Axioms," *Quarterly Journal of Economics*, 75, 643–669.

Engelbrecht-Wiggans, Richard and Elena Katok (2008) "Regret and Feedback Information in First Price Sealed-Bid Auctions," *Management Science*, 54(4), 808–819.

Engelbrecht-Wiggans, Richard, John A. List, and David H. Reiley (2006) "Demand Reduction in Multi-unit Auctions with Varying Numbers of Bidders: Theory and Field Experiments," *International Economic Review*, 47(1), 203–231.

Ensminger, Jean (2004) "Market Integration and Fairness: Evidence from Ultimatum, Dictator, and Public Goods Experiments in East Africa," in *Foundations of Human Sociality: Economic Experiments and Ethnographic Evidence from Fifteen Small-Scale Societies*, Henrich, Boyd, Bowles, Camerer, Fehr, and Gintis, eds., Oxford, UK: Oxford University Press, 356–381.

Falk, Armin (2007) "Gift Exchange in the Field," *Econometrica*, 75(5), 1501–1511.

Falk, Armin and Ernst Fehr (2003) "Why Labour Market Experiments?" *Labour Economics*, 10, 399–406.

Falk, Armin, Ernst Fehr, and Christian Zehnder (2006) "Fairness Perceptions and Reservation Wages: Behavioral Effects of Minimum Wages," *Quarterly Journal of Economics*, 121(4), 1347–1381.

Falk, Armin and Michael Kosfeld (2006) "The Hidden Costs of Control," *American Economic Review*, 96(5), 1611–1630.

Fantino, Edmund (1998) "Behavior Analysis and Decision Making," *Journal of the Experimental Analysis of Behavior*, 69, 355–364.

Featherstone, Clayton R. and Alvin E. Roth (2017) "Strategy-proof Mechanisms that Deal with Indifferences and Complicated Diversity Constraints: Matching MBAs to Countries at Harvard Business School," mimeo, Department of Economics, Stanford University.

Fehl, Katrin, Daniel J. van der Post, and Dirk Semmann (2011) "Co-evolution of Behaviour and Social Network Structure Promotes Human Cooperation," *Ecology Letters*, 14, 546–551.

Fehr, Ernst and Simon Gächter (2000) "Cooperation and Punishment in Public Goods Experiments," *American Economic Review*, 90(4), 980–994.

Fehr, Ernst, Georg Kirchsteiger, and Arno Riedl (1993) "Does Fairness Prevent Market Clearing? An Experimental Investigation," *Quarterly Journal of Economics*, 108, 437–459.

Fehr, Ernst, Alexander Klein, and Klaus Schmidt (2001) "Fairness, Incentives, and Contractual Incompleteness," Working Paper 72, Institute of Empirical Research in Economics, University of Zurich.

Fehr, Ernst and John List (2004) "The Hidden Costs and Returns of Incentives— Trust and Trustworthiness Among CEOs," *Journal of the European Economic Association*, 2(5), 743–771.

Fehr, Ernst and Klaus M. Schmidt (1999) "A Theory of Fairness, Competition, and Cooperation," *Quarterly Journal of Economics*, 114, 769–816.

—— (2003) "Theories of Fairness and Reciprocity—Evidence and Economic Applications," in *Advances in Economics and Econometrics*, M. Dewatripont, L. Hansen, and S. J. Turnovsky, eds., Cambridge: Cambridge University Press, 208–257.

Fehr-Duda, Helga, Thomas Epper, Adrian Bruhin, and Renate Schubert (2011), "Risk and Rationality: The Effects of Mood and Decision Rules on Probability Weighting," *Journal of Economic Behavior and Organization*, 78(1), 14–24.

Feltovich, Nicholas J. (2006) "Slow Learning in the Market for Lemons: A Note on Reinforcement Learning and the Winner's Curse," *Computational Economics: A Perspective from Computational Intelligence*, DOI: 10.4018/9781591406495.ch007.

Fenig, Guidon, Mariya Mileva, and Luba Petersen (2017) "Deflating Asset Price Bubbles with Leverage Constraints and Monetary Policy," Working Paper, Simon Fraser University.

Fershtman, Chaim and Uri Gneezy (2001) "Discrimination in a Segmented Society: An Experimental Approach," *Quarterly Journal of Economics*, 116(1), 351–377.

Fey, Mark, Richard D. McKelvey, and Thomas R. Palfrey (1996) "An Experimental Study of Constant-Sum Centipede Games," *International Journal of Game Theory*, 25, 269–287.

Filippin, Antonio and Paolo Crosetto (2016) "A Reconsideration of Gender Differences in Risk Attitudes," *Management Science*, 62(11), 3138–3160.

Filiz-Ozbay, Emel and Erkut Y. Ozbay (2007) "Auctions with Anticipated Regret: Theory and Experiment," *American Economic Review*, 97(4), 1407–1418.

Finley, Grace, Charles A. Holt, and Emily Snow (2018) "The Welfare Costs of Price Controls and Rent Seeking in a Class Experiment," forthcoming in *Experimental Economics*.

Forrester, J. (1961) *Industrial Dynamics*, New York: MIT Press.

Forsythe, Robert, Joel L. Horowitz, N. E. Savin, and Martin Sefton (1988) "Fairness in Simple Bargaining Games," *Games and Economic Behavior*, 6, 347–369.

Forsythe, Robert, Roger Myerson, Thomas Rietz, and Robert Weber (1993) "An Experiment on Coordination in Multi-Candidate Elections: The Importance of Polls and Election Histories," *Social Choice and Welfare*, 10, 223–247.

—— (1996) "An Experimental Study of Voting Rules and Polls in Three-way Elections," *International Journal of Game Theory*, 25, 355–383.

Forsythe, Robert, Forrest Nelson, George R. Neumann, and Jack Wright (1992) "Anatomy of an Experimental Political Stock Market," *American Economic Review*, 82, 1142–1161.

Fragiadakis, Daniel E. and Peter Troyan (2016) "Improving Matching Under Hard Distributional Constraints," *Theoretical Economics*, 12(2), 863–908.

—— (2017) "Designing Mechanisms to Focalize Welfare-Improving Strategies," Discussion Paper, Texas A&M.

Franzen, Axel (1995) "Group Size and One Shot Collective Action," *Rationality and Society*, 7, 183–200.

Frechette, Guillaume R., John H. Kagel, and Steven F. Lehrer (2003) "Bargaining in Legislatures: An Experimental Investigation of Open versus Closed Amendment Rules," *American Political Science Review*, 97, 221–232.

Friedman, Daniel, R. Mark Isaac, Duncan James, and Shyam Sundar (2014) *Risky Curves: On the Empirical Failure of Expected Utility Theory*, London: Routledge.

Friedman, Milton and Rose D. Friedman (1989) *Free to Choose*, New York: Harcourt Brace.

Friedman, Milton and Leonard J. Savage (1948) "The Utility Analysis of Choices Involving Risk," *Journal of Political Economy*, 56(4), 279–304.

Füllbrunn, Sascha C. and Charles A. Holt (2017) "Gender Sorting and Bidding," Draft, Radbound University.

Füllbrunn, Sascha C., Dirk-Jan Janssen, and Utz Weitzel (2016) "Does Risk Aversion Cause Overbidding? New Evidence from First Price Sealed Bid Auctions," Discussion Paper 16-3, Radboud University.

Gächter, Simon and Manfred Königstein (2009) "Designing a Contract: A Simple Principal-Agent Problem as a Classroom Experiment," *Journal of Economic Education*, 40(2), 173–187.

Gale, David and Lloyd Shapley (1962) "College Admissions and the Stability of Marriage," *American Mathematical Monthly*, 69, 9–15.

Garber, Peter (1989) "Tulipmania," *Journal of Political Economy*, 97(3), 535–560.

Gardner, Roy, Elinor Ostrom, and James M. Walker (1990) "The Nature of Common-Pool Resource Problems," *Rationality and Society*, 2, 335–358.

Gerber, Alan S. and Donald P. Green (2000) "The Effects of Canvassing, Telephone Calls, and Direct Mail on Voter Turnout: A Field Experiment," *American Political Science Review*, 94, 653–663.

—— (2004) "Reclaiming the Experimental Tradition in Political Science," in *State of the Discipline*, Vol. 3, I. Katznelson and H. Milnor, eds., New York: Norton, 805–832.

Gibbons, Jean D. and S. Chakraborti (2014) *Nonparametric Statistical Inference*, Fourth edition, revised and expanded, New York: Taylor & Francis.

Gigerenzer Gerd and Ulrich Hoffrage (1995) "How to Improve Bayesian Reasoning Without Instruction: Frequency Formats," *Psychological Review*, 102, 684–704.

—— (1998) "Using Natural Frequencies to Improve Diagnostic Inferences," *Academic Medicine*, 73, 538–540.

Giusti, Giovanni, Janet Hua Jiang, and Yiping Xu (2016) "Interest on Cash, Fundamental Value Process and Bubble Formation," *Journal of Behavioral and Experimental Finance*, 11, 44–50.

Gneezy, Uri and Jan Potters (1997) "An Experiment on Risk Taking and Evaluation Periods," *Quarterly Journal of Economics*, 112(2), 631–645.

Goeree, Jacob K. and Charles A. Holt (1999a) "Employment and Prices in a Simple Macro-Economy," *Southern Economic Journal*, 65(3), 637–647.

—— (1999b) "Rent Seeking and the Inefficiency of Non-Market Allocations," *Journal of Economic Perspectives*, 13, 217–226.

—— (2000) "Asymmetric Inequality Aversion and Noisy Behavior in Alternating-Offer Bargaining Games," *European Economic Review*, 44, 1079–1089.

—— (2001) "Ten Little Treasures of Game Theory, and Ten Intuitive Contradictions," *American Economic Review*, 90(5), 1402–1422.

—— (2003) "Learning in Economics Experiments," in *Encyclopedia of Cognitive Science*, Vol. 2, L. Nadel, ed., London: Nature Publishing Group, McMillan, 1060–1069.

—— (2004) "A Model of Noisy Introspection," *Games and Economic Behavior*, 46(2), 281–294.

—— (2005a) "An Experimental Study of Costly Coordination," *Games and Economic Behavior*, 51(2), 349–364.

—— (2005b) "An Explanation of Anomalous Behavior in Models of Political Participation," *American Political Science Review*, 99(2), 201–213.

—— (2010) "Hierarchical Package Bidding: A Paper & Pencil Combinatorial Auction," *Games and Economic Behavior*, 70, 146–169.

Goeree, Jacob K., Charles A. Holt, and Susan K. Laury (2002) "Private Costs and Public Benefits: Unraveling the Effects of Altruism and Noisy Behavior," *Journal of Public Economics*, 82, 257–278.

—— (2003) "Altruism and Error in Public Goods Experiments: Implications for the Environment," in *Recent Advances in Environmental Economics*, J. List and A. de Zeeuw, eds., Northampton, MA: Edward Elgar, 309–339.

Goeree, Jacob K., Charles A. Holt, and Thomas R. Palfrey (2002) "Quantal Response Equilibrium and Overbidding in Private-Value Auctions," *Journal of Economic Theory*, 104(1), 247–272.

—— (2003) "Risk Averse Behavior in Asymmetric Matching Pennies Games," *Games and Economic Behavior*, 45, 97–113.

—— (2016) *Quantal Response Equilibrium: A Stochastic Theory of Games*, Princeton, NJ: Princeton University Press.

—— (2017) "Stochastic Game Theory for Social Science: A Primer on Quantal Response Equilibrium," forthcoming in *Handbook of Experimental Game Theory*, M. Capra, R. Croson, M. Rigdon, and T. Rosenblat, eds., Northampton, MA: Edward Elgar.

Goeree, Jacob, Charles Holt, William Shobe, Karen Palmer, and Dallas Burtraw (2010) "An Experimental Study of Auctions versus Grandfathering to Assign Pollution Permits," *Journal of the European Economic Association*, 8(2–3), 514–525.

Goeree, Jacob K., Charles A. Holt, and Angela M. Smith (2017) "An Experimental Examination of the Volunteer's Dilemma," *Games and Economic Behavior*, 102(C), 305–315.

Goeree, Jacob K., Theo Offerman, and Randolph Sloof (2013) "Demand Reduction and Preemptive Bidding in Multi-Unit License Auctions," *Experimental Economics*, 16(1), 52–87.

Goeree, Jacob K., Thomas R. Palfrey, Brian W. Rogers, and Richard D. McKelvey (2007) "Self-correcting Information Cascades," *Review of Economic Studies*, 74(3), 733–762.

Grether, David M. (1980) "Bayes' Rule as a Descriptive Model: The Representativeness Heuristic," *Quarterly Journal of Economics*, 95, 537–557.

—— (1992) "Testing Bayes' Rule and the Representativeness Heuristic: Some Experimental Evidence," *Journal of Economic Behavior and Organization*, 17, 31–57.

Grether, David M. and Charles R. Plott (1984) "The Effects of Market Practices in Oligopolistic Markets: An Experimental Examination of the *Ethyl* Case," *Economic Inquiry*, 24, 479–507.

Groneck, Max, Alexander Ludwig, and Alexander Zimper (2017) "The Impact of Biases in Survival Beliefs on Savings Behavior," SAFE Working Papers, No. 169.

Großer, Jens and Thomas R. Palfrey (2014) "Candidate Entry and Political Polarization: An Antimedian Voter Theorem," *American Journal of Political Science*, 58(1), 127–143.

——— (2017) "Candidate Entry and Political Polarization: An Experimental Study," forthcoming in *American Political Science Review*.

Großer, Jens and Arthur Schram (2006) "Neighborhood Information, Exchange and Voter Participation: An Experimental Study," *American Political Science Review*, 100(2), 235–248.

Gunnthorsdottir, Anna, Daniel Houser, and Kevin McCabe (2007) "Disposition, History and Contributions in Public Goods Experiments," *Journal of Economic Behavior and Organization*, 62(2), 304–315.

Güth, Werner, Rolf Schmittberger, and Bernd Schwarze (1982) "An Experimental Analysis of Ultimatum Bargaining," *Journal of Economic Behavior and Organization*, 3, 367–388.

Guzik, Victor S. (2004) "Contextual Framing Effects in a Common Pool Resource Experiment," Economics Honors Thesis, Middlebury College.

Hardin, Garrett (1968) "The Tragedy of the Commons," *Science*, 162, 1243–1248.

Harper, D.G.C. (1982) "Competitive Foraging in Mallards: 'Ideal Free' Ducks," *Animal Behavior*, 30, 575–584.

Harrison, Glenn (1989) "Theory and Misbehavior in First-Price Auctions," *American Economic Review*, 79(4), 749–762.

Harrison, Glenn W., Morten P. Lau, and Elisabet E. Rutstrom (2007) "Estimating Risk Attitudes in Denmark: A Field Experiment," *Scandinavian Journal of Economics*, 109(2), 341–368.

Harrison, Glenn W. and John List (2004) "Field Experiments," *Journal of Economic Literature*, 42, 1009–1055.

Harrison, Glenn W., Eric Johnson, Melayne M. McInnes, and Elisabet Rutstrom (2005) "Risk Aversion and Incentive Effects: Comment," *American Economic Review*, 95(3), 897–901.

Harrison, Glenn W., Jimmy Martinez-Correa, and J. Todd Swarthout (2014) "Eliciting Subjective Probabilities with Binary Lotteries," *Journal of Economic Behavior and Organization*, 101, 128–140.

Harsanyi, John C. and Reinhard Selten (1988) *A General Theory of Equilibrium Selection in Games*, Cambridge, MA: MIT Press.

Haruvy, Ernan, Yaron Lahav, and Charles N. Noussair (2007) "Traders' Expectations in Asset Markets: Experimental Evidence," *American Economic Review*, 97(5), 1901–1920.

Haruvy, Ernan and Charles N. Noussair (2006) "The Effect of Short Selling on Bubbles and Crashes in Experimental Spot Asset Markets," *Journal of Finance*, 61(3), 1119–1157.

Hawkes, Kristen (1993) "Why Hunter-Gatherers Work," *Current Anthropology*, 34(4), 341–361 (with commentaries and author's reply).

Hay, George A. and Daniel Kelley (1974) "An Empirical Survey of Price Fixing Conspiracies," *Journal of Law and Economics*, 17, 13–38.

Hazlett, Thomas W. (2014) "Efficient Spectrum Allocation with Hold-Ups and without Nirvana," George Mason Law and Economcis Research Paper 14–16.

—— (2017) *The Political Spectrum: The Tumultuous Liberation of Wireless Technology, from Herbert Hoover to the Smartphone*, New Haven, CT: Yale University Press.

Hazlett, Thomas W. and Robert J. Michaels (1993) "The Cost of Rent-Seeking: Evidence from Cellular Telephone License Lotteries," *Southern Economic Journal*, 59(3), 425–435.

Healy, Andrew and Jennifer Pate (2009) "Asymmetry and Incomplete Information in an Experimental Volunteer's Dilemma," in *18th World IMACS Congress and MODSIM09 International Congress on Modelling and Simulation*, R. S. Anderssen, R. D. Braddock, and L.T.H. Newham, eds., 1459–1462. ISBN: 978-0-9758400-7-8.

Henrich, Joseph, Robert Boyd, Samuel Bowles, Colin Camerer, Ernst Fehr, Herbert Gintis, and Richard McElreath (2001) "In Search of Homo Economicus: Behavioral Experiments in 15 Small-Scale Societies," *American Economic Review*, 91(2), 73–84.

Hertwig, Ralph and Andreas Ortmann (2001) "Experimental Practices in Economics: A Methodological Challenge to Psychologists?" *Behavioral and Brain Sciences*, 24(3), 383–403.

Hewett, Roger, Charles A. Holt, Georgia Kosmopoulou, Christine Kymn, Cheryl X. Long, Shabnam Mousavi, and Sudipta Sarangi (2005) "A Classroom Exercise: Voting by Ballots and Feet," *Southern Economic Journal*, 72(1), 252–263.

Hey, John D. (1995) "Experimental Investigations of Errors in Decision Making under Risk," *European Economic Review*, 39, 633–640.

Hey, John D. and Valentino Dardanoni (1988) "Optimal Consumption Under Uncertainty: An Experimental Investigation," *Economic Journal*, 98(390), 105–116.

Hillman, Arye L. and Dov Samet (1987) "Dissipation of Contestable Rents by Small Numbers of Contenders," *Public Choice*, 54(1), 63–82.

Ho, Teck-Hua and Juanjuan Zhang (2008) "Designing Contracts for Boundedly Rational Customers: Does the Framing of the Fixed Fee Matter?" *Management Science*, 54(4), 686–700.

Hodgson, Ashley (2014) "Adverse Selection in Health Insurance: A Classroom Experiment," *Journal of Economic Education*, 45(2), 90–100.

Hoffman, Elizabeth, Kevin McCabe, Keith Shachat, and Vernon L. Smith (1994) "Preferences, Property Rights, and Anonymity in Bargaining Games," *Games and Economic Behavior*, 7, 346–380.

Hoffman, Elizabeth, Kevin McCabe, and Vernon L. Smith (1996a) "On Expectations and Monetary Stakes in Ultimatum Games," *International Journal of Game Theory*, 25(3), 289–301.

—— (1996b) "Social Distance and Other-Regarding Behavior in Dictator Games," *American Economic Review*, 86(3), 653–660.

Hoffman, Elizabeth and Mark Spitzer (1982) "The Coase Theorem: Some Experimental Tests," *Journal of Law and Economics*, 25, 73–98.

—— (1985) "Entitlements, Rights and Fairness: An Experimental Examination of Subjects' Concepts of Distributive Justice," *Journal of Legal Studies*, 14, 259–297.

Holt, Charles A. (1985) "An Experimental Test of the Consistent-Conjectures Hypothesis," *American Economic Review*, 75, 314–325.

—— (1986) "Preference Reversals and the Independence Axiom," *American Economic Review*, 76, 508–515.

—— (1989) "The Exercise of Market Power in Laboratory Experiments," *Journal of Law and Economics*, 32, S107–S131.

—— (1992) "ISO Probability Matching," Discussion Paper, University of Virginia.

—— (1996) "Classroom Games: Trading in a Pit Market," *Journal of Economic Perspectives*, 10, 193–203.

Holt, Charles A. and Lisa R. Anderson (1999) "Agendas and Strategic Voting," *Southern Economic Journal*, 65, 622–629.

Holt, Charles A. and Douglas D. Davis (1990) "The Effects of Non-Binding Price Announcements on Posted Offer Markets," *Economics Letters*, 34, 307–310.

Holt, Charles A., Cathleen Johnson, Courtney Mallow, and Sean Sullivan (2012) "Tragedy of the Common Canal," *Southern Economic Journal*, 78(4), 1142–1162.

Holt, Charles, Cathleen Johnson, and David Schmidtz (2015) "Prisoner's Dilemma Experiments," in *The Prisoner's Dilemma*, M. Peterson, ed., Cambridge UK: Cambridge University Press, 243–264.

—— (2017) "Endogenous Group Formation in Social Dilemma Experiments," Discussion Paper, University of Virginia.

Holt, Charles A., Andrew Kydd, Laura Razzolini, and Roman Sheremeta (2016) "The Paradox of Misaligned Profiling: Theory and Experimental Evidence," *Journal of Conflict Resolution*, 60(3), 482–500.

Holt, Charles A., Loren Langan, and Anne Villamil (1986) "Market Power in Oral Double Auctions," *Economic Inquiry*, 24, 107–123.

Holt, Charles A. and Susan K. Laury (1997) "Classroom Games: Voluntary Provision of a Public Good," *Journal of Economic Perspectives*, 11, 209–215.

—— (2002) "Risk Aversion and Incentive Effects," *American Economic Review*, 92(5), 1644–1655.

—— (2005) "Risk Aversion and Incentive Effects: New Data without Order Effects," *American Economic Review*, 95(3), 902–912.

—— (2008) "Theoretical Explanations of Treatment Effects in Voluntary Contributions Experiments," in *Handbook of Experimental Economics Results*, Vol. 1, C. Plott and V. Smith, eds., New York: Elsevier, 846–855.

—— (2014) "Assessment and Estimation of Risk Preferences," *Handbook of the Economics of Risk and Uncertainty*, Vol. 1, M. Machina and K. Viscusi, eds., Oxford: North Holland, ch. 4, 135–201.

Holt, Charles and Evan Zuofu Liao (2016) "The Pursuit of Revenue Reduction: An Experimental Analysis of the Shanghai License Plate Auction," Discussion Paper, University of Virginia.

Holt, Charles A., Megan Porzio, and Michelle Yingze Song (2017) "Price Bubbles, Gender, and Expectations in Experimental Asset Markets," *European Economic Review*, 100, 72–94.

Holt, Charles A. and Alvin E. Roth (2004) "The Nash Equilibrium: A Perspective," *Proceedings of the National Academy of Sciences, U.S.A.*, 101(12), 3999–4002.

Holt, Charles A. and David Scheffman (1987) "Facilitating Practices: The Effects of Advance Notice and Best-Price Policies," *RAND Journal of Economics*, 18, 187–197.

Holt, Charles A. and Roger Sherman (1990) "Advertising and Product Quality in Posted Offer Experiments," *Economic Inquiry*, 28(3), 39–56.

—— (1994) "The Loser's Curse," *American Economic Review*, 84, 642–652.

—— (1999) "Classroom Games: A Market for Lemons," *Journal of Economic Perspectives*, 13(1), 205–214.

—— (2014) "Risk Aversion and the Winner's Curse," *Southern Journal of Economics*, 81, 7–22.

Holt, Charles A. and William Shobe (2017) "Consignment Auctions," draft presented at California Institute of Technology.

Holt, Charles, William Shobe, Dallas Burtraw, Karen Palmer, and Jacob Goeree (2007) *Auction Design for Selling CO2 Emissions Allowances Under the Regional Greenhouse Gas Initiative*, report on the Regional Greenhouse Gas Initiative website: http://www.rggi .org/docs/rggi_auction_final.pdf

Holt, Charles A. and Angela Smith (2009) "An Update on Bayesian Updating," *Journal of Economic Behavior and Organization*, 69, no. 2 (February), 125–134.

—— (2016) "Belief Elicitation with a Simple Lottery Choice Menu: Invariant to Risk Preferences," *American Economic Journal: Microeconomics*, 8(1), 110–139.

Holt, Charles A. and Angela M. Smith (2017) "Rent Dissipation: Effects and Explanations," Discussion Paper presented at the 2018 Public Choice Meetings, University of Virginia.

Holt, Charles A. and Fernando Solis-Soberon (1992) "The Calculation of Equilibrium Mixed Strategies in Posted-Offer Auctions," in *Research in Experimental Economics*, Vol. 5, R. M. Isaac, ed., Greenwich, CT: JAI Press, 189–229.

Holt, Charles A. and Sean Sullivan (2017) "Permutation Tests for Economics Experiments: A User's Guide," Discussion Paper presented at the October 2017 North American ESA Meeting, Richmond, Virginia.

Hommes, Cars H., Joep Sonnemans, Jan Tuinstra, and Henk van de Velden (2005) "Coordination of Expectations in Asset Pricing Experiments," *Review of Financial Studies*, 18(3), 955–980.

Hossain, Tanjim and Ryo Okui (2013) "The Binarized Scoring Rule," *Review of Economic Studies*, 80, 984–1001.

Hotelling, Harold (1929) "Stability in Competition," *Economic Journal*, 39, 41–57.

Houser, Daniel, Daniel Schunk, and Joachim Winter (2010) "Distinguishing Trust from Risk: An Anatomy of the Investment Game," *Journal of Economic Behavior and Organization*, 74 (1–2), 72–81.

Hück, Steffen, Hans-Theo Normann, and Jörg Oechssler (1999) "Learning in Cournot Oligopoly: An Experiment," *Economic Journal*, 109, 80–95.

Hück, Steffen and Jörg Oechssler (2000) "Information Cascades in the Laboratory: Do They Occur for the Right Reasons?" *Journal of Economic Psychology*, 21, 661–671.

Hung, Angela A. and Charles R. Plott (2001) "Information Cascades: Replication and an Extension to Majority Rule and Conformity Rewarding Institutions," *American Economic Review*, 91, 1508–1520.

Hussam, Reshmaan, David Porter, and Vernon L. Smith (2008) "Thar She Blows: Can Bubbles Be Rekindled with Experienced Subjects?" *American Economic Review*, 98(3), 924–937.

Isaac, R. Mark and Duncan James (2000) "Just Who Are You Calling Risk Averse?" *Journal of Risk and Uncertainty*, 20(2), 177–187.

Isaac, R. Mark and Charles R. Plott (1981) "The Opportunity for Conspiracy in Restraint of Trade," *Journal of Economic Behavior and Organization*, 2, 1–30.

Isaac, R. Mark and Stanley Reynolds (1988) "Appropriability and Market Structure of a Stochastic Invention Model," *Quarterly Journal of Economics*, 4, 647–672.

Isaac, R. Mark and James M. Walker (1985) "Information and Conspiracy in Sealed Bid Auctions," *Journal of Economic Behavior and Organization*, 6, 139–159.

—— (1988a) "Communication and Free-Riding Behavior: The Voluntary Contributions Mechanism," *Economic Inquiry*, 26, 585–608.

—— (1988b) "Group Size Hypotheses of Public Goods Provision: The Voluntary Contributions Mechanism," *Quarterly Journal of Economics*, 103, 179–199.

Kagel, John H. (1995) "Auctions: A Survey of Experimental Research," in *The Handbook of Experimental Economics*, J. H. Kagel and A. E. Roth, eds., Princeton, NJ: Princeton University Press, 501–585.

Kagel, John H. and David Levin (1986) "The Winner's Curse and Public Information in Common Value Auctions," *American Economic Review*, 76, 894–920.

—— (2002) *Common Value Auctions and the Winner's Curse*, Princeton, NJ: Princeton University Press.

—— (2004) "Multi-Unit Demand Auctions with Synergies: Behavior in Sealed-Bid versus Ascending-Bid Uniform-Price Auctions," *Games and Economic Behavior*, 53(2), 170–207.

Kagel, John H. and Alvin E. Roth (1995) *The Handbook of Experimental Economics*, Princeton, NJ: Princeton University Press.

—— (2000) "The Dynamics of Reorganization in Matching Markets: A Laboratory Experiment Motivated by a Natural Experiment," *Quarterly Journal of Economics*, 115, 201–237.

—— (2016) *The Handbook of Experimental Economics*, Vol. 2, Princeton, NJ: Princeton University Press.

Kahneman, Daniel, Jack L. Knetsch, and Richard H. Thaler (1991) "The Endowment Effect, Loss Aversion, and Status Quo Bias: Anomalies," *Journal of Economic Perspectives*, 5, 193–206.

Kahneman, Daniel and Amos Tversky (1973) "On the Psychology of Prediction," *Psychological Review*, 80, 237–251.

—— (1979) "Prospect Theory: An Analysis of Decision under Risk," *Econometrica*, 47, 263–291.

Karlan, Dean S. (2005) "Using Experimental Economics to Measure Social Capital and Predict Financial Decisions," *American Economic Review*, 95(5), 1688–1699.

Karlan, Dean and John A. List (2007) "Does Price Matter in Charitable Giving? Evidence from a Large-Scale Natural Feld Experiment," *American Economic Review*, 97(5), 1774–1793.

Keck, Steffen, Enrico Diecidue, and David Budescu (2014) "Group Decisions Under Ambiguity: Convergence to Neutrality," *Journal of Economic Behavior and Organization*, 103, 60–71.

Ketcham, Jon, Vernon L. Smith, and Arlington W. Williams (1984) "A Comparison of Posted-Offer and Double-Auction Pricing Institutions," *Review of Economic Studies*, 51, 595–614.

Keynes, John Maynard (1965, originally 1936) *The General Theory of Employment, Interest, and Money*, New York: Harcourt, Brace & World.

King, Ronald, Vernon Smith, Arlington Williams, and Mark Van Boening (1993) "The Robustness of Bubbles and Crashes in Experimental Stock Markets," in *Nonlinear Dynamics and Evolutionary Economics*, I. Prigogine, R. Day, and P. Chen, eds., Oxford, UK: Oxford University Press, 183–200.

Kirchler, Michael, Jürgen Huber, and Thomas Stöckl (2012) "Thar She Bursts: Reducing Confusion Reduces Bubbles," *American Economic Review*, 102(2), 865–883.

Kirstein, A. and Roland Kirstein (2009) "Iterative Reasoning in an Experimental 'Lemons' Market," *Homo Oeconomicus* 26(2), 179–213.

Klemperer, Paul (2002) "What Really Matters in Auction Design," *Journal of Economic Perspectives*, 16, no. 1 (Winter), 169–189.

—— (2010) "The Product-Mix Auction: A New Auction for Differentiated Goods," *Journal of the European Economic Association*, 8(2–3), 526–536.

Kloosterman, Andrew and Jack Fanning (2017) "A Simple Test of the Coase Conjecture: Fairness in Dynamic Bargaining," draft, presentation at the 2017 Economic Science Association meeting in Richmond, Virginia.

Kosfeld, Michael, Markus Heinrichs, Paul J. Zak, Urs Fischbacher, and Ernst Fehr (2005) "Oxytocin Increases Trust in Humans," *Nature Letters*, 435(2), 673–677.

Kousser, J. M. (1984) "Origins of the Run-off Primary," *Black Scholar*, 23–26.

Kragt, M., L.T.H. Newham, and A. J. Jakeman (2009) "A Bayesian Network Approach to Integrating Economic and Biophysical Modelling," in *18th World IMACS Congress and MODSIM09 International Congress on Modelling and Simulation*. Modelling and Simulation Society of Australia and New Zealand and International Association for Mathematics and Computers in Simulation, R. S. Anderssen, R. D. Braddock, and L.T.H. Newham, eds., pp. 2377–2383. ISBN 978-0-9758400-7-8. http://www.mssanz.org.au/modsim09/F12/kragt.pdf.

Krueger, Anne O. (1974) "The Political Economy of the Rent-seeking Society," *American Economic Review*, 64, 291–303.

Kruse, Jamie B., Stevan Rassenti, Stanley Reynolds, and Vernon Smith (1994) "Bertrand-Edgeworth Competition in Experimental Markets," *Econometrica*, 62, 343–372.

Kübler, Dorothea and Georg Weizsäcker (2004) "Limited Depth of Reasoning and Failure of Cascade Formation in the Laboratory," *Review of Economic Studies*, 71(2), 425–441.

Lahav, Yaron (2011) "Price Patterns in Experimental Asset Markets with Long Horizon," *Journal of Behavioral Finance*, 12, 20–28.

Laslier, Jean-François and Karine Van der Straeten (2008) "A Live Experiment on Approval Voting," *Experimental Economics*, 11, 97–105.

Laury, Susan K. and Charles A. Holt (2008) "Voluntary Provision of Public Goods: Experimental Results with Interior Nash Equilibria," in *Handbook of Experimental Economics Results*, Vol. 1, C. R. Plott and V. L. Smith, eds., New York: Elsevier, 792–801.

Ledyard, John O. (1995) "Public Goods: A Survey of Experimental Research," in *A Handbook of Experimental Economics*, A. Roth and J. Kagel, eds., Princeton, NJ: Princeton University Press, 111–194.

Ledyard, John O. and Kristin Szakaly-Moore (1994) "Designing Mechanisms for Trading Pollution Rights," *Journal of Economic Behavior and Organization*, 25, 167–196.

Lee, Hau L., V. Padmanabhan, and Seungjin Whang (1997a) "Information Distortion in a Supply Chain: The Bullwhip Effect," *Management Science*, 43(4), 546–558.

—— (1997b) "The Bullwhip Effect in Supply Chains," *Sloan Management Review*, 38(3), 93–102.

Leo, Greg (2017a) "Taking Turns," *Games and Economic Behavior*, 102, 525–547.

—— (2017b) "Complainer's Dilemma," draft presented at the 2017 Social Dilemmas Workshop, Amherst, Massachusetts.

Levine, David K. and Thomas R. Palfrey (2007) "The Paradox of Political Participation? A Laboratory Study," *American Political Science Review*, 101, 143–158.

Levine, Michael E. and Charles R. Plott (1977) "Agenda Influence and Its Implications," *Virginia Law Review*, 63, 561–604.

Levitt, Stephen D. and John A. List (2007) "What Do Lab Experiments Measuring Social Preferences Reveal About the Real World?" *Journal of Economic Perspectives*, 21(2), 153–174.

Levy, Matthew R. and Joshua Tasoff (2016) "Exponential-Growth Bias and Lifecycle Consumption," *Journal of the European Economic Association*, 14, 545–583.

Li, Yi (2017) "A New Incentive Compatible Payoff Mechanism for Eliciting both Utility and Probability Weighting," Discussion Paper, Georgia State University.

List, John A. and Todd L. Cherry (2000) "Learning to Accept in Ultimatum Games: Evidence from an Experimental Design That Generates Low Offers," *Experimental Economics*, 3, 11–29.

List, John A. and David Lucking-Reiley (2000) "Demand Reduction in Multi-Unit Auctions: Evidence from a Sportscard Field Experiment," *American Economic Review*, 90(4), 961–972.

—— (2002) "The Effects of Seed Money and Refunds on Charitable Giving: Experimental Evidence from a University Capital Campaign," *Journal of Political Economy*, 110(1), 215–233.

List, John A. and Michael K. Price (2005) "Conspiracies and Secret Price Discounts in the Marketplace: Evidence from a Field Experiment," *Rand Journal of Economics*, 36(3), 700–719.

List, John A., Sally Sadoff, and Mathis Wagner (2011) "So You Want to Run an Experiment, Now What? Some Simple Rules of Thumb for Optimal Experimental Design," *Experimental Economics*, 14, 439–457.

List, John A., Azeem Shaikh, and Yang Xu (2016) "Multiple Hypothesis Testing in Experimental Economics," Discussion Paper, University of Chicago.

Luce, R. Duncan (1959) *Individual Choice Behavior*, New York: John Wiley & Sons.

Lucking-Reiley, David (1999) "Using Field Experiments to Test Equivalence Between Auction Formats: Magic on the Internet," *American Economic Review*, 89(5), 1063–1080.

—— (2000) "Vickrey Auctions in Practice: From Nineteenth-Century Philately to Twenty-First Century E-Commerce," *Journal of Economic Perspectives*, 14, no. 3 (Summer), 183–192.

Lynch, Michael, Ross M. Miller, Charles R. Plott, and Russell Porter (1986) "Product Quality, Consumer Information and 'Lemons' in Experimental Markets," in *Empirical Approaches to Consumer Protection Economics*, P. M. Ippolito and D. T. Scheffman, eds., Washington,DC: Federal Trade Commission, Bureau of Economics, 251–306.

Mackay, Charles (1995) *Extraordinary Popular Delusions and the Madness of Crowds*, Hertfordshire, UK: Wordsworth Editions Ltd. (originally 1841).

Mago, Shakun, Anya Samak, and Roman Sheremeta (2016) "Facing Your Opponents: Social Identification and Information Feedback in Contests," *Journal of Conflict Resolution*, 60(3), 459–481.

Markowitz, Harry (1952) "The Utility of Wealth," *Journal of Political Economy*, 60, 150–158.

Marwell, Gerald and Ruth E. Ames (1981) "Economists Free Ride, Does Anyone Else? Experiments on the Provision of Public Goods, IV," *Journal of Public Economics*, 15, 295–310.

McCabe, Kevin A., Steven J. Rassenti, and Vernon L. Smith (1991) "Testing Vickrey's and Other Simultaneous Multiple Unit Versions of the English Auction," in *Research in Experimental Economics*, Vol. 4, R. M. Isaac, ed., Stamford, CT: JAI Press, 45–79.

McDowell, Robin (2003) "Going Once, Going Twice . . . ," *GMDA News*, 2(2), 1.

McKelvey, Richard D. and Peter C. Ordeshook (1979) "An Experimental Test of Several Theories of Committee Decision-Making under Majority Rule," in *Applied Game Theory*, S. J. Brams, A. Schotter, and G. Schwodiauer, eds., Wurzburg: Physica Verlag, 152–167.

McKelvey, Richard D. and Thomas R. Palfrey (1992) "An Experimental Study of the Centipede Game," *Econometrica*, 60, 803–836.

—— (1995) "Quantal Response Equilibria for Normal Form Games," *Games and Economic Behavior*, 10, 6–38.

—— (1998) "Quantal Response Equilibria for Extensive Form Games," *Experimental Economics*, 1, 9–41.

McLaughlin, Kevin and Daniel Friedman (2016) "Online Ad Auctions: An Experiment," Discussion Paper, University of California, Santa Cruz.

Meissner, Thomas (2016) "Intertemporal Consumption and Debt Aversion: An Experimental Study," *Experimental Economics*, 19(2), 281–298.

Merill Edge (2016) "Merrill Edge Report: Fall 2016," https://olui2.fs.ml.com/Publish/Content/application/pdf/GWMOL/Merrill_Edge_Report_Fall_2016.pdf.

Miller, Ross M. and Charles R. Plott (1985) "Product Quality Signaling in Experimental Markets," *Econometrica*, 53, 837–872.

Millner, Edward L. and Michael D. Pratt (1989) "An Experimental Investigation of Efficient Rent Seeking," *Public Choice*, 62, 139–151.

—— (1991) "Risk Aversion and Rent Seeking: An Extension and Some Experimental Evidence," *Public Choice*, 69, 81–92.

Morton, Rebecca B. and Thomas A. Rietz (2008) "Majority Requirements and Minority Representation," *New York University Annual Survey of American Law*, 63(4), 691–726.

Nadler, Amos, Peiran Jiao, Veronika Alexander, Paul J. Zak, and Cameron J. Johnson (2016) "The Bull of Wall Street: Experimental Analysis of Testosterone in Asset Trading," Discussion Paper 806, University of Oxford, Department of Economics.

Nagel, Jack (1984) "A Debut for Approval Voting," *Political Science and Politics*, 17, 62–65.

Nagel, Rosemarie (1995) "Unraveling in Guessing Games: An Experimental Study," *American Economic Review*, 85, 1313–1326.

—— (1999) "A Survey of Experimental Beauty-Contest Games," in *Games and Human Behavior: Essays in Honor of Amnon Rapoport*, I. E. D. Budescu, I. Erev, and R. Zwick, eds., Hillside, NJ: Erlbaum, 105–142.

Nagel, Rosemarie and Fang Fang Tang (1998) "Experimental Results on the Centipede Game in Normal Form: An Investigation of Learning," *Journal of Mathematical Psychology*, 42, 356–384.

Nalbanthian, Haig and Andrew Schotter (1995) "Matching and Efficiency in the Baseball Free Agent System: An Experimental Examination," *Journal of Labor Economics*, 13, 1–31.

Nash, Betty Joyce (2007) "The Supreme Court Rules on Resale Price Pacts," *Region Focus*, Federal Reserve Bank of Richmond, Fall.

Nash, John F. (1950) "Equilibrium Points in N-Person Games," *Proceedings of the National Academy of Sciences, U.S.A.*, 36, 48–49.

Nelson, Julie (2016) "Not So Strong Evidence for Gender Differences in Risk Taking," *Feminist Economics*, 22(2), 114–122.

Neugebauer, Tibor and Reinhard Selten (2006) "Individual Behavior of First-Price Auctions: The Importance of Information Feedback in Computerized Experimental Auctions," *Games and Economic Behavior*, 54(1), 183–204.

Niederle, Muriel and Lise Vesterlund (2007) "Do Women Shy Away from Competition? Do Men Compete Too Much?," *Quarterly Journal of Economics*, 122, 1067–1101.

Niemi, Richard G. and Larry M. Bartels (1984) "The Responsiveness of Approval Voting to Political Circumstances," *Political Science and Politics*, 17, 571–577.

Noussair, Charles (2003) "Innovations in the Design of Bundled-Item Auctions," *Proceedings of the National Academy of Sciences*, 100(19), 10590–10591.

Noussair, Charles and Kenneth Matheny (2000) "An Experimental Study of Decisions in Dynamic Optimization Problems," *Economic Theory*, 15(2), 389–419.

Noussair, Charles N. and Steven Tucker (2006) "Futures Markets and Bubble Formation in Experimental Asset Markets," *Pacific Economic Review*, 11(2), 167–184.

Ochs, Jack (1994) "Games with Unique, Mixed Strategy Equilibria: An Experimental Study," *Games and Economic Behavior*, 10, 202–217.

—— (1995) "Coordination Problems," in *The Handbook of Experimental Economics*, J. H. Kagel and A. E. Roth, eds., Princeton, NJ: Princeton University Press, 195–249.

Oechssler, Jörg (2010) "Searching beyond the Lamppost: Let's Focus on Economically Relevant Questions," *Journal of Economic Behavior and Organization*, 73(1), 65–67.

Olsen, Mark and David Porter (1994) "An Experimental Examination into Design of Decentralized Methods to Solve the Assignment Problem With and Without Money," *Economic Theory*, 4, 11–40.

Orbell, John M. and Robyn M. Dawes (1993) "Social Welfare, Cooperators' Advantage, and the Option of Not Playing the Game," *American Sociological Review*, 58(6), 787–800.

Orbell, John M., Peregrine Schwartz-Shea, and Randy T. Simmons (1984) "Do Cooperators Exit More Readily than Defectors?" *American Political Science Review*, 78(1), 147–162.

Ostrom, Elinor and Roy Gardner (1993) "Coping with Asymmetries in the Commons: Self-Governing Irrigation Systems Can Work," *Journal of Economic Perspectives*, 7(4), 93–112.

Ostrom, Elinor, Roy Gardner, and James K. Walker (1994) *Rules, Games, and Common-Pool Resources,* Ann Arbor: University of Michigan Press.

Ostrom, Elinor and James K. Walker (1991) "Communication in a Commons: Coopera-tion without External Enforcement," in *Laboratory Research in Political Economy*, T. Palfrey, ed., Ann Arbor: University of Michigan Press, 289–322.

Ostrom, Elinor, James Walker, and Roy Gardner (1992) "Covenants With and Without a Sword: Self-Governance Is Possible," *American Political Science Review*, 86(2), 404–417.

Otsubo, Hironori and Amnon Rapoport (2008) "Dynamic Volunteer's Dilemmas over a Finite Horizon: An Experimental Study," *Journal of Conflict Resolution*, 52(6), 961–984.

Ouwersloot, Hans, Peter Nijkam, and Piet Rietveld (1998) "Errors in Probability Updat-ing Behaviour: Measurement and Impact Analysis," *Journal of Economic Psychology*, 19, 535–563.

Page, Talbot, Louis Putterman, and Bulent Unel (2005) "Voluntary Association in Pub-lic Goods Experiments: Reciprocity, Mimicry, and Efficiency," *Economic Journal*, 115(506), 1032–1053.

Palan, Stefan (2013) "A Review of Bubbles and Crashes in Experimental Asset Markets," *Journal of Economic Surveys*, 27(3), 570–588.

Palfrey, Thomas R. (2009) "Laboratory Experiments in Political Economy," *Annual Re-view of Political Science*, 12, 379–388.

Palfrey, Thomas R. and Howard Rosenthal (1983) "A Strategic Calculus of Voting," *Public Choice*, 41, 7–53.

—— (1985) "Voter Participation and Strategic Uncertainty," *American Political Science Review*, 79, 62–78.

Palfrey, Thomas R. and Stephanie W. Wang (2009) "On Eliciting Beliefs in Strategic Games," *Journal of Economic Behavior and Organization*, 71, 98–109.

Pallais, Amanda (2005) "The Effect of Group Size on Ultimatum Bargaining," Unpub-lished student thesis, University of Virginia.

Parco, James E., Amnon Rapoport, and William E. Stein (2002) "Effects of Financial In-centives on the Breakdown of Mutual Trust," *Psychological Science*, 13, 292–297.

Peterson, Steven P. (1993) "Forecasting Dynamics and Convergence to Market Funda-mentals: Evidence from Experimental Asset Markets," *Journal of Economic Behavior and Organization*, 22(3), 269–284.

Petrie, Regan, Susan Laury, and S. Hill (2004) "Crops, Water Usage, and Auction Expe-rience in the 2002 Irrigation Reduction Auction," Water Policy Working Paper No. 2004-014.

Peysakhovich, Alexander and David G. Rand (2016) "Habits of Virtue: Creating Norms of Cooperation and Defection in the Laboratory," *Management Science*, 62(3), 631–647.

Plott, Charles R. (1983) "Externalities and Corrective Policies in Experimental Markets," *Economic Journal*, 93, 106–127.

—— (1986) "The Posted-Offer Trading Institution," *Science*, 232, 732–738.

—— (1989) "An Updated Review of Industrial Organization: Applications of Experi-mental Methods," in *Handbook of Industrial Organization*, Vol. 2, R. Schmalensee and R. D. Willig, eds., Amsterdam: Elsevier Science, 1111–1176.

Plott, Charles R. and Michael E. Levine (1978) "A Model of Agenda Influence on Com-mittee Decisions," *American Economic Review*, 68, 146–160.

Plott, Charles R. and Jin Li (2009) "Tacit Collusion in Auctions and Conditions for Facili-tation and Prevention: Equilibrium Selection in Laboratory Experimental Markets," *Economic Inquiry*, 47(3), 425–448.

Plott, Charles R. and Vernon L. Smith (2008) *Handbook of Economic Results*, Vol. 1, Amsterdam: North Holland.

Ponti, Giovanni (2002) "Cycles of Learning in the Centipede Game," *Games and Economic Behavior*, 30, 115–141.

Popova, Uliana (2006) "Equilibrium Analysis of Signaling with Asymmetric Information in a Poker," Distinguished Majors Thesis, Economics Department, University of Virginia.

Porter, David, Stephen Rassenti, Anil Roopnarine, and Vernon Smith (2003) "Combinatorial Auction Design," *Proceedings of the National Academy of Sciences*, 100(19), 11153–11157.

Porter, David, Stephen Rassenti, William Shobe, Vernon Smith, and Abel Winn (2009) "The Design, Testing, and Implementation of Virginia's NOx Allowance Auction," *Journal of Economic Behavior and Organization*, 69(2), 190–200.

Porter, David P. and Vernon L. Smith (1995) "Futures Contracting and Dividend Uncertainty in Experimental Asset Markets," *Journal of Business*, 68(4), 509–541.

Porter, Robert H. and J. Douglas Zona (1993) "Detection of Bid Rigging in Procurement Auctions," *Journal of Political Economy*, 101, 518–538.

Post, Emily (1927) *Etiquette in Society, in Business, in Politics, and at Home*, New York: Funk and Wagnalls.

Potters, Jan, Casper G. de Vries, and Frans van Winden (1998) "An Experimental Examination of Rational Rent-Seeking," *European Journal of Political Economy*, 14, 783–800.

Prelec, Drazen (1998) "The Probability Weighting Function," *Econometrica*, 66(3), 497–527.

Price, Curtis R. and Roman M. Sheremeta (2015) "Endowment Origin, Demographic Effects, and Individual Preferences in Contests," *Journal of Economics and Management Strategy*, 24(3), 597–619.

Rabin, Matthew (2000) "Risk Aversion and Expected Utility Theory: A Calibration Theorem," *Econometrica*, 68, 1281–1292.

Rabin, Matthew and Richard Thaler (2001) "Risk Aversion," *Journal of Economic Perspectives*, 15(1), 219–232.

Rassenti, Stephen J., Vernon L. Smith, and Bart J. Wilson (2001) "Turning Off the Lights: Consumer Allowed Service Interruptions Could Control Market Power and Decrease Prices," *Regulation*, 70–76.

Reiley, David H. (2005) "Experimental Evidence on the Endogenous Entry of Bidders in Internet Auctions," *Experimental Business Research, Vol. 2: Economic and Managerial Perspectives*, A. Rapoport and R. Zwick, eds., Norwell, MA, and Dordrect, Netherlands: Kluwer Academic Publishers, 103–121.

—— (2006) "Field Experiments on the Effects of Reserve Prices in Auctions: More Magic on the Internet," *RAND Journal of Economics*, 37(1), 195–211.

Reiley, David H., Michael B. Urbancic, and Mark Walker (2008) "Stripped-down Poker: A Classroom Game to Illustrate Equilibrium Bluffing," *Journal of Economic Education*, 39(4), 323–341.

Reinhart, Carmen and Kenneth Rogoff (2011) *This Time Is Different: Eight Centuries of Financial Folly*, Princeton, NJ: Princeton University Press.

Reynolds, Stanley S. and Bart J. Wilson (2005) "Market Power and Price Movements over the Business Cycle," *Journal of Industrial Economics*, 53(2), 145–174.

Riahia, Dorra, Louis Levy-Garboua, and Claude Montmarquette (2013) "Competitive Insurance Markets and Adverse Selection," *Geneva Risk and Insurance Review*, 38, 87–113.

Robbett, Andrea and Peter Hans Matthews (2017) "Partisan Bias and Expressive Voting," Working Paper, Middlebury College.

Romer, David (1996) *Advanced Macroeconomics*, New York: McGraw-Hill.

Rosenthal, Robert W. (1982) "Games of Perfect Information, Predatory Pricing, and the Chain Store Paradox," *Journal of Economic Theory*, 25, 92–100.

Roth, Alvin E. (1984) "The Evolution of the Labor Market for Medical Interns and Residents: A Case Study in Game Theory," *Journal of Political Economy*, 92, 991–1016.

Roth, Alvin E., Vesna Prasnikar, Masahiro Okuno-Fujiwara, and Shmuel Zamir (1991) "Bargaining and Market Behavior in Jerusalem, Ljubljana, Pittsburgh, and Tokyo: An Experimental Study," *American Economic Review*, 81, 1068–1095.

Roth, Alvin E. and Marilda A. Oliveira Sotomayor (1990) *Two-Sided Matching: A Game-Theoretic Model and Analysis*, Econometric Society Monographs. Cambridge, UK: Cambridge University Press.

Rothkopf, Michael H., Aleksandar Pekeč, and Ronald M. Harstad (1998) "Computationally Manageable Combinational Auctions," *Management Science*, 44, 1131–1147.

Rothschild, Michael and Joseph Stiglitz (1976) "Equilibrium in Competitive Insurance Markets: An Essay on the Economics of Imperfect Information," *Quarterly Journal of Economics*, 90(4), 629–649.

Salant, David (2014) *A Primer on Auction Design, Management, and Strategy*, Cambridge, MA: MIT Press.

Samuelson, William and Richard Zeckhauser (1988) "Status Quo Bias in Decision Making," *Journal of Risk and Uncertainty*, 1, 7–59.

Sanfey, Alan G., James K. Rilling, Jessica A. Aronson, Leigh E. Nystrom, and Jonathan D. Cohen (2003) "The Neural Basis of Economic Decision Making in the Ultimatum Game," *Science*, 300(13), 1755–1758.

Savage, Leonard J. (1971) "Elicitation of Personal Probabilities and Expectations," *Journal of the American Statistical Association*, 66, 783–801.

Schechter, Laura (2007) "Traditional Trust Measurement and the Risk Confound: An Experiment in Rural Paraguay," *Journal of Economic Behavior and Organization*, 62(2), 272–292.

Schotter, Andrew and Isabel Trevino (2014) "Belief Elicitation in the Lab," *Annual Review of Economics*, 6, 103–128.

Schreck, Michael Joseph (2013) "Individual Decisions in Group Settings: Experiments in the Laboratory and Field," Doctoral Dissertation, University of Virginia.

Schweitzer, Maurice and Gerard Cachon (2000) "Decision Bias in the Newsvendor Problem with a Known Demand Distribution: Experimental Evidence," *Management Science*, 46(3), 404–420.

Sefton, Martin (1992) "Incentives in Simple Bargaining Games," *Journal of Economic Psychology*, 13, 263–276.

Selten, Reinhard (1965) "Spieltheoretische Behandlung eines Oligopolmodells mit Nachfragetragheit," parts I–II, *Zeitschrift für die Gesamte Staatswissenschaft*, 121, 301–324, 667–689.

Selten, Reinhard and Joacim Buchta (1999) "Experimental Sealed Bid First Price Auctions with Directly Observed Bid Functions," in *Games and Human Behavior: Essays in Honor of Amnon Rapoport*, I.E.D. Budescu, I. Erev, and R. Zwick, eds., Hillside, NJ: Erlbaum, 101–116.

Selten, Reinhard, Abdolkarim Sadrieh, and Klaus Abbink (1999) "Money Does Not Induce Risk Neutral Behavior, But Binary Lotteries Do Even Worse," *Theory and Decision*, 46, 211–249.

Sheremeta, Roman M. (2013) "Overbidding and Heterogeneous Behavior in Contest Experiments," *Journal of Economic Surveys*, 27(3), 491–514.

—— (2015) "Behavioral Dimensions of Contests," in *Companion to the Political Economy of Rent Seeking*, R. Congleton and A. Hillman, eds., Northampton, MA: Edward Elgar, 150–164.

Sheremeta, Roman M. and Jingjing Zhang (2010) "Can Groups Solve the Problem of Over-bidding in Contests?" *Social Choice and Welfare*, 35(2), 175–197.

Sherstyuk, Katerina (1999) "Collusion without Conspiracy: An Experimental Study of One-Sided Auctions," *Experimental Economics*, 2, 59–75.

Shobe, William, Charles Holt, and Thaddeus Huetteman (2014) "Elements of Emission Market Design: An Experimental Analysis of California's Market for Greenhouse Gas Allowances," *Journal of Economic Behavior and Organization*, 107, 402–420.

Shobe, William, Karen Palmer, Erica Myers, Charles Holt, Jacob Goeree, and Dallas Burtraw (2010) "An Experimental Analysis of Auctioning Emission Allowances Under a Loose Cap," *Agricultural and Resource Economics Review*, 39(2) 162–175.

Shogren, Jason F., Seung Y. Shin, Dermot J. Hayes, and James B. Kliebenstein (1994) "Resolving Differences in Willingness to Pay and Willingness to Accept," *American Economic Review*, 84, 255–270.

Sieberg, Katri, David Clark, Charles Holt, Tim Nordstrom, and William Reed (2010) "Asymmetric Power in Single-Stage Conflict Bargaining Games," draft presented at the 2010 Economic Science Association Meetings, Copenhagen.

—— (2013) "An Experimental Analysis of Asymmetric Power in Conflict Bargaining," *Games and Economic Behavior*, 4(3), 375–397.

Siegel, Sidney (1956) *Nonparametric Statistics for the Behavioral Sciences*, New York: McGraw-Hill.

Siegel, Sidney and John Castellan, Jr. (1988) *Nonparametric Statistics for the Behavioral Sciences*, New York: McGraw-Hill.

Siegel, Sidney and Donald A. Goldstein (1959) "Decision-Making Behavior in a Two-Choice Uncertain Outcome Situation," *Journal of Experimental Psychology*, 57, 37–42.

Siegel, Sidney, Alberta Siegel, and Julia Andrews (1964) *Choice, Strategy, and Utility*, New York: McGraw-Hill.

Slonim, Robert and Alvin E. Roth (1998) "Learning in High Stakes Ultimatum Games: An Experiment in the Slovak Republic," *Econometrica*, 66, 569–596.

Smith, Adam (1976, originally 1776) *The Wealth of Nations*, E. Cannan, ed., Chicago: University of Chicago Press.

Smith, Vernon L. (1962) "An Experimental Study of Competitive Market Behavior," *Journal of Political Economy*, 70, 111–137.

—— (1964) "The Effect of Market Organization on Competitive Equilibrium," *Quarterly Journal of Economics*, 78, 181–201.

—— (1981) "An Empirical Study of Decentralized Institutions of Monopoly Restraint," in *Essays in Contemporary Fields of Economics in Honor of E. T. Weiler, 1914–1979*, J. Quirk and G. Horwich, eds., West Lafayette, IN: Purdue University Press, 83–106.

Smith, Vernon L., Gerry L. Suchanek, and Arlington W. Williams (1988) "Bubbles, Crashes, and Endogenous Expectations in Experimental Spot Asset Markets," *Econometrica*, 56, 1119–1151.

Smith, Vernon L. and James M. Walker (1993) "Monetary Rewards and Decision Cost in Experimental Economics," *Economic Inquiry*, 31, 245–261.

Stahl, Dale O. and Paul W. Wilson (1995) "On Players' Models of Other Players: Theory and Experimental Evidence," *Games and Economic Behavior*, 10, 208–254.

Starmer, Chris and Robert Sugden (1989) "Violations of the Independence Axiom in Common Ratio Problems: An Experimental Test of Some Competing Hypotheses," *Annals of Operations Research*, 19, 79–102.

—— (1991) "Does the Random-Lottery Incentive System Elicit True Preferences? An Experimental Investigation," *American Economic Review*, 81, 971–978.

Steiglitz, Ken and Daniel Shapiro (1998) "Simulating the Madness of Crowds: Price Bubbles in an Auction-Mediated Robot Market," *Computational Economics*, 12, 35–59.

Sterman, John D. (1989) "Modeling Managerial Behavior: Misperceptions of Feedback in a Dynamic Decision Making Experiment," *Management Science*, 35(3), 321–339.

Stöckl, Thomas, Michael Kirchler, and Huber Jürgen (2015) "Multi-Period Experimental Asset Markets with Distinct Fundamental Value Regimes," *Experimental Economics*, 18(2), 314–334.

Straub, Paul G. (1995) "Risk Dominance and Coordination Failures in Static Games," *Quarterly Review of Economics and Finance*, 35(4), 339–363.

Surowiecki, James (2004) *The Wisdom of Crowds: Why the Many Are Smarter Than the Few and How Collective Wisdom Shapes Business, Economies, Societies and Nations*, New York: Penguin Random House.

Svorenčík, Andrej and Harro Mass, eds. (2016) *The Making of Experimental Economics, Witness Seminar on the Emergence of a Field*, New York: Springer.

Sylwester, Karolina and Gilbert Roberts (2010) "Contributors Benefit Through Reputation-Based Partner Choice in Economic Games," *Biology Letters*, 6, 659–662.

Thaler, Richard H. (1988) "Anomalies: The Winner's Curse," *Journal of Economic Perspectives*, 2, 191–202.

—— (1989) "Anomalies: The Ultimatum Game," *Journal of Economic Perspectives*, 2, 195–206.

—— (1992) *The Winner's Curse*, New York: Free Press.

Tiebout, Charles M. (1956) "A Pure Theory of Local Expenditures," *Journal of Political Economy*, 64, 416–424.

Tobin, T. (2003) "Yep, It's Complicated," *St. Petersburg Times*, September 14.

Trautmann, Stefan T. and Gijs van de Kuilen (2015a) "Belief Elicitation: A Horse Race among Truth Serums," *Economic Journal*, 125, 2116–2135.

—— (2015b) "Ambiguity Attitudes," in *The Wiley-Blackwell Handbook of Judgement and Decision Making*, G. Karen and G. Wu, eds., Oxford, UK: Wiley-Blackwell, 89–116.

Tullock, Gordon (1967) "The Welfare Costs of Tariffs, Monopolies, and Thefts," *Western Economic Journal*, 5(3), 224–232.

—— (1980) "Efficient Rent Seeking," in *Towards a Theory of the Rent-Seeking Society*, J. M. Buchanan, R. D. Tollison, and G. Tullock, eds., College Station: Texas University Press, 97–112.

Tulman, Sarah Ann (2013) "Altruism(?) in the Presence of Costly Voting: A Theoretical and Experimental Analysis," Doctoral Dissertation, University of Virginia.

Tversky, Amos and Daniel Kahneman (1992) "Advances in Prospect Theory: Cumulative Representation of Uncertainty," *Journal of Risk and Uncertainty*, 5, 297–323.

Tversky, Amos and Richard H. Thaler (1990) "Anomalies: Preference Reversals," *Journal of Economic Perspectives*, 4, 201–211.

Van Boening, Mark, Arlington W. Williams, and Sean LaMaster (1993) "Price Bubbles and Crashes in Experimental Call Markets," *Economics Letters*, 41, 179–185.

van Dijk, Frans, Joep Sonnemans, and Frans van Winden (2002) "Social Ties in a Public Good Experiment," *Journal of Public Economics*, 85(2), 275–299.

Van Huyck, John B., Raymond C. Battalio, and Richard O. Beil (1990) "Tacit Coordination Games, Strategic Uncertainty, and Coordination Failure," *American Economic Review*, 80, 234–248.

—— (1991) "Strategic Uncertainty, Equilibrium Selection, and Coordination Failure in Average Opinion Games," *Quarterly Journal of Economics*, 91, 885–910.

Van Huyck, John B., Joseph P. Cook, and Raymond C. Battalio (1997) "Adaptive Behavior and Coordination Failure," *Journal of Economic Behavior and Organization*, 32, 483–503.

Vickrey, William (1961) "Counterspeculation and Competitive Sealed Tenders," *Journal of Finance*, 16(1), 8–37.

von Neumann, John and Oscar Morgenstern (1944) *Theory of Games and Economic Behavior*, Princeton, NJ: Princeton University Press.

Vulkan, Nir (2000) "An Economist's Perspective on Probability Matching," *Journal of Economic Surveys*, 14(1), 101–118.

Walker, James M., Roy Gardner, and Elinor Ostrom (1990) "Rent Dissipation in a Limited-Access Common-Pool Resource: Experimental Evidence," *Journal of Environmental Economics and Management*, 19, 203–211.

Wang, Jianxin, Dan E. Houser, and Hui Xu (2017) "Do Females Always Generate Small Bubbles? Experimental Evidence from U.S. and China," ISES, George Mason University.

Weizsäcker, Georg (2003) "Ignoring the Rationality of Others: Evidence from Experimental Normal-Form Games," *Games and Economic Behavior*, 44, 145–171.

Welch, Ivo (1992) "Sequential Sales, Learning, and Cascades," *Journal of Finance*, 47, 695–732.

Werden, Gregory J. (1989) "Price-Fixing and Civil Damages: Setting the Record Straight," *Antitrust Bulletin*, 24, 307–335.

Williams, Arlington W. (1987) "The Formation of Price Forecasts in Experimental Markets," *Journal of Money, Credit, and Banking*, 19(1), 1–18.

Wilson, Rick K. (1988) "Forward and Backward Agenda Procedures: Committee Experiments on Structurally Induced Equilibrium," *Journal of Politics*, 48, 390–409.

—— (2005) "Classroom Experiments: Candidate Convergence," *Southern Economic Journal*, 71, 913–922.

Wilson, Robert B. (1969) "Competitive Bidding with Disparate Options," *Management Science*, 15, 446–448.

Wolfers, Justin and Eric Zitzewitz (2004) "Prediction Markets," *Journal of Economic Perspectives*, 18(2), 107–126.

Xiao, Erte and Daniel Houser (2005) "Emotion Expression and Human Punishment Behavior," *Proceedings of the National Academy of Sciences*, 102(20), 7398–7401.

Yoder, R. D. (1986) "The Performance of Farmer-Managed Irrigation Systems in the Hills of Nepal," PhD Dissertation, Cornell University.

Zauner, Klaus G. (1999) "A Payoff Uncertainty Explanation of Results in Experimental Centipede Games," *Games and Economic Behavior*, 26, 157–185.

Zelland, David (2013) "All-In Auctions for Water," *Journal of Environmental Management*, 115, 78–86.

Zizzo, Daniel J., Stephanie Stolarz-Fantino, Julie Wen, and Edmund Fantino (2000) "A Violation of the Monotonicity Axiom: Experimental Evidence on the Conjunction Fallacy," *Journal of Economic Behavior and Organization*, 41(3), 263–276.

索　引

以下二维码为索引内容。此部分内容所示页码为英文版书中的页码，感兴趣的读者可参阅英文版书。

推 荐 阅 读

	中文书名	原作者	中文书号	定价
1	货币金融学(美国商学院版，原书第5版)	弗雷德里克 S. 米什金 哥伦比亚大学	978-7-111-65608-1	119.00
2	货币金融学(英文版·美国商学院版，原书第5版)	弗雷德里克 S. 米什金 哥伦比亚大学	978-7-111-69244-7	119.00
3	《货币金融学》学习指导及习题集	弗雷德里克 S. 米什金 哥伦比亚大学	978-7-111-44311-7	45.00
4	投资学（原书第10版）	滋维·博迪 波士顿大学	978-7-111-56823-0	129.00
5	投资学（英文版·原书第10版）	滋维·博迪 波士顿大学	978-7-111-58160-4	149.00
6	投资学（原书第10版）习题集	滋维·博迪 波士顿大学	978-7-111-60620-8	69.00
7	投资学（原书第9版·精要版）	滋维·博迪 波士顿大学	978-7-111-48772-2	55.00
8	投资学（原书第9版·精要版·英文版）	滋维·博迪 波士顿大学	978-7-111-48760-9	75.00
9	公司金融(原书第12版·基础篇)	理查德 A. 布雷利 伦敦商学院	978-7-111-57059-2	79.00
10	公司金融(原书第12版·基础篇·英文版)	理查德 A. 布雷利 伦敦商学院	978-7-111-58124-6	79.00
11	公司金融(原书第12版·进阶篇)	理查德 A. 布雷利 伦敦商学院	978-7-111-57058-5	79.00
12	公司金融(原书第12版·进阶篇·英文版)	理查德 A. 布雷利 伦敦商学院	978-7-111-58053-9	79.00
13	《公司金融（原书第12版）》学习指导及习题解析	理查德 A. 布雷利 伦敦商学院	978-7-111-62558-2	79.00
14	国际金融（原书第5版）	迈克尔 H.莫菲特 雷鸟国际管理商学院	978-7-111-66424-6	89.00
15	国际金融（英文版·原书第5版）	迈克尔 H.莫菲特 雷鸟国际管理商学院	978-7-111-67041-4	89.00
16	期权、期货及其他衍生产品（原书第11版）	约翰·赫尔 多伦多大学	978-7-111-71644-0	199.00
17	期权、期货及其他衍生产品（英文版·原书第10版）	约翰·赫尔 多伦多大学	978-7-111-70875-9	169.00
18	金融市场与金融机构（原书第9版）	弗雷德里克 S. 米什金 哥伦比亚大学	978-7-111-66713-1	119.00

推 荐 阅 读

	中文书名	原作者	中文书号	定价
1	金融市场与机构(原书第6版)	安东尼·桑德斯 纽约大学	978-7-111-57420-0	119.00
2	金融市场与机构(原书第6版·英文版)	安东尼·桑德斯 纽约大学	978-7-111-59409-3	119.00
3	商业银行管理（第9版）	彼得 S.罗斯 得克萨斯A&M大学	978-7-111-43750-5	85.00
4	商业银行管理(第9版·中国版)	彼得 S.罗斯 得克萨斯A&M大学 戴国强 上海财经大学	978-7-111-54085-4	69.00
5	投资银行、对冲基金和私募股权投资（原书第3版）	戴维·斯托尔 西北大学凯洛格商学院	978-7-111-62106-5	129.00
6	收购、兼并和重组：过程、工具、案例与解决方案（原书第7版）	唐纳德·德帕姆菲利斯 洛杉矶洛约拉马利蒙特大学	978-7-111-50771-0	99.00
7	风险管理与金融机构（原书第5版）	约翰·赫尔 多伦多大学	978-7-111-67127-5	99.00
8	现代投资组合理论与投资分析（原书第9版）	埃德温 J. 埃尔顿 纽约大学	978-7-111-56612-0	129.00
9	债券市场：分析与策略（原书第8版）	弗兰克·法博齐 耶鲁大学	978-7-111-55502-5	129.00
10	固定收益证券（第3版）	布鲁斯·塔克曼 纽约大学	978-7-111-44457-2	79.00
11	固定收益证券	彼得罗·韦罗内西 芝加哥大学	978-7-111-62508-7	159.00
12	财务报表分析与证券估值（第5版·英文版）	斯蒂芬H.佩因曼 哥伦比亚大学	978-7-111-52486-1	99.00
13	财务报表分析与证券估值（第5版）	斯蒂芬 H. 佩因曼 哥伦比亚大学	978-7-111-55288-8	129.00
14	金融计量：金融市场统计分析（第4版）	于尔根·弗兰克 凯撒斯劳滕工业大学	978-7-111-54938-3	75.00
15	金融计量经济学基础：工具，概念和资产管理应用	弗兰克·J.法博齐 耶鲁大学	978-7-111-63458-4	79.00
16	行为金融：心理、决策和市场	露西 F. 阿科特 肯尼索州立大学	978-7-111-39995-7	59.00
17	行为公司金融（第2版）	赫什·舍夫林 加州圣塔克拉大学	978-7-111-62011-2	79.00
18	行为公司金融（第2版·英文版）	赫什·舍夫林 加州圣塔克拉大学	978-7-111-62572-8	79.00
19	财务分析：以Excel为分析工具（原书第8版）	蒂莫西 R.梅斯 丹佛大都会州立学院	978-7-111-67254-8	79.00
20	金融经济学	弗兰克 J.法博齐 耶鲁大学	978-7-111-50557-0	99.00